古典文献说赤城

王金富题

第二辑

王金富　辑点校注

中国文史出版社

目　录
CONTENTS

編年體類

一、《资治通鉴》

【题解】 《资治通鉴》294 卷，是北宋时代修成的一部编年体通史，上起周威烈王二十三年（前 403 年），下迄五代周世宗显德六年（959 年），记载了 1362 年的历史。全书由司马光主编，司马光（1019～1086 年），字君实，北宋时期政治家、史学家、文学家，陕州夏县（今山西夏县）人。参加编写的还有刘恕、范祖禹和刘攽等。

关于编写《通鉴》的目的，司马光曾直言不讳地表示，是要"监前世之兴衰，考当今之得失"。这就是说，作者企图通过叙述历史上的"国家盛衰""生民休戚"，来总结统治经验，为巩固当时的封建政权服务。因此，这部书受到宋神宗的赏识，认为它"鉴于往事，有资于治道"，给它定名为《资治通鉴》，并亲自为之作序。

《通鉴》的编撰过程长达 19 年之久，从宋英宗治平三年（1066年）开始，司马光等人就在当时的都城开封以 5 年时间编写了周、秦、汉、魏部分；之后，又在洛阳花了 14 年时间完成了西晋至后周12 朝的历史。它搜集的史料相当丰富，除封建"正史"之外，采用的杂史不下 300 余种。在史料的剪裁、整理、排比和史实的考订方面，也下过一番功夫。遇到史料记载的重要异同，还在《考异》中作了考证。《考异》引用的书，有不少现已失传，它保存了这些佚书的部分记载，具有重要的参考价值。宋元之际，胡三省痛感宋亡，寄寓民族气节，又用 30 多年时间对《通鉴》在记事、地理、职官、典制等方面都详加注释，考辨音义，订正错讹，诠蒙解滞，后人一般称作《通鉴胡注》或《通鉴音注》。《通鉴》本身卷帙浩繁，有300 万字之多，而胡注的字数与之相近。

资治通鉴　一百七　晋纪　烈宗孝武皇帝

二七〇

《资治通鉴》书影

《通鉴》问世以后一直受到人们的重视和喜爱，自宋末元初在杭州镂版后，后来屡有翻刻。1956年6月中华书局出版了点校本《资治通鉴》。此本除正文之外还包括司马光《考异》、胡三省注、章钰校，是目前最有权威性的点校本。本辑据中华书局、中国书店《四部备要》第37册至40册史部编年体类《资治通鉴》辑录有关赤诚内容。

◎赵王以李牧为将，伐燕，取武遂、方城……

先是，天下冠带之国七，而三国边于戎狄：先，悉荐翻①。秦自陇以西有绵诸、绲戎、翟、䝠之戎……岐、梁、泾、漆之北有义渠、大荔、乌氏、朐衍之戎；……而赵北有林胡、楼烦之戎，燕北有东胡、山戎；自汉北平、无终、白狼以北，皆大山重谷，诸戎居之，春秋谓之山戎。各分散居溪谷，自有君长，往往而聚者百有余戎，然莫能相一。其后义渠筑城郭以自守，而秦稍蚕食之，至惠王遂拔义渠二十五城。昭王之时，宣太后诱义渠王，杀诸甘泉，甘泉在汉冯翊云阳县，汉起甘泉宫于此。诱，羊久翻。遂发兵伐义渠，灭之，始于陇西、北地、上郡陇西，唐渭州、洮州、河州之地。北地，唐庆州、宁州、鄜州、灵州、盐州之地。上郡，唐延州、绥州、银州之地。筑长城以拒胡。赵武灵王北破林胡、楼烦，筑长城，自代并阴山下，至高阙为塞。徐广曰：五原郡西安阳县北有阴山，阴山在河南，阳山在河北。郦道元曰：余按南河、北河及安阳县以南，悉沙阜耳，无他异山。故《广志》云：朔方郡移沙七所而无山以拟之，是议志之僻也。阴山在河东南斯可矣。汉郎中侯应曰：阴山东西千余里，单于之苑囿也。孝武出师攘之于漠北，匈奴过之，未尝不哭。则此山盖在沙漠之南也。《括地

---

① 翻，古代拼音的一种方法。也作“反”，又称“切”，合称“反切”。用两个汉字来注另一个汉字的读音。两个字中，前者称反切上字，后者称反切下字。被切字的声母和清浊跟反切上字相同，被切字的韵母和字调跟反切下字相同。例如“先，悉荐翻（或悉荐切）”。被切字的声母跟反切上字相同（“先”字声母跟“悉”字声母相同，都是x），被切字的韵母和声调跟反切下字相同（“先”字的韵母和声调跟“荐”相同，都是ian）。不过古代的四声是平、上、去、入，与现代汉语的四声有一些出入，古今声母也有些变化。

志》：阴山在朔州北塞外突厥界。杜佑曰：今安北府北山是也。安北府治中受降城。《地志》：朔方郡临戎县北有连山，险于长城，其山中断，两峰俱峻，名曰高阙。《水经注》：河水自窳浑县东屈而东流，迳高阙南，阙口有城跨山结局，谓之高阙戍。刘昫曰：高阙北拒大碛口三百里。杜佑曰：高阙当在丰州河西。厥，九勿翻。降，户江翻。窳，以主翻。浑，户昆翻。碛，七迹翻。**而置云中，雁门，代郡**。《史记正义》曰：云中故城，赵云中城，秦云中郡，在胜州榆林县东北四十里。秦、汉之雁门、代郡皆在句注陉之北，唐之云、朔、蔚、新、武州即其地也。若唐之代州雁门郡惟崞、繁畤二县，汉雁门郡之旧县，其雁门县则汉太原郡之广武县也，五台则汉太原之虑虒县也。句，音钩。陉，音刑。蔚，纡勿翻。崞，音郭。畤，音止。师古曰：虑虒，音庐夷。**其后燕将秦开为质于胡**，《姓谱》：秦本颛顼后，子婴既灭，支庶为秦氏。余按《左传》鲁有秦堇父，秦姓其来尚矣。燕，因肩翻。将，即亮翻。质，音致。父，音甫。堇，几隐翻。**胡甚信之；归而袭破东胡，东胡却千余里。燕亦筑长城，自造阳至襄平**。韦昭曰：造阳，地名，在上谷。余按《汉书》所谓"上谷之斗造阳"是也。杜佑曰：《晋太康·地志》：自北地郡北行九百里，得五原塞；又北出九百里得造阳，即麟州银城县。《史记》：燕筑长城，自造阳至襄平。韦昭曰：造阳地在上谷。未详孰是。《史记正义》曰：上谷，今妫州。王隐《地道志》曰：郡在谷之头，故以上谷名焉。班《志》，襄平县，辽东郡治所。燕，因肩翻。妫，居为翻。**置上谷、渔阳、右北平、辽东郡以拒胡**。渔阳，唐蓟州，檀州。北平，唐平州。辽东，其地在大辽水之东，唐尝置辽州，又尝为安东都护府治所。**及战国之末而匈奴始大**。（第 37 册，卷 6《秦纪一》，第 75～76 页）

◎**匈奴入上谷**[1]，**杀略吏民。遣车骑将军卫青出上谷，骑将军公孙敖出代，轻车将军公孙贺出云中，骁骑将军李广出雁门，各万骑，击胡关市下。卫青至龙城**，龙城，匈奴祭天，大会诸部处。**得胡首虏七百人；公孙贺无所得；公孙敖为胡所败，亡七千骑；李广亦为胡所败。胡生得广，置两马间，络而盛卧**，败，补迈翻。盛，时征翻。**行十余里；**

---

① 该条为汉武帝元光六年事，前 129 年。

广佯死，暂腾而上胡儿马上，师古曰：腾，跳跃也。上，时掌翻。夺其弓，鞭马南驰，遂得脱归。汉下敖、广吏，下，遐嫁翻。当斩，赎为庶人；唯青赐爵关内侯。青虽出于奴虏，青本平阳公主家骑奴。然善骑射，材力绝人；遇士大夫以礼，与士卒有恩，众乐为用，有将帅材，骑，奇寄翻。乐，音洛。将，即亮翻。帅，所类翻。故每出辄有功。天下由此服上之知人。（第 37 册，卷 18《汉纪十》，第 214 页）

◎匈奴入上谷、渔阳①，杀略吏民千余人。遣卫青、李息出云中以西至陇西，击胡之楼烦、白羊王于河南，得胡首虏数千，牛羊百余万，走白羊、楼烦王，遂取河南地。诏封青为长平侯；班《志》，长平侯国属汝南郡。青校尉苏建、张次公皆有功，封建为平陵侯，次公为岸头侯。据《功臣表》：平陵侯食邑于南阳郡武当县界。晋灼曰：河东皮氏县有岸头亭。校，户教翻。

主父偃言："河南地肥饶，外阻河，蒙恬城之以逐匈奴，内省转输戍漕，广中国，灭胡之本也。"上下公卿议；皆言不便。下，遐嫁翻。上竟用偃计，立朔方郡，使苏建兴十余万人筑朔方城，《括地志》：夏州朔方县北什贲故城，按是苏建筑；什贲之号，盖出蕃语也。宋白曰：汉朔方郡治三封县，今长泽县有三封故城。什贲故城，今为德静县治。复缮故秦时蒙恬所为塞，因河为固。转漕甚远，自山东咸被其劳，被，皮义翻。费数十百巨万，府库并虚；汉亦弃上谷之斗辟县造阳地以予胡。孟康曰：县斗辟，曲近胡。师古曰：斗，绝也，县之斗曲入匈奴界者，其中造阳地也。杜佑曰：造阳，在今妫川郡之北。辟，读曰僻。予，读曰与。（第 37 册，卷 18《汉纪十》，第 217 页）

◎夏，六月②，段辽遣中军将军李咏袭慕容皝。咏趣武兴，武兴

---

① 该条为汉武帝元朔二年事，前 127 年。
② 六月，成帝咸康二年六月，336 年。

城，在令支东。都尉张萌击擒之。辽别遣段兰将步骑数万屯柳城西回水，"回水"，《载记》作"曲水"。《水经注》：阳乐水出上谷且居县，东北流，迳女祁县，世谓之横水，又谓之阳曲水。又濡河从塞外来，西北迳御夷镇城，又东北迳孤山南，又东南，水流回曲，谓之曲河镇。又据《载记》，曲水当在好城西北。将，即亮翻。骑，奇寄翻。宇文逸豆归攻安晋以为兰声援。皝帅步骑五万向柳城，兰不战而遁。皝引兵北趣安晋，咸安八年，皝筑安晋城。趣，七喻翻。逸豆归弃辎重走；重，直用翻。皝遣司马封奕帅轻骑追击，大破之。皝谓诸将曰："二虏耻无功，必将复至，复，扶又翻。宜于柳城左右设伏以待之。"乃遣封奕帅骑数千伏于马兜山。（七）［三］月，段辽果将数千骑来寇抄。抄，楚交翻。奕纵击，大破之，斩其将荣伯保。（第 38 册，卷 95《晋纪十七》，第 1123～1124 页）

◎六月，甲辰①，燕赵王麟破贺讷于赤城，禽之，《水经》：河水自云中桢陵县南过赤城东，又南过定襄桐过县西。又《魏书·帝纪》，登国三年，幸东赤城。明元泰常八年，筑长城于长川之南，起自赤城，西至五原，延袤二千余里。降其部落数万。降，户江翻。燕主垂命麟归讷部落，徙染干于中山。麟归，言于垂曰："臣观拓跋珪举动，终为国患，不若摄之还朝，使其弟监国事。"垂不从。摄，录也，收也。慕容麟之奸诈，知拓跋珪之终不可制，而慕容垂不从其言，天将启珪以灭燕，虽以垂之明略，不之觉也。监，工衔翻。（第 38 册，卷 107《晋纪二十九》，第 1270 页）

◎柔然寇魏边。二月，戊辰②，魏筑长城，自赤城西至五原，延袤二千余里，袤，音茂。备置戍卒，以备柔然。（第 38 册，卷 119《宋纪一》，第 1406 页）

---

① 甲辰，孝武帝太元十六年，北魏道武帝拓跋珪登国六年，391 年 7 月 20 日。
② 戊辰，宋营阳王景平元年，北魏泰常八年，423 年 2 月 26 日。

◎九月^①，魏诏，班禄以十月为始，季别受之……

闾又上表，以为："北狄悍愚，同于禽兽。悍，侯旰翻。又下旱翻。所长者野战，所短者攻城。北狄，指蠕蠕也。若以狄以所短夺其所长，则虽众不能成患，虽来不能深入。又，狄散居野泽，随逐水草，战则与家业并至，奔则与畜牧俱逃，不赍资粮而饮食自足，是以历代能为边患。六镇势分，倍众不斗，谓敌人众力加倍，则镇人不敢斗也。互相围逼，难以制之。请依秦、汉故事，于六镇之北筑长城，魏世祖破蠕蠕，列置降人于漠南，东至濡源，西暨五原阴山，竟三千里，分为六镇，今武川、抚冥、怀朔、怀荒、柔玄、御夷也。下云六镇东西不过千里，则当自代都北塞而东至濡源耳。杜佑曰：后魏六镇并在马邑、云中、单于府界。择要害之地，往往开门，造小城于其侧，置兵扞守。狄既不攻城，野掠无获，草尽则走，终必惩艾。计六镇东西不过千里，一夫一月之功可城三步之地，强弱相兼，不过用十万人，一月可就；虽有暂劳，可以永逸。凡长城有五利：罢游防之苦，一也；北部放牧无抄掠之患，二也；抄，楚交翻。登城观敌，以逸待劳，三也；息无时之备；四也；岁常游运，游，行也；行运刍粮以实塞下。永得不匮，五也"魏主优诏答之。（第38册，卷136《齐纪二》，第1596页）

◎初^②，元（义）〔乂〕既幽胡太后，常入直于魏主所居殿侧，曲尽佞媚，帝由是宠信之……

武卫将军于景，忠之弟也，谋废（义）〔乂〕，（义）〔乂〕黜为怀荒镇将。将，即亮翻。宋白曰：后魏怀荒、御夷二镇皆在蔚州界。及柔然入寇，镇民请粮，景不肯给，镇民不胜忿，遂反，执景，杀之。未几，沃野镇民破六韩拔陵聚众反，杀镇将，改元真王……诸镇华、夷之民往往响应，拔陵引兵南侵，遣别帅卫可孤围武川镇……又攻

---

① 九月，南齐武帝永明二年九月，北魏太和八年，484年。
② 该条为武帝普通四年，北魏孝明帝正光四年，523年事。

怀朔镇。尖山贺拔度拔及其三子允、胜、岳皆有材勇……怀朔镇将杨钧擢度拔为统军，三子为军主以拒之。（第 38 册，卷 149《梁纪五》，第 1752 页）

◎魏安州石离、穴城、斛盐三戍兵反①，应杜洛周，众合二万，洛周自松岍赴之。《水经注》：大榆河出御夷镇北塞中，南流迳密云戍西，又南流迳孔山西，又历密云戍东，右合孟广（左山右刑）水。（左山右刑）水西迳孔山南，上有洞穴开明，故谓之孔山。大榆河又东南流，白杨泉水注之。水北发白杨溪望离石。大榆河又东南流出峡，迳安州旧渔阳郡之滑盐县南，世谓之斛盐城，西北去御夷镇二百里。岍，轻烟翻，或曰：岍，（左山右刑）字之误也。读作"陉"。《唐志》：营州西北百里曰松陉岭。行台常景使别将崔仲哲屯军都关以邀之，将，即亮翻。仲哲战没，元谭军夜溃，元谭军于居庸关，见上卷上年。魏以别将李琚代谭为都督。仲哲，秉之子也。崔秉时为燕州刺史。（第 38 册，卷 151《梁纪七》，第 1765 页）

◎振武节度使李国昌之子克用为沙陀副兵马使②，戍蔚州。宋白曰：蔚州，秦、赵间亦为代郡之地，后魏置怀荒、御夷二镇于此。东魏于此置北灵丘郡，后周大象二年，置蔚州，唐开元初，移郡治于灵丘西南一百三十里，西至朔州三百八十里。时河南盗贼蜂起，谓王仙芝、黄巢等也。云州③沙陀兵马使李尽忠与牙将唐君立、薛志勤、程怀信、李存璋等谋曰："今天下大乱，朝廷号令不复行于四方，复，扶又翻。此乃英雄立功名富贵之秋也。吾属虽各拥兵众，然李振武功大官高，名闻天下，言李国昌讨平庞勋，于当时功为大；帅振武，于诸将官为高。闻，音问。其子勇冠诸军，冠，古玩翻。若辅以举事，代北不足平也。"众以为然。君立，兴唐人；隋分灵丘县置安边县，中废；唐开元十二年，复置，治横野军，至德三

---

① 该条为武帝普通七年，北魏孝明帝孝昌二年，526 年事。
② 该条为唐僖宗乾符五年，878 年事。
③ 云州，今山西大同和朔州怀仁一带。

570

载，更名兴唐县，属蔚州。存璋，云州人；志勤，奉诚人也。贞观二十二年，以内属奚可度者部落置饶乐都督府，开元二十三年更名奉诚都督府。薛志勤，其府人也。（第 40 册，卷 253《唐纪六十九》，第 3065 页）

◎契丹遣其臣袍笏梅老来通好①，好，呼到翻。帝遣太府少卿高颀报之。颀，渠希翻。

初，契丹有八部，欧阳修曰：契丹君长曰大贺氏，后分为八部：一曰但利皆部，二曰乙室活部，三曰实活部，四曰纳尾部，五曰频没部，六曰内会鸡部，七曰集解部，八曰奚嗢部。部之长号大人。……部各有大人，相与约，推一人为王，建旗鼓以号令诸部，每三年则以次相代。咸通末，有习尔者为王，土宇始大。其后钦德为王，乘中原多故，时入盗边。及阿保机为王，尤雄勇，五姓奚五姓奚，一阿会部，二处和部，三奥失部，四度稽部，五元俟折部，各有辱纥主为之酋领……及七姓室韦、室韦本有二十余部，其近契丹者七姓。达靼咸役属之。阿保机姓邪律氏，欧《史·四夷附录》曰：阿保机以其所居棋帐地名为姓，曰世里。世里，译者谓之邪律。恃其强，不肯受代。久之，阿保机击黄头室韦还，七部劫之于境上，求如约。如三年一代之约。阿保机不得已，传旗鼓，且曰："我为王九年，得汉人多，请帅种落帅，读曰率。种，章勇翻。居古汉城，与汉人守之，别自为一部。"七部许之。汉城，故后魏滑盐县也。《汉志》，滑盐县属渔阳郡。后汉明帝改曰盐田。《水经注》：大榆河自密云城南东南流，迳后魏安州旧渔阳郡之滑盐县南。滑盐，世谓之斛盐城，西北去御夷镇二百里。欧阳修曰：汉城在炭山东南栾河上。宋白曰：契丹居辽泽之中，潢水南岸。辽泽去渝关一千一百三十里，渝关去幽州一百七十四里。其地东南接海，东际辽河，西包冷陉，北界松陉山。东西三千里，地多松柳，泽多蒲苇。阿保机居汉城，在檀州西北五百五十里。城北有龙门山，山北有炭山，炭山西是契丹、室韦二界相连之地。其地滦河上源，西有盐泊之利，则后魏滑盐县也。地宜五谷，有盐池

---

① 该条为后梁太祖开平元年，契丹辽太祖耶律阿保机元年，907 年事。

之利。其后阿保机稍以兵击灭七部，复并为一国。又北侵室韦、女真，女真，肃慎氏之遗种，黑水靺鞨即其地也。入辽东著籍者号熟女真，界外野处者号生女真，极边远者号黄头女真。西取突厥故地，击奚，灭之，复立奚王而使契丹监其兵。监，古衔翻。东北诸夷皆畏服之。（第 40 册，卷 266《后梁纪一》，第 3238～3239 页）

◎燕主守光命大将元行钦将骑七千[①]，牧马于山北，募山北兵以应契丹；刘守光求救于契丹，故使元行钦募兵于山北以应之。又以骑将高行珪为武州刺史，以为外援。晋李嗣源分兵徇山后八军，皆下之；晋王以其弟存矩为新州刺史总之。为存矩以骄惰致乱张本。以燕纳降军使卢文进为裨将。李嗣源进攻武州，高行珪以城降。元行钦闻之，引兵攻行珪；行珪使其弟行周质于晋军以求救，质，音致。李嗣源引兵救之，行钦解围去。嗣源与行周追至广边军，妫州怀戎县北有广边军，故白云城也。宋白曰：广边军在妫州北一百三十里。高行周兄弟本贯广边军雕窠村。凡八战，行钦力屈而降；嗣源爱其骁勇，养以为子。《考异》曰：《庄宗实录》"行周"作"行温"。张昭《周太祖实录》云："燕城危蹙，甲士亡散，刘守光召元行钦。行钦部下诸将以守光必败，赴召无益，乃请行钦为燕帅，称留后。行钦无如之何，乃谓诸将曰：'我为帅，亦须归幽州。'众然之。行钦以行珪在武州，虑为后患，乃令人于怀戎掠得其子，絷之自随。至武州，行钦谓行珪曰：'将士立我为留后，共汝父子同行，先定军府，然后降太原；若不从，必杀汝子。'行珪曰：'大王委尔亲兵，遂图叛逆，吾死不能从也。'其子泣告行珪。行珪谓曰：'元公谋逆，何以顺从！与尔诀矣。'行珪城守月余，城中食尽，士有饥色。行珪乃召集居人谓之曰：'非不为父老惜家属，不幸军士乏食，可斩予首出降，即坐见宁帖。'行珪为治有恩，众泣曰：'愿出私粮济军，以死共守。'乃夜缒其弟行周为质于晋军，乞兵救援。周德威命李嗣本、李嗣源、安金全救武州，比至，行钦解围矣。嗣源与行珪追蹑至广边军，行钦帅骑拒战。行珪呼谓行钦曰：'与公俱事刘家，我为刘家守城，尔则僭称留后，谁之过也？今日之事，

---

①　该条为后梁均王乾化三年，契丹辽太祖耶律阿保机七年，913 年事。

何劳士众,与君抗衡以决胜负.'行钦骁猛,骑射绝众,报曰'可!'行周马足微蹶,将踣,嗣源跃马救之,檛击行钦几坠.行钦正身引弓射嗣源,中髀贯鞍.嗣源拔矢,凡八战,控弦七发,矢中行钦,犹沫血酣战不解.是夜,行钦穷蹙,固守广边军,晋兵围之.嗣源遣人告之曰:'彼此战将,不假言谕.事势可量,亟来相见,必保功名.'翌日,行钦面缚出降.嗣源酌酒饮之,抚其背曰:'吾子壮士也.'养为假子.临敌擒生,必有所获,名闻军中."《庄宗实录》、薛《史·纪》及《元行钦传》《明宗实录》皆云,"行钦闻行珪降晋,帅兵攻之."惟《周太祖实录·高行周传》云,"行钦称留后,行珪城守,不从."然恐行周卒时,去燕亡已久,行周名位尊显,门生故吏虚美其兄弟,故与诸说特异.今从众书.嗣源进攻儒州,拔之,唐末于妫州东置儒州,领晋山一县.以行珪为代州刺史.行周留事嗣源,常与嗣源假子从珂分将牙兵以从.将,即亮翻.从,才用翻.从珂母魏氏,镇州人,先适王氏,生从珂,嗣源从晋王克用战河北,得魏氏,以为妾,故从珂为嗣源子,及长,以勇健知名,嗣源爱之.(第40册,卷268《后梁纪三》,第3272~3273页)

二、《明实录》

【题解】　明代列朝实录，一般合称《明实录》，是明代的一部编年性质的实录体著作。《明实录》是分朝陆续编纂而成的，共分为13朝实录，即《太祖实录》《太宗实录》等13部。有时也将《献皇帝实录》及崇祯、南明诸朝的《实录》包含在内，则构成广义的《明实录》。

中国古代的正史都是在前朝灭亡后由后朝为之撰著，而《实录》则是在一个朝代内前任帝王薨逝后，由后任帝王为之修纂的。正史定论的是一个朝代，而实录定论的是一个朝代内的一个帝王。《明实录》同样也遵循这一规律，一般是后嗣君主为前任君主所修（个别除外）。

《明实录》是在明代史馆修纂而成。明代史馆早期设在南京，永乐后改设北京，由翰林院领属。史馆是较为固定的修史场所，平常或空着，或部分场馆编纂六曹章奏之类的史料。史馆编修的启动，称之为"开馆"或"开史馆"。史馆正式开馆后，史官们分工协作，按照各自在史馆中的身份，承担着相应的职责。史馆官员分为监修、总裁、副总裁、纂修官、稽考参对官、催纂官、誉录官、收掌文籍官等，其下则是裱褙匠、军校及办事吏等。监修官一般不负责具体的业务工作，即"不预秉笔"，而主要实施政治监督，以防出现触犯和影射皇帝的现象。由于监修官在修纂业务上的外行，所以他们不得不与负责业务工作总裁平分秋色，地位相等。总裁官是史馆业务的总负责人，负责史书修纂的体例的制定、内容的弃取，统一平衡副总裁送上来的史书成稿，加以"删润"。同时也负责馆内纂修人员任务的分配及监督。副总裁协助总裁处理史馆的修纂事务，参与总裁讨论体例、删改和润饰。副总裁向下直接管理纂修官，负责审订他们送来的稿子，向上则对总裁负责，将自己审订的稿子送呈总裁裁定。纂修官是史馆中直接动手修纂的主要力量。他们从收掌文籍官手上查取史料，加以编排接续，附以赞语，或加以改写，间接引述。他们人员众多，每人负责一小部分的实录编修，纂成草稿，送交副总裁"看详"审订。稽考参对官是核对史料考其真伪正误的官员，他们一般不直接编写史籍，而主要考订文献，为纂修官提供正确的资料。校正官是专门校正修纂官所成稿子的内容错误和字句讹误的，也校正誊录官抄写好的稿子的内容及字句错误。它与稽考参对官的区别在于，稽考参对考订改正史籍成书以前的史料的错误，而校正则改正史籍成书以后的稿子中的错误。催纂是催促各官加快修纂进度，提高修纂质量。催纂并不动笔编写，而只是游动于史馆，督促史官编纂。誊录官是将纂修官编纂好了的稿子誊写清楚的官员。由于誊录工作量很大，因此誊录官数量很多，常常超过了纂修官的人数。誊录分正本誊录、副本誊录和录稿，其所获得赏赐由高到低依次减少。收掌文籍官是史馆中管理修纂重要典籍，如《实录》所用的参考书、史料、文件档册之类的图籍以及《实录》等典籍未就稿的官员，在史馆的正式修纂人员中地位最低。除此之外，史馆还有一些勤务人员，如办事吏、裱褙匠和校尉等。办事吏是在史馆跑腿打杂，递送材料公文，对外则办理日常供给之事。校尉是从军队中抽调入史馆办事的军人，负责史馆守卫、盘查来往人行人并协同办事吏买办。裱褙匠是负责《实录》装订及装裱封面封底的工匠，他们的专业性很强，一般不从事买办跑腿差事。

　　由上可见，《明实录》的修纂人员是相当齐备的，全体史馆人员都在监修和总裁的领导下，按照自己的职责，共同修纂着一部部明代列朝实录。

　　《明实录》的内容大多取自原始档案，如公牍、文件、邸报、奏疏、诏令等一次文献，有通过行政手段逐级上报的，还有派人前往各地访求的，因此《明实录》的史料更具权威性。有明一代普遍把《明实录》称作"国史"。

虽然《明实录》在明代居于国史的高贵地位，但在编纂时也出现曲笔与诬饰现象，成为统治集团进行政治斗争的工具。究其原因是《明实录》记载的是明代后朝对前朝的具有权威效力的历史结论，也是关系到一朝君臣流芳和遗臭的千秋大事，谁掌握了《明实录》的控制权，谁就掌握了对己有关的前朝君臣和当朝臣僚进行褒贬的权力，所以君主常常通过任命自己最为信任的官员对实录修纂进行控制，并通过实录的撰写来攻击与自己有仇隙的前任君主及其随臣，同时为自己涂脂抹粉，巩固其统治地位。利用《明实录》进行政治斗争的明代君主，多为非程序继位者或其子孙，前者如朱棣、后者如朱祁镇之子朱见深等。当建文帝为乃祖朱元璋修《太祖实录》时，其叔燕王朱棣发动了"靖难之役"。朱棣上台后为了使自己篡位合法化，对《太祖实录》开展了两次大规模修改。目的就是为了篡改实录中不利于他的历史事实，并制造其篡位的合法依据，同时对前任进行诬谤，以动摇建文合法统治基础。等等。《明实录》就这样被卷进了明代政治斗争的巨大漩涡之中。

《明实录》的内容涉及明朝宫闱机密和皇帝隐私，所以明政府制定了"崇重秘书，恐防泄露"的制度，将实录藏诸禁中，秘不示人。并且规定，每一朝实录修成之后，誊抄成正副二本，而将底稿焚之于宫内太液池畔的芭蕉园。正本进呈皇帝，藏之于宫中的内府，副本藏之于内阁。世宗时又重录一份，并建皇史宬以藏之，从此便将尊藏皇史宬的《明实录》奉为正本，而原来藏于内府的正本遂失去了正本地位，被移往西城万寿宫收藏，后被火焚毁。神宗时便令申时行等负责抄成小型本以供帝览，藏于乾清宫，不幸又被火灾所毁。于是帝又命赵志皋等重新抄写一份以进。此外，还有一大型本，乃旧正本被焚后重录者。于是,《明实录》遂有正本(藏皇史宬)、副本(藏内阁)、大本(旧正本之复抄本)、小本(藏乾清宫)4 个政府所收藏的本子。

虽说有 4 个本子,长期以来,除了皇帝和少数内阁大臣和修纂后朝实录的史官以外,极少有人能看到深藏宫中的《明实录》。到了明代后期,对实行"崇重秘书,恐防泄露"的制度开始松弛,被一些能够接触实录的大臣和史官传抄出宫禁之外,而开始向社会上流传。早在嘉靖年间,个别"近水楼台"的内阁大臣,首先破坏保密制度,开始将《明实录》传抄出宫。当时的首辅严嵩、徐阶家中就有实录抄本。因为实录的副本就藏在内阁,所以给了内阁大臣以可乘之机。《明实录》大规模流播民间,始于万历十六年,借神宗下令首辅申时行将历朝实录抄录成小型御览本时机,在重抄时,诸校对、誊录官乘机"于馆中誊出,携归私第,转相钞录",致使当时抄实录者"遍及台省"。

明朝政府所藏的上述 4 种《明实录》抄本,无疑是非常珍贵的善本。可惜均已不存世。明末战乱损失了一些卷帙。另外清修《明史》时,将明政府所载的 4 种本子移入明史馆,作为修史参考。《明史》修毕,便将上述 4 本移入内阁大库。后将《实录》视为废纸和累赘,为了腾出内阁大库装其他档册,便听从满人大学士三宝的意见,于乾隆四十八年(1783 年)三月将《明实录》4 个正规抄本全部移出内阁大库焚毁。所幸的是《明实录》尚有一些明代私人抄本及清初明史馆抄本存留于世,

今存的重要《明实录》版本如下:馆本。国立北平图书馆藏红格抄本,简称"馆本"。该本是清初明史馆为修明史而抄录的一个清抄本,原藏明史馆,后为北平图书馆所有。抗日战争时期,国民党政府将此本运往美国,寄藏国会图书馆,后归还台湾,藏台北外双溪故宫博物院。但由于时代长久,加之连年战乱,馆本缺卷缺页情

况比较严重，所以后来经过了补配，依据的是北京大学本，到了民国十九年，历史语言研究所又根据其他版本补了很多缺卷缺页。馆本补齐之后，民国中央研究院历史语言研究所依据其晒蓝复制，就成为后来的晒蓝本，亦是馆本系列的一种。晒蓝本虽是馆本的复制本，但与原本有些差别，主要是馆本原本某些卷数错乱，晒蓝本因为本子并不珍贵，便将之剪开重贴，使之有序。这种现象虽有异于原本，却是一种良性改变。1962 年，台湾"中央研究院"历史语言研究所利用北平图书馆藏红格抄本（即馆本）的缩微胶卷放大影印，就成为我们今天最常见的台本。台本的胶卷是馆本在美国国会图书馆寄存期间，美国国会图书馆征得当时驻美大使胡适同意，将馆本拍成缩微胶卷。历史语言研究迁台后，便由胡适出面请美国国会图书馆将胶卷转赠台湾历史语言研究。在影印时将馆本原有红格涂掉，于框格旁注明书名、卷数及每卷页数和全书总页数，并在正文中加记号（圆圈、三角等），以与后面所附的校勘记呼应，将卷数错乱的，或胶片不清晰等，均进行调整或据其他版本进行增补，并以晒蓝本为底本，以广本、抱本、阁本等为对校本，整理出《明实录校勘记》。以上馆本、晒蓝本、台本均由馆本派生出来的，因此也称为馆本系统。

抱本。抱经楼本《明实录》，简称抱本。抱经楼是清代学者卢址（字青崖）的藏书楼，地址在浙江鄞县，即今宁波市。民国初年归浙江吴兴（今湖州）刘氏嘉业堂所有。该本为明代抄本，后归李逊之的父亲李应昇所得。李应昇屡疏劾阉宦魏忠贤及其党羽，被魏忠贤陷害下诏狱，杖死狱中，并抄其家，所藏《明实录》被抄没入官。崇祯初平反，并录其子一人入国子监读书，即李逊之，所掠之《明实录》亦发还其家，为逊之所得，但已散佚不少，后经多方寻求其他版本，才得以补足。民国初年，江苏省立国学图书馆抄嘉业堂所藏抱本，并用嘉业堂所藏他本实录补充其中所缺部分，是为苏本。

长乐人梁鸿志于民国三十年据苏本影印成书，是为梁本，它也就是最早的实录印本，之前的都是抄本而已。以上抱本、苏本、梁本均由抱本派生而来，故称为抱本系统。

广本。广方言本，简称广本，有广方言馆藏书印。广本亦是几种本子拼合而成。有明抄本和清抄本。广本至民国初年为国民政府兵工署收藏，民国二十三年七月兵工署将广本赠给中央研究院历史语言研究所，遂为历史语言研究所所有。广本是《明实录》中另一个重要的比较完整的抄本，它是馆本主要的对校本之一。

除此之外，官方、私人、学术机构还存有各种版本，如国立中央图书馆旧抄本、国立中央图书馆明内府写本、国立中央图书馆明黄丝阑抄本、内阁大库旧藏红本（红本）、内阁大库旧藏抄本（库本）、嘉业堂旧藏抄本、天一阁本等，还有在这些基础上演变而来的北京大学本（北大本）、武汉大学本，等等，只是由于其缺少较多卷次，多数只是一朝实录，且多有缺页，在内容上也不是异于他本，所以文物价值略胜于文献价值，这里就不详述了。

本辑据1962年台湾"中央研究院"历史语言研究所影印本（即馆本系统之台本）辑录，自《太宗实录》到《熹宗实录》12朝实录中有关赤城内容九百多条。正文内容据《明实录校勘记》进行改、删、补。每条末尾注明卷数及页数，以便查阅。

1. 《明太宗实录》

【题解】　《明太宗实录》，馆本作 274 卷，抱本作 130 卷。馆本阙序、进实录表、修纂官、修纂凡例、目录等，均据抱本补。其中目录，正文为抱本 130 卷目录，相对应馆本 274 卷目录注于页眉。起洪武三十一年（1398 年）闰五月，讫永乐二十二年（1424 年）八月。其中，前 9 卷《奉天靖难事迹》，自洪武三十一年闰五月至建文四年（1402 年）六月，为建文朝附录；其后记洪武三十五年到永乐二十二年八月事。

洪熙元年，仁宗朱高炽继位不久，也曾按旧例下诏修纂乃父《太宗实录》，并组织好编写班子。命张辅、蹇义、夏原吉等为监修官，杨士奇、黄淮、杨荣、金幼孜、杨溥等为总裁官，负责纂修。仁宗虽有心为太宗修实录，但已力不从心。一个月后这位继位才 10 个月的皇帝便因病撒手西归。于是为太宗修实录的任务便落到了宣宗朱瞻基的身上。同时也打破了前任君主的实录由后任君主为之修纂的惯例，也意味着宣宗既要为父亲仁宗修史又为祖父太宗修史的双重任务。宣宗继位后并未另组修纂《太宗实录》的班子，而是沿用了仁宗敕定的写作班底，同时修纂两朝实录。宣宗于宣德元年（1426 年）五月正式下诏同时修纂《太宗实录》《仁宗实录》。经过四年半左右的时间，于宣德五年正月两朝实录终于完成。按照惯例举行了盛大的进呈仪式，皇上穿衮冕服驾御奉天殿，监修官英国公张辅率总裁、纂修官皆朝服，在乐鼓、鞭炮声中将《实录》呈给了皇上。

本辑据台湾“中央研究院”历史语言研究所影印本《明太宗实录》辑录有关赤城内容。

明太宗寶錄 卷一四九

楊榮謝德金幼孜曰每日營中間暇爾等即以經史於長孫前
講說文事武備不可偏廢○晚次清河京城官吏耆老送
者辭 上進其耆老諭之曰京師人烟輻輳欺詐者多爾等宜
督子弟務生業毋事游惰人衣食足則廉耻興風俗厚而皆本
於父兄之教兄也爾等勉之○辛卯駐蹕沙河勑陝西行都司
凡瓦剌使人來及買賣回回在甘肅者悉遣赴陝西毋令出過
○壬辰駐蹕龍虎臺勑守居庸關及長安嶺將校凡從征官軍
非奉勑無擅令出入勑使往迤北及開平奏報邊務者必驗寶
遣行○甲午戶部言四川羅𣂑等五井鹽課司灶丁言永隆竹
筒井土石崩壞課鹽虧折面成都内江上鷺有中海銀杏獨石
小竹筒三井可以開煎已遣人覈實宜令煎辦 皇太子從之
○乙未駐蹕沙城命成安侯郭亮等督運糧車赴萬全○丙申

三

1740

《明太宗实录》书影

◎宁夏总兵官左都督何福奏①："（课）［谍］② 报塔滩鞑贼龙秃鲁灰③等见在不老山，其众议欲寇宁夏，惟贼帅崽的哥以资粮不给不从。"上览奏，顾谓侍臣曰："胡寇至谲④，此语未必可信。龙秃鲁灰必心计可行，然后发言，且胡地非有耕种，不过钞掠取食，岂如中国之人必裹粮⑤，然后启行。其以资粮不给［为］⑥辞者，崽的哥恐泄其事机，故外托此为说，内实阴谋。袭我不备。朕计此时，贼若不出枪杆、野狐二岭及云州之地，必向山西大同，其速书敕往谕北京行都督府并山西都司、行都司，令简士卒，严哨瞭，固守备，不可怠忽。"既书敕，未行。山西都司奏报：鞑贼五十余人劫掠灰沟村、黄甫川之地，皆如上所计。复命侍臣曰："今不必别书敕，但于敕尾申戒之，（令虑）［令虏］⑦寇至，但坚壁固守，彼寇掠无得，计（劳）［穷］⑧食乏，又惧我军断其归路，必自遁去，切不可轻追，恐人马俱困堕其计中，不可不慎。"（卷25，第470~471页）

◎庚辰⑨……△遣中官山寿等率骑兵由枪杆岭出云州北行，与武成侯王聪等会兵觇⑩虏。兵各赉⑪一月粮。每三十里置马五匹，以备驰报。（卷43，第685页）

---

① 该条为永乐元年闰十一月丁卯，1404年1月6日事。
② 据《明太宗实录校勘记》（以下简称《校勘记》）改。《校勘记》："课报"，广本、抱本"课"作"谍"，是也。
③ 《校勘记》："龙秃鲁灰"，抱本"龙"作"笼"，下同。
④ 谲，音jué。欺诈，玩弄手段。
⑤ 裹粮，携带干粮。
⑥ 据《校勘记》补。《校勘记》："其以资粮不给辞者"，广本、抱本"辞"上有"为"字，是也。
⑦ 据《校勘记》改。《校勘记》："令虑寇至"，广本"令虑"作"令虏"；抱本作"令虏"，抱本是也。
⑧ 据《校勘记》改。《校勘记》："计劳食乏"，广本、抱本"劳"作"穷"，是也。
⑨ 永乐三年六月庚辰，1405年7月12日。
⑩ 觇，音chān。看，偷偷地察看。
⑪ 赉，音jī。送东西给别人。

◎庚辰^①，敕凡供具减半还兴和，因谓翰林学士胡广、侍讲杨荣、金幼孜曰："朕服用素俭，约非好为，节损亦天性，如此今万里出师为宗社生民之计，不得已劳苦士卒，如之何？尚役人以自奉^②耶。"广等顿首^③曰："陛下天性勤俭，如大禹又悯恤下人，如此盖人，人思尽心矣。"命于口北设车坊、黑峪、土墓三巡检司隶隆庆卫，枪杆岭、鹞儿岭、鸡鸣山三巡检司，隶宣府前卫。（卷102，第1329页）

◎癸酉^④，车驾次独石，敕北京留守群臣毋远迎妨事。△修辽东广宁右屯卫城池。△改云门驿为龙门驿，浩门驿为云门驿。（卷106，第1369页）

◎甲戌^⑤，车驾次龙门。皇太子遣兵部尚书兼詹事府詹事金忠进迎銮表、詹事府丞陆中善进袍服皆至。上曰："将士同朕勤劳，其衣裘悉敝，未有更易，朕何为独先？俟入关将士俱易衣，朕亦易之未晚。"（卷106，第1369页）

◎辛丑^⑥……改枪杆岭巡检司为长岭^⑦巡检司。置北京牧马千户所吏目一员。（卷107，第1382页）

◎己未^⑧，敕边将于长安岭、野狐岭及兴和迤西至洗马林，凡关

---

① 永乐八年三月庚辰，1410年4月17日。
② 自奉，自己日常生活享用。
③ 顿首，磕头；叩头下拜。
④ 永乐八年七月癸酉，1410年8月8日。
⑤ 永乐八年七月甲戌，1410年8月9日。
⑥ 永乐八年八月辛丑，1410年9月5日。
⑦ 《校勘记》："长岭"，抱本作"长安岭"。
⑧ 永乐十年八月己未，1412年9月12日。

外险要之地，皆崇石垣深濠堑以防虏寇。（卷131，第1615页）

◎<u>开平</u>备御、<u>成安侯郭亮</u>奏①："<u>开平</u>地临极边，无邻近卫所可以应援。其内外城垣俱用官军守瞭，至于差调巡逻及下屯架炮，皆不可阙。而城中军少，往往差调不足，宜增拨一千庶几足用。又<u>失八都</u>之地，其西当冲要之路，东北离<u>开平</u>二百余里，南抵<u>独石</u>，多有军士屯种牧马。养而无城堡堤防，故前被虏人劫其驿马。宜筑城堡，设至官军三百或五百备御。又<u>开平</u>至<u>长安岭</u>各处大站，旧有城堡，年久颓圮未修，及一路架炮，官军无障蔽。倘有警急，无所堤备。宜筑烟墩瞭望。"皆从之。（卷140，第1688～1689页）

◎癸亥②，城③<u>长安岭</u>七百八十九丈七尺。（卷142，第1699页）

◎壬辰④，驻跸⑤<u>龙虎台</u>。敕守<u>居庸关</u>及<u>长安岭</u>将校，凡从征官军，非奉敕无擅令出入，敕使往迤北及<u>开平</u>奏报边务者，必验实遣行。（卷149，第1740页）

◎丙子⑥……设<u>永宁卫</u>以统屯戍<u>口北长安岭</u>等处刑徒。（卷183，第1973页）

◎壬子⑦，行在兵部言："<u>隰宁</u>、<u>闵安</u>、<u>威虏</u>、<u>环州</u>四堡每堡旧设官军二百，皆自<u>宣府怀安</u>、<u>万全</u>诸卫调至，因无家屡逃。今新设

---

① 该条为永乐十一年六月壬戌，1413年7月12日事。
② 永乐十一年八月癸亥，1413年9月11日。
③ 城，筑城。
④ 永乐十二年三月壬辰，1414年4月8日。
⑤ 驻跸，皇帝后妃外出，途中暂停小住。
⑥ 永乐十四年十二月丙子，1417年1月6日。
⑦ 永乐十五年五月壬子，1417年6月11日。

保安左卫，五所居怀来者，俱有家室，宜令每所拨五百户往守四堡，堡令千户一员统之，其中所官军宜全伍调守，长安岭令指挥一员统之，俱听掌保安卫都指挥王礼总督。"上从之。令每堡先于保安拨二百户①，余俟酌量选补。（卷188，第2005～2006页）

◎癸丑②，命户部出粟豆三万五千石贮长安岭，令保安、隆庆、永宁、怀来等卫转运开平。从成安侯郭亮请也。（卷240，第2286页）

◎辛巳③，驻跸鸡［鸣］④山。虏之寇兴和者，闻上亲征遂夜遁，诸将请急追之。上曰："虏非有他计，能譬诸狼贪一得所欲即走，追之徒劳，少俟草青马肥，道开平、踰应昌，出其不意，直抵窟穴，破之未晚。"敕前锋都督朱荣等令驻兵雕鹗，俟大军至乃行。仍敕将士严备御。（卷247，第2314页）

◎戊子⑤，命武安侯郑亨以卒万人修龙门道路。（卷248，第2317页）

◎辛丑⑥，驻跸龙门。戍卒言："虏仓猝遁去，遗马二千余匹于洗马岭。"敕宣府指挥王礼尽收入城。（卷248，第2318页）

---

① 《校勘记》："拨二百户"，广本"户"下有"守之"二字。
② 永乐十九年八月癸丑，1421年9月19日。
③ 永乐二十年三月辛巳，1422年4月15日。
④ 据《校勘记》补。《校勘记》："驻跸鸡山"，广本、抱本"鸡"下有"鸣"字，是也。
⑤ 永乐二十年四月戊子，1422年4月22日。
⑥ 永乐二十年四月辛丑，1422年5月5日。

◎壬寅①，敕大营五军诸将，<u>龙门</u>以北道狭，各营以次前进，不得搀杂。（卷248，第2318页）

◎癸卯②，万寿圣节礼部请率文武群臣贺。上曰："今朕在外，不获祗拜宗庙，兼念士卒从征艰苦，何乐于心，勿贺。"又曰："此行，尔群臣将士共效忠勇，驱除虏寇，以安边人，贺未晚也。"（卷248，第2318页）

◎丁未③，驻跸<u>雕鹗</u>。敕太仆选壮马送军前给士卒。（卷248，第2318页）

◎辛酉④，端午节，驻跸<u>独石</u>。赐随征文武群臣宴。（卷249，第2321页）

◎乙丑⑤，车驾度<u>偏岭</u>，令将士猎于道傍山下⑥。上顾从臣曰："朕非好猎，顾士卒随朕征讨，道中惟田猎，可以驰马挥戈，振扬武事，作其骁勇之气耳。"（卷249，第2322页）

◎<u>直隶怀来卫言</u>⑦："本卫南接<u>榆林</u>，北至<u>长安岭</u>，西连<u>宣府</u>，近雨水坏桥道，请兼用兵民修理。"皇太子从之。（卷250，第2344页）

---

① 永乐二十年四月壬寅，1422年5月6日。
② 永乐二十年四月癸卯，1422年5月7日。
③ 永乐二十年四月丁未，1422年5月11日。
④ 永乐二十年五月辛酉，1422年5月25日。
⑤ 永乐二十年五月乙丑，1422年5月29日。
⑥ 《校勘记》："令将士猎于道傍山下"，广本"令"作"命"。抱本"傍"作"旁"。
⑦ 该条为永乐二十年六月辛丑，1422年7月4日事。

◎壬寅①，命武安侯郑亨、阳武侯薛禄守开平。（卷250，第2344页）

◎戊戌②，敕宁阳侯陈懋、武进伯朱荣及都督柴永正、都指挥冯答兰、指挥吴管者等赴北京。敕长安岭守将增高城垣，务令坚壮。（卷255，第2366页）

◎庚申③，车驾次万全，兵民有进马牛瓜果等物者，上命倍时直酬之。敕大营五军诸将曰：“朕不惮④劳勤，屡率将士以驱除虏寇者，非志于用武，盖为中国生民计也。尔诸将宜协心奋力，夫有精兵十万可以横行天下，一人奋躯千人莫敌，今以三十万之众当残虏，何患不克。况大义既正，（又）［必］⑤有天助，汝等勉之。奋尔谋，励尔勇，身先士卒，不懈于夙夜⑥，将何功不成？何名不立？关羽、张飞皆汉熊虎之将，其生也，忠贯日月；其殁也，庙食⑦百世，皆大丈夫所树立也。古今人才不相下，尔等勉之。如苟且偷逸，不能卓然⑧思奋，事至而无谋，敌（主）［至］⑨而无勇，以至失机，非徒隳⑩败，乃功名，国典⑪具存。朕不汝贷⑫，汝等勉之。”敕宣府、隆庆、怀来、万全、怀安等卫，“筑塞黑峪、长安岭等处缘边险要之

---

① 永乐二十年六月壬寅，1422年7月5日。

② 永乐二十一年正月戊戌，1423年2月26日。

③ 永乐二十一年八月庚申，1423年9月16日。

④ 惮，音 dàn。怕，畏惧。

⑤ 据《校勘记》改。《校勘记》：“又有天助”，广本、抱本“又”作“必”，是也。

⑥ 夙夜，朝夕，日夜。指天天、时时。

⑦ 庙食，有功者死后祀之于庙。

⑧ 卓然，卓越；突出。

⑨ 据《校勘记》改。《校勘记》：“敌主而无勇”，广本、抱本“主”作“至”，是也。

⑩ 隳，音 huī。毁坏；崩毁。

⑪ 国典，国家的典章制度。

⑫ 贷，宽恕，饶恕。

地。务令坚固，昼夜严谨守护。如寇至，兵寡不敌，星驰报来。"（卷262，第2394~2395页）

◎己未①，车驾次长安岭，享诸将［士］②。（卷270，第2447页）

◎壬戌③，万寿圣节，车驾次赤城。礼部尚书吕震奏："百官行贺礼"。上曰："今亲率将士④，问罪漠北，夙夜劳心军务，不遑⑤自宁，尚以生日为庆耶，其止勿贺。"（卷270，第2447页）

◎癸亥⑥，车驾次云州。朝鲜国陪臣申商辞还，赐之钞币。（卷270，第2448页）

◎乙巳⑦，百官素服⑧，朝夕哭临思善门外。皇太子遣书谕皇太孙，大行皇帝龙轝⑨入长安岭，即令都督李谦等率山西都司及行都司随征官军回大同操备。俟龙轝至京，论［功］⑩行赏，遣人颁给。皇太子遣谕大营五军总兵官及随征公侯伯等，奉护大行皇帝龙轝，必恭慎周密，到京之日，论功行赏。谕随驾内官马云等，亦如之。

---

① 永乐二十二年四月己未，1424年5月12日。
② 据《校勘记》补。《校勘记》："享诸将"，广本"将"下有"士"字，是也。
③ 永乐二十二年四月壬戌，1424年5月15日。
④ 《校勘记》："上曰今亲率将士"，抱本"曰"下有"朕"字。
⑤ 遑，空闲；闲暇。
⑥ 永乐二十二年四月癸亥，1424年5月16日。
⑦ 永乐二十二年八月乙巳，1424年8月26日。
⑧ 素服，用白布帛缝制的衣服。指丧服。
⑨ 轝，音yú，同舆，即车。
⑩ 据《校勘记》补。《校勘记》："论行赏"，广本、抱本"论"下有"功"字，是也。

△礼部进会议丧礼：宫中自皇太子以下，成服①日为始，服斩衰②三年，二十七月而除；诸王、世子、郡王及王妃、世子妃、郡王妃、公主、郡主以下，闻讣皆哭，尽（衰）［哀］③，行五拜三叩头礼，闻丧第四日成服，斩衰二十七月而除；凡王视事，素服、乌纱帽、黑角带，退服衰服，服内并停音乐、嫁娶，其祭祀止停百日；在京文武官初闻丧，素服、乌纱帽、黑角带，明日清晨诣思善门外，哭，五拜三叩头礼而退，各置斩衰服，于本衙门宿歇，不饮酒食肉，第四日成服。具衰服诣思善门外，朝夕哭临三日，又朝临十日，各十五举声，成服日为始，服衰服二十七日；凡入朝及衙门视事，用布裹纱帽、垂带、素服、腰绖、麻鞋，退服衰［服］④，二十七日之外，素服、乌纱帽、黑角带，二十七月而除；听选办事等官服丧服；人才、监生、吏典、僧、道人等素服，以成服日为始。皆赴顺天府朝阙设香案，朝夕哭临三日，又朝临十日，各十五举声。官员、人材、监生、吏典、僧、道仍素服，二十七月而除；文武官命妇闻丧，第四日各服麻布、大袖、圆领、长衫，麻布盖头，清晨由西华门入，哭临三日。凡命妇皆去金银首餙，素服二十七（月）［日］⑤；凡音乐，祭祀，官员、军民人等并停百日；男女婚嫁，官员停百日，军民人等停一月。军民素服［妇人素服］⑥，不妆饰，俱二十［七］⑦

---

① 成服，死者入殓后，其亲属穿着符合各自身分的丧服。

② 斩衰，丧服名。衰通"缞"（cuī）。"五服"中最重的丧服。用最粗的生麻布制做，断处外露不缉边，丧服上衣叫"衰"，因称"斩衰"。表示毫不修饰以尽哀痛，服期三年。不同时期适用范围不同。如原定子为父斩衰三年，明太祖洪武七年（1374年）起改为子为父母皆斩衰三年，清制同。妻为夫、妾为君亦斩衰三年。

③ 据《校勘记》改。《校勘记》："哭尽衰"，广本、抱本"衰"作"哀"，是也。

④ 据《校勘记》补。《校勘记》："退服衰"，广本、抱本"衰"下有"服"字，是也。

⑤ 据《校勘记》改。《校勘记》："二十七月"，广本、会典"月"作"日"，是也。

⑥ 据《校勘记》补。《校勘记》："军民素服不妆饰"，广本、抱本、会典"服"下有"妇人素服"四字，是也。

⑦ 据《校勘记》补。《校勘记》："二十日"，广本、抱本、会典"十"下有"七"字，是也。

日，在外俱以闻丧日为始。令到之日，文武官员素服、乌纱帽、黑角带，行四拜礼，跪听宣读讫，举哀①，再行四拜礼，毕，各置斩衰服，于本衙门宿歇，（酒）［不］②饮酒食肉，第四日成服。每旦率合属官僚等人服衰服，就本衙门内朝阙，设香案，朝夕哭临三日，又朝临十日，各十五举声。成服日为始，服衰服二十七日。衙门视事，用布裹纱帽，垂带、素服、腰绖③、麻鞋、退服衰服二十七日，后素服、乌纱帽、黑角带二十七（月）［日］④而除。文武官命妇闻讣，素服，举哀三日，各十五举声，去金银首饰，素服二十七（月）［日］⑤而除。军民男女皆素服（十）［一］⑥十三日，凡音乐、祭祀，官员、军民人等并停百日。男女嫁娶，官员停百日，军民停一月。皇太子命以颁中外，命礼部：在京文武官孝服，每员官给麻布一疋自制；四夷使臣，工部造与孝服；诸王、公主遣官及内文［外］⑦武官员人等诣几筵⑧祭祀者，光禄［寺］⑨备祭物、翰林院撰祭文、礼部引赴思善门外行礼；各处进香官辞归者，诸王、公主所遣，临期，司礼监请旨给赐其方面官与路费钞二十锭、余十锭以下；令京城闻丧日为始，寺观各声钟三万杵，禁（宰）［屠］⑩宰四

---

① 举哀，指办丧事时高声号哭，表示哀悼。

② 据《校勘记》改。《校勘记》："酒饮酒食肉"，广本、抱本、会典"酒饮"作"不饮"，是也。

③ 《校勘记》："腰经"，"经"当作"绖"。腰绖，旧时丧服上系于腰间的麻带或草带。绖，音dié。古代丧服上的麻带子。

④ 据《校勘记》改。《校勘记》："二十七月"，广本"月"作"日"，是也。

⑤ 据《校勘记》改。《校勘记》："二十七月"，广本、会典"月"作"日"，是也。

⑥ 据《校勘记》改。《校勘记》："十三日"，广本、抱本、会典作"一十三日"，是也。

⑦ 据《校勘记》补。《校勘记》："内文武官员"，广本、抱本、会典"内"下有"外"字，是也。

⑧ 几筵，音jǐ yán。祭祀的席位或灵座。

⑨ 据《校勘记》补。《校勘记》："光禄备祭物"，广本、抱本、会典"禄"下有"寺"字，是也。

⑩ 据《校勘记》改。《校勘记》："禁宰宰"，广本、抱本、会典"宰宰"作"屠宰"，是也。

十九日。（卷 274，第 2471～2474 页）

◎己酉①，龙鸾次（鹏）［雕］②鹗，皇太孙至御营哭迎军中，始发丧，六军号恸，声彻天地。（卷 274，第 2475 页）

---

① 永乐二十二年八月己酉，1424 年 8 月 30 日。

② 据《校勘记》改。《校勘记》："鹏鹗"，广本、抱本"鹏"作"雕"，是也。

2.《明仁宗实录》

【题解】　《明仁宗实录》10 卷，起永乐二十二年（1424 年）八月，讫洪熙元年（1425 年）五月。明宣宗朱瞻基继位后，其父仁宗朱高炽组建纂修《太宗实录》的写作班子才刚刚启动，宣宗并未另组修纂《太宗实录》的班子，而是沿用了仁敕定的写作班底，于洪熙元年闰七月，开始修纂《仁宗实录》。又于第二年五月，宣宗又正式下诏同时修纂《太宗实录》及《仁宗实录》。宣德五年（1430 年）五月，二朝实录同时进呈。其实，若二书分开来编，《仁宗实录》早就该完成了，因为仁宗继位才 10 个月的时间，也只编了 10 卷，大部分时间当用在编写《太宗实录》。

本辑据台湾"中央研究院"历史语言研究所影印本《明仁宗实录》辑录有关赤城内容。

◎壬寅①，敕大同总兵官武安侯郑亨，参将都督沈清及宣府总兵官都督谭广曰："（云）[去]② 冬以来，虏寇动静无闻，朝廷（之）[所]③ 遣使亦久不回，未审此寇今在何处，盖虏多谲诈。卿等宜思患，预防往者，天象有警，已敕堤备。"今长安岭守关指挥奏，鞑贼人马约五十余人，直抵隰宁驿劫掠，不审④是何部落。辽东武进伯朱荣亦奏，（元）[兀]⑤ 良哈鞑靼欲来卖马。又哈密近遣人进硫黄，从

① 洪熙元年二月壬寅，1425 年 2 月 19 日。
② 据《明仁宗实录校勘记》（以下简称《校勘记》）改。《校勘记》："云冬以来"，抱本、晨本"冬"作"去"，是也。
③ 据《校勘记》改。《校勘记》："朝廷之遣使"，广本、抱本、晨本"之"作"所"，是也。
④ 不审，不明白、不知道。
⑤ 据《校勘记》改。《校勘记》："元良哈"，抱本、晨本"元"作"兀"，是也。

惟叔　先帝同氣最親於今宗室最長姪切承天位所望於叔

者凡事為諸王表儀惟所行事有過不及亦望匡翼此中心之

誠惟叔亮之建內官段忠徐亮以即位詔諭雲南緬甸隴州木

邦慰司及孟定府潘甸州鎮康州辰凡剌等處并勅其土官文

帶有差　故琉球國中山王思紹世子尚巴志遣通事李傑貢

方物賜鈔幣表裏　古木山等衛指揮等官答剌哈等七十九

人來朝之鈔幣　夜有星火如雞子色青向見紫微西海外月

犯天江壬戌陞孝陵衛千戶萬勝為錦衣衛指揮僉事掌鎮撫

司事　熙尚寶司丞絕騂為訂州府通判中書舍人沈文為陳

州判官以其承樂末嘗詆奏人死罪云古木山等衛指揮把撤

溫等來朝貢馬及方物賜鈔幣表裏有差　南京地震奏貢

陽武侯薛祿養軍至赤城等處進趕虜賊斬丸百餘人生擒千

《明仁宗实录》书影

前不闻哈密产此物。先帝时，亦不曾有进，缘此数端皆须计虑。虏中既有硫黄，则制造火器，不患无人，猝遇战斗，亦须有备。大同、宣府一带空旷，虏熟经之路，宜整搠①军马，昼夜严切堤备，令各城（地）［池］②屯堡收拾坚固，各关隘口口③用心守把，各烟墩仔细瞭望，毋顷刻怠忽。古云有备无患。其慎之慎之④，庶副朕委任之重。仍敕宁夏、甘肃、辽东、山海、永平、开平诸将一体严备。（卷7上，第239页）

◎癸亥⑤，阳武侯薛禄奏，［领］⑥军至赤城等处追赶鞑贼，杀死百余人，生擒千⑦余人，余贼奔溃。上虑此贼复集余众，掩我不备。遂敕大同总兵官武安侯郑亨、参将都督佥事沈清及掌山西行都司事都督佥事李谦等，令督各烟墩昼夜瞭望，各城池屯堡严加守备，十分防慎，不可怠忽。敕宁夏、甘肃、宣府、山海、永平、开平总兵及备御官，亦如之四川泥溪长官司土官弟王碧，陕西朵匝簇（刺）［剌］⑧麻朵耳只（星）［吉］⑨言等贡马及方物，赐衣钞彩币表里有差。（卷7下，第240~241页）

---

① 整搠，音 zhěng shuò。整顿，治理。
② 据《校勘记》改。《校勘记》："令各城地屯堡"，晨本"地"作"池"，是也。
③ 《校勘记》："各关隘口口"，旧校删一"口"字。
④ 《校勘记》："其慎之慎之"，抱本作"其慎之"。
⑤ 洪熙元年二月癸亥，1425 年 3 月 12 日。
⑥ 据《校勘记》补。《校勘记》："薛禄奏军至赤城"，广本、抱本"奏"下有"领"字，是也。
⑦ 《校勘记》："生擒千余人"，广本、抱本"千"作"十"。
⑧ 据《校勘记》改。《校勘记》："剌麻"，抱本"刺"作"剌"，是也。
⑨ 据《校勘记》改。《校勘记》："朵耳只星言"，广本、抱本"言"作"吉"，是也。

3. 《明宣宗实录》

【题解】　《明宣宗实录》115卷，起洪熙元年（1425年）六月，讫宣德十年（1435年）正月。宣宗之子英宗朱祁镇继位才半年，大学士杨士奇等人便上书敕修《宣宗实录》，英宗皇帝当时只是一个8岁孩子，自然听从了大臣们的建议，在别人代拟的诏书上签了字，于宣德十年七月正式纂修。张辅任监修，杨士奇、杨荣、杨溥任总裁，王直、王英任总裁兼纂修，李进勉、钱习礼、蔺从善等34人任纂修，全部修纂人员多达91人。《宣宗实录》修了3年，于正统三年四月乙丑（1438年5月5日）完稿。共完成《宣宗实录》115卷，《宣宗宝训》12卷，加上目录、凡例，共129册。

本辑据台湾"中央研究院"历史语言研究所影印本《明宣宗实录》辑录有关赤城内容。

◎<u>阳武侯薛禄</u>奏①："<u>雕鹗</u>、<u>赤城</u>、<u>云州</u>、（<u>赤云</u>）②、<u>独石</u>诸站皆在边野，<u>开平</u>老幼余丁亦于此种田，猝有虏寇，无城可守。况<u>开平</u>与<u>独石</u>相距五站，城垣不坚，且使命往来，道路荒远，若移<u>开平卫</u>于<u>独石</u>，令镇守<u>宣府</u>都督谭所领官军筑城守备实为便益。"上曰："<u>开平</u>极边，废置非易事，当徐议。"（卷4，第110页）

---

①　该条为洪熙元年七月庚寅，1425年8月6日事。

②　据《明宣宗实录校勘记》（以下简称《校勘记》）删。《校勘记》："赤云独石诸站"，三本无"赤云"二字，是也。

範願改他戟

上諭行在吏部尚書蹇義等曰非經明不可為人師雲南

生固不通經量才授戟則人皆效用官不廢事此亦初

授之際失于酌量其改為土官衙門吏目彼知土俗亦

得展布　尼剌只兒尼多等六人來歸奏願居京自效

命為百戶賜冠帶金織襖衣綠帶銀鈔綿布鞍馬仍命

有司給房屋器物如例　陽武侯薛祿奏鵰鶚赤城雲

州赤雲獨石諸站皆在邊野開平老劫餘丁亦於此種

田捽有虜冠無城可守況開平與獨石相距五站城垣

不堅且使命往來道路荒遠若移開平衛于獨石令鎮

守宣府都督譚府領官軍築城守備寔為便益

上曰開平極邊廢置非易事當徐議　辛卯趙王高燧奏

護衛軍士當建營房原撥地少不足乞給彰德軍民之

0110

《明宣宗实录》书影

596

◎征西将军参将保定伯梁铭奏①："宁夏等卫缘边守瞭旗军旧给皮袄、皮帽，年久破坏，请再给。"上谕行（行）[在]②工部尚书吴中曰："境边苦寒，守备军士昼夜劳苦，速令陕西布政司、都司制造给付，不可后时③。其长安岭等处守瞭官军，尔工部亦制造给之。"（卷5，第128～129页）

◎守长安岭指挥阎贵等奏④："请给守关军士皮裘狐帽"。上谓行在工部臣曰："口北苦寒，未冬先雪，士卒守关瞭望昼夜勤苦，使无衣御寒，其何以堪？皮裘、狐帽，速遣人运往给之。开平、大同诸边卫皆循此例。"（卷9，第246页）

◎永宁卫指挥同知吕信奏⑤："今提督黑峪等口，四十七处军士守备，皆高山峻岭，寒冻不胜，乞如长安岭守关事例人给毛袄狐帽。"上曰："边地苦寒，皮裘之赐，朕已有命，其令工部速运，给之。"（卷10，第259页）

◎丙戌⑥，行在户部奏："总兵官阳武侯薛禄领军巡边，计开卫所储豆不足支用，今农作方兴，未可役民，宜于附近卫、所发军及余丁万人于长安岭，仓人支豆一石运赴开平。"上是其言，仍命阳武侯以兵护送。（卷16，第440～441页）

◎行在户部主事王良言⑦："开平极边之地，岁运粮给之，而军士

① 该条为洪熙元年闰七月庚子，1425年8月16日事。
② 据《校勘记》改。《校勘记》："行行"，北大本、抱本作"行在"，是也。
③ 后时，失时，不及时，或者也指后来，以后。
④ 该条为洪熙元年九月乙卯，1425年10月30日事。
⑤ 该条为洪熙元年十月丙寅，1425年11月10日事。
⑥ 宣德元年四月丙戌，1426年5月29日。
⑦ 该条为宣德元年五月丙午，1426年6月18日事。

戍守者皆有妻子，粮不足以赡其家。乞简精锐者，更番守城，令其妻子入<u>赤城</u>、<u>云州</u>立堡居之。"上览其奏，谓行在兵部尚书<u>张本</u>曰："更番之说亦是良策，亦尝有言宜<u>云州</u>立堡者，宜熟图之。"（卷17，第459~460页）

◎<u>阳武侯薛禄</u>奏备边五事[①]：其一，<u>兴和</u>、<u>保安右卫</u>及<u>开平</u>一路、<u>闵安</u>诸堡常被虏寇侵掠，今<u>北京</u>宜选将练兵以备不虞，倘有缓急，即得应援。其二，<u>环州</u>、<u>威虏</u>诸堡，正当冲要，而地远势孤，若仍修筑，工费浩繁，<u>开平</u>官军家属众多，月给为难，宜于<u>独石</u>筑城，<u>毡帽山</u>塞关移置<u>开平卫</u>。于此，俾其人自种自食，精选本卫及原调守备官军二千人分为两番，每番千人自带粮料，往<u>开平</u>戍守，既免馈送之劳，亦得备御之固。其三，<u>大同武安侯郑亨</u>所总军士守城之外尚有二万余人，<u>宣府都督谭广</u>所总军士守城之外亦有万余人，而两地相去四百余里，倘有缓急，猝难应援，宜各增都督一人，分领精兵往来巡逻，遇贼猝入，并力成功。其四，<u>天寿山</u>后别无城池围护，虽有<u>永宁卫</u>在东北山下，且无城堡，而<u>隆庆州</u>正在山后，旧城尚（有）[存][②]，修葺颇易，请移<u>永宁卫</u>于<u>隆庆州</u>城中守护。其五，<u>西阳河</u>、<u>洗马林</u>二隘口虽有烟燧，相去遥远，遇夜有寇，难以传报，宜各增置三烟燧，给与铳炮，遣人守瞭，消息易通。又缘边旧有烟燧，墙垣壕堑多已倾颓[③]，宜令<u>郑亨</u>、<u>谭广</u>各按分地督兵修筑。"上命公侯大臣议之。（卷18，第476~478页）

◎行在大理寺奏[④]："<u>开平卫</u>指挥同知<u>方敏</u>屯<u>赤城</u>，交递逃军赴<u>开平</u>，不专人押送，而令公差百户<u>何闰</u>挟带。以往，不令加意防慎，致

---

① 该条为宣德元年六月庚午，1426年7月12日事。
② 据《校勘记》改。《校勘记》："旧城尚有"，三本"有"作"存"，是也。
③ 倾颓，倒塌败坏。
④ 该条为宣德元年六月壬申，1426年7月14日事。

逃者七人。今闰已得罪，敏亦应杖降用。"上曰："阳武侯尝言，敏抚军有（功）[方]①，周知边事，今过小②，姑宥③之。"又曰："朕尝闻人有一善，辄识之不忘，凡有一材可取者，未尝以小过轻弃之，不但敏也。"（卷18，第478~479页）

◎行在户部郎中王良奏④："怀来、保安右及万全左、右四卫俱缺粮料，乞以长安岭仓所贮者分给。"上命分八万石，给之。（卷21，第558页）

◎丙戌⑤，上命行在工部凡长安岭及独石诸处守关守烽堠军士复给与胖袄、裤、鞋。先已人给毛袄狐帽各一，至是其军士皆言山高地寒，衣服单薄，守瞭艰难。上闻之，故有是命，工部尚书吴中言："旧无重给例"。上曰："边地苦寒，军士艰难，岂得不恤？"遂复给如前之数。（卷22，第589页）

◎戊寅⑥，行在户部郎中王良奏："比者⑦请运粮料一千五万石赴独石等处备用，已运五万石，其余宜循例发五军操备并彭城、永清左右三卫军士运送。"上从之，命武进伯朱冕总督。（卷25，第661页）

◎开平备御都指挥唐铭等奏⑧："孤城荒远，薪刍⑨并难，猝遇寇

---

① 据《校勘记》改。《校勘记》："抚军有功"，三本、宝训"功"作"方"，是也。

② 《校勘记》："过小姑宥之"，三本、宝训"过小"作"小过"。

③ 宥，音yòu。宽容，饶恕，原谅。

④ 该条为宣德元年九月甲辰，1426年10月14日事。

⑤ 宣德元年十月丙戌，1426年11月25日。

⑥ 宣德二年二月戊寅，1427年3月17日。

⑦ 比者，近来。

⑧ 该条为宣德二年六月丁卯，1427年7月4日事。

⑨ 薪刍，薪柴和牧草。

至，别无应援，请添拨官军、神铳守备。"下其事，太师英国公张辅及文武大臣议：皆以为欲添官军，愈难馈给。宜准阳武侯薛禄初奏于独石筑城立开平卫，以开平备御［官军］① 家属，移于新城，且耕且守。而以开平卫及所调他卫备御官军，选其精壮分作二班，每班壹千余人，更代②于开平旧城哨备，新城守御官军不足者，暂于宣府及附近卫分酌量添拨③，候发罪囚充军代还原伍。仍敕阳武侯薛禄防护粮饷之余，就彼相宜区画④，筑城安恤，毕事而归。奏上命，俟秋成后为。（卷28，第744页）

◎丁卯⑤，给龙门等口及诸台墩守备军士胖袄、裤、鞋。（卷32，第822页）

◎置隆庆州棒槌峪山巡检司⑥。初，巡检司置于长安岭，巡按监察御史邵宗言："长安岭有官军守御，其西北六十里，东南四十里，又有鸡鸣山、土墓二巡检司。而口外军民往往从棒槌峪逃逸，乞移置于彼。"从之。（卷44，第1086页）

◎辛酉⑦，守赤城指挥同知方敏奏："屯兵缺农器，欲令往北京及大同置办，须至开平卫给文凭⑧，缘路出独石之外，虏寇出没往复为艰。臣拟自置私记关防、立号簿，给批为照。"行在户部尚书郭敦言：

---

① 据《校勘记》补。《校勘记》："备御家属移于新城"，三本"御"下有"官军"二字，是也。

② 更代，更替，替换。

③ 《校勘记》："酌量添拨"，广本"添"作"分"。

④ 区画，筹划，安排。

⑤ 宣德二年十月丁卯，1427年11月1日。

⑥ 该条为宣德三年六月辛丑，1428年8月1日事。

⑦ 宣德四年正月辛酉，1429年2月17日。

⑧ 文凭，在古代是指官府发的证明文书。

"指挥无私置关防之例"。上曰："边境事或有重于此者，使守将得从便宜，则缓急可行，其从之。"（卷50，第1200~1201页）

◎增独石等处屯戍官军①。时开平卫指挥方敏于赤城管军屯种，以其地临境外，路当冲要，而军士寡弱，请益兵②，命总兵官都督谭广遣官军四百往益之。周岁更代。（卷50，第1202页）

◎命开平卫千户杨洪③，领精骑二百人专巡逻，以防虏寇。听都指挥唐铭等节制。降勑奖谕之曰："尔能竟诚尽忠，为朝廷效力，良用尔嘉，宜益慎重，毋致疏虞。有挟私④害尔者，即具奏闻，必治以罪。"（卷50，第1316页）

◎虏寇入⑤，自西冲山至赤城掠人口而去。开平卫指挥方敏在赤城管屯率兵追之，尽得所掠，且获贼马而还。事闻。上勑敏曰："寇之入境，皆尔平昔⑥不严约束所致。今既追回，亦有所获，姑记尔罪。自今益宜慎防。"谕行在兵部臣曰："西冲山守烽堠官军失于警备，致虏劫掠，其悉处军法。仍以此戒饬大同、宣府等处守边将士。"（卷55，第1318页）

◎是日⑦，虏寇入开平境，杀掠独石等处官军、人畜，镇抚张信、百户卢让死之。（卷55，第1320页）

---

① 该条为宣德四年正月癸亥，1429年2月19日事。
② 益兵，增加兵力；增援。
③ 该条为宣德四年六月癸巳，1429年7月19日事。
④ 挟私，音 jiā sī。心怀私念。
⑤ 该条为宣德四年六月丁酉，1429年7月23日事。
⑥ 平昔，以往，过去。
⑦ 宣德四年六月己亥，1429年7月25日。

◎癸丑①，赤城管屯开平卫指挥方敏奏："臣所守地②，正临极边，数有声息，遣人飞报及其回还，行在兵部不与③脚力④廪给⑤，道路艰难。"上谕兵部臣曰："飞报边警，岂是小事？而令徒步以归，是不达事体轻重。自今悉如甘肃、宁夏例与之。"（卷56，第1332页）

◎巡按监察御史劾奏⑥："开平卫指挥方敏备御赤城，恇怯⑦畏懦⑧，不能练兵御寇，乃豫徙妻子于雕鹗以避之。比寇至赤城杀掠人畜以去，士卒莫有斗志，请诛⑨敏以励其余。"上命姑宥之。降敕责敏曰："朝廷命尔领军屯守，正宜昼夜用心，谨饬兵备，使贼至无所得，贼退则据险伏兵截杀之，庶称尔职。尔乃怠弃⑩边务，但知全躯保妻子，使虏寇肆毒于边，如蹈无人之境，论尔之罪，万死莫赎，今姑宽宥，仍封御史奏章示尔，宜省咎⑪勉图后效⑫，如再失机，必杀不赦⑬。"（卷56，第1332～1333页）

◎虏寇杀宣府守神铳内官王冠⑭。时冠率官军送内官海寿至龙门，醉止田舍⑮。虏谍知袭杀之，并杀千户陈谅等，掠牛马而去。事闻，

① 宣德四年七月癸丑，1429年8月8日。
② 《校勘记》："臣所守地"，广本、礼本"地"下有"方"字。
③ 不与，不赞成。
④ 脚力，传递文书、搬运货物、行李的人或牲口。
⑤ 廪给，俸禄；薪给。
⑥ 该条为宣德四年七月癸丑，1429年8月8日事。
⑦ 恇怯，音kuāng qiè。胆小怕事；怯懦。
⑧ 畏懦，胆怯软弱。
⑨ 诛，把罪人杀死。责罚。
⑩ 怠弃，荒废。
⑪ 咎，过失，罪过。
⑫ 后效，日后努力的成绩。
⑬ 《校勘记》："必杀不赦"，广本、"赦"作"宥"。
⑭ 该条为宣德四年七月丁卯，1429年8月22日事。
⑮ 田舍，本意为田地和房屋，但多泛指农舍或农家、农村。

上遣敕责都督谭广曰："王冠擅出，尔为总兵不阻之，致死贼手，冠不足责。尔老将也怠事①如此，过实归谁？特念旧勋，姑寘②不问，自是当加饬励③，毋蹈前失。"并敕大同总兵官武安侯［郑］④亨、蓟州守备都督陈景先、密云都指挥蒋贵等警备，仍戒饬⑤各处内官不许自擅轻出。时内官在边者挟势⑥恣肆⑦，非总兵所能制，上闻知，故戒之。（卷56，第1340～1341页）

◎敕赤城管屯备御开平卫指挥方敏、王俊等以所领官军⑧，听总兵官都督谭广节制⑨。（卷59，第1417页）

◎甲寅⑩，宣府总兵官都督谭广奏："缘边墩隘为雨所坏，今冬令难修，恐贼窥伺入寇，欲分缘边诸卫神铳手之半，与各卫马队相无分布西阳河至龙门口诸屯堡，以备不虞。"从之。（卷59，第1417页）

◎乙丑⑪，宣府总兵官都督谭广奏："是月十九日夜，虏寇百余人入雕鹗，杀伤浩岭驿官军，掠挐畜⑫。怀来卫已发军剿捕，开平卫指挥方敏、王俊不出兵策应，请治其罪。"上曰："暮夜仓猝，或有不及，姑宥之，令巡边立功，再犯不恕。"（卷59，第1420页）

---

① 怠事，懒于治事。
② 寘，音 zhì。同"置"。
③ 饬励，亦作"饬厉"。谓使思想言行合礼制规范。
④ 据《校勘记》补。《校勘记》："武安侯亨"，三本"侯"下有"郑"字，是也。
⑤ 戒饬，告戒。
⑥ 挟势，倚仗威势或权势。
⑦ 恣肆，音 zì sì。肆：无顾忌。指放纵无顾忌。
⑧ 该条为宣德四年十一月癸丑，1429年12月6日事。
⑨ 节制，指挥管辖。
⑩ 宣德四年十一月甲寅，1429年12月7日。
⑪ 宣德四年十一月乙丑，1429年12月18日。
⑫ 挐畜，牲畜。

◎乙亥①，宣府总兵官都督谭广等奏："长安岭以北独石、雕鹗等处屯种军余宜徙入长安岭以南为便。"遂敕广曰："此虽便于堤备，然未知开平差使往来及人情动静若何，须公私两便然后可行，其再计议以闻。"（卷60，第1425～1426页）

◎庚戌②，以大祀南郊，上御正朝文武群臣受誓戒。宣府总兵官都督谭广奏："赤城屯堡，垣墉③卑狭④，比贼屡入劫掠。今屯守官军虑其复至，欲暂徙长安岭南，候春暖择利便地，修筑城堡，增兵守备，半年一更为便。"时，开平卫余丁⑤唐子英等亦告，欲移入长安岭南耕种，每岁候大军运粮之时，随往开平供送正军，为守御之计。遂敕广等曰："朕以边务，付尔事有便，宜从尔斟酌。但宜审度，务保十全。"（卷61，第1445页）

◎乙卯⑥……升赤城致仕指挥佥事汪贵为都指挥佥事。先是，虏寇犯赤城，备御指挥同知方敏率众御之，为寇所毙，贵所部斩获功多，故有是命。阳武侯薛禄言："和宁王阿鲁台再遣使朝贡将至，宜预调官军一千五百往居庸关，五百往怀来守备。"从之。宣府总兵官都督谭广言："宣府诸卫少马，请增给五千匹。"命发顺天府孳牧马二千五百往给之，余二千五百令广遣官军赴御马监关⑦。（卷61，第1446页）

---

① 宣德四年十二月乙亥，1429年12月28日。
② 宣德五年正月庚戌，1430年2月1日。
③ 垣墉，垣墙。
④ 卑狭，音bēi xiá。矮小；狭隘。
⑤ 余丁，指充军役以外的丁口。军中编外人员。
⑥ 宣德五年正月乙卯，1430年2月6日。
⑦ 《校勘记》："令广遣官军赴御马监关"，"关"下应有"给"字。

◎宥保安卫指挥同知王俊死罪^①，降充军立功。俊先守赤城，虏寇边，俊与指挥方敏率军御之。敏战死，俊不之援，与其麾下^②解甲^③弃弓矢脱身走，不归赤城，径走宣府。上闻，命法司逮至。初，欲杀之，至是宥死，谪充军，俾立功赎罪。（卷62，第1466页）

◎直隶怀来卫指挥同知许信奏^④："长安岭迤北直抵开平别无城堡，数有虏寇而粮储充积^⑤，宜戒不虞。请给军器为备。"从之。（卷64，第1500页）

◎赤城备御都指挥佥事汪贵奏^⑥："独石诸驿军士二百余人旧皆驿养马递送，比虏寇掠去马驴^⑦，遂移置诸军于长安岭。今二百余人及各处取至清出^⑧新军并补伍军多以无粮逃窜，乞不为常例，如开平守城军士暂给月粮与备御军士相兼守备。"从之。（卷64，第1523页）

◎阳武侯薛禄奏^⑨："永宁卫、团山及雕鹗、赤城、云州、独石四站最为紧要，应筑城堡。当用夫匠五万人，人赍^⑩两月粮，防护官军用万人，医者二十人。"上命所司，悉如数给之。（卷65，第1531页）

◎戊寅^⑪，命阳武侯薛禄、丰城侯李贤等率师筑赤城等处城堡。

---

① 该条为宣德五年正月丁卯，1430年2月18日事。
② 麾下，音 huī xià。即部下。
③ 解甲，音 jiě jiǎ。脱下作战时穿的铠甲。
④ 该条为宣德五年三月壬寅，1430年3月25日事。
⑤ 充积，盈满。
⑥ 该条为宣德五年三月戊辰，1430年4月20日事。
⑦ 《校勘记》："马驴"，广本"驴"作"骡"。
⑧ 清出，犹超拔，突出。
⑨ 该条为宣德五年四月丙子，1430年4月28日事。
⑩ 赍，音 jī。携带；持。
⑪ 宣德五年四月戊寅，1430年4月30日。

敕大同总兵官武安侯郑亨发军一万人，大同府发民夫五千人，宣府总兵官都督谭广发兵一万一千二百人，保安、隆庆、蔚州共发民夫八百人赴役。仍令以精骑一千五百防护，皆听禄节制，并赐之诗，有"出车命南仲，城齐维山甫"之句。禄稽首受赐，退，问少傅杨士奇，南仲、山甫何如？士奇具以告，且曰："上以古之贤人待尔也。"禄拊心①曰："禄本武夫，安敢望前贤然？"上所命亦不敢不勉②，庶几③万一有以报上恩。（卷 65，第 1532 页）

◎行在户部奏④："定各处中纳盐粮则例：京仓，云南、安宁等井盐每引⑤米五斗。宣府卫仓，淮、浙盐每引三斗五升；山东、福建盐每引二斗；河间、长芦盐每引四斗；四川、广东盐每引二斗。山海卫仓，淮、浙盐每引三斗五升；山东、福建盐每引二斗；河间、长芦盐每引四斗。甘肃卫仓，淮、浙盐每引米、豆、麦四斗。宁夏卫仓，灵州盐课司小盐池盐，若陕西、山西所属客商每引米麦四斗五升，宁夏卫并所属客商米六斗。"又奏："定独石开中盐粮例：淮、浙盐每引米二斗五升；山东、福建、河东、广东、四川盐俱一斗五升；云南、安宁等井盐三斗。"初，阳武侯薛禄言："立赤城等处城堡，宜广储积于

---

① 拊心，音 fǔ xīn。击胸。表示悲伤或愤慨。
② 不敢不勉，不敢不勉励自己努力。勉力去做。
③ 庶几，音 shù jī。表示希望的语气词，或许可以。
④ 该条为宣德五年四月己卯，1430 年 5 月 1 日事。
⑤ 盐引，给予商人凭以运销食盐的专利权证。明清时官府在商人缴纳盐价和税款后，由户部印发的称为"盐引"；由各地盐政所发的称为"盐票"。

独石，开中盐粮。^①"遂命户部议。至是，议奏，俱从之。（卷65，第1534页）

◎丁酉^②，阳武侯薛禄奏："开平岁运粮四万石，人力不齐，请令行在兵部、五府议其用力多寡，立为定例。"上命尚书张本与五府议本等议："自京师至独石立十一堡，每堡屯军士千人，各具运车计日半可毕，一运三日，则运粮二千石，六十日可运四万石。其包席就所发仓给之，布囊则官给之。别用军五百人，专于京仓发运之际，应杂役。如运车猝难办集，量给官驴^③运去。其粮运至独石新城，内置仓收贮。令开平备御官军分番^④于独石搬运，副总兵都督冯兴专领军防护。"上从之。仍命武进伯朱冕总督。（卷65，第1542~1543页）

◎行在都察院奏^⑤："宣府前卫指挥佥事王林守龙门关，不严守备，私令军士出境捕鹿，为寇所伤，寇因入屯堡，杀掠人畜。鞫讯^⑥明白，律当斩。"上曰："朕常戒边将，虽无寇时亦常如寇在目前，日夜严备。此人不遵朕言，致下人受害，其遣人械送宣府集将校^⑦斩以徇。"（卷67，第1573页）

---

① 开中法，明代鼓励商人输送米粮至边塞而给予食盐运销权的制度。洪武三年（1370年）仿宋折中法，召商运输米、麦、豆、粟至边塞或边远缺粮地区，政府登记缴粮种类和数量，以及应支盐数，发给盐引，商人持引赴产地支盐，在指定地区贩销。初行于山西大同。洪武四年定中盐则例，输米开封、襄阳、大同、太原、北平、河南、西安等十八仓，计道路远近，五石至一石不等，给淮盐一引。永乐（1403~1424年）以后又令纳马、铁等物换盐。初时有利于充实边饷、开垦荒地（商人在边境设商屯）和运粮食盐。到成化年间（1465~1487年），招商承办，不计产销，权贵专擅盐利，官商勾结舞弊，开中法被破坏。弘治五年（1492年）改为纳银，此法废。

② 宣德五年四月丁酉，1430年5月19日。

③ 《校勘记》："官驴"，广本"驴"作"骡"。

④ 分番，轮流。

⑤ 该条为宣德五年六月辛未，1430年6月22日事。

⑥ 鞫讯，鞫音jū，审问犯人。

⑦ 校，音jiào。古代刑具。枷械的统称。

◎初①，筑独石、云州、赤城、雕鹗城堡完，上命兵部尚书张本往独石与阳武侯薛禄议守备之方。敕禄曰："一切边事，卿与本共熟筹之，必有益于国，有便于人，可以经久。"至是，本还，上所议请以兵护送开平卫所，印信及军士家属置于独石等城堡，且屯且守，专以马步精兵二千分为二班，令都督冯兴总之，都指挥唐铭、卞福各领一班自带粮料更番往来。开平故城哨备其各城堡守备军数则独石二千，云州、赤城各五百，雕鹗三百，俱于隆庆左、右二卫调发，如不足，则以保安卫足之，其山海、怀来各卫留守开平官军悉令还卫，本复奏："自今犯罪充军者，悉遣往实新立城堡。"皆从之。（卷67，第1574～1575页）

◎阳武侯薛禄奏②："独石城合用守备军器及巡更③铜牌、更鼓等件。"命行在工部给之。（卷67，第1575页）

◎壬午④，置万全都指挥使司。时，关外卫所皆隶后军都督府，上以诸军散处边境，猝有缓急，无所统一，乃命宣府立都司。命都指挥使马升、同知毛翔、武兴升指挥使，朱谦为都指挥佥事，俱往治司事，宣府等十六卫所皆隶焉。（卷67，第1579页）

◎赤城备御都指挥汪贵奏⑤："赤城新设城堡，守备合用铳、炮、火药、金鼓、旗号等项。"上命行在工部悉给之。（卷67，第1583页）

---

① 该条为宣德五年六月壬申，1430年6月23日事。
② 该条为宣德五年六月丙子，1430年6月27日事。
③ 巡更，夜间巡逻，打更。
④ 宣德五年六月壬午，1430年7月3日。
⑤ 该条为宣德五年六月丁亥，1430年7月8日事。

◎辛卯①，命都督佥事方政充副总兵，自开平、独石至长安岭、永宁往来巡备，遇有儆②急，与总兵官都督谭广相应援。（卷67，第1586页）

◎行在兵部奏③："南、北二京直隶卫所屯田无官总督。"上命都指挥同知崔忠、都指挥佥事赵荣督北京直隶卫所，都指挥佥事宋斌、黄恭督南京直隶卫所。又奏："都指挥佥事韩镇言，阳武侯薛禄调隆庆左、右二卫官军八百二十九人，之在永宁备御者，悉往独石等处守备。缘永宁路通外境，今调去二卫官军守备④，寡弱请留之。"事下，兵部议："今议浔⑤独石等处尤为要地，所调官军当以半往，仍留半于永宁，庶两无所尖。"从之。（卷68，第1592页）

◎辛酉⑥，宥赤城备御都指挥佥事汪贵罪。先是，虏寇入赤城潘家庄屯杀虏人口，贵奏："百户张胜失防御，请罪之。"上曰："贵所任何事而委罪于胜?"命行在兵部移文⑦诘⑧之。至是，贵奏"请伏罪"⑨，命姑宥之。（卷68，第1603页）

◎太保阳武侯薛禄卒⑩。禄，山东胶州人，起卒伍⑪从太宗皇帝靖

---

① 宣德五年六月辛卯，1430 年 7 月 12 日。
② 《校勘记》："遇有儆急"，三本"儆"作"警"。
③ 该条为宣德五年七月辛丑，1430 年 7 月 22 日事。
④ 《校勘记》："守备"，礼本"备"作"御"。
⑤ 浔，同"得"。
⑥ 宣德五年七月辛酉，1430 年 8 月 11 日。
⑦ 移文，也称"移"，"移书"，是一种起源很早的平行文种。常常是针对内部不同意见而发，多用于晓谕和责备，文辞比较温和，重在改变对方看法。
⑧ 诘，音 jié。谴责，问罪。
⑨ 伏罪，承认自己的罪。
⑩ 该条为宣德五年七月辛酉，1430 年 8 月 11 日事。
⑪ 卒伍，泛指军队，行伍。

内难，首建奇功，累升后军都督府都督金事。永乐六年，升都督同知。八年，从车驾北征，进荣禄大夫、右军都督府右都督兼左军都督府事。时，四方选至幼军，数万悉命隶禄训练。十五年，建北京宫殿，命董营缮①，加奉天靖难②，推诚宣力③武臣，特进荣禄大夫、柱国，封阳武侯，食禄千五百石。追封三代皆侯爵④，赐诰券⑤。二十一年，扈从北征。还，奉命讨平湖州叛寇。二十二年，复扈从北征。还，仁宗皇帝嗣位，加太子太保，子孙世袭侯爵。奉命巡北边，适虏寇云州，率兵追至大松岭，斩获甚众。事闻，赐敕嘉奖。遣中官及鸿胪卿⑥，即军中劳之，加岁禄五百石。洪熙元年，佩镇朔大将军印，率师巡北边。宣德元年，庶人高煦反，车驾亲征，命禄为前锋。先二日，围其城，罪人既得，留抚绥城中军民。明年秋，从车驾巡边，出会州，解后⑦虏寇塞下，与战，败之。遂镇蓟州、永平。四年，率师护兵饷开平者。再五年春，复佩镇朔大将军印，巡边至凤凰岭，遇虏逆战，斩其渠寇⑧，尽收其家口孳畜，升太保，居三月。奉命城永宁、赤城、独石，皆从禄所言也。禄平居无事，未尝忘危，每计边务言之

---

① 董，监督管理。营缮，土木工程的修建。

② 奉天靖难，1398年，朱元璋死后，新继位的建文帝觉得诸位皇叔的权力过重，决定采纳大臣齐泰、黄子澄的建议进行削藩，以统一军事，仅用不到一年的时间，解除了周、湘、齐、代、喉五王。建文元年（1399年）七月，当建文帝准备肖夺燕王时，燕王朱棣便举兵反叛。初五，燕王召集将士，誓师起兵，以"清君侧""诛奸臣"为名，自称"奉天靖难"。"靖"指平息，扫平，清除。"靖难"代表平定祸乱，平息战乱，扫平奸臣的意思。

③ 推诚宣力，推诚，以诚心相待。宣力，效力；尽力。

④ 侯爵，古时封建五等爵位的第二等。五等爵指的是公、侯、伯、子、男五等。

⑤ 诰券，皇帝赐封臣下所颁发的文书。

⑥ 鸿胪卿，职官名，周代叫"大行人"，秦代和汉初叫"典客"，汉武帝太初年间改其名为"鸿胪"。是专管朝廷庆贺吊丧赞导之礼的。这样，从汉代开始，就有了鸿胪卿或鸿胪省。北齐置鸿胪寺，后代沿置。南宋、金、元不设。明清复置，为掌管朝会、筵席、祭祀赞相礼仪的机构。正四品衙门。设卿1人，左、右少卿各1人。鸿胪寺卿掌四夷朝贡、宴劳、给赐、送迎之事及国之凶仪、中都祠庙、道释籍帐除附之禁令，可以说是古代的外交官。

⑦ 《校勘记》："解后"，旧校删此二字。

⑧ 渠寇，大盗、匪首、强盗头子。

亹亹①，或诮②其琐屑者，终不为变③。盖其志奉国惟恐不尽，为将勇智兼备，常无事筹画④，用心之至，以夜继日，故所向成功，未尝败北，间一二临阵中矢石⑤罥创，赴斗有进无退。其率师所过，纪律严明，秋毫无犯，而抚恤士卒，人人归心，若董缮作，规制有方，力不烦费，功率坚久⑥，人亦罕及焉。其董筑城之役，竣事将归，以疾闻。上遣中官以御医往视，且赐敕谕劳至京，犹力疾入见。上慰谕再四既归，第日赐医药，遣中官临问。至是，卒，讣闻。上震悼，遣官赐祭追封鄞国公，谥忠武。命有司治丧葬，凡丧葬之仪，皆优厚。盖特恩云。（卷68，第1603～1606页）

◎戊辰⑦，副总兵都督金事方（正）［政］⑧言："边务便宜四事：其一，原调往独石官军二千人，内欲以四百人分益云州、赤城守备。其二，欲以原选宣府分班开平哨备官军一千人，半存独石，半还宣府，依期更代。其三，于原选开平一千人内留千户杨洪所领五百人往来独石，禽捕虏寇于万全都司拨有马者五百人补之。其四，独石等四处守备官军三千三百人，内欲选一⑨千人，随从哨备。"上悉从之。（卷68，第1612页）

◎行在刑部都察院奏⑩："罪囚⑪应运砖者，已送工部，今以贫乏

---

① 亹，音wěi。孜孜不倦。
② 诮，音qiào。责备。
③ 《校勘记》："终不为变"，广本、礼本"终"上有"禄"字。
④ 《校勘记》："无事筹画"，旧校改"无"作"先"。
⑤ 矢石，指箭和垒石，古时守城的武器。
⑥ 《校勘记》："功率坚久"，广本"率"作"卒"。
⑦ 宣德五年七月戊辰，1430年8月18日。
⑧ 据《校勘记》改。《校勘记》："方正"，三本"正"作"政"，是也。
⑨ 《校勘记》："一千人"，抱本"一"作"二"。
⑩ 该条为宣德五年七月戊辰，1430年8月18日事。
⑪ 《校勘记》："罪囚"，广本"罪"作"狱"。

不能运砖，仍送还法司，未有定议。"上命同工部议拟以闻。至是，议奏杂犯死罪："职官、吏典、人材、医士、僧、道、民人，发终身炒铁或摆站；监生、生员发烦难衙门永充吏；将军、力士、校尉军及余丁，发边境充军①立功，有功复原役，无功止终本身。徒流罪：将军、力士、校尉军及余丁，各依年限准杂工满日复原役，余官吏人等，依年限炒铁②、摆站③，满日为民。杖罪准工十月，笞罪准工五月，满日各还职役。宁家④军职官依行在工部先奏准事例，运砖未完及全不运者，限三月，再不完，应死罪者，发独石充军立功；徒流罪降一等；杖罪住俸半年；笞罪住俸三月；复职若逃，应死罪者，发辽东边卫充军；徒流罪降二等杖；笞罪皆依律。杖罪住俸半年，笞罪住俸三月，复职若发充军逃者，处死。今后问拟犯人，审其无力运砖者，请令杂犯死罪，准杂工五年，徒流罪各依年限准工，杖罪准工十月，笞罪准工五月，满日各还职役宁家。"从之。（卷68，第1612～1613页）

◎癸酉⑤，副总兵都督方政奏："独石、赤城、雕鹗备御官军，有患病者无医治疗。"上谕行在礼部臣曰："朕恒念边军劳苦，况有疾乎。"其令太医院给药遣医士二人往疗，半年一更。（卷69，第1617页）

◎行在兵部尚书张本言⑥："居庸关及东西关口六十五处，初以隆庆左、右二卫官军分守，今二卫军士分守独石、赤城，而居庸各关缺守者多，紫荆关腹里之地，有官军九百余人，又有金坡镇巡检司官兵，宜令镇守居庸关指挥芮助及紫荆关指挥赵得往视诸关口，缓急量拨军士分守。"上是其言。（卷69，第1620页）

◎修独石新城等处烟墩①。时，开平备御都指挥唐铭奏："独石新城及长宁、平戎二处烟墩损坏。"上曰："此皆丰城侯李贤等用工苟且②，时贤等往筑永宁、隆庆城，遂降敕责之，且命二城工毕，仍往独石修筑，务极完固，以盖前愆。"（卷69，第1620页）

◎山西布政司参议王俊有罪③，谪充军。俊以督公务至沁州，索取州官财物，又于公宇④挟妓⑤宴饮。事觉，上命杖之，发独石充军。（卷71，第1659页）

◎上命行在户部令⑥："有司加厚加抚恤，免其徭役一年。"开平卫指挥同知方敏子景，奏请袭父职。上谕行在兵部臣曰："敏昔守赤城失机，致边人为虏寇所害，不许。"复曰："后有类敏失机者，其子孙虽应袭，亦不与袭，著为例。"（卷72，第1687页）

◎行在兵部奏⑦："隆庆左、右二卫言，副总兵都督方政，每卫调取官军一千一百人，往独石等处守备。缘二卫官兵先已调云州等处，若再调发则隆庆地方守备不足。今考二卫军数，除选调之外，各处屯守官军及谪发充军者尚多。请令副总兵方正于隆庆左、右及保安卫官

---

① 该条为宣德五年八月辛巳，1430年8月31日事。
② 苟且，只顾眼前，得过且过。
③ 该条为宣德五年十月壬申，1430年10月21日事。
④ 公宇，旧时指官府的所在地。
⑤ 挟妓，带着妓女。挟，搂着，带着。
⑥ 该条为宣德五年十一月甲寅，1430年12月2日事。
⑦ 该条为宣德五年十一月己未，1430年12月7日事。

军调三千人，往<u>独石</u>等处更番守备，其轮次月日从<u>方政</u>处置。……"皆从之。（卷72，第1692页）

◎庚午^①，给<u>长安岭</u>并<u>独石</u>等处守关口台墩^②军士胖袄裤鞋。（卷73，第1697页）

◎丁亥^③，敕副总兵都督<u>方政</u><u>开平卫</u>抚恤新军。初，<u>独石置城堡移开平卫</u>于其中，而命政领兵守之，凡罪人应死者，皆宥死，发本卫充军。至是，敕政等曰："<u>独石</u>新军，初皆犯法当死，朕不忍杀之，故令充军。近闻管军者，悉贪暴武人，谓其初来，必挟重资^④，遂欲夺之。无则横加虐害，多致逃窜死亡。孤朕宽宥之意，尔等善加抚恤。凡官旗有肆贪虐者，必罪之。"时，<u>辽东</u>诸卫亦有宥死发充军者，敕总兵官［都督］^⑤<u>巫凯</u>亦如之。（卷73，第1708~1709页）

◎行在户部奏^⑥："<u>甘肃</u>、<u>宁夏</u>、<u>大同</u>、<u>宣府</u>、<u>独石</u>、<u>永平</u>等处俱^⑦边境要地，民粮艰于转输。比年，虽召商中盐途程险远，趋中者少供用不敷，宜暂许各处寓居官员、军余有粮之家，各纳米豆，不拘资次。于<u>淮</u>、<u>浙</u>等处支盐，其中纳定例：<u>甘肃</u>、<u>宁夏</u>、<u>大同</u>、<u>宣府</u>仓，<u>淮</u>、<u>浙</u>、<u>河东</u>盐每引米四斗；<u>山东</u>、<u>福建</u>盐三斗；<u>河间</u>、<u>长芦</u>盐三斗五升；<u>四川</u>、<u>广东</u>盐二斗五升。<u>永平府</u>仓，<u>淮</u>、<u>浙</u>、<u>长芦</u>、<u>河东</u>盐每

---

① 宣德五年十二月庚午，1430年12月18日。
② 《校勘记》："台墩"，旧校改作"墩台"。
③ 宣德五年十二月丁亥，1431年1月4日。
④ 重资，借以安身立命的重大本事、技能。
⑤ 据《校勘记》补。《校勘记》："总兵官巫凯"，广本"官"下有"都督"二字，是也。
⑥ 该条为宣德五年闰十二月丁未，1431年1月24日事。
⑦ 《校勘记》："俱边境要地"，广本"俱"作"皆"。

引四斗五升；山东、福建盐三斗五升；四川、广东盐二斗五升。独石城①仓，淮、浙、长芦盐每引三斗；河东盐二斗五升；山东、福建、四川、广东盐俱二斗。"从之。（卷74，第1724页）

◎副总兵②都督佥事方政奏③："近缘边屡有声息④，已整军防备，而云州、赤城诸堡及新筑永宁卫、隆庆州城俱乏军器，请给之。"上谓行在工部尚书吴中等曰："守御之策当城池高深，兵革坚利，然虽有城堡而器用不足亦不能成功。所需者悉与之。"（卷75，第1749页）

◎副总兵都督方政奏⑤："独石诸堡皆临极边，屡有声息，而军士所关之马，多年小力弱不任驱驰，又有因出哨死伤而未关者，乞令所司选给堪乘者庶几⑥缓急得济⑦。"上谓行在兵部尚书许廓等曰："此边将所当计虑⑧者，悉如所奏与之。"（卷76，第1770页）

◎命武进伯朱冕率官军运粮往独石等处⑨。行在户部言："宜如往年，发五府属卫及口外各卫军丁，与顺天等府民丁，相兼摆堡接运。"上曰："方春，民务耕种，但遣军士运之，勿动民丁。"（卷76，第1771页）

◎庚申⑩，武进伯朱冕奏："奉命总督官军运粮往独石等处，臣思

① 《校勘记》："独石城仓"，广本无"城"字。
② 《校勘记》："副总兵"，广本、礼本"兵"下有"官"字。
③ 该条为宣德六年正月甲午，1431年3月12日事。
④ 声息，情况或消息。
⑤ 该条为宣德六年二月甲寅，1431年4月1日事。
⑥ 庶几，或许可以。
⑦ 得济，得以成功。
⑧ 计虑，计策谋略。
⑨ 该条为宣德六年二月乙卯，1431年4月2日事。
⑩ 宣德六年二月庚申，1431年4月7日。

去年拟运四万石，兵部发①五军诸卫官军列堡转运，往还路远，止得二万石上仓，今欲运十五万石，若仍旧法，恐难集事②。请于宣府操备官军及万全都司再摘③五千人各从近增立五堡，庶无稽误。"从之。（卷76，第1775页）

◎命武进伯朱冕往独石等处巡视边备及戒饬边将④，务守法奉公，如虐害军民及擅取一毫者皆治罪。时冕统兵运粮赴独石，故并命之。（卷77，第1784页）

◎开平卫百户刘信以失机被逮⑤，大理寺论信当杖一百充军，信自陈"初守赤城堡，寇先犯堡，信与敌，被伤。及寇再至，信守内堡而外堡被掠。"上曰："此法司不究⑥情，既被伤又守内堡，无失何以罪？"遂释之。（卷78，第1803～1804页）

◎监察御史何敬家人市蔬鬻蔬⑦者，以钞烂不鬻⑧，敬杖之二十竟死。行在都察院论敬法应死。上命宥死，杖一百，发独石充军。（卷78，第1810页）

◎总兵官都督谭广奏⑨："宣府粮少，请如开平、独石例，召商中纳云南、安宁、黑盐等井盐粮以实仓廪⑩。"从之。（卷79，第1830页）

---

①　《校勘记》："兵部发五军诸卫官军"，广本"发"作"拨"。
②　集事，成事；成功。
③　摘，选取。
④　该条为宣德六年三月丁卯，1431年4月14日事。
⑤　该条为宣德六年四月丙申，1431年5月13日事。
⑥　究，音 guǐ。奸邪、作乱。
⑦　鬻 yù 蔬，靠卖自己种的蔬菜为生。指隐居生活。
⑧　该条为宣德六年四月戊申，1431年5月25日事。
⑨　该条为宣德六年五月辛未，1431年6月17日事。
⑩　仓廪，音 cāng lǐn。储藏米谷之所。

◎免关外军丁运粮①。时,武进伯朱冕奏:"已率官军运粮六万余石至独石、云州等处,近因多雨,挽运甚艰,又关外正军守备隘口,余丁悉令运粮,所种田地不得耘锄②,恐至秋无收,乞暂止为便。"上谓行在户部臣曰:"冕言诚是,宜亟止之,召冕还京,俟秋收后再议。"(卷79,第1844~1845页)

◎独石、云州、雕鹗城因雨颓坏③,命以本处军士修筑。(卷79,第1846页)

◎行在兵部奏④:"总兵官都督谭广言都指挥唐铭再取宣府官军往开平哨备,缘先奉敕开平哨备官军选本卫一千人,宣府等处一千人及内官萧愚原领神铳手三百人分作两班,久已选定遣赴独石听铭管领更番往来,今铭朦胧重取,请治其罪。"上曰:"铭,武臣,姑记勿问,哨备官军依前处分失机误事则罪之。"(卷80,第1855页)

◎开平卫奏⑤:"本卫及赤城各处城垣为雨所坏,台墩亦多颓圮。"命万全都司发各卫军修筑。(卷80,第1860页)

◎己未⑥,谪赤城备御都指挥汪贵充为事官,往广西。初,贵科敛⑦军士财物,又克减官给军士绵花,入已法司,论监守自盗,斩。上曰:"朝廷念边军寒,故赐之。彼若能爱恤军士,岂恶侵夺,使下人受苦残恶不仁,斩之非过,但念其前劳,姑宥死,令充为事官,

---

① 该条为宣德六年五月己丑,1431年7月5日事。
② 耘锄,除草和松土用的锄头。
③ 该条为宣德六年五月壬辰,1431年7月8日事。
④ 该条为宣德六年六月丙午,1431年7月22日事。
⑤ 该条为宣德六年六月甲寅,1431年7月30日事。
⑥ 宣德六年六月己未,1431年8月4日。
⑦ 科敛,凑集或搜刮钱财。

诣广西听总兵官山云调使，改过自效。"（卷80，第1867页）

◎宥孟瑛、陈浚、谢凤、宁懋罪①。充为事官。瑛尝袭父保定侯爵，坐弟贤逆谋夺爵，谪云南；浚右军都督佥事；凤湖广都指挥同知，从守交阯；懋南宁卫指挥使，坐事谪戍交阯，皆坐预王通谋，法司议浚等当诛。上念瑛旧劳，浚、凤、懋颇有材干，亦非通所亲厚者，恃皆宥之。命充为事官，令瑛、凤往宣府，听总兵官谭广调；浚、懋往独石、赤城，听副总兵方政调。（卷81，第1878~1879页）

◎行在兵部奏②："总兵官都督谭广言宣府诸驿皆军卫，给马军务奏报日繁而马不足，且驿中铺陈什物行粮廪给亦多未具，请增设马、驴③及措置铺陈④等物。今议口外丰峪驿至开平五驿止通一路，以环州等驿摆站军士递送，宜量给马、驴，若丰峪至云州四驿，属隆庆卫军递送，宜分所有马驴给之，岔道、榆林等驿欲增设马驴，请行太仆寺于寄养官驴及余剩马内给之，摆站旗军就万全、山西二都司附近卫所量拨铺陈，行粮廪⑤给行山西布政司量给为便。"上从其言。（卷81，第1882~1883页）

◎总兵官左都督谭广奏⑥："比者副总兵都督佥事方政言，'故龙门县及李家庄地当要冲，宜于故龙门县立一卫、李家庄堡立一千户所，修筑城池并烟墩一十五座，分军屯守。'命覆勘之，政所言实便利。"上从之。（卷81，第1885~1886页）

---

① 该条为宣德六年七月甲戌，1431年8月19日事。
② 该条为宣德六年七月壬午，1431年8月27日事。
③ 《校勘记》："马驴"，广本、礼本"驴"作"骡"，下同。
④ 铺陈，摆设；布置。
⑤ 粮廪，音 liáng lǐn。粮食。
⑥ 该条为宣德六年七月乙酉，1431年8月30日事。

◎敕总兵官都督谭广①，以农隙②筑故龙门县及李家庄城堡，设立烟墩，其力作及防护官军于万全都司及山西行都司调用。设龙门卫于龙门县，以山西护卫官军调在大同、宣府者，各一千往守之；设龙门守御千户所于李家庄，以山西护卫官军在宁化千户所者五百七十五人、在代州振武卫者内发五百人往守之。（卷81，第1886～1887页）

◎丙午③，初，行在后军都督府奏："万全都司近边，粮饷为重。请如云川④诸卫令罪囚纳米赎罪。"上命三法司与户部议："今后万全都司及属卫所问罪囚，除真犯外，其文职官吏犯赃者皆如律，若非犯赃，其轻重罪囚有力纳米者以近就近，运赴独石等卫仓，纳完俱如运砖例各还职役。死罪一十二石、流罪十石、徒八石、杖五石、笞三石。宣府隆庆、永宁、怀来、开平、保安诸卫、兴和千户所有犯，运赴独石仓，怀安、万全、保安右卫，美峪、广昌二千户所有犯运赴宣府仓。"从之。（卷82，第1899页）

◎上谕行在工部尚书吴中曰⑤："开平哨备及缘边守瞭⑥军士艰难，宜给皮裘狐⑦帽、鞋、裤御寒。"卿早为计度⑧，遣官运往给之。（卷82，第1901页）

---

① 该条为宣德六年七月丁亥，1431年9月1日事。

② 农隙，农事闲暇时候。

③ 宣德六年八月丙午，1431年9月20日。

④ 《校勘记》："云川诸卫"，广本"川"作"南"。笔者按《校勘记》作"南"，疑为误，当为"州"。

⑤ 该条为宣德六年八月辛亥，1431年9月25日事。

⑥ 《校勘记》："守瞭"，广本"瞭"下有"官旗"二字。

⑦ 《校勘记》："皮裘狐帽"，广本"狐"作"皮"。

⑧ 计度，计较；衡量。谋划。

◎庚申①，命丰城侯李贤充左副总兵，恭顺侯吴克忠充右副总兵，武进伯朱冕充参将，率师运粮往独石等处。（卷82，第1908页）

◎丁亥②，宥四川都指挥佥事万贵罪。贵以受赇③，不严边备，致番人邀阻④饷道⑤杀掠人畜。事觉，三法司鞫问⑥，服罪，拟律杖一百，发边远充军。上曰："武夫知嗜利而已，然番夷之变，亦非独贵所致，朕念其自小旗积劳⑦六十年至此，姑从宽典⑧，罚役赎罪，调赤城备御。"（卷83，第1925页）

◎癸卯⑨，副总兵都督佥事方政以新立龙门卫及龙门守御千户所请给器械、旗鼓等物。上命行在工部如数给之，语尚书吴中曰："兵甲坚利而后足以制寇，然地利不如人和尤须戒励⑩主将善抚士卒，人心既和以守则固，战则胜边境可永无虞。"（卷84，第1932页）

◎壬子⑪，行在都察院奏："开平都指挥唐铭役军士出城采薪刍，为虏所掠，虽后竟脱归，请正铭私役之罪。"上曰："边将令军士取薪刍非大过，且所掠既归，可宥之。"（卷84，第1935页）

---

① 宣德六年八月庚申，1431年10月4日。
② 宣德六年九月丁亥，1431年10月31日。
③ 赇，音qiú。贿赂。
④ 邀阻，拦挡阻截。
⑤ 饷道，亦作"饟道"。运军粮的道路。
⑥ 鞫问，音jū wèn。审讯。
⑦ 积劳，累积功劳。
⑧ 宽典，宽大的法令。
⑨ 宣德六年十月癸卯，1431年11月16日。
⑩ 戒励，告诫勉励。
⑪ 宣德六年十月壬子，1431年11月25日。

◎癸丑①，先是，上从都督方政奏设龙门卫所，调大同、宣府、宁化、振武诸卫所军携家属往戍，后户部郎中王良言：“口外冰冻，馈饷艰难，乞且留军属于宣府就粮过冬。”上是其言。至是，政奏良沮②军务暗邀人心，请督诸军携家属同赴龙门并乞罪良。上曰：“政急欲成事，盖为国谋，今天寒地冻，军士携妻子暴露道途，亦有可悯，况新建卫、所，室庐未创，粮储未备，良所言亦是，宜以来春发遣。”遂命兵部移文谕政。（卷84，第1935～1936页）

◎命开平卫致仕指挥使杜福提调龙门守备③。时，新立龙门卫及千户所，地连闵安、大松林、潮河川，正当冲要之路，新调官军未能谙练。副总兵都督佥事方政言：“福备知④险要，历练老成，宜令于龙门提调守备。”故复用之。（卷84，第1951页）

◎行在大理寺奏⑤：“营州左屯卫百户范英往金华等府勾军⑥得六十六人⑦，回至通州受银币等物皆纵遣⑧之，于律应绞，近例罚役还职。”上曰：“军官惟恐军伍不实，卖军得不死幸矣，若更还职，人何所惩，发赤城充军，所卖之军悉追逮罪之。”（卷85，第1974页）

◎行在户部奏⑨：“去年武进伯朱冕等运粮十五万石往独石，后

---

① 宣德六年十月癸丑，1431年11月26日。

② 沮，阻止。坏，败坏。

③ 该条为宣德六年十一月癸未，1431年12月26日事。

④ 备知，周知；尽知。

⑤ 该条为宣德六年十二月壬子，1432年1月24日事。

⑥ 勾军，征兵。

⑦ 《校勘记》：“六十六人”，广本作“六十人”。

⑧ 纵遣，释放遣发。

⑨ 该条为宣德七年正月丙子，1432年2月17日事。

因冕奏停止未运四万六千四百余石，今天气渐暖，请遣京卫军士运之，并运今年十五万石。"上从之，命冕总督，都督韩僖副之。（卷86，第1982页）

◎遂安伯陈英卒①。英祖志，四川重庆府巴县人。从太宗皇帝靖内难积功，封遂安伯。英，初袭故父春之职，为燕山中护卫指挥佥事，及志卒，遂袭伯爵，屡从征漠北。后充总兵官，镇永平、山海。宣德元年，召还掌前军都督府事总右掖军操备，复镇蓟州、山海。五年，往独石、云州、赤城、永宁筑城堡及还总右掖军馈运边粮。至是，卒赐祭命有司治葬如例。英为人爽闿②，然在永平恣③其贪酷，人忿怨之。（卷86，第1983页）

◎壬午④，敕大同总兵官武安侯郑亨发军士三千五百人，委都指挥许斌领赴长安岭，宣府总兵官都督谭广发军四千人，委都指挥毛翔领赴赤城俱听武进伯朱冕等总督粮运。（卷86，第1987页）

◎置万全都司龙门卫经历司经历、龙门守御千户所吏目各一员⑤。（卷87，第2009页）

◎总兵官都督谭广奏⑥："昨奉敕旨发万全兵往烂柴沟等处，助大同戍兵修筑营堡。今大同当调官军三千五百人与万全兵同赴赤城运粮，臣请增拨万全兵如大同之数，而令大同应调者自于本处就近

---

① 该条为宣德七年正月丁丑，1432年2月18日事。
② 闿，音kǎi。古同"恺"，欢乐。
③ 恣，音zì。放纵，无拘束。
④ 宣德七年正月壬午，1432年2月23日。
⑤ 该条为宣德七年二月癸丑，1432年3月25日事。
⑥ 该条为宣德七年二月己未，1432年3月31日事。

供役，俱省劳费，庶几两便。"从之。（卷87，第2015页）

◎副总兵都督方政奏[1]："独石等处惟西猫儿峪未有城堡而当寇贼之冲，已遣千户杨洪领骑士屯驻且耕且守。"上从之。因谕兵部尚书许廓等曰："屯守有方足以制敌，朕以边事委政，凡所调度听其自择，朕不中制[2]也。"（卷88，第2023页）

◎副总兵都督方政奏[3]："独石、云州、赤城、雕鹗四处并龙门卫、龙门千户所城垣俱沙土，不坚屡被雨坏，请令军下余丁陶甓[4]包砌。"上谓行在工部尚书吴中曰："边境城垣当坚固，然陶甓非易事，用人亦须以时，宜令审度[5]而行，必使农功不废，包砌亦完乃可耳。"（卷89，第2042页）

◎行在户部奏[6]："重拟边境中盐粮例：宁远、独石、肃州三处，淮、浙盐每引米二斗五升；河间、长芦盐三斗；山东、河东、福建、四川、广东盐俱一斗五升。宣府、大同、山海、龙门、甘州、宁夏六处，淮、浙盐每引三斗；河间、长芦盐三斗五升；山东、河东、福建、四川、广东盐俱二斗。"从之。时，各处总兵官皆请召商纳米实边[7]，故也。（卷89，第2043页）

◎戊申[8]，调赤城备御都指挥佥事汪贵任万全都司。先是，万全

---

① 该条为宣德七年三月辛酉，1432年4月2日事。
② 中制，从中干预。
③ 该条为宣德七年四月辛丑，1432年5月12日事。
④ 陶甓，陶砖。泛指古物。
⑤ 审度，认真察看并估量。
⑥ 该条为宣德七年四月壬寅，1432年5月13日事。
⑦ 实边，充实边疆。
⑧ 宣德七年四月戊申，1432年5月19日。

都指挥使<u>唐铭</u>、都指挥佥事<u>卜福</u>更番领军戍守<u>开平</u>。至是，<u>福</u>有目疾，副总兵都督<u>方政</u>请以<u>贵</u>代，而令<u>福</u>专守<u>独石</u>，故命之。（卷89，第2046页）

◎设行在锦衣卫<u>驯象千户所仓</u>①，<u>万全都司龙门卫仓</u>、<u>龙门守御千户所仓</u>，各置仓副使一员。……（卷89，第2053页）

◎<u>成国公朱勇</u>奏②："<u>永乐</u>间运粮口外，<u>止供开平官军</u>及备大军支用。近来不依旧例樽节③，一概放支，以致连年偿运④不息。若<u>辽东</u>卫所亦系极边，且耕且守，其供不出于民。今诸边卫皆请仿此。遂上便宜八事：其一，<u>万全都司</u>所辖地方<u>洗马岭</u>、<u>长安岭</u>、<u>黑峪口</u>⑤等处烟墩隘口并<u>宣府</u>神机营官军月粮，宜令于本处附近支，不许擅离信地。其二，<u>开平</u>哨备官军粮料就于<u>独石仓</u>支为便，<u>万全左</u>等卫宜令于<u>宣府</u>仓带支前去。其<u>开平卫</u>旗军家小见在⑥<u>云州</u>、<u>赤城</u>、<u>雕鹗</u>屯住，月粮宜令于<u>长安岭</u>、<u>怀来</u>仓支。其三，<u>蔚州</u>、<u>保安</u>、<u>隆庆</u>、<u>永宁</u>等州县俱与<u>长安岭</u>相近，其所征豆料、秋粮今后岁输<u>独石仓</u>为便。其四，<u>万全都司</u>所属<u>怀来</u>、<u>永宁</u>、<u>隆庆左右</u>等卫旗军家小月粮，<u>永乐</u>间于在<u>京</u>及<u>昌平</u>等处关，请依旧例，今年自九月收成之后至十二月，<u>宣府</u>等卫所军士月粮，乞以其半折阔布，不为常例。其五，<u>宣府</u>未调<u>左</u>、<u>右</u>二卫官军之时，调<u>蔚州</u>、<u>美峪</u>等卫所官军操备。今<u>宣府</u>既有<u>左</u>、<u>右</u>二卫在城，原有<u>宣府前卫</u>并<u>兴和所</u>官军守备，其<u>蔚州</u>等卫所调者合令回卫。马队俟<u>开平</u>轮哨，步队俟来春屯田。除食

---

① 该条为宣德七年四月丙辰，1432年5月27日事。
② 该条为宣德七年五月丙戌，1432年6月26日事。
③ 樽节，音 zūn jié。节省。
④ 偿运，赶运；催运。
⑤ 《校勘记》："黑峪口"，抱本"峪"作"谷"。
⑥ 见在，现时；现在。

用之外，每人岁纳细粮六石，<u>蔚州</u>、<u>保安</u>二卫，<u>美峪</u>、<u>广昌</u>二所俱令送<u>宣府</u>仓收，其余卫分就本处仓收。<u>宣府前</u>等卫守城等项旗军，亦宜照例摘拨屯田，如有警急，悉听调用。其六，<u>隆庆州</u>乃是腹里，已有<u>永宁</u>等四卫并神机营在外保障。今调<u>怀来</u>官军二百余名备御，且无盔甲、器械，闲逸费粮，令回卫屯种为便。其七，<u>怀来</u>等卫所调官军挈家于<u>顺圣川</u>草场养马，离卫三百余里①，关粮往复艰难。宜令本卫委官径赴<u>蔚州</u>等卫仓就近支给。其八，<u>宣府前卫</u>及<u>广昌</u>等卫所官军千户<u>蒋镇</u>等一百六十余人，<u>永乐</u>间调去<u>辽东</u>备御，经久不代，资费甚难，宜令回原卫。"上令行在户部会官议，皆以为宜。惟<u>宣府</u>调赴<u>辽东</u>官军不动，余悉从之。令郎中<u>王良</u>、都督<u>毛翔</u>专理屯种，务臻成效。（卷90，第2066~2068页）

◎行在兵部奏②："有令自<u>居庸</u>至<u>山海</u>诸关口，凡三月一点视③。唯<u>居庸关</u>外自<u>荆子村</u>，<u>黑峪口</u>至<u>长安岭</u>，北抵<u>独石</u>接<u>龙门关</u>，西抵<u>天城</u>诸烟墩隘口，虽有守备，未经点阅，请一体遣官巡视。如设置未备军士有缺，器械不精，督令修补，务须完固。若军官恣为蠹弊④，即具实奏闻，付法司治之，庶知儆戒⑤。"上从之。命<u>新建伯</u><u>李玉</u>择武职一员、锦衣卫官一员、同御史二员点视。（卷91，第2078页）

◎户部员外郎<u>罗通</u>奏⑥："<u>龙门</u>千户所并<u>独石</u>、<u>赤城</u>、<u>云州</u>、<u>雕鹗</u>四堡及<u>龙门卫</u>，俱系极边，新立城池，比因缺食，遣<u>武进伯</u><u>朱冕</u>

---

① 《校勘记》："三百余里"，圣证记"三"作"二"。
② 该条为宣德七年六月己亥，1432年7月9日事。
③ 点视，查点察看。
④ 蠹弊，音 dù bì。弊病。
⑤ 儆戒，告诫人使注意改正缺点错误。
⑥ 该条为宣德七年十一月辛酉，1432年11月28日事。

等帅军五万运京仓粮一十五万未足，而运粮者口粮已支七万，今按宣府至独石仅三百里，四日可到，至赤城、云州、雕鹗三日，至龙门卫二日，若以山西布政司税粮比上年多拨十万石，令总兵官谭广分拨所统军士及万全都司军运送，七日可以往回，庶不劳转输，而边军足食。又宣府前卫库有青、红、绿布四万一千五百疋，保安等卫仓有折粮布九万六千九百余疋，年久不用，颜色黔暗，渐将陈腐，宜准作军士家属月粮，可折粮五万余石，如此则布不徒，积边储有备。"上命行在户部即议，行之。（卷96，第2175页）

◎常州府知府莫愚朝觐①至京②，有府吏告愚受赇等事。愚亦言此吏尝盗用府印及犯他罪，论徒而逃方捕之急，所告臣事皆诬，请与质对。上谕行在刑部臣曰："朕选用郡守，责其除奸，可使为奸人反噬③，即杖吏一百，发赤城充军，令愚复任。"（卷98，第2212页）

◎庚午④，命宣府总兵官都督谭广发万全都司军士三千七百五十人支独石仓粮料三千石，遣指挥朱谦率兵二千人防护往开平。（卷100，第2246页）

◎宣府总兵官都督谭广奏⑤："独石城临近极边，今千户杨洪率骑士五百人挈家移守西猫儿峪，而独石空城正当贼寇出没之处，倘有警急卒难应援，请添领神铳手一百五十［人］⑥，于开平卫马步官

---

① 朝觐，谓臣子朝见君主。
② 该条为宣德八年正月甲戌，1433年2月9日事。
③ 噬，音 shì。咬。
④ 宣德八年三月庚午，1433年4月6日。
⑤ 该条为宣德八年五月乙卯，1433年5月21日事。
⑥ 据《校勘记》补。《校勘记》："神铳手一百五十"，广本、礼本"十"下有"人"字。

军内选拔精锐①一百五十人共三百人于独石操备。"从之。（卷102，第 2277～2278 页）

◎癸酉②，命陈浚为后军都督佥事充参将，代副总兵都督佥事方政，提督开平、独石、长安岭、永宁诸处巡逻备御。浚先任都督，在交阯坐失守下吏后，上知事非浚得专制，遂原之。命以为事官，从方正立功自效。至是，召政还京，擢③浚代总其事。（卷102，第 2286～2287 页）

◎参将都督佥事陈浚奏④：比虏寇至开平沙窝，杀百户王贤，军士被伤者十人，掠马及军器。都指挥使唐铭等失于哨备，请治其罪。上曰："虏寇出没不时，边备其可不谨，令御史责铭等死罪状，俾戴罪理事，仍停俸一年，如再误事不诛。"（卷103，第 2306 页）

◎独石守备参将都督陈浚奏⑤："都指挥卞福老疾不堪将领。今开平卫指挥使杜衡年壮有谋，弓马精练，请令总督独石、开平备御。仍训练马队官军，有警则与千户杨洪僇力御寇。"从之。（卷105，第 2352 页）

◎开平卫指挥使杜衡奏⑥："独石城垣未甃砌，请发本卫及备御官军于附近各处冲口，挑筑墙壕，以备不虞。"上曰："今天寒地冻难施工，比春又有农务，亦不可兴役，候来岁秋获后以渐为之。"

---

① 《校勘记》："精铳"，疑应作"精锐"。

② 宣德八年五月癸酉，1433 年 6 月 8 日。

③ 擢，音 zhuó。提拔，提升。

④ 该条为宣德八年六月己酉，1433 年 7 月 14 日事。

⑤ 该条为宣德八年闰八月癸酉，1433 年 10 月 6 日事。

⑥ 该条为宣德八年十月丁卯，1433 年 11 月 29 日事。

（卷106，第2380页）

◎乙未①，开平哨备都指挥佥事汪贵奏："请如旧设隰宁、闵安、威虏、环州四堡拨军瞭守。"上语②行在兵部臣曰："开平官军已移入独石、赤城屯戍，留守开平者不过千人。若设四堡，又当增兵，兵多地远供给良难，其令陈浚熟计③何者为便，具实以闻。"（卷107，第2388～2389页）

◎命大同总兵官武安侯郑亨发军士五千人④，宣府总兵官都督谭广发军士七千七百人，支独石仓粮料一万二千七百二十石运赴开平，仍遣官军护送。（卷107，第2397～2398页）

◎丁卯⑤，参将都督佥事陈浚奏："独石城临极边，而城中官军乃调开平哨备，乞留三百人守城，别于蔚州等卫调三百人，代往开平。"从之。（卷107，第2399页）

◎壬申⑥，命赤城备御都指挥佥事万贵⑦还松潘。贵先守松潘，有罪调赤城，至是，四川总兵官都督方政言："贵善治军事，蛮人信服，请复前任。"从之。（卷107，第2403页）

◎宣府总兵官都督谭广奏⑧："昨独石守备参将都督佥事陈浚

---

① 宣德八年十一月乙未，1433年12月27日。
② 《校勘记》："上语行在兵部臣曰"，广本"语"作"谕"。
③ 熟计，周密地谋划。
④ 该条为宣德八年十二月甲子，1434年1月25日事。
⑤ 宣德八年十二月丁卯，1434年1月28日。
⑥ 宣德八年十二月壬申，1434年2月2日。
⑦ 《校勘记》："万贵"，广本"万"作"高"。
⑧ 该条为宣德九年正月庚寅，1434年2月20日事。

奏，请留开平官军三百人守独石，而选蔚州卫军以补开平之数。今独石军士已足守备，开平乃孤悬要地，军士久居熟知寇路，他处调来守逻之军，赖为乡导①，若易以蔚州卫军恐致疏失，乞调蔚州卫军于独石守备，其原守开平者如旧。"从之。（卷108，第2410页）

◎癸卯②，命万全都指挥使马昇充参将率官军提督开平、独石、长安岭、永宁等处巡哨备御。时都督佥事陈浚卒，故命昇代之。（卷108，第2414页）

◎给守御龙门等墩口戍卒二千余人毛袄、狐帽③。（卷108，第2426页）

◎己亥④，开平独石等处备御参将都指挥使马昇奏："云州、赤城二堡守备官军皆止六百余人，卒遇警急，不足于用。隆庆左卫初拨官军五百人于独石备御，请留神铳手九十二人，余悉遣守云州。又请以蔚州等卫官军三百人于赤城、雕鹗守备，留开平等卫官军三千三十二人守独石。"从之。（卷109，第2453页）

◎丁卯⑤，升开平卫指挥使杜衡为万全都司指挥佥事，大同右卫指挥使邓英为都指挥佥事……（卷110，第2468~2469页）

◎开平独石等处备御参将都指挥使马昇奏⑥："龙门守御千户所

---

① 乡导，向导带路的人。乡通"向"。
② 宣德九年正月癸卯，1434年3月5日。
③ 该条为宣德九年二月壬戌，1434年3月22日事。
④ 宣德九年三月己亥，1434年4月30日。
⑤ 宣德九年四月丁卯，1434年5月28日。
⑥ 该条为宣德九年八月癸丑，1434年9月11日事。

原拨山西黎城等县税粮供军饷，近年输运不足，今赤城、雕鹗二堡粮饷俱缺，乞令万全都司发军于宣府仓运米给之，龙门千户所六千石、赤城堡六千石、雕鹗堡三千石，仍乞令山西附近州县增运宣德九年秋粮以备军饷。"从之。（卷112，第2514页）

◎开平独石等处备御参将都指挥使马升奏①：赤城等堡及诸烟墩隘口备御军士皆缺铠仗盔甲铳炮。命行在工部给之。（卷112，第2516页）

◎开平等处备御参将都指挥使马昇奏②："近虏寇至独石北冲路口，守备百户刘政领兵追至北沙沟，斩首三级，生擒男妇③八人械送至京。"上命行在兵部议赏政。（卷113，第2555页）

◎行在户部右侍郎王佐奏④："昨，户部员外郎罗通言：万全都司所辖德胜口守备官军四千六百九十余人，缘山筑长城、浚壕堑、设烽、置堡，屯守兼备。其宣府乃内地，在城三卫一所，又调蔚州诸卫官军八千余人，操备士马众多，坐费馈饷，未尝出境巡逻。若长安岭迤北至独石新立四堡，皆临极边，备御官军通计三千三百人，有故者三百五十余人，不足于用。而粮料供给皆出山西大同等府，山路崎岖，转运实难。比乏馈饷又劳京军攒运⑤，切惟云州至雕鹗皆可田之地，官军私种获利。请分调宣府见操官军三千三百余人于云州、赤城、雕鹗诸堡，与原调官军通六千六百人，半以巡哨，半以

---

①　该条为宣德九年八月戊午，1434年9月16日事。

②　该条为宣德九年十月甲子，1434年11月21日事。

③　男妇，男与女。

④　该条为宣德九年十二月丙午，1435年1月2日事。

⑤　攒运，音 zǎn yùn。亦作"儧运"。赶运；催运。

屯田，军与田一顷，官给牛具、种子，令对名供给，一岁之后住①其月粮。开平、龙门卫所官军亦用是法。倘遇缓急，则下屯之士亦可调用，庶官府省转输之劳，而士卒无劳逸不均之患。臣佐奉命往与都督谭广等议之，广以为赤城诸堡地临极边，宜增守备。宣府皆是冲要，士卒亦不可少，其屯守对给，犹恐岁有丰歉，亦难预拟。今欲分调宣府官军，请仍留一千操备，而以一千人于云州诸堡与旧军相兼屯守，千三百人于宣府各卫屯种输纳子粒，乞敕兵部后有法当充军者，皆发云州诸堡屯守。"上谕行在兵部尚书王骥曰："赤城诸堡既是极边，宜以蔚州诸卫军士之在宣府者千五百人益之，留千三百人宣府屯种，云州诸堡增军，一如所言。"（卷115，第2578～2579页）

◎行在兵部尚书王骥言②，昨虏寇入境劫掠人畜，开平卫正千户杨洪率兵追捕斩首三级，追还男妇八人，令具官军首从功状以闻。上命首功升一级，为从者给赏。（卷115，第2582页）

---

① 住，停止。
② 该条为宣德九年十二月庚戌，1435年1月6日事。

4. 《明英宗实录》

【题解】 《明英宗实录》361卷，起宣德十年（1435年）正月，讫天顺八年（1464年）正月。包括正统、景泰两朝以及英宗复位后天顺年间史事。

英宗朱祁镇在抗击蒙古瓦剌部内侵的土木堡战役中被俘，蒙古人长驱直入，后临北京城下，朝廷大臣遂拥立英宗之弟郕王朱祁钰为皇帝，是为代宗景泰皇帝。景泰七年，已放归北京的"太上皇"朱祁镇发动政变，夺回了帝位，改元天顺。从此，代宗被贬为郕戾王。景泰7年的历史，在英宗之子宪宗修的《英宗实录》中，也被作为"废帝郕戾王附录"，附在正统朝之后。由于有以上的复杂背景，因此《英宗实录》的修纂过程，就出现一些波折。

天顺八年正月，英宗皇帝去世，其子宪宗朱见深继位，7个月后，即天顺八年八月戊戌，宪宗帝下诏纂修《英宗实录》。命孙继宗任监修，陈文、彭时、李贤任总裁，刘定之、吴节、李绍任副总裁，柯潜、万安、李泰等任纂修，全部纂修人员达100人。于成化三年（1467年）八月修成，前后整整花了3年时间。

《英宗实录》的修纂十分复杂，它牵涉到怎样处理夹在正统与天顺之间景泰7年的历史，怎样处理好代宗朱祁钰的地位。长期秉笔直书的传统史德教育，使这些封建史官抱定"据实直书"的信念，但严酷的现实又让他们不要忤犯时忌，李景隆、解缙等人的下场又时刻向他们展示出实录修纂不慎的可怕后果。不少人似乎有点不大情愿修英宗实录，借守制尽孝推三辞四，但深层的原因恐怕还是不愿因修是非较多的《英宗实录》而惹上麻烦。在修纂过程中，史馆还是将景泰皇帝的历史编为87卷，以"郕戾王附"的名义，附于

《英宗实录》的正统朝之后，但仍然称朱祁钰为"帝"。

本辑据台湾"中央研究院"历史语言研究所影印本《明英宗实录》辑录有关赤城内容。

明英宗寶錄　卷二一四

大明英宗睿皇帝實錄　○廢帝郕戾王附錄第三十二
景泰三年三月甲午朔　太上皇帝居南宮　給三千宮官軍
馬二百匹宣府等處守備官軍馬一千匹　遣官百户把把哈
只等四人来歸進駞馬賜鈔綵段布等物有差○奏賛雲南軍
務于大理寺左少卿鄭顒奏雲南山路崎嶇不通舟楫糧銀貴
甚于他邊今大軍駐貴州普定衛糧儲尚缺乞將雲南文職衛
門土流官員不分在任久近果無贓犯七品以上應封贈本身
并父母妻室者流官自備米四十石土官三十石八品九品止
給中身贜流官自備米二十石土官三十石俱赴普定衛倉交
納請給誥封從之　以銀二千兩給大同所屬衛所軍之種子
耆三千兩於懷石馬營等處軍之牛具種子者令其趁時耰種
耕種　勅謝襄垣　不遵埠曰比听奏副都御史年富事清乞全

一

4599

《明英宗实录》书影

◎癸亥①，复龙江左卫指挥佥事宁懋职。懋，都督正之子，宣德初，坐②与王通不忠事，谪官赤城备御。至是遇赦，故复之。（卷2，第57页）

◎行在兵部奏③："五军都督府缺官掌事，及陕西湖广都司亦缺都指挥，请以各都司都指挥及各卫指挥，推选老成练达者擢用之。遂疏浙江都指挥佥事张真等、龙门卫指挥使等官赵玟等十四人以闻。"上曰："都督府事宜，以侯伯掌之，更选以闻。张真、丁信、毛礼、曹义、马翔、杨福、高亮、徐文、陈震、葛亮十人召来京师，其赵玟、文弘广、李徽、张孟喆，见在边卫者，不可轻动。"（卷3，第68页）

◎起为事官④，李安为行在右军都督府都督佥事充副总兵，往甘肃同总兵官都督同知刘广提督操备。先是，凉州等卫屡有警，上虑广无赞佐者，遣人召安于赤城。安原封安平伯为事立功。至是，宥其罪而擢之。且赐敕并谕广以同心协和，共饬边备，毋徇私偏执，以误事机。（卷4，第88页）

◎万全都司都指挥佥事杜衡奏⑤："哨备开平官军，道经独石，其行粮遣兵护运，路远艰难。欲令哨备官军就于独石顺赍⑥，庶免远运之劳。"事下，行在户部覆奏，从之。（卷4，第89页）

---

① 宣德十年二月癸亥，1435年3月20日。
② 坐，介词，因，由于。
③ 该条为宣德十年三月辛巳，1435年4月7日事。
④ 该条为宣德十年四月辛酉，1435年5月17日事。
⑤ 该条为宣德十年四月辛酉，1435年5月17日事。
⑥ 顺赍，顺便携带。

◎降宣府卫指挥姚昇充军立功①。时镇守开平等处参将都督佥事马昇奏:"昇私役军人,出境捕鱼。"上以缘边头目率皆怠慢,罔遵法度,故有是罚。(卷5,第103页)

◎己未②,升龙门卫指挥使赵玟为都指挥佥事,保安右卫指挥佥事张孟喆署都指挥佥事。从行在兵部推选也。(卷6,第123页)

◎命后军都督佥事马昇充左参将③,升万全都指挥佥事黄真④为后军都督佥事充右参将,分守开平、独石、怀来等处地方。(卷7,第134页)

◎甲午⑤,镇守独石等处左参将都督佥事马昇奏:"先有达贼侵掠龙门,已借都督谭广八百人马策应,今屡瞭见达贼出没,乞将所借人马暂留哨备,待秋成后仍回宣府。"从之。(卷7,第143页)

◎乙未⑥,谪⑦为事官罗汝敬戍赤城。汝敬既逮至京,法司鞫其妄引诏例,擅复职,坐以斩罪。汝敬疏称冤枉。上命[法]⑧司会谳⑨之,覆奏汝敬罪难容。但陕西三司及往还使人咸谓其改过自新,事有条理,军民利便之。乃宥死戍边。(卷7,第144页)

---

① 该条为宣德十年五月辛巳,1435年6月6日事。

② 宣德十年六月己未,1435年7月14日。

③ 该条为宣德十年七月己卯,1435年8月3日事。

④ 《明英宗实录校勘记》(以下简称《校勘记》):"黄真",广本"真"作"直"。

⑤ 宣德十年七月甲午,1435年8月18日。

⑥ 宣德十年七月乙未,1435年8月19日。

⑦ 谪,音zhé。封建时代特指官吏降职,调往边外地方:谪迁。谪戍。

⑧ 据《校勘记》补。《校勘记》:"上命司会谳之",广本、抱本"命"下有"法"字。

⑨ 谳,音yàn。审判定罪。

◎升<u>开平卫</u>指挥金事<u>杨洪</u>为指挥使，以御虏有功也①。（卷7，第 144 页）

◎太师<u>英国公张辅</u>奏②："臣闻备边捍患，乃国家之重务；御侮敌忾，实臣子之当为。洪惟升下③嗣承④大统百度，惟新命大将以守边，封择廷臣而典⑤藩郡，安养军民之心深且至矣。近者<u>辽东</u>、<u>山海</u>、<u>独石</u>、<u>大同</u>时被丑虏侵掠，欲弃守而追，又恐乘虚而入，在我进退惟谷⑥，在彼出没自如，譬之星星之火，不扑恐其燎原，涓涓之水，不塞恐其决堤。伏望升下⑦命将出师剿除之。"上命行在兵部议。于是尚书<u>王骥</u>等会同五府奏："胡寇弗率犯我边境，来如云集，去如鸟散，虽有骁骑，莫知所追。切见<u>辽东</u>、<u>大同</u>、<u>宣府</u>、<u>独石</u>、<u>山海</u>各处军马不为不多，但其训练无实。是以成效未臻。如<u>开平</u>哨备指挥使<u>杨洪</u>所领军马不过五百，贼皆畏避，各处官军岂无如<u>洪</u>者。顾所以用之，何如耳乞命大臣分行各处，会同总兵等官精选所操官军，就选骁勇有智略头目如<u>洪</u>者领之，利其器械，丰其刍粮，各分所守，专一巡哨，贼来剿杀⑧，去则不追。其在<u>京</u>见操军马，乞简命素谙⑨将略二三大臣充总兵官，慎选骁勇精锐官军四万人，厉兵秣马，按甲以待，万有一警⑩，相机殄灭⑪，斯为万全之计。"上从其议。命兵部举堪充总兵官者，命<u>成国公朱勇</u>、<u>新建伯李玉</u>会同兵部

---

① 该条为宣德十年七月丙申，1435 年 8 月 20 日事。

② 该条为宣德十年七月丁酉，1435 年 8 月 21 日事。

③ 《校勘记》："升下"，旧校改作"陛下"。

④ 嗣承，继承。

⑤ 典，主持，主管。

⑥ 谷，喻困境。

⑦ 《校勘记》："伏望升下"，广本"望"作"乞"。旧校改"升"作"陛"。

⑧ 《校勘记》："贼来剿杀"，抱本作"贼来助剿"。

⑨ 谙，音 ān。熟悉。

⑩ 《校勘记》："万有一警"，旧校改作"万一有警"。

⑪ 殄灭，殄音 tiǎn。灭尽、灭绝。

选在京官军，分遣御史给事中会同边将选在外官军。因加杨洪游击将军，仍于开平、独石等处选官军二千余骑，付洪领之。（卷7，第145～146页）

◎宣德十年八月庚子朔①，上谕："行在礼部臣曰：今边境用兵，赤城巡哨官军备极艰苦。尔礼部速差官赍银布往赏劳之：官银二两、军一两、红绿绵布二匹。"（卷8，第151页）

◎给赤城等处官军战马一千四百余匹②。（卷8，第151页）

◎乙卯③，敕宣府等处总兵等官都督谭广等曰："近者，开平送至所护达子言，瓦剌脱欢部落不合④，多有背叛。既而察之，其言支离不一，盖虏寇谲诈，或设此计缓我边备。尔等须严加隄备⑤，不可怠忽⑥。自古边将轻信间谍之言，而致丧败者多矣。尔等戒之"（卷8，第157页）

◎镇守开平独石等处左参将都督金事马昇奏⑦："赤城、云州、雕鹗三堡，俱临边境，仓无粮储，请于三堡设仓，召商纳盐粮庶得，军储不缺。事下，行在户部覆⑧得准，赤城堡宜设仓纳盐粮，以备警急⑨。"从之。（卷8，第157～158页）

---

① 宣德十年八月庚子，1435年8月24日。
② 该条为宣德十年八月庚子，1435年8月24日事。
③ 宣德十年八月乙卯，1435年9月8日。
④ 《校勘记》："部落不合"，广本、抱本"合"作"和"。
⑤ 《校勘记》："须严加隄备"，广本"严"作"愈"，"隄"作"防"。
⑥ 怠忽，懈怠轻忽而不专心。
⑦ 该条为宣德十年八月乙卯，1435年9月8日事。
⑧ 《校勘记》："户部覆"，广本"覆"作"核"。
⑨ 《校勘记》："以备警急"，抱本"警"作"紧"。

◎壬戌①，免赤城等堡新拨屯军子粒。时调蔚州等卫操备官军一千五百人往赤城屯田。比至后时，故免其年之税。（卷8，第164页）

◎丙寅②，行在户部员外郎罗通奏："沿边哨备军马数多，粮料浩繁，支给不敷，请召商于赤城堡哨马营二处开中盐粮，以足边储。"从之。（卷8，第165页）

◎镇守开平、独石等处左参将都督佥事马昇③，与参谋山西布政司右参议叶仕宁有隙，仕宁发昇诸违法事，昇亦陈仕宁过恶。给事中杨鼎劾昇并言都指挥佥事卜福庸才畏懦④，惟知役卒⑤营家⑥，不思出谋备敌。上命逮昇、仕宁等下都察院狱鞫之。（卷8，第166页）

◎给宣府等处屯牛⑦。时调操军二千八百人于宣府赤城、云州、雕鹗屯田，俱言无牛耕种，乃以河间、保定诸府、卫官牛五千余只给之。（卷9，第167页）

◎行在兵科给事中朱纯往万全都司查理军伍还，上便宜六事⑧：一、宣府沿边地方，东至龙门关，西至西阳（和）［河］口⑨，相距

---

① 宣德十年八月壬戌，1435 年 9 月 15 日。
② 宣德十年八月丙寅，1435 年 9 月 19 日。
③ 该条为宣德十年八月戊辰，1435 年 9 月 21 日事。
④ 畏懦，胆怯软弱。
⑤ 役卒，服役的人。
⑥ 营家，军中的长官。
⑦ 该条为宣德十年九月庚午，1435 年 9 月 23 日事。
⑧ 该条为宣德十年九月壬辰，1435 年 10 月 15 日事。
⑨ 据《校勘记》改。《校勘记》："西阳和口"，广本作"阳和关口"。抱本作"西阳河口"。抱本是也。

六、七百里。自总兵官都督谭广到彼，相度地势，深沟高垒，贼知有备，不敢轻犯。如赤城一带地方，东抵独石城，西抵龙门关，其平险远近无异宣府，而先后诸将略不究心。乞如宣府等处开筑沟垒，以为保障。一、独石、开平东连韭菜冲，西接毡帽山，南通猫儿峪，北临草野，皆贼人出没之所，而守城军士多羸老稚弱①，难以备御。乞选智勇头目分领精兵往戍，以足守备。一、赤城、雕鹗、云州、独石等堡，其备御②官军皆于万全都司选拨，屈指俟代，莫肯安心效力。乞将各堡立卫，拨军挈家往守，以安其心。一、沿边夜不收及守墩军士，无分寒暑昼夜瞭望，比之守备勤劳特甚，其中贫难居多，妻子无从仰给。乞量加粮赏，以恤其私。一、赤城、雕鹗、云州三堡站驿俱无印记，凡遇飞报、使臣往来，止凭白头关文③应付，虽有伪冒，无从稽验④。乞铸给印记⑤，以防其弊。一、各处巡按御史陆路止乘驴匹，其巡按边方者，或遇警报，与总兵、镇守等官会议，不无迟误。乞与马匹，以便其行。上命该部详议以闻。（卷9，第178~179页）

◎乙未⑥，升开平卫指挥使杨洪为都指挥佥事，加赐金织衣一袭⑦，钞三千贯，以获虏寇功也。（卷9，第183~184页）

◎游击将军都指挥佥事杨洪奏⑧："臣所领人马巡视边疆，粮料俱于龙门卫诸处开支，往回三百余里，卒遇声息，恐妨调度，近者

---

① 羸léi老，衰弱的老人。稚弱，脆弱；幼小；弱小。
② 《校勘记》："备御"，广本作"守备"。
③ 关文，古代同级官府或不相统属的官府间相互质询时所用的一种文书。
④ 稽验，查验，检验。
⑤ 印记，印章；图章。
⑥ 宣德十年九月乙未，1435年10月18日。
⑦ 袭，量词，指成套的衣服。
⑧ 该条为宣德十年十月壬寅，1435年10月25日事。

召商，于独石中纳盐粮。然则例颇重，商贾不至，宜稍减轻，每淮、浙盐一引纳米豆三斗，则商贾必集，官军足用矣。又臣于马营境外积聚，野草被虏烧毁，今土木、榆林、岔道、鸡鸣山积有谷草，宜令万全都司发军运赴马营，以备今冬来春之用。"上以边境急务，悉从所请，遣人秉传往报之。（卷10，第188页）

◎癸卯①，命万全都司都指挥佥事汪贵往龙门提督守备，释为事千户张杰等六员戴罪仍往开平巡哨。从游击将军都指挥佥事杨洪奏请也。（卷10，第189~190页）

◎命丰城侯李贤督运口北粮储②。先是，行在户部员外郎罗通奏："万全都司所属卫所添设人马，岁费米豆七十余万石。今赤城、独石、云州、雕鹗、哨马营五城米豆俱缺。"上命贤督官军运京仓米豆三万石，给之。（卷10，第194页）

◎甲寅③，命署都督佥事李谦守备赤城。（卷10，第194页）

◎改马营堡仓为广盈仓④。初，广盈仓设于开平卫，其后随官军徙独石，而独石原无治所。户部请以马营堡仓改为广盈仓，仍隶开平卫。从之。（卷11，第207页）

◎行在户部员外郎罗通奏⑤："万全都司各卫所、宣府各卫所军

---

① 宣德十年十月癸卯，1435年10月26日。
② 该条为宣德十年十月癸丑，1435年11月5日事。
③ 宣德十年十月甲寅，1435年11月6日。
④ 《校勘记》："广盈仓"，抱本"盈"作"宁"，下同。该条为宣德十年十一月辛巳，1435年12月3日事。
⑤ 该条为宣德十年十二月己亥，1435年12月21日事。

马，岁用粮料六十四万六千七百余石，本处支用不给。乞召商出备车辆，于宣德仓有粮之处运三万石输之赤城，三万石输之哨马营，一万石输之独石为便。"上命该部议行。（卷12，第215页）

◎定中盐运粮则例①：赤城堡中淮、浙、长芦盐每引一石，四川、福建、山东、河东盐每引五斗；哨马营中淮、浙、长芦盐每引九斗五升，四川、福建、山东、河东盐每引四斗七升②；独石中淮、浙、长芦盐每引九斗，四川、福建、山东、河东盐每引四斗五升；皆不拘资序③支给。（卷12，第216页）

◎丙子④……守备赤城署都督佥事李谦奏："守御龙门都指挥汪贵等专职守备，不严督哨瞭，致贼入境抢掠人畜。请罪之。"上命姑录其罪，罚俸半年。（卷13，第231页）

◎行在户部员外郎罗通奏⑤："开平卫广积仓原监收粮官俱以事系京，其接管指挥不俟交盘遽自开封支放，必有侵盗。乞命监察御史等官诣仓盘核奏下。"行在户部请如其言，从之。（卷14，第250～251页）

◎守御赤城署都督佥事⑥李谦奏⑦："守御龙门都指挥汪贵，先因巡边掠取民财，事觉，私敛⑧所部月粮以偿。又差遣不公，致隆庆

---

① 该条为宣德十年十二月己亥，1435年12月21日事。
② 《校勘记》："四斗七升"，抱本"七"作"五"。
③ 《校勘记》："皆不拘资序"，广本"资"作"次"。
④ 正统元年正月丙子，1436年1月27日。
⑤ 该条为正统元年二月己亥，1436年2月19日事。
⑥ 《校勘记》："都督佥事"，中本作"都指挥佥事"。
⑦ 该条为正统元年二月丙寅，1436年3月17日事。
⑧ 敛，音liǎn。征收。征敛，旧指官府向民间征捐敛财。

卫调去官军马匹倒死数多。请治其罪。"上以贵屡犯不悛①，逮治之。（卷14，第274页）

◎命万全都司隆庆左卫指挥佥事鲁瑄守备龙门所②。先是，守备都指挥汪贵苦害军士，被罪下狱，兵部荐瑄年力精壮，且有识见，故命之。（卷15，第280页）

◎镇守独石内官韩政等奏③："御史吴诚数与都指挥杜衡酣饮。"上命给事中廖庄往覆之得实，遂征诚至京，调陕西行都司副断事。且降敕责衡、政等戒，毋挟私忿争④，以误边事。（卷15，第292页）

◎增置赤城等堡烟墩二十二座⑤。先是，以给事中朱纯言，命兵部移文总兵官、左都督谭广等措置。至是，广等言："自龙门至独石约二百五十余里，独石至黑峪口约三百余里，若沿边筑墙、挑壕，工程浩大，不若增置烟墩⑥，足以瞭守。"从之。（卷15，第299页）

◎独石等卫御备官军患病，命医往治之⑦。（卷16，第304页）

◎游击将军都指挥佥事杨洪奏⑧："会同户部员外郎罗通议，得

---

① 悛，音 quān。悔改。
② 该条为正统元年三月癸酉，1436年3月24日事。
③ 该条为正统元年三月丁亥，1436年4月7日事。
④ 挟私，音 jiā sī。心怀私念。忿争，亦作"忿诤"，忿怒相争。
⑤ 该条为正统元年三月甲午，1436年4月14日事。
⑥ 《校勘记》："烟塪"，旧校改"塪"为"墩"。
⑦ 该条为正统元年四月己亥，1436年4月19日事。
⑧ 该条为正统元年四月己酉，1436年4月29日事。

见在军马数多，岁支粮草宜用撙节。欲将马军每月止与行粮四斗①、月粮六斗，马匹每月支料一石或九斗，计一月撙节②粮料一千五百八十余石。开平卫军马粮料于独石等处关支③。宣府龙门等卫军马一半还卫，其粮料就于本卫关支一半，在营支给行粮，每月更代。庶得人马无劳，粮料省用。"事下行在户部覆奏。从之。（卷16，第310页）

◎甲寅④，镇守蓟州、山海、永平等处总兵官都督同知王彧言："先已奏准，于所辖地方长城内每三里设一墩，架炮，遇贼薄⑤城，举火发炮传报，庶使不能潜越。今墩台二百余座已完，请给合用信炮。"上命行在户部言：万全都司奏，会同户部员外郎罗通议，赤城、云州、雕鹗等堡地［临］⑥边境，官军本为守御而设，若使运草，马营深虑有警无措。今游击将军杨洪所领旗军俱丁多有力之家，其余丁别无差遣，乞令采积秋青草束，以备饲养。请如其议。从之。（卷16，第314页）

◎行在工部奏⑦："游击将军杨洪言，所统骑卒分屯开平、赤城要害，时有达贼入夜窥觇⑧虚实，用铁蒺藜⑨布营外地，贼每见伤，辄捕获之，甚利边用，乞增铸以给。"从之。（卷16，第319页）

---

① 《校勘记》："行粮四斗"，抱本"四"作"五"。

② 撙节，音 zǔn jié。节省；节约。

③ 关支，指领取。

④ 正统元年四月甲寅，1436 年 5 月 4 日。

⑤ 薄，音 bó。通"迫"。迫近；接近。

⑥ 据《校勘记》补。《校勘记》："地边境"，广本、抱本、中本"地"下有"临"字，是也。

⑦ 该条为正统元年四月庚申，1436 年 5 月 10 日事。

⑧ 窥觇，音 kuī chān。暗中察看；探察。

⑨ 蒺藜，音 jí lí。一年生草本植物，茎横生在地面上，开小黄花，果实也叫蒺藜，有刺，可以入药。铁蒺藜指旧时一种兵器，像蒺藜一样的东西。

◎乙卯①，命署都督佥事李谦总督赤城、独石等处守备。先是，右参政刘琏奏："独石至永宁皆左参将马昇提督。昇今得罪，而各处守备，永宁则兴安伯徐亨、都指挥韩镇，独石则都指挥杜衡，各专政令，不相统摄，乞委一人总之。"上命总兵官谭广议，广举廉②，故命之。令镇、衡听其节制，召亨还京。（卷18，第361页）

◎巡抚大同、宣府右佥都御史李仪言备边三事③：一、行在户部移文于宣府操备军内，量拨运粮三万二千石，赴雕鹗、云州、龙门交纳。缘各卫军余调拨守御［外］④，止有三千余名，军少运多，恐有误事，乞命两京法司取勘罪人所犯轻重，分（结）［给］⑤关运。一、永乐中设顺（胜）［圣］⑥马坊，旧无桥梁，非山水泛涨之时，自可徒涉。宣德中新创四桥，遭水冲决不一，糜费⑦财力，修理至今不完。缘非急务，乞暂停止。一、游击将军都指挥佥事杨洪自负骁勇，常有轻敌之志，往往出境巡哨，不与总兵官知会，恐遇不测，有损国威。请戒洪，今（遇）［后］⑧出境，必须关报庶⑨相策应。上以守边军士艰苦，岂可重困桥梁。既非急务，罢役勿修。杨洪轻敌亟遣敕谕知⑩。犯人运米，户部其定死、徒、笞、杖等罪，所运等第以闻。（卷18，第364～365页）

---

① 正统元年六月乙卯，1436年7月4日。

② 《校勘记》："广举廉"，广本"举"作"荐"。旧校改"廉"作"谦"。

③ 该条为正统元年六月丁巳，1436年7月6日事。

④ 据《校勘记》补。《校勘记》："调拨守御"，广本、抱本"御"下有"外"字，是也。

⑤ 据《校勘记》改。《校勘记》："分结关运"，广本、抱本"结"作"给"，是也。

⑥ 据《校勘记》改。《校勘记》："顺胜马坊"，广本、抱本"胜"作"圣"，疑是也。

⑦ 糜，音mí。消耗，通"靡"。糜费：耗费；浪费。

⑧ 据《校勘记》改。《校勘记》："今遇出境"，广本、抱本"遇"作"后"，是也。

⑨ 庶，音shù。但愿，希冀。

⑩ 《校勘记》："亟遣敕谕知"，广本、抱本"知"作"之"。

◎辛未①，行在四川等道监察御史郭原等奏："法司鞫问，杂犯死罪以下有力者运砖，无力者输作赎罪，其军职受赇赎死者运砖毕，调卫。今畏调，惟欲输作迁延②希免，遂致缺官办事。"上以为然，命军职运砖赎死者，依限运毕调卫勿庸输作，无力运砖者，死罪于甘肃守备五年，徒流罪③于赤城、独石依限守备，毕日兵部查究处之。（卷19，第371页）

◎给龙门卫所及唐家等驿马七百余匹④。（卷21，第413页）

◎给开平等卫缘边瞭哨烧荒官军狐帽、袆⑤、袄、裤各二千四百八十有余，鞋倍之⑥。永宁等卫哨备、夜不收旗军狐帽、毛袄各三千四百八十有余。从都指挥杨洪等奏请也。（卷22，第442页）

◎丁巳⑦，宣府总兵官、都督谭广等奏："比⑧奉敕书命臣等公议守御事宜。臣等窃观独石迤西至野［狐］⑨岭，地势坦夷，无险可据，难以屯聚军马，而又馈饷艰难，非经久之计。宜将原选精锐官军，于极边葛峪、柴沟等堡驻扎操备，休养士马，或一月或两月出境一次，遇贼则相机剿杀，贼去则巡哨地方。"上从其言，命行在

① 正统元年闰六月辛未，1436年7月20日。

② 迁延，拖延。多指时间上的耽误。倘佯；自由自在、毫无拘束的样子。

③ 徒流罪。徒，中国古代强制罪犯在一定期限内从事劳动的刑罚。秦时已有此刑，但未以徒为名，而称为城量春等。北周始以徒为名，冻死作五刑之一，沿用至清。重于杖，轻于流。流，将犯人遣送到边远地方服劳役的刑罚。《孟子·万章上》："舜流共工于幽州。"北齐定为五刑之一，沿用至清。重于徒，轻于死。

④ 该条为正统元年八月戊寅，1436年9月25日事。

⑤ 袆，音fán。夏天穿的白色内衣。

⑥ 该条为正统元年九月辛亥，1436年10月28日事。

⑦ 正统元年九月丁巳，1436年11月3日。

⑧ 比：近来。

⑨ 据《校勘记》补。《校勘记》："野岭"，广本、抱本"野"下有"狐"字，是也。

兵部移文行之。(卷22，第445~446页)

◎甲子①，行在户部奏："山东右参政刘琏移文万全都司所属雕鹗堡、长安岭、云州堡仓，收受诸处税粮及赎罪米，皆无官攒②印信③，乞行所司如例铨④给。"从之。(卷23，第456页)

◎庚午⑤，命都指挥佥事杨洪、副署都督佥事李谦守备赤城，升(人)〔万〕⑥全都司都指挥佥事朱谦为都指挥同知，宣府前卫指挥使文弘广为都指挥佥事，仍率骑兵巡边。(卷25，第495页)

◎乙酉⑦，给神机营及独石等处官军马一千五百匹。(卷27，第547页)

◎命罪囚于龙门守御千户所仓纳米赎罪⑧。杂犯死罪⑨者三十三石。三流⑩并徒⑪三年者二十七石；徒二年半者二十二石，徒二年者十

---

① 正统元年十月甲子，1436年11月10日。

② 官攒，音 guān zǎn。官员与攒典。

③ 印信：政府机关的各种印章、公私印章的总称。

④ 铨，音 quán。称量；衡量；鉴别。

⑤ 正统元年十二月庚午，1437年1月15日。

⑥ 据《校勘记》补。《校勘记》："人万全都司"，广本、抱本"人"作"万"，是也。

⑦ 正统二年二月乙酉，1437年3月31日。

⑧ 该条为正统二年三月己亥，1437年4月14日事。

⑨ 死，即剥夺犯人生命的刑罚，是古代五刑（死、流、徒、杖、笞）中最重的一种，分为斩、绞两等，绞因得以保全遗体而稍轻于斩。

⑩ 流，即流刑。将犯人遣送到指定的边远地区，强制其戴枷服劳役一年，且不准擅自迁回原籍的一种刑罚，自二千里至三千里分为三等，每等加五百里，是仅次于死刑的一种较重的刑罚。妇女犯流罪的在原地服劳役三年。

⑪ 徒，即徒刑。在一定时期内剥夺犯人的人身自由并强迫其戴着钳或枷服劳役，自一年至三年分为五等，每等加半年，是一种兼具羞辱性和奴役性的惩罚劳动。

七石，徒一年半者十四石，徒一年者十二石。杖①一百者八石，余四等递减八斗。笞②五十者二石，余四等递减四斗。（卷28，第560页）

◎命贩私盐五千斤以下，罪应徒者，于独石纳米二十五石赎罪③。（卷28，第565页）

◎独石操备都指挥佥事杜衡奏④："欲将独石等处指挥何楫、姚贵等二班官军内选精锐者千五百名，分作三班，每班五百人，如⑤马营守备例，更代回卫，置备军装。"上命总兵官、署都督佥事李谦等议行之。（卷29，第585页）

◎壬戌⑥，敕行在刑部尚书魏源曰："得奏。令署都督佥事⑦李谦往独石提督守备，与游击将军杨洪协和行事。（且）[具]⑧见尔之用心，朕岂不欲，尔日侍左右，以匡⑨政务，第⑩因边将恣肆非为，特命尔巡视，其任甚重。尔尚体朕心，凡事从长处置，俾⑪将士悦服，边方宁静，庶⑫副⑬委任。"（卷31，第609~610页）

---

① 杖，即杖刑。用法定规格的"常行杖"击打犯人的臀、腿或背，自六十至一百分为五等，每等加十，稍重于笞刑。

② 笞，音chī。即笞刑。用法定规格的荆条责打犯人的臀或腿，自十至五十分为五等，每等加十，是五刑中最轻的一等，用于惩罚轻微或过失的犯罪行为。

③ 该条为正统二年三月己酉，1437年4月24日事。

④ 该条为正统二年四月己卯，1437年5月24日事。

⑤ 如，遵从，依照。

⑥ 正统二年六月壬戌，1437年7月6日。

⑦ 《校勘记》："令署都佥事"，抱本"督"作"指挥"。

⑧ 据《校勘记》改。《校勘记》："且见尔之用心"，广本、抱本"且"作"具"，是也。

⑨ 匡，音kuāng。纠正。

⑩ 第，但。

⑪ 俾，音bǐ。使，把。

⑫ 庶，音shù。但愿，希冀。

⑬ 副，相称，符合。

◎丙辰①，敕大同总兵官陈怀及迤西沿边诸将曰："近得独石守备都指挥佥事杨洪奏，已败兀良哈②贼众，生擒贼首朵栾帖木儿。具言兀良哈往往寇大同、延安等处，今在四岭山，又欲多领部属，往迤西沿边抢掠，尔等宜悉心哨备，不可少怠，贼若突入，务相机剿灭之。"（卷32，第637页）

◎敕独石守备、署都督佥事李谦曰③："朕以尔历练老成，任以边阃④。尔宜敬慎⑤以图报国。比闻⑥尔庸懦无为，城堡不修，军士不练，往往出言诡妄⑦，沮⑧坏边务，又擅置庄田，私役军余等事，甚乖⑨礼法，论罪难宥⑩。今姑容尔改过自新，尔其省之。"（卷33，第650页）

◎召提督守备独石等处署都督佥事李谦赴京⑪，命游击将军、都指挥佥事杨洪代谦提督。谦在边所行多不法，边备废弛⑫。为监察御史张鹏劾奏，故召之。（卷34，第667页）

---

① 正统二年七月丙辰，1437年8月29日。

② 兀良哈，明人对漠北蒙古东部的称呼，又名朵颜三卫。洪武二十二年（1389年）朱元璋置泰宁卫、朵颜卫、福余卫指挥使司。因朵颜卫地险而强，且为兀良哈人，故以兀良哈概括三卫。

③ 该条为正统二年八月癸未，1437年9月25日事。

④ 边阃，犹边关。阃，音kǔn。指领兵在外的将帅或机构。

⑤ 敬慎，恭敬谨慎。

⑥ 比闻：近闻。

⑦ 诡妄，怪诞荒谬。

⑧ 沮，音jǔ。破坏，败坏。

⑨ 乖：背离，违背，不和谐。

⑩ 宥，音yòu。宽容，饶恕，原谅。

⑪ 该条为正统二年九月庚戌，1437年10月22日事。

⑫ 废弛，荒废懈怠；败坏。

◎守备独石都指挥佥事杨洪奏①："臣比奉敕同都督方政率兵护送都指挥康能、指挥陈友及瓦剌使臣阿都赤等出野鹊关，得边报知黄河迤西有警，臣等犹前行数程，至官山议事台与能等议别。是日，风雨晦冥②，瓦剌从人有不由营门行者，门者难之，其众纷争，自误击一人，伤其首。臣等方诘责③管队官军，而阿都赤已知其曲在彼，来谢过，遂宴会别去。今能等妄称臣等护送不前及纵卒徒击伤其从人至死，蒙赐敕问臣，臣敢不以实对。"上以洪言有理，其令能等谕阿都赤，使知朝廷清明，边将守法。彼亦宜以理法禁戢④部属，毋仍纵肆，以蹈祸机。（卷34，第668页）

◎庚午⑤，宥独石署都督佥事李谦罪。谦老而怯懦，不尽心边事。且偏执己见，与游击将军杨洪甚不相能，每调遣官军，谦辄⑥扬言曰："此非吾毒，若等皆杨洪也。"洪尝奖励将士，戮力击虏，谦笑之曰："自来胡虏，谁能灭之？徒自损耳。"又私役兵士为之佃⑦种兴贩，藏匿无籍，烧炼伪银，贪利无厌。给事中、御史劾谦之罪，上竟宥焉。（卷35，第683页）

◎庚辰⑧，上谕兵部臣曰："武职犯罪者，旧例改调卫所，然缘边一带难比内地，今后辽东、永平、山海、宣府、独石、大同、延安、绥德、宁夏、山西、陕西、甘肃，凡有军官坐事⑨者，就调本处

---

① 该条为正统二年九月辛亥，1437年10月23日事。

② 晦冥，音 huì míng。光线昏暗。

③ 诘责，音 jié zé。诘问谴责。

④ 禁戢，戢音 jí。指禁止或杜绝。

⑤ 正统二年十月庚午，1437年11月11日。

⑥ 辄，音 zhé。总是，每次。

⑦ 佃，音 diàn。耕种土地。

⑧ 正统二年十月庚辰，1437年11月21日。

⑨ 坐事，指因事获罪。坐，定罪。

边卫，其余各处仍如旧例。"（卷 35，第 688 页）

◎给龙门守（备）［御？］千户所马一百匹①。（卷 36，第 702 页）

◎甲辰②，升总督独石等处游击将军、都指挥佥事杨洪为都指挥同知，余升赏如例。以西凉亭获虏功也。（卷 38，第 741 页）

◎敕谕兀良哈福余等卫都指挥安出歹都等曰③："尔等不思累朝恩宠，却纵部属人等来扰我边疆。宣德十年，赤城守将杀获贼首脱脱白等三人。正统二年，延安、绥德等处累获贼徒朵罗歹、猛哥不花等十余人。比者，赤城又获贼首指挥也陵台及阿台答刺花等，来京穷治④之。则知脱脱白、朵罗歹、也陵台等，皆尔福余等卫部下。在廷文武群臣咸请发兵征剿，朕曲全⑤尔生，姑令遣敕谕意尔等，能将为首者擒赴来京，及还我所掠，庶⑥赎⑦尔愆⑧，毋尚不悛⑨，以重后悔。"（卷 38，第 744 页）

◎己未⑩，山东布政司右参政刘琏奏："独石、马营、云州俱系极边，军马岁用粮料浩大，倘遇警急别调军马，粮料不给。乞于三

---

① 该条为正统二年十一月己亥，1437 年 12 月 10 日事。
② 正统三年正月甲辰，1438 年 2 月 13 日。
③ 该条为正统三年正月庚戌，1438 年 2 月 19 日事。
④ 穷治，追究事情的根源而加以处理。彻底查办。穷，推究到极点。
⑤ 曲全，委曲成全。
⑥ 庶，音 shù。也许；或许。
⑦ 赎，用行动抵销、弥补罪过。
⑧ 愆，音 qiān。过错；罪过。
⑨ 悛，音 quān。悔改。
⑩ 正统三年二月己未，1438 年 2 月 28 日。

处量定则例，召商中纳盐粮。"奏下行在户部言："惟<u>马营粮</u>（科）［料］^①数少，宜召商中纳盐粮，米、麦、豆相兼。"从之。（卷39，第750~751页）

◎<u>正统</u>三年三月乙酉朔^②，行在刑部尚书<u>魏源</u>等奏："<u>宣府</u>等处沿边城堡军装多不整饬，盖因总兵官、都督<u>谭广</u>年老，提督不周所致。"上以为然，敕都督佥事<u>黄真</u>充左参将，都指挥同知<u>杨洪</u>充右参将，协同<u>广</u>提督。是日，<u>洪</u>奏："欲将<u>开平卫</u>城增高五尺，<u>龙门</u>所城展宽一里。<u>独石</u>地方东至<u>潮河川</u>，西抵<u>宣府</u>，增置烟墩六十座。会计工程浩大，乞将屯军俱免一年屯种^③，协同守备官军并力修筑，以为长久之计。"从之。（卷40，第769页）

◎己酉^④，升总督<u>独石</u>、<u>永宁</u>等处游击将军、都指挥同知<u>杨洪</u>为都指挥使。以<u>伯颜山</u>破虏功也。（卷40，第785页）

◎<u>山西大同府大同县</u>奏^⑤："本县税粮分拨<u>宣府龙门千户所</u>及<u>猫儿峪</u>等处，山路崎岖，民用困乏，久不能完。又起取人夫采办柴炭。切见本县地瘠民贫，兼夷人^⑥往来，支应浩大，夫役迭起，多效逃窜。若不存恤，愈难聊生。乞命自今本县税粮俱存本府，以备军饷，采柴人夫亦乞优免。"事下该部覆奏。俱从之。（卷41，第808页）

◎甲寅^⑦，给<u>万全</u>、<u>怀安</u>、<u>开平</u>、<u>龙门</u>等卫，<u>宣府鸡鸣</u>、<u>土木</u>等

---

① 据《校勘记》改。《校勘记》："粮科"，广本、抱本"科"作"料"，是也。
② 正统三年三月乙酉，1438 年 3 月 26 日。
③ 屯种，音 tún zhǒng。犹屯垦。屯垦，屯兵边境，就地开垦。
④ 正统三年三月己酉，1438 年 4 月 19 日。
⑤ 该条为正统三年四月甲戌，1438 年 5 月 14 日事。
⑥ 夷人，是指少数民族的一种。引申为对中国境内华夏族之外的各族人的通称。
⑦ 正统三年六月甲寅，1438 年 6 月 23 日。

驿，马二百十九匹①。（卷43，第829页）

◎有僧尝因旱乾②，积薪③欲自焚请雨，火举而走，既而④获之，发<u>龙门</u>充军。至是，脱归得一铜印以献，辄沿街大呼谓所献乃紫金印，复有金锁甲在泰山之颠。巡逻者擒之，法司论妖言⑤当斩。上以此妄男子何足罪，命械复原伍。（卷43，第834页）

◎壬辰⑥，敕行在户部郎中尹聪，赴镇守<u>独石</u>右参将、都指挥使<u>杨洪</u>处，参理军机文书。（卷44，第854页）

◎巡抚<u>大同</u><u>宣府</u>右佥都御史<u>卢睿</u>言⑦："开平卫原窖米一万一千石有奇。今卫徙<u>独石</u>，其米宜发军运去备用。"又言："<u>山西行都司</u>及<u>万全都司</u>所属卫所新辟地亩，先已报官征税，今年久弊滋，丁多地少者日加垦辟，地存人亡者日（上就下灬）［就］⑧荒芜。宜遣官覆视，其山冈、沙碱不堪耕种及荒芜之地，悉蠲⑨其税，新辟地者征之。"上以边士艰苦，不可重劳，窖米令征哨者就食。于彼新辟之地，勿征其税。其已征税而地荒芜及不堪耕者，悉蠲之。（卷44，第860~861页）

◎辛巳⑩，漕运总兵及各处巡抚官与廷臣会议事宜：……一、独

---

① 《校勘记》："十九匹"，广本作"九十匹"。
② 该条为正统三年六月辛酉，1438年6月30日事。
③ 积薪，积聚木柴。
④ 既而，一会儿。指上件事情发生后不久。
⑤ 妖言，怪诞不经的邪说。犹妄言，胡说。
⑥ 正统三年七月壬辰，1438年7月31日。
⑦ 该条为正统三年七月乙巳，1438年8月13日事。
⑧ 《校勘记》："日（上就下灬）荒芜"，旧校改"（上就下灬）"作"就"。
⑨ 蠲，音juān。除去，免除。
⑩ 正统三年八月辛巳，1438年9月18日。

石、马营并西猫儿峪守备官军，其挈①家居住者，不给行粮②……上
悉从之。（卷45，第882～883页）

◎甲寅③，山东布政司右参政刘琏言："守边在练兵，贵精而不
贵多；养兵在屯田④，贵实而不贵虚。边兵精则守固，而粮不徒费，
屯田实则蓄广，而人不徒劳。臣请条陈其事：一、宣府大、小白阳
二堡相去止二十里，各驻军马，坐耗粮饷，乞归并大白阳一处，止
存留马队官军，其步队退还各卫。一、龙门卫岁调官军三百人往戍
龙门千户所，而调宣府等卫三百人来戍龙门卫。往来络绎，徒费行
粮⑤。乞将宣府等卫径调龙门千户所，而龙门卫官军不动。一、河南
都司马步官军四千调来宣府操备，半年一更，甫能马肥⑥，辄复代
去。乞精选二千分为两班，一年一更。［一］⑦ 万全都司、宣府等卫
所屯种军余八千四百有奇，正军［一］⑧ 人种地五十亩，征子粒一
十二石，余丁宜二人通种地五十亩，共征一十二石，无地者给与空
间官地，庶子粒无负。"上命行在户部、兵部计议行之。（卷49，第
939～940页）

◎定辽东、万全各边堡中盐例⑨。时，巡抚辽东副都御史李浚、
山东右参政刘琏，各奏诸边堡缺粮，行在户部请召商赴辽东沈阳、

---

① 挈，音 qiè。带，领。
② 行粮，行军途中或在外执行任务时加发的粮饷。
③ 正统三年十二月甲寅，1438 年 12 月 20 日。
④ 屯田，汉以后历代政府利用兵士在驻扎的地区一面驻守，一面垦殖荒地，这种措
施称为"屯田"。有军屯、民屯和商屯之分。
⑤ 《校勘记》："徒费行粮"，抱本"徒"作"虚"。
⑥ 《校勘记》："甫能马肥"，抱本"能"作"得"。
⑦ 据《校勘记》补。《校勘记》："万全都司"，抱本"万"上有"一"字，是也。
⑧ 据《校勘记》补。《校勘记》："正军人种地五十亩"，广本、抱本"军"下有
"一"字，是也。
⑨ 该条为正统四年九月辛酉，1439 年 10 月 23 日事。

中铁岭二卫并懿路城二千户所仓纳粮，中淮、浙盐者，每引七斗；中山东、河东、广东、四川盐者，每引三斗五升。赴云州、马营堡仓纳粮，中淮、浙盐者，每引三斗五升；中山东、河东、广东、四川盐者每引二斗五升，俱米豆中半。上纳其宁远、广宁前屯二卫，粮既足用，宜免开中。从之。（卷59，第1134页）

◎巡按直隶监察御史马昂奏[1]："长安岭关，雕鹗、赤城、云州、西猫儿峪、马营等堡，龙门千户所，开平、龙门二卫，俱在极边，山高霜早，田禾薄收。近闻军粮俱令折布，本地布贱米贵，食用不敷，军士艰难。乞仍给米为便。"上以边地苦寒，军士缺食必致失所[2]，即命行在户部移文。从之。（卷59，第1136页）

◎赏宣府三岔口杀贼有功官军右参将、都指挥使杨洪等二千九十八人[3]。洪银十两、彩缎二表里，为首杀贼指挥各银三两、彩缎一表里，千、百户各银二两、绢二匹，旗军各银二两、绢一匹。为从杀贼指挥各银二两、绢二匹，千、百户各银二两、绢一匹，旗军各银一两、布二匹。齐力策应，千、百户各银一两、绢一匹，旗军各银一两、布一匹。（卷61，第1167~1168页）

◎丁卯[4]，巡抚大同、宣府佥都御史卢睿奏："臣切见法司今定囚犯自备粮米赎罪，隆庆等州县赴万全都司龙门所仓交纳，无米者除笞杖的决外，余解京。大同州县赴大同府大有仓交纳，无米者除笞杖的决外，余发山西捞盐；内徒流堪充斗级者，发大同各仓收粮。缘臣所管地方系临极边，人民艰苦，往往规避粮差越山逃躲，见今

---

① 该条为正统四年九月甲子，1439年10月26日事。
② 失所，失去安身之处。
③ 该条为正统四年十一月丁卯，1439年12月28日事。
④ 正统五年正月丁卯，1440年2月26日。

稀少。若犯罪无力者一概解京捞盐，诚恐奸顽之徒因而在彼延住，边境愈加缺人种纳粮草。臣请今后前项州县有犯杂犯死罪以下其情重者，照旧奏请定夺，有力者仍前纳米充斗级，其贫难者，死及徒流宜止杖一百，余罪依律收赎①、笞杖②的决为便。"上以其章示法司，都御史陈智等请暂准所言。从之。（卷63，第1210～1211页）

◎给宣府独石等城堡官军马二千匹③。从右参将、都督金事杨洪等奏请也。（卷65，第1258页）

◎口外永宁、开平、龙门、怀来、隆庆左右、保安等卫并龙门千户所④，军余⑤老幼各诉饥窘，总兵官谭广以闻。上欲以边粮赈之⑥。行在户部言："边粮仅足备用，且军余赈济无例。"上曰："军余亦人耳，可视其困弗救乎？其发怀来卫、长安岭、赤城堡仓豆赈之。"（卷66，第1278页）

◎武安侯郑能统五军右掖⑦，于通州各草场牧马，受赂纵官军四百余回原籍关其月粮。指挥张广等发其事，六科十三道交章劾之。上命多官鞫问，法司论律赎斩，例当发充军。上曰："能于法难恕，但念前人之劳，姑降为事官，发独［石］⑧立功赎罪。"（卷69，第1336～1337页）

---

① 收赎，旧时法律凡老幼、废疾、笃疾、妇人犯徒流等刑者，准其以银赎罪，谓之收赎。

② 笞杖，是我国古代使用得最广泛的刑罚，指用小荆条或小竹板抽打臀部、腿或背部的刑罚。

③ 该条为正统五年三月丁卯，1440年4月26日事。

④ 该条为正统五年四月戊戌，1440年5月27日事。

⑤ 军余，指未取得正式军籍的军人。

⑥ 《校勘记》："欲以边粮赈之"，广本"赈"下有"济"字。

⑦ 该条为正统五年七月戊申，1440年8月5日事。

⑧ 据《校勘记》补。《校勘记》：发独立功赎罪，广本、抱本"独"下有"石"字。

◎给浩岭①、丰峪、榆林、土木、居庸、云门等驿马九十匹。（卷69，第1342页）

◎行在户部奏②："口外宣府、大同、陕西、绥德州等处，辽东三万等卫所，永平、遵化、云南大理府等处，广东琼州府，四川盐井、松潘等卫屡奏，准召商中盐纳粮年终例，应差官盘验③，给军食用。其宣府独石、马营诸处已奏委参政刘琏盘验。陕西有镇守右副都御史陈镒、辽东有巡抚左副都御史李浚、大同有巡抚右佥都御史罗亨信、永平一带有通政司右参议张隆，宜委各官盘验。云南、广东、四川则就委按察司为便。"从之。（卷73，第1410页）

◎癸亥④，调守备赤城都指挥佥事赵玫往独石守备。从右参将、都督佥事杨洪奏也。（卷75，第1471页）

◎宣府等处管粮参政刘琏言⑤："宣府所辖各卫仓添设经历，各所仓添设吏目、提督、出纳，今长安岭、雕鹗、赤城、马营、云州等堡指挥等官，提督不便，请如例添设。"上命于龙门守御千户所添吏目一员，专司出纳，指挥等官毋得干预。（卷80，第1598页）

◎辛亥⑥，敕宣府总兵官、都督谭广，左参将、都督佥事黄真，右参将、都督佥事杨洪："往因备边及操习神铳军士，（常）［尝］⑦令尔等就彼造演箭用。今闻尔广于宣府立神铳演箭局，尔真、尔洪

---

① 《校勘记》：浩岭……等驿，抱本"浩领"作"告岭"，疑误。
② 该条为正统五年十一月丙午，1440年12月1日事。
③ 盘验，盘查检验。
④ 正统六年正月癸亥，1441年2月16日。
⑤ 该条为正统六年六月壬午，1441年7月5日事。
⑥ 正统六年七月辛亥，1441年8月3日。
⑦ 据《校勘记》改。《校勘记》："常令尔等"，广本、抱本"常"作"尝"，是也。

于独石等处亦团局造火枪、神铳①等器，此器旧无在外成造之例，虑日久传习者多，必有漏泄之弊。敕至，尔等即便停止，将已造完者，会同镇守内官赵琮、佥都御史罗亨信盘点贮库，具数奏闻，遇有警急，酌量取用，如后阙②用，来京关领。"（卷81，第1624～1625页）

◎镇守蓟州等处总兵官、都督同知王彧遣人报③：鞑贼在境外，去关百余里。遂敕彧及宣府独石、大同、延安、绥德等处总兵镇守官，严切哨备。（卷84，第1671页）

◎壬寅④，召独石立功为事官郑能还京⑤。能先袭武安侯，有罪，谪立功。至是召之。（卷85，第1704页）

◎巡抚大同、宣府右佥都御史罗亨信奏⑥："独石、猫儿峪、马萱、龙门所储粮料宜多，乞复旧例，将杂犯至杖有力罪囚，在彼输米赎罪。"上以示法司，刑部尚书魏源等集议，以赦后囚少，况造作未完，所言难行。从之。（卷88，第1778～1779页）

◎镇守密云等处署都指挥佥事陈海等弗严守瞭⑦，致贼犯边虏掠，事觉，上命锦衣卫执海等至京鞫实，发独石充军。（卷95，第1908页）

---

① 《校勘记》："造火枪神铳等器"，广本、抱本"铳"作"箭"。
② 阙，音 què。古代用作"缺"字。空缺。
③ 该条为正统六年十月癸酉，1441 年 10 月 24 日事。
④ 正统六年十一月壬寅，1441 年 11 月 22 日。
⑤ 《校勘记》："郑能还京"，广本"京"作"职"。
⑥ 该条为正统七年正月辛卯，1442 年 3 月 11 日事。
⑦ 该条为正统七年八月乙未，1442 年 9 月 11 日事。

◎辛酉①，户部奏："直隶顺德府唐山县民送今年税麦三百二十余石，赴龙门千户所仓输纳，麦皆秕细不堪，愿以粟米代之，宜从其请。其各府卫应输麦粮者，宜亦听其便。"从之。（卷96，第1923~1924页）

◎命都指挥佥事纪广充右参将②，协助永宁伯谭广镇守宣府；都指挥同知胡源充左参将，仍与太监杨宣守备开原；都指挥刘端③充右参将，协助总兵官曹义镇守辽东；都指挥佥事王荣充右参将，协助总兵官史昭镇守宁夏；都指挥同知宗胜充右参将，协助总兵官王彧镇守蓟州、永平、山海等处；都督佥事杨洪充左参将，守备独石、永宁等处（卷96，第1927~1928页）

◎翰林院编修徐珵言五事④：一、国之武备，莫先于治兵，要使国兵足以制边兵，边兵足以制夷狄可也。我朝太宗皇帝建都北京，镇压北虏，乘冬遣将出塞烧荒哨瞭。今宜于每年九月尽敕坐营将官巡边，分为三路：一出宣府以抵赤城、独石；一出大同以抵万全；一出山海以抵辽东。各出塞三、五百里，烧荒哨瞭，如遇虏寇出没，即相机剿杀。每岁冬出春归，休息一月，仍于教场操练。如此则京军皆习见边情，临敌不惧，虏寇慑伏⑤，无敢窥边矣。……上命兵部同五府管事官议行。（卷99，第2001~2002页）

◎给守备独石等处旗军毛袄、裤、鞋各三千件⑥。从宣府参将、

---

① 正统七年九月辛酉，1442年10月7日。
② 该条为正统七年九月丁卯，1442年10月13日事。
③ 《校勘记》："刘端"，抱本"端"作"瑞"。
④ 该条为正统七年十二月庚戌，1443年1月24日事。
⑤ 慑伏，因畏惧而屈服。
⑥ 该条为正统七年十二月甲寅，1443年1月28日事。

都督佥事杨洪奏请也。（卷99，第2005页）

◎丁卯[1]，守备独石、永宁左参将、都督佥事杨洪奏："三月朔得边报，臣率官军哨滦河，谍知胡所在[2]，追之，三日，至亦把秃河，杀贼众，败，生擒一人那歹，斩首十级，尽获其械器[3]、牛马。"上命兵部稽[4]升赏之例以闻。（卷102，第2060页）

◎宣府等处管粮右参政刘琏言[5]："独石、开平卫并马营堡，屯聚军马，乞中纳盐粮以足用。"户部覆奏："于开平、马营二处上纳米豆，两淮盐每引米豆一石二斗，长芦盐减其半，两浙盐每引米豆一石。"从之。（卷102，第2063页）

◎戊戌[6]，修武伯沈清卒。清直隶滁州人，由燕山前卫百户累功升指挥同知。永乐间，督工内府营造，升后军都督佥事，寻充参将，镇守大同。洪熙元年，召还镇守居庸关。宣德四年，率兵修筑云州等六城，又管操神机营军马；十年，升都督同知。正统四年，以修盖京都城楼濠桥，升右都督；五年，督修奉天、华盖诸宫殿，工毕，封奉天翊卫[7]，宣力[8]武臣，特进荣禄大夫、柱国、修武伯，食禄一千一百石。子孙世袭，赐以诰券[9]。至是卒，遣礼官谕祭命有司[10]营

---

① 正统八年三月丁卯，1443年4月11日。
② 《校勘记》："胡所在"，旧校"胡"下补"寇"字。
③ 《校勘记》："械器"，抱本作"器械"。
④ 稽，音jī。考核。
⑤ 该条为正统八年三月甲戌，1443年4月18日事。
⑥ 正统八年四月戊戌，1443年5月12日。
⑦ 翊卫，音yì wèi。职官名。古代宫禁侍从的官员，隋代置，以后历代皆设有此官。
⑧ 宣力，致力、尽力。
⑨ 诰券，音gào quàn，是指皇帝赐封臣下所颁发的文书。
⑩ 有司，指官吏。古代设官分职，各有专司，故称有司。

葬，谥襄荣。清（河）［阿］① 附中官王振，未有军功以荣造，累升官爵，素行贪淫，不足取云。（卷103，第2083页）

◎户部奏②："正统八年夏税已定，拟诸处征输③。比闻山东、河南、山西、北直隶、保定等府，旱小麦无收，合为斟酌，除起运在京急用外，其存留本处及起运在外之数，愿纳粟米者，听令抵斗④输之。其宣府独石、马营诸处马料浩繁，愿纳菽粟⑤者，亦准抵斗输纳为便。"从之。（卷103，第2084页）

◎升守备独石、永宁左参将、都督佥事杨洪为都督同知，指挥黄宁等六人，千户、百户九人俱升一级⑥。复独石卫军陈海为指挥佥事，仍听杨洪调⑦。以追剿胡寇功也。（卷104，第2112页）

◎设山海寺儿峪⑧，大青山平顶峪、苇子峪，永平李家峪关隘。以山海、抚宁、兴州、开平等卫官军守之。从总兵官王彧奏也。（卷105，第2135页）

◎守备独石都督同知杨洪言⑨："云州堡之西冲有金阁山崇真宫

---

① 据《校勘记》改。《校勘记》："河附中官"，抱本"河"作"阿"，是也。阿附，音ē fù。巴结奉承，比附迎合。
② 该条为正统八年四月戊戌，1443年5月12日事。
③ 征输，征收赋税输入官府。
④ 抵斗，粮食的数量相当。
⑤ 菽粟，音shū sù。指豆和小米，泛指粮食。
⑥ 该条为正统八年五月甲戌，1443年6月17日事。
⑦ 《校勘记》："仍听杨洪调"，广本"调"下有"遣"字。
⑧ 该条为正统八年六月乙未，1443年7月8日事。
⑨ 该条为正统八年七月辛巳，1443年8月23日事。

者，其神往往能出光怪①致灵验。去秋臣巡徼②至东凉亭，猝遇虏寇五百余骑，彼此相持，虏势张甚，臣默祷于神，虏随遁去，竟全师而还。遂以私钱修饰祠宇，今已毕事。乞赐敕额③及道流④住持⑤。"上赐名为"灵真观"，命度道士往主之。（卷106，第2162页）

◎给独石等城堡马二千八百匹。从守备参将都督同知杨洪奏请也⑥。（卷109，第2202页）

◎癸丑⑦，宣府右参将都指挥使朱谦奏："万全左右卫⑧粮料数少，官军支用数多，乞将开平、马营二处见中盐课内该纳米豆六万石有奇，转拨前来上纳。"事下，户部覆奏。从之。（卷110，第2215页）

◎命万全都指挥佥事赵玫⑨，协同左参将、都督同知杨洪，守备独石、永宁等处。从洪举⑩也。（卷111，第2229页）

◎敕宣府⑪、大同、独石等处总兵官、永宁伯谭广等曰⑫："今岁瓦剌使臣行李内多有盔甲刀箭及诸违禁铁器，皆大同、宣府贪利

① 光怪，神奇怪异的现象。
② 巡徼，音 xún jiào。巡行视察。
③ 额，牌匾。
④ 道流，指道教。
⑤ 住持，音 zhù chí。主持一个佛寺的和尚或主持一个道观的道士。
⑥ 该条为正统八年十月丙戌，1443年10月27日事。
⑦ 正统八年十一月癸丑，1443年11月23日。
⑧ 《校勘记》："左右卫"，抱本无"左"字。
⑨ 该条为正统八年十二月壬午，1443年12月22日事。
⑩ 举，推选，推荐。
⑪ 《校勘记》："敕宣府大同"，《宝训》此节作戍事，与《实录》不同。《宝训》亦较《实录》为详。
⑫ 该条为正统八年十二月己亥，1444年1月8日事。

之徒私与贸易者，尔等号令不严可知。其自今申明禁令，有踵①前非，一体治罪。"（卷111，第2239~2240页）

◎甲戌②，敕守备独石、永宁左参将、都督同知杨洪："去冬兀良哈往延安一带抢劫，春暖必回。尔洪其选所部精锐，往大同境外黑山迤北等处截杀，务与参将朱谦等同心协力，以图成功。" 又敕宣府总兵官永宁伯谭广、大同总兵官武进伯朱冕："今欲令参将朱谦、石亨各率军出境会杨洪兵杀贼，尔等其各选精兵付之，仍戒洪等中途或遇瓦剌迎接贡使人马，宜明谕以截杀兀良哈犯边贼寇③之意，庶免其惊疑相犯。"（卷112，第2258页）

◎守备独石、永宁左参将都督同知杨洪奏④："同内官韩政等率领官军于迤西地名以克列苏等处，俘斩兀良哈、安出等部下贼，夺回虏去人畜、器械等物。"上敕洪等将牛马给有功官军，其余解送京师，仍查官军功次，以闻。（卷113，第2270页）

◎丁酉⑤，升守备独石、永宁左参将都督同知杨洪为后军左都督⑥，内官韩政为都知监左少监，右参将、都指挥使朱谦为后军都督佥事，赐洪等白金、彩缎表里⑦。以克列苏等处截杀达贼功也。（卷113，第2277页）

---

① 踵，音zhǒng。追随，继承。
② 正统九年正月甲戌，1444年2月12日。
③ 《校勘记》："犯边贼寇"，广本"边"作"境"。
④ 该条为正统九年二月丁亥，1444年2月25日事。
⑤ 正统九年二月丁酉，1444年3月6日。
⑥ 《校勘记》："左都督"，广本"左"作"右"。
⑦ 表里，送礼或赏赐的衣料。泛指衣料。

◎守备独石等处左参将、都督杨洪言①："独石极边，遇警军马出战，外无援兵，内无固守。宜推选弓马②熟闲、勇略才干者，于要害去处定立二员，令善战者领兵③，善守者守城。"事下，总兵等官议。永宁伯谭广等奏："公同议得宣府左卫指挥使周义、万全右卫指挥使王祥、怀来卫指挥使李刚俱堪任用。宜令随右参将、都督佥事朱谦等，于葛峪堡等处操兵防备。"从之。（卷 114，第 2303～2304 页）

◎诏④：独石沿边，今年四月分军士如例，全支料豆饲马。（卷 114，第 2307 页）

◎守备独石等处左参将、左都督杨洪奏⑤："近者山水泛溢，坏独石、龙门、云州、潮河等处城垣、墩台、壕堑甚多，人少不能修理，乞借开平、龙门二卫屯种军余协助。"从之。（卷 119，第 2396 页）

◎给独石等城堡马七百匹有奇⑥。（卷 121，第 2436 页）

◎丁亥⑦，升独石备边府军卫指挥佥事杨俊署都指挥佥事，督操马营军马。俊，左参将都督洪之子，洪举其久历边务，屡著战功，故有是命。（卷 123，第 2462 页）

---

① 该条为正统九年三月丙寅，1444 年 4 月 4 日事。
② 弓马，骑射。亦泛指武事。
③ 《校勘记》："令善战者领兵"，抱本"战"作"攻"。
④ 该条为正统九年三月辛未，1444 年 4 月 9 日事。
⑤ 该条为正统九年闰七月己卯，1444 年 8 月 15 日事。
⑥ 该条为正统九年九月乙酉，1444 年 10 月 20 日事。
⑦ 正统九年十一月丁亥，1444 年 12 月 21 日。

◎提督马营署都指挥佥事杨俊奏①："马营堡系极边，不时飞报军情，原无起马符验②，诚为不便。"事下，兵部议：俊乃镇守独石左参将、左都督洪之子，洪已有双马符验，马营又密迩③独石，遇有声息④，宜径白⑤其父，洪起马飞报。若另给符验，则父子异心，体统紊乱。上曰："善⑥"。（卷126，第2521页）

◎甲子⑦，敕宣府总兵官、武定侯郭玹等曰："得奏瞭见境外火光，显有达贼出没。欲选精锐马队官军并神铳手，委参将、都督佥事朱谦等率领，从野狐岭出境哨探，遇贼相机剿杀，若贼众，即飞报大同、独石等处合兵奋战。务在计虑周密，以图万全，不许顷刻怠忽⑧，失误事机。"（卷126，第2522～2523页）

◎守备独石等处左都督杨洪尝请给旗牌以号令军士⑨。上不允。洪乃自置小箭旗二十、木牌二十，以为交锋缓急之节。事闻，工部论其专擅⑩。上以其军中事，置之不问。（卷128，第2555页）

◎丁亥⑪，大同总兵官武进伯朱冕奏："山西行都司所属官军守

---

① 该条为正统十年二月辛酉，1445年3月25日事。
② 符验，凭据；证件。《明史·职官志三》："符验之号五：曰马，曰水，曰达，曰通，曰信。符验之制，上织船马之状，起马用'马'字，双马用'达'字，单马用'通'字，起船者用'水'字，并船用'信'字。亲王之藩及文武出镇抚，行人通使命者则给之。"
③ 密迩，音 mì ěr。亦作"密尔"很接近。（多指地理上的距离）
④ 声息，消息；信息。
⑤ 白，陈述。
⑥ 善，表示应诺。对，好。
⑦ 正统十年二月甲子，1445年3月28日。
⑧ 怠忽，音 dài hū。懈怠轻忽而不专心。
⑨ 该条为正统十年四月辛亥，1445年5月14日事。
⑩ 专擅，音 zhuān shàn。不请示或不经上级批准而擅自行动。
⑪ 正统十年五月丁亥，1445年6月19日。

防边方，若衣粮不充，难以效力。请都指挥月支本色米五石，指挥四石，卫所镇抚千百户月支三石，余仍折钞。其见操军士有月支一石者，有八斗者，请一体均赐，其中有名夜不收者劳勩①尤甚，请月给一石五斗。其大同府所辖四州七县，军民艰苦，每年夏秋税粮远运至西猫儿峪等处仓。近年旱荒相继，口食艰难，请暂将民粮就拨大同边卫收纳，以苏②民困，其西猫儿峪粮储，另于腹里附近州县供给。"事下，户部覆奏："沿边粮料宜广储蓄，以备不虞③，若一概添给，临时卒难供运。官军俸粮都指挥指挥每月二石，给米二石，准给银绢。卫所镇抚千户每月一石五斗，给米一石五斗，准给银绢。旗军先循守臣之请，既量增给，夜不收月粮行粮通给一石五斗矣，止宜岁给绵布一匹，其大同运付西猫儿峪税粮不为常例，减存五万石于大同边卫，仍于福建并苏松等府折粮银，内拨三万两，运付西猫儿峪，补大同应运之数为便。"从之。（卷 129，第 2571～2572 页）

◎丁酉④，免万全都司所属开平、保安右卫灾伤子粒五百九十九石八斗。（卷 129，第 2575～2576 页）

◎巡抚大同、宣府右副都御史罗亨信言⑤："宣府至怀来几⑥二百里，其间空阔，别无城壁。而保安卫乃在鸡鸣山南二十里，阻隔大河。美峪千户所又在卫南六十里，其地洼下，难于筑城。乞于驿路沙城西雷家店东移保安卫及美峪所合为一城，而保安州就附其间，

---

① 劳勩，勩音 yì。劳苦。
② 苏，缓解，解除。
③ 虞，预料。
④ 正统十年五月丁酉，1445 年 6 月 29 日。
⑤ 该条为正统十年八月甲辰，1445 年 9 月 4 日事。
⑥ 几，将近，差一点。

诚为便利。又榆林驿东岔道西地名棒槌峪，胡虏每于此牧放、窥伺，宜于驿东设一卫，岔道南立一关，如此则边圉①固矣。"又言："京城至居庸关，空无居人，夷虏朝贡往来，无以竦②其瞻视，乞于榆河设一卫。"上曰："榆河不必立卫，其言移城及设关事，兵部移文宣府、独石总兵等官熟议，可否来闻。"亨信又言："守城御敌火器最为急用，大同、宣府卫所城池，洪武中原置大小将军、破落户、手把铳、火枪、火炮等器甚为周备。今年久废坏欠缺者多，猝有儆急③何以应用？乞更命干济④官一员，会同二处镇守总兵等官公同究勘，各卫原设火器及见存欠缺之数，奏闻成造发下，以为守御之具。"上曰："官不必更命，就令巡按御史理之。"（卷132，第2619~2620页）

◎更定宣府边堡籴粮则例⑤。先是，户部运官银赴宣府各堡，每一两籴米二石四斗。缘极边车载艰难，久之无人应命。管粮右侍郎刘琏同镇守武定侯郭（铉）［玹］⑥等议："将龙门卫、赤城、雕鹗堡每银一两籴二石二斗，独石、马营、龙门所、云州堡每银一两籴二石，庶边储易积。"奏至下户部议便，从之。（卷132，第2632页）

---

① 边圉，音 biān yǔ。边疆，边地。
② 竦，音 sǒng。本义：恭敬，肃敬。通"悚"，恐惧。
③ 儆急，音 jǐng jí。紧急（事件）。一般指军情。儆，古同"警"，警报。
④ 干济，办事干练而有成效。
⑤ 该条为正统十年八月乙丑，1445年9月25日事。
⑥ 据《校勘记》改。《校勘记》："郭铉"，抱本"铉"作"玹"，是也。

◎戊戌①，颁赐开平、怀来、龙门三卫学《性理大全》②等书。从山东布政司左参议尹聪奏请也。（卷142，第2805页）

◎总督守备独石等处左参将、都督杨洪奏③："闵安④迤西鞍子山等处，俱有千余人马蹤（踪）[迹]⑤西行，此必兀良哈达贼往来窥我边境。"上敕沿边诸将严兵备之。（卷145，第2850页）

◎守备独石左参将、都督杨洪奏⑥："出哨官军获瓦剌部属三十人并马匹、弓箭等物。"上敕洪曰："此三十人者，未见其有寇边之迹，宜宽待之，遣人送京。"（卷146，第2871页）

◎命法司论断罪囚有力者⑦，于通州运米赴龙门、开平二卫上纳⑧赎罪。从户部奏请也。（卷146，第2878页）

◎命选隆庆左右并怀来卫屯军于马营备冬⑨。（卷146，第2878页）

◎给宣府猫儿峪等营马二千二十五匹⑩。（卷146，第2878页）

---

① 正统十一年六月戊戌，1446年6月25日。

② 性理大全书，又名《性理大全》，70卷，明胡广等奉敕编辑。与《五经四书大全》同辑成于永乐十三年（1415年）九月，明成祖亲撰序言，冠于卷首，颁行于两京、六部、国子监及国门府县学。此书为宋代理学著作与理学家言论的汇编，所采宋儒之说共一百二十家。

③ 该条为正统十一年九月丁卯，1446年9月22日事。

④ 《校勘记》："闵安"，抱本"闵"作"关"。

⑤ 据《校勘记》改。《校勘记》："蹤踪"，广本、抱本"踪"作"迹"，是也。

⑥ 该条为正统十一年十月辛丑，1446年10月26日事。

⑦ 该条为正统十一年十月壬子，1446年11月6日事。

⑧ 上纳，本意指向官府交纳赋税。纳，缴纳，贡献。

⑨ 该条为正统十一年十月甲寅，1446年11月8日事。

⑩ 该条为正统十一年十月甲寅，1446年11月8日事。

◎给沿边火器①。大同、甘肃手把铜铳五百、碗口铜炮四百，宣府铳五百、炮二百，密云铳三百、炮一百，辽东炮四百，宁夏炮一百，独石炮四百。（卷146，第2879页）

◎给开平等五驿马九十四匹②。（卷147，第2888页）

◎户部奏③："陕西、宁夏、甘肃、延安、开平、独石等处军马，屯聚粮料缺乏。查得浙、淮、长芦运司存积盐共三十二万九千五百一十二引，宜令（勘）［斟］④酌分派召商于诸处纳粮备用。"从之。（卷147，第2894页）

◎总督独石等处守备左都督杨洪有疾，命医往疗之⑤。（卷149，第2922页）

◎给龙门卫马六百匹、直隶密云中等卫马六百五十七匹⑥。（卷150，第2944页）

◎给独石等处官军马五百三十匹⑦。（卷150，第2946页）

◎敕总督独石等处左都督杨洪⑧、协同守备都指挥佥事赵玟⑨

① 该条为正统十一年十月丙辰，1446年11月10日事。
② 该条为正统十一年十一月辛未，1446年11月25日事。
③ 该条为正统十一年十一月庚辰，1446年12月4日事。
④ 据《校勘记》改。《校勘记》："勘酌"，广本、抱本"勘"作"斟"，是也。
⑤ 该条为正统十二年正月癸酉，1447年1月26日事。
⑥ 该条为正统十二年二月丁未，1447年3月1日事。
⑦ 该条为正统十二年二月庚戌，1447年3月4日事。
⑧ 该条为正统十二年二月丁巳，1447年3月11日事。
⑨ 《校勘记》："赵玟"，东本"玟"作"政"。

曰："今得守备马营署都指挥佥事杨俊奏，贼入厦儿岭夹墙内，不曾追捕，此固俊之失，亦尔等平日调度不严，或有牵制，彼不敢自专所（制）［致］①。兹特命俊总督马营守备官军操练，今后但有寇贼来近边墩，听俊出兵剿捕，如贼势众，尔等合兵并力，不许徇私执拗②，自分彼此，以致失机误事，罪有所归。"（卷150，第2951页）

◎减万全都司开平、龙门二卫屯军余粮③。先是每军田五十亩纳余粮六石，至是各军以地土沙瘠，种纳不敷为言。都督杨洪为上其事，遂命开平卫每军减免四石，龙门卫每军减免二石。（卷151，第2967页）

◎戊戌④，总督独石等处守备左参将、左都督杨洪奏："臣于附近独石虎山墩诸处，旧壕外增筑墩台瞭望，旧壕内地可耕者，令官军耕种荞麦、糜黍，贴饲战马，甚为便利。内臣⑤韩正插定牌橛⑥，不容耕种。即今农事方兴，设或过时，又难效力，乞如旧令其耕种为便。"上令户部议速行之。（卷152，第2975～2976页）

◎甲辰⑦，总督马营守备署都指挥佥事杨俊奏："比因边务警急，简选精壮舍人一百一十名，编成队伍，给与马匹，自备军装，

---

① 据《校勘记》改。《校勘记》："彼此不敢自专所制"，东本"制"作"致"，是也。

② 执拗，形容固执任性，坚持己见，听不进别人的意见。

③ 该条为正统十二年三月庚辰，1447年4月3日事。

④ 正统十二年四月戊戌，1447年4月21日。

⑤ 内臣，是指帝王统治时，宫内所使用的官员、太监、护卫官长，还可以转义为，权贵们的管家、侍卫之类的贴身人员。

⑥ 橛，音jué。小木桩。

⑦ 正统十二年四月甲辰，1447年4月27日。

常川①哨备。今管粮侍郎刘琏将行粮②住支③，请仍给为便。"事下，户部言：方今夏炎，边寇远遁，可以农种之时，住支行粮，必有所为，宜问琏应否支给。上曰："既常哨备，如旧给之。"（卷152，第2980页）

◎敕总督独石等处守备左参将左都督杨洪、协同守备都指挥佥事赵玫曰④："比闻尔等同韩政、杨俊等领军出境，累次追击，达贼远遁，所获马匹牛羊等畜而还，具见用心。敕至尔等即以所获马匹，给缺马官军骑操，牛羊等畜就赏出境官军，盖官军远出勤劳，宜加赏赉⑤。尔等必须公平，庶使人心悦服，争先效力，尔等其钦承之。"（卷154，第3011页）

◎己巳⑥，户部奏："顺天府及大兴、宛平二县都税司等衙门，官吏俸粮俱于本府仓关支⑦。今本府税粮各起运开平等处交纳，存留者不敷支用，欲照五府六部例，于儹运⑧糙粳米内摘拨⑨收支。"从之（卷155，第3027页）

◎总督独石等（备）［处］⑩守备左都督杨洪奏⑪："独石、永宁等处墩台，每因岁终积雪，春暖融入土，故易坏，间有隔越甚远

---

① 常川，经常；连续不断。
② 行粮，音 xíng liáng，行军途中或在外执行任务时加发的粮饷。
③ 住支，官制用语。即停止支发官员俸薪、军饷银两。
④ 该条为正统十二年五月壬寅，1447年6月24日事。
⑤ 赏赉，音 shǎng lài。赏赐。
⑥ 正统十二年六月己巳，1447年7月21日。
⑦ 关支，指领取。
⑧ 儹运，儹音 zǎn。赶运；催运。
⑨ 摘拨，音 zhāi bō。调派。
⑩ 据《校勘记》改。《校勘记》："独石等备"，广本"备"作"处"，是也。
⑪ 该条为正统十二年八月庚申，1447年9月10日事。

者，哨瞭不相及。请增置墩台，自龙门乱泉寺起，至龙门卫迤西，共一百四十六座，分军列守。"从之。（卷157，第3051~3052页）

◎命总督独石等处守备左都督杨洪佩"镇朔将军"印①，充总兵官镇守宣府。都指挥佥事赵玫、署都指挥佥事杨俊总督独石、永宁等处守备。（卷157，第3053页）

◎山东布政司左参议尹聪先奉敕往开平②、独石右参将杨洪处，赞理③军机文书。至是，洪移镇宣府，聪请回京听用。从之。（卷158，第3069页）

◎宣府总兵官左都督杨洪言边备五事④："一、宣府操备、哨守等项马、步官军止一万三千五百余人，城堡、关隘一十四处，内西阳河、洗马林、张家口、新开口堡、野狐岭关最为要害，其余白羊口等六堡实非要地，乞归并以便戍守；一、柴沟堡地近万全，却调宣府等卫官军守备。其宣府城所领官军却又调自万全等卫，彼此两不便，乞依地方对换；一、柴沟堡调来备御官军，其刍粮⑤仍于本卫支给，往来道途动经旬月，乞于柴沟立仓，就令山西民运粮输纳，或给银收籴⑥，或召商中盐，庶免军士奔走负戴⑦之劳，而亦不妨戍守；一、守边军器惟火箭最要，朝廷恐其传习者多，不许边方自造。

① 明洪武中，尝用上公佩将军印，后以公、侯、伯及都督充总兵官，名曰"挂印将军"，有事征伐，则命总兵佩印以往，旋师则上所佩印于朝。如：征虏前将军（辽东）、镇朔将军（宣府）征西前将军（大同）镇西将军（延绥）征西将军（宁夏）等。该条为正统十二年八月壬戌，1447年9月12日事。
② 该条为正统十二年九月庚寅，1447年10月10日事。
③ 赞理，代理；助理。
④ 该条为正统十二年九月丁巳，1447年11月6日事。
⑤ 刍粮，粮草。多指供军队用的饲料和粮食。
⑥ 收籴，音shōu dí。收购粮食。
⑦ 负戴，背上负着东西，头上也顶着东西。比喻劳役之事。

然京库关领①者多有不堪②，而臣前在独石亦蒙朝廷许以自造，乞如前例自造应用；一、宣府沿边，臣躬行相度③，其间墩台洞远者择地添设，古路窄狭者用石砌塞，地势平坦者置门关锁，无事则巡逻出入，有警则发兵策应。"上悉从之。（卷158，第3087~3088页）

◎乙亥④，巡按直隶监察御史周纪奏："备御独石等处左少监韩政收养官军余丁，占役操备军士，耕种地亩，不纳税粮。守备都指挥佥事赵玟隐占守城军，纵家人卖所部马，以图利。"上以政等处边方，姑贷⑤之，戒勿再犯。（卷165，第3200~3201页）

◎己巳⑥，调山东左参议尹聪，于山西布政司督理易州薪炭。聪先任开平等处赞理军机文书。至是召回，故调用之。（卷167，第3231）

◎壬子⑦，命召商于各边中纳盐粮，其中淮盐者每引于开平、马萱、龙门仓各纳米豆一石，宁远、广宁仓各纳米豆一石四斗；中浙盐者递减二斗，俱不次支给。（卷168，第3253~3254页）

◎敕缘边诸将曰⑧："近得守备独石都指挥佥事杨俊报，境外贼众千余，恐是瓦剌潜遣贼徒，与先次所胁兀良哈之人来窥边境。敕

---

① 关领，领取。
② 堪，忍受，能支持。
③ 躬行相度，躬行音 gōng xíng，身体力行；亲身实行。相度，宋公文用语，意为考虑、分析，观察估量。一般要求分析某事后提出解决办法或建议。
④ 正统十三年四月乙亥，1448年5月22日。
⑤ 贷，宽恕，饶恕。
⑥ 正统十三年六月己巳，1448年7月15日。
⑦ 正统十三年七月壬子，1448年7月15日。
⑧ 该条为正统十三年八月丙寅，1448年9月10日事。

至尔等宜严督哨备，遇贼近边，少则出兵截杀，众则总兵官俱出兵策应，及飞报邻近将官，一体剿杀，务在酌量进止，用图万全以清边患，尔等其慎之。"（卷169，第3261~3262页）

◎乙巳①，命法司今后罪囚应赎者，俱于通州仓关领粮料，运赴开平等处，以备边饷。（卷170，第3285页）

◎罢怀来等卫所五处儒学②。先是，巡按监察御史王琳奏："万全都司所属怀来卫、隆庆右卫共儒学一处，怀安卫、保安右卫共儒学一处，龙门卫、万全左卫、美峪千户所各儒学一处，此五处儒学俱临极边，武生父兄每岁出哨、赴操、修城、烧荒、采备薪草、接送外夷，蚤③暮辛劳，不遑④自给。故武生乏人供送，衣食艰难。至于有警，又复选令操备。仅有数人在学，教官常闲，虚费廪禄⑤，乞罢前五处儒学，取其教官别用。"事下，总兵、巡抚等官，覆勘皆以为当。从之。（卷172，第3314~3315页）

◎己亥⑥，以截杀达贼功，实授总督独石、永宁等处守备署都指挥佥事杨俊为都指挥佥事。（卷174，第3349~3350页）

◎以擒杀达贼功⑦，升开平卫指挥使杨能、江福、李延，隆庆右卫指挥使黄宁，龙门卫指挥使张林，怀来卫指挥使夏忠、王琳俱为都指挥佥事。（卷175，第3364~3365页）

---

① 正统十三年九月乙巳，1448年10月19日。
② 该条为正统十三年十一月乙巳，1448年12月18日事。
③ 蚤，音zǎo。古同"早"。
④ 不遑，遑音huáng。没有闲暇。遑，闲暇。
⑤ 廪禄，音lǐn lù。禄米；俸禄。
⑥ 正统十四年正月己亥，1449年2月10日。
⑦ 该条为正统十四年二月己未，1449年3月2日事。

◎总督独石、永宁等处守备都指挥佥事赵玫奏①："独石、马营、云州、赤城、雕鹗等七堡止有军马七千分守，地广兵少，乞于腹里量拨官军带领火器前来训练备用。"上谓兵部臣曰："腹里官军不必调，但令玫等整饬见在官军堤备，遇有贼寇，即报杨洪，令互为应援。"（卷179，第3475页）

◎庚辰②，命给事中翟敬、监察御史罗篪等十人，往宣府、独石、大同、延安、绥德、宁夏、甘肃、偏头关、辽东、蓟州、永平、山海等处，赏赉军士，每人银一两。（卷180，第3480页）

◎是日③，虏寇分道刻期入寇。也先寇大同至猫儿庄，右参将吴浩迎战，败死；脱脱卜花王寇辽东；阿剌知院寇宣府，围赤城；又别遣人寇甘州，诸守将凭城拒守。报至，遂议亲征。（卷180，第3485～3486页）

◎宣府总兵官、都督杨洪奏④："达贼围马营已三日，将河水断绝，营中无水。"（卷180，第3490页）

◎镇守居庸关都指挥佥事孙斌奏⑤："守备怀来署都指挥佥事康能，及怀来、隆庆、龙门卫指挥千百户易谦等，各领军余，挈家⑥弃城，来本关避贼，请治其罪。"王令谕责能等，宥其死罪，就领军在居庸关协斌守备。（卷181，第3513～3514页）

---

① 该条为正统十四年六月癸酉，1449年7月14日事。

② 正统十四年七月庚辰，1449年7月21日。

③ 正统十四年七月己丑，1449年7月30日。

④ 该条为正统十四年七月癸巳，1449年8月3日事。

⑤ 该条为正统十四年八月丁卯，1449年9月6日事。

⑥ 挈家，音 qiè jiā。携带家眷。

◎总督独石等处备御都督佥事孙安言①："先有敕命都指挥赵玫②守备独石、杨俊守备马营、夏忠守备龙门卫、署都指挥鲁瑄守备龙门千户所，臣同少监陈公总督四处备御。即今贼势甚多，军力甚少，若分守恐难御敌。"王令陈公、孙安、赵玫、杨俊率所领官军来居庸关外驻扎，为京师声援。（卷181，第3526页）

◎总督独石等处备御右少监陈公等言③："达贼万余围龙门城，云是阿剌知院遣我等来讲和。因系书于矢射入城内，臣等答言：可说与阿剌知院：'尔是好人，素向我朝廷，我皇帝厚加赏赍，未曾相负，今奈何兴兵留驾，毒害生灵'。贼点头然臣等所言而去。少顷，又来言我：'阿剌知院说：我是个大头目，已年老了，如何留一个恶名？我与你讲和了罢。我亦曾劝也先太师来，不听我说。可将所射书④奏尔朝廷，我亦回禀也先太师，须仍旧往来和好。贼又言：'王子军马从东来，也先从西来，我从独石、马营来，我伤了几处小边城，我却不是了。'"事下，兵部议佥⑤谓："虏情谲诈，不可轻信，乞行昌平伯杨洪等严饬武备，相机战守，务在合宜，以图成功。"从之。（卷181，第3532~3533页）

◎提督居庸关兵部员外郎罗通言⑥："虏欲送车驾回京，恐其假⑦此率众齐来。虽居庸⑧可守，然永宁、怀来、独石、马营俱已空虚，大小关口三十六处，可通人马者七处，宜各添一千人守备；可

---

① 该条为正统十四年八月壬申，1449年9月11日事。
② 《校勘记》："赵玫"，抱本"玫"作"政"。
③ 该条为正统十四年八月乙亥，1449年9月14日事。
④ 射书，用箭传送书信。
⑤ 佥，音qiān。全，都。
⑥ 该条为正统十四年九月戊寅，1449年9月17日事。
⑦ 假，借用，利用。
⑧ 《校勘记》："居庸"，广本"庸"下有"关"字。

通人不可通马者二十九处，各宜添一百人守备①。仍命大将一员，将三万人分作十营，于关口策应。"事下兵部议，请付②都指挥同知杨俊处置，及量升通职，仍旧提督。从之。升通为兵部郎中。（卷182，第3537页）

◎巡抚大同③、宣府副都御史罗亨信，劾守备赤城堡指挥郑谦、徐福，雕鹗堡指挥姚瑄先于七月内闻贼入境，弃城挈家奔走，以致怀来、永宁等卫亦行仿效。乞正其罪，以为边将不忠之戒。从之。（卷182，第3538页）

◎令改拨原派开平④、永宁二处仓粮一千余石，于密云县龙庆古北口仓上纳给。山海关、古北口等处缘边选操舍人月粮二斗五升。（卷182，第3542～3543页）

◎镇守山西都督孙安奏⑤："近者圣驾亲征之日，龙门卫充军进士张鉴诣行在所上疏，乞驻跸宣府，但选主将统兵⑥征剿，则兵权归一，而将无掣肘⑦之患，号令不二，而人有效死之心。鉴所陈实忠义之言，使当时从之⑧，岂有今日之祸。乞将鉴量加擢⑨"。事下，兵部召鉴为试百户⑩，送杨洪处听调。（卷183，第3568页）

---

① 《校勘记》："各宜添一百人"，广本"各宜"作"宜各"。

② 付，交，给。

③ 该条为正统十四年九月戊寅，1449年9月17日事。

④ 该条为正统十四年九月壬午，1449年9月21日事。

⑤ 该条为正统十四年九月丙戌，1449年9月25日事。

⑥ 《校勘记》："统兵"，广本"兵"作"军"。

⑦ 掣肘，音 chè zhǒu。原意指拉着胳膊，比喻有人从旁牵制，工作受干扰。

⑧ 《校勘记》："使当时从之"，广本"从"作"用"。

⑨ 擢，音 zhuó。提拔，提升。用。

⑩ 试百户，明代卫所兵制设百户所，为世袭军职，百户统兵100人，正六品。试百户为从六品。

◎礼科给事中金达奏①："近奉敕往独石公干②，访得都指挥杨俊怙③势贪侈，无勇无谋，不堪④任用。"事下，兵部议："宜取俊回京操练听调，其原领军马暂令赵玫管领。"从之。（卷183，第3586页）

◎万全都司都指挥佥事夏忠奏⑤："先奉命守龙门卫，后蒙取回，今带原领官军九百人至居庸关口驻扎。乞降纶音⑥以凭进止⑦。"帝命就彼巡守，听副都御史罗通提督。（卷184，第3624页）

◎少保兼兵部尚书于谦等奏⑧：迩者⑨尚书兼翰林院学士陈循等言，杨洪与其子俊善战，俱留京师。臣等切惟宣府者京师之藩篱⑩，居庸者京师之门户⑪，未有藩篱，门户之不固，而能免盗贼侵扰之患者也。今洪、俊并所领官军既留京师，则宣府、居庸未免空虚，万一逆虏觇知⑫，乘虚入寇，据宣府附近以为巢穴，纵兵往来剽掠，虽不犯我京畿，而京畿能独安乎？曩⑬自逆虏犯边，俊望风奔溃，将独石、永宁等十一城并弃之，遂使边境萧然⑭，守备荡尽，虏寇往来如

---

①　该条为正统十四年九月庚子，1449年10月9日事。

②　公干，公事，公务。

③　怙，音 hù。依靠，仗恃。

④　堪，能，可以，足以。

⑤　该条为正统十四年十月甲寅，1449年10月23日事。

⑥　纶音，音 lún yīn。指帝王的诏书旨意。《幼学琼林·朝廷》："皇帝之言，谓之纶音；皇后之命，乃称懿旨。"

⑦　进止，进退；去留。

⑧　该条为正统十四年十一月戊子，1449年11月26日事。

⑨　迩者，近来。

⑩　藩篱，音 fān lí。用柴竹编成屏蔽的围墙，引申为保护防卫。

⑪　门户，房屋的出入口。

⑫　觇知，音 chān zhī。暗中了解。

⑬　曩，音 nǎng。以往，从前，过去的。

⑭　萧然，音 xiāo rán。犹骚然。扰乱骚动的样子。

在无人之境，闻者无不痛恨。幸存<u>宣府</u>一城，有<u>洪</u>以守之，虽不救<u>土木</u>之危，以解君父之难，然足以为<u>京师</u>及<u>居庸</u>之应援，接<u>大同</u>等处之声势。今<u>宣府</u>、<u>居庸</u>兵将俱无，是弃之也，彼尚存者，不过疲兵羸卒①，无主将以统驭②之，安能保其不离散乎？事之可忧，莫此为甚。臣等叨掌兵政，事有当言，不敢隐默。况今国家多事，用舍举措，当合公论③，苟公论不协④，则事之成否，利钝未可期也。乞以臣言，付文武大臣及六科十三道，从公会议：<u>洪</u>、<u>俊</u>既留<u>京师</u>，边务当若何处置？或推选谋勇老成廉静持重⑤武职大臣一员，充总兵官镇守<u>宣府</u>；能干才勇武臣一员，守备<u>居庸</u>。其原来官军亦宜斟酌遣还，庶彼此守备，不至失误。会兵科都给事中<u>叶盛</u>等亦言："<u>中国</u>之驭夷狄，固当保卫<u>京师</u>，尤宜整饬边关。"自虏骑奔遁之后，至今声息未宁，往往有复来犯边之说。虏之复来，不来，不必问顾，我之有备无备何如耳？今之极边，险要莫若<u>大同</u>、<u>宣府</u>，切近边关，莫如<u>居庸</u>，其次<u>紫荆</u>、<u>倒马</u>、<u>白羊</u>。<u>大同</u>、<u>宣府</u>无备，则虏骑直抵边关矣。边关失守，则长驱直捣，有不忍言者矣。以往事言之，<u>独石</u>、<u>马营</u>不弃，则乘舆何以陷<u>土木</u>？<u>紫荆</u>、<u>白羊</u>不破，则虏骑何以薄⑥都城？即是而观边关，不可不固也。然御戎固在守边，而守边尤在得人。故凡择良将以重委托，设文臣以资参辅，选士马以备攻守，运粮草以供馈饷，修器械以御冲突。是数者皆守关要务，而实本于任用得人，又皆今日所急，而不可缓者也。以今<u>京师</u>言之，有<u>武清侯石亨</u>，以总兵<u>少保于谦</u>以总督军务，允惬⑦舆情，事渐就绪。近复以<u>昌平侯杨洪</u>、都督<u>范广</u>分理各营，复因近臣之请，以都督<u>杨俊</u>、

---

① 羸卒，羸音 léi。疲弱的士兵。羸，瘦弱。

② 统驭，统辖；驾驭。

③ 公论，公正或公众的评论。

④ 不协，不一致；不和。

⑤ 持重，指行事慎重；谨慎稳重，不轻浮。

⑥ 薄，音 bó。迫近。

⑦ 允惬，音 yǔn qiè。妥贴；适当。

副都御史罗通留京操守，经画①处置，至矣。以边关言之，紫荆、倒马、白羊等关，虏贼退后几②及一月，至今尚未设守，都督顾兴祖等虽承差遣，尚未启行。是未，足以称皇上安内攘外，汲汲遑遑③之盛心也。在外惟大同以郭登镇守，可谓得人。其他天城、阳和等处，亦皆有人可守，独宣府切近居庸，实关外重地，为大同一带应援，居庸切近京师，天险莫比。自昔必争之地，守之者固不可以无人，尤不可以非人④。往时杨洪父子、罗通辈分守二处，号称得人。今洪等既留京师，必求如洪等⑤者以代之，然后足以副⑥重寄⑦而集⑧大功。乞令廷臣从长会议，务合众情，毋徇⑨未得人者，必求其人，未启行者，必促其启行。何以致器械之不乏？何以使粮草之足用？精选而信用之，熟思而审处之。如此，则边关充实，而贼虏寒心，中国载宁而大举可图矣。帝皆可之，命兵部集廷臣慎选文臣一员，武臣二员，以代洪等，仍促兴祖等启行毋缓。（卷185，第3687～3690页）

◎虏之初入寇也⑩，守备怀来署都指挥康能，指挥使易谦、温海，指挥佥事范澄，守备永宁城署都指挥佥事黄宁，指挥使周隆、张斌，守备保安城指挥使李宝⑪，指挥佥事曹宗玘、焦玘，守备长安

① 经画，经营筹划。
② 几，音jī。将近，差一点。
③ 汲汲，音jíjí。形容急切的样子，急于得到。遑遑，音huáng。惊慌不安的样子。也作"皇皇"。
④ 非人，不合适的人。
⑤ 等，表示数量或程度的级别。
⑥ 副，相配，相称（chèn）。
⑦ 重寄，音zhòng jì。重大的托付。
⑧ 集，成就，成功。
⑨ 徇，音xùn。曲从；偏私。偏私。
⑩ 该条为正统十四年十一月癸巳，1449年12月1日事。
⑪ 《校勘记》："李宝"，广本"宝"作"保"。

岭关署都指挥佥事鲁瑄，指挥佥事陈锳①，俱率家众遁走。右副都御史罗亨信案举其罪。能、宁得宥，瑄为右副都御史罗通举以立功，玘亡不知处。法司论宝弃城为首，斩，谦、海、澄、隆、斌、宗玘、锳等从徒。至是遇赦，皆免罪，降为事官，送武清侯石亨处自效②。（卷185，第3693页）

◎宣府右参将都督佥事杨（悛）［俊］③奏④："顷者⑤达贼出没，宣府兵弱，恐难应敌，乞以臣前所领马营、开平诸处军马，仍付臣统领，庶可成功。"从之。（卷186，第3730页）

◎总督军务少保兼兵部尚书于谦等奏⑥："近闻脱脱不花王、阿剌知院，人马俱在开平迤南环州、威虏、敏安、赤八都、西凉亭等处屯驻，去边不远，恐其因以入寇。欲精选夜不收二百人，潜往彼处，各持短兵火器，乘夜劫营剿杀，使贼知我边境有备，自然望风奔遁。"从之。仍命人赐银一两及毛袄、狐帽。（卷186，第3732～3733页）

◎总督宣府等处边储户部右侍郎刘琏奏⑦："比⑧因达贼犯边，怀来、永宁、赤城、独石、马营等处守备官军俱各惊散，弃城至京，安插朝阳门外。即今春初农事将兴，乞命昌平侯杨洪等，令该管官

---

① 《校勘记》："陈锳"，广本"锳"作"瑛"，下同。
② 自效，意为愿为别人或集团贡献自己的力量或生命。
③ 据《校勘记》改。《校勘记》："杨悛"，抱本"悛"作"俊"，是也。
④ 该条为正统十四年十二月戊午，1449年12月26日事。
⑤ 顷者，近来，片刻。
⑥ 该条为正统十四年十二月己未，1449年12月27日事。
⑦ 该条为景泰元年正月庚辰，1450年1月17日事。
⑧ 比，近来。

旗取勘名数，尽起发①原卫所守备，就于京库及宣府关领器械。每处再推举骁勇能干都指挥一员镇守，抚恤军士，督修城堡。仍于要害之处听②添置墩台，挑掘濠堑，以备瞭望，庶宣府无孤悬之危，京师有藩屏③之益。"从之。（卷187，第3773页）

◎景泰元年闰正月丙午朔④，太上皇帝在迤北。敕都督同知范广、纪广，都指挥杨信，得尔等奏，有达贼三百余人，在怀来、长安岭等处出没剽掠。敕至尔等亟⑤领军马，或分或合，剿灭尽绝，以除边患。（卷188，第3807页）

◎参赞军务右副都御史罗通［奏］⑥：近日辽东报声息，此必因征调辽东军马，其守将瞰境外一二达贼往来，即诈称虏寇数千犯边。以（上）［止］其（问）［所］⑦调之军，甘肃、宁夏、大同、宣府亦然，且遇贼十余人，辄称见贼数千，杀败之，斩首十余级。向者⑧德胜等门外，不知杀贼几何，郤升官六万六千有余，辇毂⑨之下（宜）［且］⑩然，况边陲之远者？为今之计，宣府、大同各宜屯重兵掺练，宣府宜于独石、马营或德胜口屯练，大同宜于大同、威远

---

① 起发，征调、发送。

② 听，治理，管理或执行事务。

③ 藩屏，音 fān píng。屏障保护。

④ 景泰元年闰正月丙午，1450 年 2 月 12 日。

⑤ 亟，音 jí。急切。

⑥ 据《校勘记》补。《校勘记》："罗通"，抱本、中本"通"下有"奏"字，是也。该条为景泰元年闰正月丁未，1450 年 2 月 13 日事。

⑦ 据《校勘记》改。《校勘记》："以上其问调之军"，抱本、中本"上"作"止"，"问"作"所"，是也。

⑧ 向者，从前。

⑨ 辇毂，音 niǎn gǔ。皇帝的车舆。代指京城。

⑩ 据《校勘记》改。《校勘记》："辇毂之下宜然"，北大本、抱本、中本"宜"作"且"，是也。

卫屯练，各选武将骁勇者充总兵官，文臣刚毅者总督军务。时遣谙①
胡语者，效胡人服饰，出境探听贼情，夜捣巢穴，贼虽恃健马劲弓，
卒至亦无所施矣。若白日行营，则贼非惟望尘而遁，抑恐埋伏以待
胜负，利钝木可知也②。然古之名将韩信③，起于行伍，穰苴④（援）
[拔]⑤于寒微。乞敕兵部五军都督府，询察都指挥、指挥以下，其
中有知兵如韩信、穰苴者，与议而行之。若腰玉珥貂⑥者，皆是苟全
性命保守爵禄之人，与憎贤忌能，徒⑦能言而不能行者，不足与议此
也。奏下，少保兵部尚书于谦言：辽东、宣府、大同各处，近日累
报声息，若依通所言，一概劾其不实，恐边将果有警不奏，必致误
事。其奏德胜关等门⑧外滥升官军六万六千有余，盖以武清侯石亨缴
功次，册内将当先一万九千八百八十人升一级，阵亡者⑨三千一百一
十八人升二级，其余齐力之人，止是给赏，并无六万之多。今通既
谓官军不曾杀贼，宜将臣谦同石亨［等］⑩已升职爵革去，其余官
军俱（具）［且］⑪不升。前此已奏，令石亨、杨洪各率精锐（官）

---

① 谙晓，音 ān xiǎo。熟悉通晓。谙，熟悉、精通。
② 《校勘记》："木可知也"，旧校改"木"作"未"。
③ 韩信，约前231年～前196年，汉族，淮阴（原江苏省淮阴县，今淮阴区）人，
西汉开国功臣，中国历史上杰出的军事家，与萧何、张良并列为汉初三杰。
④ 穰苴，音 ráng jū。即田穰苴。田穰苴（生卒不详），又称司马田穰苴，春秋末期齐
国人，是田完（陈完）的后代，齐田氏家族的支庶。田穰苴是继姜尚之后一位承上启下的
著名军事家，曾率齐军击退晋、燕入侵之军，因功被封为大司马，子孙后世称司马氏。后
因齐景公听信谗言，田穰苴被罢黜，未几抑郁发病而死。由于年代久远，其事迹流传不多，
但其军事思想却影响巨大。
⑤ 据《校勘记》改。《校勘记》："援于寒微"，抱本、中本"援"作"拔"，是也。
⑥ 珥貂，音 ěr diāo。插戴貂尾、指贵官显宦。
⑦ 徒，只；仅仅。
⑧ 《校勘记》："德胜关等门"，旧校删"关"字。
⑨ 《校勘记》："阵亡者"，抱本、中本无"者"字。
⑩ 据《校勘记》补。《校勘记》："石亨"，抱本、中本"亨"下有"等"字，是也。
⑪ 据《校勘记》改。《校勘记》："俱具不升"，抱本、中本"具"作"且"，是也。

［马］① 步官军，亨自紫荆关往大同，（供）［洪］② 自居庸关往宣府，沿途巡哨，提督官军，堵塞关口，修理墙棺③，剿（降）［除］④ 贼寇，防护耕种。今通奏欲宣府、大同各宜屯练重兵，盖已行事务。其推举武职已有诏书，举到部者送石亨等处试验，虽才略不齐，亦可随机任用，未见有如韩信、穰苴者，且武清侯石亨、昌平侯杨洪、安远侯柳溥等，头珥⑤貂蝉⑥，与都督范广、孙镗、卫颖等，俱腰玉带之人，亦有守战功绩，不见苟全性命，保守爵禄之情。今通奏其不［足］⑦ 与议此事，又自荐其仕途年久，颇知边情，恐有如韩信、穰苴堪任大将之人，宜就令指实姓名保荐。通久⑧奏乞选文臣刚毅者，充总督军务官，（功）［切］⑨ 念臣谦既无此才，又素不知兵，宜罢少保总督之命，或就令通或别选老成大臣，代臣管理。臣（指）［止］⑩ 管部事，捐躯尽瘁，以报朝廷。诏五府、六部、都察院、翰林院及六科〈及〉十［三］⑪ 道，将于谦、（罢）［罗］⑫ 通所言会议以闻。各官言石亨、杨洪蒙任，以战守之事，皆封列侯。于谦蒙委以总督军务，加授少保。此三人者实堪其任，今罗通谓腰玉珥貂

---

① 据《校勘记》改。《校勘记》："官步官军"，抱本、中本作"马步官军"，是也。

② 据《校勘记》改。《校勘记》："供自居庸关往宣府"，北大本、抱本、中本"供"作"洪"，是也。

③ 《校勘记》："修理墙棺"，抱本、中本"棺"作"榨"，旧校改作"垣"。

④ 据《校勘记》改。《校勘记》："剿降贼寇"，抱本、中本"降"作"除"，是也。

⑤ 珥，音 ěr。用珠子或玉石做的耳环。

⑥ 貂蝉，音 diāo chán。古代武官帽子上的装饰。

⑦ 据《校勘记》补。《校勘记》："不与议"，抱本、中本"不"下有"足"字，是也。

⑧ 《校勘记》："久奏"，旧校改"久"作"又"。

⑨ 据《校勘记》改。《校勘记》："功念"，抱本、中本作"切念"，是也。

⑩ 据《校勘记》改。《校勘记》："臣指管部事"，抱本、中本"指"作"止"，是也。

⑪ 据《校勘记》删、补。《校勘记》："六科及十道"，抱本、中本作"六科十三道"，是也。

⑫ 据《校勘记》改。《校勘记》："罢通"，抱本、中本作"罗通"，是也。

者，不足与议，意指亨等其辞过，当然志实在于御寇，伏望①乾刚独断②，委任如初。帝曰：卿等所言皆是，于谦公廉勤慎，才识俱优；石亨存心宽厚，善抚士卒；杨洪军旅整肃③，有谋有勇。三人朕亲用之，故特授以重职。罗通志在灭贼，以国为计，卿等将此意（问）[开]④谕谦等，今后同心协力，不许互相猜嫌，以（防）[妨]⑤兵务。（卷188，第3809~3812页）

◎昌平侯奏⑥杨洪奏⑦："前者独石、马营、宣府官军调来京师，俱系臣平昔简练精锐，习臣节制，令俱放回，乞留三千随臣掺习。"从之。（卷188，第3829页）

◎戊午⑧……龙门等卫指挥等官奏："臣等自去岁徙入京城，月支俸米一石，今命放回原卫，然家业丧尽，其余俸粮乞照京卫例折支支白金⑨。"从之。……宣府总兵官左都督朱谦奏："长安岭城池空虚。"事下，兵部议都指挥杨能，即今在宣府巡边，宜令会同谦等从长计议，量拨官军守御。从之。兵科给事中覃浩劾奏，昌平侯杨洪、都督孙镗惟争私忿⑩，不顾公道，平昔无事之时，尚且互相仇视，况出师临阵之际，岂肯协力救援？伏乞⑪圣明睿断，将洪与镗或

---

① 伏望，表希望的敬词。多用于下对上。
② 乾纲独断，指独自掌握决策，容不得他人插手。
③ 《校勘记》："军旅整肃"，北大本、抱本、中本"肃"作"严"。
④ 据《校勘记》改。《校勘记》："问谕"，抱本、中本作"开谕"，是也。
⑤ 据《校勘记》改。《校勘记》："以防兵务"，抱本、中本"防"作"妨"，是也。
⑥ 《校勘记》："昌平侯奏杨洪"，旧校删"奏"字。
⑦ 该条为景泰元年闰正月甲寅，1450年2月20日事。
⑧ 景泰元年闰正月戊午，1450年2月24日。
⑨ 《校勘记》："折支支白金"，旧校删一"支"字，抱本"金"作"银"。
⑩ 私忿，个人的怨恨。
⑪ 伏乞，向尊者恳求。

各分以兵，或各委以事，无事则使各处一（官）［营］①，有事则令互相策应②。诏洪、镗今后再不和，重罪不宥。（卷188，第3834~3837页）

◎壬戌③……游击将军、都指挥同知杨能奏："去秋逆虏入寇，隆庆州军民所遗田禾，虽遭践踏，然草尚可用。乞敕在彼官军防护，令京军之运草者采取备用，庶免远军之劳④"。又言："龙门卫畜积⑤颇丰，乞敕宣府总兵官防护量集丁壮，给路费，运赴宣府备用。"从之。（卷188，第3839页）

◎癸未⑥……参赞军务右副都御史罗通奏："近闻达［贼］⑦在宣府近边龙门、独石等处下营，就食我仓粮，宜敕总兵官都督朱谦并参将纪广、都指挥杨信等计议，或募勇敢士以往龙门等处守护，或遣夜不收潜往烧劫贼营。仍请圣旨榜文于沿边谕众：凡被虏人口有能自还者，军免差役三年，民免徭役终身，官支全俸，各赏银一两、布二疋；有能杀获达贼一级者，军民人等俱与冠带⑧，赏银五两，官升一级，一体给赏；若能杀给⑨也先，赏银五万两、金一万两，封国公、太师；杀伯颜帖木儿、喜宁者，赏银二万两、金一千两，封侯。"诏往行之。（卷189，第3873~3874页）

---

① 据《校勘记》改。《校勘记》："各处一官"，抱本、中本"官"作"营"，是也。

② 《校勘记》："有事则令相互策应"，抱本"则"作"责"。

③ 景泰元年闰正月壬戌，1450年2月28日。

④ 《校勘记》："庶免远军之劳"，旧校改"军"为"运"。

⑤ 畜积，音 xù jī。积聚，指储备粮食。

⑥ 景泰元年二月癸未，1450年3月21日。

⑦ 据《校勘记》补。《校勘记》："近闻达在宣府"，抱本、中本"达"下有"贼"字，是也。

⑧ 冠带，音 guàn dài。顶冠与腰带，借指官吏。

⑨ 《校勘记》："若能杀给也先"，旧校删"给"字，是也。

◎乙酉①……增置直隶广平、大名二府通判各一员,专捕盗贼,守备居庸关。右佥都御史王竑奏:"欲将赤城、云川②等驿走递官军并榆林、土木惊散军(又)[人]③,俱发怀来走递,候事体靖宁④,别行定夺。"从之。(卷189,第3876~3877页)

◎戊子⑤……居庸关擒得虏觇者刘玉,乃镇守独石[内]⑥官韩政家人,云也先令玉来窥觇⑦中国军马多少,石亨、杨洪有无。命锦衣卫严锢之。(卷189,第3880~3881页)

◎景泰元年夏四月甲戌朔⑧,太上皇帝在迤北。帝享太庙,遣中官祭司灶之神。初,胡寇犯边,大军失利,沿边马营、独石、龙门、雕鹗等处守将撤兵内徙⑨,各遗刍(草)⑩粮数万,议遣人⑪塞其城门,侯⑫事宁之日搬运宣府备用。既而游击将军杨能请令,宣府总兵等官拨军防护,设法顾倩车辆搬运,每石给脚价米二斗,已从其所请⑬。总督边储户部右侍郎刘琏言,能见领军马沿边巡哨,(令宜)[宜令]⑭防护搬运。提督军务右副都御史罗通又言,近有自虏还

---

① 景泰元年二月乙酉,1450年3月23日。

② 《校勘记》:"云川等驿",抱本、中本"川"作"州"。

③ 据《校勘记》改。《校勘记》:"军又",抱本、中本"又"作"入",是也。

④ 《校勘记》:"靖宁",抱本、中本作"宁静"。

⑤ 景泰元年二月戊子,1450年3月23日。

⑥ 据《校勘记》补。《校勘记》:"镇守独石官",抱本、中本"官"上有"内"字,是也。

⑦ 窥觇,音kuī chān。暗中察看;探察。

⑧ 景泰元年四月甲戌,1450年5月11日。

⑨ 《校勘记》:"撤兵内徙",旧校改"徒"作"徙"。

⑩ 据《校勘记》删。《校勘记》:"刍草粮",抱本无"草"字,是也。

⑪ 《校勘记》:"议遣人",抱本"议"上有"朝"字。

⑫ 《校勘记》:"侯事宁之日",旧校改"侯"作"候"。

⑬ 《校勘记》:"已从其所请",抱本无"所"字。

⑭ 据《校勘记》改。《校勘记》:"令宜防护",抱本"令宜"作"宜令",是也。

者，言二次①见虏寇三四千人，各牵驼马三四匹，往返马营等处取粮食用。切惟守将弃城遗下刍粮②，非惟资贼又且③引贼。臣熟筹之，守之则军士不足，运之则民力不逮④，焚之则国用不足，乞下廷臣详议之便⑤。太子太保兼户部尚书金濂等以为，边事遥度⑥，恐有遗策⑦，宜令能、琏通及宣府总兵官朱谦等，会计以行。从之。（卷191，第3933～3934页）

◎少保兼兵部尚书于谦奏⑧："今大同、宣府地方贼寇稍退，道路颇通，然所在城池粮储缺少，若不早为区画⑨，恐虏情奸诈，卒⑩有缓急，军饷何所接济⑪？乞敕山西都、布、按三司并管粮镇守等官公同计议，将所属应运大同粮草，及附近山西大盈等仓粮，运大同各城收贮备用。其宣府粮储令户部设法催运。及敕总兵官朱谦等议，或将龙门等处遗粮运宣府各城，或将在库银两及时籴⑫买，仍依臣原奏，允量减客商中盐米数，以广储蓄。此外，别有可以储积粮草长策，听各官区画奏请。"事下户部议，以二处中盐米数，宣府米、豆价平不须减少，惟大同纳米豆中淮、浙等处盐者，每引减米豆一斗。余悉如谦言。从之。（卷191，第4121～4122页）

---

① 《校勘记》："二次"，抱本"二"作"两"。
② 刍粮，粮草。多指供军队用的饲料和粮食。
③ 《校勘记》："又且引贼"，抱本"又且"作"且又"。
④ 逮，到；及。
⑤ 《校勘记》："详议之便"，抱本"之"作"其"。
⑥ 遥度，谓在远处规划或推测。
⑦ 遗策，失策；失算之意。
⑧ 该条为景泰元年八月辛巳，1450年9月15日事。
⑨ 区画，筹划，安排。
⑩ 卒，音 cù。突然。
⑪ 接济，救助、支援。
⑫ 籴，音 dí。买进粮食，与"粜"相对。

◎赐祭隆庆右卫指挥同知王敬、指挥佥事张澄，敬、澄俱以总兵官杨洪调往独石策应①，至云（川）［州?］、龙门口遇贼阵亡，故遣官②祭之。（卷196，第4155~4156页）

◎初③，龙门所仓有粮七万八千六百余石，贼至不守。至是路通，官军有（取）［出］④口窃取者，事觉，左侍郎刘琏乞命都指挥杨信拨军，运入怀来、永宁城官仓收贮，以备支用。事下户部，请如其言，仍行宣府总兵官分遣夜不收及行吏部取原经官攒赴开平、马营等处巡视、守候、拨运。从之。（卷196，第4163页）

◎丙寅⑤，升礼科给事中金达为本科都给事中，赏银十两、彩缎二表里。先是，达散赏至独石，值虏寇入境攻城，达督官军运谋捍御，城得以全。至是，礼部右侍郎李实等，自虏中回，白⑥其功于朝，乞加升赏，故有是命。（卷196，第4169页）

◎礼科都给事中金达言二事⑦：一、国之有边，犹家之有墙壁也，必守备得人，然后无外侮之患。比者逆虏犯边，都指挥杨俊捐弃连城⑧、金帛、钱谷，动踰万计，墩台不守，烽堠邈绝⑨，致贼乘虚邀留圣驾，臣民荼毒，原其情犯，死有余辜。臣尝以散赏⑩到边，

---

① 该条为景泰元年九月辛亥，1450年10月15日事。
② 遣官，派遣官员。
③ 该条为景泰元年九月辛酉，1450年10月25日事。
④ 据《校勘记》改。《校勘记》："有取口窃取者"，广本、抱本"取口"作"出口"，是也。
⑤ 景泰元年九月，1450年10月30日。
⑥ 白，陈述。
⑦ 该条为景泰元年十月己丑，1450年11月22日事。
⑧ 连城，并列相连的城。
⑨ 邈绝，音miǎo jué。久远。遥远；高远。
⑩ 散赏，自由欣赏。

见长安岭直抵独石一带田连阡陌，种艺禾稼收获之丰甚于内地，从而询之，则皆总兵等官之私产耳。夫为边将而乃驱役军士，以营己私，其能尽心于守备之策乎？乞举武将处心正大、谋勇兼资，文臣忠谠①鲠亮②、清望③素著者各一人，统兵往长安岭等处修葺城堡、烽堠、墩台，皆令复旧。以后总兵等官俱不许劳役官军，置产耕种，每年专差风厉④御史察访究问，其若杨俊辈者，皆黜之勿用，则守备得人，而边鄙⑤固矣。……诏该部议行之。（卷197，第4186~4187页）

◎升万全都指挥使董斌为后军都督佥事⑥，提督独石、马营等处边城。胡虏之入也，各城俱失守。至是，兵部奏斌有功，且闲⑦边务，故升之，俾⑧理其事。（卷197，第4190页）

◎戊戌⑨，少保兼兵部尚书于谦言："丑虏虽云纳款，而谲诈之情难测；边境虽颇告宁，而窥觇之寇未绝。况虏使黠傲⑩，弗循礼度，需索繁多，莫有纪极⑪。和议不足恃，而边备所当严，战守不可忘，而储蓄所当广。古人安不忘危，治不忘乱，治乱安危系于有备无备而已。谨上边务三事：一、宣府为京师屏蔽，大同乃西北要冲。自边方多事以来，所在官军逃窜，城郭空虚。自今宜令法司问拟充

---

① 忠谠，音 zhōng dǎng。指忠诚正直。
② 鲠亮，音 gěng liàng。谅直，刚直诚实。
③ 清望，指有清白名望的人或清白的望族。
④ 风厉，严厉。
⑤ 边鄙，指靠近边界的地方。
⑥ 该条为景泰元年十月辛卯，1450年11月24日事。
⑦ 闲，古同"娴"，熟悉、熟练。
⑧ 俾，音 bǐ。使，把。
⑨ 景泰元年十月戊戌，1450年12月1日。
⑩ 黠傲，音 xiá ào。亦作"黠骜"。狡黠桀骜。
⑪ 纪极，终极；限度。引申为穷尽的意思。

军罪囚，<u>山西</u>发<u>大同</u>沿边各卫，其余悉发<u>宣府</u>、<u>龙门</u>、<u>独石</u>、<u>雕鹗</u>等处守备。其<u>杨洪</u>领来官军三千亦令即还原卫所守备。仍令各总兵、镇守等官修设城堡、墩台、沟堑以备不虞。一、<u>宣府</u>、<u>大同</u>各城军民饥饿者多，户部奏准<u>河南</u>运粮八万，<u>山西</u>运粮十万接济，闻即今尚未起程，及彼处耕牛俱被抢掠，来春何以为东作①之资？万一逃移愈多，必生变故。乞令<u>河南</u>、<u>山西</u>急运粮赴<u>大同</u>备用，仍设法或开中盐，或给冠带，或升文武官职，或令罪囚纳米赎罪。如犹不足，俟②春和③于五军、神机等营拨军四万人，运一石④赴<u>宣府</u>各城备用。仍于<u>苏</u>、<u>松</u>等府折粮银内措置，或内领银四万两⑤委官运赴<u>大同</u>、<u>宣府</u>，每处二万，会同总兵等官给与无牛军民买牛耕作，务沾实惠。仍敕⑥总兵等内、外官⑦自今不得私地利，役军士，多养牲畜，积子粒，致下人怨咨⑧，废坏边务，违者置诸刑典⑨。……"帝以所言皆边备重事，命该部悉议行之。（卷197，第4193～4195页）

◎命<u>开平</u>等卫所官旗在三千营操备者⑩，本色俸折支绢疋、钞贯，如京例关支。（卷198，第4197页）

◎户部奏⑪："<u>开平</u>、<u>龙门</u>、<u>怀来</u>、<u>永宁</u>等卫所城堡，比因虏寇

---

① 东作，谓春耕。泛指农事。
② 俟，音 sì。等待。
③ 春和，指春日和暖；春风和煦。
④ 《校勘记》："拨军四万人运一石"，广本"运"上有"各"字。
⑤ 《校勘记》："或内领银四万"，广本"内"下有"府"字。
⑥ 《校勘记》："仍敕总兵"，广本"敕"作"饬"。
⑦ 内官，指国君左右的亲近臣僚。或朝廷任职的官员对地方官而言。外官，外省的官吏，相对于京官而言。也指捍卫边境的官。
⑧ 怨咨，亦作"怨訾"。怨恨嗟叹。
⑨ 刑典，刑法，法典。
⑩ 该条为景泰元年十一月辛丑，1450年12月4日事。
⑪ 该条为景泰元年十一月癸卯，1450年12月6日事。

犯边，城弃不守，遗仓粮九十万余石。今怀来、永宁已有官军守支，其余城堡未有处分。请将昌平侯杨洪带来官军三千名，选忠义将臣一员统领分守。命吏部将各该官攒①遣人押往宣府，付侍郎刘琏等斟酌发仓，且阅仓所有粮具数令掌管。如果无粮难守城堡，就将官攒遣回吏部别用。"从之。（卷198，第4199页）

◎命参赞宣府军务户部左侍郎刘琏等②，发龙门卫仓储，赈济宣府饥窘军民。以礼部右侍郎李实使瓦剌还，言宣府甚饥，故也。（卷198，第4203页）

◎命宣府总兵官抚宁伯朱谦③，运独石、马营、云州粮料，入赤城等城堡收贮。（卷198，第4204页）

◎给修守小龙门及隆庆卫官军衣鞋六千七百件有奇④。（卷198，第4210页）

◎赏开平等卫所官军每人银一两⑤。（卷198，第4212页）

◎提督独石等处操守都督佥事董斌言二事⑥："一、臣所督独石、马营、云州、雕鹗、赤城、龙门、李家庄、长安岭诸处官军，有在怀来、永宁暂寓者，有在宣府等处差操者，又有畏惧守备觊⑦于

---

① 官攒，音 guān zǎn。官员与攒典。
② 该条为景泰元年十一月丁未，1450 年 12 月 10 日事。
③ 该条为景泰元年十一月戊申，1450 年 12 月 11 日事。
④ 该条为景泰元年十一月乙卯，1450 年 12 月 18 日事。
⑤ 该条为景泰元年十一月癸亥，1450 年 12 月 26 日事。
⑥ 该条为景泰元年十一月丙寅，1450 年 12 月 29 日事。
⑦ 觊，音 jì。希望得到。

腹里卫所居住者，乞无分老弱，悉听臣钤束①，各还原处，以实孤城。一、兵贵有制，谋贵先定，若不预选将领，军士何所统属？乞于万全都指挥内选委数员分守各城，训练官军，有警听臣调遣。"事下兵部覆奏，悉从所请。（卷 198，第 4215 页）

◎敕提督独石、马营等处都督金事董斌曰得奏②，瞭见境外东猫儿峪等处烟火，引兵还宣府操备。虏寇出没，尔正宜出兵截杀，乃自引还，论罪本不可容，姑从宽宥。其即领兵速往原处守备，如遇贼众我寡，飞报宣府调兵策应，不得仍③前退缩。（卷 199，第 4237 页）

◎瓦剌使臣把斋等伴送侍郎赵荣赴京④，在独石山后遇兀良哈达贼二人，获之以献。帝曰：把斋是外夷，能效力擒贼，特升指挥金事，其从⑤把秃等十六人俱升副千户，以劝⑥将来。（卷 200，第 4254 页）

◎少保兼兵部尚书于谦言⑦："今瓦剌使臣还，宜令总兵官、抚宁伯朱谦并守备怀来都督金事董斌等，将原系独石、开平、龙门官军今在怀来安置者，发回原卫所守备。若原系怀来拨去开平等处者暂留，协同怀来官军守护城池，候使臣回后，另行发遣。"从之。（卷 200，第 4260 页）

---

① 钤束，音 qián shù。管束、约束。
② 该条为景泰元年十二月丙申，1451 年 1 月 28 日事。
③ 仍，音 réng。因袭，沿袭。
④ 该条为景泰二年正月甲寅，1451 年 2 月 15 日事。
⑤ 从，跟随的人。
⑥ 劝，说服，讲明事理使人听从。
⑦ 该条为景泰二年正月庚申，1451 年 2 月 21 日事。

◎宣府左参将纪广等奏①："请将独石等处官军暂于龙门卫驻扎，往来长安岭［巡哨，候雷家站城完，以渐］②修复独石等处，方令官军家属前去。"从之。（卷201，第4272页）

◎己丑③，赏独石、马营等处操哨官军四百余人各银一两。（卷201，第4301页）

◎都督同知卫颖、范广、陶瑾④，都督佥事郭瑛、张义，各奸宿乐妇⑤于瑛及瑾家，并索都指挥穆晟设晏。校尉廉其实以闻，六科十三道因交章⑥劾其罪。特命宥之。少保兼兵部尚书于谦复劾颖等俱以凡才叨膺⑦重任，擢⑧居都府，分掌兵戎，不能宣力⑨竭忠，乃敢纵欲败度⑩，况终日饮酒为乐，又复用钱买奸，若非剥削害军，此物从何而得？即今虏人虽已讲和，而边报未甚宁息，旧耻未雪，当臣子卧薪尝胆之时，大举惟图，宜将帅捐躯致命之日。而颖等所为若此，上辜朝廷之恩，下失军士之望，廉耻荡尽，忌惮全无。宜将颖、广、瑾、瑛、义、晟等调往开平、独石、大同一带操守杀贼，以赎前罪。帝曰："颖等罪本难恕，既已宥之，令其改过自新，再犯必罪不赦。"（卷201，第4301~4302页）

---

① 该条为景泰二年二月壬申，1451年3月5日事。
② 据《校勘记》补。《校勘记》："长安岭巡哨候雷家站城完以渐"，馆本"岭"下断烂。
③ 景泰二年二月己丑，1451年3月22日。
④ 该条为景泰二年二月乙丑，1451年4月7日事。
⑤ 乐妇，音 lè fù。娼妓。
⑥ 交章，指官员交互向皇帝上书奏事。
⑦ 叨膺，音 dāo yīng。承受。
⑧ 擢，音 zhuó。提拔，提升。
⑨ 宣力，音 xuān lì。致力、尽力。
⑩ 败度，败坏法度。

◎先是，口外独石、马营等处仓粮被贼烧毁八万余石①，朝廷已贳②镇守等官罪。至是敕户部署郎中张勉："令赴口外，会同内、外镇守、总兵、参将、参赞并管粮官计议，速调精壮官军，就令都督佥事董斌统领，并彼原有官军三千严加防护，委官同去独石、马营、云州等处有粮城池，逐一设法整理，或拨军屯守，或移军就食，或量力搬运，或掘窟埋葬，及别有长策，俱听从宜处置，务在仓粮不致弃毁，可备将来之用，不许因循误事。如各官敢有仍前畏避艰险者，悉听尔勉指实奏闻，罪之。"（卷202，第4320页）

◎兵部奏③："守备长安岭都指挥安瑛报，边警因言军马寡少，且无兵甲，恐不能捍御。请给马二百匹、盔甲五百副、铳一百、炮五十，并行④宣府总兵等官调官军七百，益瑛俾⑤严督备守。"从之。（卷203，第4346~4347页）

◎甲午⑥，虏寇百余骑犯马营，烧城东门。宣府副总兵右都督纪广及提督独石、马营都督佥事董斌以闻。敕游击将军石彪、雷通各率官军三千，星驰出边巡哨。并敕杨能、董斌、杨信会兵剿捕。仍命兵部推选文臣一员总督军务，户部措办粮刍，锦衣卫指挥毕旺率旗校余丁一万运赴居庸关支给。赐出哨官军人银一两、糇粮⑦五升⑧，运粮旗军人布一疋。（卷203，第4350~4351页）

---

①　该条为景泰二年三月乙巳，1451年4月7日事。
②　贳，音 shì。宽纵，赦免。《国语·吴语》："吾先君阖庐，不贳不忍。"韦昭注："贳，赦也。"《汉书·车千秋传》："武帝以为辱命，欲下之吏。良久，乃贳之。"颜师古注："贳，宽纵也，谓释放之也。"
③　该条为景泰二年四月丁亥，1451年5月19日事。
④　行，音 xíng。向下签发公文或命令。
⑤　俾，音 bǐ。使。
⑥　景泰二年四月甲午，1451年5月26日。
⑦　糇粮，音 hóu liáng。干粮，食粮。
⑧　《校勘记》："糇粮五升"，广本、抱本"糇"作"餱"。广本"五"作"四"。

◎敕都督佥事孙安曰①："龙门地方，内捍宣府、怀来，外控云州、赤城及独石、马营一路，诚必守之地。已命都督董斌率官军三千守备，尚虑军马寡少，而斌独任颇劳。今增调官军二千，命尔安统领，往龙门驻扎，与斌分番②巡哨，务在协和行事，抚恤士卒，以副③付托④之重。"（卷203，第4353～4354页）

◎道录司⑤左玄义⑥梅道真⑦，御用监内官忠之兄也，数以银帛与妓者及都指挥使把罕妻奸，且干⑧都督佥事张义拨军为仆。事觉，都察院坐⑨赎罪还俗，并案忠纵兄犯法，义擅拨操军。诏道真谪充开平军，义、忠姑宥之。（卷204，第4357页）

◎昌平侯杨洪奏⑩："口外官军因贼惊散及随臣赴京者共三千人，先已二次遣回宣府，止存家小在京，逐月官支俸米一石，军支米六斗养赡。近日兵部移文⑪，欲并催发，致使官军在边闻之，常怀忧虞⑫。臣今奉命，复往宣府充总兵官，思得前项官军其家小若不安抚，使其得所虑，恐人各内顾，何以杀贼？乞赐省令，人口数少自

---

① 该条为景泰二年四月丁酉，1451年5月29日事。

② 分番，音fēn fān。轮流。

③ 副，相称，符合。

④ 付托，将人或事委托给别人。

⑤ 道录司，官署名。北周、宋时有左、右街道录院，掌道教事务，先属鸿胪寺，政和六年（1116年）改属秘书省。明洪武十五年始置，属礼部。清沿置。掌有关道教徒事务。

⑥ 左玄义，官名。明朝管理全国道教事务衙门道录司职官。洪武十五年（1382年）置，左右各一人，从八品，以道士为之。

⑦ 该条为景泰二年五月辛丑，1451年6月3日事。

⑧ 干，音gān。触犯，冒犯，冲犯。

⑨ 坐，定罪。

⑩ 该条为景泰二年五月丙辰，1451年6月17日事。

⑪ 移文，旧时文体一种。指行于不相统属的官署间的公文。亦泛指平行文书。

⑫ 《校勘记》："忧虞"，广本"虞"作"虑"字。

愿随去者听①，不愿去者，兵部不必追逐。户部仍给月粮，俟②臣到边，区画③稍定，别奏处置。"从之。洪又言："宣府属卫连岁被兵士卒凋耗④。乞于京营调官军三千带去，仍选精锐四万训练。候臣到彼，量贼缓急，令来应援旗牌、符验、信炮军中必用之物，阴阳生⑤、医生军中当用之人，俱乞赐遣吏部。听选官⑥毛文、掾史⑦刘康，乞授以都事⑧之秩⑨，龙门卫总旗⑩王自荣、马真，冠带民人王冕，锦衣卫所镇抚朱文中，俱乞随臣调用。"帝谓兵部臣曰："彼处粮草缺乏，若官军数多，恐供亿⑪不敷，尔兵部与洪计议，量与一千人，每人赏银一两及乾粮五升，余悉准言。毛文、刘康姑令随去，俟有功日，方与升秩。"兵部言："宜将三千营原随洪惯熟官军、都指挥白玉等，及先存留口外官军、指挥柳春等，共一千六百人，令洪带去。"从之。洪复上疏曰："切念老臣本以庸才滥叨，大寄边方事重，必借众力扶持，庶可成功。苟畏惧罪责，不敢尽言，异日临

①　听，顺从，接受别人的意见。

②　俟，音 sì。等待。

③　区画，音 qū huà。筹划，安排。

④　凋耗，音 diāo hào。衰败；损耗。

⑤　阴阳生，亦称"阴阳家""阴阳""阴阳先生"。旧时指以"择日""星相""占卜""风水"等为职业的人，俗称"风水先生"。

⑥　选官，古代称主管铨选的官，指吏部。

⑦　掾史，音 yuàn shǐ。吏名。汉以后职权较重的长官都有属吏，分曹治事，通称"掾史"。多由长官自行辟举。唐宋后废辟举制，"掾史"之名渐移于胥吏。明代一、二品衙门中高级吏员，凡宗人府、五军都督府、协理京营、提督京营、各省镇守总兵等衙门皆设，员额不等，掌衙署政务。

⑧　都事，官名。隋代始设，又称"尚书都事"，分隶各部，处理尚书省上常事务。唐代各部都事负责收发文书、稽查缺失、监印等事务。宋代有尚书左右司都事。元代中书省设左右司都事，其他主要官署设都事。明代中央及地方主要官署亦设，都察院都事正七品、五军都督府都事从七品、留守司都事正七品、都指挥使司都事正七品、宣慰使都事正八品。清代主要设于都察院院，掌文书。

⑨　秩，音 zhì。古代官吏的俸禄。

⑩　总旗，明代军队编制五十人为总旗，十人为小旗。

⑪　供亿，供给，供应。

事疏虞①，徒为追悔。伏乞从臣前议，授臣甲士三千，及选锐卒四万，以俟救援，及将毛文等量授一职，随臣理事，臣当馨竭驽朽②，以图成功。"帝曰："官军只依兵部议定数领去，毛文等悉许之。"（卷204，第4372~4374页）

◎诏军民人等③，有能于京仓领米运赴长安岭者，每石官给脚价银四钱；赴雷家站者，给三钱五分。囚犯先于怀来仓上米者，改赴雷家站纳。以二处新筑城堡俱缺粮，故也。（卷204，第4375页）

◎山西代州除名布政使弋谦言④："自古任将之道，务实不务名。名者如李广、李陵辈，卒⑤无成功是也；实者如李牧、赵充国辈，卒建大勋是也。任将之道，岂可不用其实而尚其名哉！曩者⑥胡虏也先入寇，震惊都邑，如蹈无人之境，我师竟不能少挫其锋，盖由择将务名不审其实故也。况今，也先日有觊觎中国之心，而我当国谋臣，至今主将不闻有智愚之别，兵士不知有简募⑦之方，观其堙山塞谷，施设皆兵家之末务殆⑧，非所以安边固国之长筭⑨也。今欲安边固国，必先推选良将，盖将良则兵精，兵精则技高，技高则胆大，胆大则勇生，以守则固，以战则胜，又何患外侮之凭陵⑩，我绩

① 疏虞，疏忽，失误。
② 馨竭驽朽，音 qìng jié nú xiǔ。馨竭，尽心竭力。驽朽，指低劣无用之材。
③ 该条为景泰二年五月丁巳，1451年6月18日事。
④ 该条为景泰二年六月辛未，1451年7月2日事。
⑤ 卒，终究；终于。
⑥ 曩者，音 nǎng zhě。指以往，从前，过去的。
⑦ 简募，简选招募兵员。
⑧ 殆，本义危险。指陷入困境。
⑨ 长筭，音 cháng suàn。是指长远之计。筭同"算"。
⑩ 凭陵，侵犯；欺侮。

之不集①耶？良将在在②有之，臣所知者，前成山侯王通、龙门卫致仕指挥宁懋、真定府同知阮迁干③，此三人兵学筹策④淹贯⑤宏博⑥，而又屡经战阵，深识机变。昔从太宗迤北征进⑦，累蒙教诲破胡秘计。往者，臣尝举荐通不意⑧秉政⑨，大臣嫌通矜⑩大挤，令通修守山陵。病国妨贤⑪，莫此为甚！如蒙听臣猥⑫见，乞选在京精锐马步官军八万，令通、懋、迁干等统领，前往宣府、大同会同郭登等，再选官军四万，训练精熟。如胡马南侵，登等守城，通等领军，薄伐⑬必能剿灭残虏。如通等受命无效，臣受妄举之罪。"帝览之，谓兵部臣曰："比者虏犯京师，亦曾用通，不见其勇，谋超异后，以山陵事重，令通镇守亦非轻任，今谦却言挤⑭通，且大同一方必用十二万人，其余边陲须得几何，方可备御。"少保兼尚书于谦等言："今脱脱卜花王累遣人朝贡，不曾犯边，况天气炎熟，边储缺乏，不可妄举其言，秉政重臣不悦，王通意指臣谦，宜将王通、宁懋、阮迁干量升职事，令同石亨等统理军马，及将弋谦亦量授职，代臣谦总督军务，庶彼得展布抱负、弘济时艰⑮。"帝曰："弋谦不揣⑯己过，只谈人非，既已为民，不必任用。王通仍旧镇守山陵，宁懋、阮迁

---

① 不集，指无成就；不成功。

② 在在，处处；到处；各方面。

③ 《校勘记》："阮迁干"，广本"干"作"于"，下同。

④ 筹策，筹算；谋划；揣度料量。

⑤ 淹贯，深通广晓。

⑥ 宏博，亦作"鸿博"。博大；广博。

⑦ 征进，进军征伐。

⑧ 不意，不在意，不放在心上。谓空虚无防备。多用于军事攻守。

⑨ 秉政，执政，掌握政权。

⑩ 矜，音jīn。自夸；自恃。

⑪ 病国妨贤，妒贤嫉能，陷害忠良，给国家带来很大的灾难。

⑫ 猥，音wěi。谦词，等于说"辱"，指降低身分，用于他人对自己的行动。

⑬ 薄伐，指征伐；讨伐。

⑭ 挤，排斥。

⑮ 弘济时艰，弘：大；济：接济。对当时出现的困难进行大力援救和资助。

⑯ 揣，音chuǎi。估量，忖度。

干令随石亨团操，但有声息，即调当先杀贼，有功一体升赏。"（卷205，第4391~4394页）

◎提督军务工部尚书兼大理寺卿石璞言①："口外赤城、雕鹗、李家庄三处城池鼎足峙立，最为要地。往年守将不才，致令弃失，即今李家庄尚有旧粮五万余石，乞修复，拨军戍守。"事下兵部，少保兼尚书于谦等言："宜移文总兵官杨洪量拨精锐官军，选委能干都指挥三员统领，往彼三城守备。或常川②在彼，或分番更代，从洪区画而行。"从之。（卷205，第4399~4400页）

◎乙卯③，赏龙门卫千、百户、旗军人等葛谨等八十二人银、布有差，以北门杀贼功也。（卷206，第4424页）

◎有鞑靼五人夺粮于马营仓④，其一人马蹶⑤，为守仓余丁数人所擒。提督独石等处都督佥事董斌赏余丁米一石⑥，妄称己领军哨于东猫儿（谷）[峪？]口猝遇虏三百余，奋勇与战，因生擒焉。巡抚侍郎刘琏被旨覆得其诬，刑部请罪斌。诏自陈状，斌输罪。宥之。（卷206，第4424~4425页）

◎命召商于口北雕鹗堡⑦，开中淮盐每引米豆六斗，不次⑧支给。（卷207，第4445页）

---

① 该条为景泰二年六月戊寅，1451年7月9日事。
② 常川，经常；连续不断。
③ 景泰二年七月乙卯，1451年8月15日。
④ 该条为景泰二年七月乙卯，1451年8月15日事。
⑤ 蹶，音 jué。跌倒。另音 juě，尥蹶子，音 liào juě zi，骡、马等用后腿向后踢。
⑥ 《校勘记》："米一石"，广本"一"作"八"。
⑦ 该条为景泰二年八月壬申，1451年9月1日事。
⑧ 不次，不依寻常次序。

◎赏口北赤城、雕鹗、李家庄三堡官军银各三钱①，共赏银二千余两。先是，虏入寇，守将擅弃三堡。至是，新集士马守之，故有是命。（卷207，第4448页）

◎命都督佥事石彪充游击将军②，率兵往宣府怀来、龙门、赤城等处巡边，并敕各处总兵等官严督边备③。以也先所遣使臣④将入境也。（卷209，第4489~4490页）

◎命囚徒输米赤城等边堡⑤。时赤城等堡复立召商纳米中盐，以道途险阻，输直涌贵⑥无至者。户部乃奏以在京法司囚徒原拟宣府并新兴仓输米者，俱量减原例，令领米运输赤城等堡。事下法司，奏减例：斩绞输四十石；三流⑦并徒三年三十二石，徒二年半二十七石，二年二十二石，一年半十八石，一年十三石⑧；杖每一十输米八斗。从之。（卷209，第4500~4501页）

◎户部奏⑨："迩岁⑩以边储不足，命中监、冠带⑪、升官、赎罪、民运粮俱于直隶保安州新兴仓上纳。近报仓庾⑫俱盈，而万全、龙门卫、赤城堡俱缺粮，宜将冠带、升官粮到新兴未收者，改万全

---

① 该条为景泰二年八月丙子，1451年9月5日事。

② 该条为景泰二年十月辛未，1451年10月30日事。

③ 《校勘记》："严督边备"，广本"边"作"兵"。

④ 《校勘记》："使臣"，广本"臣"作"者"。

⑤ 该条为景泰二年十月乙酉，1451年11月13日事。

⑥ 涌贵，指物价猛涨。

⑦ 三流，刑律名。即流刑分为二千里、二千五百里、三千里三个等级的简称。

⑧ 《校勘记》："十三石"，广本"三"作"二"。

⑨ 该条为景泰二年十一月壬寅，1451年11月30日事。

⑩ 迩岁，音 ěr suì。近年。

⑪ 冠带，借指官吏。

⑫ 《校勘记》："仓庾"，旧校改"廋"作"庚"。仓庾，音 cāng yǔ。贮藏粮食的仓库。

左卫仓，未到者，改赤城堡仓。其顺天府所属原坐派①新兴仓粮一万石，以其半拨付龙门卫仓。"从之。（卷210，第4513页）

◎命万全都司并巡按直隶监察御史问拟囚犯赎罪者②，俱于隆庆仓领米运赴龙门卫。二死罪运四十石；三流并徒三年三十二石③，徒二年半二十七石，二年二十二石，一年半十八石，一年十三石；杖一百十石，以下四等递减一石；笞五十四石，以下四等递减八斗。从管理边储郎中李秉请也。（卷211，第4539页）

◎升提督独（右）［石］④等处都督佥事孙安为都督同知⑤。以修复赤城等处城池有劳也。（卷211，第4544页）

◎宣府总兵官右都督纪广等奏⑥："守备长安岭都指挥安瑛⑦等，验放瓦剌贡使入关，报数先后不同，请治其罪。"诏姑宥之。（卷211，第4553页）

◎户部奏⑧："今复置云州堡、龙门卫、龙门千户所，调至军马数多，粮料浩大。请召商于三处，纳米中盐，两淮盐每引米豆共四斗五升，两浙盐每引米豆共三斗。"从之。（卷211，第4553页）

---

① 坐派，摊派。
② 该条为景泰二年十二月癸酉，1451年12月31日事。
③ 《校勘记》："三十二石"，广本"二"作"三"。
④ 据《校勘记》改。《校勘记》："独右等处"，广本、抱本"右"作"石"，是也。
⑤ 该条为景泰二年十二月乙酉，1452年1月12日事。
⑥ 该条为景泰二年十二月庚寅，1452年1月17日事。
⑦ 《校勘记》："安瑛"，广本"瑛"作"英"。
⑧ 该条为景泰二年十二月辛卯，1452年1月18日事。

◎给云州等堡官军马二百八十五匹①。（卷212，第4565~4566页）

◎己巳②……命户部召商于独石、马营中纳盐粮，独石中淮盐者每引米豆四斗二升，中浙盐者每引米豆三斗二升，（为）［马］③营中者各增三升，俱不次支给。守备万全右卫都督佥事④江福，坐娶所部军女为妾，及挟私棰辱属官等罪。诏命自陈福具（状）［伏］⑤，乃宥之。（卷213，第4579页）

◎壬午⑥……命五城兵马挨究，但系口外开平、独口、云州、李家庄、雕鹗、赤城等处，原在京安插家口，限三月内尽还原卫所。仍令都督杨俊差人分领，沿途给与口粮。（卷213，第4588~4589页）

◎给独石、马营等处军乏牛具、种子者⑦，令其趁时籴⑧买耕种。（卷214，第4599页）

◎湖广署都指挥佥事毕通⑨、守备武冈州知庶人微煤⑩等反状，故纵不奏，及其所部永州卫指挥同知梁忠、（卫）［衡］⑪州卫指挥

---

① 该条为景泰三年正月甲寅，1452年2月10日事。
② 景泰三年二月己巳，1452年2月25日。
③ 据《校勘记》改。《校勘记》："为营中者"，广本、抱本"为"作"马"，是也。
④ 《校勘记》："都督佥事"，广本作"都指挥佥事"。
⑤ 据《校勘记》改。《校勘记》："福具状"，抱本"状"作"伏"，是也。
⑥ 景泰三年二月壬午，1452年3月9日。
⑦ 该条为景泰三年三月甲午，1452年3月21日事。
⑧ 籴，音dí。指买米，引申为买入之意。
⑨ 该条为景泰三年三月丙申，1452年3月23日事。
⑩ 《校勘记》："庶人微煤"，旧校改"微"作"徽"，次行同。
⑪ 据《校勘记》改。《校勘记》："卫州"，广本、抱本"卫"作"衡"，是也。

佥事朱瑄，俱为微煤家人段友洪等诱进，（为及）［马匹］①等物亦不先事首状。法司鞫验当通斩决不待时，忠等徒听赎②还职。诏特宥通死，谪戍开平卫；免忠等赎俱降为事管③，俾随提督马营都都督④孙安杀贼立功。（卷214，第4600～4601页）

◎提督独石、马营都督同知孙安奏⑤："达贼百余骑攻围平胡墩，（投）［杀］⑥虏夜不收数人，都指挥张寿等飞报不实。"巡按御史张銮劾安及寿等失机事⑦。遣敕切责安，命銮取寿等罪死⑧状。（卷214，第4602页）

◎壬戌⑨……给口外开平等卫复驻卫扎⑩贫难军余人等，大口银二钱，小口银一钱，令自籴粮食。独石、马营调去军士随住人口大口米三斗、小口米一斗五升。从宣府总兵官都督纪广奏请也。（卷214，第4617～4618页）

◎命镇守涿州及守把天津、龙门等关并涿州府卫官军，俸粮暂于京仓关支，以涿州所积粮少故也⑪。（卷217，第4685页）

---

① 据《校勘记》改。《校勘记》："为及等物"，广本、抱本"为及"作"马匹"，是也。

② 听赎，指官位九品以上可以用金银赎罪。

③ 《校勘记》："降为事管"，旧校改"管"作"官"。

④ 《校勘记》："都都督"，旧校删作"都督"。

⑤ 该条为景泰三年三月戊戌，1452年3月25日事。

⑥ 据《校勘记》改。《校勘记》："投房夜不收数人"，广本、抱本"投"作"杀"，是也。

⑦ 《校勘记》："失机事"，广本无"事"字。抱本"事"作"罪"。

⑧ 《校勘记》："罪死"，旧校改作"死罪"。

⑨ 景泰三年三月壬戌，1452年4月18日。

⑩ 《校勘记》："复驻卫扎"，旧校改"驻卫"作"卫驻"。

⑪ 该条为景泰三年六月己卯，1452年7月4日事。

◎提督独石、马营等处都督同知孙安言①："独石、马营官军随营人口众多，虽蒙朝廷赈济，食犹不给②，乞再为矜恤③。"事下，户部言："边情固宜体悉④，但所积粮有限，请移文右佥都御史李秉，于万亿库发银济之，大口给二钱，小口一钱，秋成还官⑤。"从之。（卷217，第4686页）

◎给独石等处守备军士马八百匹⑥。（卷217，第4693页）

◎赏提督独石、马营等处都督同知孙安等七十一人，彩币、表里、银绢、布有差⑦，以修复马营、独石城堡故也⑧。（卷219，第4723页）

◎命万全都指挥佥事张林守备独石⑨。（卷219，第4725页）

◎丙子⑩，总督边储参赞军务佥都御史李秉奏："近者鞑贼窥伺独石、马营、万全、怀来等处，宜选将才以严守备。切见提督柴沟堡都督佥事董斌，无勇寡谋，难居重托；把总都指挥宋晟，长于干济⑪，未谙⑫领兵；守备怀来都指挥王林，号令严明，遇敌不挠⑬；

---

① 该条为景泰三年六月辛巳，1452年7月6日事。
② 不给，音 bù jǐ。供给不足；匮乏。
③ 矜恤，音 jīn xù。怜悯抚恤。
④ 体悉，体恤，了解。
⑤ 还官，指回任复职或归还官府。
⑥ 该条为景泰三年六月庚寅，1452年7月15日事。
⑦ 有差，音 yǒu chà。不一，有区别。
⑧ 该条为景泰三年八月辛酉，1452年8月15日事。
⑨ 该条为景泰三年八月甲子，1452年8月18日事。
⑩ 景泰三年八月丙子，1452年8月30日。
⑪ 干济，音 gàn jì。办事干练而有成效。
⑫ 谙，音 ān。熟悉，精通。
⑬ 不挠，不弯曲。形容刚正不屈。

守备怀安都指挥李纲，酷刑虐下，不恤士卒；高荣耽酒误事，懦弱无为。乞以林代斌，以晟代纲及荣，调斌、纲、荣于宣府随操。并敕宣府参将杨能督同林、晟整饬边备。"从之。斌寻自诉功，冀①复管事，兵部劾之。下巡按御史鞫②当赎徒③，诏赎军隶总兵官过兴差操。（卷219，第4733~4734页）

◎总督边储参赞军务右佥都御史李秉言④："今户部于葛峪等七堡召商中盐，上纳粮料七万七千石。缘各堡仓廒⑤不多，亦不甚缺粮料，今欲止令上纳一万九千石，其余五万八千石俱改宣府独石、马营等仓上纳。"户部奏："宣府仓粮料亦足用，惟独石、马营二堡宜改前项中盐粮料，俱如今年八月十七日原拟则例，召商赴彼上纳。"从之。（卷220，第4749~4750页）

◎免龙门、开平卫所今年屯粮十之五⑥。以被霜灾，故也。（卷220，第4766页）

◎乙亥⑦，监察御史王珉被命巡河，数于济宁诸处奸淫，微服至所淫者家拜其父母，所索运粮军官馈赠尤多。为右佥都御史王竑所奏。珉亦以贪淫诬竑。事下，巡按等官覆得实，法司论赎徒为民，特谪充开平卫军。（卷221，第4786页）

---

① 冀，希望、期望。

② 鞫，音 jū。审问犯人。

③ 赎徒，交纳钱物以减免徒刑。

④ 该条为景泰三年九月辛卯，1452年9月14日事。

⑤ 仓廒，音 cāng áo。储藏粮食的仓库。

⑥ 该条为景泰三年九月辛亥，1452年10月4日事。

⑦ 景泰三年闰九月乙亥，1452年10月28日。

◎后军都督府都督同知孙安奏①："独石、马营等处田禾霜灾，军士艰窘②，其给过银两应还子粒③，乞缓其征。"诏减半征之，余俟丰年。（卷221，第4789页）

◎总督边储参赞军务右佥都御史李秉奏④："迤北差来使臣纳哈赤等三千余名，所带马驼等畜四万余匹。除进贡之外，余存养于宣府，日支草料。然宣府预备草不过二十余万束，料不过二万余石，本处马匹尚虑支给不敷，其虏使马驼等畜支草料恐不足一月之用，且永乐、宣德间虏使所进马匹会官辨验，其不堪进者，令自于草地牧放，不许入境驻扎窥伺。正统间方许大同驻扎牧放，以故⑤深知地利，大肆犯边之举。今虏使数多，头畜不少，谲诈之计不可不防，乞敕该衙门计议。"于是敕遣户部右侍郎孟鉴、兵部右侍郎王伟，同往处之。兵部言："宣府独石、怀来等处俱奏缺马，乞令伟将所进马匹，选取其良者来京；其次堪骑操者，就给各卫缺马官军；又其次损瘦者，散与军卫有司牧养，以备供亿⑥使臣之费。"户部奏："宜将两淮运司盐召商于宣府纳豆及草豆，每引六斗五升，草每引三十束，不分大小官员军民人等报纳，限一月内完，不次支盐。"俱从之。（卷221，第4792~4793页）

◎南京内使范甚送上用物来京，纵其奴李容缚高邮知州李友文

---

① 该条为景泰三年闰九月庚辰，1452年11月2日事。
② 艰窘，音 jiān jiǒng。艰难穷困。
③ 子粒，泛指粮食。
④ 该条为景泰三年闰九月甲申，1452年11月6日事。
⑤ 《校勘记》："以故深知地利"，广本"故"作"致"。
⑥ 《校勘记》："以备供亿"，广本"亿"作"应"。供亿，供给，供应。

殴伤①。事觉，命送甚司礼监②惩治，容编成开平卫。（卷222，第4800页）

◎命龙门卫今年屯粮全免，开平卫、龙门千户所免十分之八③。以其被霜也。（卷222，第4801页）

◎命山西右参政叶盛协赞守备独石等处，都督孙安军务④。盛时督粮宣府，右佥都御史李秉言安军务缺官协赞，而盛谙练⑤边事。故命之。（卷222，第4814页）

◎提督宣府军务右佥都御史李秉，劾守备独石等处内官弓胜曰⑥："擎鹰引犬、构事虐人，宜征回京。"诏曰："守边事重难遽⑦，如秉言，其命巡按御史覆而处之。"（卷223，第4821页）

◎山西按察司副使章绘奏边务四事⑧："一、近例各都司卫所管屯官屯粮不完者，住俸催征，切恐各官畏此正当征收，夤缘⑨别差推托误事，乞令各都司卫所每年将管屯官职名造册送部，屯粮未完，

---

① 该条为景泰三年十月丙申，1452年11月18日事。
② 司礼监，官署名。明代宦官二十四衙门之一。洪武十七年（1384年）置，设提督、掌印、秉笔、随堂等太监。提督太监掌督理皇城内一切礼仪、刑名及管理当差、听事诸役。凡皇帝口述命令，例由秉笔太监用朱笔记录，再交内阁撰拟诏谕颁发。自明武宗时宦官刘瑾专权以后，司礼监遂专掌机密，批阅章奏，实权往往在道辅之上。秉笔太监又多掌东厂，故本监为宦官衙门第一署。清顺治十年（1653年）沿置，为十三衙门之一。十八年重立内务府，遂裁。
③ 该条为景泰三年十月丙申，1452年11月18日事。
④ 该条为景泰三年十月丁巳，1452年12月9日事。
⑤ 谙练，音ān liàn。熟习；熟练。
⑥ 该条为景泰三年十一月甲子，1452年12月16日事。
⑦ 遽，音jù。惶恐；窘急。
⑧ 该条为景泰三年十一月丁卯，1452年12月19日事。
⑨ 夤缘，音yín yuán。本指攀附上升，后喻攀附权贵，向上巴结。

不许别差。一、<u>宣府独石</u>、<u>马营</u>用粮浩大，虽已召盐商上纳米豆，然以路远久无完者，切见<u>怀来</u>城内原有空仓七十余间，乞增盖一、二十间，可积粮十万，更定则例，令盐商于此上纳，道路近便，纳者必多。一、<u>宣府长安岭</u>、<u>雕鹗堡</u>、<u>赤城</u>、<u>云州</u>、<u>独石</u>、<u>马营</u>、<u>龙门</u>八卫所每岁有旗军一万六千余名采草，各卫自委官收放，数目无考，作弊滋甚①，乞令八处各立草场总铨②官，攒属<u>隆庆州</u>管辖收草，则奸弊③可革。一、边城马匹月给料豆，军士多剋减粜银私用，不顾马匹瘦弱，乞令户部出榜禁约，仍移文总兵镇守提督参赞等官捕获惩治。"疏下户部覆奏："以总设官攒管草，恐误支给，宜于各城堡官仓添除④副使一员管草为便，余皆可行。"从之。（卷223，第4823～4824页）

◎前军右都督<u>杨俊</u>言⑤："今之所急漠北虏比，此虏往时酋长尚在，东西诸番来附，然犹取获而归。今则<u>脱脱不花</u>王既为所弑⑥，悉有其众，而东自<u>女直</u><u>兀良哈</u>野人，西自<u>蒙古赤斤哈密</u>，皆已受其约束。此其包藏祸心，窥伺边境，直须时而动。尔闻其妻孥辎重⑦俱在<u>哈刺莽来</u>⑧，去<u>宣府</u>才数百里，其精壮屯于<u>沙窝</u>，尤为至近。今沿边关塞，如<u>大同</u>、<u>宣府</u>、<u>怀来</u>、<u>辽东</u>、<u>山海</u>、<u>永平</u>、<u>宁夏</u>、<u>延绥</u>、<u>甘凉</u>、<u>庄浪</u>等处宿兵，不下数十万。臣之愚计，以为险阻量留守御，其余壮勇，选彼处老成谋略将官统率，迤西者悉赴<u>代州</u>等处操练，

---

① 《校勘记》："作弊滋甚"，广本"甚"作"多"。
② 铨，音 quán。古代称量才授官，选拔官吏。
③ 奸弊，诡诈舞弊；欺诈蒙骗。
④ 除，任命官职。《校勘记》："添除"，广本"除"作"设"。
⑤ 该条为景泰三年十一月丙戌，1453 年 1 月 7 日事。
⑥ 弑，音 shì。古时称臣杀君、子杀父母。
⑦ 辎重，音 zī zhòng。军用器械、粮草、营帐、服装等的统称。
⑧ 哈刺莽来，即广武镇。在今蒙古国东南苏赫巴托省南境。

迤东者悉赴永平等处操练。于在京选调人马，申命股肱大臣①以为统帅②，赴大同、宣府会合所在人马③，列营而守。以为正兵其永平所操人马，赴独石一带按伏，代州人马赴偏头关一带按伏，以为奇兵。我于是或拘绝其使，以激其怒，或檄数其叛逆不义之罪，彼必来侵，我之正兵坚壁清野④，坐观其变，密遣奇兵日夜倍道捣其巢穴，使彼前不得进，后不能顾，以覆其众。彼或察知吾谋，还兵相救，我乘其奔溃奇兵夹击，立可摧败。此实战攻取胜之一机也。抑臣又闻，三军之害犹豫最大，昔在有宋澶渊之役，若从寇准之议，必无靖康之悔。今若间以群疑失今不治，臣恐他日之患，又有甚于今日者。臣愿陛下重念天下者祖宗之天下，人民者祖宗之人民，纵欲息兵，保民暂安一时，宁不思祖宗创业守成之艰乎？而臣等文武诸臣何面目忍耻偷生，与此虏并立于斯世乎？臣一家父子兄弟受恩实深，马革裹尸固其分也。"事下，总督总兵及各营大小头目会议，少保兼兵部尚书于谦等言："贼虏也先违天皆德迹其所为，罪恶诚两间⑤所不容，雠耻⑥则万世所必报者。今杨俊要起调大军剿贼，诚有忧国之心，但兵者国之大事，社稷安危系焉。苟如俊所言，悉调诸路军马会合杀贼，万一我军出境，贼与我牵制别分，犬羊⑦由间道乘虚四散剽掠，则是自撤守备，固非万全之举。兼之，国家之患，非止北虏，东南寇盗未尽殄除⑧，河南流民屯聚，俱要官军镇靖，岂可轻内重外，率意举动？且夷狄之性，利于疾速，不能持久，去来如风雨，

---

① 股肱大臣：股，大腿；肱，音 gōng，手臂从肘到腕的部分；股肱，比喻左右辅助得力的人；股肱大臣，引申为辅佐帝王的重臣，也喻为十分亲近且办事得力的人。

② 《校勘记》："统帅"，广本"帅"作"率"。

③ 《校勘记》："会合所在人马"，广本"合"作"同"。

④ 坚壁清野，加固壁垒，清除郊野。

⑤ 两间，谓天地之间。指人间。

⑥ 雠耻，雠音 chóu。仇恨与耻辱。

⑦ 犬羊，旧时对外敌的蔑称。

⑧ 殄除，音 tiǎn chú。剿灭。

聚散如蜂蚁，得利则鸱张①，失势则鼠遁②，乃其常态。若欲斜③诸道之兵，涉辽远之境，坑不测之虏④。将卒素不相知，号令不出于一。臣等愚计，未见其可。"疏上，诏从谦等议。（卷223，第4843～4845页）

◎协赞军务山西右参政⑤叶盛言三事：一、独石、马营各城自失守以来，田园荒芜，狐兔之迹交道，戍守官军家属尚多寄住他处。宜令卫、所招徕⑥抚绥⑦舍余人等，有愿操练听调者，量给月米三斗，以资养赡。……事下，兵部议，悉从其言。（卷223，第4847～4848页）

◎提督宣府军务右佥都御史李秉奏⑧："独石、马营粮料不敷。"户部议："以附近顺天府并直隶保定、河间二府人民即今农闲，欲委府尹王贤、知府傅霖等督所属委官起倩民间有车大户，顺天府于通州仓领米一万八千石、豆五千石运赴独石，保定、河间二府俱于京仓领米一万石、豆五千石分运独石、马营二处，每石官给脚费银六钱，仍谕各属官吏有因而科扰⑨及侵克⑩价银者，事发俱发戍边远。"从之。（卷224，第4852页）

---

① 鸱，音 chī。古书上指鹞鹰。鸱张，嚣张、凶暴，像鸱张开翅膀一样。

② 鼠遁，亦作"鼠遯"。像鼠一样逃窜隐伏。

③ 斜，音 tǒu。丝黄色。《康熙字典》：又俗纠字。纠，集合。

④ 《校勘记》："坑不测之虏"，旧校改"坑"作"抗"。

⑤ 《校勘记》："右参政"，广本"政"作"议"。该条为景泰三年十一月丙戌，1453年1月7日事。

⑥ 招徕，音 zhāo lái。招揽，招引到自己面前来。

⑦ 抚绥，音 fǔ suí。安抚，安定。

⑧ 该条为景泰三年十二月丙午，1453年1月27日事。

⑨ 科扰，以捐税差役骚扰百姓。

⑩ 侵克，侵害打击。

◎丙寅①，命都督同知孙安充宣府副总兵，镇守独石、马营等处地方。（卷225，第4894页）

◎协赞军务山西右参政叶盛奏②协："宣府等处旗军有家小③者，例月支粮八斗，无者六斗，以后各增一斗。以后④户部奏准，如旧减支。今独石、马营等八堡被灾艰难，又兼修造不得休息，宜［将］⑤前项旗军仍如前增给。"事下，户部覆奏。从之。（卷225，第4897页）

◎兵部奏⑥："今虏使起程，宜预为堤备，将原选策应辽东游击官军六千及京营头拨马队官军二千，敕都督杨俊、刘深分领赴宣府独石、万全、怀来、保安等处城堡，协壮军威。如虏情谲诈，别有侵犯之谋，就便相机守战。其居庸关使臣经由之处，乞于在京各营选拨步队官军六千，委骁勇头目管领，赴本关内外分布摆列，务在铠仗⑦鲜明，队伍整肃，以壮边关之势，以消意外之患，使臣回后具奏取回。"从之。（卷225，第4899~4900页）

◎户部言⑧："先尝奏将两淮、两浙及长芦盐课于马营、独石等处召商中纳，今客商以侧重米贵，无人中纳。请减轻则例，每盐一引两淮四斗八升，两浙三斗五升，长芦三（年）［斗］⑨，俱米六分、

---

① 景泰四年正月丙寅，1453年2月16日。
② 该条为景泰四年正月丁卯，1453年2月17日事。
③ 家小，自己的妻儿老小。
④ 《校勘记》："以后户部奏准"，旧校改"以后"作"后以"。
⑤ 据《校勘记》补。《校勘记》："宜前项旗军"，广本、抱本"宜"下有"将"字，是也。
⑥ 该条为景泰四年正月戊辰，1453年2月18日事。
⑦ 铠仗，音kǎi zhàng。甲胄和作战兵器。
⑧ 该条为景泰四年正月甲戌，1453年2月24日事。
⑨ 据《校勘记》改。《校勘记》："长芦三年"，广本、抱本"年"作"斗"，是也。

豆四分。"从之。(卷225，第4904页)

◎户科给事中<u>路璧</u>言①："近丑虏遣人朝贡，逼我遣使往报，幸皇上独断不许。臣亦以为遣使之无益有五：盖丑虏谲诈②百端③，彼之犯边，遣使亦来，不遣使亦来。<u>正统</u>间非不遣使，夫何使臣未归，而边报已急，终成<u>土木</u>之祸。此一也。且使者至彼，为其狎侮④，或求土地，或索金币，使归告之，朝廷一有不许，彼即以为口实而启衅⑤矣。此二也。又使臣之往，必重有所赍，是以<u>中国</u>有限之钱财，填夷狄无穷之渊海，傥可以<u>止</u>其贪暴，犹之可也，况万万不足以塞其祸乎。此三也。今日彼求使臣既应之矣，他日又求大如使臣者，将何以却之乎？况前年未遣使而今年遣使，彼必谓我<u>中国</u>无备而谋，为后患可胜言哉。此四也。又内外将卒一闻朝廷遣使议和，必将侈⑥然怠惰⑦，无复训练，异日岂不坐受虏患？此五也。夫使固不可遣，而患亦不可不防，所以防患之道，在修德以为之本，厚边、积粮、练师、招贤、安民、旌忠以为之具。曰修德，盖德乃人君致治⑧之本。《书》曰："惟德动天，无远弗届⑨。"又曰："明王慎德⑩，四夷

---

① 该条为景泰四年正月甲戌，1453年2月24日事。

② 谲诈，音 jué zhà。狡诈；奸诈。

③ 百端，多种多样；百般。亦谓想尽或用尽一切办法。

④ 狎侮，狎，亲近而态度不庄重。侮，欺负、轻慢。狎侮，轻慢，戏弄。常用以形容人物言行举止。

⑤ 启衅，音 qǐ xìn。引发嫌隙；挑起争端。

⑥ 侈，音 chǐ。浪费，用财物过度。

⑦ 怠惰，懒惰；不勤奋。

⑧ 致治，使国家在政治上安定清平。

⑨ 无远弗届，指不管多远之处，没有不到的。出自《尚书·虞书·大禹谟》，全句是"惟德动天，无远弗届，满招损，谦受益，时乃天道"。

⑩ 《校勘记》："明王慎德"，抱本"慎"作"怀"。

咸宾①。"伏望②皇上日新圣德，罔敢怠荒③？如此，则内治修而外夷自化矣。曰厚边，我祖宗睿谋神筹，既设<u>马营</u>、<u>独石</u>、<u>云州</u>、<u>龙门</u>、<u>长安</u>、<u>定边</u>诸城堡为第一藩篱，又设<u>永宁</u>、<u>怀来</u>、<u>万全</u>、<u>宣府</u>、<u>大同</u>、<u>威远</u>诸城堡为第二藩篱，又设<u>居庸</u>、<u>紫荆</u>、<u>雁门</u>、<u>倒马</u>诸关堡为第三藩篱，故七八十年得免虏患。奈何<u>正统</u>十四年，<u>马营</u>、<u>独石</u>等七卫官军逃入<u>怀来</u>，是自撤藩篱以延盗寇，故虏得以长驱入关，大肆荼毒。幸皇上既奋神武以遏夷狄，又命官军复守边城，是皇上诚知藩篱之重矣。但官军室庐④资财俱为焚劫，一旦复守居室且未完，尚何军装之修，衣食且不给，又何寇敌之御？乞劝该部量赐赏赍⑤，仍遣素有才德威望大臣一员，同御史给事中往各关点视酌量，某卫军少当增若干，某堡军疲当更若干，其旧伍有缺，宜令该部查取天下革罢军职子孙弟侄，俱赐冠带，发近边操备，月支米一石养赡。彼欲复其祖父旧职，必捐生贾勇以图成功，而藩篱自（成）[固]⑥矣。曰积粮，盖边军所资惟在粮饷，今各边所积不过可支半年，较之曩昔⑦十不及一，乞敕该部移文天下，有能输米一千五百石，或一千二百石，或七百石者，授以县丞⑧、主簿⑨、典史⑩官职，

① 明王慎德，四夷咸宾：君主如果注重自己的德性，就可以对天下形成相当强烈的感召力；四夷之人，都会因为君主的德性而心悦诚服。

② 伏望，表希望的敬词。多用于下对上。

③ 怠荒，懒惰放荡。

④ 室庐，指居室或房舍。

⑤ 赏赍，音 shǎng lài。赏赐。

⑥ 据《校勘记》改。《校勘记》："藩篱自成"，广本、抱本"成"作"固"，是也。

⑦ 曩昔，音 nǎng xī。曩，以往，过去。曩昔，往日，从前。《校勘记》："曩昔"，广本"昔"作"者"。

⑧ 县丞，官名。始置于战国，秦汉治置，典文书与仓狱，是县令的主要助手。以后历代皆置。职责略有不同

⑨ 主簿，职官名。为汉代以来通用的官名，主管文书簿籍及印鉴。中央机关及地方郡、县官府皆设有此官。

⑩ 典史，古代官名，元始置，明清沿置，是知县下面掌管缉捕、监狱的属官。设于州县，但不入品阶、"未入流"。

其米俱令送输通州，该部设法运至各边，其输米之人俱给黄纸，敕命遥授①其职而不之任。如此，则富者皆慕官职之荣，而乐于助边矣。曰练师，今团营训练虽有方，而武艺精熟则甚少，乞敕总兵官总训练于教场，又令各头目分教于隙地，或寺观中三日五日。总督、协赞官赴教场演试，以行赏罚其头目，教习军士武艺精熟千人以上者赏，不及百人者罚。如此，则兵将知所警励②，以战则胜，以攻则克矣。曰招贤，向者武清侯石亨奏准，推举智谋之士以备边，方群臣皆举所知，但所举皆有职之人，其屈在行伍③，隐居山林者皆未之及，乞敕该部开设招贤馆，榜示中外，凡行伍山林中果有智谋出众，或膂力④过人，或识天时气候，或善设机出奇，或精骑射，或饱韬略⑤者，许所司保送入馆，日给廪饩⑥，俟边方有警，遣从总兵官，制敌有功，归日量加官爵。曰安民，盖民乃邦之本，本固则内体实，而外患不能至矣。向使闽、浙、广东、贵州盗贼不作于南，则虏寇又岂敢凭陵⑦于北哉？今山东、河南、直隶多水灾，福建、江西、湖广多旱伤。皇上虽或遣官赈济，或减免税粮，然民之饥馑⑧尚未得苏。乞敕该部遣官，或出府库银货，或将山东、河南等处赃罚银布赴苏松等府，丰熟之处籴米，运至济宁、德州、临清、通州等处沿河官仓，收受以备赈济。如赈济有余，亦得转输以为边储⑨。曰旌忠⑩，我朝南京既有功臣庙矣，而北京则未之建，乞敕该部将空闲衙

---

① 遥授，谓授予官衔，而不须到任。

② 警励，告戒勉励。

③ 行伍，古代军队编制，二十五人为行，五人为伍。后用"行伍"泛指军队。

④ 膂力，音 lǚ lì。指体力；力气。

⑤ 韬略，本指《六韬》《三略》，均为古代兵书。引申为战斗用兵的计谋。

⑥ 廪饩，音 lǐn xì。旧指由公家供给的粮食之类的生活物资。泛指薪给。

⑦ 凭陵，侵犯；欺侮。

⑧ 饥馑，音 jī jǐn。指灾荒之年，庄稼没有收成。五谷收成不好叫"饥"。蔬菜和野菜吃不上叫"馑"。

⑨ 边储，指边防用的储备粮食或物资。

⑩ 旌忠，音 jīng zhōng。表彰忠节。

门改为功臣庙，以祀太宗以来功臣未入南京功臣庙者。至于普天之下，或穷而羽翼《六经》①，或达而维持社稷；或临难死节，或临阵敢勇，或犯颜敢谏②，不拘古今之人，未有庙祀者，俱令有司查考奏闻，许于本处学舍别设一室，立牌春秋祭祀。如此，则为臣子者有所感激，而务尽忠报国矣。疏入诏曰："朕观璧所论，遣使无益数条，诚如所言，其余建明亦有可取，礼部其会官集议，择其可者行之。"（卷225，第4904~4908页）

◎协赞军务山西右参政叶盛奏③："独石一带地方乃都督杨俊先年捐弃不守之地，本官将平日羽翼狡狯④奸诈之徒带同⑤在京，时来本处地方捏造流言，动摇人心，沮坏边务。今闻命俊同都督佥事刘深充游击将军前来守备，缘俊败军之将，亦何面目以见口外之山川与夫旧日之庄田、坟墓？乞止令深来为便。"事下，兵部言："盛既不欲俊去，到彼亦无协和成事之理。宜令俊防护使臣出境毕回还，止令深去宣府巡哨。"从之。（卷225，第4912~4913页）

◎宣府总兵官右都督过兴奏⑥："乞预出赏功勘合⑦宣府等处五千道，独石各城五千道，令提督巡抚协赞文职官收掌⑧，遇警出战转付统兵将官，其奋勇获功者验实给与，退缩不前者斩首，号令如是，

---

① 六经，《诗》《书》《礼》《易》《乐》《春秋》的合称。

② 犯颜敢谏，犯颜，冒犯君主或尊长的颜面；谏，以直言规劝；指敢于冒犯君主或尊长的威严而极力规劝。

③ 该条为景泰四年正月庚辰，1453年3月2日事。

④ 狡狯，音 jiǎo kuài。诡变多诈。

⑤ 《校勘记》："带同在京"，广本"同"作"回"。

⑥ 该条为景泰四年二月庚寅，1453年3月12日事。

⑦ 勘合，古时符契文书上盖印信、分为两半，当事双方各执一半，用时将二符契相并验对骑缝印信作为凭证。凡调遣军队、车驾出入皇城、官吏驰驿等均须勘合。明代用于边戍调遣，有调军勘合和军籍勘合。也指勘合时所用的符契。

⑧ 收掌，收存掌管。

则赏罚明信，事功可成。"诏兵部即行之。（卷226，第4927页）

◎筑白庙儿堡于隆门关西二十里，徙堡外居人于堡内编立旗甲，耕种附近田地，委能干官一员守之。从宣府副总兵后府都督同知孙安奏请也①。（卷226，第4930页）

◎庚子②，开平、龙门卫所屯军缺食，诏自今年三月为始，人贷月粮五斗，秋成偿官。（卷226，第4933页）

◎右都督杨俊下都察院狱③。俊受命充游击将军，送瓦剌使归至永宁卫境，被酒④执守备都指挥姚贵，杖之八十，贵奏俊于己有宿忿⑤，缚己至军门大骂，令斩之。云："朝廷赐吾令旗⑥，得专杀⑦，且吾尝杖死陶都指挥，亦蒙宥，杀汝偿汝命邪？"得都指挥夏忠力劝而止。时参政叶盛亦奏俊罪，以俊尝有独石之溃，斥其为败军之将。俊疏贵诬奏己，且悉封还己所得敕命令谕，明己数有功，至是归。六科十三道劾俊跋扈不忠，命三法司廷鞫之，并发其尝与父洪争淫妇，又作歌以扬父丑，狱成当斩。特命严锢⑧之。（卷226，第4944页）

◎戊辰⑨，给宣府开平等卫官军马一千一匹。（卷227，第4961页）

---

① 该条为景泰四年二月甲午，1453年3月16日事。
② 景泰四年二月庚子，1453年3月22日。
③ 该条为景泰四年二月癸丑，1453年4月4日事。
④ 被酒，中酒，即喝醉了。
⑤ 宿忿，音sù fèn。旧日的忿恨。
⑥ 令旗，在中国古代的军队中，普遍使用小旗作为传达命令时的标志，称为令旗。通常，旗杆头为铁制尖头，旗为绸布制，上写有一个"令"字。
⑦ 专杀，指无须禀命而可诛戮。
⑧ 锢，音gù。禁闭。
⑨ 景泰四年三月戊辰，1453年4月19日。

◎五军坐营都指挥佥事<u>巫启</u>，以私债取违禁利。事觉，命枷号^①于教场一月，降为指挥同知，调<u>开平卫</u>^②。（卷 227，第 4964 页）

◎提督宣府军务右佥都御史<u>李秉</u>奏^③："<u>龙门仓</u>粮米缺少，<u>赤城仓</u>豆亦不敷，乞命户部定拟在<u>京法司</u>及巡按<u>直隶</u>御史等官所问罪人，令运米豆于二处交纳。"事下户部议："在京法司所问罪人，令于<u>通州仓</u>支豆运<u>赤城</u>，巡按<u>直隶</u>御史并<u>万全都司</u>等处所问罪人，令<u>隆庆卫仓</u>支米^④运<u>龙门</u>。所运多寡数目各因其罪之轻重而等第焉。"从之。（卷 228，第 4991 页）

◎提督宣府军务右佥都御史<u>李秉</u>言^⑤："<u>马营</u>各堡粮少，而<u>怀来</u>见^⑥积粮多，各堡虽尝召商中纳盐粮，缘路险费重，愿纳者少。乞令都督<u>孙安</u>、左参将<u>杨信</u>量拨官军运<u>怀来</u>粮以给各堡为便。"事下，户部言："盐粮可减轻，召纳<u>怀来</u>粮，亦令各堡官军今年五月、六月分俸粮^⑦自为^⑧三班轮赴<u>怀来</u>关给^⑨。"从之。（卷 229，第 5000 页）

◎令考退官并坐事官为民者，能自备米豆二百石赴<u>独石</u>交纳，给冠带以荣终身。从户部奏请也^⑩。（卷 229，第 5016 页）

---

① 枷号，明朝创设的一种耻辱刑。枷，一种方形木质项圈，以套住脖子，有时还套住双手，作为惩罚。强制罪犯戴枷于监狱外或官府衙门前示众，以示羞辱，使之痛苦。明代的枷号有断趾枷令、常枷号令、枷项游历之分。刑期为一月、二月、三月、六月、永远五种。枷的重量从二、三十斤到一百五十斤不等。

② 该条为景泰四年三月癸酉，1453 年 4 月 24 日事。

③ 该条为景泰四年四月丙午，1453 年 5 月 27 日事。

④ 《校勘记》："令隆庆卫仓支米"，广本"令"下有"于"字。

⑤ 该条为景泰四年五月丁巳，1453 年 6 月 7 日事。

⑥ 见，同"现"，现存。

⑦ 俸粮，是指旧时京官的俸禄，以米支给者谓之俸米。

⑧ 自为，自己做；自己治理。

⑨ 关给，音 guān gěi。发放或领取。

⑩ 该条为景泰四年五月癸未，1453 年 7 月 3 日事。

◎乙酉①，提督宣府军务右佥都御史李秉以口外缺粮奏："请开中户部定例，云州堡淮盐每引四斗三升、浙盐三斗三升、长芦盐二斗七升，赤城广备仓淮盐四斗五升、浙盐三斗三升、长芦盐三斗，龙门卫并千户所二仓，俱淮盐五斗、浙盐三斗八升、长芦盐三斗，并令米豆中半上纳。"诏从所拟。（卷229，第5017页）

◎户部言②："独石、马营俱边境要地，宜及宁靖预为积粮。乞召人运米，有能自通州仓运赴独石者，每一石官给脚价钱③六钱，赴马营者五钱五分。"从之。（卷230，第5033页）

◎赏内官弓胜、陈庄，都督同知孙安，右参政叶盛各银十两，彩币二表里；都指挥、指挥二十员各银五两，彩币一表里；官军一千九百余人各银一两、布二疋。以修复独石、马营等处边城也④。（卷234，第5106~5107页）

◎丁未⑤，敕总督、总兵等官、少保兵部尚书于谦等曰："比闻瓦剌也先擅易名号，又其所遣朝贡使臣有从大同来者，有从宣府、甘肃来者，此其奸计，必有所在。京师备御，不可不严。尔等其以所选军马尽心训练，以俟调遣，或别有长策，悉听尔等便宜处置，必出万全，无堕贼计，并敕宣府、大同、辽东、蓟州、永平、山海、延绥、甘宁、独石等处总兵镇守官一体戒严边备。"（卷234，第5114~5115页）

---

① 景泰四年五月乙酉，1453年7月5日。
② 该条为景泰四年六月丁未，1453年7月27日事。
③ 《校勘记》："官给脚价钱"，广本、抱本"钱"作"银"。
④ 该条为景泰四年十月壬辰，1453年11月9日事。
⑤ 景泰四年十月丁未，1453年11月24日。

◎丁卯①，守备独石、马营等处内官弓胜以副总兵、都督同知孙安风疾②，将不起，为之请代。事下，协赞军务右参政叶盛勘议，盛言："安多历年所③，声望素著，即今求之边城，无可代者。但其为人褊急④多疑，素与胜及都指挥张林不协，抑郁成疾，若使济之以宽大，持之以坦率，勿与胜等不和，病势自当减去。即有警，臣与之坐运筹策⑤，亦可成功。古人舆疾⑥讨贼，以臣观之，安未宜代也。"诏从盛言，敕安存心疗疾，以副倚任⑦，弓胜、张林务为协和，毋再乖异⑧。仍命太医院遣医驰往视之。（卷235，第5127～5128页）

◎戊寅⑨，户部先以边储不给，请于宣府长安岭、独石、马营诸处上米⑩中淮、浙、长芦盐。既而淮盐中纳殆尽，两浙、长芦盐无商上纳。总督边储右佥都御史李秉请减其则例。户部覆奏："独石仓每引米豆减四升；马营仓每引米豆减五升；怀来仓景泰三年开中两浙盐每引减七升，长芦盐每引减一斗二升，景泰四年开中两浙盐每引减五升，长芦盐每引减四升；长安岭仓两浙盐每引减七升，长芦盐每引减八升；云州堡仓景泰三年开中两浙盐每引减五升，长芦盐每引减七升，景泰四年开中两浙、长芦盐俱减二升；赤城仓两浙盐每引减三升，长芦盐每引减五升；龙门广盈仓两浙盐每引减五升，长芦盐每引减七升；龙门仓两浙盐每引减五升，长芦盐每引减七升；万全仓两浙、长芦盐每引俱减五升；柴沟堡仓两浙、长芦盐每引俱

---

① 景泰四年十一月丁卯，1453年12月14日。
② 风疾，指风痹、半身不遂等症。
③ 多历年所，历：经历；年所：年数。经历的年数很多。
④ 褊急，音 biǎn jí。气量狭小，性情急躁。
⑤ 坐运筹策，用于处事，指坐在连帐内策划军事方略。
⑥ 舆疾，抱病登车。
⑦ 倚任，倚重信任。
⑧ 乖异，不近情理的怪事。
⑨ 景泰四年十一月戊寅，1453年12月25日。
⑩ 《校勘记》："上米"，广本"上"作"豆"，疑是也。

减七升。"从之。（卷235，第5134~5135页）

◎提督宣府军务右佥都御史李秉奏①："独石、马营一带屯堡俱造铁炮，惟宣府沿边腹里城堡无之，宜令工部增造。又（告）[各]② 城堡官军多只身无妻，易为逃窜。宜敕兵部移文总兵镇守等官计议，将官军家属尽令随住，庶人心有系边备充实。"诏是其言，命兵部其即行之。（卷237，第5161~5162页）

◎召商于万全等处中纳盐粮，其于万全广积仓并赤城广备仓中淮盐者，每引米豆五斗、浙盐三斗、长芦盐二斗；长安岭仓中淮盐者，每引米豆六斗五升、浙盐四斗三升、长芦盐三斗；柴沟堡仓中淮盐者，每引米豆四斗八升、浙盐二斗八升、长芦盐一斗八升。共开中淮、浙、长芦盐二十四万六千一百六十六引③。（卷237，第5172页）

◎给宣府怀来、赤城等处官军马九百匹④。（卷238，第5184页）

◎给御马监勇士及武骧左等卫官军马五百九十三匹，独石等堡官军马四百匹⑤。（卷239，第5203页）

◎庚午⑥，命守备马营都指挥周贤，协同都督孙安守备独石等八

---

① 该条为景泰五年正月甲子，1454年2月9日事。
② 据《校勘记》改。《校勘记》："又告城堡官军"，广本、抱本"告"作"各"，是也。
③ 该条为景泰五年正月丙子，1454年2月21日事。
④ 该条为景泰五年二月乙未，1454年3月12日事。
⑤ 该条为景泰五年三月丙辰，1454年4月2日事。
⑥ 景泰五年二月庚午，1454年4月16日。

城；以守备龙门都指挥黄瑄，代贤守备马营。仍命安等推选都指挥一人，可代瑄者以闻。（卷239，第5218页）

◎辽东参将都督同知胡源，诱夷人来降①，擅杀之，致夷人报仇，惊扰边方。为山东按察副使杨镛所劾，械源至京，法司鞫应斩。诏宥死，降为事官，于独石立功②。（卷240，第5227～5228页）

◎己酉③，命户部出榜，募人于通州仓运米六万石，赴口外龙门、赤城等仓收受，每石给脚价银五钱。（卷240，第5236页）

◎癸丑④……命修独石等处城堡、墩台。（卷243，第5283页）

◎甲戌⑤，命太医院选谙晓⑥方脉医士一名，往口外独石等八城，教军士习医，岁一更代。从山西右参政叶盛奏请也。（卷243，第5292～5293页）

◎（乙）［己］⑦丑……陕西按察司劾奏："署都指挥佥事康泰，数索所部赂⑧。巡按直隶监察御史张鹏劾（泰）［奏］⑨。守备马营堡

---

① 《校勘记》："诱夷人来降"，广本、抱本"诱"下有"引"字。
② 该条为景泰五年四月乙酉，1454年5月1日事。
③ 景泰五年四月己酉，1454年5月25日。
④ 景泰五年七月癸丑1454年7月28日。
⑤ 景泰五年七月甲戌，1454年8月18日。
⑥ 谙晓，音 ān xiǎo。熟悉通晓。
⑦ 《校勘记》："乙丑"，旧校改"乙"作"己"。景泰五年八月己丑，1454年9月2日。
⑧ 赂，音 lù。赠送的财物，亦泛指财物。
⑨ 据《校勘记》改。《校勘记》："劾泰"，广本、抱本"泰"作"奏"，是也。

都指挥黄瑄受所部赂。"俱诏从之①。（卷244，第5303页）

◎乙丑②……调守备独石等处内官弓胜于永平，而以内官黄整代之。胜与宣府副总兵都督［同知］③孙安交恶，屡敕谕不悛④。故调之。仍降敕⑤切责切⑥安。（卷245，第5325～5326页）

◎庚寅⑦，命都指挥佥事周贤充右参将，守备独石。时，都督同知孙安克副总兵⑧守备独石。提督军务佥都御史李秉言其老疾，故命贤代之。（卷246，第5335页）

◎乙亥⑨，巡按直隶监察御史张鹏劾奏："镇守独石内官弓胜、都［督］⑩孙安侵欺⑪戍卒，拾⑫于河及掘地所得白金，贪秽⑬无耻，宜究其罪。"俱宥之。（卷247，第5361页）

◎癸未⑭……敕守备赤城指挥同知吴良，协同右参将都指挥佥事周贤，守备独石、马营等处地方。（卷248，第5367～5368页）

---

① 《校勘记》："俱诏从之"，旧校改"俱诏"作"诏俱"。广本、抱本"从"作"宥"。

② 景泰五年九月乙丑，1454年10月8日。

③ 据《校勘记》补。《校勘记》："都督孙安"，广本、抱本"督"作"奏"，是也。

④ 悛，音 quān。悔改。

⑤ 降敕，音 jiàng chì。颁发诏书。

⑥ 责，严词斥责。

⑦ 景泰五年十月庚寅，1454年11月2日。

⑧ 《校勘记》："克副总兵"，旧校改"克"作"充"。

⑨ 景泰五年十一月乙亥，1454年12月17日。

⑩ 据《校勘记》补。《校勘记》："都孙安"，广本、抱本"都"下有"督"字，是也。

⑪ 侵欺，侵害欺凌。

⑫ 拾，音 shè。古同"涉"，历，经由。

⑬ 贪秽，音 tān huì。贪污。

⑭ 景泰五年十二月癸未，1454年12月25日。

◎提督宣府军（军）[务]① 右佥都御史李秉奏②："直隶隆庆、保安二州所属马营、宣化等仓粮仅可给一、二年之费，虽发万亿库所贮银两籴买，而时价低昂，上纳者少。乞命户部定拟则例，召商中纳盐粮，以广储蓄。"诏从其请。下户部议："纳马营、赤城二仓粮者，淮盐每引米豆八斗、浙盐五斗、长芦盐三斗，纳永宁、宣化、新兴三仓粮者，淮盐九斗、浙盐六斗、长芦盐四斗。"从之。（卷249，第5388~5389页）

◎守备独石等处右参将都指挥佥事周贤等奏③："同总兵官右副都督遇，与左参将都督指挥使④夏忠及协赞军务右参政叶盛等会合官军于龙王堂西顺路杀败兀良哈贼众，生擒朵的等十二人，斩首五级，获贼马三十二匹。"赐敕奖谕，命礼部颁[赏]⑤。（卷249，第5394页）

◎开平卫带俸都指挥佥事沈礼老病⑥，命其子熊代为本卫指挥使⑦。（卷250，第5408~5409页）

◎丙戌⑧，提督宣府军务右佥都御史李秉奏："昨者达贼犯边，总兵官过兴等，请令独石、宣府会兵攻贼。既而守备独石参将周贤独奏捷。兵科因谓守备宣府副总兵杨信等畏缩，不依期出兵。诏令

---

① 据《校勘记》改。《校勘记》："军军"，广本、抱本作"军务"，是也。
② 该条为景泰六年正月癸丑，1455 年 1 月 24 日事。
③ 该条为景泰六年正月丙寅，1455 年 2 月 6 日事。
④ 《校勘记》："都督指挥使"，旧校删"督"字。
⑤ 据《校勘记》补。《校勘记》："命礼部颁"，广本、抱本"颁"下有"赏"字，是也。
⑥ 《校勘记》："老病"，广本、抱本"病"作"疾"。
⑦ 该条为景泰六年二月乙酉，1455 年 2 月 25 日事。
⑧ 景泰六年二月丙戌，1455 年 2 月 26 日。

臣体审以闻。盖始者，贼在王焕庄后已迁徙，周贤先至，杀获其老弱不能前者以还，杨信后至，追七十余里，不及而归。（以）［臣］① 谓杨信出师迟缓，周贤轻敌邃进，两失会兵之约，俱宜治罪。"帝曰："失期误事当依军令究治，然贼已捕获，今后凡出兵务要依期会合，若贪图功次，参差行事者，必罪不宥。"（卷250，第5410页）

◎甲辰②，敕镇守浙江兵部尚书孙原贞、都督同知李信等曰："近者独石擒获犯禁达子二十名③，解京审，无劫掠重情，特宥其罪，差人送尔处。"至日会官计议，送于沿海不系艰难岩险④，卫分居住，按月量与粮米养赡。该管官司用心抚恤，不许凌虐，失所尤须密切防闲⑤，毋致疏虞⑥。（卷250，第5425页）

◎庚申⑦，赏开平及隆庆左等［卫］官（罪）［军］⑧二千七百七十三人，各布二疋。以修复城池功也。（卷251，第5433页）

◎癸未⑨，赐文武百官宴。先是，守备独石右参将周贤、协赞军务右参将叶盛出境巡哨，擒达贼十二人解京，下法司问，则泰宁卫民也。以尝有旨许于近边牧放，无犯边情，又无械器⑩，特宥之，发浙江安置。至是，泰宁卫都督金事革干帖木儿遣人贡马求赎，适盛

---

① 据《校勘记》改。《校勘记》："以谓杨信"，广本、抱本"以"作"臣"，是也。
② 景泰六年二月甲辰，1455年3月16日。
③ 《校勘记》："二十名"，广本、抱本"二十"作"十二"。
④ 岩险，指高峻险要之地。
⑤ 防闲，防备和禁阻。
⑥ 疏虞，疏忽，失误。
⑦ 景泰六年三月庚申，1455年4月1日。
⑧ 据《校勘记》补、改。《校勘记》："隆庆左等官罪"，广本、抱本"等"下有"卫"字，"罪"作"军"，是也。
⑨ 景泰六年四月癸未，1455年4月24日。
⑩ 《校勘记》："械器"，广本作"器械"。

上官军功次册，请升赏，凡二千八百七十八人。都给事中苏霖等劾盛等贪功生事，以起衅端，乞正①其罪，仍取回安置之人给还泰宁卫，庶信义昭明，远人悦服。帝曰："盛等镇武边方，姑置之。官军仍给赏，其人安置已定，不必取还。"（卷252，第5444页）

◎赏开平、隆庆等卫所官军布人二疋，以其连年修复城堡、楼铺、墩台有劳役。从户部奏请也②。（卷253，第5464页）

◎初，礼部尚书胡濙奏："保道录司左玄义③仰弥高，谙晓阴阳兵法，已送宣府独石运谋协助。至是，弥高自以住持崇真观，举朝天宫道士朱可名代为住持。"濙复奏"乞允所举。于是礼科都给事中张轼劾奏弥高，本以凡庸，滥求荐举，其于军旅事务不闻，一言申明建白④，却乃内顾私徒，要援党与⑤，若非徇情⑥受嘱，何以出位⑦妄为？宜将仰弥高移文巡按监察御史鞫问，朱可名送刑部问罪。"从之⑧。（卷254，第5478页）

◎丁酉⑨，提督宣府军务右佥都御史李秉奏："乞于口外各仓召商中纳盐粮，斟酌时直⑩量减斗数。"事下，户部议："马营、赤城

① 正，改去偏差或错误。
② 该条为景泰六年五月甲寅，1455年5月25日事。
③ 左玄义，官名。明代管理全国道教事务衙门道录司职官。洪武十五年（1382）置，左、右玄义各一人，从八品，以道士为之。
④ 建白，提出建议或陈述主张。
⑤ 党与，音 dǎng yǔ。同党之人。《公羊传·宣公十一年》："纳公孙宁、仪行父于陈。此皆大夫也，其言纳何？纳公党与也。"
⑥ 徇情，无原则地曲从人情。受私情左右，不能秉公处理事务。
⑦ 出位，指超出自己的职位言事。
⑧ 该条为景泰六年六月乙亥，1455年6月15日事。
⑨ 景泰六年六月丁酉，1455年7月7日。
⑩ 时直，当时的价格。直，值。

仓淮盐每引七斗五升、浙盐四斗、长芦盐二斗五升，宣化、永宁、新兴仓浙盐五斗、长芦盐三斗五升。"从之。（卷254，第5489～5490页）

◎赏右参将都指挥佥事周贤、协赞军务右参政叶盛各银二两、彩缎一表里，为首官军八十四人、指挥等官各银一两、绢布各一疋，千百户等官绢布各二疋，旗军人等各绢二疋。以独石、龙王堂杀贼功也①。（卷254，第5492页）

◎癸未②……召商中纳盐粮，独石、马营、云（川）〔州〕③堡仓中淮盐者每引米八斗、浙盐五斗，赤城仓中淮盐八斗五升、〔浙盐五斗六升〕④，雕鹗堡仓中淮盐九斗、浙盐六斗。俱不次支给。（卷262，第5596页）

◎丙戌⑤，宣府总兵官右都督过兴奏："朵颜、宁泰⑥等卫达子远年⑦进贡俱从喜峰口验入，近年始从独石，今年又从万全右卫，其实窥瞰⑧虚实，宜禁止之。"诏今后进贡只从旧路，仍命各边总兵官谨守关隘，勿令（往）〔枉〕⑨道。先是，京城九门每季各役铺户五六人，收钞每人费银至十余两，宛平县知县王纪以为言，命每门止役三人。（卷262，第5597页）

---

① 该条为景泰六年六月壬寅，1455年7月12日事。
② 景泰七年正月癸未，1456年2月18日。
③ 《校勘记》："云州堡"，旧校改"川"作"州"。
④ 据《校勘记》补。《校勘记》："八斗五升"，广本、抱本"升"下有"浙盐五斗六升"六字，是也。
⑤ 景泰七年正月丙戌，1456年2月21日。
⑥ 《校勘记》："宁泰"，旧校改为"泰宁"。
⑦ 远年，犹多年。
⑧ 窥瞰，音 kuī kàn。张望；偷看。
⑨ 据《校勘记》改。《校勘记》："往道"，广本、抱本"往"作"枉"，是也。

◎戊子①，守备独石右参将都指挥佥事周贤奏："独石、马营等处系宣府、怀来屏障②，今原守备官军多有投托③本卫差占，不肯前去守备，及先前④惊散官军又不拨补，万一有警，必致误事。"帝命协赞军务右参政叶盛清理禁约，不许官军投托⑤。其惊散者，即令照数拨补。（卷 262，第 5599 页）

◎壬子⑥……大同、独石等处哨见兀良哈达贼围猎，及天城又报达贼三人凿墙入境，官军已追杀之。兵部言：恐有余寇潜伏边境，图为复仇之举。乃敕各边严谨防范。（卷 269，第 5701 页）

◎先是，口外原开中淮、浙盐客商未能完纳⑦。至是，户部议减之独石、马营、云州堡仓，淮盐每引米八斗减作七斗，浙盐米五斗减作四斗；赤城淮盐八斗五升减作七斗五升，浙盐五斗五升减作四斗五升；雕鹗堡淮盐九斗减作八斗，浙盐六斗减作五斗。（卷 270，第 5724～5725 页）

◎乙酉⑧，独石等处奏报："胡骑约有千余近我边境。"敕协赞独石右参政叶盛、参将周贤"遣人谕之使退，不从则会宣府总兵官击之。"（卷 270，第 5730 页）

---

① 景泰七年正月戊子，1456 年 2 月 23 日。
② 《校勘记》："屏障"，广本、抱本"障"作"蔽"。
③ 投托，投靠托身。
④ 《校勘记》："先前"，广本、抱本"前"作"年"。
⑤ 投托，投靠托身。
⑥ 景泰七年八月壬子，1456 年 9 月 14 日。
⑦ 该条为景泰七年九月戊寅，1456 年 10 月 10 日事。
⑧ 景泰七年九月乙酉，1456 年 10 月 17 日。

◎革独石、马营等边仓管草副使①。从右佥都御史李秉所奏也②。（卷271，第5737页）

◎起复③刑部右侍郎刘清，仍旧任命隆庆左卫指挥使朱通协同守备独石④。（卷271，第5743～5744页）

◎吏部听选⑤大使陈清殴死人，刑部坐⑥以绞。清子宠言：实臣因醉使酒⑦殴人致死，臣父实不知，[臣]⑧乞就刑⑨毋枉父死。帝以宠情可悯，释清，发宠戍开平卫⑩。（卷271，第5746～5747页）

◎戊寅⑪，独石等处协赞军务右参政叶盛言："臣父老病在床，气息奄奄，臣以边务不敢乞假归省⑫。虽历任五年不得赴京考满⑬，以此于例，不得加封父母。即今边事少⑭宁，伏乞⑮圣恩，容臣赴京考满，使臣得以援例⑯，请乞恩命以荣父母，实为万幸。"帝曰：

①　该条为景泰七年十月丁酉，1456年10月29日事。
②　《校勘记》："李秉所奏也"，广本"所奏"作"奏请"。
③　起复，降官后又复职。
④　该条为景泰七年十月甲寅，1456年11月15日事。
⑤　听选，明、清对已授职而等候选用者之称。
⑥　坐，定罪。
⑦　使酒，借着酒意放纵性情。
⑧　据《校勘记》补。《校勘记》："乞就刑"，广本、抱本"乞"上有"臣"字，是也。
⑨　就刑，接受刑罚，多指被处决。
⑩　该条为景泰七年十月辛酉，1456年11月22日事。
⑪　景泰七年十一月戊寅，1456年12月9日。
⑫　乞假归省，请假从外地回到家乡探亲。省，音 xǐng。
⑬　考满，是明代针对每一位任职到一定期限的官员进行的一般性考核。主要是考核官员的从政资历和政绩。办法是三年一考，三考为满，考满之日，由有关部门量其功过，分成上、中、下三等，依此为据决定其升降去留。
⑭　少，音 shǎo。稍稍，稍微。
⑮　伏乞，向尊者恳求。
⑯　援例，音 yuán lì。引用惯例或先例。

"冬间正贼寇侵扰边境之时，不允赴京。所请诰命①，命吏部特予②之。"（卷272，第5754页）

◎乙酉③，协赞独石等处军务山西右参政叶盛闻父丧，欲还守制④。诏以边境事繁，令奔丧⑤即起复⑥。（卷272，第5758～5759页）

◎都督佥事张义⑦坐事⑧，谪戍⑨云南腾冲卫。其子恺奏："乞降调在京卫分，以图补报。"上从之，命于独石立功，听镇守官周贤调用⑩。（卷278，第5932页）

◎命千户王瑛复原职署都督佥事，独石立功。张义复原职都督佥事⑪。（卷280，第6014页）

◎癸酉⑫，升镇守独石右参将都指挥佥事周贤为都督佥事。从宣

---

① 诰命，又称诰书，是皇帝封赠官员的专用文书。所谓诰是以上告下的意思。古代以大义谕众叫诰。

② 予，音yǔ。给与。

③ 景泰七年十一月乙酉，1456年12月16日。

④ 守制，旧时父母或祖父母死后，儿子或长孙在家守孝二十七个月，在此期间，不任官、应考、嫁娶等。

⑤ 奔丧，从外地急忙赶回去处理长辈亲属的丧事。汉族丧礼仪式之一。即居他处闻丧归，并服丧。

⑥ 起复，古时官员服父母丧守期未满即应召赴任官职。明清时专指服父母丧期满后重新复出做官。

⑦ 《校勘记》："张义"，抱本"义"作"仪"。

⑧ 坐事，指因事获罪。

⑨ 谪戍，音zhé shù。封建时代将有罪的人派到远方防守叫谪戍。谪，贬谪。戍，防守。

⑩ 该条为天顺元年五月癸亥，1457年5月23日事。

⑪ 该条为天顺元年七月辛巳，1457年8月9日事。

⑫ 天顺元年九月癸酉，1457年9月30日。

府总兵官杨能奏保也。（卷 282，第 6056 页）

◎命户部于口外独石等处召商中盐纳米，以足军饷①。其中景泰七年中剩及天顺元年存积淮、浙、长芦三运司官盐六十二万余引。独石广积仓淮盐每引米五斗五升、浙盐每引米三斗，马营广盈仓淮盐每引米六斗、浙盐每引米三斗二升，赤城广备仓淮盐每引米六斗二升、浙盐每引米三斗三升，雕鹗堡仓淮盐每引米六斗五升、浙盐每引米三斗七升，云州堡仓淮盐每引米六斗、浙盐每引米三斗一升，新兴仓淮盐每引米八斗、浙盐每引米四斗，永宁县仓淮盐每引米八斗、浙盐米四斗、长芦盐每引米三斗，宣化仓淮盐每引米八斗、浙盐每引米五斗、长芦盐每引米三斗五升。（卷 282，第 6058～6059 页）

◎镇守宣府太监柏玉、总兵官武强伯杨能奏②："保守备龙门都指挥佥事黄瑄充游击将军，协同参将周贤调度军马。"兵部以其所奏违例，劾玉、能等罪。上命玉、能具实以闻，而令巡按御史执瑄鞫之。（卷 285，第 6108 页）

◎复开平卫军谢春为都指挥佥事③。注④万全都司带俸差操，春初带俸河间卫为事谪充军。至是，遇赦复其官。（卷 285，第 6116 页）

---

① 该条为天顺元年九月甲戌，1457 年 10 月 1 日事。
② 该条为天顺元年十二月庚戌，1458 年 1 月 5 日事。
③ 该条为天顺元年十二月戊午，1458 年 1 月 13 日事。
④ 注，预先决定。

◎旌表烈妇、节妇陈氏等四人①。陈氏，开平卫千户池信男②宽妻，因鞑贼攻破城，恐受污，将夫妹五姐并男蛮儿等缢死，随亦自缢。……旌其门曰"贞烈"。（卷287，第6153页）

◎镇守独石、马营等处奉御黄整等奏③："滴水崖、板搭峪④二处冲要，宜各立屯堡列军分守，以防虏寇。"从之。（卷290，第6191页）

◎调羽林左卫指挥使萧振于山西威远卫，指挥佥事仇英⑤于万全开平卫。以同僚不和故也⑥。（卷290，第6195页）

◎宣府总兵官武强伯杨能奏⑦："独石、马营等处止有参将周贤，遇警缺人调遣。乞将守备云州都指挥张杰协同贤镇守，而以都指挥李海代杰守备云州。"上从之。（卷292，第6241页）

◎宣府总兵官武强伯杨能等奏⑧："顷⑨因达贼在边，已调独石参将周贤、张林各领所部官军出巡，期本月十九日于瓦房嵯与臣等会合，而贤失期，乞执问治罪。"上从之，征贤还京，六科十三道劾下法司，论赎徒⑩。留京不视事⑪，令能等推选有谋勇都指挥代之。

---

① 该条为天顺二年二月丁未，1458年3月3日事。
② 男，儿子。
③ 该条为天顺二年四月戊午，1458年5月13日事。
④ 《校勘记》："板搭峪"，广本"搭"作"塔"。
⑤ 《校勘记》："仇英"，旧校改"仇"作"仇"。
⑥ 该条为天顺二年四月丙寅，1458年5月21日事。
⑦ 该条为天顺二年六月庚午，1458年7月24日事。
⑧ 该条为天顺二年六月庚辰，1458年8月3日事。
⑨ 顷，音qǐng。刚才，不久以前。
⑩ 赎徒，交纳钱物以减免徒刑。
⑪ 视事，就职治事。

（卷292，第6245～6246页）

◎六科十三道被旨①劾奏②，镇守独石等处右参将都督佥事周贤闻虏近塞，不侍③上报而辄统兵出境，及至遇虏，逗遛不进，抽军④遽⑤还，乞正其罪。上命锦衣卫⑥镇抚司鞫⑦之。（卷293，第6250页）

◎命右参将都督同知江福⑧分守独石等处⑨。（卷293，第6261页）

◎复命都督佥事周贤统独石等处官军一千人、马一千五百匹，赴石彪处听调，杀贼人赏银一两⑩。（卷293，第6266页）

◎户部奏⑪："独石、马营仓粮止可支用岁余，欲召商中盐纳粮。独石十一万引，淮盐每引粟米六斗，浙盐四斗，长芦盐三斗五升；马营六万引，淮盐每引粟米六斗五升，浙盐四斗五升。"从之。（卷294，第6271页）

----

① 被旨，承奉圣旨。该条为天顺二年七月戊子，1458年8月11日事。

② 劾奏，音hé zòu。指向皇帝检举官吏的过失或罪行。

③ 《校勘记》："不侍上报"，旧校改"侍"作"待"。不待，指不等。

④ 抽军，撤退；退兵。

⑤ 遽，音jù。立刻；马上。惊惧、慌张。

⑥ 锦衣卫，明朝著名的特务机构，前身为明太祖朱元璋设立的"拱卫司"，后改称"亲军都尉府"，统辖仪鸾司，掌管皇帝仪仗和侍卫。洪武十五年（1382年），裁撤亲军都尉府与仪鸾司，改置锦衣卫。作为皇帝侍卫的军事机构，朱元璋为加强中央集权统治，特令其掌管刑狱，赋予巡察缉捕之权，下设镇抚司，从事侦察、逮捕、审问等活动。

⑦ 鞫，音jū。审讯。

⑧ 《校勘记》："江福"，抱本"江"作"汪"。

⑨ 该条为天顺二年七月庚子，1458年8月23日事。

⑩ 该条为天顺二年七月庚戌，1458年9月2日事。

⑪ 该条为天顺二年八月己未，1458年9月11日事。

◎吏部奏①："近例官吏人等匿丧②、诈丧③事有轻重，若概罢为民，无以示警。今后，有将远年亡故父母诈称新丧者，问发④顺天府昌平、遵化、蓟州等州县为民，系顺天府者，发口外为民；父母见在，诈称死亡者，发口外独石等处充军；其闻父母丧、匿不举不离职役者，若原籍程途三千里之上限一年，不及三千里者限半年；违限不回守制⑤者，俱发口外隆庆、永宁等州县为民。"从之。（卷294，第6281～6282页）

◎辛亥⑥，命都指挥佥事张杰⑦协同右参将江福镇守独石、马营等处。（卷295，第6297页）

◎敕大同、宣府、独石、偏头关等处镇守总兵官戒严边备⑧。时宁夏奏报虏骑往东北行，虑其侵犯各边故也。（卷296，第6303页）

◎总兵官定远伯石彪奏⑨："比者⑩，达贼二万余入安边营抢掠。臣与彰武伯杨信、右佥都御史徐瑄、都督佥事周贤、都指挥李鉴等，统领军马往剿之。遇贼连战，掣夺旗号、喇叭，斩获贼首鬼力赤平章首级，余贼奔溃。追至昌平墩出境，贼仍聚众复回对敌，转战六

---

① 该条为天顺二年八月己卯，1458年10月1日事。
② 匿丧，旧时官员祖父母、父母死，不呈报，不服丧，对外隐瞒或另择时日，谓之匿丧。
③ 诈丧分两种：一种是无丧诈称有丧，通常是父母健在，诈称死亡；另一种是旧丧诈称新丧，即父母物故已久，而诈称现丧。
④ 问发，问，审问，引申为判决。判发配。
⑤ 守制，指守孝。在守制期内谢绝应酬，不得应考，婚嫁，现任官则须离职。
⑥ 天顺二年九月辛亥，1458年11月2日。
⑦ 《校勘记》："张杰"，广本"杰"下有"等"字。
⑧ 该条为天顺二年十月癸亥，1458年11月14日事。
⑨ 该条为天顺三年正月甲辰，1459年2月23日事。
⑩ 比者，近来。

十余里，交锋数十余合，至野马涧半坡墩，贼众大败，生擒四十七人，斩首五百一十三级，夺驼六十七只，马五百一十匹，被掠男妇一十八人，驴骡牛羊二万余。都督佥事周贤被贼射死。又有达贼入南地名把都河，把总、指挥柏贤等与战，败之，斩贼首一人。收兵间，贼复众四面攻围，官军奋勇杀出，都指挥李鉴亦陷没。"上曰："彪等能奋勇杀贼，忠勤可嘉，其生擒达贼并获到驼马尽数解京，毋将好马抵换隐藏。达贼首级沿边枭挂。周贤赠都督同知，遣官祭葬。李鉴等阵亡头目，俱给与棺衾①殡殓②。夺下人口给发宁家③，驴驼牛羊④招主识认，有功官军明白造册，以俟升赏。"周贤，直隶滁州人，由正千户升指挥佥事。正统十四年，从总兵官巡哨怀安城东及紫荆关。景泰元年，剿贼洋河南坡，俱有功，累升都指挥佥事，守备西猫儿峪、马营。五年，协同副总兵孙安⑤守备独石等八城堡，寻充右参将，代安提督。天顺元年，升都指挥同知，寻升后军都督佥事，仍充参将镇守。二年，召还，领兵哨宁夏。未几，还榆林城守备。至是，奋勇当先逆战，斩虏贼数人，贼败走，犹追击不已，遂中流矢死。讣闻⑥，上悯之，赠葬如制。命其子玉袭升为都指挥同知，仍赐白金、彩币。贤初被召还，已有悔过心，及从西征，自分必死报朝廷，已而果然，人皆伟其志⑦而惜其死云。（卷299，第6353～6355页）

---

① 棺衾，音 guān qīn。棺材和衾被。泛指殓尸之具。
② 殡殓，音 bìn liàn。殡殓指给尸体穿衣下棺。也叫"入殓"。
③ 宁家，使家庭安定；回家。
④ 《校勘记》："驴驼牛羊"，广本、抱本"驼"作"骡"。
⑤ 《校勘记》："孙安"，广本、安本"安"下有"等"字。
⑥ 讣闻，向亲友报丧的通知，多附有死者的事略。
⑦ 伟，远大。伟志，远大的志向。

◎右佥都御史萧启养疾，居家为乡人所诬奏，逮下锦衣卫狱坐杖①。上命启冠带闲住②，谪诬奏者充开平卫军③。（卷300，第6366~6367页）

◎戊辰④，镇守延绥等处太监王春奏："达贼杳无踪迹，边境宁靖。"上曰："延绥既无声息，令独石、马营官军回原处操守。"（卷300，第6371页）

◎乙酉⑤，巡抚大同、宣府右副都御史王宇奏三事："一、宣府、大同管粮郎中宜三年一换，庶不⑥人情⑦稔熟⑧事无生弊，其独石等八城堡并宣府钱粮止有郎中一员，通管不周，乞增差户部官一员，监督收放。一、万全都司所辖一十九卫所旗军，冬衣布花多在本都司万亿库取给⑨，内广昌一千户所独于山西布政司取给，未免给散不时，般运劳费，乞俱于本都司取给。一、旧为樽节⑩边储⑪。口外儒学教官，月俸止给本色米一石，各属京拨，并外考吏役止给食米三斗，俱养赡不敷⑫。今宣府教官月俸已给本色二石，其大同教官亦宜准例，增给京拨吏再加二斗，庶使人不失。"所诏悉从之（卷313，第6560~6561页）

---

① 杖，用棍子打；拷打。自隋开皇新律始定为五刑（笞、杖、徒、流、死）之一。用大荆条、大竹板或棍棒抽击人的背、臀或腿部。

② 闲住，明、清时对官吏的一种处置。指免去官职，令其家居。

③ 该条为天顺三年二月辛酉，1459年3月12日事。

④ 天顺三年二月戊辰，1459年3月19日。

⑤ 天顺四年三月乙酉，1460年3月30日。

⑥ 《校勘记》："庶不人情稔熟"，广本"不"作"几"。

⑦ 人情，指人的欲望、意愿。

⑧ 稔熟，音 rěn shú。指庄稼成熟。

⑨ 取给，音 qǔ geǐ。指取得物力或人力以供需用。

⑩ 樽节，节省。

⑪ 边储，指边防用的储备粮食或物资。

⑫ 不敷，指不够、不能满足。

◎兵部奏①："独石等处屡奏胡虏或一二百骑或数十骑，往来近边，意图窥伺。乞行镇守参将等官严兵为备。"从之。（卷319，第6642页）

◎敕镇守独石、马营等处右监丞阮禄等曰②："得奏朵颜卫来报事情，达子欲从独石入境，其许之。自今凡报事情者，审实即容入境。"（卷321，第6668页）

◎监察御史胡炼居丧于家，其姻戚有被事鞫于吉安府者，炼为嘱巡按御史辩之，府同知程镣逮炼侄讯鞫，得炼受赂状。以闻，执下镇抚司狱，当赎徒为民。上曰："炼为御史而无耻，若是可以常例处邪，其发戍开平卫。"③（卷322，第6681页）

◎乙酉④，敕镇守大同太监王春、总兵官彰武伯杨信等曰："今得偏头关械所获鞑贼间谍刘三等至京，言系石彪家人，惧罪逃往虏酋孛来处，授以伪职。八月间尝⑤导贼入寇，今又同贼众四十余人潜来各边探听，约以黄烧饼、衣针为信，及累石塔为号。但余贼尚多未获者，其严督官军及所属地方昼夜尽心挨究。况今正旦已近，尔等慎勿以声息稍缓，纵情宴乐，懈弛防守。"并敕宣府、独石、怀来……各边关守臣亦如之。（卷323，第6691页）

◎癸酉⑥，减独石上粮中盐则例。先是，户部奏准召商独石上

---

① 该条为天顺四年九月乙亥，1460年9月16日事。
② 该条为天顺四年十一月丁丑，1460年11月17日事。
③ 该条为天顺四年闰十一月己未，1460年12月29日事。
④ 天顺四年十二月乙酉，1461年1月24日。
⑤ 《校勘记》："尝导贼入寇"，广本"尝"作"常"。
⑥ 天顺五年六月癸酉，1461年7月11日。

粮，每粟米三斗五升中长芦盐一引。至是，巡抚大同、宣府右佥都御史韩雍奏："则例太重，上纳者少。"下户部议："减每盐一引纳粟米二斗五升，或粟米二斗、豆一斗。"从之。（卷329，第6764页）

◎兵部奏[1]："七月八日达贼入独石、马营地方，杀伤军马数多。其守备右监丞阮禄、都督同知汪福、都指挥佥事张杰，不能捍御，并宣府总兵等官都督陈友、董斌不能策应，俱当问罪。"上命："且不问，皆住俸，令杀贼赎罪。"（卷343，第6945页）

◎户部奏[2]："送官银三万两于独石，预备有警，给军买草秣马[3]。"从之。（卷343，第6952页）

◎镇守独石等处右监丞阮禄等奏[4]："虏酋孛来率众二万东掠，朵颜三卫遣使臣纳哈出等四十人来朝〔贡〕[5]马献捷[6]，欲从独石入境。"上命其从猫儿庄入，既而使臣以马疲且境外无草不能往猫儿庄，复请从独石入。许之。（卷346，第6984页）

◎戊子[7]，先是，宣府总兵官都督同知陈友奏："独石、龙门等处守备内外官多私役军士，缺兵防守，以致达贼数入为寇。"事下，巡抚右佥都御史韩雍等核实。至是，雍奏："五月、六月达贼凡四入

---

① 该条为天顺六年八月癸亥，1462 年 8 月 25 日事。

② 该条为天顺六年八月庚寅，1462 年 9 月 21 日事。

③ 秣马，音 mò mǎ。饲马。

④ 该条为天顺六年十一月甲辰，1462 年 12 月 4 日事。

⑤ 据《校勘记》补。《校勘记》："来朝马"，广本、抱本、安本"朝"下有"贡"字。

⑥ 献捷，指古代打胜仗后，进献所获的俘虏。

⑦ 天顺六年十二月戊子，1463 年 1 月 17 日。

寇，杀官军一百余人，掠人畜一千有奇，及右参将都督同知江福私役军六百余，右监丞阮禄四百余，都指挥佥事张杰二百九十余，奉御陈庄一百六十余，都指挥等郑祥等共几二千。因论福等职居守备，平时既不能廉以律己，而役兵图利，临事又不能勇以率众，而玩寇失机，宜痛惩其罪，以为将来之戒。"兵部复劾之，如雍言。上曰："私役军士如此，寇至宁不误事？福、禄、杰、庄尔兵部其即移文召还，另选人往代。其余失机者，令巡按御史执问，不系失机者，姑宥之，令退还操守。"（卷347，第7003~7004页）

◎命守备龙门都指挥佥事黄瑄充右参将，镇守独石、马营等处①。（卷348，第7007页）

◎命法司论断罪囚应徒者，于独石仓纳豆赎罪，徒一年者十石，余四等递加五石②。（卷349，第7022页）

◎辛丑③，命故万全都指挥佥事孙刚④子成袭升都指挥同知。以刚战殁于云州等处功也。（卷350，第7035页）

◎甲寅⑤，调守备龙门所都指挥佥事张寿，于万全都司理事。（卷352，第7063页）

◎万全都司都指挥佥事李延初坐事⑥，调广西都司。至是，兵部

①　该条为天顺七年正月辛卯（除夕），1463年1月20日事。
②　该条为天顺七年二月辛未，1463年3月1日事。
③　天顺七年三月辛丑，1463年3月31日。
④　《校勘记》："孙刚"，广本、安本"刚"作"纲"，下同。
⑤　天顺七年五月甲寅，1463年6月12日。
⑥　坐事，是指因事获罪。该条为天顺七年六月乙丑，1463年6月23日事。

言："延先任万全都司，熟知边情，宜令复旧任协同，镇守独石。"
从之。（卷353，第7068页）

◎万全都司都指挥佥事郑祥等守备独石，达贼入境，杀掠人畜。
下巡按御史论当杖毕充军。上命宥之，降二级，于本卫带俸差操①。
（卷354，第7084~7085页）

◎大同、独石、马营等处守将各奏瞭见达贼近边出没，及境外
烟火数处。兵部请令沿边守将严饬兵备，以防入寇。从之②。（卷
360，第7084~7085页）

---

① 该条为天顺七年七月己酉，1463年8月6日事。
② 该条为天顺七年十二月甲辰，1464年1月28日事。

5.《明宪宗实录》

【题解】 《明宪宗实录》293 卷，起天顺八年（1464 年）正月，讫成化二十三年（1487 年）八月。

宪宗朱见深，是英宗之子，英宗被俘时年尚幼，叔父朱祁钰便继位称帝，太后及一些大臣仍立朱见深为太子，及至朱祁钰地位巩固，便废见深太子。"夺门之变"后，英宗掌权，才又恢复了太子的身份。英宗死后，朱见深继位登极，是为宪宗。宪宗做了 24 年皇帝，死后其子孝宗朱祐樘继承了皇位。4 个月后，孝宗于弘治元年（1488 年）闰正月戊辰，下诏为其父修纂《宪宗实录》。命张懋为监修官，刘吉、徐溥、刘健为总裁，丘濬、汪谐、杨守陈为副总裁，傅瀚、费闇、谢迁、陆简等为纂修，全部纂修人员 83 人。弘治四年八月壬子，《宪宗实录》纂修完毕，历时 3 年零 8 个月。与以往实录相比，是修纂比较顺当的一部。

本辑据台湾"中央研究院"历史语言研究所影印本《明宪宗实录》辑录有关赤城内容。

◎巡抚宣府右副都御史李秉奏①："独石等四城军马数多而粮料数少，请定中盐则例，召商中纳。户部议定大同、宣府七仓共开中淮、浙等运司各年盐课一百六十七万二千二百九十一引。宣府独石、马营二仓淮盐每引米豆八斗、浙盐五斗、长芦盐四斗、河东盐二斗，龙门所仓淮盐每引米豆八斗五升、浙盐五斗三升、长芦盐二斗、河东盐二斗二升，云州堡仓淮盐每引米豆九斗、浙盐五斗五升、长芦盐四斗二

---

① 该条为天顺八年八月癸未，1464 年 9 月 3 日事。

科給事中張海言朝廷命將出師恐軍令不嚴騷擾內地宜遣
公正御史隨軍紀功斯斡察隨軍之犯法者得言御史不必遣
郎令海隨軍紀功斯給事中章鎔等奏虜首亂加思蘭
倭掠邊境彼知獨石馬營少備舉眾而南必經懷來寧潮河
川古北口等處延兵部已奏進都指揮于盛領兵二千往彼防禦
餘二萬操備者少各處工作宜悉停止俟後操練以備不虞奏
上得旨于盛已有行期工作官軍宜令承完還營操練〇癸巳
南京國子監祭酒周洪謨起至京調國子監先是國子監欽
祭酒有旨俟洪謨起復以闕故有是命〇調尚寶司卿楊導于
南京尚寶司從翟以疾白請也〇命都督王義充奏將往宣府
分守薊鎮從撫寧侯朱永等奏也〇陞杭州右衛指揮使王澤

《明宪宗实录》书影

升、河东盐二斗三升……"从之。(卷8，第177~178页)

◎壬戌①，镇守独石、马营等处右参将都指挥佥事黄瑄等奏："胡寇出没不常。近据谍报，孛来领众六万往征瓦剌，回则欲寇我边。"事下兵部，覆奏请移文各边镇、巡等官，佥议②御寇方略及整兵以固边方守备。从之。(卷9，第196页)

◎癸巳③，赐宣府独石诸城堡官军毛袄凡三千七百四十□，又赐大同守墩官军毛袄凡一千五百七十有奇。上曰："穷边沍寒④，兵士尤苦，故于常例外赐以毛衣，其他边障不得援以为例。"(卷10，第218~219页)

◎巡抚甘肃右佥都御史吴琛奏⑤："边军舍余人等，有投托⑥镇守、参将、守备、都指挥、指挥等官，或各官招纳容隐⑦并买留作家人义男，及所属官员以家人义男贿送镇守等官，交结者悉送发原卫正军著役，余丁并官下舍人俱随住当差，有不愿回者，听于所在⑧卫所投充军役。"上从之。仍命……宣府、独石、马营、龙门……等处巡抚巡按官一体遵行禁治。(卷11，第249~250页)

---

① 天顺八年九月壬戌，1464年10月12日。

② 佥议，音 qiān yì。共同商议。

③ 天顺八年十月癸巳，1464年11月12日。

④ 沍寒，音 hù hán。寒气凝结。谓极为寒冷。

⑤ 该条为天顺八年十一月乙亥，1464年12月24日事。

⑥ 投托，投靠托身。

⑦ 容隐，对于亲属犯罪知而不举告，帮助掩盖犯罪事实或通报消息及帮助逃捕，藏匿人犯及帮助脱拘，伪证或诬告，变造或湮灭证据，资助犯罪人衣食住行等一系列妨害国家司法行为中的一项或多项，予以免除或减轻处罚，又称为"亲亲相为隐"或"亲属相为容隐"，简称"容隐"。

⑧ 《明宪宗实录校勘记》（以下简称《校勘记》）："听于所在卫所"，抱本"在"下有"官司"二字。

◎镇守独石、马营等处奉御进保奏①:"独石,临边之地,备御官军一时不可暂缺。近以轻罪往往逮至宣府系狱,恐猝有警急,缺人守御。请自今军中词讼必须自下而上,轻则委官鞫问,重则亲临自理。"上曰:"立法正不宜泥于常②而忽于变,恒有警急之地岂可以常法处之?其悉从进保言,著为令。"(卷13,第294页)

◎戊寅③,命蔚州卫指挥使陶洪守备龙门。(卷16,第343~344页)

◎镇守万全右卫右参将都指挥使李刚请如独石、马营例,降④给令旗、令牌。上曰:"万全虽临边,非独石比其已之。"⑤(卷16,第347页)

◎巡抚宣府右佥都御史叶盛奏五事⑥:"一、各边在城马军自备饲马草束,秋期采完,即令上纳堆垛。以远年应支者,挨陈给之⑦,庶免腐坏⑧;二、各处发运宣府银物,请于春初给与耕种之家,至秋还,纳料粮⑨或秋期出榜收籴,给以官银,庶免般运⑩之苦;三、山西纳草之处请令每草一束折收银四分类,送宣府,候秋成,召人上纳,给领前价,则官民两便;四、独石、马营各仓先定中盐斗数过重,商人应募者少,请再量减,定纳豆则例,则马料可以足给;五、

---

① 该条为成化元年正月癸酉,1465年2月20日事。
② 泥,音nì。固执,死板。泥于常,拘泥于常规。
③ 成化元年四月戊寅,1465年4月26日。
④ 降,音jiàng。赐给;给予。
⑤ 该条为成化元年四月戊子,1465年5月6日事。
⑥ 该条为成化二年二月丁亥,1466年3月1日事。
⑦ 《校勘记》:"挨陈给之",广本"陈"作"次"。
⑧ 《校勘记》:"腐坏",广本作"烂腐"。
⑨ 《校勘记》:"料粮",旧校改作"粮料"。
⑩ 《校勘记》:"庶免般运",广本"般"作"搬"。

正统时，宣府各仓添设州判官、吏目①，提调收放，最为良法，今俱裁省，而仓官职早奸毙百出，请复前例，则毙可少除。"事下户部，议独以量减盐例及添官之条为便。上命悉行之。（卷26，第518～519页）

◎巡抚左佥都御史叶盛奏②："独石急缺料豆，请如先年赎徒法，将杂犯死罪以下，一体定例纳豆。其法：死罪五十石；三流三十五石；徒三年三十石，二年半二十五石，二年二十石，一年半一十五石，一年一十石；杖一百者六石，九十者五石五斗，八十者五石，七十者四石五斗，六十者四石；笞五十者三石五斗，四十者三石，三十者二石五斗，二十者二石，一十者一石五斗。"户部覆奏，从之。（卷27，第548～549页）

◎戊寅③，敕都指挥佥事黄瑄④充副总兵协同镇守宣府，都指挥使李刚充左参将镇守独石。（卷32，第634页）

◎癸巳⑤，命守备马营指挥佥事蒋良署都指挥佥事充右参将，分守万全右卫地方。（卷32，第643页）

◎……兵部尚书王复等以西北虏寇深入条上边防事宜⑥，上命文武大臣会昌侯孙继宗、大学士李贤等会议："……密云、古北口、怀来、永宁国之北门，地当冲要。往年虏寇从之突入⑦，而今独石等处

---

① 《校勘记》："判官吏目"，广本、抱本"目"下有"各一员"三字。
② 该条为成化二年三月庚午，1466年4月13日事。
③ 成化二年七月戊寅，1466年8月19日。
④ 《校勘记》："黄瑄"，广本"黄"作"董"。
⑤ 成化二年七月癸巳，1466年9月3日。
⑥ 该条为成化二年八月戊申，1466年9月18日事。
⑦ 《校勘记》："从之突入"，广本、抱本"之"作"此"。

边报不绝，不可不备，请于京营选拨官军四千，委都指挥二员，一员赴密云、古北口，一员赴怀来、永宁，各同彼处镇守、守备官防御。候明春无事回营。密云镇守指挥王荣名位尚轻，难于行事，宜量升署都指挥佥事，仍旧镇守……"上皆允行之。（卷33，第657~661页）

◎巡抚宣府佥都御史叶盛、巡按监察御史展毓俱奏镇守独石内官进保苦害边军等罪，下都察院，奏请逮至京师廷鞫之。上曰："姑不问，令其自陈，然后处分。"① （卷37，第724页）

◎甲寅②，命宣府前卫指挥佥事赵昇，代都指挥申义守备长安岭。以总兵官都督同知颜彪等荐也。（卷37，第735页）

◎镇守独石、马营内官进保奏守备赤城都指挥刘政③托疾不会议边事，刑部尚书陆瑜等请行巡按御史究治其罪。从之。（卷39，第775页）

◎开平卫带俸都指挥佥事申义老疾，命其子宣代父原职指挥使④。（卷41，第831页）

◎升守备独石城、保安卫指挥使郭瑄为署都指挥佥事⑤。（卷41，第843页）

---

① 该条为成化二年十二月甲辰，1467年1月12日事。
② 成化二年十二月甲寅，1467年1月22日。
③ 《校勘记》："刘政"，广本"政"作"正"。该条为成化三年二月己亥，1467年3月8日事。
④ 该条为成化三年四月戊戌，1467年5月6日事。
⑤ 该条为成化三年四月丁巳，1467年5月25日事。

◎庚午①，镇守独石、马营等处奉御进保擅作威福，虐军取赂②，稍不顺者③，辄棰死之。事连宣府副总兵黄瑄，独石、马营左参将李刚，俱逮治之。都察院鞫实④，进保坐斩，瑄等赎杖⑤还职。（卷42，第857页）

◎敕大同、宣府兵互相应援御寇⑥。时巡抚大同、宣府等处都御史王越言："大同阳和、天城，宣府独石等八城堡俱险隘难行，且畜牧鲜少，虏所不由。惟大同中路猫儿庄，西路兔毛河、暖会川，宣府万全右卫野狐岭等处地势平旷，虏众寇抄⑦，恒必由之。因边军寡弱不支，及请兵缓不及事⑧，每寇至，辄自分彼此，坐视成败，不相救援。乞敕两处镇守总兵等官彰武伯杨信、都督颜彪等，自今凡遇小寇，径自剿除，大敌须相会合。庶几兵势盛而功易成。"事下兵部，言："朝廷命将守边，遇警策应，此其常也。何迩来将臣各分彼此，推避乃尔⑨？宜从越请，降敕令其互相应援。今后敢有违慢⑩不相协济⑪者，许越奏闻究治⑫。"上曰："大同、宣府皆逼虏冲，故命将屯兵，俾相应援。信等何得自分彼此？往者姑勿论，今后敢有仍蹈前辙者，必罪不宥。"（卷50，第1026页）

---

① 成化三年五月庚午，1467年6月7日。

② 《校勘记》："虐军取赂"，广本"赂"作"赇"。

③ 《校勘记》："稍不顺者"，广本"稍"下有"有"字。

④ 鞫实，音 jū shí。审讯核实。

⑤ 赎杖，shú zhàng。犯人交纳钱财以免除杖刑。

⑥ 该条为成化四年正月庚寅，1468年2月22日事。

⑦ 寇抄，劫掠。

⑧ 及事，成事，谓做某事至于成功。

⑨ 乃尔，竟然如此。

⑩ 违慢，违抗怠慢。

⑪ 协济，同心协力，互相支持。

⑫ 究治，追究处理。

◎兵科给事中陈鹤言三事①："……一、宣府为北陲之重镇，西距大同四百余里，南距京城亦四百余里，其独石、马营等处，天城、洋河等口，皆胡骑入寇之地。然二镇之城彼此隔越②，节制③不及。乞于大同、宣府仍各设都御史一员，各自巡抚，一或有警，督兵而出，人莫敢不用命矣。"事下兵部，议谓宜命所司参酌④举行。上从之，命会官推举堪⑤巡抚宣府者以闻。（卷53，第1079~1080页）

◎成化四年九月丁巳朔⑥，兵部奏："守备龙门所指挥阎敏等不能严督守哨，以致守墩者用计杀贼邀功以招边衅⑦。宜行法司⑧逮治⑨，及参其参将、协同守备内外官李刚等并宣府镇守、总兵、巡抚等官王受⑩等不能严督之罪。"上曰："阎敏等俱免逮问，令御史责取罪状。参将、守备及镇巡等官俱宥之。"（卷58，第1171页）

◎巡抚宣府左佥都御史郑宁奏⑪："马营大莽崖墩瞭见胡寇五百余骑，安宁墩瞭见一千余骑，东西往来，又青石嵯墩瞭见一万余［骑］⑫近边驻扎。"上命各镇巡官计议整兵堤备⑬。（卷58，第1173页）

---

① 该条为成化四年四月癸丑，1468年5月15日事。

② 隔越，阻隔。

③ 节制，指限制；控制；指挥管辖。

④ 参酌，参考；酌定。

⑤ 堪，能，可以，足以。

⑥ 成化四年九月丁巳，1468年9月16日。

⑦ 边衅，边境上的争端。

⑧ 法司，古代掌司法刑狱的官署。

⑨ 逮治，逮捕惩治。

⑩ 《校勘记》："王受"，广本"受"作"绶"。

⑪ 该条为成化四年九月辛酉，1468年9月20日事。

⑫ 据《校勘记》补。《校勘记》："一万余"，广本、抱本"余"下有"骑"字，是也。

⑬ 堤备，音 dī bèi。防备。

◎独石、马营等处瞭见虏寇①或百余骑、或六七十骑近边，自称系朵颜卫朵罗干部下逐②水草牧放者，不敢犯边。总兵官颜彪以闻。上谕兵部臣曰："虏情谲诈，当移文宣府、独石镇［守］③、巡抚、守备内外官防御之。"④（卷71，第1391页）

◎初，有敕宣府选兵三千赴游击将军许宁统领⑤。都御史郑宁以宣府总镇之地，兵不可减，撤怀来、独石等处兵赴之。镇守独石参将李刚言："独石孤悬绝漠，东西延袤六百余里，控带宣府，屏蔽怀来，胡虏相去咫尺。况其地苦寒，士卒多逃亡内地就食者。今先后撤去⑥六百余人，且保障⑦之道宜壮外以卫内，未闻去唇而补齿⑧也。"兵部以闻。诏调还其军⑨，且搜补其逃亡者。（卷73，第1417页）

◎守备万全右卫少监顾雄言⑩："臣守备万全右卫，而所隶城堡亦名守备，职任不同，而嫌于同名。乞为镇守以别之。"上命兵部以例闻，遂诏万全右卫、怀来、独石、庄浪、凉州内外官，俱改为分守，仍听宣府、甘肃镇守总兵节制。（卷74，第1425页）

◎刑科给事中虞瑶等勘报⑪："巡抚四川右副都御史汪浩、镇守

---

① 《校勘记》："虏寇"，广本"寇"作"贼"。

② 逐，随，跟随。

③ 据《校勘记》补。《校勘记》："镇巡抚"，广本、抱本"镇"下有"守"字。

④ 该条为成化五年九月丙戌，1469年10月10日事。

⑤ 该条为成化五年十一月壬寅，1469年12月25日事。

⑥ 《校勘记》："撤去六百余人"，广本"去"作"兵"。

⑦ 《校勘记》："保障之道"，抱本"保"作"堡"。

⑧ 《校勘记》："去唇而补齿"，抱本"补"作"辅"。

⑨ 《校勘记》："调还其军"，广本"军"作"兵"。

⑩ 该条为成化五年十二月乙丑，1470年1月17日事。

⑪ 该条为成化六年正月乙丑，1470年2月17日事。

都督芮成讦奏事：上命三法司会多官，重鞫得实，浩坐因公杖死二十人，任情滥赏官军银布，且伐楠木载回私家；成纵子为非，索取部内金银诸物甚多，俱赎杖①，浩为民，成还职带俸，内事连先巡按御史冯斐，别行巡按御史逮问②。"上以浩酷暴杖死人命数多，免赎谪戍③独石卫，成贪财无厌，降一级带俸差操。（卷75，第1450~1451页）

◎甲寅④，上以大同、宣府独石等处虏寇数入境窥伺。今农事方殷⑤，人畜遍野，不可不预为堤备。命兵部移文各镇守总兵、分守等官加谨整兵防御。（卷78，第1510页）

◎宣府总兵官、都督同知颜彪等奏⑥："宣府一带自春入夏烽火不绝，迩⑦者，独石、马营边墩累报有虏入境，或出或没，而我兵分调西征，恐此寇乘虚而入，势不可遏。乞量调京营骑兵二、三千⑧，委官统领，赴边守御。"兵部覆奏，欲调骑、步兵三千以往。上曰："京兵不必调。"（卷79，第1540页）

◎独石、马营守臣奏⑨："偏岭儿等墩瞭见境外虏寇或五十余骑、或二三百骑近边出没。"又走回男子言："朵颜卫虏酋革干台、

---

① 赎杖，犯人交纳钱财以免除杖刑。
② 逮问，逮捕问罪。
③ 谪戍，将有罪的人派到远方防守叫谪戍。谪，贬谪。戍，防守。
④ 成化六年四月甲寅，1470年5月6日。
⑤ 殷，音yīn。富裕，富足。《校勘记》："今农事方殷"，广本、抱本"今"下有"各边"二字。
⑥ 该条为成化六年五月壬辰，1470年6月13日事。
⑦ 迩，音ěr。近。
⑧ 《校勘记》："二三千"，广本作"五千"，抱本作"三五千"。
⑨ 该条为成化六年六月丁巳，1470年7月8日事。

伯颜等意欲西行犯边，见^①于独石后驻牧。"事下兵部，言："虏情谲诈，虽阳^②言西犯，实欲乘隙^③东寇。矧^④贼营离边不远，不可不备。"上命大同、宣府、独石镇守等官整兵防御。（卷80，第1560页）

◎独石、马营守臣奏^⑤："初十日以来，羊川等墩瞭见境外虏寇，或二三千，或七八千，多至万余，及朵颜卫夷人多近边潜住^⑥。"上命兵部移文宣府独石、大同、密云镇守等官，整兵防御。（卷80，第1563页）

◎镇守独石、马营、蓟州、永平、山海、密云、古北口、居庸等关诸臣各奏言^⑦："六月间骤雨弥旬^⑧，山水泛涨，平地水高二、三丈许，冲倒城垣、壕堑、堤坝丈以万计，坍塌沿边一带墩台座以百计，漂没仓廒、铺舍、民居并人畜、田禾、军器等项难以数计，兵民横^⑨罹^⑩患害，莫斯为甚^⑪。欲将冲塌城垣、墩台修理以备不虞，奈工役繁多，一时无所于办^⑫。"事下工部，请令各随缓急修理。诏悉从之。（卷81，第1584～1585页）

---

① 见，音 xiàn。古同"现"，现存。
② 阳，古同"佯"，假装。《校勘记》："阳言西犯"，广本"阳"作"扬"。
③ 乘隙，音 chéng xì。钻空子，利用漏洞。
④ 矧，音 shěn。况且。
⑤ 该条为成化六年六月丙寅，1470 年 7 月 17 日事。
⑥ 潜住，躲藏。
⑦ 该条为成化六年七月庚寅，1470 年 8 月 10 日事。
⑧ 弥旬，满十天。
⑨ 横，音 hèng。意外，突然。
⑩ 罹，音 lí。忧患。
⑪ 莫斯为甚，莫，无；甚，严重，超过。没有什么能超过这个的了。
⑫ 《校勘记》："一时无所于办"，广本"于"作"措"、抱本作"处"。

◎戊寅[1]，兵部奏："成化六年冬，虏入云州堡杀掠人畜，守备指挥谢春等既不严督哨守，又不速兵追剿，请令巡按御史逮治。而分守左参将李刚、左监丞刘祥钤束[2]不严，镇守右少监弓胜、总兵官都督颜彪、巡抚都御史郑宁，号令不振，亦宜究治[3]。"上曰："内外总兵等官，姑恕之。"（卷87，第1685页）

◎丁亥[4]，命都指挥使郑云代张翊提督守备云州地方。（卷87，第1689页）

◎镇守宣府少监弓胜奏[5]："三月，达贼屡入松林口等塞，隤[6]墙、毁栅而进。"兵部言："守备龙门指挥使吴昇等，兵备废弛[7]，致贼出入，如履无人之境。宜命所司究治。"从之。（卷89，第1739页）

◎宥分守独石左参将都指挥使李刚罪[8]。刚为南和伯方瑛弟，瑞讦[9]其奸恶违法等事，都察院请究其罪。诏宥之。（卷90，第1746页）

---

① 成化七年正月戊寅，1471年1月25日。
② 钤束，音 qián shù。管束；约束。
③ 究治，追究处理。
④ 成化七年正月丁亥，1471年2月3日。
⑤ 该条为成化七年三月丙申，1471年4月13日事。
⑥ 隤，音 tuí。倒下；崩溃。
⑦ 废弛，音 fèi chí。荒废懈怠；败坏。
⑧ 该条为成化七年四月甲辰，1471年4月21日事。
⑨ 讦，音 jié。揭发别人的隐私或攻击别人的短处。

◎兵部奏①:"近延绥、宁夏屡报,虏酋乩加思兰②等贼众候使臣回还,欲往迤西,抢掠独石、马营、甘凉、辽东等处。又报,达贼近边抢掠人畜,杀夜不收。及宣府又报,瞭见外境达贼人马出没不时,今冬寒河冻,马膘弓劲,又遇冬至,正旦节③在迩④,诚恐各边镇守、总兵等官视常怠忽⑤,纵欲偷安,致贼窥觇⑥虚实,乘隙入寇,不可不预为防备。请敕大同、宣府、独石、马营……等处镇守、总兵、巡抚、守备等官计议方策,督同各副参分守等官整饬兵备,严加防御。"从之。(卷97,第1847～1847页)

◎命故辽东都指挥使江福子豫,袭父原职开平卫指挥使⑦。(卷98,第1873～1874页)

◎甲子⑧,都督同知孙安卒。安之先直隶高邮州人,永乐中代父焕职为大兴左卫指挥佥事,历升都指挥使。正统己巳,升后军都督佥事,总督独石、马营、龙门等处备御。景泰辛未,进同知;甲戌,以疾罢镇⑨,至是卒,赐祭葬如例;己巳之变,独石等城为虏所攻,

① 该条为成化七年十月辛巳,1471年11月24日事。
② 乩加思兰,乩音qié。又译伯格埒逊、伯革赞等。明代蒙古西部乜克力部(一说为畏兀儿近族)首领。初居土鲁番地区。天顺(1457～1464年)间,迁至巴儿思渴(今新疆巴里坤)。成化初年,复率部自哈密以北东迁。六年(1470年),入居河套(今内蒙古伊克昭盟一带),成为永谢布部领主。十一年,以女妻满都鲁,立为可汗,自为太师,部众增至数万,娶满都鲁妻满都哈屯所生长女博罗克沁公主。仗势擅权,屡袭击明边。十五年,被族弟亦思满因和满都鲁的部下脱罗干所杀。
③ 正旦节,旦,特指农历初一日。正旦节,指正月初一日,即今春节。是明代汉族社会的三大节之一。届时百官有年节之假,无论朝廷百官抑或民间士庶都有热烈的庆贺礼仪及文体娱乐活动。
④ 迩,音ěr。近。
⑤ 怠忽,怠惰玩忽。
⑥ 窥觇,音kuī chān。暗中察看;探察。
⑦ 该条为成化七年十一月己未,1472年1月1日事。
⑧ 成化七年十一月甲子,1472年1月6日。
⑨ 镇,古代在边境驻兵戍守称为镇。

守备都指挥杨俊等声言，城孤悬难守，皆弃归，遂鞠①为荒墟。安既受命总督，与协赞军务山西右参政叶盛，请修复之。躬率士卒，艾②蓬蒿，葺③庐舍，饬④战具，予死问伤，流亡复业，人有宁宇，复为完城。于时议者，谓其保境⑤之功居多，子骥袭原卫指挥佥事。（卷98，第1882~1883页）

◎命都指挥佥事邓英守备万全左卫，宣府右卫指挥同知曹琮守备保安城，开平卫指挥使朱谦守备长安岭，指挥佥事绳律协守马营，宣府左卫指挥佥事苏荣守备云（川）〔州〕堡⑥。（卷99，第1926页）

◎宣府龙门守御千户所火焚官草五十七万四百五十余束⑦，有司获纵火者以闻。刑部请遣官会巡按御史逮守备、经收、看守等官治罪，并鞠纵火者，得实即斩以徇⑧，籍⑨其家赀⑩以抵草数，不足则于经收、看守等官取之。仍榜示各边仓场，永为惩戒。诏可。（卷103，第2022页）

◎兵部奏⑪："比者，延绥、宁夏虏寇不息，而宣府、独石、古

---

① 鞠，音jū。通"鞠"，穷尽。
② 艾，音yì。通"刈"。刈割；斩除。
③ 葺，用茅草覆盖屋顶，今指修理房屋。
④ 饬，音chì。整顿，整治，使整齐。
⑤ 保境，保护境内，使不受侵犯。
⑥ 该条为成化七年十二月乙未，1472年2月6日事。
⑦ 该条为成化八年四月丁亥，1472年5月28日事。
⑧ 徇，音xùn。对众宣示。《史记》："遂斩队长二人以徇。"
⑨ 籍，征收。
⑩ 家赀，音jiā zī。家中资产。赀，本义：饭钱。假借为"资"。财货。
⑪ 该条为成化八年十月丙寅，1472年11月3日事。

北口诸边警报迭至，辽东亦被杀掠筑墙，丁夫虽尝取旨戒饬①，但今冬寒，正虏马强弓劲之时，又恐冬至、正旦将近，各边守臣耽溺②宴游，或私役军士出境樵③猎以启边衅④。更乞降敕谕，令倍加防守。"从之。（卷109，第2121～2122页）

◎壬申⑤，重给开平卫儒学印，以其印为虏入寇时失之也。（卷111，第2157页）

◎守备龙门所奉御曹广、分守独石左参将李刚、左监丞刘祥［等］⑥，以虏寇入境不能备御，兵部请治其罪⑦。上命贷⑧之。（卷113，第2186页）

◎巡抚宣府左佥都御史郑宁奏⑨："宣府数罹⑩凶歉⑪，积蓄不多，初定淮、浙、长芦、河东盐则例，召纳米豆，寻以两浙、长芦、河东改纳谷草，今亦将完，惟淮盐价重，中剩一十二万三千六百六十八引。请更定则例，开中召纳，其愿纳谷草者，许令抵价。但草价稍轻⑫，每淮盐一引，量加三束，两浙、长芦加二束，河东加一束，足用则止纳米豆。更以中剩淮盐，亦为量减则例。"时管理粮储

---

① 戒饬，告戒。

② 耽溺，音 dān nì。沉溺，沉湎；迷恋。指无节制，无原则限制地沉湎于某种事物或某种爱好而不能自持。

③ 樵，音 qiáo。砍柴。

④ 边衅，边境上的争端。

⑤ 成化八年十二月壬申，1473年1月8日。

⑥ 据《校勘记》补。《校勘记》："刘祥"，广本"详"下有"等"字，是也。

⑦ 《校勘记》："请治其罪"，广本"请"上有"奏"字。

⑧ 贷，宽恕，饶恕。该条为成化九年二月乙丑，1473年3月2日事。

⑨ 该条为成化九年三月壬子，1473年4月18日事。

⑩ 罹，音 lí。受，遭逢，遭遇。

⑪ 凶歉，音 xiōng qiàn。歉收，灾荒。

⑫ 轻，不贵重；贱。

户部郎中刘显亦以为言。户部遂议："淮、浙、山东、长芦、福建、河东等运司盐课开中于宣府在城仓并葛峪等一十五城堡者一百七十四万三千六百五十九引,其则例两淮存积盐①每引米豆六斗五升,山东见在盐一斗五升,两浙见在存积盐四斗五升,长芦见在堆积盐二斗八升,存积盐三斗五升,福建见在盐三斗三升,河东见在盐一斗五升。其独石、马营二城堡开中二十一万八千六百七十六引,云州、龙门所、赤城三城堡开中二十七万九千六百八十引。上纳二城堡者,两淮每引米豆六斗,山东一斗一升,两浙三斗八升,长芦二斗七升;存积者三斗,河东一斗五升;三城堡者两淮六斗三升,山东一斗三升,两浙四斗,长芦二斗五升,存积者二斗八升,河东一斗四升。其独石、云州、龙门所中剩淮盐旧已减一斗,今又各量减一斗。"从之。(卷114,第2215~2217页)

◎宣府总兵官都督同知颜彪、巡抚左佥都御史郑宁等修独石、马营等处城垣、墩台,仄②长城、崖堑之被雨冲坏者,具数以闻。(卷119,第2291页)

◎命守备万全右卫都指挥佥事胡观、守备独石署都指挥佥事郭瑄,俱管万全都司事③。瑄(乃)[仍]兼把总、提督操练,[湖广荆州府知府赵琏言,本府城南原有辽府,]④自郡王以下至将军、

---

① 存积盐,明代岁办额盐中,积留部分在场,供不时开中,备边防紧急之用。永乐中定,岁办额盐以十分为率,存留三分,遇边防急缺粮米时,倍价开中,不拘资次,商人到即支给。正统五年(1440年)改为二分。景泰中,因边事日棘,增至六分。

② 仄,音zè。倾斜摇晃。该条为成化九年八月乙丑,1473年8月29日事。

③ 该条为成化十年二月己巳,1474年3月1日事。

④ 据《校勘记》改、补。《校勘记》:"乃兼把总提督操练",广本、抱本"乃"作"仍","练"下有"湖广荆州府知府赵琏言本府城南原有辽府"十八字,是也。

中尉、郡主、县主①、县君②、乡君③等府共七十余处，递年修建宫室，创造坟墓，略无停息，民疲财耗。乞定与则例，自郡王将军以下各有等差，房屋未及五十年者，不许辄奏修理④。事下工部，以为宜从且请⑤通行，各王府如例行之，诏可。（卷125，第2389～2390页）

◎癸酉⑥，分守独石、马营等处参将都指挥使李刚⑦等奏："虏性狡猾，或于迤东入贡，则在迤西犯边，种类繁多，真伪莫办⑧。朵颜等三卫尤为桀黠⑨，往往探我军之虚实，为诸胡之乡导⑩，且其巢穴密迩⑪独石，不可不虑。欲俟其复来答话之时，乘机擒捕，以破其奸。又边民之被虏者，得睹官军⑫幸其救援，如见父母，而官军临阵追奔之际，顾乃杀以报功，乞严加禁（制）［治］⑬。凡将士有此，罪及身家。"事下兵部，言："刚等不能临阵破贼⑭，徒欲诱致答话之人，恐启边衅。宜令宣府镇守、巡抚等官会议，可否及将士临阵

---

① 郡主，即郡公主。是中国古代对女性的封号。晋始置。唐制太子之女为郡主。宋沿唐制，而宗室女亦得封郡主。明清均以亲王之女为郡主，郡王女封县主。

② 县君，为中国古代宗女、命妇的位号。县君一号始于西汉，是指以县名为封号的君，时汉武帝封同母异父姊为君，封号是修成，称修成君，修成是当时的县名，是谓县君。明朝郡王曾孙女为县君。

③ 乡君，古代妇女的封号。始于晋武帝封羊祜妻为万岁乡君。唐代外命妇之制，勋官四品母或妻为乡君。宋废。明郡王玄孙女封乡君。清入分镇国公、辅国公之女封乡君。

④ 《校勘记》："不许辄奏修理"，广本"奏"作"行"。

⑤ 《校勘记》："宜从且请"，旧校改"且"作"其"。

⑥ 成化十年二月癸酉，1474年3月5日。

⑦ 《校勘记》："李刚"，广本"刚"作"纲"，本面第七行同。

⑧ 《校勘记》："真伪莫办"，旧校改"办"作"辨"。

⑨ 桀黠，音 jié xiá，凶悍狡黠。

⑩ 乡导，向导带路的人。乡通"向"。

⑪ 密迩，音 mì ěr，很接近。

⑫ 《校勘记》："得睹官军"，广本"得"作"亲"。

⑬ 据《校勘记》改。《校勘记》："严加禁制"，广本、抱本"制"作"治"。

⑭ 《校勘记》："临阵破贼"，广本"贼"作"敌"。

有杀掠陷虏之人，以为功者，宜通行各边镇守总兵、巡抚等官重加禁止。"从之。（卷125，第2391页）

◎吏部左侍郎叶盛卒①。盛，字与中，直隶昆山县人。正统乙丑进士，授兵科给事中，进都给事中。己巳之变②朝廷多事，言路大开，六科联署建请，多盛与林聪为之倡，一时名称翕然③。景泰壬申，升山西右参政，督粮宣府，寻命协赞独石等处军务，请复弃城，辟草莱，葺庐舍，积粮刍④，抚士卒，立社学、医学，置义冢、暖铺，又请出内帑银买牛种教民耕种，多所收获，以父丧去位⑤。天顺改元，英宗召至京，面加奖，谕擢⑥都察院右佥都御史，巡抚两广，请终制不许，适朝命大将颜彪专征⑦，盛参赞其军务。成化初，迁左佥都御史巡抚宣府，垦田益广，以所积余粮鬻⑧战马千八百匹，修屯堡七百余所，召入为礼部右侍郎，改吏部⑨，虏寇延庆，命往议战守方略，以归，迁左侍郎，［至是］⑩，卒年五十五，命官祭葬如例，

———————————

① 该条为成化十年三月癸巳，1474年3月25日事。

② 己巳之变，也称土木之变。指明英宗被瓦剌俘于土木堡事件。明正统十四年（1449年），瓦剌贵族也先率兵攻明。宦官王振挟持英宗统兵五十万亲征，至大同，闻前方小败，即惊慌后撤，行军至土木堡（今河北怀来县东）被敌军追及，仓猝应战，死伤过半，英宗被俘，王振也为乱军所杀。因这一年是己巳年，故名。

③ 翕然，音 xī rán。一致称颂。

④ 粮刍，刍音 chú，喂牲畜的草，亦指用草料喂牲口。粮刍，粮草。多指供军队用的饲料和粮食。

⑤ 去位，离开官位，卸职。

⑥ 擢，音 zhuó。提拔，提升。

⑦ 专征，受命自主征伐。

⑧ 鬻，音 yù。古同"育"，养育。

⑨ 《校勘记》："改吏部"，广本"改"上有"寻"字。

⑩ 据《校勘记》补。《校勘记》："卒年五十五"，广本"卒"上有"至是"二字，是也。

特赐谥①文庄。盛清修②好学，攻诗能文，留心世务③，其在宣府多所建置④，事皆经久可行，边人至今思之。但在两广不能戢⑤下，以致官军馘⑥平人以为功，又以峒蛮出没不常，自古无善处之术，每禁有司⑦不许擅申盗贼，必俟年终汇奏，识者颇非议⑧之。然其功业所就，亦一代伟人云。（卷126，第2401页）

◎命万全都司带俸都指挥佥事李英守备独石，王祥守备万全右卫。从宣府镇守、巡抚等官推举也⑨。（卷126，第2405页）

◎兵科右给事中章镒等奏⑩："虏酋乩加思兰侵掠边境，彼知独石、马营少备，举众而南，必经怀来、永宁、潮河川、古北口等处。兵部已奏遣都指挥于盛领兵二千往彼防御，至今迁延⑪未行，宜给与军资，督令亟⑫往。京营诸军调发之外所余二万，操备者少，各处工作宜悉停止，俾复操练，以备不虞。"奏上，得旨：于盛已有行期，工作官军宜令亟完，还营操练。（卷132，第2491页）

◎虏寇之入独石⑬、马营也，分守左监丞刘祥、左参将都指挥使李刚率兵败之，生擒四人，斩首六级，夺获旗、马、器械等物。兵

---

① 谥，音 shì。古代帝王或大官死后评给的称号。
② 清修，古代多指谓操行洁美。
③ 世务，谋身治世之事。
④ 建置，犹建树，建立不朽的功勋。
⑤ 戢，音 jí。约束。
⑥ 馘，音 guó。古代战争中割取敌人的左耳以计数献功。
⑦ 有司，指官吏。古代设官分职，各有专司，故称有司。
⑧ 非议，指责备，指责。
⑨ 该条为成化十年三月己亥，1474年3月31日事。
⑩ 该条为成化十年八月壬辰，1474年9月20日事。
⑪ 迁延，拖延。多指时间上的耽误。
⑫ 亟，音 jí。快速；迅速。
⑬ 《校勘记》："虏寇之入独石"，广本"虏"上有"初"字。

部请升赏有功官军①以励其余。上从之，降敕奖谕，升祥为右少监，刚署都督佥事，及官军升者二十七人，赏者八十六人②。（卷 135，第 2538 页）

◎虏入马营齐家沟、赤城袁家墩等处，宣府游击将军、署都督佥事周玉率兵败之，斩首十有一级。兵部言："宣府、万全累有虏寇，总兵诸官未闻擒斩一人，而玉领兵不过三千，乃能追贼出境，其功可嘉，请升赏之。"报可，遂实授③玉为都督佥事，获功、阵亡④当先官军，升一级者十有一人，升一级又给赏者二人，升署职一级者二十有九人，给赏者二十有五人⑤。（卷 136，第 2560～2561 页）

◎乙巳⑥，初，虏入赤城将军庙、三岔口等处，协同分守独石、马营都指挥佥事孟玺领兵御之，斩首三级。至是论功，玺从厚给赏，调兵官、右少监刘祥等以近已升职，量给赏，其余有功官军一百七十四人升赏有差。（卷 136，第 2562 页）

◎赏独石、马营、龙王庙、齐家沟等处杀贼有功官军彩缎、银、绢有差⑦。（卷 140，第 2612 页）

---

① 《校勘记》："兵部请升赏有功官军"，广本"兵"上有"于是"二字。
② 该条为成化十年十一月壬申，1474 年 12 月 29 日事。
③ 实授，以额定之官职，正式除授实缺。
④ 《校勘记》："获功阵亡"，广本"功"下有"及"字。
⑤ 该条为成化十年十二月壬寅，1475 年 1 月 28 日事。
⑥ 成化十年十二月乙巳，1475 年 1 月 31 日。
⑦ 该条为成化十一年四月甲申，1475 年 5 月 10 日事。

◎<u>万全都指挥佥事黄瑄</u>老疾①，命其子<u>镇</u>代原职为<u>龙门卫</u>指挥使②。（卷146，第2683页）

◎丁酉③，兵部会文武大臣及科道④等官、英国公⑤<u>张懋</u>等议："……又<u>大同</u>、<u>宣府独石</u>、<u>马营</u>、<u>龙门</u>并<u>山西朔州</u>、<u>偏头</u>、<u>代州</u>、<u>辽东广宁</u>、<u>开原</u>、<u>辽阳</u>等处，俱临边境，北虏各部人马，自去岁进贡之后，远离边墙，恐有奸计，沿边将官多拥兵自卫，互相推托，难以责成。宜令各边镇守、总兵、巡抚等官定议，如<u>偏头</u>有警，<u>延绥东路</u>、<u>大同西路</u>虽非统属，必须策应；<u>朔州</u>、<u>威远</u>、<u>代州</u>有警，<u>偏头</u>、<u>宁武南路</u>、<u>宣府中路</u>虽非管摄，随当掩袭；<u>大同</u>、<u>宣府</u>、<u>辽东</u>、<u>广宁</u>、<u>辽阳</u>、<u>开原</u>有警，本处左、右、前、后副参等官互相邀截⑥，即将出城人马总数及将官职名奏闻。……"上从其议。（卷152，第2780~2782页）

◎分守<u>独石</u>、<u>马营</u>左参将署都督佥事<u>李刚</u>奏⑦："比因御史有言，令各陈御边方略。窃见北虏结构⑧犯边阴谋已久，招诱朵颜以为

---

① 《校勘记》："老疾"，广本"疾"作"病"。
② 该条为成化十一年十月庚辰，1475年11月2日事。
③ 成化十二年四月丁酉，1476年5月17日。
④ 科道，明、清六科给事中与都察院十三道监察御史总称，俗称为两衙门。
⑤ 英国公，国公，爵名，晋代始有开国郡公、县公之称。隋称"国公"，位次于郡王，在郡公之上。自唐迄明皆有之。明代第一代英国公张辅，永乐六年（1408年）晋封，景泰元年（1450年）张辅子张懋袭封英国公。清有镇国公和辅国公，亦统称"国公"，次于贝子，仅宗室和藩部得封。
⑥ 邀截，阻拦袭击。
⑦ 该条为成化十二年六月己丑，1476年7月8日事。
⑧ 结构，勾结。唐李翱《右仆射杨公墓志》："霞寓深怨，遂内外结构，出为郴州刺史。"

向道①。然乌合②之势，外附内疑，宜觇③其入寇之时，预施反间④之计，故为与朵颜密约之辞，广布于虏所经行之地，云将诱令入境，反兵相攻，马牛辎重⑤，随所取获，庶或携贰⑥其心，分散其党。且朵颜巢穴俱在迤东，避其侵掠，必引而西。恐大同、宣府受敌最先，然其地与京师声势连络，贼乘锐锋，利于速战，我军慎勿轻出，沿边坚壁⑦以伺。彼进不得逞，退无所掠，众难久合，势必渐分，然后诸军掎角⑧攻剿，一军克捷⑨，众必惊奔⑩。彼如决意内侵，然后大军鼓勇⑪，以当其前，边兵合势以邀⑫其后，使之首尾受敌，进退两难。"章下兵部，言："刚所言用间之术，固兵法所有。但朝廷抚驭⑬四夷，怀远⑭以仁，伐叛⑮以义，不用他道以幸⑯成功。且兵家所慎莫密于间，今窃恐机事先露。宜行刚等临机应变，勿堕其奸，且虑虏众入寇，内外夹攻，其计良是。但军中事情开阖⑰变化，难于预

---

① 向道，指引路或引路的人。《校勘记》："向道"，广本"道"作"导"。

② 乌合，形容人群没有严密组织而临时凑合，如群乌暂时聚合。指暂时凑合的一群人。

③ 觇，音 chān。看，偷偷地察看。

④ 反间，指利用间谍或叛臣，颠覆敌国政权。

⑤ 辎重，表示运输部队携带的军械、粮草、被服等物资。

⑥ 携贰，音 xié èr。离心，有二心。亦指怀有离心的人。

⑦ 坚壁，把物资转移走或埋藏起来，使不落到敌人的手里。

⑧ 掎角，音 jǐ jiǎo，也作"犄角"。捉兽时拖住兽脚叫"掎"，抓住兽角叫"角"，比喻两头牵制或两面夹击。又引申为分出一部分兵力，以牵制敌人或互相支援。

⑨ 克捷，指克敌制胜。

⑩ 惊奔，惊骇而奔跑。

⑪ 鼓勇，鼓足勇气。

⑫ 邀，阻拦；截击。

⑬ 抚驭，音 fǔ yù。安辑控驭。即安抚控制。

⑭ 怀远，怀柔远方之人。《左传·僖公七年》："臣闻之，招携以礼，怀远以德。"

⑮ 伐叛，讨伐叛逆。唐杜甫《归梦》诗："偷生唯一老，伐叛已三朝。"

⑯ 幸，通"倖"。侥幸。

⑰ 开阖，指用兵的间隙和疏漏。《孙子·九地》："敌人开阖，必亟入之。"曹操注："敌有间隙，当急入之也。"张预注："谓敌人或开或阖，出入无常，进退未决，则宜急乘之。"

言，宜俟临期酌量缓急，具闻区画①。"上是之。（卷154，第2806～2808页）

◎癸巳②，升守备马营等堡、开平卫指挥使郑祥、尹昇、朱谦俱为万全都司署都指挥佥事，协理司事③。（卷156，第2855～2856页）

◎辽东总兵官、都督同知欧信等奏④："八月以来，朵颜、泰宁、福余等卫，虏骑近边出没，传报多端，其情叵测。"分守独石等处署都督佥事李刚等亦奏："八月下旬，平戎等墩瞭见境外烟火不息。"事下兵部，言："三卫酋长今见遣部下猛革帖干等五人入贡，通报北虏事情。但夷习谲诈，其言无实，边将习故安常⑤，恐怠事⑥弛备⑦。又京营总兵等官尝取旨推举都指挥，奏坐职名分拟信地⑧，庶遇警易于启行，今已一月，未闻行遣。近（日）［者］⑨如此，况边方辽远，岂肯留心边事？宜通行二边守臣严督堤备，伺察虏情，相机战守。"上曰："所言良是。京营总兵等官既会奏推举将材，何为迁延至今？其令亟为整理，不可违误。"（卷157，第2866～2867页）

◎命都指挥唐璟守备龙门所，指挥绳律守备马营堡，张澄守备永宁城，蔡俊守备雕鹗堡，朱永守备怀来城，署都指挥周源守备洗

---

① 区画，筹划，安排。
② 成化十二年八月癸巳，1476年9月10日。
③ 司事，职官名。掌理营造或农事。
④ 该条为成化十二年九月戊申，1476年9月25日事。
⑤ 习故安常，指习惯于规。
⑥ 怠事，懒于治事。《墨子·非儒下》："立命而怠事，不可使守职。"
⑦ 弛备，指放松戒备。
⑧ 信地，军队驻扎和管辖的地区。
⑨ 据《校勘记》改。《校勘记》："近日如此"，广本、抱本"日"作"者"，是也。

马林堡；而都指挥王果更守保安城，邓瑛更总游兵指挥，王琬更守怀安城，李泰更守西阳河堡，指挥王俊协守马营堡，千户卢玉协守四海冶堡①。（卷158，第2897~2898页）

◎分守独石署都督佥事李刚自陈年老，乞代回京。上不许，命用心防守地方②。（卷170，第3085页）

◎宣府柴沟、马营、葛峪堡开中河东盐各十万引。其则例柴沟、葛峪者每引米豆二斗，马营者减五升，以各边粮豆少积。从管粮郎中马孝祖请也③。（卷172，第3117页）

◎守备独石指挥同知绳律领兵修边④，至瞭远墩，遇贼五百，与战，军有死者。分守右少监刘祥、署都督佥事李刚得报，统兵来援，复为贼所围，人马死者、伤者益多。宣府太监弓胜等劾律寡谋轻进，祥等往援无功，亦自劾⑤守备无状⑥。又谓阵亡千户康宣等宜量加升赏，以励将来。事下兵部议，谓："律宜行巡按御史逮治，祥、胜等亦宜治罪，死伤官军宜俟功册至日如例定拟⑦。仍行宣府守将整兵防御⑧，团营总兵、提督等官严饬听征士马⑨，以俟有警启行。"上是之，以边方警急，方用人，宥祥、胜等不治⑩。（卷180，第3241~

---

① 该条为成化十二年十月癸巳，1476年11月9日事。
② 该条为成化十三年九月庚辰，1477年10月22日事。
③ 该条为成化十三年十一月壬辰，1478年1月2日事。
④ 该条为成化十四年七月己卯，1478年8月17日事。
⑤ 自劾，指检举自己的过失。
⑥ 无状，是指没有形状，没有功绩，谓行为失检，没有礼貌，谓所行丑恶无善状。亦多作自谦之辞。
⑦ 定拟，指定案拟罪，作出判决。
⑧ 《校勘记》："整兵防御"，广本、抱本"防"作"备"。
⑨ 士马，兵马，引申含义指的是军队。
⑩ 不治，不追究、不治罪。

3242 页）

◎守备独石指挥同知绳律奏①："虏之入瞭远墩也，实常躬率士卒②与战，杀贼数人，士卒死者二人。久之，参将李刚、守备马营都指挥李英始领兵来援，皆为贼所邀③，乃亡卒八人，马三十八匹。"会④镇守宣府太监弓胜等亦奏："虏之入境，止于千骑，而刚等飞报虚张至万，使人疑惧⑤，以致此败，宜治其罪。"事下兵部，言："胜等始奏贼情同词欺诈，既荷恩贷⑥，乃以实闻，宜行巡按御史究其误事之故。仍请敕切责⑦，令各以忠勤⑧自效⑨，欺罔⑩为戒。得旨是之。仍令御史通行覆按，具实奏处。"（卷181，第3252页）

◎中都署副留守赵忠受赂事觉，罢为指挥佥事，调宣府开平卫差操⑪。（卷182，第3283页）

◎以守备顺圣川都指挥同知孙成守备蔚州⑫，把总指挥佥事马刚守备怀来，宣府前卫指挥同知王璇守备顺圣川，守备永宁卫指挥使张澄守备马营，把总指挥同知方铎守备万全右卫，隆庆右卫指挥使

---

① 该条为成化十四年八月癸巳，1478年8月31日事。

② 《校勘记》："实常躬率士卒"，广本、抱本"常"作"尝"。

③ 邀，阻拦；截击。

④ 会，恰好，正好。

⑤ 疑惧，猜疑畏惧。《易·巽》："进退志疑也"三国魏王弼注："巽，顺之志，进退疑惧。"

⑥ 恩贷，施恩宽宥。多用于帝王。《汉书·王欣传》："今复斩一欣，不足以增威，不如时有所宽，以明恩贷，令尽死力。"

⑦ 切责，严词斥责。

⑧ 忠勤，忠心勤劳。

⑨ 自效，愿为别人或集团贡献自己的力量或生命。

⑩ 欺罔，欺骗蒙蔽。

⑪ 该条为成化十四年九月甲子，1478年10月1日事。

⑫ 该条为成化十四年十月乙巳，1478年11月11日事。

温海守备永宁。命取守备万全右卫指挥吴信，守备马营都指挥李英俱回京营。信仍①，把总英止随操，以巡抚宣府都御史张颐言，蔚州、怀来、马营与永宁等处城堡缓急不同，孙成等才行亦异，信不能驭②众，而英贪刻③也。（卷183，第3302页）

◎戊申④，升武功中卫带俸署指挥佥事杨绅为署都指挥佥事、充左参将，分守独石、马营。（卷183，第3303页）

◎壬寅⑤，右少监刘祥、左参将都督佥事李刚同分守宣府独石、马营等处。六月以后，虏寇数入境掠夺守墩卒衣、粮，射死逻卒⑥一人，皆匿不以闻。为宣府总兵等官所奏，兵部请逮下都察院狱鞫治⑦。祥等诉办⑧不服，都察院请遣锦衣卫官往重勘之。有旨：不必再勘，刘祥降奉御，李刚降义勇左卫正千户，闲住⑨。未几，刚自陈原任指挥使乃其父所遗世袭旧职，命复本卫指挥使。（卷185，第3322页）

◎巡抚宣府右佥都御史张颐劾奏⑩，守备马营堡都指挥李英⑪侵欺钱粮、役军、受赂等罪。都察院请下巡按御史逮治，并词所连千、百户八人俱逮之。报可。（卷185，第3328页）

---

① 仍，音 réng。依然，还，照旧。
② 驭，音 yù。控制，制约。
③ 贪刻，贪婪刻剥。
④ 成化十四年十月戊申，1478 年 11 月 14 日。
⑤ 成化十四年十二月壬寅，1479 年 1 月 7 日。
⑥ 逻卒，指巡逻的士兵。
⑦ 鞫治，音 jū zhì。审问定罪。鞫，通“鞫”。
⑧ 《校勘记》：“诉办”，旧校改“办”作“辩”。
⑨ 闲住，明、清时对官吏的一种处置。指免去官职，令其家居。
⑩ 该条为成化十四年十二月癸丑，1479 年 1 月 18 日事。
⑪ 《校勘记》：“李英”，广本、抱本“李”作“马”。

◎命万全都司都指挥佥事徐刚守备隆庆州，怀安卫指挥使胡玺守备张家口堡，蔚州卫指挥使刁刚守备万全左卫，宣府左卫指挥佥事庞玉守备赤城堡①。（卷186，第3334页）

◎万全都指挥佥事李英守备马营，为贼杀所部官军，巡按御史劾其罪，坐②谪戍边卫。诏免谪戍，降等差操③。（卷190，第3390页）

◎定宣府沿边开中，成化十三年引盐则例④：独石，两淮盐二万引，引米豆五斗七升；河东盐四万引，引米豆一斗五升。云州堡、赤城、龙门所、龙门卫，两淮盐三万引，引米豆六斗一升；河东盐八万引，引米豆一斗六升。万全右卫、洗马林、永宁、四海冶，两淮盐三万引，引米豆六斗五升；河东盐八万引，引米一斗七升⑤。（卷192，第3408~3409页）

◎复录太监汪直所奏⑥："大同深涧及宣府龙门、红崖儿等处，擒斩虏贼功，赏直及王越人银二十两、纻丝⑦二表里；太监韦正、总兵官范瑾、副总兵孙钺、奉御孙胜人银五两、纻丝一表里；宣府总镇太监廖亨银十两、纻丝一表里；升宣府总兵官都督佥事周玉、游击将军李镐、参将都指挥孙素、署都指挥佥事杨伸俱署职一级，巡抚右佥都御史张颐为左佥都御史；奉御李穆，左监丞吉英、崔荣俱一级，其余官军人等四百六十七员名，各升赏有差。"以兵部尚书余

---

① 该条为成化十五年正月己巳，1479年2月3日事。

② 坐，定罪。

③ 该条为成化十五年五月癸未，1479年6月17日事。

④ 该条为成化十五年七月丁丑，1479年8月10日事。

⑤ 《校勘记》："米一斗七升"，广本、抱本"米"下有"豆"字。

⑥ 该条为成化十六年三月己酉，1480年5月8日事。

⑦ 纻丝，也就是缎。

子俊言："大同、宣府两处三次功少人多①，恩难概施，宜酌量旧例定拟升赏故也。"（卷201，第3536页）

◎丁巳②，升万全都指挥使孙素署后军都督佥事，署都指挥佥事、指挥佥事杨伸署指挥同知，仍署都指挥佥事，各充参将，仍分守万全、独石、马营等处。以擒斩虏贼功。从兵部奏请也。（卷202，第3542页）

◎庚辰③，宥宣府镇守太监廖亨、总兵官署都指挥同知周玉、副总兵都指挥江山、巡抚都御史张颐等罪，停分守独石、马营左参（政）〔将〕④杨伸俸三月，余悉逮问之。先是，亨等屡尝失机获免，至是，虏又入赤城堡等处杀掠人畜，不能防御。兵部劾奏其罪，上竟宥亨等⑤。（卷205，第3577页）

◎命锦衣卫带俸署都指挥佥事吴俨充左参将，分守独石、马营⑥。（卷205，第3586~3587页）

◎命金吾左卫带俸都指挥同知朱瑾守备葛峪等堡，万全都指挥佥事姚信守备赤城，怀安卫指挥佥事楚玉守备保安新城⑦。（卷214，第3729页）

◎命太监汪直监督军务，威宁伯王越佩平胡将军印充总兵官，

① 《校勘记》："功少人多"，广本作"功多人少"。
② 成化十六年四月丁巳，1480年5月16日。
③ 成化十六年七月庚辰，1480年8月7日。
④ 据《校勘记》改。《校勘记》："左参政"，广本、抱本"政"作"将"，是也。
⑤ 《校勘记》："上竟宥亨等"，抱本"等"作"罪"。
⑥ 该条为成化十六年七月辛丑，1480年8月28日事。
⑦ 该条为成化十七年四月甲戌，1481年5月28日事。

率兵三千赴宣府调度击贼①。时，府总兵官周玉等驰奏："月二十九日缘边有警，参将吴俨等追虏出独石山泉墩南，寻调骑兵策应，比暮不还。"已命直、越将兵往击，未发，虏中逸归者传报：虏酋亦思马因②等窃议与小王子连兵欲寇大同等边。诏兵部与总兵等官议，皆言丑虏横行朔漠③，窥伺边鄙，固难保其无患；但今北方岁凶④民困，设有警急用兵，恐边患未除而民力先惫。宜行缘边守臣治战守之备，诏各边戒严，直、越往调度，而团营精兵选练一万以俟。至是，玉等复驰奏："等为虏所围，而西路亦有警报。议令副将江山等率兵千余往中路设伏以为俨援，且备西路，而自将兵三千继之。"兵部议，"俨等被围，望援甚急。必如前诏，恐缓不及事。宜敕直、越等量率轻骑往与玉等合兵攻剿，以解其围。其所选练精兵，命大将一员统之，闻报即发。"诏直等先驰赴之。仍令太监傅德管领神枪，都督同知白瑜充左参将，都督佥事庄鉴充右参将，署都督佥事杨玉充游击将军，率兵继进，以听调遣。俱赐敕遣之。（卷215，第3739页）

◎命署都指挥佥事朱谦充左参将分守独石、马营等处⑤。（卷216，第3748页）

◎升守备马营堡指挥使张澄为都指挥佥事，其下升赏有差⑥。

---

① 该条为成化十七年五月己亥，1481年6月22日事。

② 亦思马因（？~1486），瓦剌部哈剌辉特（乜克力部）部首领之一。蒙古族。也作"伊斯满""亦思马勒"。初跟随乩加思兰，在蒙古汗廷服务，后与乩加思兰、鸿郭赉等人结党营私，在满都古勒汗和孛罗忽济农之间谗言挑拨，使二人反目为仇。并以扶助大汗为名发兵攻击济农，霸占其妻锡吉尔太后。后又赶走大汗。

③ 朔漠，是北方沙漠地带，有时也泛指北方。

④ 岁凶，凶年，荒年。旧谓不吉利的年份。

⑤ 该条为成化十七年六月丙午，1481年6月29日事。

⑥ 该条为成化十七年十月甲寅，1481年11月4日事。

初，参将吴俨、少监崔荣之被虏围也，澄率兵往援，至北山梁沟遇虏，力战败之。时官军所在被围，澄且战且进，沿道攻，解指挥刘贵及千户韩俊之围，始救荣、俨溃围①而还。兵部言：澄冲锋冒矢，屡解虏围，其功可嘉，宜进官一级；其部下七百人同心戮力，宜加赏；俨部下多力战而死，宜厚恤其家。诏可。（卷220，第3807页）

◎户部议巡抚宣府都御史秦纮所奏边备事宜②："一、宣府有马官军于沿边按伏，既已关支③官草，其余丁所采秋青草束，宜令查照抵收入场，以备有警支用。一、先镇守太监廖亨奏：借官草候秋成补还，缘是草皆官员侵用，今万全右卫军马按伏数多而收积草少，请令改拨征纳④，以济急缺。一、宣府往年以银易粮，其势要官⑤多诡名冒领人不下三四千两，今经年⑥既久，犹有未纳者，请令每银二分折征草一束，纳于独石、马营。一、镇守、分守、守备内外等官，多通同各仓官攒揽纳⑦粮草，宜禁其毙，且令各官按伏巡行所在应支粮豆草束，务挨陈支给，不得挟私⑧凌虐⑨官攒，违者听巡抚、巡按官参奏。一、宣府各城堡势要官房族⑩，多招逋逃⑪，占种庄田，虐害军民。而宣府军余则困于征役，无以为生，请行万全都司查勘，

---

① 溃围，突破包围。《史记·项羽本纪》："于是项王乃上马骑，麾下壮士骑从者八百余人，直夜溃围南出，驰走。"

② 该条为成化十八年正月丙戌，1482年2月4日事。

③ 关支，指领取。

④ 征纳，犹征收。

⑤ 要官，显要的职务；重要的官职。

⑥ 经年，积年；多年。亦泛指历时久长。南朝宋刘义庆《世说新语·政事》："简文为相，事动经年，然后得过。"

⑦ 揽纳，包揽代纳赋税。

⑧ 挟私，音 jiā sī。心怀私念。《韩非子·说疑》："使诸侯淫说其主，微挟私而公议。"

⑨ 凌虐，指欺侮，虐待。

⑩ 房族，音 fáng zú。近支宗亲。

⑪ 逋逃，音 bū táo。逃亡的罪人；流亡的人。

自钦赐功臣家人及军官亲男外，凡房族并投闲①之人，俱挨报在官，如遇边患缺乏粮草，则量起车牛借（债）［倩］②偿运。若挟势③隐匿并不服者，依律充军④，房族解原籍当差议。"上从之。（卷223，第3837～3838页）

◎甲午⑤，赏独石等处解围官军八百三十四人共银一千五百五十余两，绢四百余匹，布一千一百匹有奇。（卷225，第3868页）

◎壬寅⑥……分守独石、马营右少监崔荣、署都指挥佥事吴俨，先以房寇犯边，追敌被围，弃士卒逃还。上闻之，怒令逮至京，下狱论斩。荣托中贵⑦近幸⑧者为之营救，至是，乞免罪。上意解乃曰："荣、俨轻率寡谋，折损军马，法当处死。但念尝出境追敌与坐视者不同，俱降四级。荣送司礼监发令守门，俨边卫差操。"兵部注俨定辽卫正千户。（卷232，第3960～3961页）

◎己亥⑨，命万全都司都指挥同知王珏守备龙门卫，仍调守备龙门卫署指挥使杜荣守永宁城。（卷240，第4062页）

◎壬辰⑩，镇朔大将军、保国公朱永奏："八月，房寇镇门墩。

---

① 投闲，置身于清闲境地。
② 据《校勘记》改。《校勘记》："借债偿运"，广本、抱本"债"作"倩"，是也。
③ 挟势，音 xié shì。依仗权势或威势。《百喻经·灌甘蔗喻》："恃己豪贵，专形挟势，迫胁下民，陵夺财物。"
④ 《校勘记》："依律充军"，抱本"依"上有"俱"字。
⑤ 成化十八年三月甲午，1482年4月13日。
⑥ 成化十八年九月壬寅，1482年10月18日。
⑦ 中贵，即中官、宦官。古代泛指皇帝宠爱的近臣。
⑧ 近幸，指帝王宠爱的人。
⑨ 成化十九年五月己亥，1483年6月12日。
⑩ 成化十九年九月壬辰。1483年10月3日。

宣府总兵官、都督同知周玉率指挥同知绳律等分哨夹击，败之。追至苇子沟，斩首十级，获马二十八匹。虏复寇镇海墩、独石、马营，无所得，散归。参将朱谦等伏兵于柳河东西冲射之，虏惊突而走。追至双望墩，复斩首十二级，获马十四匹，甲仗①甚众。"诏赐奏捷②，人钞五百贯③。（卷244，第4127页）

◎整饬边备户部右侍郎李衍奏④："自古北口抵黄门口，沿边关口城堡、营寨墩台二百二十一座，延袤⑤八百余里，兵力寡弱。万一虏大举入寇，何以御之？臣于永平一带关隘相度⑥，山势铲削⑦，令据危险处置炮石，当平旷处凿坑堑及设为钉签、窝弓⑧，以制虏骑冲突。至若居庸、雁门迤西，宣府独石、辽东一带，俱有险阻可恃，宜令各边俱依前法区画为便。"奏上，从之。（卷244，第4138页）

◎丁巳⑨，户部会官议奏漕运、巡抚等官所上事宜："……一、宣府迤北王焕庄距独石、马营才百里，（具）［且］⑩泉甘土肥，请于是地筑立城堡、墩台，凡备御官军俱于万全等处摘拨⑪。一、宣府各城堡曩⑫选舍人⑬随伍操备，惟在城者月一给粮，而各城者不给，

---

① 甲仗，披甲执兵的卫士。泛指武器。
② 奏捷，向帝王报捷。战争获胜。
③ 贯，旧时用绳索穿钱，每一千文为一贯。
④ 该条为成化十九年九月戊申，1483年10月19日事。
⑤ 延袤，绵亘；绵延伸展。袤，音mào。长度，特指南北距离的长度。
⑥ 相度，考虑、分析，观察估量。
⑦ 铲削，铲除；削平。
⑧ 窝弓，猎人用以捕兽的伏弩。
⑨ 成化十九年九月丁巳，1483年10月28日。
⑩ 据《校勘记》改。《校勘记》："具泉甘土肥"，广本、抱本"具"作"且"，是也。
⑪ 摘拨，调派。
⑫ 曩，音nǎng。以往，从前，过去的。
⑬ 舍人，明代军卫应袭子弟。

乞概给之。一、万全都司乞增置阴阳医学。一、万全都司常宁巡检司，宜移置于美峪关迤东岔道。……"以上议，皆宜如所奏。惟王焕庄筑城及舍人给粮姑俟后举疏，入诏，王焕庄即令勘［筑］① 城堡，宣府各城舍人精健者，如例给粮，余皆如议。（卷244，第4144~4147页）

　　◎虏寇入宣府境，杀百户一人，军余五人②。龙门卫守备都指挥等官王玉等三员，灵州堡守备指挥等官周伯熊等六员，坐③守御不严，逮问④。分守独石等处左参将朱谦、左少监李穆、守备右监丞张成亦坐号令不严，诏贷⑤之。（卷259，第4382~4383页）

　　◎守备独石都指挥绳律、守备柴沟堡指挥杨瑄⑥、分守独石左参将朱谦、分守西路右参将高昇，俱以虏寇入境夺俸⑦三月。分守左监丞张刚、守备右少监金广，俱戴罪杀贼⑧。（卷265，第4493页）

　　◎万全、永宁卫、隆庆卫、龙门守御千户所俱地震有声⑨。（卷266，第4504页）

――――――――――――

　　① 据《校勘记》补。《校勘记》："令勘城堡"，广本、抱本"勘"下有"筑"字，是也。
　　② 该条为成化二十年十二月辛巳，1485年1月14日事。
　　③ 坐，由……而获罪；定罪。唐玄应《一切经音义》卷二："坐，罪也。谓相缘罪也。"并引《苍颉篇》："坐，辜也。"《说苑·奉使》："荆王与晏子立语。有缚一人过王而行……王曰：'何坐？'曰：'坐盗。'"
　　④ 逮问，逮捕问罪。
　　⑤ 贷，饶恕；宽恕。
　　⑥ 《校勘记》："杨瑄"，广本"瑄"作"宣"，是也。
　　⑦ 夺俸，指官吏因过失而被罚扣其俸禄。
　　⑧ 该条为成化二十一年闰四月戊戌，1485年5月31日事。
　　⑨ 该条为成化二十一年五月壬戌，1485年6月24日事。

◎守备龙门卫都指挥同知王珏并指挥王玉、百户潘洪，坐虏寇屡入境杀掠，不能御下，巡按御史治罪，例当充军。有旨各降官一级①。（卷 268，第 4527 页）

◎己卯②，巡抚宣府等处右副都御史李岳等奏："去年十二月，虏入宣府西路，杀掠守墩军士，西阳河堡守台千户周隆、提调指挥徐瑄、龙门所管墩镇抚胡忠、提调千户戴玉，失于瞭望事宜。究问委守指挥蒋瑛，守备都指挥姚信，分守右参将都指挥杨彪、盛忠，太监张刚、杨聪，守备右少监金广、张成，总督不严，亦当有罪。"事下兵部，覆请命周隆、徐瑄、胡忠、戴玉俱逮问，余俱宥之。（卷 275，第 4621～4622 页）

◎敕守备独石都指挥佥事绳律分守宣府东路怀来、永宁等处，升忠义前卫指挥使华宏为都指挥佥事，代律守备独石③。（卷 275，第 4626 页）

◎命故万全都指挥同知朱谦子辅袭为开平卫指挥使④。（卷 278，第 4684 页）

◎虏入独石城及洗马林堡，杀伤守墩军七人、执⑤二人以去。宣府守臣以守墩千户邓镇，百户王祥，提调指挥马良、韩谦⑥不行谨

---

① 该条为成化二十一年七月甲寅，1485 年 8 月 15 日事。
② 成化二十二年二月己卯，1486 年 3 月 8 日。
③ 该条为成化二十二年二月戊子，1486 年 3 月 17 日事。
④ 该条为成化二十二年五月壬戌，1486 年 6 月 19 日事。
⑤ 执，捕捉，逮捕。
⑥ 《校勘记》："马良韩谦"，抱本无"韩"字。

备①，而参将盛忠等号令不严，请究治之。命姑记其罪②。（卷278，第4691页）

◎户部会官议覆漕运、巡抚等官所陈事宜③："……一、万全都司顺圣川、新城、马房宜增设仓副使一员，新河口堡宜别设仓大使一员。一、都指挥同知盛忠为参将于永宁，都指挥佥事绳律专守备于独石，久居其地，熟知地形险易、边情缓急。今乃彼此交易，宜俾各仍故地……"上曰："卿等言是。……绳律、盛忠准更调分守……余悉如议。"（卷283，第4789～4794页）

◎直隶龙门千户所地震有声④。（卷284，第4802页）

◎停分守独石右参将盛忠俸半年，守备马营都指挥高铖三月。初，兵部参奏忠私役铖等官军出猎，致虏射死，而分守太监杨聪、守备太监张成督令不严，法宜连坐⑤。上罚忠、铖，而宥聪等⑥。（卷284，第4807页）

◎降锦衣卫千户刘瓒二级，调开平卫差操⑦。（卷291，第4928页）

---

① 谨备，谨慎戒备。《墨子·号令》："城中戍卒，其邑或以下寇，谨备之。"
② 该条为成化二十二年五月癸酉，1486年6月30日事。
③ 该条为成化二十二年十月己丑，1486年11月13日事。
④ 该条为成化二十二年十一月丁未，1486年12月1日事。
⑤ 连坐，因他人犯罪而使与犯罪者有一定关系的人连带受刑的制度。又称相坐、随坐、从坐、缘坐。
⑥ 该条为成化二十二年十一月乙卯，1486年12月9日事。
⑦ 该条为成化二十三年六月庚辰，1487年7月2日事。

◎辛巳①，通政司②左参议田景贤巡视边关，还言："凡隘口俱有兵、民③兼守，惟神堂岭等口一十一处，仅有民壮④，秋往冬还，有警无与防御。请拨附近真定等卫所千百户三员，率军一百五十人以往。又居庸关为内境一大藩篱，而怀来又为大同、独石、永宁三面必由之路，所辖有火石岭、水峪观、棒槌峪三口，实为要害之地，请令守臣于此三口恒加缮治⑤铲削，务图坚完险峻，而又增兵戍守，庶险隘有备。"事下兵部，议宜移文宣府内外守臣勘处。从之。（卷291，第4929~4930页）

① 成化二十三年六月辛巳，1487年7月3日。

② 通政司，官署名。明代始设"通政使司"，简称"通政司"，其长官为"通政使"。掌出纳帝命，通达下情，勘合关防公文，奏报四方臣民实封建言、陈情申诉及军情、灾异等事。设通政使一人（正三品），左、右通政各一人（正四品），誊黄右通政一人（正四品），左、右参议各一人（正五品）等。

③ 《校勘记》："兵民"，广本、抱本"兵"作"军"。

④ 民壮，明代为备御北边和维持社会治安而组织的地方武装。又名士兵、民颖、会手、刽手、民壮、机兵等。依承担之职责又有巡捕民壮、巡盐民壮、盐捕民壮、常随民壮之分。初为招募，后在民户中编派。

⑤ 缮治，整理、修补。《汉书·高帝纪上》："缮治河上塞。"颜师古注："缮，补也。"

6. 《明孝宗实录》

【题解】　《明孝宗实录》224 卷。起成化二十三年（1487 年）八月，讫弘治十八年（1505 年）五月。

孝宗朱祐樘，在完成其父《宪宗实录》后的第 14 个年头，驾崩宾天。继之而立的他的儿子武宗皇帝朱厚照。武宗是个非常贪玩的人，喜欢四处巡幸游乐，但在继位之初，他还是按照惯例为其父修纂实录。正德元年（1506 年）正月，武帝诏令修纂《明孝宗实录》，并任命了监修、总裁等修纂官员。命张懋为监修，李东阳、焦芳、杨廷和、王鏊、刘建先后为总裁，梁储、张元祯等为副总裁，毛纪、傅珪、朱希周等纂修，全部纂修人员达 85 人。由于武宗最为宠信的宦官刘瑾，干预《孝宗实录》的修纂班子，使修纂官员的前后变动很大。起初，武宗任命张懋为监修，大学士刘健为首席总裁，同时任命了一系列纂修官员，但由于刘瑾的干涉，刘健及王鏊、刘忠、吴俨等人都因刚正不阿，或愤然辞职，或被迫离任。刘瑾乘机安插他的亲信焦芳任总裁。尽管当时大学士李东阳为第一总裁，但他处世圆滑，迫于阉党的权势，而处处迁就焦芳，使得焦芳在《孝宗实录》中大做手脚，丑化自己的政敌和仇家，任情褒贬，多挟恩怨，使《孝宗实录》蒙受秽史之名。《孝宗实录》历时 3 年零 4 个月，于正德四年四月将修成的《孝宗实录》224 卷，《孝宗宝训》10 卷，合目录、凡例总共是 236 册，进呈武宗帝。

本辑据台湾"中央研究院"历史语言研究所影印本《明孝宗实录》辑录有关赤城内容。

楊榮諭德金幼孜曰每日營中閒暇爾等即以經史於長孫前

講說文事武備不可偏廢○晚次清河京城官吏耆老迭 駕

者辭 上進其耆老諭之曰京師人烟輻輳欺詐者多爾等宜

督子弟務生業毋事游惰人衣食足則廉恥與風俗厚而皆本

於父兄之教兄也爾等勉之○年卯駐蹕沙河勅陝西行都司

凡瓦賴使人來及買賣回回在甘肅者悉遣赴陝西毋令出遣

○壬辰駐蹕龍虎臺勅守居庸關及長安嶺將校凡從征官軍

非奉勅無擅令出入勅使往迤北及開平奏報邊務者必驗寶

遣行○甲午戶部言四川羅㮷等五井鹽課司灶丁言永隆竹

筒井土石崩壞課鹽虧折西成都內江上鴬有中海銀杏獨石

小竹筒三井可以開煎已遣人覈實宜令煎辦 皇太子從之

○乙未駐蹕沙城命成安侯郭亮等督運粮車赴萬全○丙申

明太宗寶錄 卷一四九

三

《明孝宗实录》书影

◎甲寅①，<u>宣府龙门卫</u>地震，夜，<u>万全都司</u>地震，俱有声。（卷3，第44页）

◎户部会各部都察院并漕运等官议②：……请复设<u>万全左卫</u>及<u>龙门卫儒学</u>……请给<u>万全都司</u>所属卫、所城堡原选用舍③余壮勇④冬衣、布花，如赏军例。得旨，俱准议。（卷5，第91~93页）

◎初，太监<u>梁芳</u>、<u>韦兴</u>、<u>张轩</u>、<u>莫英</u>、<u>陈喜</u>，先后以献珍珠得宠⑤。一时后宫器用以珍宝相尚，<u>京师</u>上下亦然。<u>芳</u>等益搜访于民间，物价腾踊，一珠至数十金，市者皆乘以取富。于是指挥使<u>张纪</u>，指挥佥事<u>任义</u>，千户<u>冯宇</u>、<u>沈达</u>，百户<u>杨春</u>、所镇抚<u>徐昌</u>、<u>袁凯</u>与贾人<u>冯谦</u>、<u>王通</u>、<u>李祥</u>、<u>王智</u>、<u>夏线儿</u>等，日求采供献。至是，以言官劾奏下狱。上曰："<u>纪</u>等交结内侍⑥，进献珍玩，盗支内府财物数多，虽遇赦难依常例，<u>纪</u>、<u>义</u>、<u>宇</u>、<u>达</u>俱发<u>辽东铁岭卫</u>，<u>春</u>等六人发口外<u>开平卫</u>，俱永远充军。<u>昌</u>、<u>凯</u>革职，调<u>永宁卫</u>。"（卷10，第204~205页）

◎壬寅⑦，虏数寇<u>宣府独石</u>、<u>万全</u>等处，兵部劾巡抚左佥都御史<u>李介</u>、守备指挥<u>孙良</u>等不能备御之罪，上特宥之。（卷17，第412页）

---

①　成化二十三年九月甲寅，1487年10月4日。
②　该条为成化二十三年十月己丑，1487年11月8日事。
③　用舍，取舍。《晋书·范弘之传》："比干处三仁之中，箕子为名贤之首，后人用舍，参差不同。"
④　壮勇，兵勇；士卒。
⑤　该条为弘治元年闰正月丁卯，1488年2月14日事。
⑥　内侍，太监。
⑦　弘治元年八月壬寅，1488年9月16日。

◎辛亥①，虏犯独石、马营等处，杀伤戍卒。镇守宣府太监孙振②奏其事，命逮问提调指挥徐宣、王麒，守备都指挥高钺、杜荣，分守参将绳律、杨彪，俱俟贼情③宁日④议罪。分守赤城太监杨聪及分守张家口堡太监张刚，俱降右监丞。（卷17，第420页）

◎虏寇宣府独石、马营，杀伤逻卒，执千户刘忠以去。诏逮问守备署都指挥张广、左监丞陶亮、分守参将绳律、太监杨聪，姑宥之⑤。（卷24，第541~542页）

◎虏入宣府赤城等墩⑥，掠军士八人，被伤者二人。兵部请治守备等官都指挥宋辅等罪，命辅等六人俱逮问，分守左参将绳律、右监丞杨聪及守备左监丞陶亮俱戴罪杀贼，待有功之日议奏，其镇守太监孙振、总兵官李杲、副总兵卢钦降敕切责⑦之。（卷29，第659~660页）

◎兵部奏龙门所杀贼获功官军例应给赏，其督军左监丞陶亮，有功在前，误事在后，乞裁处。得旨：陶亮准以功赎罪，其余如例赏之⑧。（卷32，第719页）

◎兵部以虏入云州、独石等堡杀掠（塾）［墩］⑨军，请行巡按

---

① 弘治元年八月辛亥，1488年9月25日。
② 《明孝宗实录校勘记》（以下简称《校勘记》）："孙振"，广本"振"作"镇"。
③ 贼情，敌人的情势。
④ 宁日，和平安定的日子。
⑤ 该条为弘治二年三月乙丑，1489年4月7日事。
⑥ 该条为弘治二年八月庚戌，1489年9月19日事。
⑦ 切责，严厉责备。
⑧ 该条为弘治二年十一月戊寅，1489年12月16日事。
⑨ 据《校勘记》改。《校勘记》："杀掠塾军"，三本"塾"作"墩"，是也。

御史提问管墩并提调官朱英等九人之罪。上从之，命守备官刘杲等四员俟贼情宁日提问①，罚分守参将绳律俸一月，其分守监丞杨友姑原之②。（卷33，第730页）

◎虏入宣府独石、乱泉寺等处，杀伤官军，兵部奏其事，命下巡按御史，逮问把总指挥等官，守备奉御张胜、分守参将盛忠俱戴罪杀贼，都指挥高钺、监丞陶亮等四人（如）［姑］③宥之。（卷37，第790页）

◎分守独石、马营等处左参将都指挥佥事绳律擅罚所属纸价银④修龙门卫学，本卫指挥张昇等实为奉行，守备独石堡都指挥同知高钺役占军余⑤、科敛⑥财物。巡按监察御史并奏其事。上曰：绳律违例科罚⑦，宜治罪，姑宥之，仍罚俸两月，余皆逮问⑧。（卷48，第963～964页）

◎镇守宁夏总兵官、都督佥事周玺卒⑨。玺，字廷玉，直隶迁安县人。初袭世职开平卫指挥使。从征北虏有功，升都指挥佥事，管

---

① 提问，传讯审问。
② 该条为弘治二年十二月庚戌，1490年1月17日事。
③ 据《校勘记》改。《校勘记》："如宥之"，抱本、阁本"如"作"姑"，是也。该条为弘治三年四月丙戌，1490年4月23日事。
④ 纸价银，即"领引纸价"，茶商赴官领引时需交纳的费用。
⑤ 军余，指未取得正式军籍的军人。
⑥ 科敛，凑集或搜刮钱财。
⑦ 科罚，处以刑罚。科，判定。
⑧ 该条为弘治四年二月壬子，1491年3月15日事。
⑨ 该条为弘治四年七月己丑，1491年8月19日事。

五军营右掖①。寻充左参（郎）［将］②，分守阳和。以威宁海子③功，进同知，转大同副总兵。再进署都指挥佥事④。虏（囚）［酋］⑤亦思马因入寇，玺御之，臂中流矢⑥，督战益力。贼退，实授⑦都督佥事，充总兵官，镇守代州兼督雁门三关。移镇陕西，未几，佩征西将军印、充总兵官镇守宁夏。以疾卒，赐祭葬如例。玺多才略，知兵习战，尤精骑射，中亦自负。卒之日，年才四十有七，人多惜之。（卷53，第1042页）

◎乙酉⑧，调宣府龙门所守备左监丞陶亮于万全左卫，都指挥佥事朱永于西阳河堡，以守备万全左卫太监谢铨、西阳河堡指挥使邓林各代之。亮性凶戾⑨，数凭势侮同官，永不能平，因事忿争，守臣劾之，故有是命。（卷61，第1184页）

◎虏入宣府龙门所等处杀掠官军，罚分守参将绳律、杨彪俸两月，监丞杨聪、张刚及守备太监谢铨、奉御贺能俱戴罪杀贼，其提调等官指挥邓林等下巡按御史逮问⑩。（卷68，第1289页）

---

① 右掖，明代京军三大营（神机营、五军营及三千营），其中神机营是中国和世界上最早建立的火器部队，担负着"内卫京师，外备征战"的重任，是朝廷直接指挥的战略机动部队。营下编中军、左掖、右掖、左哨、右哨五军。

② 据《校勘记》改。《校勘记》："左参郎"，三本"郎"作"将"，是也。

③ 威宁海子，亦名集宁海子、奇尔泊希尔泊。即今内蒙古察哈尔右翼前旗东北之黄旗海。

④ 《校勘记》："署都指挥佥事"，旧校改"指挥"作"督"。

⑤ 据《校勘记》改。《校勘记》："虏囚"，阁本"囚"作"酋"，是也。

⑥ 流矢，指飞箭或来源不明的箭。也叫"流箭"。

⑦ 实授，以额定之官职，正式除授实缺。

⑧ 弘治五年三月乙酉，1492年4月11日。

⑨ 凶戾，音xiōng lì。凶残暴戾。

⑩ 该条为弘治五年十月甲辰，1492年10月27日事。

◎先是①，虏入龙门所瓦房沟，守备指挥陈雄等即率所部兵斩首十七级、获马六十二匹、器仗②一百八十二事。既而，守备马营堡指挥姚信等复率兵御虏于乾营儿等处，斩首三级，获马六匹，器仗七十一事，横沟守兵又斩虏首三级，尖山墩守兵斩虏首二级。事闻，下守臣核实，兵部议，拟覆奏有功官军二百八十五人升赏有差，分守等官左监丞陶亮，右监丞杨聪、张刚，右参将绳律、杨彪各有统兵制胜之功，陶亮如例给赏，聪等四人皆先以他事戴罪杀贼，宜令以功赎罪。议上，从之。（卷73，第1366页）

◎弘治七年三月……壬辰③，裁革……直隶隆庆州、雕鹗堡并长安岭二仓收粮吏目各一员。（卷86，第1597页）

◎甲午④，协守辽东广宁中路右参将都指挥佥事刘祥奏："臣与镇守辽东总兵官李杲同守一城，事体不异，而杲遇事不许臣连佥，已尝路奏⑤，兵部题准。凡军门事务皆令会议连佥，但故事所有者一皆如旧，无者不得纷更⑥，今杲仍执迷不许。考之天顺至（是）[今]⑦，主参无不连佥会议。乞令杲如例遵行，或调臣别镇分守为宜。"兵部覆奏，边将协和则军令一，而地方以宁，今杲与祥相争如此，俱须逮治。但非两词不可尽信，宜但行杲，凡军门事与中路相干者，务与协守参将连佥，其各路者不得预。仍调祥于宣府或独石、马营以绝忿争。上命祥所奏，仍下巡按监察御史体勘以闻。（卷94，

---

① 该条为弘治六年三月乙亥，1493年3月27日事。

② 器仗，亦作"器杖"。武器总称。

③ 弘治七年三月壬辰，1494年4月8日。

④ 弘治七年十一月甲午，1494年12月6日。

⑤ 《校勘记》："已尝路奏"，旧校改"路"作"疏"。

⑥ 纷更，变乱更易。《史记·汲郑列传》："何乃取高皇帝约束纷更之为？"裴骃集解引如淳曰："纷，乱也。"

⑦ 据《校勘记》改。《校勘记》："天顺至是"，三本"是"作"今"，是也。

第 1724 页）

◎增设直隶隆庆州、独石广积仓大使一员①。（卷 94，第 1736 页）

◎镇守宣府太监孙振奏②：虏入怀来、四海冶堡教场掠③采薪④军，又入独石、马营、野鸡山等墩掠汲水⑤军。管墩百户文（上安下皿）、提调千户唐文⑥等俱以失误致寇，守备指挥刘宣、杜钰⑦，都指挥陈广，奉御张瓒，监丞徐玉，分守参政孙成、绳律及监丞杨聪俱督治不严，各宜治罪。兵部覆奏："文（上安下皿）等宜如所议，绳律、杨聪前已八次失误，令戴罪杀贼，徐玉亦四次，宜皆逮问，或与张瓒、孙成俱加重罚以图后功。"命(上安下皿)等逮问，律等戴罪，律、成仍停俸两月。（卷 95，第 1741～1742 页）

◎后军都督府右都督周玉卒⑧。玉，字廷璧，直隶滁州人。其父贤，以都督佥事镇守独石。天顺初，死于战阵⑨，玉袭授万全都司都指挥同知。成化初，充游击将军，以军功迁都指挥使，进后府署都督佥事，寻实授充宣府副总兵；十三年，充总兵官，镇守宣府，复累功三转至署右都督；十九年，移镇宁夏；二十二年，移镇甘肃，

---

① 该条为弘治七年十一月乙卯，1494 年 12 月 27 日事。

② 该条为弘治七年十二月乙丑，1495 年 1 月 6 日事。

③ 掠，夺取、抢夺。

④ 采薪，捡柴。打柴。《汉书·贾山传》："文王之时，豪俊之士皆得竭其智，刍荛采薪之人皆得尽其力，此周之所以兴也。"

⑤ 汲水，吸取水分；从下往上打水。

⑥ 《校勘记》："唐文"，阁本"唐"作"马"。

⑦ 《校勘记》："杜钰"，阁本"钰"作"钜"。

⑧ 该条为弘治八年正月壬寅，1495 年 2 月 12 日事。

⑨ 战阵，作战或比赛的阵势；战场阵地。

用诏例实授右都督。以疾，屡乞解任还京师，行至宣府，卒。讣闻①，赐祭葬如例，谥武僖。玉没②后言者劾其败军失律，及占种屯田之罪。上命俟其子袭职时，降二级。玉性明伟，礼贤下士，在宣府时颇有名。后在甘肃已老有疾，又与同事者不合，故功名少③损云。（卷96，第1765～1766页）

◎己酉④，巡按直隶监察御史韩福言："万全都司并开平等卫、隆庆等州，学校虽设而教官或缺，生徒虽具而讲习罕闻，兼之军卫数多，未得有司提调⑤。虽有提学御史⑥，又以地临边境，道路往来动须防护巡历难遍，考校⑦不时⑧。故生徒无所激劝⑨，成材者少。乞准贵州、云南事例，令分巡口北道佥事带管学校，凡考补廪⑩、增⑪，科举小试⑫并岁贡⑬之类，俱属之。而直隶提学御史专管内地学校，不必干预边方。如分巡官不可，则令本处巡按御史兼管。"命所司知之。（卷96，第1769页）

---

① 讣闻，向亲友报丧的通知，多附有死者的事略。

② 没，音 mò。通"殁"。死。

③ 少，音 shǎo。稍稍，稍微。

④ 弘治八年正月己酉，1495年2月19日。

⑤ 提调，管理调度。

⑥ 提学御史，官名，在两京督察学政的御史。

⑦ 考校，音 kǎo xiào。考试；考查。

⑧ 不时，随时；临时。汉晁错《论贵粟疏》："（农夫）勤苦如此，尚复被水旱之灾，急政暴赋，赋敛不时。"

⑨ 激劝，激发鼓励。汉王充《论衡·别通》："人好观图画者，图上所画，古之列人也。见列人之面，孰与观其言行？置之空壁，形容具存，人不激劝者，不见言行也。"

⑩ 补廪，明清科举制度，生员经岁、科两试成绩优秀者，增生可依次升廪生，谓之"补廪"。

⑪ 补增，补入增生。明清制，学中生员，于正额外增广的名额叫增广生员，简称增生。

⑫ 小试，旧时太学生、童生应贡举及学政、府县之考试。

⑬ 岁贡，科举制度中由地方贡入国子监的生员之一种。明、清两代，一般每年或两三年，从府、州、县学中选送廪生升入国子监读书，因称岁贡。由于大都挨次升贡，故有"挨贡"的俗语。

◎分守独石、马营左参将都指挥佥事绳律，以贪虐①不职②，为巡按御史所劾，命革去参将，带俸闲住，以万全都司都指挥同知白玉充左参将代之③。（卷97，第1777页）

◎宣府龙门卫地震有声④。（卷98，第1793页）

◎虏数入宣府龙门所等处杀虏人畜⑤。事闻，命："右参将孙成罚俸三月，并右监丞杨聪、徐玉，奉御张瓒俱仍戴罪杀贼。前左参将绳律以去任⑥贷⑦之。"（卷100，第1839页）

◎丁巳⑧，命守备独石都指挥佥事陈广⑨守备马营。（卷101，第1849页）

◎增筑宣府永宁、雕鹗二堡间石墙四十余里、墩台十七座、堡一座⑩。（卷101，第1857页）

◎虏数入宣府独石、马营等处，杀虏军士男妇⑪共四十九人⑫。命："提调指挥黄伦等下巡按御史逮问，守备都指挥陈广，指挥姚信

① 贪虐，贪婪暴虐。
② 不职，不称职。《汉书·贾谊传》："（大臣）坐罢软不胜任者，不谓罢软，曰下官不职。"
③ 该条为弘治八年二月戊午，1495年2月28日事。
④ 该条为弘治八年三月辛卯，1495年4月2日事。
⑤ 该条为弘治八年五月丙申，1495年6月6日事。
⑥ 去任，离职。
⑦ 贷，宽恕，饶恕。
⑧ 弘治八年六月丁巳，1495年6月27日。
⑨ 《校勘记》："陈广"，阁本"广"作"虞"。
⑩ 该条为弘治八年六月乙亥，1495年7月15日事。
⑪ 男妇，男与女。
⑫ 该条为弘治八年七月丁亥，1495年7月27日事。

及分守参将孙成、白玉、杨彪各罚俸三月，并守备奉御张瓒等五员仍戴罪杀贼。镇守太监孙振、总兵官马仪、都御史陈纪宥之。"（卷102，第 1862~1863 页）

◎虏入宣府龙门所等处寇抄①，命：罚分守左参将白玉俸一月，与右监丞杨聪、徐玉俱仍戴罪杀贼②。（卷107，第 1954 页）

◎虏数入宣府云州等堡杀掠人畜，守备官匿不以闻③。至是，被掠者自虏中逃回，巡抚等官奏其事。兵部请治分守参将白玉、监丞杨聪、守备指挥李循、监丞徐玉等罪。上命白玉等下巡按监察御史逮问。杨聪已取回京，宥之。（卷112，第 2034~2035 页）

◎虏入宣府马营堡等处杀掠人畜，守臣请治分守参将白玉等罪④。命：俟边情宁日逮问，右少监康禄以到边未久，宥之。（卷113，第 2057~2058 页）

◎虏数入宣府云（川）［州］堡等处，军士被射伤者二人，被掠者五人。罚分守都指挥陈雄俸三月，与右少监唐禄、右监丞徐玉俱戴罪杀贼⑤。（卷115，第 2092 页）

◎虏入宣府云州堡及龙门卫境，掠军人器仗以去，镇巡官劾分守左参将白玉，右少监唐禄，守备右监丞徐玉，指挥张昇、王来等

---

① 寇抄，劫掠。
② 该条为弘治八年十二月庚申，1495 年 12 月 27 日事。
③ 该条为弘治九年四月丁亥，1496 年 5 月 22 日事。
④ 该条为弘治九年五月庚午，1496 年 6 月 22 日事。
⑤ 该条为弘治九年七月戊辰，1496 年 8 月 31 日事。

罪。命唐禄、徐玉仍戴罪杀贼，白玉等并张昇俱待边情宁日逮问①。（卷116，第2098页）

◎虏百骑突入宣府之独石界②，攻镇宁墩，掠守墩者五人去，镇巡官奏其事，且言："本墩原无器杖③，墩西南隅亦倾圮不治，乞罪分守都指挥张俊及少监唐禄等罪。"兵部覆奏："宣府为京师北门，今丑虏辙以数十骑深入，脱④有大举，其何能御？宜并治镇守重臣以为戒。"上从之，命："张俊、唐禄及镇守太监孙振、总兵官马仪俱戴罪自效⑤，仍谕沿边墩台务悉心整备，毋或仍前废弛⑥。"（卷116，第2103～2104页）

◎初，兵部左侍郎兼都察院左佥都御史李介陈边务五事⑦："……一、宽⑧住俸⑨以恤边官。边方军职坐⑩买马不及⑪数，连年住俸，困于饥寒。请行令宣府龙门等卫、所，官买马不及八分，住俸

---

① 该条为弘治九年八月壬辰，1496年9月24日事。
② 该条为弘治九年八月辛丑，1496年10月3日事。
③ 器杖，武器总称。
④ 脱，连词。表示假设，相当于"倘若""或许"。《吴子·励士》："君试发无功者五万人，臣请率以当之。脱其不胜，取笑于诸侯，失权于天下矣。"
⑤ 自效，愿为别人或集团贡献自己的力量或生命。
⑥ 废弛，荒废懈怠；败坏。
⑦ 该条为弘治十一年二月壬申，1498年2月26日事。
⑧ 宽，不严厉，不苛求。
⑨ 住俸，俸禄处罚作为对官员过失在经济上的一种处罚方式，明代有罚俸、住俸、降俸、减俸等。住俸一般为戴罪，其时间没有限制，一直到皇帝下诏开复或完成规定的任务后方可复俸，且住俸戴罪期间，不得升迁，住俸被开复后，可以补支被扣的俸禄，住俸分为停支半年俸和停支全俸。
⑩ 坐，因，由于，为着。
⑪ 不及，够不上，达不到。

[二]① 年之上者，暂令支俸立限②补完。过限者仍住其俸。其系远年逃亡事，故买马未完，自弘治九年以前连坐③住俸者，亦准收俸；……"从之。（卷134，第2354～2356页）

◎辛亥④，以水灾免永平、开平二卫所屯粮二千五百九十一石，草一千一十一束有奇。（卷135，第2371页）

◎戊辰⑤，虏数入宣府独石、马营等处，军士前后死者七人，伤者二人，男妇被虏者十人。下巡按监察御史⑥勘问，以守备右监丞徐玉、都指挥陈雄、分守右监丞唐禄、指挥穆荣并诸提调管理官高鉴等十一人守备不设问，拟免杖充军。但俱情轻律重，而禄、玉、雄、荣复有功，可赎。都察院覆奏，得旨："高鉴等八人各降一级，带俸差操。唐禄等四人宥之，陈雄、穆荣仍各罚俸三月。"（卷138，第2397页）

◎己未⑦，宣府长安岭暴风雨，坏城垣及楼铺庐舍。（卷139，第2451页）

◎改分守代州参将都指挥同知姚信，为右参将分守独石、马营等处⑧。（卷142，第2445页）

---

①　据《校勘记》补。《校勘记》："住俸年之上者"，三本"俸"下有"二"字，是也。

②　立限，确定期限；设立限制。

③　连坐，中国古代因他人犯罪而使与犯罪者有一定关系的人连带受刑的制度。

④　弘治十一年三月辛亥，1498年4月6日。

⑤　弘治十一年六月戊辰，1498年6月22日。

⑥　《校勘记》："巡按监察御史"，阁本无"监察"二字。

⑦　弘治十一年七月己未，1498年8月12日。

⑧　该条为弘治十一年十月乙丑，1498年10月17日事。

◎命万全都司都指挥佥事江豫①之子俊，代原职开平卫指挥使②。（卷142，第2452~2453页）

◎五府六部等衙门、英国公张懋等应诏言三十四事③。议：……一、头营、峨嵋山、滦阳、刘家口、山海，宣府地方若永宁、怀安、万全左卫、龙门所……各有守备，内臣俱多，设无益亦合取回。曰省工作，凡无益之工，不急之务，悉皆停止；曰罢织造，欲将各处织造内臣通行取回，其织造缎匹等项，暂且停免；曰禁奢靡，欲朝廷躬行俭德，以先天下勋戚④之家，勿轻假借勿妄锡予⑤；曰革滥设，欲将京、通二仓及各马牛羊房、内府各库并上林苑监、海子等处内官，查照成化二十三年事例，量存数员，其临清、徐州、淮安、三水次仓内官，照天顺八年事例，止留一员；曰正赃犯，欲将已死太监李广财物尽数没官⑥；曰防奸伪，今后差官［查照旧例］⑦给精微批，锦衣卫官校不许，仍赍驾帖⑧，为害非细。……（卷143，第2496~2498页）

◎庚辰⑨，命守备龙门卫都指挥同知王杰，守备葛峪等堡。从镇巡等官奏也。（卷156，第2806页）

---

① 《校勘记》："江豫"，抱本"豫"作"橡"。
② 该条为弘治十一年十月己卯，1498年10月31日事。
③ 该条为弘治十一年十一月壬子，1498年12月3日事。
④ 勋戚，有功勋的皇亲国戚。
⑤ 锡予，赐给。《诗·小雅·采菽》："君子来朝，何锡予之。"汉班固《白虎通·考黜》引作"何锡与之"。
⑥ 没官，全名财产没收入官。这是一种类似收归国有的刑法。没收对象主要是财产，除了财产以外还有田宅和奴婢。
⑦ 据《校勘记》补。《校勘记》："今后差官"，三本"官"下有"查照旧例"四字，是也。
⑧ 驾帖，明代秉承皇帝意旨，由刑科签发的逮捕人的公文。
⑨ 弘治十二年十一月庚辰，1499年12月26日。

◎甲子①，命万全都司都指挥金事杨英充左参将，分守独石、马营等处。（卷162，第2916页）

◎礼部右侍郎焦芳上言②：臣惟自古有中国，斯有夷狄王者，恒置之化外③，待以赤心，乃天地生物之心也。奈何近来迤北小王子等，累年假以进贡，邀我重赏，岂期豺狼肆毒，犬豕④无恩。自春徂⑤夏，扰我边方，虏我人畜，比常滋甚，以致忧劳⑥我皇上，勤动⑦我王师⑧，命下逾时功未大著，揆厥所自谅有攸归然。为今之计，以其所急者言之：其一莫先于任人，任人则莫要于选将材。其次莫先于誓众，誓众则莫要于申大义。其曰选将才，臣闻分守独石、马营等处左参将都指挥姚信，镇守宣府游击将军都督金事张俊……或可任副将，或可任参将，或可任游击，或可当一面，或可当巡抚，或可当参赞。……疏入，命所司议处以闻。（卷163，第2943~2947页）

◎命辽东都指挥金事刘祥充副总兵，协守密云等处；守备龙门都指挥同知王杰充右参将，分守顺圣并蔚州、广昌等处⑨。（卷164，第2974页）

---

① 弘治十三年五月甲子，1500年6月7日。

② 该条为弘治十三年六月甲午，1500年7月7日事。

③ 化外，指政令教化所达不到的，不受外界影响，脱离现实社会的地方。与世外桃源同义。

④ 犬豕，音quǎn shǐ。犬，狗。豕，猪。比喻鄙贱之人。

⑤ 徂，音cú。及，至。

⑥ 忧劳，忧患劳苦；忧虑劳苦。《管子·牧民》："民恶忧劳，我佚乐之。"

⑦ 勤动，辛勤劳动。

⑧ 王师，天子的军队；国家的军队。

⑨ 该条为弘治十三年七月戊午，1500年7月31日事。

◎户部主事余寰陈御虏三事①："……一、屯重兵，以镇内边。潮河川之地，直通境外，最为京师要害，而难于设险，其防守军马止赖密云。后卫五千之兵所守地方，东西三百余里，墩台城堡七八十处，分拨守瞭之外，再无余兵可用。虽有参将驻扎古北口防守，徒具虚名，实无部卒②。今北虏东行，独石一带已见营火，相去潮河不远，宜于川口之南，地名老鸦村处增筑大城一座，设立二卫，增命副将屯重兵戍守保障。虽有冲突之谋，亦潜消③而阴折之矣。"兵部覆奏，谓寰所言饬兵车、复旧墩，皆防边急务，请即下边臣行之。其欲于川南增设二卫，事体重大，宜行经略④及镇巡等官佥议⑤奏处。从之。（卷164，第2982～2984页）

◎命万全都司都指挥佥事⑥张广之子诏，代原职龙门卫指挥佥事⑦。（卷165，第3011页）

◎乙未⑧，致仕⑨刑部左侍郎张锦卒。锦，字尚纲⑩，陕西岷州卫人。成化五年进士，授刑部主事，升员外郎郎中。他司尝失官银，尚书属锦按之疑主吏，鞫之不承，遣人绐⑪其家，得银示之，遂服

---

① 该条为弘治十三年七月戊辰，1500年8月10日事。

② 部卒，指士兵。

③ 潜消，暗中消除。

④ 经略，官名。南北朝时曾设经略之职，唐初边州置经略使，宋置经略安抚使，掌一路民兵之事，皆简称"经略"。明及清初有重要军事任务时特设经略，职位在总督之上。民国初尚有沿置者。

⑤ 佥议，共同商议。

⑥ 《校勘记》："指挥佥事"，广本"佥事"作"同知"。

⑦ 该条为弘治十三年八月癸卯，1500年9月14日事。

⑧ 弘治十四年闰七月乙未，1501年9月1日。

⑨ 致仕，旧时指交还官职，即辞官。

⑩ 纲，音 jiǒng。

⑪ 绐，音 dài。欺诈，哄骗。

罪。尝奉命赈畿内灾，尽心所事，又筑行唐堤①千二百丈以定水患，活人甚众，累迁大理左右寺丞右少卿。未几，进都察院右副都御史，巡抚宣府。尝劾罢中官武将之不职者，又请立万全左卫、龙门卫学及定天下武学岁贡额。丁父忧②服阕③，巡抚保定诸府，兼督紫荆诸关④，未行，迁侍郎，有贵臣⑤以赃⑥败怙势⑦求免，卒正其法。丁继母忧服再阕，至京，遽以疾在告，久之，以致仕请命给驿归，且令病愈有司以闻，至是卒，赐祭葬如例。锦明敏宽厚，勤于官政，尤精法比⑧，人方期其大用，而竟止于是，论者惜之，子潜亦举进士。（卷177，第3257～3258页）

◎丙申⑨……龙门卫地震有声。（卷181，第3339页）

◎丙子⑩，分守独石、马营等处左少监唐禄奏官军缺草饲马，欲于草场支［领］⑪。户部议："旧例，各边官军非出百里外用兵者，止令自行采草饲马，但令告乏⑫，宜行宣府巡抚管粮官核实，将堆积

---

① 《校勘记》："行唐堤"，中本"唐"作"塘"。
② 丁父忧，遭逢父亲丧事。丁忧就是中国封建社会传统的道德礼仪制度，根据儒家传统的孝道观念，朝廷官员在位期间，如若父母去世，则无论此人任何官何职，从得知丧事的那一天起，必须辞官回到祖籍，为父母守制二十七个月，这叫丁忧。原指遇到父母或祖父母等直系尊长等丧事，后多指官员居丧。丁忧源于汉代，到明代把它定在律令，除了父母丧必不去官。
③ 服阕，守丧期满除服。阕，终了。
④ 《校勘记》："紫荆诸关"，广本"诸"作"等"。
⑤ 贵臣，指公卿大夫位高的家臣，后泛指显贵的大臣。
⑥ 赃，指贪污受贿或偷盗所得的财物。
⑦ 怙势，依仗势力。
⑧ 法比，法律条例。比，法律名词。中国古代对法律没有明文规定的案件比照类似的法律条文和过去的判例作出判决的制度。
⑨ 弘治十四年十一月丙申，1501年12月31日。
⑩ 弘治十六年三月丙子，1503年4月5日。
⑪ 据《校勘记》补。《校勘记》："欲于草场支"，抱本"支"下有"领"字，是也。
⑫ 《校勘记》："但令告乏"，旧校改"令"作"今"。

五年以上草量给两月，而以应给料豆扣除还官①，仍行各边严督有马官军及时采草备用，毋仍怠事②奏扰。"从之。（卷197，第3638页）

◎命守备独石城、万全都司都指挥佥事王本掌本司印，都指挥佥事郤永佥书，管事③。（卷206，第3835页）

◎庚寅④，召延绥闲住都督佥事李杲⑤、致仕都指挥佥事王戟，宣府闲住都指挥同知陈雄、守备龙门所指挥使穆荣，赴京待用。以兵部言其才俱可用也。（卷214，第4021页）

◎甲戌⑥，升开平卫指挥使穆荣为署都指挥佥事，充大同游击将军。（卷217，第4085页）

◎分守独石、马营少监唐禄以边方马多疫死⑦，军士有陪偿⑧之苦，乞令天下问刑衙门凡囚犯听其纳银赎罪，齐赴各边以充马价。都察院覆奏："马价自有官军明合买偿之例，尤缺乏者，朝廷每以太仆马及马价给之。各处囚犯赎罪之物，户部已奏免解边、留备赈济。若如禄所奏，恐马价渐多，商人生夤缘⑨之弊，仓储渐缺，凶年乏赈济之资，抑恐牧马者不复爱惜，利其死亡，滥给官价，所言难（言）

---

① 还官，归还官府。《魏书·释老志》："若官地盗作，即令还官。"
② 怠事，懒于治事。《墨子·非儒下》："立命而怠事，不可使守职。"
③ 该条为弘治十六年十二月丙辰，1504年1月10日事。
④ 弘治十七年七月庚寅，1504年8月11日。
⑤ 《校勘记》："李杲"，抱本"李"作"季"。
⑥ 弘治十七年十月甲戌，1504年11月23日。
⑦ 该条为弘治十八年二月戊寅，1505年3月27日事。
⑧ 陪偿，赔偿，偿还。陪，用同"赔"。
⑨ 夤缘，音yín yuán。攀援；攀附。

［行]①。"从之。（卷221，第4175页）

　　◎端午节②，虏入独石等处寇掠，下巡按御史勘问，奏上请逮问守备都指挥马经、分守左参将杨英、左少监唐禄等罪。命：姑宥之，俱令（载）［戴]③罪杀贼。（卷224，第4240页）

---

　　① 据《校勘记》改。《校勘记》："所言难言"，三本"难"下"言"字作"行"，是也。

　　② 弘治十八年五月己丑，1505年6月6日。

　　③ 据《校勘记》改。《校勘记》："载罪杀贼"，三本"载"作"戴"，是也。

7. 《明武宗实录》

【题解】　《明武宗实录》197 卷。起弘治十八年（1505 年）五月，讫正德十六年（1521 年）三月。

武宗朱厚照死后无嗣，太后与大臣便迎立武宗之从弟①世宗朱厚熜为帝。世宗继位后，不奉孝宗和武宗为嗣统，硬将其身为偏藩的父亲兴献王追尊为献皇帝，视为正宗。由此引起了整个官僚阶层大分裂的"大礼议"之争。世宗尽管对这位从兄不满，但继位之初还是按照惯例为修实录。正德十六年四月世宗继位，十一月便下诏为武宗皇帝修纂实录。命徐光祚为监修，杨廷和、蒋冕、毛纪、费宏为总裁，石珤、毛澄、罗钦顺为副总裁，周诏、刘龙等为纂修官，全部纂修人员 109 名。由于武宗和世宗之间的微妙关系，于是世宗便在修纂《武宗实录》上大做文章，把武宗的许多荒唐行径载入实录中，如一些指责武宗四处巡游、任用宦官误国的奏报，武宗把它们扣下来不报，世宗却将这些指责武宗的奏报交付史馆，表面上是为了尊重史实，但潜意识中还是想攻击武宗。可见世宗所修《武宗实录》就属于后任贬斥前任的端倪了。伴随着实录修纂的是政治上的"大礼议"之争，严重影响到武宗实录的修纂的领导核心，始修时钦定的总裁、副总裁以及纂修官中不少人都因卷入争论而被迫辞职或被解职。嘉靖四年六月庚子（1525 年 7 月 2 日），《武宗实录》正式修毕，历时三年半。世宗在纂修《武宗实录》的同时，还将其父兴王朱祐杬追尊为献帝，庙号睿宗，于嘉靖四年三月下诏为其纂

---

① 从弟，中古时期以同曾祖父不同父亲而年幼于己者的同辈男性为从弟；共祖父不共父亲而年幼于己者的同辈男性为"从父弟"，即现在所谓的堂弟。唐宋以后以同祖父不同父亲而年幼于己者的同辈男性为从弟，即现在所谓的堂弟。对立称谓是从兄。

修《献皇帝实录》。由于实在无事可书，所以前后仅用1年零3个月时间，于嘉靖五年六月丙子，50卷的《献皇帝实录》正式修毕。尽管世宗皇帝为大张旗鼓地为其父修实录，但由于兴献王并未做过一天的皇帝，他的实录没有什么价值，因此《献皇帝实录》未能流传下来，成为明代实录中惟一一部全部散佚的实录。

《明武宗实录》书影

本辑据台湾"中央研究院"历史语言研究所影印本《明武宗实录》辑录有关赤城内容。

◎升赏宣府独石、马营等堡获功并阵亡、被伤官军、旗舍人等五十一人有差[1]。（卷11，第352~353页）

◎巡按直隶御史夏时奏[2]：镇守宣府太监唐禄议欲分兵剿寇，总兵官都督佥事李杲[3]沮[4]之，弗协[5]，遂至分争。主将失和[6]其何以令下？且禄尝分守独石，以轻进[7]偾事[8]，以诱杀徼功[9]，幸而未宥，乃弗悔悟，而果于怙[10]终殆[11]不可畀[12]之边寄[13]也，请召还，弗许。既而，兵科给事中艾洪复奏，并论杲乃皆降敕责之。（卷12，第374页）

◎户部议覆，本部左侍郎王俨言边务四事[14]："一、清边地。……一、计边饷。谓大同、宣府二镇，城堡道里，远近不同，折放官军俸粮、银两宜区别定撮[15]，分为等第。如宣府北路独石、马营、

---

[1] 该条为正德元年三月庚寅，1506年4月3日事。

[2] 该条为正德元年四月庚申，1506年5月3日事。

[3] 杲，音 gǎo。

[4] 沮，同"阻"。阻止，阻遏。

[5] 弗协，不和睦，不融洽。

[6] 失和，双方不再和睦相处。

[7] 轻进，轻率冒进。

[8] 偾事，音 fèn shì。败事。《礼记·大学》："一家仁，一国兴仁；一家让，一国兴让；一人贪戾，一国作乱，其机如此。此谓一言偾事，一人定国。"郑玄注："偾，犹覆败也。"

[9] 徼功，音 jiǎo gōng。犹求功。

[10] 怙，音 hù。依靠，仗恃。

[11] 殆，表推测，相当于"大概""几乎"。

[12] 畀，音 bì。给与。

[13] 边寄，防守边疆的任务。唐孙逖《授王斛斯太仆卿仍兼安西都护制》："门下：安西都护王斛斯，将略称多，忠诚克着，顷膺边寄，颇洽人心。"

[14] 该条为正德元年五月乙未，1506年6月7日事。

[15] 撮，音 cuō。摘要，摘取。

青泉、云州、镇安、镇宁等堡，孤悬口外，输运颇艰，大同右卫霜早地寒，谷粟少生之所为一等，每石不得过七钱；四海冶、赤城、龙门、雕鹗、滴水崖、金家庄，并中路葛峪等堡，西路万全左右、怀安等卫，沿边洗马林、柴沟堡、西阳河、大同左、威远、平虏、井坪、怀仁等卫、所，并二镇会城、阳和、天城为二等，每石不得过六钱；朔州、应州、浑源、山阴、马邑、蔚州、广昌、顺圣川东西二城、保安、怀来、隆庆、永宁为三等，每石不得过五钱。如遇年谷丰歉，巡抚管粮官①因时酌量平准②增减，庶轻重不至无别，而公私俱得其平矣。一、处仓场。……一、迁站堡。……"诏如议。（卷13，第401~403页）

◎宣府马营堡暴风大雨，雹深二尺，禾稼尽伤③。（卷14，第428页）

◎吏部主事孙磐④应诏陈言⑤：以为今日庶政⑥之弊，莫甚于以内臣⑦典兵⑧。夫臣以内称，（困）［阃］⑨外之事，非其所任，纵使⑩忠勤⑪且为外夷窃笑⑫。况未必然乎！故前代盛时，未尝有此。

---

① 《明武宗实录校勘记》（以下简称《校勘记》）："巡抚管粮官"，广本"抚"下有"及"字。

② 平准，贵时抛售、贱时收买，以求稳定市场价格的一种经济措施。

③ 该条为正德元年六月戊辰，1506年7月10日事。

④ 磐，音pán。

⑤ 该条为正德元年六月辛未，1506年7月13日事。

⑥ 庶政，各种政务。

⑦ 内臣，指宫内所使用的官员、太监、护卫官长等。

⑧ 典兵，统领军队；掌管军事。

⑨ 阃，音kǔn。特指城郭的门槛。据《校勘记》改。《校勘记》："困外之事"，抱本"困"作"阃"，是也。

⑩ 纵使，即使。北齐颜之推《颜氏家训·养生》："纵使得仙，终当有死。"

⑪ 忠勤，忠心勤劳。

⑫ 窃笑，暗笑；私下好笑。

惟唐、宋季世①则有监军②，而其国遂以不永③，岂非④万世之永鉴⑤哉？今各边镇守、分守、监枪诸内臣，托以腹心，而其诛求⑥百计，实为腹心之病。役占健卒⑦，置于标下⑧，纵之生事，以为爪牙。或抑卖弓弦缨子而总收军饷，或扣转仓粮马料而坐支官价，或私猎走伤战马，或私种夺占耕牛。又有所谓家人头目，皆无藉⑨恶少⑩。聚敛侵剥，势若虎狼。武职藉以⑪夤缘⑫，宪司⑬不敢诘问⑭。一遇有警出战，惟驱占剩赢卒⑮当之，故不能勇斗决胜。及战有微功，虚张捷报，则皆附势挟贵⑯者攘⑰而有之。甚者，迹未离于京师，名已登乎奏牍⑱。使阵没者衔冤⑲，被创者抱痛，剥削沮丧，至于此极，欲兵

① 季世，末代；衰败时期。《左传·昭公三年》："叔向曰：'齐其何如？'晏子曰：'此季世也，吾弗知。齐其为陈氏矣！'……叔向曰：'然，虽吾公室，今亦季世也。'"

② 监军，官名。监督军队的官员。明代以御史或宦官为监军，专掌功罪，赏罚的稽核。清废。

③ 不永，寿命不长久。汉书贤《讽谏》："乃及夷王，克奉厥绪，咨命不永，惟王统祀。"

④ 岂非，难道不是…？用于反问。

⑤ 永鉴，亦作"永监"。长久鉴戒。

⑥ 诛求，需索；强制征收。《左传·襄公三十一年》："以敝邑褊小，介于大国，诛求无时，是以不敢宁居，悉索敝赋，以来会时事。"杜预注："诛，责也。"

⑦ 健卒，健壮的军卒。

⑧ 标下，即部下属下。

⑨ 无藉，指无赖汉。

⑩ 恶少，指品行恶劣的年轻无赖。

⑪ 藉以，凭借某种事物或手段以达到某一目的。

⑫ 夤缘，指攀援；攀附。

⑬ 宪司，魏晋以来御史的别称。《宋书·刘瑀传》："明年，迁御史中丞。瑀使气尚人，为宪司甚得志。"

⑭ 诘问，音jié wèn。追问，责问，质问。汉焦赣《易林·师之蛊》："证讯诘问，系于枳棞。"

⑮ 赢卒，疲弱的士兵。

⑯ 附势挟贵，凭借和倚仗权势。附势，阿附权势。

⑰ 攘，音rǎng。偷，盗窃。

⑱ 奏牍，指书写奏章的简牍。

⑲ 衔冤，含冤。谓冤屈无从申诉。《宋书·索虏传论》："偏城孤将，衔冤就虏。"

威①之振，边鄙②之宁，得乎？乞鉴唐、宋之覆辙，遵太祖之成规，取沿边内臣回京，所带头目尽行革去。修内、攘外、足食、强兵计，莫有先于此者。兵部以磐所奏语意周切，实安危所系，如山东临清之镇守，湖广行都司及密云、怀来、建昌之分守，宣、大、甘宁、广宁之监枪，山海、龙门、永宁、大同、朔州之守备，是尤冗滥可革，请革之。其各处奏带头目亦宜严禁，不得违例踰数，庶边境之宿蠹③可除，军士之锐气可作。奉旨，各处分守守备近方裁革矣。其姑已之。（卷14，第436～437页）

◎戊子④，户部侍郎王俨先是往各边召商纳米，定与九一成色，盖每石米九分带谷一分也。分守独石、马营左少监唐禄⑤欲乘时牟利而不得，遂乃诡言九一米粗，必绝谷始可以充军饷。刑部主事俞稳奉命会巡按御史勘实，具得其情。于是奏谓九一便于久贮，况今米价犹贵，须因时收受，待岁丰乃收绝谷，庶米商易召。户部覆奏，九一既便，特恐各仓场监收官攒人等徇情受嘱，不足其数耳。宜移文巡抚宪臣及管粮郎中，今后收米俱欲足九一之数。若将三七、二八粗粝⑥混收，及有插和糠秕等弊，治如例。上是之。（卷19，第563～564页）

◎升赏大同官旗军舍九十七人⑦有差，赏分守太监唐禄、左参将

---

① 兵威，军队的威势。

② 边鄙，边疆；边远的地方。《国语·吴语》："夫吴之边鄙远者，罢而未至。"

③ 宿蠹，音 sù dù。指一贯作恶的人。蠹，本意指蛀蚀器物的虫子。引申比喻祸害国民的人和事。

④ 正德元年十一月戊子，1506 年 11 月 27 日。

⑤ 《校勘记》："唐禄"，广本"唐"作"康"。

⑥ 粗粝，音 cū lì。泛指粗劣的食物。

⑦ 《校勘记》："九十七人"，抱本作"九千七百"。

杨英各彩币①二表里，录②独石城斩获功也③。（卷21，第605页）

◎太监李荣传旨④：边关隘口等处切近京师，旧设守备内官。其仍旧添补……怀安卫等处以都知监⑤左监丞王景和龙门所等处以都知监右少监孟山，各为守备。万全左卫等处以都知监右少监毕安分守。（卷22，第608~609页）

◎改保安新城守备指挥佥事王忠于万全左卫、四海冶堡守备，指挥佥事张勋于马营堡，以保安卫指挥同知朱寿守备保安新城，宣府都指挥杨玉守备柴沟堡，宣府左卫指挥同知时春守备保安旧城，宣府都指挥佥事周显忠守备四海冶堡，万全右卫指挥同知陶杰守备新河口堡⑥。（卷29，第738~739页）

◎万全都司开平卫地震有声⑦。（卷32，第789页）

◎甲寅⑧，命大同游击将军马昂充大同左副总兵分守独石、马营，左参将杨英充宁夏副总兵。（卷34，第826页）

◎命山西行都司都指挥同知潘浩充大同游击将军，万全都司都

---

① 彩币，指赏赐的财帛。

② 录，记载。

③ 该条为正德二年正月壬寅，1507年2月9日事。

④ 该条为正德二年闰正月丁未，1507年2月14日事。

⑤ 都知监，明宦官官署名。十二监之一，十二监指司礼、内官、御用、司设、御马、神宫、尚膳、尚宝、印绶、直殿、尚衣、都知等十二监，各设掌印太监等主管。掌侍奉皇帝及其家族。

⑥ 该条为正德二年八月庚辰，1507年9月15日事。

⑦ 该条为正德二年十一月乙巳，1507年12月9日事。

⑧ 正德三年正月甲寅，1508年2月16日。

指挥佥事王本充左参将分守独石、马［营？］等处①。（卷34，第831页）

◎命怀安卫指挥同知宋赟守备龙门城②。（卷34，第833页）

◎以山西领班（领）［都］③指挥佥事周隆补山西都司佥书，济州卫都指挥佥事缑纲补山西行都司佥书，万全都司都指挥同知守备独石地方，马（补）［经］④补万全都司佥书⑤。（卷35，第841～842页）

◎命守备张家口堡都指挥佥事田琦充左参将分守延绥西路地方，以开平卫指挥佥事刘忠节代琦守备⑥。（卷36，第863页）

◎守备龙门所等处都知监右少监孟山，请改守备为分守。许之⑦。（卷37，第891页）

◎升赏宣府独石等处有功官军千一百四十七人有差⑧。镇守太监陈贵，岁与禄米十二石；赏总制都御史文贵白金二十两，文绮⑨二袭⑩；纪功御史郭东山、给饷郎中李诚各白金五两，文绮二袭；升巡抚佥都御史邓璋俸一级；总兵官署都督同知白玉，实授都指挥同知；

---

① 该条为正德三年正月庚申，1507 年 2 月 22 日事。
② 该条为正德三年正月辛酉，1507 年 2 月 23 日事。
③ 据《校勘记》改。《校勘记》："领指挥"，广本、抱本"领"作"都"，是也。
④ 据《校勘记》改。《校勘记》："马补"，广本、抱本"补"作"经"，是也。
⑤ 该条为正德三年二月癸酉，1508 年 3 月 6 日事。
⑥ 该条为正德三年三月壬子，1508 年 4 月 14 日事。
⑦ 该条为正德三年四月甲午，1508 年 5 月 26 日事。
⑧ 该条为正德三年九月壬寅，1508 年 10 月 13 日事。
⑨ 文绮，音 wén qǐ。华丽的丝织物。
⑩ 袭，量词，指成套的衣服，一套为一袭。

分守少监孟山二级；李增及监枪监丞汪凤，各一级；副总兵都指挥
佥事刘淮为都指挥同知；左参将都指挥佥事王本为署指挥同知①。
（卷42，第971~972页）

　　◎宣府独石等处有功官军已行升赏，太监陈贵等复奏，冲锋破
敌，鏖战②官军宋暕③等三十九人宜量升。得旨：各升一级，于是，
兵科都给事中赵铎等劾贵及总兵官白玉，右佥都御史邓璋市恩④坏
法，罔上欺公，纪（公）［功］⑤御史郭东山不开被创实迹，恐有诈
冒。乞罢暕等赏，正贵等罪，上是之，革暕等所升职级，数⑥贵、
玉、璋市恩挠法⑦之罪而姑宥之，仍夺玉俸三月，璋俸六月，下东山
锦衣狱，杖之三十，令为民。且谕兵部查宣德、正统间赏格⑧，有无
冲锋破敌、鏖战诸名色⑨以闻。于是，兵部备查正统以来赏格，则鏖
战之名，昉⑩于天顺元年，冲锋破敌之名，昉于成化十五年。得旨：
天顺以前既无鏖战等名，则从前由此而升者俱当查革，但年远人众，
可如前诏荣其身而止自后，纪功官不得巧立新名，该部该科其识之
违者，罪无赦⑪。（卷43，第1000~1001页）

----

①　《校勘记》："署指挥同知"，广本"署"作"都"，是也。抱本"署"下有"都"
字。

②　鏖战，音 áo zhàn。激烈地战斗；竭力苦战。

③　暕，音 jiǎn。阴雨后晴。又音 lán。阴干。

④　市恩，以私惠取悦于人。犹言买好，讨好。

⑤　据《校勘记》改。《校勘记》："经公御史"，"公"应作"功"。

⑥　数，音 shǔ。枚举；列举。

⑦　挠法，枉法。《汉书·酷吏传·周阳由》："所爱者，挠法活之；所憎者，曲法灭
之。"

⑧　赏格，悬赏所定的报酬条件。《宋书·萧斌传》："文昌遣道连伪投贼，贼信纳之，
潜以官赏格示众，城内贼党并有归顺心。"

⑨　名色，名目；名称。

⑩　昉，音 fǎng。起始。

⑪　该条为正德三年十月庚寅，1508 年 11 月 18 日事。

◎己卯①，**宣府龙门卫**地震（卷 47，第 1070 页）

◎户部议覆，**宣府**等处镇巡等官奏②，**东路怀来**去**居庸关**不远，若该仓运有粮料，虽**龙门**迤北城堡可以接济，令**隆庆卫**等仓所贮米四万七百余石、黑豆万八千余石，宜行侍郎**胡汝砺**差官运贮**怀[来]**③等仓，以备急用。及查军民人等奉例，愿纳指挥等官、在京各衙门吏，欲免办事历役考试，并**山东**、**河南**等处生员改拨**隆庆**等州、县纳粟者，各照原拟赴仓上纳，俟秋成停止，则边储不乏④，缓急有济。从之。（卷 47，第 1071～1072 页）

◎免**万全都司开平**、**龙门**等卫、所，**云州**、**赤城**等堡，**正德三**年秋粮子粒。以抚巡奏其灾伤也⑤。（卷 47，第 1074 页）

◎诏户部发银三千两于**独石**等处，给赏获功官军⑥。（卷 47，第 1074 页）

◎输太仓粟米十五万石于**宣府**、**怀来**、**龙门**三处以备边。以**山东**、**山西**、**河南**灾伤，其输边额粮犹多未至，恐有警无从支给，故也⑦。（卷 48，第 1083 页）

---

① 正德四年二月己卯，1509 年 3 月 7 日。
② 该条为正德四年二月癸未，1509 年 3 月 14 日事。
③ 据《校勘记》补。《校勘记》："怀等仓"，广本、抱本"怀"下有"来"字，是也。
④ 不乏，指不缺少。《后汉书·吴佑传》："吴氏世不乏季子矣。"
⑤ 该条为正德四年二月丁亥，1509 年 3 月 15 日事。
⑥ 该条为正德四年二月丁亥，1509 年 3 月 15 日事。
⑦ 该条为正德四年三月戊戌，1509 年 3 月 26 日事。

◎先是①，北虏自正德三年五月以来，屡犯宣府三路，所杀虏官军、男妇几千人，头畜一千五百有奇，亡失器械以万计，粮二千余石。守臣以闻，兵部议核其功罪。至是，巡按御史孟醇查参承委军职二百余名，及分守内、外官，参将杨玉、王本、宋振，太监孟山、王景和，左监丞张鼎，右少监李增，副总兵刘淮，游击将军李琮等，俱以失事当罪。又言：镇守太监陈贵、总兵官白玉、巡抚都御史邓璋、提督军务左侍郎文贵，俱膺②重寄③，责亦难辞。但陈贵等先于龙门、独石等处各有擒斩功绩，今失事之后，又各以解围斩捕④论功行赏矣，且虏方在边，须人防御，或功过相准⑤、或令戴罪自效，均乞圣裁⑥。兵部议上得旨：宣府地方屡被虏抢杀，人畜器械数多，各内外误事官皆当罪之，但时方有警，姑勿问，候边情宁日以闻，陈贵等既各有功，准赎罪，文贵莅事⑦日浅⑧，其令用心提督以图后效。（卷48，第1099～1100页）

◎升赏龙门所虎头山地方获功并战没⑨被伤旗军四十四人有差⑩。（卷53，第1204页）

◎太监刘瑾传旨⑪：调分守龙门所都知监太监孟山镇守延绥，而

---

① 该条为正德四年三月戊午，1509年4月15日事。

② 膺，音 yīng。接受。

③ 重寄，音 zhòng jì。重大的托付。《史记·龟策列传》："盛德不报，重寄不归。"

④ 斩捕，斩杀或捕获。

⑤ 相准，相抵消。

⑥ 圣裁，皇上的裁断。

⑦ 莅事，视事，处理公务。

⑧ 日浅，时间短。

⑨ 《校勘记》："战没"，广本"没"作"殁"。

⑩ 该条为正德四年八月甲子，1509年8月19日事。

⑪ 该条为正德四年十月癸巳，1509年11月6日事。

以都知监右监丞马盛①代之。奉御薛深令管神机营左掖二司。（卷56，第1249页）

◎降宁夏副总兵都指挥佥事杨英为指挥佥事，仍署都指挥佥事充副总兵。坐②先任独石参将时失律，罪也③。（卷58，第1281页）

◎罢分守独石、马营左参将王本、分守怀来、永宁右参将宋振，本还原卫，振调宣府左卫，俱带俸差操。以科剿怯懦，为镇巡官所劾也④。（卷59，第1312页）

◎戊寅⑤，罢守备云州堡都指挥朱彬等，以都指挥倪镇等守备镇新开口⑥，王林云州堡，魏玺长安岭，指挥张曷雕鹗堡，解镛怀安城。从镇巡官奏也。（卷59，第1312页）

◎壬午⑦，命都指挥郤永充左参将分守独石等处，许泰充右参将分守怀来等处。（卷59，第1315页）

◎命分守独石、马营等处都知监太监张弼调镇守宁夏，都知监左少监马良、宁夏监枪印绶监太监姚远分守独石、马营等处⑧。（卷62，第1367页）

---

① 《校勘记》："马盛"，抱本"盛"作"顺"。

② 坐，因……犯罪，触犯法律。

③ 该条为正德四年十二月庚寅，1510年1月12日事。

④ 该条为正德五年正月丁丑，1510年2月28日事。

⑤ 正德五年正月戊寅，1510年3月1日。

⑥ 《校勘记》："新开口"，广本"开"作"关"。

⑦ 正德五年正月壬午，1510年3月5日。

⑧ 该条为正德五年四月丙午，1510年5月28日事。

◎癸卯①，降怀安卫纳级②都指挥同知宋赟为指挥同知，开平卫纳级都指挥佥事刘能、万全都司都指挥佥事邢杰俱为正千户，万全右卫指挥佥事晏经为百户。坐③虏入境不能备御，故也。（卷68，第1510～1511页）

◎命万全都司都指挥佥事马经守备蔚州，宣府前卫指挥佥事陈玉守备独石城，纳级都指挥佥事孙琦守备龙门卫城，万全右卫纳级都指挥佥事白元勋守备万全右卫城，开平卫指挥佥事韩雄守备云州堡④。（卷68，第1514页）

◎以霜灾免万全都司所属开平、蔚州等卫，美峪等千户所。正德五年屯粮有差⑤。（卷71，第1571页）

◎以万全右卫都指挥佥事詹冕充左参将分守独石、马营、龙门卫，指挥同知曹泰⑥守备蔚州⑦。（卷76，第1677页）

◎正德六年九月丁未朔⑧，以开平卫指挥使王来守备马营堡。（卷79，第1721页）

◎甲寅⑨，以宣府左卫指挥同知迟宣守备云州堡地方。（卷79，

① 正德五年十月癸卯，1510年11月21日。
② 纳级，明代军民、武官通过捐纳升除武职，称为"纳级"，意为纳赀升级，即捐纳。《明史·选举志》载武官进身之途有四："曰世职，曰武举，曰行伍，曰纳级。"
③ 坐，因为；由于。
④ 该条为正德五年十月辛亥，1510年11月29日事。
⑤ 该条为正德六年正月乙亥，1511年2月21日事。
⑥ 《校勘记》："曹泰"，广本"泰"作"太"。
⑦ 该条为正德六年六月壬寅，1511年7月18日事。
⑧ 正德六年九月丁未，1511年9月21日。
⑨ 正德六年九月甲寅，1511年9月28日。

第 1724 页）

◎虏寇宣府龙门所，守备右监丞赵渶①、都指挥王继战死。事闻。兵部议，以太监陈贵、都御史燕忠、总兵刘淮、游击将军白春、参将詹冕等，俱宜究治。且请亟调大同兵御之。时，忠已升，代者赵瑛未赴。得旨：贵、淮、忠且不究，令督诸路兵防御。忠俟瑛代方许离镇，瑛赠太监，赐祭、荫②弟侄一人为锦衣卫，世袭百户。继赠都指挥同知，如例升袭③。（卷81，第 1755～1756 页）

◎初，太监张永传旨④：山东等处盗贼残破⑤州、县，累蠲⑥粮税，而有司（费）［废］格⑦不行，以致上无实惠，民罹⑧困苦，令户部议处以闻。户部覆议：谓兵荒山东为甚，河南、南北直隶次之。宜会计经费以定减免之数。一、京储。……一、边饷。山东、河南、北直隶⑨原派各边及畿郡仓库钱谷未征者，亦俱免，已征未解⑩者，山东亦留本处，河南、南北直隶亦许轻赍⑪类解，其各边粮草将正德五年、六年两淮盐课于宣府开（平）中六十万［引］⑫，辽东三十万

---

① 《校勘记》："赵渶"，旧校改"渶"为"瑛"。

② 荫，音 yìn。庇荫。封建时代子孙因先世有功劳而得到封赏或免罪。

③ 该条为正德六年十一月丁卯，1511 年 12 月 10 日事。

④ 该条为正德七年正月癸丑，1512 年 1 月 25 日事。

⑤ 残破，摧残破坏。

⑥ 蠲，音 juān。除去，免除。

⑦ 据《校勘记》改。《校勘记》："费格不行"，广本、抱本"费"作"废"，是也。废格，即搁置不实施。

⑧ 罹，音 lí。遭受苦难或不幸。

⑨ 《校勘记》："河南北直隶"，抱本"南"下有"南"字。

⑩ 解，音 jiè。发送。

⑪ 轻赍，音 qīng jī。随身携带的少量粮食。《史记·卫将军骠骑列传》："约轻赍，绝大幕。"《汉书》引此文颜师古注："轻赍者，不以辎重自随，而所赍粮食少也。一曰赍字与资同，谓资装也。"

⑫ 据《校勘记》删、补。《校勘记》："开平中六十万"，广本无"平"字，广本、抱本"万"下有"引"字，是也。

引，召商上纳。贼未残破州、县，已征者则以补内府不免之数。山海等关许于附近存积，多处通融借用，或查各库积银折放。一、禄俸。……从之。（卷83，第1794~1795页）

◎罢柴沟堡守备指挥刘杲、万全左卫守备都指挥李忠、新河口堡守备指挥阎林，以龙门卫纳级都指挥佥事宁汉代忠，万全右卫纳级都指挥佥事秦洪代杲，开平卫指挥佥事葛镇代林①。（卷87，第1870页）

◎谪龙门卫指挥佥事王玺戍辽东，夺都指挥佥事詹冕、白春俸各半年。以虏入境，不能防御故也②。（卷98，第2050页）

◎兵部议奏③：龙门所韩家冲等处，官军斩首止二级，阵亡官军、并杀死舍余人等五十余人，损失官马二百余匹，功微罪重，欲如例将有功、阵亡、杀死官军俱不准升，内斩首二级者量升录之，阵亡者优恤。从之。（卷102，第2108页）

◎罢守备柴沟堡都指挥秦洪、守备新开口堡指挥赵蓬，以云州堡都指挥佥事余震、长安岭都指挥同知都勋代之。从镇巡等官奏也④。（卷103，第2128页）

◎癸丑⑤，命开平卫指挥佥事耿山守备云州堡，龙门卫指挥佥事张铠守备长安岭地方。（卷103，第2130页）

---

① 该条为正德七年五月辛酉，1512年6月1日事。
② 该条为正德八年三月甲戌，1513年4月10日事。
③ 该条为正德八年七月癸酉，1513年8月7日事。
④ 该条为正德八年八月己酉，1513年9月12日事。
⑤ 正德八年八月癸丑，1513年9月16日。

◎己巳①，先是，达贼犯<u>宣府龙门所</u>，守备监丞<u>陈举</u>，指挥<u>刘忠</u>、<u>池雄</u>，皆为所杀，守臣以闻。兵部议覆：诏责镇巡官勉立后功并核举等死状，厚加恤典②。（卷108，第2201页）

◎命<u>龙门卫</u>纳级都指挥佥事<u>宁汉</u>守备<u>龙门所</u>，<u>怀安卫</u>指挥同知<u>章珍</u>守备<u>西阳河堡</u>地方③。（卷109，第2237页）

◎癸巳④，传旨：调守备<u>朔州暖会隘口</u>御马监太监<u>满隆</u>分守<u>独石</u>、<u>马营</u>等处。（卷113，第2295页）

◎巡按<u>直隶</u>监察御史<u>于鳌</u>劾奏⑤：分守<u>北路</u>参将<u>詹冕</u>、守备<u>龙门</u>等所少监<u>刘增</u>，及都指挥佥事<u>宁汉</u>等七人，<u>张铠</u>等四人，俱守御不严，致虏入境杀掠。诏<u>汉</u>等、<u>铠</u>等皆逮问，<u>冕</u>、<u>增</u>姑令戴罪杀贼，仍夺<u>冕</u>俸三月。（卷115，第2330页）

◎命<u>开平卫</u>都指挥佥事<u>朱彬</u>守备<u>宣府中路葛峪</u>等堡地方⑥。（卷115，第2331页）

◎命<u>开平卫</u>指挥佥事<u>靳英</u>充<u>宣府</u>游击将军⑦。（卷118，第2384页）

---

① 正德九年正月己巳，1514年1月30日。
② 恤典，朝廷对去世官吏分别给予辍朝示哀、赐祭、配飨、追封、赠谥、树碑、立坊、建祠、恤赏、恤荫等的典例。
③ 该条为正德九年二月丙午，1514年3月8日事。
④ 正德九年六月癸巳，1514年6月23日。
⑤ 该条为正德九年八月甲辰，1514年9月2日事。
⑥ 该条为正德九年八月乙巳，1514年9月3日事。
⑦ 该条为正德九年十一月辛酉，1514年11月18日事。

◎命怀来卫指挥同知黄昱守备赤城堡地方①。（卷118，第2389页）

◎命守备都指挥佥事江桓充左参将分守独石、马营等处地方②。（卷121，第2436页）

◎固靖等处游击将军都指挥佥事张桓守备云州③。（卷121，第2442页）

◎升参将都指挥佥事宋赟为署都指挥同知④。赟初守备龙门城，坐罪⑤当谪戍，止降三级。至是，复自陈剿流贼功，乞准赎罪。兵部覆：不可，有旨，准升一级。（卷125，第2510页）

◎赏宁武关、宣府雕鹗堡等处获功官舍旗军吴守志等三十七人银帛有差⑥。（卷125，第2510页）

◎命宣府右卫纳级都指挥佥事刘钺守备怀安城，开平卫指挥佥事张珍守备云州堡，保安右卫纳级都指挥佥事张暠守备洗马林堡，宣府前卫指挥同知俞镇守备怀来城，开平卫指挥同知韩雄守备龙门所城。俱以都指挥体统行事⑦。（卷127，第2552～2553页）

----

① 该条为正德九年十一月壬申，1514年11月29日事。
② 该条为正德十年二月癸卯，1515年2月28日事。
③ 该条为正德十年二月己酉，1515年3月6日事。
④ 该条为正德十年五月丁未，1515年7月2日事。
⑤ 坐罪，治罪；获罪。
⑥ 《校勘记》："银帛有差"，抱本"帛"作"币"字。该条为正德十年五月丁未，1515年7月2日事。
⑦ 体统，指体制、格局、规矩等。该条为正德十年七月庚戌，1515年9月3日事。

◎宥宣府守备右少监刘增等罪，罚守备指挥居宣、张胜俸各三月，逮管墩百户刘宁等问。坐虏入龙门所，不能御故也①。（卷130，第2591页）

◎达贼入寇宣府云州各堡，提问千户徐达等，其守备指挥耿山，先以降级，并太监郭源、参将江桓，俱宥之②。（卷131，第2604页）

◎宣府巡抚左佥都御史王纯以虏寇龙门等卫地方，劾奏提调边墩指挥李溥等，守备指挥孙琦等，各失机，宜治罪。并劾守备右少监刘增、分守太监郭原、左参将江桓，号令不严。兵部覆奏，诏溥等逮治，琦等俟狱，具以闻。桓夺俸二月，增、原宥之③。（卷133，第2644~2645页）

◎戊申④，巡抚宣府都御史王纯以虏寇云州堡，奏指挥李镇等，瞭报不谨；守备指挥张珍、董昇，左监丞李荆，太监郭原、刘宝，参将江桓、张永，各号令不严，俱请究治。诏镇等逮治，珍、昇俟狱，具以闻，桓等夺俸两月，荆等俱宥之。（卷133，第2652页）

◎癸巳⑤，巡抚宣府都御史王纯以虏入北路龙门，劾奏分守太监张凤、少监刘增、参将江桓、守备指挥韩雄、百户张玉等，俱有罪。得旨：分守、守备官，且勿问，俟逮玉等问明并以闻。（卷135，第2673~2674页）

---

① 该条为正德十年十月己巳，1515年11月21日事。
② 该条为正德十年十一月乙未，1515年12月17日事。
③ 该条为正德十一年正月庚寅，1516年2月10日事。
④ 正德十一年正月戊申，1516年2月28日。
⑤ 正德十一年三月癸巳，1516年4月13日。

◎宣府大雨①。是日，游击将军靳英②遣兵三千人，于龙门城御贼，行至漫岭迤东，山水暴涨，官军溺死者七十余人。怀安城骤雨，雷大震，草场火。（卷138，第2721页）

◎赏龙门所斩获达贼有功、阵亡、被伤官舍、旗军人等银帛有差③。（卷139，第2743页）

◎虏犯龙门所，官军御之，失利，阵亡三十人④。巡抚宣府都御史王纯奏劾守墩百户张镇，领军千户王隆，守备指挥韩雄，守备少监刘增、李荆，分守太监张凤、刘宝、叶森，参将江桓、庞隆、张永等，丧师⑤失律⑥，俱宜治罪。诏镇等侯边事稍宁，巡按御史逮治，桓、增等查勘并奏。（卷141，第2775页）

◎癸亥⑦，赏宣府独石军川墩获功旗军人等银布有差。（卷144，第2824页）

◎初⑧，虏七万骑分道入寇，副总兵陶杰、游击将军靳英、都指挥朱彬等屯宋家营，巡抚都御史王纯、监枪少监汪凤、都指挥王本等，以七千人城守⑨。总兵潘浩，统都指挥朱春，太监于喜，统指挥王唐，参将杨玉、左钦，统都指挥易章等，九千人合英兵击虏于贾

① 该条为正德十一年六月戊午，1516年7月7日事。
② 《校勘记》："靳英"，广本、抱本"英"作"恩"。
③ 该条为正德十一年七月丁酉，1516年8月15日事。
④ 该条为正德十一年九月癸未，1516年9月30日事。
⑤ 丧师，战败而损失军队。
⑥ 失律，行军无纪律。也指出战失利。
⑦ 正德十一年十二月癸亥，1517年1月8日。
⑧ 该条为正德十二年二月庚戌，1517年2月24日事。
⑨ 城守，据城而守。《战国策·楚策一》："扞关惊，则从竟陵已东，尽城守矣。"

家湾，败绩，春、唐皆死，浩走还，虏至鸡鸣山，败指挥张楫，兵进抵保定燕尾河。浩益调龙门城。游击将军余震、北路参将江桓，兵复率杰等出战，亦败，退保保安新城。是时，参将张永、太监刘宝遇虏于老营坡，被创而走，居庸分守指挥孙玺、太监李嵩闭关①为自守计。虏遂犯宣府，遣轻骑薄②演武厅，纯③募兵④出战，虏还，趋鸡鸣山，浩追袭之，及花园，我军复溃。虏于是自青边口出，凡攻破城砦二十处，杀虏三千七百四十九人，掠头畜二万三千五百有奇，阵亡及被伤官军三百八十一人，所获虏首仅九级。至是，巡按御史刘澄甫勘实以闻。兵部议：浩已被逮，请并逮纯、喜、杰、英、桓、宝、凤、嵩至京鞫问，彬、本等数百人下巡按御史治之。时，喜已改任榆林，纯养病归。诏以失事者众，俱宥之，降浩三级，杰、英、桓并彬、本等，俱停俸，春、唐并阵亡者升赏如例。仍令镇巡官赈恤死伤之家。（卷146，第2848～2850页）

◎辛丑⑤，升宣府龙门所千松嵯地方阵亡军士金成等三十一人各一级，仍给银五两，营葬其无子孙而父母存者银倍之，被伤者十五人各升署，量赏如例。（卷147，第2879页）

◎命指挥佥事晏经守备新河口堡，佘宣守备广昌城，纳级都指挥佥事赵腧守备怀安城，刘钺守备龙门城⑥。（卷149，第2895～2896页）

◎甲寅⑦，右军都督府都督同知杨英卒。英，湖广黄陵县人。初

---

① 闭关，指关闭城门。
② 薄，音bó。通"迫"。迫近；接近。
③ 纯，单，只。
④ 募兵，招募兵丁。
⑤ 正德十二年三月辛丑，1517年4月16日。
⑥ 该条为正德十二年五月丙子，1517年5月21日事。
⑦ 正德十二年八月甲寅，1517年8月27日。

袭升万全都司都指挥佥事，寻充独石右参将转协守宁夏副总兵。会庆府寘鐇叛，遣其党撤黄河渡船，英方以警出屯杨显堡，遂率将士夺之，不克，走灵州。于是升右府署都督佥事充总兵官，发延绥官军一千五百人隶焉。未几，游击将军仇钺谋执寘鐇，英密约为内应，及宁夏平，其部下斩获功最多，乃实授都督佥事。累升，今职挂平蛮将军印，镇守湖广地方。至是卒，赐祭葬。（卷152，第2944页）

◎上命大同总兵官王勋①、游击陈钰、宣府副总兵陶杰、参将杨玉、游击时春、延（缓）[绥]② 副总兵朱銮、参将杭雄军杨和，参将左钦、万全右卫参将都勋军③怀安，宣府总兵官朱振还镇城，独石参将江桓军龙门，永宁参将张眹军保安新城，宣府游击靳英军蔚州城，辽东参将萧滓、参将庞隆军顺圣川西城，延绥游（系）[击]④周政军瓮城驲，大同副总兵张輗军广灵县，游（系镇）[击孙镇]⑤军浑源城，[老营堡游击张琦军应州，大同右卫参将麻循军威远，各按伏防御。复令大同巡抚都御史胡瓒、镇守太监马锡严为之备⑥。]（卷154，第2970~2971页）

◎甲子⑦，太监张钦传旨：以内官监 [太监]⑧ 侯钦守备万全左

---

① 该条为正德十二年十月辛亥，1517年10月23日事。

② 据《校勘记》改。《校勘记》："延缓"，抱本"缓"作"绥"，是也。

③ 军，驻扎。

④ 据《校勘记》改。《校勘记》："游系"，抱本"系"作"击"，是也。

⑤ 据《校勘记》改。《校勘记》："游系镇"，抱本作"游击孙镇"，是也。

⑥ "老营堡"以下，据《校勘记》由第2972页移此。《校勘记》：自本页后十一行"老营堡"起至次页后六行"雅州"止，应移此行"城"字下，抱本不误。

⑦ 正德十三年三月甲子，1518年5月4日。

⑧ 据《校勘记》补。《校勘记》："内官监"，抱本"监"下有"太监"二字，是也。

卫①，尚衣监太监冯敬分守万全右卫②，内官监太监叶森守独石、马营③，内官监太监李昕宁夏监枪。（卷160，第3097页）

◎命万全都司署都指挥同知张镇守备马营堡④。（卷171，第3297页）

◎以开平卫指挥同知刘祯守备赤城堡⑤。（卷176，第3413页）

◎丙午⑥，顺天府昌平州、宣府开平等卫俱地震。（卷178，第3475页）

◎升怀来卫指挥使吴瓛为署都指挥佥事，守备赤城堡⑦。（卷193，第3617页）

---

① 《校勘记》："左卫"，抱本"左"作"右"。

② 《校勘记》："分守万全右卫"，抱本"分"上有"调"字。

③ 《校勘记》："守独石马营"，抱本"守"上有"调分"二字，"营"下有"分守凉州都知监太监王欣调镇守甘肃，御马监太监刘德分守凉州"廿七字，疑是也。

④ 该条为正德十四年二月庚辰，1519年3月16日事。

⑤ 该条为正德十四年七月戊戌，1519年8月1日事。

⑥ 正德十四年九月丙午，1519年10月8日。

⑦ 该条为正德十五年十一月己巳，1520年12月24日事。

8.《明世宗实录》

【题解】 《明世宗实录》566卷。起正德十六年（1521年）四月，讫嘉靖四十五年（1566年）十二月。

世宗朱厚熜，是明代仅次于神宗的在位时间最长的皇帝，享国达46年之久。但他的儿子穆宗朱载垕却只当了五年半皇帝，所以他的《实录》虽始修于穆宗朝，却完成于乃孙神宗万历时期。穆宗继位于嘉靖四十五年十二月，4个月后的隆庆元年（1567年）三月便下诏为其父世宗皇帝修《实录》。命朱希忠为监修，徐阶、李春芳、郭朴、高拱、陈以勤、张居正为总裁，高仪、赵贞吉、林树声、潘晟、殷士儋为副总裁，姜金和、李维桢、沈位等为纂修官，由于修纂时间较长，人员变动性较大，先后参与纂修人员共99人。穆宗对《世宗实录》纂修特别重视，自下诏敕修后又敕谕史官，叮咛再三，确定于六月初一日开馆，并在以后的纂修过程中不断地加强修纂力量，因为世宗继位时间长，可写的事情太多。尽管穆宗帝急于修完其父的《实录》，但他的身体状况已使他无法实现这一愿望。隆庆六年五月，穆宗帝在北京皇宫中崩逝，临终也未能见到《世宗实录》的完成。

神宗朱翊钧继位后，采取了张居正制定建议，《世宗实录》《穆宗实录》同时并进，但先完成篇幅较短的《穆宗实录》，然后集中全部力量纂完卷帙浩繁的《世宗实录》，并制定总体规划。正在《世宗实录》修纂如火如荼地进行时，《大明会典》的重修又开始了，由于正副总裁相互兼任，也分散了《世宗实录》的修纂力量，但由于张居正的专任责成措施，使《世宗实录》一直顺利地修纂着。到万历五年八月甲戌（1577年9月1日），这部前后花了13年之久的大部头《世宗实录》终于修完竣工。

本辑据台湾"中央研究院"历史语言研究所影印本《明世宗实录》辑录有关赤城内容。

明世宗寶錄　卷三二〇

七

雖費要非得已臣等稽往慮未就中撫策如所條例于左者雖
無甚高異然自是而兵不甚勞費可漸省期以弭寇雖而固疆
圍要皆臣等之極思也若必分道道將深踐寇進減此驕狂然
後朝食斯固安攘之壯圖亦臣等之職分故虜勢未衰我力不
足謀須積久事必待時故臣等但知盡力于其所可為而不敢
妄觀于其所不可耳其修邊二事一定規盡大鎮遏其極當
虜衝者北路則怘門赤城至獨石云州接連龍門町百二十里
西路則洗馬林以至中路羊房常峪菖峪小白羊連絡龍門城
界五十里此亟當繕修者也其餘稍緩者每歲借用防秋兵
盡室後修舉一度工費前工約費粮賞銀十六万六千一百餘
兩除舊所餘尚需十六万三千六百餘兩乞命戶部給發其守
邊八事一慎防秋山西內遺寧廨諸閫原有戍兵及外遺偏關

5953

《明世宗实录》书影

◎以守备马营堡都指挥张镇为左参将，分守宣府北路独石、马营等处。漕运参将都指挥使王佐为右参将分守大同中路①。（卷4，第199页）

◎以灾例免宣府等卫所、马营等城堡、隆庆等州、永宁等县税粮②。（卷6，第257页）

◎追论宣府青边口等堡失事罪，都指挥佥事朱林降一级，与都指挥同知时春等俱纳赎还职③。（卷9，第348页）

◎署都指挥佥事分守宣府西路李贤坐④守备不设⑤，致虏入境，命免其谪戍，贬秩⑥一等。署都指挥同知分守北路张镇等十七人罪各差⑦。（卷28，第776页）

◎癸巳⑧……升龙门卫指挥佥事王经为署都指挥佥事，充左参将，分守宣府万全右卫等处地方。（卷37，第947页）

◎己巳⑨，调（延绥）［巡抚］⑩宣府右佥都御史张缙于延绥，

① 该条为正德十六年七月癸酉，1521年8月25日事。
② 该条为正德十六年九月辛未，1521年10月22日事。
③ 该条为正德十六年十二月己亥，1522年1月18日事。
④ 坐，因为；由于。
⑤ 设，筹划；秘密策划。
⑥ 贬秩，贬职；削减俸禄。《史记·平准书》："元封元年，卜式贬秩为太子太傅。"
⑦ 该条为嘉靖二年六月辛酉，1523年8月3日事。
⑧ 嘉靖三年三月癸巳，1524年5月1日。
⑨ 嘉靖四年三月己巳，1525年4月2日。
⑩ 据《明世宗实录校勘记》（以下简称《校勘记》）改。《校勘记》："延绥宣府"，广本、阁本"延绥"作"巡抚"，是也。

以原任延绥巡抚都御史周金代之。先是，缙以持法①，为镇守太监王玳所奏，有旨诘责②。至是，缙上疏待罪③，故有是命。已而兵部言：延绥关狭，边镇宣、大为京师北门，轻重缓急不言可知。且延绥见有（点）［黠］虏④住套，而宣府独石等处虏亦数万，临敌易将，兵家所忌，请勿调便得报有旨。（卷49，第1235~1236页）

◎癸亥⑤……巡按直隶监察御史张录劾奏："龙门卫指挥同知穆廷臣、怀来卫指挥同知曾荣、开平卫指挥佥事刘玺、百户林俊、李英各督瞭不谨，致贼掳掠，分守宣府北路左参将署指挥同知张镇，职专守备亦难逭责⑥。"诏廷臣等逮问，镇夺俸⑦两月。（卷53，第1316页）

◎嘉靖七年十二月戊辰⑧，朔，宣府滴水崖堡官军郭春、小蔡旺等数十人，怨其债主牵诉，频数群聚，擐甲⑨不服追逮。官司虑生变。为逐其债主，下令抚谕⑩之。春等益横肆无忌，鼓行劫掠，至殴击烧荒官军，夺其马匹、器械，伪称大王、天师、知事等号。巡抚都御史刘源清密遣军卒捕之，为春等所觉，遂放火烧官草二万余，驱堡人登城拒敌，伤官兵甚众。副总兵刘渊乃遣人执旗晓谕⑪，散其

---

① 持法，执法。

② 诘责，质问并责备。《汉书·翟方进传》："咸诘责方进，冀得其处，方进心恨。"

③ 待罪，等待惩处：免冠徒跣待罪。

④ 据《校勘记》改。《校勘记》："点房"，三本"点"作"黠"，是也。黠虏，音xiá lǔ。狡猾的敌人。

⑤ 嘉靖四年七月癸亥，1525年7月25日。

⑥ 逭责，音huàn zé。逃避责任。逭，逃避；免除。

⑦ 夺俸，夺俸指官吏因过失而被罚扣其俸禄。

⑧ 嘉靖七年十二月戊辰，1529年1月10日。

⑨ 擐甲，音huàn jiǎ。穿上甲胄，贯甲。擐，穿，贯。

⑩ 抚谕，同"抚喻"。安抚晓喻。晓喻，明白劝导，告知。多用于上对下。

⑪ 晓谕，同"晓喻"。《魏书·穆泰传》："焕晓谕逆徒，示以祸福，于是凶党离心，莫为之用。"

胁从。春等四人自刭^①死，小蔡旺等十余人就擒。源清以其事闻，请当^②各犯以谋叛律。都察院覆言：在律，强盗得财，不分首从^③皆斩，而例有强盗放火伤人，及聚至百人以上者，奏请审决枭示^④之文。此小蔡旺等所犯正条，不为不重，源清欲用重典绳^⑤乱军，故拟以谋叛，欲并罪其妻孥^⑥，没入其产。然于法太深矣。宜依正条拟罪为当。报可。是时小蔡旺等多瘐死^⑦狱中，惟钱保监候，乃斩保于市，戮^⑧旺等尸，俱枭首^⑨，妻子免坐^⑩，而籍^⑪其资产以偿所烧官草云。（卷96，第2233～2234页）

◎命延绥游击将军署都指挥佥事王效充右参将，分守延绥东路；升万全右卫指挥使杜辉为署都指挥佥事充左参将，分守宣府北路独石、马营等处^⑫。（卷97，第2277～2278页）

◎以龙门所守备钟杰充左参将，分守宣府中路葛峪堡等处地方^⑬。（卷106，第2521页）

---

① 刭，音jǐng。用刀割颈。
② 当，判决罪人，断狱。
③ 首从，首犯和从犯。
④ 枭示，指斩头而悬挂在杆上示众。
⑤ 绳，约束；制裁。
⑥ 妻孥，音qī nú。妻子和儿女。亦作"妻帑"。《诗·小雅·常棣》："宜尔家室，乐尔妻帑。"毛传："帑，子也。"
⑦ 瘐死，音yǔ sǐ。囚犯在狱中病死。
⑧ 戮，音lù。表示处以死刑，特指杀死人后陈尸示众。
⑨ 枭首，音xiāo shǒu。砍下并悬挂罪犯头颅。
⑩ 免坐，古代法律，本人犯罪时，亲友亦应连坐治罪。对其亲友免予治罪，谓之"免坐"。
⑪ 籍，征收。
⑫ 该条为嘉靖八年正月壬戌，1529年3月5日事。
⑬ 该条为嘉靖八年十月辛卯，1529年11月25日事。

◎己丑①……诏革镇守浙江、两广、湖广、福建，及分守独石、万全，守备永宁城内臣。先是，都给事中张润身，（刻）［劾］奏②镇守浙江等处太监张赐、潘直，少监师章贪纵害事，宜黜③；分守独石等处，奉御田霖，监丞李俊、姚保皆冗员④，宜裁。兵部覆请悉行悉革，永勿差补。上然之，故有是命。（卷127，第3021～3024页）

◎癸未⑤，命原任宣府游击将军署都指挥佥事李懋充右参将，分守宣府北路独石、马营等处。（卷141，第3288页）

◎升龙门守备署指挥使欧纲署都指挥佥事，掌陕都司事⑥。（卷145，3375～3376页）

◎录宣府马营堡获功官军朱涌等三十三人，升赏有差。诏凡武举开科试卷分别边方、腹里，及南方为三等，从给事中朱隆禧等言也⑦。（卷212，第4363页）

◎命大同游击署都指挥同知史俊充左参将，分守宣府北路独［石］⑧、马营等处⑨。（卷236，第4822页）

◎嘉靖十九年五月壬辰朔⑩……升赤城守备指挥佥事曹棠为署都

---

① 嘉靖十年闰六月己丑，1531年7月20日。
② 据《校勘记》改。《校勘记》："刻奏"，广本、抱本"刻"作"劾"，是也。
③ 黜，音chù。降职或罢免。
④ 冗员，音rǒng yuán。闲散的，多余无用的。指无才能的人。
⑤ 嘉靖十一年八月癸未，1532年9月6日。
⑥ 该条为嘉靖十一年十二月戊戌，1533年1月19日事。
⑦ 该条为嘉靖十七年五月乙亥，1538年5月30日事。
⑧ 据《校勘记》补。《校勘记》："独马营"，抱本"独"下有"石"字，是也。
⑨ 该条为嘉靖十九年四月辛巳，1540年5月25日事。
⑩ 嘉靖十九年五月壬辰，1540年6月5日。

指挥佥事，充大同游击将军。（卷 237，第 4827 页）

◎嘉靖二十年六月丙辰朔①……命除豁②……开平、天津、德州、宽河、仓州等处，各卫、所、营、屯新增地亩银共一万二千一百七十两有奇，及……先是，御史周洪范言：各卫地土碱薄，钱粮多逋③，宜为议处蠲豁④。（卷 250，第 5015 页）

◎庚午⑤，改分守宣府中路左参将段堂，守山西西路。起⑥原任分守独石、马营等处右参将史俊，原任分守锦、义二城右参将赵国忠，俱充右参将。俊分守开原，国忠仍旧任。（卷 256，第 5138 页）

◎……升守备怀安城指挥佥事范瑾为署都指挥佥事，充左参将分守大同东路；守备雕鹗堡指挥佥事张辉为署都指挥佥事，充宣府游击将军⑦。（卷 256，第 5139 页）

◎兵部奏⑧：顷者，大同、山西虏报沓至，前议防守山西居庸事宜，已奉旨行矣。虏诈叵测，倘自宣府独石边外突入潮河、右北、黄花、密云地方，则震惊京师。宜令蓟州总兵祝雄分兵驻密云，督同参将王继祖设伏古北口等处御之。……上是之诏，即如议行。（卷 263，第 5220～5221 页）

---

① 嘉靖二十六年六月丙辰，1541 年 6 月 24 日。

② 除豁，音 chú huō。免除。《元典章·户部三·户计》："依旧除豁，不行收差。"

③ 逋，音 bū。拖欠。

④ 蠲豁，音 juān huō。免除。

⑤ 嘉靖二十年十二月庚午，1542 年 1 月 4 日。

⑥ 起，举用。

⑦ 该条为嘉靖二十年十二月丁丑，1542 年 1 月 11 日事。

⑧ 该条为嘉靖二十一年六月辛卯，1542 年 7 月 24 日事。

◎升赤城堡守备指挥佥事孙廷相署都指挥佥事，佥书大宁都司事①。（卷263，第5223页）

◎增设东官厅前、后、左、右哨参将四员。以神机营坐营署都指挥佥事徐府为后哨，守备云州堡、长安岭。四海冶堡指挥等官祈勋、刘振、蔡瑢俱升署都指挥佥事。勋前哨、振左哨、瑢右哨，充参将官②。（卷263，第5225页）

◎总督宣大侍郎翟鹏等言③，尚以虏众驻套时扰延绥，诏调本镇游兵一枝援之。近套虏东渡，而独石迤北之众亦皆移营南向，谋寇山西，请止所调游兵，以戍本镇，后河西有警，仍当督发援之。诏游兵免调，令分布要害，从宜战守。寻延绥、陕西抚臣张、路迎，各报虏警，复请前兵。诏督臣视虏缓急，量分援调之兵应之。（卷276，第5406页）

◎兵部覆，巡抚宣府都御史王仪言④：宣镇五路，若北路则龙门城许家冲，中路则大白阳，西路则膳房、新开、新河、冼马林等堡尤为要地，请得选民兵趫⑤健敢死者，必以三千聚居镇城西，一千聚居万全右卫，北路一千聚居独石城，增给月粮，仍给戎器⑥、马匹。而起原任参将李彬，游击董旸，守备江瀚、张忠，复其原秩，令部署之，以时训练，专听杀虏。能大克捷者，将领赍⑦银五百两，升三

① 该条为嘉靖二十一年六月辛卯，1542年7月24日事。
② 该条为嘉靖二十一年六月癸卯，1542年8月5日事。
③ 该条为嘉靖二十二年七月庚戌，1543年8月7日事。
④ 该条为嘉靖二十三年二月戊子，1544年3月12日事。
⑤ 趫，音qiáo。行动轻捷，善于缘木升高。
⑥ 戎器，兵器。
⑦ 赍，音lài。赐予，给予。引申为赠送。

级，军则八十两，而遇害者即以此优恤其家，仍录其后。选懦①观望者，许镇巡官以军法从事。（诏如议行。（卷283，第5497~5498页）

◎宣府征军修筑墩堡，值房五百余骑入寇龙门所，总兵郤永率副总兵崔天爵由滴水崖取路，会参将刘环等前后夹攻。至盘道墩，擒斩房十五级。追及庆阳口擒斩二十七级。房复驰二百余骑西入碴舂沟，为千户乔永等擒斩九级。房遁。兵部上②郤永、总督翟鹏、巡抚王仪、副总兵崔天爵及诸司道将领等功。上深③嘉悦④，命："升鹏兵部尚书兼都察院右副都御史，永都督同知，仪右副都御史，俱如旧督抚，赐敕奖励。天爵等五人升一级，并诸臣各赏银币有差。"⑤（卷284，第5506~5507页）

◎己卯⑥，复发余盐事例银一万五千两于宣府，修理松、君二堡。先是，宣府都御史王仪等议：称独石、马营孤悬边外，最为难守。宜将松、君二堡修整，分兵屯戍，首尾相应，胡房可御。且田极膏腴，我边之所当复，丑房之所必争。近日，破房获功，不于此时乘势兴复，则机宜一失，后将难图。于是命户部发银修复。（卷285，第5517页）

◎丁未⑦，先是，巡抚蓟州都御史许论报，北房欲由喜峰口入寇，本镇兵寡，祗足堤备，三卫属夷，不能并当二房，请发辽东游

---

① 懦，音 nuò。古同"懦"。软弱、柔弱、怯弱。
② 上，上报；呈报。
③ 深，很，甚。
④ 嘉悦，嘉，奖，赞许；悦，高兴，愉快。高兴并赞许。
⑤ 该条为嘉靖二十三年三月癸丑，1544年4月6日事。
⑥ 嘉靖二十三年四月己卯，1544年5月2日。
⑦ 嘉靖二十三年七月丁未，1544年7月29日。

兵及京营军马各三千人，太仆寺①马二千六百匹御之。兵部言：辽东兵当疁发营军，令参将罗文豸②、刘振、余勋、茂、镇、宁乾等，先期拣练，候警始行报可。已复命太仆寺给马一千匹，不足则取桩朋银买补。时，宣府先报虏欲从独石入寇，势逼陵京，不可不豫。诏提督、团营官简阅营兵，以候征发。（卷288，第5552～5553页）

◎总督宣大尚书翟鹏，上大同增筑墩堡、修浚墙濠功……。鹏又言：虏常避实击虚，今知大同有备，必移犯宣府，或由此以窥京师，不可不预为之所，下兵部，请发缺官银六千两，付巡抚山东都御史端廷，敕募取长枪手三千人，分属将领。期八月趋涿州，听保定抚镇征调；檄辽东都御史董珊，取副总兵郝承恩所辖奇兵三千人，期七月趋山海关，听蓟州巡抚征调；命东西官厅听征参将李俊趋喜峰口，徐府趋大小谷，杨时趋白羊口，总兵许国趋蓟州，其参将罗文豸等士马并属节制。总兵郭宗、参将蔡瑢、萧瑾及各营坐营官令厉兵守卫；宣府巡抚王仪、总兵郤永、督东路参将左灏、守独石、龙门、四海冶与许国等相为犄角；蓟州抚镇朱方、郑重、戴廉、周彻，督所属严设堤备，与国等会议酌处。鹏察贼向，往督姜奭随宜调遣诸军。诏俱如议行③。（卷288，第5553～5555页）

◎守备独石城指挥佥事郝鹏，阴令④所部卒杀降者四人，斩首转鬻⑤与开平卫右所试百户⑥张锐等，往北路左参将刘环处报功。总兵

_____

① 太仆寺，中国古代官署名，中央机构之一。秦、汉九卿中有太仆，为掌车马之官。历代沿置。明代掌牧马之政令，属兵部，并号于滁州（今安徽滁县）设南京太仆寺。

② 豸，音zhì。

③ 该条为嘉靖二十三年七月己酉，1544年7月31日事。

④ 阴令，暗中派遣，暗中使。

⑤ 转鬻，音zhuǎn yù。另投别主，卖身为佣。鬻，卖。

⑥ 试百户，明代卫所兵制设百户所，为世袭军职，百户统兵100人，正六品。试百户，从六品。

官郤永、巡抚王仪遂为奏闻。下巡按御史勘报不实，鹏坐斩，环、锐提问，永、仪降俸二级①。（卷291，第5595～5596页）

◎兵部覆②：巡抚顺天都御史郭宗皋奏，蓟州北邻三卫，西接宣府，往年开平失守，即为北虏巢，古北口一带系通开平旧路，相离不远，由独石、四海冶则犯密云，由青山则犯喜峰等口，故虏一东向蓟州，即当戒严。宜令宣府守臣远为侦探，或见虏有东意辄飞檄③传报，使得先事设防。又密云视诸路最要害，当以重兵备之。乞简马兰谷、太平寨、燕河营三路官军千人，先期训练，至五月后，游击官统本营士马先赴（云）〔密〕云④，及石匣等处驻扎，有警则总兵官身领三屯营士马亦赴其地，而前所简马兰谷等处兵专委林官领之，以为三路声援，功罪照例赏罚，参将等官俱令各守信地，则密云有备而诸路亦恃以无恐矣。议入，从之。（卷297，第5667～5668页）

◎兵部覆巡抚蓟州都御史郭宗皋所陈边务⑤："一、蓟州为京师左辅，密云之右古北口一带，可以直达开平、黄花镇，拱护陵寝最称要地，潮河川可容万马，尤为虏冲。计得主客兵马三万六千余，简其精骑以为战锋，余皆分守隘口，庶保无虞。……一、蓟州东路建昌等处，虽临朵颜三卫营堡，联络尚可防守也。西路密云等处直通开平边外，兵力单弱，尤当虏冲。往年酌量缓急移东补西，以为权宜之术。今东路往往失事，似难全调，宜于有警之时，令总兵官率官军千人，西往合守，余皆存留东路策应。……"疏入，上皆是

① 该条为嘉靖二十三年十月辛卯，1544年11月10日事。
② 该条为嘉靖二十四年三月癸未，1545年5月1日事。
③ 飞檄，速递檄文。
④ 据《校勘记》改。《校勘记》："先赴云云"，三本"云云"作"密云"，是也。
⑤ 嘉靖二十四年六月癸丑，1545年7月30日。

之，令即尽心举行，毋怠。（卷300，第5709～5710页）

◎戊午①，直隶龙门卫地震有声。（卷302，第5740页）

◎甲子②……兵部尚书路迎上防秋八事："一、预练京军言，吉囊③方渡河住青山后，若越天城、阳和而南，则紫荆危。又闻独石山后有虏住牧，若越龙门、长安岭而东，则黄花镇未免震惊。宜预训团营兵部署，诸参将遇警调发，随贼所向，用收犄角之功。二、……"上皆从之。（卷309，第5812～5814页）

◎乙卯④，以虏入宣府桑树峪，逮问东路参将左灏、北路参将董麟等十六人。巡抚都御史孙锦、总兵郤永姑免究。（卷310，第5830页）

◎辛未⑤，总督宣大侍郎翁万达奏："雕鹗堡设守备，则守非其地，不可以责捍御⑥。滴水崖设把总，则任非其官，非所以重委任也。请易雕鹗守备于滴水崖，而更把总于雕鹗堡。"从之。（卷313，第5865～5866页）

◎壬寅⑦……初，蓟州巡抚都御史郭宗皋奏报：虏四十万在宣府独石，欲东西分犯，辄请京营山东、河南兵为援，而竟无其实。其

---

① 嘉靖二十四年八月戊午，1545年10月3日。
② 嘉靖二十五年三月甲子，1546年4月7日。
③ 吉囊（1506～1542年），明代蒙古右翼三万户（鄂尔多斯、土默特、永谢布）济农（亲王）。小名库蔑里，尊称衮必里克墨尔根，明朝人以其尊号、封号（济农）译作麦力艮吉囊、已宁等。孛儿只斤氏。达延汗孙，巴尔斯博罗特长子。
④ 嘉靖二十五年四月乙卯，1546年5月28日。
⑤ 嘉靖二十五年七月辛未，1546年8月12日。
⑥ 捍御，音hàn yù。保卫；防御。
⑦ 嘉靖二十五年八月壬寅，1546年9月12日。

后宣大总督翁万达奏，七月十一日，虏犯宣府北路龙门所，参将董麒不报督府，而辄率所部剿之，斩首三十余级。其明日守备陈勋死于阵，游击吕阳与虏战，一日乃归。麒与坐营指挥谷泰帅兵先还，不为救遇，游击郭都、旗牌官王浩于青沙梁，告以虏且去，俱罢归。因劾其擅命辱师，请付法吏。上下其章，兵部因并责蓟州警报诪张①之罪。于是兵部参董麒、谷泰不救勋、阳之战，而遭都、浩之援，俱属有罪，而麒之匿报尤甚。巡抚孙锦、总兵赵卿不能发觉，俱宜并究，郭宗皋过听轻举②，罪亦难辞。得旨：宣府之匿警报与宗皋之妄报诪张，遂使骚动京兵，糜耗③粮饷，厥罪惟均④，姑从轻。夺宗皋俸一年，锦、卿各半年。兵部覆奏，回互姑不究，董麒革任，与谷泰皆逮问。（卷314，第5881～5882页）

◎己亥⑤，升赏大同大边古城墩等处获功阵亡官军姜义等一百三十人，马营等堡死事夜不收宋铎等应继男十六人。（卷316，第5908页）

◎辛丑⑥……总督宣大山西都御史翁万达奉诏，会同三镇抚镇官议上边防修守事宜，曰：设险有常道，所贵因乎形势；用兵无定术，

---

① 诪张，音 zhōu zhāng。惊惧貌。唐李白《为宋中丞请都金陵表》："伏惟陛下因万人之荡析，乘六合之诪张，去扶风万有一危之近邦，就金陵太山必安之成策。"王琦注："刘琨《答卢谌书》：'自顷辀张，困于逆乱。'李善注：'侜张，惊惧之貌。'旧说侜、诪通同。是李太白所用诪张字，当作惊惧解。"
② 过听，错误地听取。轻举，轻率行动。《汉书·哀帝纪》："朕过听贺良等言，冀为海内获福，卒亡嘉应。"颜师古注："过，误也。"
③ 糜，音 mí。通"靡"。消耗，浪费。
④ 厥罪惟均，其罪行是一样的。厥，其；他的；她的。
⑤ 嘉靖二十五年十月己亥，1546年11月8日。
⑥ 嘉靖二十六年二月辛丑，1547年3月10日。

所贵酌乎时势①。山西起保德州黄河岸，（委）[逶]② 迤而东，历偏关，[抵]③ 老营堡，尽境实二百五十四里。大同起西路了角山④，逶迤而北，东历中、北二路，抵东路之东阳河镇口台，实六百四十七里。宣府起西路西阳河，逶迤而东北，历中、北二路，抵东路之永宁、四海冶，实一千二十三里。共一千九百余里，皆逼临胡虏，险在外者也，所谓极边也。……宣府亦自虏犯西路，调尽本镇兵马，专备西、中，而北路兵马遂空虚可虑。连年三镇防秋，征调辽、陕兵马，不下五六枝，费用粮赏及本镇守兵刍饷⑤，以百四十万计，费实不资，难于持久，并守之议兹其所以为善经⑥也。外边控虏，四时皆防，城堡之兵，各有分地，冬春（狙）[徂]⑦ 夏，不必参错征发，自（用）[无]⑧ 不敷，秋高马肥，虏可狂逞⑨，若复拘泥往事，散处城堡，临时动调，近者数十里，远者百余里，仓卒⑩ 遽难合营，首尾自不相应。万一如往年溃墙而入，越关而南，内地之人，素不习战，即欲 [坚]⑪ 璧清野，或恐先被荼毒。及至京师震骇，方始

---

　　① 时势，指时代的趋势；当时的形势。

　　② 据《校勘记》改。《校勘记》："委迤而东"，三本"委"作"逶"，是也。

　　③ 据《校勘记》补。《校勘记》："历偏关老营堡"，三本"关"下有"抵"字，是也。

　　④ 《校勘记》："了角山"，旧校改"了"作"丫"。

　　⑤ 刍饷，刍，喂牲畜的草，亦指用草料喂牲口。饷，军粮及军队的俸给。

　　⑥ 善经，好的法则。《左传·宣公十二年》："兼弱攻昧，武之善经也。"杜预注："经，法也。"

　　⑦ 据《校勘记》改。《校勘记》："冬春狙夏"，广本、阁本"狙"作"徂"，是也。徂，音 cú。往。

　　⑧ 据《校勘记》改。《校勘记》："自用不敷"，广本、阁本"用"作"无"，是也。

　　⑨ 《校勘记》："虏可狂逞"，广本"狂"作"径"。

　　⑩ 仓卒，音 cāng cù。急促匆忙的样子。

　　⑪ 据《校勘记》补"坚"字。《校勘记》："即欲璧清野"，三本"欲"下有"坚"字，是也。旧校改"璧"作"壁"。

皇皇①调征请（罚）［讨］②，何益于（是事）［事是］③ 知形变不同，审固当预，摆边之兵，固难遽罢也。《易》曰："王公设险，以守其国。""设"之云者，筑垣乘障，必资于人力之谓也。虏凡寇边，地迂峻则易防，地平漫则难御，有墙则难者亦易，无墙则易者亦难。故百人之（难）［堡］④，非千人不能攻，以有垣堑足凭也。若遇虏于平（圹）［旷］之（虚）［墟］⑤，则百人豚羊，十人（狼）［狼］⑥虎，鲜不为所吞噬矣。以是（之）［知］⑦ 山川之险，险与虏共也。垣堑之险，险为我专也。我恃其所专，而夺其所共，修边之役，自不容已也。况连年修筑，如山西偏、老一带，委极高厚。大同各路与宣府之西、中二路，墙有（所）［可］⑧ 恃，亦已十之七八，再加工力，数月之内，可以（先）［告］完⑨，连亘千里，屹然华夷之严界矣。而防秋之兵，所以必带甲登墙，列营而待敌者，盖有险而不设，与无险同，有墙而弗守，与无墙同，是故定规（尽）［画］⑩，度工费二者，修边之事也。慎防秋，并兵力，重责成，量征调，实边堡，明出塞，计供亿，节财用，八者守边之事［也］⑪。修边因垂成⑫之（攻）［功］⑬，守边贵济时⑭之急。国家虽费，要非

① 皇皇，同"遑遑"。指匆忙。
② 据《校勘记》改。《校勘记》："请罚"，三本"罚"作"讨"，是也。
③ 据《校勘记》改。《校勘记》："是事"，三本作"事是"，是也。
④ 据《校勘记》改。《校勘记》："百人之难"，三本"难"作"堡"，是也。
⑤ 据《校勘记》改。《校勘记》："平圹之虚"，旧校改"圹"作"旷"。三本"虚"作"墟"，是也。
⑥ 据《校勘记》改。《校勘记》：旧校改作"狼虎"。
⑦ 据《校勘记》改。《校勘记》："之山川之险"三本"山"上"之"字作"知"，是也。
⑧ 据《校勘记》改。《校勘记》："墙有所恃"，三本"所"作"可"，是也。
⑨ 据《校勘记》改。《校勘记》："可以先完"，广本、阁本"先"作"告"，是也。
⑩ 据《校勘记》改。《校勘记》："定规尽"，三本"尽"作"画"，是也。
⑪ 据《校勘记》补。《校勘记》："守边之事"，三本"事"下有"也"字，是也。
⑫ 垂成，将要成功。
⑬ 据《校勘记》改。《校勘记》："垂成之攻"，三本"攻"作"功"，是也。
⑭ 济时，犹济世，救时。

得已。臣等稽往虑来，就中揆策①，如所条（例）［列］②于左者，虽无甚高异。然自是而兵不甚劳，费可渐省，期以弭③寇仇④而固疆圉⑤，要皆臣等之极思也。若必分道遣将，深践寇递⑥，灭此骄狂，然后朝食，斯固安攘之壮图，亦臣等之职分。（故）［顾］⑦房势未衰，我力不足，谋须积久，事必待时，故臣等但知尽力于其所可为，而不敢妄觊于其所不可［必］耳⑧。其修边二事：一、定规（尽）［画］⑨。宣大镇边其极当房冲者，北路则龙门、赤城至独石、云州，接连龙门所百二十里，西路则洗马林以至中路羊房、常峪⑩、葛峪、小白羊连⑪络龙门城尽界五十里，此亟当缮修者也。其余稍缓者，每岁借用防秋兵粮，（宜从）［从宜］⑫修举；一、度工费。前工约费粮赏银十六万六千一百余两，除旧所余，尚需十六万三千六百余两。乞命户部给发。其守边八事：一、慎防秋。山西内边宁、雁⑬诸关，原有戍兵及外边偏关以西至黄河岸，山险水深者，遇秋但令戒严，不必益兵⑭。其偏关以东，及（宜）［宣］⑮大地方，当（尽）

----

① 揆策，音 kuí cè。犹画策。汉王褒《圣主得贤臣颂》："昔贤者之未遭遇也，图事揆策，则君不用其谋。"

② 据《校勘记》改。《校勘记》："条例于左"，三本"例"作"列"，是也。

③ 弭，音 mǐ。平息，停止，消除。安抚，安定。

④ 寇仇，仇人；仇敌。

⑤ 疆圉，音 jiāng yǔ。边防。圉，抵御。

⑥ 《校勘记》："深践寇递"，旧校改"递"作"庭"。

⑦ 据《校勘记》改。《校勘记》："故房势未衰"，三本"故"作"顾"，是也。

⑧ 据《校勘记》补。《校勘记》："不可耳"，三本"可"下有"必"字，是也。

⑨ 据《校勘记》改。《校勘记》："定规尽"，三本"尽"作"画"，是也。

⑩ 《校勘记》："常峪"，抱本"常"作"当"。

⑪ 《校勘记》："连络龙门城"，三本"连"作"联"。

⑫ 据《校勘记》改。《校勘记》："宜从修举"，三本"宜从"作"从宜"，是也。

⑬ 《校勘记》："宁雁诸关"，阁本"宁雁"作"雁门"。广本、阁本"诸"下有"边"字。

⑭ 益兵，增加兵力；增援。

⑮ 据《校勘记》改。《校勘记》："宜大"，三本"宜"作"宣"，是也。

[画]①圻②布兵，联络戍守，仍随宜更调，及时聚散，以休人力。一、并兵力。山西、大同二镇外边，自偏关历老营至东阳河镇口台七百五十一里，宜将二镇兵马通融③分布，并守要害，仍量（晋）[留] 宁、雁④一带兵马，以为内防。一、重责成。各镇总兵官务督偏裨⑤往来防御，其防秋时，边界失事，则查照分派之信地⑥，防秋后，各城堡失事，则仍照原辖之地界因以坐罪。一、量征调。山西、宣大前此既藉客兵（震遽）[振气] 势⑦，（据）[遽] 难（迷）[悉] 罢⑧，第当量减。况延绥新游兵二枝，本为策应宣大而设，（先）[今]⑨ 宜量行征调，檄⑩延绥兵一枝驻宣大适中地方备援三镇，保定兵一枝驻赵（州）[川] 堡，辽东兵一枝驻赤城，比之往岁，十省其五六矣。一、实边堡。宣大、山西各卫所军有愿携家驻本镇边堡者，（迷）[悉]⑪ 从其便。或先窜名他镇者，许其自首回卫。一、明出塞。小战之利，大战之始也。兵练而不试，一旦遇敌，则骄钝而难用。故出塞袭击，乃试兵习攻之术也。今后遇虏临边驻牧，或零虏并塞窥伺，及虏大举入寇，其营帐老稚妇女孳畜（晋）[留]⑫ 塞外者，许兵将（得）[择]⑬ 失便出塞掩袭剿杀，获有首

---

① 据《校勘记》改。《校勘记》："当尽圻布兵"，三本"尽"作"画"，是也。

② 圻，音 qí。畿，京畿。古称天子直辖之地。亦指京城所领的地区。

③ 通融，迁就；给方便于人。

④ 据《校勘记》改。《校勘记》："仍量晋宁雁一带兵马"，三本"晋"作"留"，是也。阁本"宁雁"作"雁门"。

⑤ 偏裨，音 piān pí。偏将与裨将。古时将佐的通称。

⑥ 信地，军队驻扎和管辖的地区。

⑦ 据《校勘记》改。《校勘记》："既藉客兵震遽势"，三本"震遽"作"振气"，是也。

⑧ 据《校勘记》改。《校勘记》："据难迷罢"，三本作"遽难悉罢"，是也。

⑨ 据《校勘记》改。《校勘记》："先宜量行征调"，三本"先"作"今"，是也。

⑩ 檄，音 xí。用檄文晓谕或声讨。

⑪ 据《校勘记》改。《校勘记》："迷从其变"，三本"迷"作"悉"，是也。

⑫ 据《校勘记》改。《校勘记》："晋塞外者"，旧校改"晋"作"留"。

⑬ 据《校勘记》改。《校勘记》："得失便出塞"，三本"失"作"择"，是也。

功，一体升赏。一、计供亿。客兵应援，往来无定，及并守大同出百里外者，行粮料草全支。代州、宁、雁诸关守兵免调者，不支行粮。其宣大阳和、万全等堡更番休息者，间日一支。一、省财用。近山西革罢民壮，宣大量减辽、陕客兵，计所省粮（稿）[犒]①之费，且将六十余万，内地民力可使暂纾②。兵部覆，万达议计周善可行。修边请先自龙门、赤城始。今陕、辽、蓟俱有警报，宣大密（尔）[迩]③，又恐虏声东出西，宜以保定兵一枝、延绥兵一枝如所拟预调。辽东兵待有警然后发。财用既省，宜令守臣榜谕，使有司不得朦胧科派④。上曰："兹修边、守边、调兵诸议，（俱）[具]见总督（镇抚）[抚镇]诸臣⑤。竭心边务，俱如拟行。"（卷320，第5947~5956页）

◎甲戌⑥……先是，宣府总兵官白爵以失机论死，后发军门立功。爵复奏，辩下总督官勘报。都御史翁万达言：往年马邑失事，爵系隔镇，罪有可原，且近日虏犯洗马林、青泉堡，俱有斩获功，似应准赎，仍量授一官，令立功图报。上以爵既有军功，准赎前罪，应与职衔，兵部酌拟以闻。已兵部拟授爵署都指挥佥事职衔，仍支（官）[冠]⑦带小旗粮。（卷321，第5968~5969页）

◎丙戌⑧……事下兵部言：据万达等所题，欲掣山西摆边兵马并

---

① 据《校勘记》改。《校勘记》："粮稿之费"，抱本、阁本"稿"作"犒"，是也。
② 纾，音shū。缓和，解除。
③ 据《校勘记》改。《校勘记》："密尔"，三本"尔"作"迩"，是也。密迩，接近。
④ 科派，假借名目攒钱。
⑤ 据《校勘记》改。《校勘记》："俱见总督镇抚诸臣"，三本"俱"作"具"，广本、阁本"镇抚"作"抚镇"，是也。
⑥ 嘉靖二十六年三月甲戌，1547年4月12日。
⑦ 据《校勘记》改。《校勘记》："官带"，三本"官"作"冠"，是也。
⑧ 嘉靖二十六年四月丙戌，1547年4月24日。

守大同外边似矣。但宣府马营等处，亦有通贼要路。山西岢岚等处逼近黄河，多系套虏渡口。行令①万达公同查议，既而会集诸臣之议，调保定兵马一枝驻扎赵州堡②，专备宣府西、中二路，又量将东、南二路兵马于防秋时月调赴西北，协助战守至大同、山西二镇外边，并守要害。又恐严外略内，量留宁、雁一带额设兵马，以为内应，则非专守门户而不顾堂室③者矣。继鲁不能虚心揆④事，责其共济诚难，仍乞天语⑤戒敕，如复执迷不悟，则罢黜之。奉旨修守事宜，令翁万达严督各（镇总）［总镇］⑥等官，悉心协谋，亟图整理。周尚文勿以孙继鲁烦言疑沮⑦。继鲁初至，辄于谢恩疏内排诋⑧已属不敬，今又腾播⑨私书，牵指⑩往事，讥测君上，敢背明旨，挟制总督官阻坏成事，锦衣卫差官校逮至京处分。刘玺行总督官逮问，继鲁耿介⑪自负，居官以清节著闻，然好刚使气，沾沾自喜，比任巡抚，志意盈溢⑫，言动矜肆⑬，人谓不祥。未几，竟械死诏狱。（卷322，第5971~5975页）

---

① 行令，指发布命令。《左传·宣公十二年》："晋之从政者新，未能行令。"

② 《校勘记》："赵州堡"，三本"州"作"川"。

③ 堂室，指母与妻。堂谓母，室谓妻。

④ 揆，音 kuí。管理，掌管。

⑤ 天语，天子诏谕。

⑥ 据《校勘记》改。《校勘记》："镇总"，三本作"总镇"，是也。

⑦ 疑沮，恐惧沮丧。

⑧ 排诋，排斥诋毁。《东观汉记·桓谭传》："能文，有绝才，而喜非毁俗儒，由是多见排诋。"

⑨ 腾播，传播。

⑩ 《校勘记》："牵指往事"，阁本"指"作"扯"。

⑪ 耿介，正直，不同于流俗；光明正大。《楚辞·离骚》："彼尧舜之耿介兮，既遵道而得路。"王逸注："耿，光也；介，大也。尧舜所以有光大圣明之称者，以循用天地之道，举贤任能，使得万事之正也。"

⑫ 盈溢，放纵，无所顾忌。

⑬ 矜肆，音 jīn sì。骄矜放纵。

◎癸卯^①……兵部覆巡按御史<u>黄如桂</u>，勘上二十五年七月，<u>宣府北路龙门所</u>、<u>云州堡</u>失事获功状。<u>龙门</u>之役斩虏三十九级，官兵损者五百二十余人；<u>云州</u>之役虏凡杀掠男女九十余人，败于<u>青泉堡</u>而去，其轻进（裹）[丧]^②师奔溃失律者，则参将<u>董麒</u>^③、游击<u>吕阳</u>及所部指挥<u>刘润</u>、<u>谷泰</u>、<u>张济</u>、<u>易伦</u>、<u>杨世勋</u>、<u>徐龙</u>，千户<u>杨辉</u>，百户<u>朱堂</u>、<u>卫奎</u>^④等拥兵观望，则参将<u>祁勋</u>等守备不设，及千户<u>韦纲</u>等奋敌退虏，则游击<u>陈言</u>立功，总兵官<u>白爵</u>，而巡抚都御史<u>孙锦</u>、总兵官<u>赵卿</u>调度弗严，亦宜薄罚。上曰："兹失事本自<u>董麒</u>、<u>吕阳</u>等贪功致败，法当处死，第今边方多故，姑从宽。<u>麒</u>、<u>阳</u>及<u>泰</u>、<u>堂</u>俱免死戍边，送陕总督军门立功；<u>勋</u>、<u>润</u>、<u>奎</u>、<u>世勋</u>各降一级；<u>龙</u>、<u>伦</u>、<u>辉</u>、<u>济</u>、<u>纲</u>等各夺俸有差；<u>言</u>、<u>爵</u>各升一级，赏银十两；<u>锦</u>、<u>卿</u>姑宥不问。"（卷322，第5979~5980页）

◎丁卯^⑤……巡抚<u>宣府</u>都御史<u>孙锦</u>、管粮郎中<u>丘玳</u>^⑥奏：<u>松</u>、<u>君</u>、<u>马营</u>等堡官军，告求冬衣、布花及积欠月粮，乞预借明年年例银八万两。户部覆：如其言。上以预发隔年银两不可为常，命户部计处改正。未几，<u>大同</u>督抚诸臣，复以预借为言报如前旨，以再请准以六万两给之。已户部议，年例银两每年于正月题请差官给发，不得隔年预（之）[支]^⑦。诏如议。（卷325，第6022页）

◎丁酉^⑧……以虏寇<u>滴水崖</u>等处，罢分守<u>宣府北路</u>左参将<u>祁勋</u>，

---

① 嘉靖二十六年四月癸卯，1547年5月11日。
② 据《校勘记》改。《校勘记》："轻进裹师"，三本"裹"作"丧"，是也。
③ 《校勘记》："董麒"，阁本"麒"作"麟"。
④ 《校勘记》："卫奎"，阁本"奎"作"辉"。
⑤ 嘉靖二十六年七月丁卯，1547年8月3日。
⑥ 《校勘记》："丘玳"，阁本作"岳岱"。
⑦ 据《校勘记》改。《校勘记》："不得隔年预之"，三本"之"作"支"，是也。
⑧ 嘉靖二十六年八月丁酉，1547年9月2日。

命本镇游击将军欧阳安代之。从总督官翁万达奏也。（卷 326，第 6029 页）

◎以水、雹、旱灾，免宣府龙门、开平、保安、顺川等城堡卫、所、州、县屯粮，各有差①。（卷 332，第 6098 页）

◎乙酉②，总督宣大都御史翁万达言：臣暗陋③，不明于当世之故，自早年则听闻中外谈边事者，以为必可见于行事，及躬自任之，又辄大谬不然④。语曰："耕当问奴，织当问婢⑤。"谓必身亲其事，而后知也。乃亦有呆婢狂奴，不谙⑥耕织，孟浪⑦为之说者，听者以其亲于事也，鲜不为所惑矣。此古今通弊也。夫详内而略外者，治国抚民之道也。详外而略内者，御边防秋之道也。察形势，择要害，所以慎防也。大同，古云中地，可以厄匈奴、捍中夏，为宁、雁诸关所倚重，盖甚要焉。祖宗以来，山西有两班官军，分番协守大同，岁以为常，为虑至深远矣。嘉靖庚子、辛丑间，大虏越大同，蹂躏山西，守臣不能推原其故，遽议挈回班军，专守宁、雁，又多增参游兵马，添设民壮，亦如宣大纷纷摆⑧边，关务之繁，公私之费，倍往昔矣。意！岂以大同为可以饵虏也。故一变而几弃大同，坐困全晋。近山西巡抚杨守谦倡言并守，善矣。至欲尽挈宁、雁防秋之兵而并力大同，则又未可。夫近年增设者当量挈，第未宜太骤，先年

---

① 该条为嘉靖二十七年正月己亥，1548 年 3 月 2 日事。

② 嘉靖二十七年三月乙酉，1548 年 4 月 17 日。

③ 暗陋，愚昧鄙劣。

④ 大谬不然，大错特错，完全不是这样。同"大谬不然"。

⑤ 耕当问奴，织当问婢。耕：耕田种地；奴：男仆；织：纺织；婢：女仆。比喻办事应该向内行请教。

⑥ 不谙，不了解，没有经验。谙：熟悉，精通。

⑦ 孟浪，言语轻率不当。鲁莽；莽撞。

⑧ 摆，对付；处置。

额设者当尽留，第不必摆边。盖言挈者，挈所增者也。遇秋暂分兵于大同，主客之名自当有辨。其言并守者，累朝之旧制也。师徒多寡，虽不必尽同，班军要不失为便宜尔矣。事已举行，俱颇就绪。而臣犹皇皇然，未能解于心者，诚见边臣有徒袭先年守臣之谬见，啧有烦言，致中外传闻疑信相半耳。且宁、雁之守，止宜例于紫荆、居庸诸内地，而特重大同者，虑弃大同耳，守大同，守山西也。臣不量力，经营聚守之役，而重以边工。其始也，众咸危臣请，俟秋防无虞，然后定议。臣惟天下之事，有的然而是，的然而非者，有偶然而成，偶然而败者。使其议果未当，即幸而无他，犹当改之，其议果当，即不幸而有他，犹当守之。故谋国者不以成败定是非，况任事者敢以异同为前却耶！臣敢绘修完三镇边墙，而以边关形势（寇）［冠］① 于首简，进呈圣览，所有未尽事宜开列如左。一、宣府北路龙门、云州一带，新筑边墙以内多膏腴土田，宜分拨附近军民耕种，永不起科②，随便增筑堡寨、营房，听其居住。一、独石、马营、赤城各墩共计八十六里，并敌台一百七十三座，及滴水崖、四海冶、永宁等处宜次第修筑，工费以修边余银给之。一、三镇已筑边墙，责令守臣随时缮葺，巡按御史阅视，损坏者重惩以法。一、山西边墙所宜聚兵防秋者，仅百里耳，近于太原、岢岚、平阳、潞安，增设参将四员，募军各三千名，岁费转输恐不可继。乞行抚按详议，先汰去其冗甚者，而北楼口游击所驻地方策应未便，亦应移置。一、山西分守大同边墙百有四十余里，防秋粮草见属山西供亿③，隔镇召买不便稽查，请断自明年，以山西客兵银两扣给大同，司其供亿便。一、大同大边、二边远墩及墙内烟墩不系紧要者当革，宣府、山西墙外墩台低薄者当修，其临墙旧墩宜悉减撤，移墩军驻

---

① 据《校勘记》改。《校勘记》："寇于首简"，三本"寇"作"冠"，是也。
② 起科，对农田计亩征收钱粮。
③ 供亿，供给，供应。

墙上敌台哨望。(任)［仍］① 修瓮城房室，量给荒田，令其携家住种。一、各镇塞垣既固，若守臣不能御虏，责有所归。今后虏或溃墙突入，各照信地，一应领兵大小官员，俱坐②以失陷城寨律，其余遇贼观望失误军机者，不分主客，各坐以临阵退缩，及已承调遣不依期策应律。疏下部覆，得旨允行。既而，山西抚、按官议：革平、潞二营参将，而以守备二员代之，其所部募军三千名，选其精壮者半附入平、潞卫、所，每值防秋，量调赴边。太原、岢岚官军及北楼口游击，则仍其旧云。(卷334，第6117~6121页)

◎宣府谍报：虏众数万自镇安、云州等处入寇，将逼居庸。上谕：兵部行镇抚官翁万达等多方捍御，并遣听征参将王佐、许策等往援之。谕工部速发火器于各边应用。又谕成国公朱希忠等曰：迩闻边警及地异之应，朕叩道③祈天，恐未必，不因套妄之，致况铣虽伏辜④，丑虏余孽或以兹报复，不无也。其再示兵部，亟令总督翁万达狗国⑤忘家并力捍御，毋惑邪狂逞忿⑥速戾⑦，兼示内外提督坐营官各饬备以待⑧。(卷340，第6192页)

◎户科给事中张秉壶会同巡按御史王楠勘上二十七年宣府东路

---

① 据《校勘记》改。《校勘记》："任修瓮城"，三本"任"作"仍"，是也。
② 坐，定罪。
③ 《校勘记》："叩道祈天"，阁本"道"作"首"。
④ 伏辜，指服罪；承担罪责而死。语本《诗·小雅·雨无正》："舍彼有罪，既伏其辜。"《史记·太史公自序》："诸侯骄恣，吴首为乱。京师行诛，七国伏辜。"
⑤ 狗国，为国捐躯。狗，通"殉"。
⑥ 逞忿，肆意发怒。《晏子春秋·问上八》："士武以疾忿，急以速竭"张纯一校注："士，学行优于细人者。亦唯恃武力，率尔逞忿。"
⑦ 速戾，指招致罪责。《书·太甲中》："欲败度，纵败礼，以速戾于厥躬。"孔传："速，召也。言己放纵情欲毁败礼仪法度，以召罪放其身。"
⑧ 该条为嘉靖二十七年九月乙酉，1548年10月14日事。

失事状①，言："虏自九月初十日自镇安堡两河口入境，经云州、赤城深入永宁、隆庆、怀来等处，屠堡数百，杀掠人民以数万计，怀、永之间流血成川，积尸满野。游骑南掠至岔道、八达岭，关辅②震动。主客兵将无虑四、五万，竟无以一矢向虏者，独保定达官都指挥刘淮等永镇堡一挫虏前锋耳。"诸将自总兵赵卿而下，负国殃民之罪真擢发③不可胜数，其督抚、兵巡等官翁万达、孙锦、冯时雨等均有地方之责，罪亦难辞。诏兵部会同都察院分别情罪④具覆，悉如秉壶议总兵赵卿、副总兵钱济民，宜逮京正法；巡抚孙锦宜降用；佥事冯时雨及诸将佐游击王钥而下，宜下按臣逮治；刘淮等宜优赏；总督翁万达任兼四镇，矧⑤方有修筑役，宜量罚，以责后效。得旨，翁万达降俸二⑥级，卿降二级革任闲住⑦，锦降一级调外任。余俱如拟。（卷 345，第 6242～6243 页）

◎壬子⑧，北虏入寇犯宣府滴水崖。把总指挥江瀚、董旸御之，战死，全军皆没。虏遂东犯永宁，关南大震。（卷 345，第 6244～6245 页）

◎丁巳⑨，虏至永宁，大兵马营，尚文遣兵追及之，斩其殿后

---

① 该条为嘉靖二十八年二月戊申，1549 年 3 月 6 日事。

② 关辅，指关中及三辅地区。汉景帝分内史为左、右内史，与主爵中尉（不久改为主爵都尉）同治长安城中，所辖皆京畿之地，故合称"三辅"。指京城附近的地方。明代指京师。

③ 擢发，音 zhuó fā。拔下头发（计数）。极言其多。

④ 情罪，罪情。

⑤ 矧，音 shěn。况且。

⑥ 《校勘记》："降俸二级"，广本"二"作"一"。

⑦ 《校勘记》："卿降二级革任闲住"，抱本作"时雨革任闲住"。闲住，指免去官职，令其家居。

⑧ 嘉靖二十八年二月壬子，1549 年 3 月 10 日。

⑨ 嘉靖二十八年二月丁巳，1549 年 3 月 15 日。

骑，虏悉众由黄家、黑峪北遁。（卷345，第6247页）

◎先是①，正月间大同侦虏酋俺答等，纠众将由去秋旧路寇宣府，总督翁万达以宣府总兵赵卿怯懦，恐不能当虏，乃疏请预调大同总兵周尚文代卿。至二月十一日，贼果以数万骑犯滴水崖，指挥董旸、江瀚、唐臣、张淮等俱战死。虏遂南下，驻隆庆石河营，游骑分窥东及永宁川，南及岔道、灰岭、柳沟、大小红门诸口。游击王钺、大同游击袁正遇虏于隆庆州桥南，与战却之，士气稍振。虏移营南向，周尚文提大同兵万骑至南路，参将田琦率兵千余来附，与虏遇于曹家庄，搏战竟日，相持未决。次日复殊死战，斩酋首四，搴②其旗，贼气沮。会万达督西路参将姜应熊等自怀来顺风鼓噪③扬尘而东，虏不测，以为有大兵至，遂结营东遁。宣府新任总兵赵国忠闻警，驰出关至岔道，简④参将孙勇兵千余，近贼于大滹沱，败之，遂与尚文等分道追贼，复击败之，虏狼狈夜遁。于是万达以捷闻。因言，虏狃⑤于去秋得利，知宣将不足忌⑥，非时大举，垂涎关南，其氛甚恶。幸侦报早闻，先期征发，应急一时，诸将能奋死以抗，方张⑦之虏使不得南瞰居庸，西下洪、蔚，扶伤驮尸，失利宵奔，而尚文功尤称奇绝。至于慢令⑧偾师⑨避灾择便诸臣，则罪有不可逭⑩者。臣谨究竟其淂⑪失之故，列上始末，皇上赏罚之。盖论功

---

① 该条为嘉靖二十八年三月壬午，1549年4月9日事。
② 搴，音 qiān。拔取。
③ 鼓噪，古代指战时擂鼓呐喊，以壮声势。今泛指喧嚷。
④ 简，选择。
⑤ 狃，音 niǔ。习惯；习以为常。贪图。
⑥ 忌，害怕，畏惧。
⑦ 方张，正当扩展、强大之际。
⑧ 慢令，轻慢上司的命令。
⑨ 偾师，使军队覆败。
⑩ 逭，音 huàn。逃避。
⑪ 淂，音 dé。古同"得"。

尚文最忧，国忠、正、琦、勇、应熊次之，当录瀚、旸臣等死事甚烈，当恤。罪则宣府原任总兵赵卿、参将欧阳安、王臣当治。若祁勋、王钥则功不掩罪，都指挥杨钺、董玺，游击曹镇，守备朱爵，则罪有可原。会巡按御史王楠复劾赵卿、欧阳安、王臣等罪，并万达及宣府巡抚孙锦亦请示罚。疏俱下兵部覆，称虏近鸷①甚，小入则小利，大入则大利，边民受其荼毒。我兵积怯，已成不振。今兹诸将能挫败其锋，使之狼狈出奔，盖数年所未见，所宜略过论功，用作敢战之气，风示②诸镇。上曰：今次总镇等官督率官军逐斩虏寇，劳绩可嘉。尚文加太保兼太子太傅，赏银五十两、纻丝六表里；万达升兵部尚书兼右副都御史，总督如故，赏银五十两、纻丝四表里。仍各赐玺书③奖励国忠五十两，二表里，瀚、旸各先赏银三十两，臣、淮等二十两，令军门恤录其家。锦既罢去，姑不问。安等下法司讯治。辅臣严嵩荫一子，中书舍人④赏银五十两，纻丝四表里。兵部尚书赵廷瑞加太子少保，银四十两，纻丝三表里。侍郎詹荣升俸一级。本司官各银五两，帛一匹。勋等功罪令巡按御史再勘，并核诸阵亡者一并奏闻。既而，尚文疏言：诸将士奋不顾身，三战三捷，即所摧败前此无闻。今臣独膺升赏，而阵亡及有功将士未沾恩赉，恐人心懈弛⑤。愿辞升赏之命，少推恩⑥将士，以图后效。上以升赏

---

　　① 鸷，马狼，引申为凶猛、勇猛。

　　② 风示，晓谕；教诲；告诫。《汉书·礼乐志》："况于圣主广被之资，修起旧文，放郑近雅，述而不作，信而好古，于以风示海内，扬名后世。"

　　③ 玺书，秦以后专指皇帝的诏书。《史记·秦始皇本纪》："上病益甚，乃为玺书赐公子扶苏曰：'与丧会咸阳而葬。'"

　　④ 中书舍人，官名。舍人始于先秦，本为国君、太子亲近属官。后沿置，明清时于内阁中的中书科设有中书舍人，掌书写诰敕、制诏、银册、铁券等，从七品。

　　⑤ 懈弛，懈怠；松懈。汉王符《潜夫论·考绩》："设如家人有五子十孙，父母不察精懦，则勠力者懈弛。"

　　⑥ 推恩，广施恩惠；移恩。《孟子·梁惠王上》："故推恩足以保四海，不推恩无以保妻子。"

既有成命，不允辞。命兵部亟议赏格①以闻。部臣仍请下按臣核实。从之。（卷346，第6262～6265页）

◎己未②，总督宣大尚书翁万达奏，边镇京师屏蔽，设险守要，惟在审形势、酌便宜而已。盖天下形势重北方，以邻虏也。而我朝与汉、唐异。汉、唐重西北，我朝重东北。何者？都邑所在也。汉、唐都关中，偏西北，故其时实始开朔方城受降不但已也。我朝都幽、蓟，偏东北，则皇陵之后、神京之外，其所以锁钥培植以为根本虑者可但③已哉。今日天下便宜④重宣、大，以数警也，而近时与往年异。往年虞⑤山西，近时虞京后，何者？虏情不常也。往年急太原，其时内边之修，外边之筑，建议并守，不惮⑥劳也。今时急隆、永，则皇陵之后，神京之外，其所以锁钥培植以为根本虑者可惮劳哉。盖虏之为患犹泛滥之水。中国设守犹障水之堤，诸堤悉成，则渐成隙漏，诸堤未备，则先注空虚。乃今则已注宣之隆、永矣。昨岁县豕突⑦于镇安，今岁狼顾于滴水，摇尾以归，骈首⑧不解，安得不为之寒心哉。夫往年修边之役，宣府始西、中路者先所急也，北、东二路限于财力，间多未举，又以独石、马营、永宁、四海冶之间素称险峻，朵颜支部巢处其外，尚能为我藩篱故耳。今西、中路边垣足恃，虏不易犯，其势必不肯以险远者自沮⑨，而朵颜支部复为所

① 赏格，悬赏所定的报酬条件。
② 嘉靖二十八年四月己未，1549年5月16日。
③ 《校勘记》："可但已哉"，抱本"但"作"得"。
④ 便宜，音 biàn yí。斟酌事宜，不拘陈规，自行决断处理。
⑤ 虞，准备，防范。
⑥ 不惮，音 bú dàn。不害怕。
⑦ 豕突，音 shǐ tū。像野猪一样奔突骚扰。豕，猪。《后汉书·刘陶传》："今果已攻河东，恐遂转更豕突上京。"
⑧ 骈首，两个头相连。
⑨ 自沮，自感灰心。

逼，徙避他所，北、东二路之急视前盖数①倍也。试以二路边计之，东路起四海冶镇南墩而西至永宁尽界，北路起滴水崖，而北而东而南。至龙门城尽界，为边凡七百里，而二路马步官军防秋摆边者仅得二万有奇，乃复守南山三百四十里之边，兵分备疏，虏溃外防则隆庆、永宁之间仓皇骚动，南山诸口山梁多可漫走，我力不御，则畿辅内地不免震惊，又安得不为之寒心也。夫天下之事不有所待②，无以全其势，不有所更，无以尽其利。宣之北路溪谷僻仄③，地产贫瘠，往年不数数患虏者，彼诚避其险远而无所于利。近乃入寇至再者，志在内地，又知内无重垣耳。内设重垣，虏计斯沮，故今在左掖龙门卫杨、许二冲④，右掖龙门所、滴水崖一带，俱当厚为之备，以绝其所必窥。设使虏仍贪入，则须由独石、马营而南，逡巡⑤前却于溪谷僻仄之间，而我之内垣之守愈固。攻不可隳⑥，掠无所获，疲其力而冲其中虚，伺其隙而邀其归路，当无不覆之寇矣。故外边以捍⑦北路，内险以捍京师。寻常窃发，外边自可支持，万一侵轶⑧，内险复成犄角，缓急相资⑨，战守并用，兹所谓审形势、酌便宜而尽之于人谋者也。臣往来相度，拟于东路镇南墩与蓟州所属火焰墩接界，塞其中空，筑墙仅三余里，可以省百数十里之戍兵。自此而西，历四海冶、永宁、光头岭、新宁墩一带地势不可守者，止循旧边地势不可乘者，稍为更改，俱创修新墙一道。北路外边补修创修，务

---

① 《校勘记》："盖数倍也"，广本、阁本"盖"作"皆"。

② 《校勘记》："不有所待"，抱本"待"作"恃"。

③ 仄，狭窄。

④ 《校勘记》："左腋龙门卫杨许二冲"，阁本"掖"作"腋"，下同。广本、阁本"杨"作"扬"。抱本"冲"作"卫"。

⑤ 逡巡，音 qūn xún。因为有所顾虑而徘徊不前。

⑥ 隳，音 huī。毁坏；崩毁。

⑦ 捍，音 hàn。保卫，抵御。

⑧ 侵轶，侵犯袭击。《左传·隐公九年》："北戎侵郑。郑伯御之，患戎师，曰：'彼徒我车，惧其侵轶我也。'"杜预注："轶，突也。"

⑨ 相资，相互凭借。

期通完。又自永宁墩历雕鹗、长安岭、龙门卫至六台子墩而止，另为创修一道，据其要害，是为近边，即与东路新墙连而为一。防秋之时，不必退守南山，俱须并力外险。盖不止备金汤之设，崇虎豹在山之威，亦且成首尾之形，收率然相应之利也。谨将经费、工役事宜条为五事：一、处夫役。宣镇五路军夫及河南班军仅可四万，请令山西、保定抚臣各籍所属民夫万五千人，给以资粮，委官督领，刻期赴镇。一、计工费。宣府东路边墙一道，北路内外墙各一道，及诸墩舍水门计工当役七万人，以百五十二日为期，度支费银四十三万六千六百有奇，请发太仆寺马价银及本部缺官柴薪银，不足以帑银给之。一、移将领。宣镇二路不必增兵，第移本镇副总兵于永宁城，移永宁参将于四海冶，奇援兵马愿从者听。否则就近交兑，不足从宜选补。副总兵专督团操军骑，巡徼①山陵官将自参守而下，许会总兵调度。一、议戍卒。原以北东二路边兵单弱，不便分戍，欲摘京营步军六千赴永、隆协守，然京军未可轻发，第令朔州兵备召募三千益之。一、备战车。永、隆、怀、保地势平夷，可车战。前保定巡抚刘隅创战车数千辆，置之腹地无所用。宜取三之二运赴本镇，则不加费而战守之备足矣。疏下兵部覆议，得旨，俱允行。（卷347，第6293～6297页）

◎辛未②，蓟州巡抚都御史孙应奎以谍报：虏驻宣府马营，欲会兵南牧。请调涿鹿及通州等诸卫班军，并各卫操守，舍余趣③赴天寿、居庸、白羊一带隘口防遏④。仍兼主兵协守其京营保定之兵，宜

---

① 巡徼，巡行视察。
② 嘉靖二十八年五月辛未，1549年5月28日。
③ 趣，音cù。古同"促"，催促；急促。
④ 防遏，防备遏止。

预分信地严为隄备。下兵部①议：蓟州密迩畿甸，可朝发夕闻②，涿鹿兵不宜预调京营，保定人马第先行，申饬③画地以俟④。上从其言，诏官军宜视缓急征发，毋先时轻动，致费粮饷。（卷348，第6299页）

◎己丑⑤，兵部侍郎詹荣疏陈预处防秋十事：……一、饬三镇以固藩屏。自吉囊、俺答作难，宣、大、山西三镇告疲，近议合山西兵并守平朔、偏关、三晋、云中稍靖，惟独石、滴水崖、永宁、四海冶宜堑山筑垒，严兵远探，以预其防。其在三关一方有警，则以本镇兵御敌，调三面兵掎角援之。饬辽左⑥以固东藩⑦。辽阳孤悬东北，仅山海一线相通，自朵颜、泰宁为媒而虏之东侵益利，今宜外筑边垣，内缮城堡，励士马以据要害，编保甲以备防守。怀⑧三卫以为外藩，若锦义、广宁、辽海诸州有警，则四方邻镇各调兵援之。一、广将才以备任使。请敕风宪⑨督抚诸臣，博举智勇超卓者，略其世类别其差等破格用之。一、明赏罚以示劝惩。言各边功罪无论小大，应纪验者期三日，恤录⑩者期五日，勘报者期一月，务使恩威⑪速被⑫，则士心知奋。一、裕刍粟以实边塞。自屯田废而粟贵，盐法坏而利微，宜下督抚悉心经略，核屯地荒远者，给军分垦，毋课其

---

① 《校勘记》："下兵部部议"，广本、阁本"部部"作"部"。

② 朝发夕闻，早上发生的事晚上就能知道。形容通讯便捷。

③ 申饬，整饬；整顿。

④ 俟，音 sì。等待。

⑤ 嘉靖二十八年五月己丑，1549 年 6 月 15 日。

⑥ 辽左，辽东的别称。

⑦ 东藩，东方的藩国。

⑧ 怀，安抚。

⑨ 风宪，古代御史掌纠弹百官，正吏治之职，故以"风宪"称御史。唐元结《辞监察御史表》："臣自布衣，未逾数月，官忝风宪，任廉戎旅。"

⑩ 恤录，抚恤记功。

⑪ 恩威，指恩惠与威力。一般多指仁政与刑治。

⑫ 被，加；施加。

入，开中商人务令飞挽极边，不得夤缘①近地私通折兑。一、裕馈饷以壮兵马。各边主客土兵衣粮，宜令督饷诸臣先秋计来岁应支之数，稍斥赢余以备不测。其当催督召籴奏请者，俱宜预计兵粮，月以初给冬衣、布花，岁以秋给客兵刍粮②。所过日给稽留者，按臣劾治。一、先机警以伐敌谋。虏每声东击西欲进佯退，谍者误中，而此信之，往往寇至忘备。盖虏尝招我降人觇我虚实，今宜先事伐谋，凡以夷情来告者，皆可为用。以亡命去者，皆可为间，不惜禄赏以诱之。诏悉如议。其调用长枪手并汉达兵，至期更议以闻。（卷348，第6305～6308页）

◎以隆庆、永宁、滴水崖诸处被虏残害，诏免今年秋粮，仍发太仓银一万两赈济③。（卷349，第6315页）

◎时边报日棘④，（海）［西］海夷⑤窥甘凉，套虏⑥窥延固，俺答小王子部落盘据威宁海子及开平边外，岁犯宣大诸镇，朵颜三卫数引北虏犯广宁、辽阳，睥睨⑦白马关，逼黄花镇。于是兵部条上十事：一、饬营关以严内治；二、饬边镇以固藩篱；三、务实政以严边防；四、广储积以实边塞；五、时饷馈以安募卒；六、重（种）［犒］⑧赏以激将士；七、开使过以策奇功；八、开受降以杀虏势；

---

① 夤缘，音 yín yuán。本指攀附上升，后喻攀附权贵，向上巴结。

② 刍粮，粮草。多指供军队用的饲料和粮食。

③ 该条为嘉靖二十八年六月庚子，1549年6月26日事。

④ 棘，通"亟"。急切，急迫。

⑤ 《校勘记》："海海夷"，三本作"西海夷"，是也。海夷，指边境少数民族或来自海外的外国人。

⑥ 套虏，是明人对进入河套地区蒙古族的称谓。

⑦ 睥睨，音 pì nì。窥视；侦伺。北齐颜之推《颜氏家训·诫兵》："若承平之世，睥睨宫闱，幸灾乐祸，首为逆乱，诖误善良。"

⑧ 《校勘记》："重种赏"，三本"种"作"犒"，是也。

九、急抚绥以固人心；十、正军法以振纪纲。……疏入，诏悉如议行①。（卷360，第6438~6440页）

◎乙巳②，命分守宣府南路顺圣、蔚、广等处右参将田琦为宣府北路独石、马营等处左参将，以分守宣府东路永宁等处右参将袁正代之，大同游击将军焦泽为分守大同北东路右参将，升滴水崖守备指挥佥事张琮为署都指挥佥事代之。（卷361，第6445~6446页）

◎论二十八年二月中，宣府滴水崖诸将御虏功罪赠死事：都指挥佥事董旸、指挥使江瀚俱都指挥同知，仍升荫其子立祠谕祭③，把总指挥唐臣等赠恤有差，参将田琦等五员以救援功赏银拾两，总旗蓝伏胜以哨探功升一级，失事守备朱爵等十八员巡按逮问，游击袁正等九员准以功赎④。（卷363，第6468页）

◎虏酋俺答纠合套虏诸部大举入寇，至独石边外驻金字河⑤。（卷364，第6479页）

◎甲子⑥，虏犯宣府两河口，官军拒之，不得入。（卷364，第6479页）

◎兵部言⑦：虏蓄谋日久，若不得志宣府，必且东趋蓟、辽。请敕诸镇严为之备。又独石边南潮河川一带，乃陵京门户，尤为虏冲，

---

① 该条为嘉靖二十九年五月壬午，1550年6月3日事。
② 嘉靖二十九年六月乙巳，1550年6月26日。
③ 谕祭，天子下旨祭臣下。
④ 该条为嘉靖二十九年七月丙午，1550年8月26日事。
⑤ 该条为嘉靖二十九年八月壬戌，1550年9月11日事。
⑥ 嘉靖二十九年八月甲子，1550年9月13日。
⑦ 该条为嘉靖二十九年八月乙丑，1550年9月14日事。

宜发辽东兵一枝，赴白马关，易州汉达军一枝，赴古北口。从之。
（卷364，第6480页）

◎命大同总兵仇栾①调度各路客兵，同宣府总兵赵国忠并力捍
虏②。先是，虏犯宣府，鸾引兵趋怀来，国忠亦趋龙门、赤城。上
（加）［嘉］鸾忠勇③，特令兼将诸路客兵。而使国忠将本镇兵助之。
（卷364，第6482页）

◎己亥④……时召起翁万达于制中⑤，且二月余，万达家海南以
道远未至，上迟之，屡以为问。大学士严嵩奏：虏患在肘腋，诸臣
观望，恐非君命召不竣驾之义。上深然之。曰：古语忠则尽命，又
岂俟驾耶？万达不来不必待，即以邦瑞代之。廷臣中有才望者，疏
名以闻，加各营战马，各春草料折银草月折三钱，料折五钱，如巡
捕官马之例。从仇鸾奏也。……兵部议上征虏方略：一、清查各边
兵马，有老弱缺伍及倒死者，设法补足，以听调遣。一、虏中维俺
答最强，宣大二镇乃其驻牧之所，请自大同平虏，井坪而东，宣府
中路陆台子而西，及滴水崖诸处，俱假以暗伏为名，预积军储，务
足兵马三月之用。一、收买马匹。一、预火器。一、令二镇督抚等
官阳为与虏通好，而阴以计图之。一、以后奏陈征讨之，止宜以预
备来年防守为说，毋宣示章疏为虏所窥。得旨，如议行。（卷367，
第6566～6568页）

---

① 《校勘记》："仇栾"，旧校改"栾"作"鸾"。
② 该条为嘉靖二十九年八月辛未，1550年9月20日事。
③ 据《校勘记》改。《校勘记》："上加鸾忠勇"，三本"加"作"嘉"，是也。阁本
"鸾"作"其"。
④ 嘉靖二十九年十一月己亥，1550年12月17日。
⑤ 制中，居丧期间。制，古代丧服的礼制。《礼记·丧服四制》："丧有四制，变而从
宜，取之四时也。"后指父母丧事。

◎丁丑①……初虏骑犯边，由大同塞外转掠宣府，而东循（苏）[蓟]②州古北口入，因长驱薄③京城，游骑④有至保定者，已而趋白羊道出边，居庸震动。于是督抚官各顾信地，侍郎孙檜请备蓟州，苏祐请备宣府，都御史艾希淳请益兵保定备紫荆，刘玺请备居庸，诸考皆以前失事为辞。兵部覆言：大虏部落皆在宣大边外，其势非涉丰胜、云川以及独石、明沙滩等处，不得东至蓟州。是宣府为蓟州门户，门户固，则堂寝。自安祐之说，诚是也。然小王子一部独处东偏，万一有警，将径下辽、蓟，不由宣、大，则檜说亦不可废。至于紫荆一带为京师内门，虏入宣大之蔚州、广昌，而后叩⑤浮屠峪、插箭领⑥，入大同之平虏、井平，而后窥朔应、广灵，又蔚州、广昌山险难自行。二十三年以后虏无东顾者，居庸诸口多在宣府右门之内，是皆可以缓图。为今之计，要在边臣其舍各私便⑦相地缓急，务求战守之宜。大抵虏犯宣府所急者，居庸而旁之内口；虏过宣府所急者，古北一带之东偏；虏犯大同所急者，紫荆以下之南隘。道途相去四、五日之程，三镇相连五、六日之里地，但慎选哨卒使声问易通联络相救，则虏在日中矣。上是之，遣刑部郎中黎尧勋、熊迤、刘教、刘松、万衣、陆隐、袁福征、陈棐、吴维岳、徐文通、林大章、冯守，员外马彦章，大理寺右侍丞正熊、勉学，右寺副经

---

① 嘉靖二十九年十二月丁丑，1551年1月24日。

② 据《校勘记》改。《校勘记》："苏州"，广本、抱本"苏"作"蓟"，本面第十一行同，是也。

③ 薄，迫近。

④ 游骑，音 yóu jì。担任巡逻突击的骑兵。

⑤ 叩，敲打。

⑥ 领，山岭。后作"岭"。元周伯琦《六书正讹·梗韵》："领，山之高者曰领，取其象形也。别作岭"《史记·货殖列传》："领南、沙北固往往出盐。"按清王鸣盛《十七史商榷》卷二十八："《史记·货殖列传》：'领南、沙北固往往出盐。'古无岭字，只作领。"《汉书·严助传》："今发兵行数千里，资衣粮，入越地，舆轿而隃领。"颜师古注："项昭曰：领，山领也。"

⑦ 私便，为己营利。

彦采，往各处恤刑。尧勋北直隶，逵南直隶。江南：教南直隶；江北：松浙江，衣湖广，隐福建，福征广西，棐陕西、彦采山东，维岳江西，文通四川，大章广东，守云贵，彦章河南，勉学山西。（卷368，第6587~6589页）

◎甲辰①，宣府报：虏数万骑（牛）[由]②青边口入犯，游击孙邦、丁碧与虏战，却之，邦亦被创③。上嘉邦、碧奋勇御敌，俱赐金币，阵亡及被伤者并加优恤。寻又寇宣府深井堡，副总兵郭都战没，官兵死伤（顺多）[甚众]④。巡抚（御）[按]⑤史蔡朴以闻，并参总兵官吴鼎边防怠弛⑥，罪当首论。参将许实、麻宗、李钦，游击祁勋、张西教⑦按兵不援，而巡抚都御史刘堡⑧赞理失筹，总督侍郎苏佑⑨调度无功，厥罪惟均⑩，乞通行惩究。得旨：鼎身任主将，（至）[致]⑪虏深入，本宜械治，姑禠⑫其我，发军门取死罪（伏）[状]⑬，剿虏立功，俟秋防竣奏。处玺等停俸戴罪视事。佑夺俸三月，令策励⑭供职。赐都谕祭六坛⑮有司营葬，立祠春秋致祭。（卷

---

① 嘉靖三十二年三月甲辰，1553年4月10日。

② 据《校勘记》改。《校勘记》："牛青边口入犯"，三本"牛"作"由"，是也。阁本"边"作"进"。

③ 创，音 chuāng。损伤；伤害。

④ 据《校勘记》改。《校勘记》："死伤顺多"，三本"顺多"作"甚众"，是也。

⑤ 据《校勘记》改。《校勘记》："巡抚御史"，三本"抚"作"按"，是也。

⑥ 怠弛，松懈。

⑦ 《校勘记》："张西教"，三本"西"作"四"。

⑧ 《校勘记》："刘堡"，旧校改"堡"作"玺"。

⑨ 《校勘记》："苏佑"，广本"佑"作"祐"。

⑩ 厥罪惟均，其罪行是一样的。厥，其；他的；她的。

⑪ 据《校勘记》改。《校勘记》："至虏深入"，广本、阁本"至"作"致"，是也。

⑫ 禠，音 sī。福。

⑬ 据《校勘记》改。《校勘记》："取死罪伏"，三本"伏"作"状"，是也。

⑭ 策励，督促勉励。

⑮ 《校勘记》："赐都谕祭六坛"，广本、阁本"赐"下有"死事可悯，恤如一典张达例行，已赐"十四字。

395，第 6955～6956 页）

◎戊戌①，御史蔡朴言：曩时②守臣于大同弘赐诸堡外增筑镇羌等六堡，内有垦地五（百）[千] 四百③顷，建城募兵且耕且守，而移北、东路参将驻得胜堡，北、西路参将驻助马堡，各适中调度以为应援，可谓得策④。后都御史何思谓其孤悬难守，欲改挈内地，若以大边难守而并之二边，二边难守而并之内边，则地日削而势日蹙⑤，岂善计哉？乞命守六堡如故⑥。又四海冶、永宁旧墙单薄⑦，乞亟命增缮，并筑敌台五十一座，仍于大小红门、柳沟口外适中处所，增筑空心敌台三座。其北路独石一带塞垣（王）[工] 巨⑧，宜先设敌台四十四座，计需银七千九百余两，请以万全都司所贮事例银充之。又大红门原设巡检一员，后移隆庆，以致本口竟无盘缉，请仍设本地，以便巡禁。兵覆如其言。得旨，俱如拟⑨。（卷 397，第 6984～6985 页）

---

① 嘉靖三十二年四月戊戌，1553 年 6 月 3 日。

② 曩时，音 nǎng shí。以前。

③ 据《校勘记》改。《校勘记》："五百四百"，广本、阁本"五百"作"五千"，是也。抱本"四百"作"四十"。

④ 得策，谋略得当。

⑤ 日蹙，是一天比一天紧迫；每天减缩，一天比一天减缩。

⑥ 《校勘记》："乞命守六堡如故"，广本、阁本"故"下有"而修缮倾圮，召补逃亡，遗下地土，拨给耕种，庶藩屏厚而封疆重，恢创之初意不失矣。兵部覆如朴言。得旨从之。朴。"四十四字。

⑦ 《校勘记》："又四海冶永宁旧墙单薄"，广本、阁本"又"下有"言"字。

⑧ 据《校勘记》改。《校勘记》："塞垣王巨"，三本"王"作"工"，是也。抱本"巨"作"程"。

⑨ 《校勘记》："兵覆如其言得旨俱如拟"，此十字，广本、阁本作"报可。朴又言：臣奉命查勘宣府虏患灾伤及议赈恤事宜。臣见本地斗米易银二钱，兼以保安诸路遭虏残伤，又兴修边大役，军民困苦特甚。乞将本镇官军八万七千四百有奇，分别边腹，量给本色米三月；其被虏杀伤者，亦当优恤。章下户部覆奏，给军本色及赈恤事宜，俱如朴议。因言：边储本以养兵，今见该镇册籍，官吏孤老驿站，皆得借支，不知何谓。又镇兵隶籍兵部者，止六万四千，而食粮乃至八万七千余人，请下巡抚及管粮官核实改正。报允"。

◎丙子①……虏酋小王子率众由宣府独石入犯赤城滴水崖等处，攻毁屯堡，焚戮甚惨，凡四日，驱掠人畜而去。（卷401，第7023页）

◎癸亥②，兵科都给事中王国祯等言：蓟、保为京师肘腋，而宣、大则其项背，缓急轻重与诸镇迥异。臣等窃见当事诸臣所为，措画③昧④于机宜⑤，而乖⑥于事体⑦者九事：……七、哨探今岁秋初，大同、山西报言，套虏东渡延（援）[绥]⑧ 则云在巢宁夏，又云西抢，迄无定词。及虏离商都而犯紫荆也，金报大众俱西。未几，独石、云州又有万虏，然竟亦未知为何酋何部也？若是而求其审料⑨几先⑩，量敌制胜，必不几⑪矣。请敕总督镇巡诸臣多方遣谍，厚立赏格，务深哨远探得虏之要领，以收未战先胜之筹⑫。……（卷404，第7068~7071页）

◎虏分道寇（宁）[宣] 府⑬怀来川、龙门城等⑭处。（卷419，第7268页）

---

① 嘉靖三十二年八月丙子，1553年9月9日。
② 嘉靖三十二年十一月癸亥，1553年12月25日。
③ 措画，筹画，计划，准备之意。
④ 昧，昏，糊涂，不明白。
⑤ 机宜，依据当时情况处理事务的方针、办法等。
⑥ 乖，背离，违背，不和谐。
⑦ 事体，体制；体统。
⑧ 据《校勘记》改。《校勘记》："延援则云在巢"，三本"援"作"绥"，"雲"作"云"，是也。
⑨ 审料，经过分析而作出估计。
⑩ 几先，预兆，事先。几，音 jī。苗头；预兆。
⑪ 不几，没有希望；不可希求。几，通"冀"。
⑫ 筹，音 suàn。古同"算"，计算，谋划。
⑬ 据《校勘记》改。《校勘记》："宁府"，三本作"宣府"，是也。
⑭ 该条为嘉靖三十四年二月戊寅，1555年3月5日事。

◎虏自春三犯**宣府龙门城**及**万全右卫**等［处］①，官军御之颇有斩获。总督**许论**等疏上诸臣功罪。兵部覆议。得旨："升游击**马芳**、指挥**张桓**、**刘**（漠）［汉］②秩二级，各赏银二十两。副总兵**田世威**、指挥**郭抚镇**各十五两。下指挥**魏卿**十三人及原任总兵**刘大章**于巡按御史论罪。"③（卷423，第7331页）

◎虏酋**黄台吉**驻兵**独右**④边外⑤，遣其（谋）［谍］⑥**把秃**等四人内侦至**滴水崖**，属夷**鼠和**等以报，边吏**陈铖**等执之。事闻兵部，以为奇功。请厚赏（请）［诸］⑦当事者。诏："赐总督**许论**银四十两、纻丝三表里，总兵**欧阳安**、巡抚**刘廷臣**各三十两三表里，参将**张缙**十五两。升指挥**陈**（钱）［铖］⑧、**刘潮**⑨秩二级，通事**阮和**一级，**鼠和**给赏如例。**把秃**等斩首枭示⑩。"（卷423，第7338页）

◎虏复自**宣府龙门**入寇，经**麻路口**⑪犯**怀来**、**保安**，**南山城**⑫戒严。诏佐击将军**伯昂**、**刘国宾**、**伊淮**、**刘涵**，各率部兵守护陵寝⑬。（卷426，第7381页）

---

① 据《校勘记》补。《校勘记》："右卫等"，广本、阁本"等"下有"处"字，是也。

② 据《校勘记》改。《校勘记》："刘漠秩二级"，三本"漠"作"汉"，是也。

③ 该条为嘉靖三十四年六月甲子，1555年6月19日事。

④ 《校勘记》："独右边"，旧校改"右"为"石"。

⑤ 该条为嘉靖三十四年六月壬午，1555年7月7日事。

⑥ 据《校勘记》改。《校勘记》："遣其谋把秃"，三本"谋"作"谍"，是也。

⑦ 据《校勘记》改。《校勘记》："厚赏请当事者"，三本"请"作"诸"，是也。

⑧ 据《校勘记》改。《校勘记》："陈钱"，三本"钱"作"铖"，是也。

⑨ 《校勘记》："刘潮"，阁本"潮"作"湖"。

⑩ 枭示，指斩头而悬挂在杆上示众。

⑪ 《校勘记》："麻路口"，广本、阁本"路"作"峪"。

⑫ 《校勘记》："南山城戒严"，广本、阁本无"城"字。

⑬ 该条为嘉靖三十四年九月戊午，1555年10月11日事。

◎巡按<u>直隶</u>御史<u>李凤毛</u>疏报①：<u>宣府</u>虏警。兵部覆言：虏数万众突入<u>龙门</u>，信宿②之（闻）［间］③即达<u>居庸关唐见庵</u>④境。御史言：且不及是<u>宣府</u>烽火失传也。乞行查究失事地方功罪。（今）［令］⑤总督抚按官会奏。从之。（卷427，第7383~7384页）

◎褫<u>宣府</u>北路参将<u>张绶</u>职，同原任<u>大同</u>北路参将<u>张勋</u>俱下御史问。以总督<u>江东</u>劾其贪肆，故也⑥。（卷435，第7494页）

◎调<u>宣府</u>副总兵署都指挥佥事<u>张琮</u>为右参将，分守<u>山西偏头关</u>；命<u>延绥</u>游击将军署都指挥佥事<u>黄演</u>为左参将，分守<u>宣府独石</u>、<u>马营</u>⑦。（卷435，第7497~7498页）

◎录<u>宣府</u>⑧<u>龙门</u>、<u>张家口</u>等处获功、阵亡官军<u>庞伦</u>等三百十二人升赏有差⑨。（卷441，第7553页）

◎己卯⑩，兵部尚书<u>许论</u>言：<u>蓟镇</u>外邻大虏，内护京帅，陵寝其形势与他镇异然。而他镇皆设有重关，如<u>大同</u>之三边，<u>陕</u>之<u>固原</u>边，<u>宣府</u>之<u>长安岭</u>，<u>延绥</u>之<u>夹墙</u>，皆据重险，而都城根本之地独无虏一

---

① 该条为嘉靖三十四年十月癸亥，1555年10月16日事。
② 信宿，谓两三日。《后汉书·蔡邕传论》："董卓一旦入朝，辟书先下，分明枉结，信宿三迁。"李贤注："谓三日之间，位历三台也。"
③ 据《校勘记》改。《校勘记》："信宿之闻"，三本"闻"作"间"，是也。
④ 《校勘记》："唐见庵"，三本"见"作"儿"。
⑤ 据《校勘记》改。《校勘记》："今总督"，广本、抱本"今"作"令"，是也。
⑥ 该条为嘉靖三十五年五月己巳，1556年6月18日事。
⑦ 该条为嘉靖三十五年五月癸未，1556年7月2日事。
⑧ 《校勘记》："宣府"，抱本"府"作"化"。
⑨ 该条为嘉靖三十五年十一月丁丑，1556年12月23日事。
⑩ 嘉靖三十六年五月己卯，1557年6月23日。

入边即闯其门户，漫无限隔。臣早夜思之，惟（敕）［勃］海①所之南山陵之东有<u>苏家口</u>，实为厄塞之所，自此直抵<u>张家湾</u>（几）［凡］② 一百一拾里内，<u>张家湾</u>至<u>通州</u>北塞篱材③四十里，有<u>白河</u>水深没马，可据为守，惟塞篱材至<u>苏家口</u>七十里，地形平漫，（上山下取）［最］④ 为虏冲。若密筑敌台，界之以墙，各设兵守之，令提督官率所部边兵与京兵分营其地，庶几可以夹制，即虏溃边而入，必不至如往年直簿都城。已疏入。上命廷臣杂议，又令抚按官相其地之所宜，佥议皆同。诏允行之。（卷447，第7621～7622页）

◎戊子⑤，发太仓银贰万贰千柒百余两于<u>大同</u>，给新墩哨军行粮及补屯粮灾免之数。以三十三年<u>张家口堡</u>失事，发<u>万全</u>都司都指挥同知<u>李国珍</u>⑥、署都指挥佥事杨振、<u>龙门卫</u>纳级指挥佥事金鸾，俱充边卫军。（卷452，第7668页）

◎庚子⑦……以三十四年<u>龙门城</u>等处失事，谪守备指挥等官<u>魏卿</u>、<u>潘铭</u>等十人⑧戍边，降指挥<u>王汉</u>、<u>张镔</u>秩各一级，下先任总兵官<u>刘大章</u>于<u>辽东</u>巡按御史逮问。（卷454，第7693页）

◎辛未⑨，虏千余骑由<u>滴水崖</u>入寇，南犯<u>永宁川</u>、<u>蓟镇</u>、<u>宣府</u>相继告急。暂管兵部事刑部尚书<u>郑晓</u>言：自来京营官军，未有不分正

---

① 据《校勘记》改。《校勘记》："敕海"，抱本、阁本"敕"作"勃"，是也。
② 据《校勘记》改。《校勘记》："几一百一十里内"，抱本"几"作"凡"，是也。
③ 《校勘记》："塞篱材"，旧校改"材"作"村"，次行同。
④ 《校勘记》："（上山下取）为虏冲"，旧校改"（上山下取)"为"最"。
⑤ 嘉靖三十六年十月戊子，1557年10月30日。
⑥ 《校勘记》："李国珍"，抱本、阁本"珍"作"琇"。
⑦ 嘉靖三十六年十二月庚子，1558年1月10日。
⑧ 《校勘记》："十人"，广本"十"下有"八"字。
⑨ 嘉靖三十七年三月辛未，1558年4月11日。

备①更番役工所者，兹者虏报绎骚②居庸，震动蓄威练武所，宜预图门工虽急。臣请暂遣原选听征出战官军三万五千人回营操练，分布战守余军仍令供役如故，疏入。上谕内阁曰：听征之名不应杂役，况自去岁曰整理闻，至今犹未见精猛，目今内逆勾贼，相继作乱，如不一长驱，恐终无宁岁。朝工仰奉天时，门建必速成，以临述职，殿工少缓无妨焉。乃允晓请令，听征官军回营。（卷457，第7732页）

◎宣大山西督抚官杨博等条议备虏事宜宣府四事③：一、分布士马。令总兵李贤以正兵驻扎镇城，五路参将各守信地，巡抚标下及东路游击驻怀来，新旧游兵驻左卫、东城，以防蔚州等处南下紫荆之路，奇兵驻龙门、雕鹗，以防麻峪口南下怀、保之路总督移驻宣府或保安，以护陵寝。一、独石逼近虏巢，请暂留宣大入卫兵二枝备之，仍额外发银三万两（顶）[预]④ 处兵粮。一、原调矿兵防秋三月，每月量于行粮，外加给米五斗，免给盐菜。一、请工部给发火器……上从部议。（卷460，第7769～7771页）

◎先是⑤，右卫围解，虏仍驻牧近边，声言欲犯独石。独石孤悬塞外，乃虏入宣府、趋蓟镇之路。时朝廷每岁发宣、大兵戍蓟镇，名为入卫⑥，专备关以内，陵京有变，听蓟、辽总镇官调遣，不佐关外之急。又宣府边外属夷，日求内徙⑦，抚臣议处之于宁远堡中，事⑧久不决。总督尚书杨博以为此皆边境安危所系，所宜亟处。但大

---

① 正备，准备。

② 绎骚，骚动；扰动。

③ 该条为嘉靖三十七年六月丁丑，1558年6月16日事。

④ 据《校勘记》改。《校勘记》："顶处兵粮"，抱本"顶"作"预"，是也。

⑤ 该条为嘉靖三十七年六月辛卯，1558年6月30日事。

⑥ 入卫，入京护卫。

⑦ 《校勘记》："日求内徙"，旧校改"徒"作"徙"。

⑧ 中事，指某时期中重要的事情。

同祸已燃眉，当救一时之急，宣、蓟患在厝薪①，当图万全之计。乃建议请罢怀来参将刘环、四海（治）[冶]② 守备韩鉴，而于独石城中选有谋勇，为众所推如尚表者，不拘见任③、废弃，委之守城，功成一体升赏。其蓟镇入卫兵俱听宣大督抚官便宜调遣，先发后闻，与本镇互相应援。仍多设戍兵于怀隆，为居庸南山之蔽。属夷来降者，但厚其赏给，不得纵之入内，以启乱华之阶。上俱从之。（卷460，第7778~7779页）

◎兵科给事中郑茂条陈边事④：……一、言大同经画稍周，宣府独石逼虏与右卫等，可于龙门、柴沟、顺圣、东城、赵川、怀隆等处，分置重兵以为声援。（卷461，第7785页）

◎癸丑⑤，初，上从总督尚书杨博议，以蓟镇入卫兵听宣大调遣。总督蓟辽⑥侍郎王忬执奏⑦：蓟镇、右北⑧诸口川原平旷，无险可守，独恃入卫卒以拥护陵京，奈何听他镇调发。上曰："旧有旨令，蓟镇练兵分区以守，今八年矣，一卒不练，每遇防秋，不过多调边兵，此岂远谋？而且彼此纷争耶，兵部其详议以闻。"部覆：本镇原分区数皆有额兵，今缺伍数多，请诏两关御史王渐、萧九峰亲诣查补。上曰："蓟镇不遵旨练兵，而恃调兵，幸虏不至，辄相玩

---

① 厝薪，音 cuò xīn。厝：同"措"，放置；薪：柴。《汉书·贾谊传》："夫抱火厝之积薪之下，而寝其上，火未燃，因谓之安。方今之势，何以异此！"后以"厝火积薪"比喻潜伏着极大的危机。
② 据《校勘记》改。《校勘记》："四海治"，抱本"治"作"冶"，是也。
③ 见任，受到信赖而任用。
④ 该条为嘉靖三十七年七月己酉，1558年7月18日事。
⑤ 嘉靖三十七年七月癸丑，1558年7月22日。
⑥ 《校勘记》："蓟辽"，抱本"辽"作"镇"。
⑦ 执奏，持章表上奏君主。
⑧ 《校勘记》："右北诸口"，旧校改"右"作"古"。

息①。今诸兵频年（逮）［远］②戍，人情不堪，粮饷多（糜）［糜］③，岁复一岁，何时而已？该镇原分各区人马，兵部可遣郎中一人，与巡关御史备阅兵数多少？操练与否？期一月还奏。今秋防已近，其严责王忬、欧阳安等克期④操练防御，毋再违延⑤。其各边兵马明岁量为减调，卿等可酌拟额数⑥以闻。"忬又援去秋例，请复调辽东步兵万二千⑦，驻马兰、石匣，以备滦东。又议，以宣府游（系）［击］⑧张钦、大同游击周邦分守古北，潮河以当冲险。上曰："往年调辽兵多以致失事，地方官得以藉口，今又饥甚，可复调耶？兵部其与科臣⑨再议之。"既而科部议：上皆言宣、蓟二镇势无偏重，请量调辽兵以守畿辅分驻，钦等所将入卫兵于关外怀、隆⑩之间，以防独石。而命大同入卫游击赵伯勋引兵驻昌平，专护陵寝，庶东西有备，可保无虞。得旨，辽东兵可量调四千人⑪，余俱如议。（卷461，第7786～7787页）

◎丁卯⑫，总督宣大尚书杨博言：独石（左子右辰）危⑬，非宪臣⑭驻之不可。乞命分守口北道驻镇城，兼管中路，而以分巡口北道

---

① 玩愒，玩忽，懈怠。

② 据《校勘记》改。《校勘记》："频年逮戍"，抱本、阁本"逮"作"远"，是也。

③ 据《校勘记》改。《校勘记》："粮饷多糜"，阁本"糜"作"糜"，是也。

④ 克期，定期、如期。

⑤ 违延，违抗拖延。

⑥ 《校勘记》："酌拟额数"，阁本"拟"作"议"。

⑦ 《校勘记》："步兵万二千"，阁本"兵"下有"一"字。

⑧ 据《校勘记》改。《校勘记》："又议以宣府游系"，抱本、阁本"系"作"击"，是也。

⑨ 科臣，指科道官。

⑩ 《校勘记》："怀隆之间"，阁本"隆"作"远"。

⑪ 《校勘记》："可量调四千人"，阁本"可量"作"准"。

⑫ 嘉靖三十七年七月丁卯，1558年7月22日。

⑬ 《校勘记》："（左子右辰）危"，旧校改作"孤危"。

⑭ 宪臣，指御史。

参议专辖北路，改驻赤城。从之。（卷461，第7794～7795页）

◎虏犯宣府赤城等处，千总补儿害、坐营官徐麟、游击董一奎帅兵御之。斩首十二级，夺马百匹。把总冯尚才战死①。（卷463，第7811页）

◎兵科给事中郑茂复上边务八事②：……三曰廑③巡历。今之镇巡，往往深居简出，慆淫④即安。即如大同左、右二卫，自三十七年以前，曾一至其地乎？又如独石、马营等处，巡历之迹累岁不闻，军士之削弱，刍粮之缺乏，将帅之贪懦，谁则知之？夫充国⑤未至金城不敢遥度方略，马援⑥欲入陇右，先已聚米为山⑦，今智略不及二子，而乃欲坐画虚语⑧也。……章下，所司覆行。（卷463，第7811～7817页）

◎丁卯⑨，御史栾尚约勘上，三月中虏犯滴水崖，诸臣失事状，诏夺总兵李贤俸两月，逮参将刘环等问。（卷467，第7870页）

---

① 该条为嘉靖三十七年八月己巳，1558年10月6日事。

② 该条为嘉靖三十七年八月癸酉，1558年10月10日事。

③ 廑，音qín。同"勤"。

④ 慆淫，音tāo yín。怠惰纵乐。慆，怠慢；偷惰。

⑤ 充国即赵充国（前137～前52年），西汉大将。字翁孙，陇西上邽（今甘肃天水）人。熟悉匈奴和羌族的情况。武帝、昭帝时，率军反击匈奴攻扰，勇敢善战，任后将军。宣帝即位，封营平侯。后与羌族作战，在西北屯田，促进当地农业生产发展。

⑥ 马援，（前14年～49年），东汉扶风茂陵（今陕西兴平东北）人，字文渊。新莽末，为新成大尹（汉中太守）。后依附陇西隗嚣。继归刘秀，参加攻灭隗嚣的战争。建武十一年（35年），任陇西太守，安定西羌。十七年，任伏波将军，封新息侯。曾以"男儿要当死于边野，以马革裹尸还葬"自誓，出征匈奴、乌桓。后在进击武陵五溪蛮时，病死军中。曾在西北养马，发展了相马法，并以铜铸为"马式"。

⑦ 聚米为山，东汉马援堆米成山，以代地形模型，给皇帝分析军事形势、进军计划，讲得十分明了。指形象地陈述军事形势，险要的地形。

⑧ 虚语，假话；空话。

⑨ 嘉靖三十七年十二月丁卯，1559年2月1日。

◎丙戌①，命陕西署都指挥佥事高鹏充左参将，分守山西太原等处，宣、大游击将军赵臣充左参将，分守宣府北路。（卷468，第7876页）

◎至此，臣窃谓今三镇之兵，不在召补，而在选练；三镇钱粮，不在增加，而在节省。因陈便（八）［宜］②八事：……一、宣府地分五路，自分巡远驻赤城，而镇城重务俱属分守，恐不能兼摄。宜增设分巡佥事驻镇城，辖中、南二路，其分守参议移驻万全左卫，专辖西路，改独石分巡佥事为兵备，专辖北路，怀隆兵备专辖东路，庶分任责成边防增重。下所司议覆，俱从之③。（卷469，第7890～7891页）

◎巡按直隶御史栾尚约上言④：宣府西、北二路为通虏要区，新、旧游兵二营驻扎镇城，有警旋出御敌，疲于奔命。乞移二营兵，一驻赤城，防东、北二路，一驻左卫，防西、中二路。疏下，总督尚书杨博勘议。博言：宣府新、旧游兵家在镇城，今若移驻远边，乐改者少，惟入卫游兵家在各路，使复还故地，人必便之。宜改在北路者九百有奇，为旧游兵驻赤城；在西路者一千有奇，为新、游兵驻左卫，更补足二千之数。其新、旧游兵除选补入卫，余者分入正、奇两营，副总兵官统领。事下兵部议：入卫兵马乃原系挑选诸路之精锐以为内备，且不必更易，止令新、旧游击各带领本营兵马，前赴赤城、左卫驻扎，以壮声援。傥⑤蓟东有警，仍驰入卫。俟秋防

---

① 嘉靖三十八年正月丙戌，1559年2月20日。
② 据《校勘记》改。《校勘记》："因陈便八八事"，三本"八八"作"宜八"，是也。
③ 该条为嘉靖三十八年二月壬戌，1559年3月28日事。
④ 该条为嘉靖三十八年四月乙卯，1559年5月20日事。
⑤ 傥，同"倘"，表示假设，相当于"倘若""如果"。

事竣，将新、旧二营通行选练，堪入卫精卒，然后议奏更替。上允部议。（卷471，第7916～7917页）

◎癸丑[①]，命神枢营[②]佐击将军吕渊充左参将，分守宣府独石、马营。（卷477，第7984页）

◎己巳[③]……虏拥众至大同边，守臣告警。兵部言：丑虏自今岁以来，一败于一片石，再败于河坊口。因住牧独石边外，睥睨蓟镇，会蓟镇有备不得逞，复由大同拥众以入，其意实在山西。请亟行三镇督抚（宫）[官][④] 发宣、大二总兵李贤、刘汉兵赴应、朔一带，与山西总兵王怀邦协力御虏。至于紫荆、倒马等关，与宁、雁相为唇齿，（遣宜）[宜遣][⑤] 游击高汝太[⑥]、杨津帅边兵二枝驻定兴、涿州以侍[⑦]策应。诏如议行。（卷488，第8121页）

◎先是，宣府边外有流夷史大、史二等，为黄台吉[⑧]以兵威略属之，因用为导以内讧，永宁、龙门之间颇被其害。然黄酋淫虐，凡史夷妻女及所部夷妇有色者多为所渔，并攘其牛马。由是史夷怨恨不附，累通款边臣，愿内附保塞[⑨]。边臣疑其诈，令杀虏自效，以立

---

① 嘉靖三十八年十月癸丑，1559年11月14日。

② 神枢营，明嘉靖二十九年（1550年）恢复三大营时，将三千营改称神枢营，并将原隶三千营的红盔将军2500人、明甲将军500人编入该营。

③ 嘉靖三十九年九月己巳，1560年9月25日。

④ 据《校勘记》改。《校勘记》："督抚宫"，三本"宫"作"官"，是也。

⑤ 据《校勘记》改。《校勘记》："遣宜"，广本、阁本作"宜遣"，是也。

⑥ 《校勘记》："高汝太"，广本、阁本"太"作"泰"。

⑦ 《校勘记》："以侍策应"，旧校改"侍"作"待"。

⑧ 黄台吉，台吉为蒙古对部落酋长的称谓。黄台吉是后金满族第二任可汗之本名。建州女真入关后为粉饰形象，改称皇太极。

⑨ 保塞，居边守塞。《汉书·匈奴传》："单于欢喜，上书愿保塞上谷以西至敦煌，传之无穷，请罢边备塞吏卒，以休天子人民。"颜师古注："保，守也。自请保守之，令无寇盗。"

征信①。史夷兄弟乃斩黄酋所署监部夷孙头目忍克等十余人，尽戕其众，以其俘馘②来献。守臣以闻。诏赏史大织金绖丝衣一袭、彩缎二表里，史二彩缎二表里。夷人桃花带等、将官吕渊等五人令军门奖赏有差③。（卷498，第8249页）

◎壬申④，上谕大学士严嵩等曰：自博入，朕每虑边务，今秋恐有扰者。其语，博早定策以遏之。于是兵部尚书杨博上守御机宜。略曰：今之九边，大率以蓟镇为重。盖腹心既安，四肢自无可虑。今虏止是永邵、保兀、慎摆腰三部，兵寇大同、镇川堡，而其酋俺答、黄台吉、把都儿及土蛮等潜形不露，窃恐其谋窥蓟镇，伏承宸虑⑤。臣谨以六事献：一、请先敕边臣逐大同之寇，坚壁清野以固其守，设伏出奇以挫其锋，分精兵以捣其巢，简⑥恶少⑦以邀⑧其马，使贼不得近蓟镇。一、御贼必先独石哨探，所谓蓟镇得情，独石得其形也。宜令宣大边臣侦实驰报，豫备之于黄花、古北等处。一、蓟镇各区兵备官一切兵粮事宜，悉听其区处督抚官，不得遥制⑨，仍定拟赏罚，以励人心。一、昌平、居庸、黄花镇三区与宣府怀来、隆庆、永宁、四海冶相为唇齿，宣大总督每当秋近移驻怀来，正为南山之备，但事在两镇未免自分彼此。宜令相机策应，但使虏马不能入关，即为首功。一、蓟镇主客兵粮屡称缺乏，宜即时给发。一、燕河、冷口一带逼近辽东，督抚官隔远调度不及，宜责之辽东兵将

---

① 征信，考核证实；取信，凭信。唐柳宗元《征咎赋》："再征信乎策书兮，谓炯然而不惑。"

② 俘馘，音 fú guó。生俘的敌人和被杀的敌人的左耳。指被俘虏者。

③ 该条为嘉靖四十年六月壬午，1561 年 8 月 4 日事。

④ 嘉靖四十年八月壬申，1561 年 9 月 23 日。

⑤ 宸虑，音 chén lù。帝王的思虑谋划。

⑥ 简，通"拣"，音 guàn。习，操练。

⑦ 恶少，品行恶劣的年轻无赖。

⑧ 邀，阻拦；截击。

⑨ 遥制，在远处加以控制。

闻警星驰赴援，不必俟调。疏入，上以所奏事宜，悉允施行。令户部亟发主客兵粮毋误。于是户部奏请于年例外加发饷金四万两。得旨，边臣不许妄侵①，必节爱实用。（卷500，第8268～8270页）

◎上谕辅臣曰②："北虏为谋，深狡非常，本兵何乃不虑？原内逆多，而胡不足较。今须益兵坚守，勿轻战。京营亦宜为备。"于是，部臣杨博上言：俺答、黄台吉二酋夏月会驻青山，之后其谋甚深。秋杪③分屯宣、大之间，其踪渐露，大约声东击西，窥伺蓟镇。及知我有备，一路窥宣府马营等堡，一路窥大同平虏等城。臣移文各督臣日凡数四，贼在大同者，已檄将官备其三面，邀④其惰归⑤。复屯兵守左右卫；在宣府者，部分总兵游击官当北路之冲，而又留副将等兵守南山。内外之防，不敢不豫⑥。今仰承圣谕，请申饬各边诸臣部署士马，坚壁固垒，外收边围万全之功，将京营兵马通行整搠⑦，必俟冬寒冰合⑧，乃可解严⑨。从之。（卷501，第8277～8278页）

◎甲寅⑩，总督宣大尚书江东言：北虏自二十九年深入之后，谋臣经略，无虑⑪数家，有为修边之说者。宣府东自开平，西至洗马

---

① 侵，非法行事；超越。
② 该条为嘉靖四十年九月癸巳，1561年10月14日事。
③ 秋杪，音qiū miǎo。暮秋，秋末。杪，指年月或四季的末尾。
④ 邀，阻拦；截击。
⑤ 惰归，避开敌人初来时的气势，等敌人疲惫时再狠狠打击。
⑥ 豫，安闲，舒适。
⑦ 整搠，音zhěng shuò。整顿，治理。
⑧ 冰合，冰封。
⑨ 解严，解除戒备措施。
⑩ 嘉靖四十一年六月甲寅，1562年7月2日。
⑪ 无虑，不计虑，指大约，大概。

林；大同东自新平，西至了角山；山西则自偏头以至平刑，筑垣乘塞①，延袤三千里。而一时中外翕然②，谓可恃以无虞③。及其虏之溃墙直下，曾无结草④之固，又有为筑堡之说者，使人自为战，家自为守，棋布星罗，遍满川原。然虏一深入，望风瓦解⑤。村落歼，则掠及小堡。小堡空，则祸延中堡。中堡尽而大堡存者，仅十之一二。又有谓守无足恃，倡为血战之说者，惟以战胜为功，不以败亡为罪，而不度彼已，易于尝虏，良将劲兵，销灭殆尽。凡此之计，臣已目见其困矣，万不得已惟有保全边堡一策，最为切要。而边堡之所以全，其说有十：积谷⑥一也；征还各营选调之卒，二也；选练本堡土兵共守，三也；增城浚池，四也；筑（火）［大］⑦墩以便耕牧，使商旅通行，有警易于收保⑧，五也；造双轮车以备战守，六也；择任将帅，和睦行阵⑨，七也；信赏必罚，八也；厚恤间谍，九也；严禁边军通虏，十也；此十说者，拟之焚廷老上⑩，拓坏狼居，似非远猷⑪。然臣窃谓言之而可行，行之而可以要其成，成之而可以久，无出于此。臣又惟诸边大弊，在于文武不同心，上下不相信，速责效者，务为粉饰之计，惮明作者，多事因循之图，过疑惧者，又逡巡⑫

①　乘塞，守卫边疆要塞。《汉书·匈奴传下》："今罢乘塞，则生嫚易分争之渐。"颜师古注："乘塞，登之而守也。嫚易犹相欺侮也。"

②　翕然，音 xī rán。形容一致。安宁、和顺貌。《史记·太史公自序》："诸侯骄恣，吴首为乱，京师行诛，七国伏辜，天下翕然。"

③　无虞，没有忧患，太平无事。

④　结草，编结茅草。指建盖简陋房子。

⑤　望风瓦解，刚看到敌方的影子就溃不成军。形容军旅不堪一击。

⑥　《校勘记》："积谷一也"，抱本"积"下有"赈"字。

⑦　据《校勘记》改。《校勘记》："筑火墩"，抱本、阁本"火"作"大"，是也。

⑧　收保，古代边境上设置的兼有储藏物资和防卫作用的小城堡。保，通"堡"。

⑨　和睦行阵，行阵：指军队。和睦：融洽、和谐。军队和睦团结。

⑩　《校勘记》："拟之焚廷老上"，广本无"廷"字。抱本改"焚"作"（上牙攵下牛）"。

⑪　远猷，音 yuǎn yóu。长远的打算；远大的谋略。猷，计谋，打算，谋划。

⑫　逡巡，音 qūn xún。因为有所顾虑而徘徊不前。

逊避①，不得尽试其所长。夫亡羊补牢，固为已晚；方病蓄艾②，尚犹可及。臣今已勉帅诸臣同心戮力，务祛夙③弊，惟陛下宽其文法④，使得少效万（下）[一]⑤。疏下，兵部议覆。从之。（卷510，第8393～8395页）

◎丙辰⑥，兵部尚书杨博上言：比者，西北边各有警报。以臣计之，大抵蓟镇、山西为急，其防宜预。乞申饬⑦各镇守臣，在蓟镇则画地分区，步兵列墙拒守，骑兵按伏应援，以守为战；在宣府则山南山北增布兵马；在宣、大则远哨广备，清野坚壁；在山西则严拒阳方等口；在保定则分防紫荆等关，以战为守。又独石、三间房、白草川为虏入蓟之路，宜责参将刘国哨探驰报。又畿辅有警，各兵不能卒至，乞敕宣大总督江东移驻怀来，以备南山一带；宣府镇巡官马芳、赵孔昭移驻隆庆，以便星驰抵关；大同镇巡官姜应熊、陈其学移驻怀安，以便驰入居庸；山西镇巡官吴征、杨宗气移驻广昌，以便驰入紫荆应援；宣镇保定巡抚李迁移驻易州，总兵官祝福移驻浮图峪，以便驰入涿州；仍于京营选精兵堪战者以备调发。得旨，俱如拟。（卷512，第8411～8412页）

◎虏五千骑犯宣府滴水崖，由黑汉岭南下，败参将宋兰、游击麻锦等兵，遂掠隆庆、永宁等处，驻东西红山，窥岔道。原任大同总兵为事官刘汉力战，却之。贼遂西行，由柳沟进据虎皮寨，攻张

---

① 逊避，退让；退避。
② 蓄艾，本指蓄藏多年之艾以治久病。比喻应长期积蓄以备急用。
③ 夙，素有的，旧有的。
④ 文法，法制；法规。
⑤ 据《校勘记》改。《校勘记》："少效万下"，三本"下"作"一"，是也。
⑥ 嘉靖四十一年八月丙辰，1562年9月2日。
⑦ 申饬，饬令；指示。

家堡，不克，会大雪乃遁。出入凡七日①。（卷517，第8492页）

◎以三十七年青溪口堡失事，谪宣府前卫指挥使奚元、绥德，卫指挥佥事阎润戍边。降开平卫指挥佥事刘元勋职二级②。（卷519，第8510页）

◎兵部尚书杨博条上经略蓟镇事宜③："……一、议处宣、辽境外哨探。顷者，虏犯蓟镇，赖宣府独石竟外预为侦报，故我速调士马以待之。今后请以独石参将附属蓟辽总督节制，如哨得虏形，即为飞报蓟镇，论功行罚与蓟镇将领同之。……"上是其言，令蓟镇及宣、大三边总督等官各遵行毋忽，其更宜计处与未尽者，亟议闻。（卷527，第8593~8595页）

◎裁革宣府镇东路怀隆、北路赤城各兵备官④。（卷528，第8618页）

◎己卯⑤，裁革宣府西路柴沟堡、北路龙门城及中路通判各一员，大同府北路通判一员，大同府及应州、（翔）［朔］⑥州、山阴、马邑、灵丘县、万全都司各学训导一员。（卷553，第8904页）

---

① 该条为嘉靖四十二年正月戊申，1563年2月21日事。
② 该条为嘉靖四十二年三月壬辰，1563年4月6日事。
③ 该条为嘉靖四十二年十一月庚辰，1563年11月20日事。
④ 该条为嘉靖四十二年十二月辛酉，1563年12月31日事。
⑤ 嘉靖四十四年十二月己卯，1566年1月7日。
⑥ 据《校勘记》改。《校勘记》："翔州"，广本、抱本、库本"翔"作"朔"，是也。

867

◎虏千余骑突犯宣府龙门等处，总兵马芳（师）［帅］① 参将袁世械等追袭之，斩首三十六级，捷闻。赏总督赵炳然及芳等银毙②各有差③。（卷556，第8941页）

◎复设宣府镇城分巡道宪臣一员，中路及（紫沟）［柴沟堡］④、龙门城通判各一员。从巡抚都御史冀炼奏也⑤。（卷560，第8992页）

◎龙门卫都指挥符祯⑥等、宣府镇抚王昱等，各谋升调保荐等事，遣人挟重赀⑦入京，为巡城御史王宗载逻得之，并获其诸纳贿作奸私券，及总兵马芳报内臣刘升书。奏之。诏下：祯等各按臣逮讯，其马芳受嘱事情，令总督查核以闻。仍命厂卫及五城御史严捕在京一切诓骗奸徒，不许姑息⑧。（卷562，第9005页）

---

① 据《校勘记》改。《校勘记》："师参将袁世械等"，广本、阁本"师"作"帅"，是也。

② 《校勘记》："银毙"，旧校改"毙"作"币"。

③ 该条为嘉靖四十五年三月壬辰，1566年3月21日事。

④ 据《校勘记》改。《校勘记》："紫沟"，广本、阁本作"柴沟堡"，是也。

⑤ 该条为嘉靖四十五年七月癸丑，1566年8月9日事。

⑥ 《校勘记》："符祯"，旧校改"祯"作"桢"，本面第九行同。

⑦ 赀，音zī。假借为"资"。财货。

⑧ 该条为嘉靖四十五年九月甲午，1566年9月19日事。

9. 《明穆宗实录》

【题解】 《明穆宗实录》70 卷，起嘉靖四十五年（1566 年）十二月，讫隆庆六年（1572 年）五月。

穆宗朱载垕，是世宗之子，神宗朱翊钧之父，在位不足 6 年，他是夹在两人在位时间最长的皇帝之间的一位短祚皇帝。他继位伊始，便为其父修《世宗实录》，但直到去世，却没有望见完工，不得不将《世宗实录》以及他自己的《穆宗实录》，留给了他的儿子神宗去修。神宗在继续完成父亲的未竟之业、续修《世宗实录》的同时，在张居正的建议下，于隆庆六年十月庚申（1572 年 11 月 12 日），继位才 4 个月的小皇帝便下诏，开始为乃父穆宗修实录。修纂《穆宗实录》的史官基本上都是修纂《世宗实录》的原班人马。按照张居正分两步走的建议，先完成《穆宗实录》，然后合修《世宗实录》。于万历二年七月甲申（1574 年 7 月 29 日），历时 1 年零 8 个月顺利完成。进呈的《穆宗实录》70 卷、《穆宗宝训》8 卷，加上目录及凡例共 80 册。

本辑据台湾"中央研究院"历史语言研究所影印本《明穆宗实录》辑录有关赤城内容。

◎升守备大同云石堡、怀仁城指挥同知周伊、卢林，守备宣府滴水崖指挥佥事阎缙为署都指挥佥事，各充游击将军，伊大同入卫，林山西老营，缙遵化等处。命四川都司佥书署都指挥佥事（委）

大明穆宗莊皇帝寶錄卷之二十六

隆慶二年十一月丙午朔○丁未○巡撫四川都御史陳价以

九月盜竊提為營昌二縣庫勤奏守巡官奉議包汴僉事馬文

健乾章俱奪俸一月累等巡按御史遠間○山西太原府天鼓

鳴有星隕如斗大芒二大餘○乙酉○陞浙江布政司左叅

議崔近思為山西按察司副使○以水災免浙江台州府稅粮

有差仍留原派南北直隸等慶為價銀儹徵巡撫趙九照奏

也○庚戌 恭讓章皇后忌辰遣中官祭陵寢○壬子○慶成

王府輔國中尉知駕以殿傷其父鎮國中尉表樘下巡按御史

勤令自盡○陞原任山東僉事陳璨為浙江左叅議○宣府總

兵馬芳牢所屬叅將劉漳等千餘人出獨石邊外二百里襲擊

虜騎于長水海子敗之還入邊未至虜追及于駿子山芳等復

0699

《明穆宗实录》书影

［娄］① 承宗掌陕西都司事②。（卷 14，第 394～395 页）

◎命宣府云州守备为［事］③ 官李凤充神机营佐击将军④。（卷 21，第 580 页）

◎庚寅⑤，命漳泉参将［署都指挥佥事］⑥ 尹凤掌都司事，升龙门所守备指挥同知洪国忠、海州备御⑦指挥同知刘恩语与把总署指挥佥事朱珏⑧、泗州守备指挥使狄从夏，俱署都指挥佥事佥书都司事。岷州守备指挥佥事张九功、定海把总指挥［使］⑨ 李成立，俱署都指挥佥事佥书行都司事。［凤］⑩、珏、成立福建，国忠山西，恩辽东，九功陕西，从夏浙江。（卷 23，第 616 页）

◎宣府总兵马芳率所属⑪参将刘潭⑫等千余人，出独石边外二百里，袭击虏骑于长水海子，败之。还，入边未至，虏追及于鞍子山，芳等复战，又败之。前后擒斩共八十余人，夺马四十余匹。督抚官以捷闻。上嘉其绩，赏芳银四十两、纻丝二表里、荫一子正千户，

---

① 据《明穆宗实录校勘记》（以下简称《校勘记》）改。《校勘记》："委承宗"，广本、抱本"委"作"娄"，是也。

② 该条为隆庆元年十一月癸亥，1567 年 12 月 12 日事。

③ 据《校勘记》补。《校勘记》："为官"，三本"为"下有"事"字，是也。

④ 该条为隆庆二年六月辛丑，1568 年 3 月 19 日事。

⑤ 隆庆二年八月庚寅，1568 年 9 月 4 日。

⑥ 据《校勘记》补。《校勘记》："为官"，三本"将"下有"署都指挥佥事"六字，是也。

⑦ 《校勘记》："海州备御指挥"，抱本"备"作"守"。

⑧ 《校勘记》："署指挥佥事朱珏"，广本无"署"字。抱本"朱"作"沈"。

⑨ 据《校勘记》补。《校勘记》："指挥李成立"，三本"挥"下有"使"字，是也。广本、嘉本"成"作"诚"，下同。

⑩ 据《校勘记》补。《校勘记》："珏成立"，三本"珏"上有"凤"字，是也。

⑪ 《校勘记》："率所属"，广本、嘉本"属"作"部"。

⑫ 《校勘记》："刘潭"，抱本"潭"作"浑"，下同。

总督侍郎<u>陈其学</u>四十两、二表里，巡抚［都御史］^① <u>王遴</u>三十两、一表里，各升俸一级。兵备副使<u>方逢时</u>、参将<u>刘潭</u>、千总<u>解生</u>各银二十两，<u>解生</u>仍升二级。上又以秋防无警，更多捷报，赏兵部尚书<u>霍冀</u>，侍郎<u>曹邦辅</u>、<u>刘（寿）［焘］</u>^②、<u>冀炼</u>及职方司郎中<u>孙应元</u>等各银币有差^③。（卷 26，第 699~700 页）

◎录<u>隆庆</u>元年<u>独石</u>等处出边死（者）［事军］哨^④<u>严月</u>^⑤等四十四人，荫叙^⑥有差^⑦。（卷 30，第 784 页）

◎录<u>隆庆</u>二年十一月内，<u>宣府</u><u>独石</u>边外<u>长水海子</u>等处，获功死事被（抢）［创］官［军］^⑧<u>颇贵</u>等一^⑨百四十六人各升赏如例^⑩。（卷 34，第 882 页）

◎巡按<u>直隶</u>监察御史<u>燕儒宦</u>条陈六事^⑪："一、复旧城以固<u>南山</u>，谓<u>宣府</u>为京师北门，而<u>延</u>、<u>永</u>、<u>南山</u>一带陵寝在焉，虏患为急。先年总督<u>翁万达</u>奏：于<u>东路镇南墩</u>起，西历<u>四海冶</u>等处，共修外边

---

① 据《校勘记》补。《校勘记》："巡抚王遴"，三本"抚"下有"都御史"三字，是也。

② 据《校勘记》改。《校勘记》："刘寿"，三本"寿"作"焘"，是也。

③ 该条为隆庆二年十一月壬子，1568 年 11 月 25 日事。

④ 据《校勘记》改。《校勘记》："出边死者哨"，抱本、嘉本"者"作"事军"，是也。

⑤ 《校勘记》："严月"，广本、抱本"严"作"阎"。

⑥ 荫叙，按先辈功业大小，给予不同等级的荫封。

⑦ 该条为隆庆三年三月丙午，1569 年 3 月 19 日事。

⑧ 据《校勘记》改、补。《校勘记》："被抢官"，广本、抱本"抢"作"创"，三本"官"下有"军"字，是也。

⑨ 《校勘记》："一百"，三本"一"作"二"。

⑩ 该条为隆庆三年闰六月戊午，1569 年 7 月 29 日事。

⑪ 该条为隆庆四年正月丁丑，1570 年 2 月 13 日事。

一道，又自永宁墩起，历雕鹗堡①等处创修内垣一道，外边以捍北路，内险以捍京师。此安边②至计③，宜行督抚诸臣修复废址。……"兵部议覆：上允行之。（卷41，第1013～1015页）

◎以原任分守河南嵩县等处参将署都指挥佥事邹沂，充五军六营参将；……守备独石署都指挥佥事朱瀚，充分领总督宣大标兵游击将军④。（卷43，第1096页）

◎宣府马营堡等处大雨雹⑤。（卷57，第1404页）

◎宣府独石大雨雹⑥。（卷57，第1411页）

◎革镇守四川总兵官郭成、宣府上西路参将李浃、龙门所守备张谦、新河口守备张极、四海冶守备杨纪、靖胡堡守备车相及充为事官管宁绍、参将事杨魁、浙江都司佥书署都指挥佥事王敷忠任回卫闲住。以各抚按官劾其不职也⑦。（卷66，第1587页）

◎巡（抚）［按］⑧直隶御史刘良弼［言］⑨：国家制虏之全

---

① 《校勘记》："历雕鹗堡"，抱本"历"上有"西"字。

② 《校勘记》："此安边至计"，广本"边"下有"之"字。

③ 至计，最好的计策、办法。

④ 该条为隆庆四年三月壬辰，1570年4月29日事。

⑤ 该条为隆庆五年五月丁丑，1571年6月8日事。

⑥ 该条为隆庆五年五月戊子，1571年6月19日事。

⑦ 该条为隆庆六年二月丙申，1572年2月22日事。

⑧ 据《校勘记》改。《校勘记》："巡抚直隶御史"，抱本、嘉本"抚"作"按"，是也。

⑨ 据《校勘记》补。《校勘记》："刘良弼"，三本"弼"下有"言"字，是也。

（尽）［画］①。战守为先。今日贡市之权宜，恩威最急。臣请得熟陈于前②。夫抚虏与贿虏异。虏诚心效顺③，吾因而字④之曰抚。虏扣关⑤呼索⑥，吾苟且应之，以祈免祸，曰贿。不察顺逆，不论是非，使人眩于名实，则恐今日抚虏之资，为他日贿虏之计，甚者借启衅之言，掩粮乱之罪。其势即衰⑦，为害滋大。请假边臣便宜，度虏情之诚伪，审事机之当否，顺则抚之，逆则拒之。倘或东西侵犯，即奋力擒斩，无待奏闻。虽（有小）［小有］⑧损失，无得重治，但不令将官生事，以致损威。此议战之大略也。夫宣大为京师藩篱，而独石为宣府屏蔽，龙门、赤城一带，又独石咽喉。猝有虏［警］⑨，（有）难于应（缓）［援］⑩。非预积糗粮⑪，何以拒守。臣谓独石、马营八城堡，宜蓄一岁之储，以守为战；中东西南四路宜蓄数月之储，以战为守；此议守之大略也。臣又闻，掩答已款附⑫，而把都儿且老死。纵令黄台吉跳梁⑬，亦终孤立。近又与察罕儿构隙⑭，此正我用间时也。诚阴广间谍挑之，以成彼外患，而又少加裁节⑮，以示

---

① 据《校勘记》改。《校勘记》："制虏之全尽"，广本、抱本"尽"作"画"，是也。

② 该条为隆庆六年四月乙丑，1572年5月21日事。

③ 效顺，表示忠诚；投诚。

④ 字，治理、教育。汉崔寔《政论》："旧制万户以上，置大县令，以表其能字人之力也。"

⑤ 扣关，敲击关门或城关而有所求。

⑥ 呼索，呼叫索取。

⑦ 《校勘记》："其势即衰"，抱本、嘉本"即"作"积"。积衰，长期衰弱。

⑧ 据《校勘记》改。《校勘记》："虽有小损失"，广本、抱本"有小"作"小有"，是也。

⑨ 据《校勘记》补。《校勘记》："猝有虏"，三本"虏"下有"警"字，是也。

⑩ 据《校勘记》删、改。《校勘记》："有难于应缓"，三本无"有"字，广本、抱本"缓"作"援"，是也。

⑪ 糗粮，音 qiǔ liáng。干粮。

⑫ 款附，诚心归附。

⑬ 跳梁，跋扈；强横。《汉书·萧望之传》："今羌虏一隅小夷，跳梁于山谷间。"

⑭ 构隙，互有嫌隙，结怨为仇。

⑮ 裁节，削减；节省。

中国牢（宠）［笼］①之机权，抚赏可施，而诸凡分外邀求亦量为颁给，布帛可赐，而一切华靡②之服用（财）［则］③严为之禁，巡边之夷日渐加增，宜防其入犯，哨粮之减，岁计数万，宜核以修边，其他边备事宜，悉令边臣熟计④。兵部覆请，上乃下其奏，令总督王崇古督率各镇巡官参酌⑤［行之］⑥。（卷69，第1661~1663页）

---

① 据《校勘记》改。《校勘记》："以示中国牢宠之机权"，广本、抱本"宠"作"笼"，是也。牢笼，约束，限制。

② 华靡，豪华奢侈。

③ 据《校勘记》改。《校勘记》："财严为之禁"，广本、抱本"财"作"则"，是也。

④ 熟计，周密地谋划。

⑤ 参酌，参考、斟酌。

⑥ 据《校勘记》补。《校勘记》："参酌"，三本"酌"下有"行之"二字，是也。

10.《明神宗实录》

【题解】　《明神宗实录》594 卷。记事始于隆庆六年（1572 年）五月，终于万历四十八年（1620 年）七月。

神宗名朱翊钧，是穆宗朱载垕之子，光宗朱常洛之父。他是明朝皇帝中享国最久的一个，在位达 48 年。他死后，儿子光宗继位称帝，但光宗与乃父正相反，是个短命的皇帝，继位仅一月就因误服丹药而一命呜呼。其子熹宗朱由校接着登基称尊，开始酝酿其祖《神宗实录》的修纂。天启元年三月丁卯（1621 年 5 月 16 日），继位刚半年的熹宗正式下诏修纂《神宗实录》。命张惟贤为监修，叶向高、刘一燝、韩爌、史继偕、何宗彦、朱国祚等为总裁官，孙慎行、顾秉谦、盛以弘、周道登、郑以伟、李腾芳等为副总裁官，骆从宇等为纂修官。在纂修过程中，熹宗不仅增添了许多副总裁及纂修官，并催促休假、告病人史臣速来供职，下诏书批评那些尸位素餐的纂修官员。尽管如此，直到天启六年五月，《神宗实录》只完成了万历十年间的内容。到天启七年八月熹宗死的时候，《神宗实录》的完工仍遥遥无期，只有留待后继者来完成他的未竟之业了。熹宗无子，死后由其同父异母的弟弟朱由检继承皇位。崇祯继位后，仍继续修纂《神宗实录》，于崇祯三年十月，《神宗实录》修成。十一月丙戌，《神宗实录》《神宗宝训》正式进呈。《神宗实录》从天启元年三月始修至崇祯三年十一月结束，共花了 10 年的时间，先后参与修纂人员多达 106 人。

本辑据台湾"中央研究院"历史语言研究所影印本《明神宗实录》辑录有关赤城内容。

明神宗實錄卷四八四

六

海堧患何恃謨照昌鎮規則興工修築一嚴界限貢以來有
守口費人駐牧墻下受我月實始借為用漸狂為安移入迤邊
狎玩凌暴軍士有不敢登呀哨望者矣設法論之移之或申諭
虜酋嚴為約束合行督撫悉心籌畫一酌入衝薊鎮入衝客兵
委千專事償年兵馬儧存贏癃虛廉糧草往迤徒勞然議撤謀
載時勢未便惟變通邪選擇臕壯隨軍入衝其不堪者估責
變銀弁軍貯庫別購善馬以給騎軍一勤補修邊工隨築隨
壞近薊鎮督臣嚴立十年馬滿方克追論所以嚴於其始而接
臣又欲不憚驗看或勢將推裂作連補荳所以即責於其後合
茲二謀逐時補修與事後追論俱著實通行一復守備雲州一
堡南樓赤城北連獨石鎮安東崎馬營西連盖宣府上路之咽
喉已昔設守備一員統兵千五百人防守後改駐鎮安而舊堡

9125

《明神宗实录》书影

◎保定抚臣宋纁奏[①]："分布秋防兵马言……浮图峪又紫荆关要冲守备李实，领汉军驻峪口，副总兵张玘领所部驻紫荆关，有事趋赴白石等口，仍策应浮图峪。静安马龙沟指挥王大宝领茂山卫班军

---

① 该条为隆庆六年六月戊寅，1572 年 8 月 2 日事。

守之，仍听珉调遣，策应马水口。大龙门内险外平，且迫近保安、宣府，称冲要，副总兵宋兰统所部驻本口，都司吴芝统忠顺军守龙门，兼防沿河等口。……"疏下该部。（卷2，第54～56页）

◎升宣府长安岭守备刘一奎充宣府入卫游击，山西偏头关守备董大众①充延绥游击，南京虎贲左卫署指挥佥事刘乔守备邳州②。（卷8，第285页）

◎升平阳卫千户何山、阳和卫指挥佥事吴昆、天城卫署所镇抚冯时、平阳卫指挥佥事杨世勋、蔚州卫署指挥佥事张邦奇，俱以都指挥体统行事，守备各处地方，山杀胡堡、昆平远镇、时三川堡、世勋偏头关、邦奇长安岭堡。③（卷8，第290页）

◎户部题开万历元年该征盐钞④：……一、河南、山东二布政司半存留半运京库，内各摘拨钞八十万一百二十四贯、钱一千六十万二百六十八文，解宣府备开平等卫所官军折支俸粮。……一、大名府原额钱一百六十万一千九百七十文，钞入十万九百八十五贯，半解保定府库内，分拨钱二十八万五千七百六十文、钞一十四万二千八百四十贯解部，转发蓟州库补营州五屯卫并宽河一所官军折支俸粮，余解保定库折放五卫所官军俸粮，半解宣府内原改拨钞三十八万八千一十一贯、钱七十七万六千二十三文，仍解宣府折与开平等卫所官军俸粮。……总督仓场侍郎郭朝宾籍奏⑤：隆庆五年十二月至

---

① 《校勘记》："董大众"，广本"众"作"中"。
② 该条为隆庆六年十二月乙丑，1573年1月16日事。
③ 该条为隆庆六年十二月戊辰，1573年1月19日事。
④ 该条为隆庆六年十二月戊寅，1573年1月29日事。
⑤ 籍奏，编造名册奏上。《汉书·儒林传序》："一岁皆辄课，能通一艺以上，补文学掌故缺；其高第可为郎中，太常籍奏。"颜师古注："籍奏，为名籍而奏。"

今年十一月终，太仓银库实在金四百六十五两、银四百三十八万五千八百七十五两有奇、铜钱一千六百四十万六千四百有奇。（卷8，第307~308页）

◎以怀安卫都指挥同知何效忠守备宣府云州堡地方①。（卷9，第337页）

◎升龙门卫署所镇抚孟尚义守备宣府靖胡堡地方②，大同前卫指挥佥事王弼守备宣府龙门所地方③。（卷9，第337~338页）

◎诏修宣府北路边墙④。墙本先任总督翁万达所筑，内塞起滴水崖，历雕鹗堡、龙门卫至六台子墩，凡一万八千七十六丈有奇，近被虏蹂践⑤，半就倾（北）［圮］⑥，阅臣⑦吴百朋等勘议修筑。计用粮八千八百一十三石、盐菜工食银六千一百七十九两，每年用军夫一十九万三千三百一十一名，酌量冲缓，渐次举行，期三年内完报⑧。（卷11，第365~366页）

◎改南山参将李如樟为左参将⑨，分守宣府北路独石、马营等处地方。（卷11，第372页）

---

① 　该条为万历元年正月丁未，1573年2月27日事。
② 　该条为万历元年正月丁未，1573年2月27日事。
③ 　《校勘记》："龙门所地方"，广本、抱本"所"作"等"。
④ 　该条为万历元年三月甲申，1573年4月5日事。
⑤ 　《校勘记》："近被虏蹂践"，广本"近"作"今"。
⑥ 　据《校勘记》改。《校勘记》："半就倾北"，广本、抱本"北"作"圮"，是也。
⑦ 　《校勘记》："阅臣"，广本"阅"下有"视"字。
⑧ 　《校勘记》："期三年内完报"，广本"完报"作"报完"。抱本"报"下墨笔增"可"字。
⑨ 　《校勘记》："左参将"，广本、抱本"左"作"右"。该条为万历元年三月乙未，1573年4月16日事。

◎甲申①，兵部覆阅视侍郎吴百朋条陈八事：……一、移分巡以便弹压②，言口北道佥事宜照旧移住赤城，居中调度，仍将该城额军补足一千，时加操练以便防御。……奉旨议行（卷13，第416~418页）

◎发河南班价银二万七千七百两零、太仆寺马价一万四千三百四十二两零，为宣府修筑北路龙门所自盘道堡起迄靖胡堡，盐菜口粮之费③。（卷27，第678页）

◎直隶巡按御史陈文燧条陈二事④：一、清积蠹以裕边储。谓宣大两镇主客粮草，自嘉靖初年至万历二年止，实无定数，每镇各十有五万湮烂，十一侵盗十九，乞行接管御史查勘明的以后，支给粮数即具印册，上管粮郎中查核，岁终奏报，仍与总督巡按一册，以备京盘⑤。又称平朔、玉云等卫，独石、柴沟等堡宜备三年之粮，镇城备二年，其余各路备一年，听巡抚会管粮郎中分别酌处。一、兴水田以尽地利。两镇有水利堪兴处所，敕令管屯宪臣召民开垦，渐次起科成田之后，令军民沿亩种树，既收厚利，又遏戎马。户部覆奏⑥，命如议行⑦。（卷36，第850~851页）

◎甲子⑧，兵部尚书谭纶奉旨回话⑨，顷⑩报前顷虏情。先据辽

---

① 万历元年五月甲申，1573年6月4日。

② 弹压，音 tán yā。镇压；制服。

③ 该条为万历二年七月壬辰，1574年8月6日事。

④ 该条为万历三年三月辛酉，1575年5月2日事。

⑤ 《校勘记》："以备京盘"，抱本改"京"作"查"。

⑥ 《校勘记》："户部覆奏"，广本"户"上有"下"字。

⑦ 《校勘记》："命如议行"，广本、抱本"如"作"仍"。

⑧ 万历三年五月甲子，1575年7月4日。

⑨ 回话，特指下对上禀告。

⑩ 顷，刚才，不久以前。

东镇巡，<u>蓟辽</u>、<u>宣大</u>总督巡按等报，皆谓东西二虏会兵入犯，盖得诸<u>俺答</u>与<u>独石</u>参将所遣探卒。三卫属夷，<u>辽东</u>市夷之言，各镇据以为题。今据总兵<u>戚继光</u>、<u>雷龙</u>、巡按吴兑揭咨前来，诸酋委俱解散，止有长昂一枝尚留<u>辽东</u>①窥犯耳。奉旨：这所报虏情前后异辞，东西异状，看来通无的据，止是借听传闻。似此彼已虚实茫然不知，将来何以待敌？且该镇饥荒，当此数②月无端为一虚声所动，周章调遣先自罢劳，即日秋防猝有虏至，又将何以御之？边事如此，深可忧虑。今后各总督镇巡官平居当亟图［战］③守，日夕戒备，要在厚遣间谍④的探虏情，有警却宜特重安详示以整暇⑤，不许沿袭旧套⑥，虏未至而虚张贼势以避罪，虏以退而虚称斩获以要功。有这等的，国法不宥你每职任⑦，本兵居中调度，亦要沉谋审筹，动中机宜，无但依边臣奏报之言，漫尔区画致乖举措，取轻外夷。（卷 38，第 900 ～901 页）

◎以<u>宣府</u>龙门所守备<u>王弼</u>充<u>山西</u>老营堡游击⑧。（卷 42，第 943 页）

◎以<u>宣府</u>独石城守备<u>叶秉</u>充神机五营佐击将军⑨。（卷 54，第 1262 页）

---

① 《校勘记》："辽东"，广本、抱本"辽"作"边"。

② 《校勘记》："当此数月"，广本、抱本"数"作"暑"。

③ 据《校勘记》补。《校勘记》："亟图战守"，影印本"战"字未印出。

④ 《校勘记》："厚遣间谍"，广本"遣"作"遗"。

⑤ 整暇，《左传·成公十六年》："日臣之使于楚也，子重问晋国之勇，臣对曰：'好以众整。'曰：'又何如？'臣对曰：'好以暇。'"后因以"整暇"形容既严谨而又从容不迫。

⑥ 旧套，老方法；老样子。

⑦ 职任，指官员的职位和职责。

⑧ 该条为万历三年九月丁酉，1575 年 10 月 5 日事。

⑨ 该条为万历四年九月癸巳，1576 年 9 月 25 日事。

◎阳和城、浑源州、龙门卫等处地震①。（卷65，第1439页）

◎命建屯堡兵于长伸地，一以固南山陵寝之防，一以援北路孤悬之势。从督抚吴兑议②。（卷85，第1779页）

◎以大同宁虏［堡］③守备沈栋充大同入卫游击，升宣府赤城堡守备朱国相充神枢④九营佐击⑤。（卷94，第1904页）

◎升宣府北路独石、马营参将李如楗为左副总兵，协守本地方⑥。（卷100，第1984页）

◎改宣府万全右卫左参将张刚于独石、马营⑦。（卷100，第1985页）

◎升大同中路右参将冯忠为宣府独石、马营左参将⑧。（卷101，第2002页）

◎升宣府马营堡守备王国翼为本镇东路游击⑨。（卷104，第2028页）

---

① 该条为万历五年八月壬午，1577年9月9日事。
② 该条为万历七年三月庚戌，1579年3月31日事。
③ 据《校勘记》补。《校勘记》："宁虏"，抱本"虏"下有"堡"字，是也。
④ 《校勘记》："神枢"，抱本"枢"作"机"。
⑤ 该条为万历七年十二月壬午，1579年12月28日事。
⑥ 该条为万历八年五月甲戌，1580年6月17日事。
⑦ 该条为万历八年五月丙子，1580年6月19日事。
⑧ 《校勘记》："冯忠"，抱本"冯"作"马"。"左参将"，抱本"左"作"右"。该条为万历八年六月己未，1580年8月1日事。
⑨ 该条为万历八年九月庚午，1580年10月11日事。

◎辛丑①，革协守宣府副总兵潘忠任，以独石副总兵董一元代之，升大同游击麻承勋为独石参将。（卷113，第2154页）

◎丁巳②，以开平卫指挥同知张三纲守备宣府（紫）［柴］③沟堡地方。（卷113，第2160页）

◎总督宣大郑雒言④："宣府贡夷⑤满五大、青把都部夷银定、倘不浪⑥等，藉言⑦赶牲于独石、马营等堡射死军民，掳去人畜，因言，满五大近因潜犯辽东，方行服罪，乃其散夷敢于作歹，中必有说，乞先停革本酉贡市⑧，遣使责问，如送还所掠人畜，执献罪夷，抵偿死命，姑容贡市。倘执迷不服，即将满酉一枝官职、市赏通行革绝。该镇严防剿处，其副总兵董一元等身当一面，谋之万全，所当并罚。"上命该镇督抚官相机处置，务要妥当潜消⑨衅萌。（卷113，第2161页）

◎先是，北虏银定、倪不浪等犯抢独石，我兵责问，俺答随遣头目恰台吉等诘其部长满伍大、青把都，回称散夷作歹，原不知情，愿甘罚治。又先年中路波儿哈都抢掳，掩答力主罚处，至是，并赏

---

① 万历九年六月辛丑，1581年7月9日。

② 万历九年六月丁巳，1581年7月25日。

③ 据《校勘记》改。《校勘记》："紫沟堡地方"，抱本"紫"作"柴"，是也。

④ 该条为万历九年六月戊午，1581年7月26日事。

⑤ 贡夷，进贡的外国人。

⑥ 倘不浪，在蒙古地方，倘不浪一般指成吉思汗家族的女婿。在明代汉籍中，"倘不浪"有倪不浪、倘不郎、倘不能、倘不囊、他不浪、他不能、他卜能、拓不能等多种异写。在清代，"倘不浪"译写作"塔布囊"，已成为封爵之一，地位、待遇及承袭办法均与台吉相同。今呼和浩特市辖境内有两个叫"倘不浪"的村庄。

⑦ 《校勘记》："藉言"，广本、抱本"言"作"口"。

⑧ 贡市，外国或异族商人随贡使到指定地点进行的贸易。

⑨ 潜消，暗中消除。

俺答大红蟒衣、白金、彩段，恰台吉、黄台吉等纻丝、银、布有差①。（卷117，第2202页）

◎以遵化游击张玠为分守蓟镇喜峰口参将，宣府独石城守备杭大才为延绥游击②。（卷130，第2424页）

◎吏部覆③：巡抚宣府萧大亨、巡按徐鸣鹤议将宣府分巡道春秋驻扎赤城，督同④将吏防御，冬夏仍回镇城，与守道分理兵政。上曰："该道原奉敕驻扎赤城，如何通不遵依，偷安⑤规避？抚按官辄为遮饰，且不究，以后如故违敕旨，恋驻镇城，该科指名参来。"（卷138，第2569页）

◎戊午⑥，总督宣大、山西等处右都御史兼兵部右侍郎郑雒言：御史陈性学劾总兵麻锦，谓其子独石参将麻承勋索玉带一条、银二百两，为总督寿。总督即臣雒是也，御史或者传闻之误，然臣宜退避，以俟公议⑦。上温诏⑧答之，不允辞。（卷138，第2572~2573页）

◎巡按直隶御史徐鸣鹤条陈边务⑨："一、议贡市以图永安。言：简练兵马、器械，修战守之具，无恃款偷安。一、实边城以固

① 该条为万历九年十月辛丑，1581年11月6日事。
② 该条为万历十年十一月庚午，1582年12月10日事。
③ 该条为万历十一年六月壬子，1583年7月20日事。
④ 督同，都督同知。
⑤ 偷安，贪图眼前的安逸，不顾将来可能发生的危难。
⑥ 万历十一年六月戊午，1583年7月26日。
⑦ 公议，按公众利益标准议论国家政事；或公众共同评论国家政事。
⑧ 温诏，词情恳切的诏书。
⑨ 该条为万历十一年七月己亥，1583年9月5日事。

疆圉①。言：大同右卫平虏、宣府马营皆冲边，须世胄②富家同心固守，不许徙居别城。一、归原伍以周防御。言：各城堡军士专听守操官操练御敌，不许总兵副将挑选，以溢标下，使营伍空虚。一、买营马以备战具。言：互市马多老瘦，宜支官银买膘壮马以备战。一、处属夷以杜后患。言：属夷既迁内地，宜得比于军士之养，或选其精锐隶于营伍，亦收拾之机也。一、修民堡以防虏患。言：民堡颓废，宜拨官军修筑，阖堡人数汇造在官丁内，不时点察以备防御。一、酌清勾③以需实用。言：清勾之令糜饷无益，不如令军籍人户征军装银三两六钱，类解各边别募。一、宽修工以息军力。言：上工歇工务依常度，以恤其疲劳。"兵部覆：属夷一事，夷性无厌，月粮一开，后将无措，清勾之法乃祖宗定制，应照旧，余俱如拟。（卷139，第2593~2594页）

◎户部覆兵科给事中张希皋言④：孤镇虏患频仍，士马日困。条陈二事：一曰均粮饷，将朋银一节，在边而冲者免扣，在腹而缓者量加⑤，务使均平；二曰广储蓄，将开平盐粮尽改本色，与应征屯粮酌量贮蓄，出陈易新。上令蓟辽督抚备查两镇钱粮，通融酌处以闻。（卷149，第2770~2771页）

◎议城⑥青泉等十三堡，总督尚书郑雒言：宣镇南卫陵京，虏

---

① 疆圉，音 jiāng yǔ。边境；边界。
② 世胄，音 shì zhòu。指世家子弟；贵族后裔。
③ 清勾，清理军伍，勾补军士，以保证国家有兵可用。
④ 该条为万历十二年五月己卯，1584年6月11日事。
⑤ 《校勘记》："在腹而缓者量加"，广本、抱本"加"作"扣"。
⑥ 城，筑城。《诗·小雅·出车》："王命南仲，往城于方。"《明史·太祖纪三》："是月，城西宁。"

款①年久，人民蔽野②而不修备非策，今北、中路青泉诸堡当虏之冲，请设版③焉，约费不过三万余两，以万全都司库贮班价给之④。（卷160，第2932~2933页）

◎以宣府云州堡守备张晖为游击，统领蓟镇通津春班官军；宣府龙门所守备梁秀为游击，管宣府巡抚标下中军坐营事务；分守蓟镇墙子岭参将彭友德，为分守古北口等处地方参将⑤。（卷170，第3063~3064页）

◎以副总兵职衔管分守宣府北路独石、马营等处左参将事，署都指挥佥事麻承勋为署都督佥事充五军营右副将⑥。（卷190，第3569页）

◎以游击麻承诏为宣府独石等处右参将⑦。（卷191，第3579页）

◎升滴水（涯）［崖］⑧守备张维城昌平游击，山东都司佥书潘儒神机营游击，福建都司卢鼎臣广西参将⑨。（卷204，第3812页）

◎升刑部员外朱熙洽山西佥事，分守赤城⑩。（卷206，第3843

① 款，意有所欲。
② 蔽野，遮盖原野。形容数量众多。
③ 设版，建筑工事。版，版筑的土墙。泛指工事。
④ 该条为万历十三年四月癸丑，1585年5月11日事。
⑤ 该条为万历十四年正月辛丑，1586年2月23日事。
⑥ 该条为万历十五年九月戊申，1587年10月23日事。
⑦ 该条为万历十五年十月辛酉，1587年11月5日事。
⑧ 据《校勘记》改。《校勘记》："滴水涯"，抱本"涯"作"崖"，是也。
⑨ 该条为万历十六年十月戊子，1588年11月26日事。
⑩ 该条为万历十六年十二月辛巳，1589年1月18日事。

页）

◎己未①，调分守宣府中路葛峪（谷）［堡？］左参将马栋为宣府北路独石等处左参将。（卷223，第4154页）

◎升宣府云州堡守备张臣充蓟镇松棚谷地方游击②。（卷224，第4157页）

◎命原任神枢营练勇参将杭大才充参将，分守宣府下［北？］路龙门所城等处；原任陕西参将李秉德，充甘肃庄浪游击；升游击张惟忠充参将，分守宣府西路柴沟堡等处③。（卷229，第4246～4247页）

◎戊午④，巡按直隶⑤御史连标查勘史、章⑥二夷背恩⑦出边并误事各官，拟宣府龙门所守备马一龙边远充军，二夷宜绝其复归，勿还故巢。得旨，该镇二夷私逃出边，着严加拒绝，不许复入，新增抚赏月米等项，俱革了制驭⑧。防守事宜，督抚等官务酌议停当⑨，不许忘备养患，马一龙等依拟。（卷229，第4255页）

◎升宣府龙门守备霍玠为蓟州大水峪游击⑩。（卷232，第4290

---

① 万历十八年五月己未，1590年6月20日事。

② 该条为万历十八年六月甲戌，1590年7月5日事。

③ 该条为万历十八年十一月癸卯，1590年12月1日事。

④ 万历十八年十一月戊午，1590年12月16日。

⑤ 《校勘记》："直隶巡按"，广本、抱本作"巡按直隶"。

⑥ 《校勘记》："史章二夷"，广本、抱本"章"作"车"。

⑦ 背恩，背弃恩义。

⑧ 制驭，控制驾驭。

⑨ 停当，安排、安置。

⑩ 该条为万历十九年二月戊辰，1591年2月24日事。

页）

◎甲申①，兵科给事中张应登言：史酉一门妻已授首②，子女就缚，必痛心舍死含忿内向，不可不加备。该阁臣钟羽正条议③真切，应亟议行，龙门主兵加饷召集之后，客兵自应抽减，务定久远之计，无误战守之宜。部覆从之。（卷 236，第 4381~4382 页）

◎升工部员外④马鲁卿为云南按察司佥事，分巡洱海道；永平知府孙维城为山西副使，仍管赤城屯牧⑤。（卷 245，第 4572 页）

◎丁酉⑥，以河间领军游击署都指挥佥事杨宣为昌镇右车营游击；宣府赤城堡守备署指挥佥事刘三省为署都指挥佥事，充神机营游击。（卷 306，第 5722 页）

◎丙午⑦，升宣府独石城守备署指挥佥事李宗为署都指挥佥事，充宣府入卫游击。（卷 306，第 5725 页）

◎增设大同镇门守备及马营守御。从御史萧重望之议也⑧。（卷 340，第 6320 页）

———————

① 万历十九年五月甲申，1591 年 7 月 10 日。
② 授首，投降或被杀。《战国策·秦策四》："秦楚合而为一，以临韩，韩必授首。"鲍彪注："言其服而请诛。"
③ 条议，指分条陈述意见的奏疏或文书。
④ 《校勘记》："工部员外"，抱本"外"下有"郎"字。
⑤ 该条为万历二十年二月壬子，1592 年 4 月 3 日事。
⑥ 万历二十五年正月丁酉，1597 年 2 月 21 日。
⑦ 万历二十五年正月丙午，1597 年 3 月 2 日。
⑧ 该条为万历二十七年十月癸卯，1599 年 12 月 14 日事。

◎宣府巡抚彭国光因地震陈言曰[1]："本年四月二十三日寅时，本镇在城又下、中、北三路地方一时震响有声如雷，房屋动摇，缘到处开矿掘金，地脉譬之人身，百孔千疮未有不痛楚，叫号者宜其动而不静也，乞亟停矿税以安人心而应地德不报。"（卷384，第7229页）

◎乙巳[2]，直隶巡按黄吉士题：宣大逼邻虏穴，抚臣彭国光病故，白希绣、张俤及赤城道按察使张国玺俱被拾遗[3]，重地重臣岂堪乏缺？上曰："北边与大虏为邻，宣府巡抚未补，令吏部再推两员来，大同、山西巡抚并该道既被拾遗，令通加考察明白以闻。"（卷395，第7441页）

◎升……宣府前卫镇抚郝承宣为独石城守备，朔州卫指挥张光为铁山堡守备[4]。（卷406，第7584页）

◎升宣府滴水崖堡守备董尧民为蓟镇建昌车营都司[5]。（卷414，第7758页）

◎总督宣大兵部右侍郎右佥都御史郑汝璧卒[6]。汝璧既疾甚以马鸣銮代得，归至山东荆门，卒于舟中。方[7]江陵时，汝璧为刑部郎

---

① 该条为万历三十一年五月甲戌，1603年6月27日事。

② 万历三十二年四月乙巳，1604年5月23日。

③ 拾遗，补录缺漏。

④ 该条为万历三十三年二月庚午，1605年4月13日事。

⑤ 该条为万历三十三年十月辛亥，1605年11月20日事。

⑥ 该条为万历三十五年七月庚戌，1607年9月10日事。

⑦ 方，才，刚刚。

中，以谳狱①有声②，江陵奇其材，调仪制③，遂拔置吏部在验封④。三年，于相君意⑤无所可否⑥，及丁丑计吏所黜陟⑦，遂大与相君⑧反，然江陵时方修名⑨不显，犯清论及居丧名坏汝璧亦显，为抵牾⑩，遂罢铨柄⑪，迁⑫太常少卿。不数日，即谪外为福建右参议，稍迁广东副使。汝璧自以为列卿，陆沉⑬海外，乞侍养归家食。十二年辛卯起补井陉备兵⑭，寻改赤城，以斩虏功，赐白金文绮。明年迁榆林中路按察使。明年迁山东右布政。寻擢⑮右佥都御史，巡抚山东，值河南、山东饥，河南人相食⑯，而山东以赈有方，所全活无数，又坐浮议⑰归守制⑱。己亥，起南太常少卿。壬寅，擢右佥都⑲，巡抚延绥，以孤山、红崖、安边、怀远功，复赐金币⑳。乙巳，迁兵

---

① 谳狱，音 yàn yù。公正的审理有疑点的案件。

② 《校勘记》："以谳狱有声"，广本、抱本"狱"下有"著"字。

③ 仪制，明朝礼部下辖仪制，祭祀，主客，精膳四司。仪制司掌管嘉礼，军礼，科举考试等事。仪制司郎中（仪制司的主管），正五品的文官。

④ 验封，明清吏部下设四司：文选清吏司、验封司、稽勋司和考功司。验封司掌封爵、世职、恩荫、难荫、请封、捐封等事务。

⑤ 《校勘记》："于相君意"，广本"君"下有"之"字。

⑥ 无所可否，不赞同也不反对。

⑦ 黜陟，音 chù zhì。官职的升迁或降黜。《书·周官》："诸侯各朝于方岳，大明黜陟。"

⑧ 相君，指张居正。张居正，号太岳，江陵人，后人称"江陵公""江陵相君"或"张江陵"等。

⑨ 修名，美名。

⑩ 抵牾，音 dǐ wǔ。牛角相抵触。引申为相互冲突。

⑪ 铨柄，选拔、任用、考核官吏的职权。

⑫ 迁，晋升或调动。

⑬ 陆沉，指隐逸之士。比喻埋没，不为人知。

⑭ 《校勘记》："起补井陉备兵"，广本、抱本"备兵"作"兵务"。

⑮ 擢，音 zhuó。提拔，提升。

⑯ 人相食，人们互相残杀啃食。

⑰ 浮议，没有根据的议论。

⑱ 守制，指守孝，遵行居丧的制度。

⑲ 《校勘记》："擢右佥都"，广本"都"下有"御史"二字。

⑳ 《校勘记》："金币"，广本"币"作"帛"。

部右侍郎，总督宣大、山西，方到任疾作，不能亲诸簿书，然犹以款虏之道利战，不利款日①召诸宿将谈出剿事，而议者以为病怯，为诸边帅所恫②。三疏乞归，许之。诸长者多称汝璧才也，而勋略不甚显著，意其前为江陵所掩，后亦崎岖不究其用欤。汝璧，缙云人，隆庆戊辰进士。所著有《帝后纪略》《诸王表》《功臣封谥考》行于世。（卷436，第8252~8253页）

◎甲寅③，以班白移帐南行，久雨，边墙倾塌。命蓟辽督抚严行督道将等官躬亲巡阅，加意修筑防守，以保无虞。先是，拨计以革赏故，数数挠边，尝伏兵苇子谷口，使数夷挑我，为哨夜所觉，不得志去，遂戕杀哨夜。夷人诵言，拨酋自六月间往长昂、獐兔处借骑犯蓟镇，长昂报以乘秋。是月中间，班白果移帐南行，班不什驻十马鬃，白言台吉驻陶赖湾，各离独石边百五十里，声言入犯。然以我备故，亦浔匹马不入，大率诸酋以革与抢相抵，一顺、一赏、一逆、一革，无所负故，故常为所卖。（卷436，第8255~8256页）

◎直隶巡按乔允升劾宣府中路参将贾应隆，山西行都司李明、宣滴水崖守备陈尧年，助马堡守备张魁，各贪庸革职回卫，张魁行巡按④提问⑤。（卷437，第8279页）

◎调山西参政陈廉补赤城道兵备⑥。（卷438，第8295页）

---

① 《校勘记》："日召诸宿将"，广本、抱本无"日"字。
② 恫，音dòng。恐吓（hè），吓（xià）唬。
③ 万历三十五年七月甲寅，1607年9月14日。
④ 《校勘记》："巡按"，广本、抱本"按"下有"御史"二字。
⑤ 该条为万历三十五年八月乙酉，1607年10月15日事。
⑥ 该条为万历三十五年九月丁酉，1607年10月27日事。

◎初，虏警讹传，其时总兵王国栋赴蓟门，援自雕鹗堡、长安岭，不奉关白①，以令牌挑选属夷一百八十八名，兑给马匹，随调听用。以致各夷随路抢掠，居民惊窜②，宣大巡按吴亮请敕蓟镇总督，将随征属夷安插得所③，事宁之日即便发回驻牧。骄将王国栋量加罚治，或令戴罪立功。章下兵部④。（卷456，第8597页）

◎以宁塞参将李怀信为延绥定边副总兵，独石参将王宣为洮岷副总兵，大永峪游击袁登为石门参将，固原游击崔廷振为镇番参将⑤。（卷459，第8655页）

◎以倪尚忠为左军都督府佥书管事，以原任定边副总兵萧如惠为辽东海州参将，清平参将王橘⑥为延绥宁塞参将，南山游击贾祥为广西南太参将，柴沟参将张功胤以副总兵为宣府独石参将⑦。（卷459，第8672页）

◎癸酉⑧，调宁夏副总兵吴天祖于临洮，以独石参将王宣补宁夏副总兵。（卷461，第8708页）

◎乙未⑨，兵部覆：巡按直隶⑩御史吴亮建议七款：一、修险隘以卫陵京。议宣大照昌镇规则兴工修筑边垣，钱粮取于该镇额设盐

---

① 关白，陈述、禀告。
② 惊窜，受惊而逃窜。
③ 安插得所，安插，安置；安排。得所，适当；适宜。
④ 该条为万历三十七年三月乙酉，1609年4月7日事。
⑤ 该条为万历三十七年六月壬子，1609年7月3日事。
⑥ 《校勘记》："王橘"，广本"橘"作"梅"。
⑦ 该条为万历三十七年六月丁丑，1609年7月28日事。
⑧ 万历三十七年八月癸酉，1609年9月22日。
⑨ 万历三十八年四月乙未，1610年6月11日。
⑩ 《校勘记》："巡按直隶"，抱本作"直隶巡按"。

课。约修墙九百余丈，费银四千六百余两、米四万六千余石，可以巩固根本，永弥虏患。一、严界限以别华夷①。议设法远去，守口夷人毋使习窥内地②。一、酌入卫以裨③实用。议将蓟镇入卫客兵那移于别营内，选择壮马随军入卫，其不堪者估卖变银，并草料贮库别购善马以给骑军。一、勤补修以省虚［费］④。议边工不时验补，又必十年为限，方免追论，庶无随筑随坏之弊。一、复守备以捍冲堡。云州堡当四面要冲，粮运嗌吭⑤，宜复设守备一员，统兵防御。一、移路将以便弹压。杀胡堡为互市冲口，议移中路参将驻扎，无事则调停讲折，有儆⑥则指挥策应。一、裁冗员以祛占冒⑦。议延庆州城守备⑧移充云州堡，新增守备员缺，其云州堡操守改于此州管理前务。上从之。（卷470，第8879~8880页）

◎巡按宣大御史吴亮条议⑨：一、修险隘。接次墩以北至镇北新墩属宣镇南山，又北至黑山头属宣镇东路。若虏繇⑩粉子岭入，两镇均害，墙单且薄缓急何恃？议照昌镇规则兴工修筑。一、严界限。款贡⑪以来，有守口夷人驻牧墙下，受我月赏，始借为用，渐狃⑫为

---

① 华夷，指汉族与少数民族。后亦指中国和外国。宋元时指国家的疆域。
② 《校勘记》："守口夷人毋使习窥内地"，广本、抱本"夷人毋使"作"毋使夷人"。
③ 裨，音 bì。增添，补助。
④ 据《校勘记》补。《校勘记》："以省虚"，广本、抱本"虚"下有"费"字，是也。虚费，白白地消耗。
⑤ 嗌吭，音 yì háng。嗌，咽喉。吭，喉咙，嗓子。喻指交通要道。
⑥ 儆，音 jǐng。古同"警"，警报。
⑦ 占冒，强占冒领。
⑧ 《校勘记》："议延庆州城守备"，广本、抱本"议"下有"裁"字。
⑨ 该条为万历三十九年六月丁亥，1611年7月28日事。
⑩ 繇，音 yóu。古同"由"。从，自。
⑪ 款贡，归附进贡。
⑫ 狃，音 niǔ。习惯；习以为常。

安。移入近边，狎玩①凌暴军士，有不敢登陴②哨望者矣，设法谕之，移之，或申谕虏酋严为约束，合行督抚悉心筹画。一、酌入卫。蓟镇入卫客兵，奸弁专事，侵牟兵马，仅存赢瘠③，虐靡④粮草，往返徒劳。然议撤、议裁时势未便，惟变通那移⑤，选择膘壮随军入卫，其不堪者，估卖变银并草料贮库，别购善马以给骑军。一、勤补修。边工随筑随坏，近蓟镇督臣严立十年为（满）［限］⑥，方免追论。所以严于其始，而按臣又欲不时验看，或势将摧裂⑦作速补苴⑧，所以即费于其后，合兹二议逐时补修，与事后追论俱着实通行。一、复守备。云州一堡南接赤城，北连独石，镇安东峙，马营西连，盖宣府上路之咽喉也。昔设守备一员，统兵千五百人防守，后改驻镇安，而旧堡一操守领之。云州路当要冲，应复设以备四面之应援。一、移路将。杀胡堡为互市卫口，一垣之外即为虏帐，且迫近兔河，霪雨骤发，冲激边垣，通衢无异，合移大同中路参将驻扎该堡，无事调停讲折，有警则指挥策应，及今秋防即令移驻。一、裁冗员。革延庆守备缺本官移充云州堡⑨，新增守备，而本堡操守官改调延庆州管理前务。一、更调间。员不添设，费不加增，而缓急轻重已较然矣。兵部覆：请依议行。（卷484，第9124～9125页）

---

① 狎玩，音 xiá wán。接近、戏弄。语出《左传·昭公二十年》："水懦弱，民狎而玩之，则多死焉。"《文选·左思＜吴都赋＞》："习御长风，狎玩灵胥。"吕向注："言习舟楫人之便用风波，近弄子胥之神。"

② 登陴，音 dēng pí。登上城墙。引申为守城。

③ 赢瘠，音 léi jí。瘦弱。

④ 靡，通"糜"。烂。

⑤ 那移，挪借移用。

⑥ 据《校勘记》改。《校勘记》："十年为满"，广本、抱本"满"作"限"字，是也。

⑦ 摧裂，崩裂。

⑧ 补苴，音 bǔ jū。弥补缺漏。

⑨ 《校勘记》："革延庆守备缺本官移充云州堡"，抱本"缺"作"以"。

◎壬午①，兵部覆宣大总督吴崇礼疏言：独石以一尖隅孤悬虏中，虏人互市径拥众入城，盘桓②浃辰③而去，致大奸范雄④等交结输情⑤，外向关门不鐍⑥，遂致捶杀酋首，几酿祸变。（宣）［宜］⑦于城外北关内另筑一垣，多置夷房，每月定期启门交易，事毕即出，如非市期不许一人潜入。又独石西南为马营堡，南为云州堡，极称要害，两城蛊裂碱烂，夷而为隍，而马营生齿尤繁，宜亟查议修理，其粮议于客兵粮内，银则独石用范雄赃⑧银，节年积旷⑨工银一千余两，马营、云州用雇工逃粮剩银一千余两，不足⑩以河南及万全班价继之。上允之。（卷 557，第 10511 ~ 10512 页）

◎升滴水崖守备乔一琦为辽东都司管镇江游击事⑪。（卷 570，第 10742 页）

◎壬寅⑫，广东巡按王命璇奏：奴已归巢，兵难深入，须于暖宰秒憨等酋抚令解散，选一战将置重兵，控持⑬开铁要害等处，密谕⑭

---

① 万历四十五年五月壬午，1617 年 6 月 21 日。

② 盘桓，徘徊；逗留住宿。《文选·班固＜幽通赋＞》："承灵训其虚徐兮，伫盘桓而且俟。"李善注："盘桓，不进也。"

③ 浃辰，音 jiā chén。古代以干支纪日，称自子至亥一周十二日为"浃辰"，所以借指十二天。

④ 《校勘记》："范雄"，广本、抱本"雄"作"耀"。

⑤ 输情，表达真情。

⑥ 鐍，音 jué。箱子上安锁的环状物。借指锁。上锁；关闭。

⑦ 据《校勘记》改。《校勘记》："宣于城外"，广本、抱本"宣"作"宜"，是也。

⑧ 《校勘记》："用范雄赃银"，广本、抱本"赃"作"减"。

⑨ 《校勘记》："节年积旷工银"，广本、抱本"旷"作"广"。

⑩ 《校勘记》："不足"，广本、抱本"不"上有"如"字。

⑪ 该条为万历四十六年五月丙午，1618 年 7 月 10 日事。

⑫ 万历四十六年七月壬寅，1618 年 9 月 4 日。

⑬ 控持，控制。

⑭ 密谕，秘密的谕旨。

属国①率兵助剿，北关扼其西，朝鲜击其东，而我合重兵鼓行而前，或置伏据险，或从径袭虚，然必饷足而后兵强。我祖宗朝不爱囷金内帑②，周给各镇随收潮河川之捷，成瓦剌之功，即如宁夏费饷二百万，征播费饷二百余万，救朝鲜首尾约费七百数十万。今辽事视前孰缓孰急，且真、永等处募兵，延绥等处班军俱出赴援，内地空虚。如东北黄土岭、一片石、太平、石门、燕河、墙子路、喜峰路、义院口、古北路诸处，西北则南山隘口、独石、张家口、青龙桥、苏林口、灰岭、鴈门、八达岭、糜谷子、滴水崖诸处，邻三卫枝附③，系陵寝肩背，三十里外即为远边，安知奴无堉夷之奸？透漏勾引窥虚拦入者，至古北路一口，春夏洪潦④马不能渡，秋冬沙碛平坦，抵京师百余里耳，宜广募精兵，别设一大将统领，以防虏骑冲突于此，时尤为急也。（卷572，第10803~10804页）

◎兵科给事中赵典邦言⑤：蓟辽无兵可恃，乞敕兵部分发帑金⑥，速募士兵，以救危边。当辽师大败，蓟门告急，皇上重念疆边⑦，慨发帑金几四十万。臣意兵部必且酌量，分派蓟镇若干⑧差官速解，旦（募）[暮]⑨得募兵之用，今犹寂寂不闻，则辽安所恃乎？山海既设大将，不可不宿重兵，以壮蓟、辽之势，则又不可不

① 属国，因武力或某种政治原因而臣服其他帝国的国家，这个国家的最高统治者向他臣服的国家的君主称臣，在外交上不能侵犯他服从的国家的利益，但也不是殖民地，就像历史上的朝鲜。

② 内帑，指国库里的钱财，公款。

③ 枝附，指依附的部属。

④ 洪潦，洪水。多雨后的大水。

⑤ 该条为万历四十七年四月甲寅，1619年5月14日事。

⑥ 帑金，国库所藏的钱币。

⑦ 《校勘记》："疆边"，广本、抱本作"边粮"。

⑧ 《校勘记》："蓟镇若干"，广本、抱本"干"下有"辽东若干"四字。

⑨ 据《校勘记》改。《校勘记》："旦募"，广本、抱本"募"作"暮"，是也。旦暮，朝夕。比喻短暂的时间。

就近召募以实山海之兵。臣计①帑金四十万，当以三十万给辽，以十［万］②给蓟，专为募兵，切不得以他项轻易那借③。若宣府总兵刘孔胤既已奉旨援辽，即宜挑选兵马星夜度辽④，以救辽急。开原道潘宗颜没于敌中⑤，赤城兵备薛国用改推开原，以资弹压⑥，不谓国用，称与李如柏父子兄弟有仇，不便复入开原。乞敕吏部速推才望者以住开原，令其勒限到任，无误疆场。得旨，帑金著遵旨作速给发刘孔胤，再催星夜赴辽，毋得延缓误事，道臣俟即点用。章下该部。（卷581，第11028～11029页）

◎升沈应时为镇海游击，董用文为四海冶守备，吉国臣为兰州守备，邓茂林为拒墙守备，杨其廉为马营守备，李欌为平虏守备，田应龙为土门守备⑦。（卷581，第11039页）

◎壬戌⑧，升万全都司薛来胤为宣府龙门参将。（卷591，第11336页）

---

① 《校勘记》："臣计帑金"，广本、抱本"计"作"谓"。
② 据《校勘记》补。《校勘记》："以十给蓟"，广本、抱本"十"下有"万"字，是也。
③ 那借，挪移借贷。
④ 《校勘记》："星夜度辽"，广本"度"作"赴"。
⑤ 《校勘记》："没于敌中"，广本、抱本"敌"作"阵"。
⑥ 弹压，音 tán yā。控制；制服；镇压。
⑦ 该条为万历四十七年四月癸亥，1619年5月23日事。
⑧ 万历四十八年二月壬戌，1620年3月17日。

11.《明光宗实录》

【题解】　　《明光宗实录》8卷。记泰昌元年（即万历四十八年，1620年）八月到十二月事。

时运不济的神宗太子朱常洛，在郑贵妃及其子福王朱常洵的威胁下艰难度日，好不容易熬到神宗去世，自己当上皇帝，却仅仅在位1个月即步父后尘而去。他于万历四十八年八月即位，九月即撒手西归，本来没有年号的，但熹宗继位后，特地将万历四十八年改为泰昌元年，划给乃父作年号，并定其庙号为光宗。光宗皇帝继位仅1个月，其《实录》的卷帙自然是十分短小的，但它惹起的麻烦却超过除太祖以外的其他实录。

天启元年六月己卯（1621年7月27日），熹宗下令开馆纂修《光宗实录》，与《神宗实录》一并进行，参与修纂二录的人员基本相同，可以说是一套班子撰写两部实录，只是内部分工有所不同。光宗事迹并不多，但《光宗实录》却很难修，原因就在于光宗朝所发生的红丸、移宫两案不好处理。当时邹元标与方从哲两派意见不一，东林党邹元标在给熹宗的奏疏中谈到修《光宗实录》的疑虑，并攻忤旧相方从哲对先帝光宗之死负有责任，当时熹宗初登帝位只好采取息事宁人的态度，这种依违二者之间的态度使编纂变得更加复杂。天启三年七月，仅《实录》8卷、《宝训》4卷的史书，在沸沸扬扬的争论中终于完成，花了整整两年时间。

熹宗朝的修的《光宗实录》，由于东林党人叶向高等主持修纂，故《光宗实录》比较客观地反映了当时的实情。但是，随着魏忠贤及其党羽对东林党人的反扑与迫害，他们掌握了修史的大权，炮制了一部颠倒黑白的《三朝要典》，同时，又拿已修成的《光宗实录》

明光宗實錄 卷二

五

南京畿○陞原任山西副使郭尚友為山西按察使并陞遼補

原任廣東按察司副使吳玄為河南副使河北道○遼東總兵

官李懷信以病免○以西安前衞署所鎮撫魏汝年量陞指揮

僉事守備宣府龍門城地方以武舉加敍濟南衞中所鎮撫孫

嗣徽量陞署指揮僉事守備宣府保安新城地方俱照例以都

指揮體統行事從軍守備崔景榮請也○贈兵部右侍郎楊應聘

為兵部尚書仍給與廕嗣男楊京旭為國子監生四

己亥令百再發帑銀一百萬兩與戶部克還餉命邢部不得分

用拜前犒賞二項共給脚價五千兩毋騷擾驛遞毋留滯太倉

差官即發自途逓軍與餉厘民閒亂稅再加物力已竭尋開事

例旋議搭拾在廷計無所出日以閃爍為詞當 先帝不豫時

已發廣西進到助餉稅銀八萬五千四百餘兩命監軍道會事

《明光宗实录》书影

开刀，对它进行改修。阉党分子霍维华首先提出修改主张，于天启六年十月癸丑正式改修《光宗实录》。命张惟贤为监修，黄立极、施凤来、张瑞图等为总裁，李康先、张景辰、孟绍虞、曾楚卿为副总裁，余煌、朱继祚、陈仁锡、吴孔嘉等为纂修官。这些纂修官大都是阉党分子，或与阉党有千丝万缕的联系。改修《光宗实录》的工作进行了1年零9个月，至崇祯元年三月辛巳（1628年4月23日）完成。虽然崇祯皇帝后来沉重地打击了阉党势力，但在他继位之后，改修《光宗实录》的工作仍继续下去。此后，崇祯大规模地为东林党人平反，罢免了包括霍维华在内的大量阉党。群臣要求销毁《三朝要典》，再次修订改修本《光宗实录》，崇祯下令焚毁《三朝要典》，但对于再修《光宗实录》的主张因温体仁等阻挠而始终未予采纳。虽然重修本《光宗实录》没有重新改正，但由于重修本《光宗实录》严重失实，它最终未有流传于世。我们今天看到的本子，仍然是叶向高、周炳谟等纂修的初修本《光宗实录》。

本辑据台湾"中央研究院"历史语言研究所影印本《明光宗实录》辑录有关赤城内容。

◎以西安前卫署所镇抚魏汝孝，量升指挥佥事，守备宣府龙门城地方；以武举加级济南卫中所镇抚孙嗣徽，量升署指挥佥事，守备宣府保安新城地方。俱照例以都指挥体统行事。从督臣崔景荣请也[①]。（卷2，第32页）

---

① 该条为万历四十八年七月戊戌，1620年8月20日事。

12.《明熹宗实录》

【题解】　《明熹宗实录》87 卷。起天启元年（1621 年）正月，讫七年十二月。在明代 13 朝实录中，是其中最后的一部实录。

熹宗朱由校，是光宗朱常洛长子。光宗死后，熹宗养母李选侍挟持熹宗，欲居乾清宫正殿把持朝政，为东林党人杨涟、左光斗将熹宗夺回，迫李选侍迁至哕鸾宫，并立熹宗为帝。熹宗初立，尚对东林党垂青，后来竟被魏忠贤操纵，对东林党恩将仇报，大肆迫害。但熹宗是短命的皇帝，继位 7 年就死了，终年仅 23 岁。熹宗死后由其弟信王朱由检继位，是为崇祯。崇祯按照大明制度，开始为亡兄熹宗修纂实录。

崇祯元年四月庚申，倪元璐奏疏修纂《熹宗实录》。崇祯二年六月壬午（1629 年 8 月 17 日），崇祯皇帝下诏，《熹宗实录》修纂正式开始。关于修纂人员，由于其所附《进实录表》及《修纂官》已佚，加上《崇祯实录》《崇祯长编》记载简略，无法弄清修纂人员情况。谢贵安著《明实录研究》（湖北人民出版社，2003 年）考订，朱纯臣任监修，温体仁、张至发、孔贞等任总裁，姜逢元、刘宇亮、傅冠任副总裁，盛以弘、倪元璐等任纂修官。至于修成于何时，推断于崇祯十年之后。就篇幅和时间之比而言，《熹宗实录》可以说是修纂时间最长的一部《实录》。传熹宗实录修成后，藏于皇史宬，清顺治初，降清的大学士冯铨又得入内阁，为明史总裁，因见天启四年记事揭露其媚魏忠贤丑事甚多，遂抽去与己有关部分。故今所见的熹宗实录均缺天启四年与七年六月事。

本辑据台湾"中央研究院"历史语言研究所影印本《明熹宗实录》辑录有关赤城内容。

捧詔書置於案雲盤內鴻臚寺堂上官傳俯伏鳴贊贊俯伏興

四拜興平身贊惜肳鞠躬三舞蹈贊山呼　萬歲者三出笏贊

俯伏與四拜興平身贊禮單禮部堂上官捧詔書授錦衣衛官

跪受以綵索縈盤於龍竿降下禮部官振詔書道龍亭內迎

至禮部頒行天下○錦衣衛擬堂上僉書以都督僉事徐本高

都指揮同知沈光裕請得旨徐本高久依門戶沈光裕素有惡

名俱削籍為民追奪誥命○削南京御史徐復陽籍為民時南

京操江右僉都御史署都察院事胡來朝題復陽接管京營

上謂後陽居官賄賂黜之○陞廣四布政使司右布政使鄭茂

華為左布政使○陞宣府獨石營守備並官正為都司僉書管

分守宣府上北路獨石等處地方左參將事新開堡管守備事

都司僉書張懋功以原官管分守宣府下北路龍門所城等處

明熹宗實錄　卷七

三

3702

《明熹宗实录》书影

◎山西、开平、龙门二卫地震①。（卷9，第460页）

① 该条为天启元年四月戊子，1621 年 6 月 6 日事。

◎巡按直隶御史李九官疏言①：自东夷发难各边，虏在在②生心③。上谷南宸④陵京，北控大漠。岔道南三十里即进居庸，独石边外六、七日可达辽左⑤。何如关系？乃谋国者动以近镇搂⑥括无已，残兵剩马无三日之春，而欲以精锐取盈于千万之外，倪诸虏乘虚何以凑手？至武弁以克剥⑦为阴符⑧，以营钻⑨为胜算，牢不可破，冲边将领断非择人不可。乞敕兵部，将援辽兵马除见调出关外，无概取盈⑩推补，路将务简，人地相宜，仍敕户部将缺额市赏，急为那发下部。（卷16，第792~793页）

◎礼部类奏灾异⑪：除辽东日晕、京师二次风霾已经另题外……天启元年二月十八日广元县地震二次；……四月十一日宣府怀、延二卫，十七日开平、龙门二卫，十八日万全都司，俱地震。（卷17，第885~886页）

◎升宁夏守备李云为陕西都司金书，四卫营坐营张大化为山东都司金书，宣府龙门所守备褚尧庚为大宁都司金书⑫。（卷20，第1038页）

---

① 该条为天启元年十一月甲辰，1621年12月19日事。
② 在在，处处；到处；各方面。
③ 生心，引起某种念头；多心。
④ 宸，音 yǐ。古代宫殿内门和窗之间的地方。古代宫殿内设在门和窗之间的大屏风。
⑤ 辽左，辽东的别称。
⑥ 搂，音 sōu。古同"搜"。
⑦ 克剥，克扣剥削。
⑧ 阴符，泛指兵书。
⑨ 营钻，设法巴结有权势的人以谋求私利。
⑩ 取盈，取足赋税。《孟子·滕文公上》："凶年，粪其田而不足，则必取盈焉。"
⑪ 该条为天启元年十二月丙申（除夕），1622年2月9日事。
⑫ 该条为天启二年三月乙丑，1622年5月9日事。

◎升独石参将董继舒为宁夏东路副总兵①。（卷21，第1049页）

◎升宣府龙门守备魏汝孝为巡抚标下游击②。（卷21，第1050页）

◎调柴沟堡参将孙秉乾为独石参将……调葛峪参将高勋为大同北路参将③。（卷21，第1057~1058页）

◎升……大同游击李懋赏为宣府龙门所参将④。（卷22，第1102页）

◎升赤城守备崔崇胤为延绥游击将军，大同聚落城守备张联璧为延绥领军游击⑤。（卷23，第1160页）

◎调龙门参将梁柱朝为喜峰口参将⑥。（卷23，第1160页）

◎加升宣府都司佥书黑云龙为游击职衔，管独石参将事；延绥守备高璘为都司佥书职衔，管宣府上西路参将事⑦。（卷23，第1161页）

◎升独石城守备李承恩都司佥书，管宣府新游兵营游击将军事。从宣大总督董汉儒之请也⑧。（卷24，第1179页）

◎升大同西路游击刘九卿为大同新平堡参将，宣府独石城游击

① 该条为天启二年四月辛未，1622年5月15日事。
② 该条为天启二年四月辛未，1622年5月15日事。
③ 该条为天启二年四月己卯，1622年5月23日事。
④ 该条为天启二年五月丁未，1622年6月20日事。
⑤ 该条为天启二年六月壬辰，1622年8月4日事。
⑥ 该条为天启二年六月壬辰，1622年8月4日事。
⑦ 该条为天启二年六月癸巳，1622年8月5日事。
⑧ 该条为天启二年七月乙未，1622年8月7日事。

黑云龙为宣府葛峪堡参将①。（卷31，第1591页）

◎升冒镇左骑营游击殷体信为五军二营参将，大同都司金书高承勋为宣府独石参将②。（卷31，第1596页）

◎升宣府滴水崖守备王应祥为宣府游击③。（卷32，第1673页）

◎起原任宣府独石城参将柳汝植为宁夏北路平虏参将④。（卷56，第2572页）

◎升都司金书管宣府龙门所参将事马士麟为蓟镇喜峰口参将，守备管云南巡抚坐营事柴选为云南都司金书⑤。（卷68，第3274页）

◎以原任蓟镇东路副总兵吴自勉为五军四营左副将副总兵，管宣府独石城参将事；黑云龙为蓟镇东路副总兵⑥。（卷69，第3309～3310页）

◎升宣府东路游击张承宪为宣府独石城参将，宣府靖胡堡守备戚世登为宣府东路游击将军⑦。（卷70，第3362页）

◎蓟辽总督王之臣言⑧：夷酋明暗合、落赤黑、石兔等顺义王

---

① 该条为天启三年二月壬午，1623年3月22日事。
② 该条为天启三年二月乙酉，1623年3月25日事。
③ 该条为天启三年三月丁巳，1623年4月26日事。
④ 该条为天启五年二月乙未，1625年3月24日事。
⑤ 该条为天启六年二月辛丑，1626年3月25日事。
⑥ 该条为天启六年三月戊午，1626年4月11日事。
⑦ 该条为天启六年四月丙戌，1626年5月9日事。
⑧ 该条为天启六年四月癸巳，1626年5月16日事。

之亲属也，天启三年五月内入犯白马关地方，幸官兵有备，不至大失。前督臣王象乾将二酋之赏尽行断革，二酋自停赏以来，无日不思狂逞①，先督臣患之，每欲招抚，二酋崛强不服。臣为赤城道时，与二虏紧邻，彼颇服臣威信，比臣督蓟，彼即具禀申款。今据石塘路管参将事游击张定禀称，二酋带领头脑、马步、盔甲、夷人一千余骑，到关外有棚处所叩关②服罪，钻刀③九遍，歃血④俯首⑤，对天盟誓。今将番汉⑥合同先行呈报，数年不了之局才得归结。臣屡奉严旨⑦，催赴督师之任，犹濡滞⑧瞻顾心结此局者，盖二酋能倡率诸虏，逆奴肆祸⑨于东，诸虏鼓煽于西，两难俱作，支持费力。故不敢过为推求，以冀旦夕之安，使可毕力御奴耳。疏下兵部。（卷70，第3384~3385页）

◎升宣府龙门所参将张应乾为宁夏协守副总兵，广东琼崖参将沉志亮为漳潮副总兵，万全都司掌印汪尔信为宣府南路参将，广东香山游击高应岳为广西永宁参将⑩。（卷75，第3621页）

◎升京城巡捕左参将王嘉春为延绥孤山副总兵，真定标后营游击李永福为宣府龙门所参将，陕西都司金书王之祯为五军四营游击，

---

① 狂逞，狂妄骄逞。
② 叩关，敲门请求进入。
③ 钻刀，以刀穿刺。指歃血盟誓。
④ 歃血，音 shà xuè。古代举行盟会时，微饮牲血，或含于口中，或涂于口旁，以示信守誓言的诚意。
⑤ 俯首，音 fǔ shǒu。低头，表示服从。
⑥ 番汉，外族与汉族。外族的汉子。
⑦ 严旨，指圣旨。
⑧ 濡滞，停留；迟延；迟滞。
⑨ 肆祸，肆意作祸。
⑩ 该条为天启六年八月甲辰，1626年9月24日事。

宣府都司佥书刘茂芳为昌镇右军营游击①。（卷75，第3633页）

◎己亥②，黄台吉部夷毛乞炭聚众千余挟赏，住牧滴水崖，谋犯宁疆、火烧庄等堡。宣府巡抚秦士文遣北路参将张承宪等率兵往御，承宪堕贼中死之，上切责抚镇轻敌失律。按臣张素养言：总兵官杨应瑞不发应援，不能诿罪③，坐营裴汉，把总王问卿、徐慎行当承宪窘迫之会，不戮力同心，乘隙溃散致殒主将，三弁相应提问。部覆，应瑞调腹里，降一级用，督抚道俱免，议裴汉等如抚按处分。得旨，杨应瑞失事有因，姑免降调，著与孙尚智戴罪立功，余依拟。宣大总督张朴亦疏列杨应瑞、裴汉等罪状，乞亟申失事之罚，以儆惕人心。（卷76，第3691～3692页）

◎升宣府独石营守备查官正为都司佥书，管分守宣府上北路独石等处地方；左参将事新开堡管守备事都司佥书张懋功，以原官管分守宣府下北路龙门所城等处地方参将事④。（卷77，第3702～3703页）

◎升镇边参将崔凝秀为蓟镇西协副总兵，龙门参将李永福为高台参将，山西都司李藩为延绥入卫游击将军⑤。（卷79，第3804页）

◎总督宣大张朴、巡抚大同张翼明、巡按直隶汪裕，各疏请宣镇赤城为魏忠贤建坊，榜曰"一代崇功"⑥。（卷86，第4155页）

---

① 该条为天启六年八月癸丑，1626年10月3日事。
② 天启六年九月己亥，1626年11月18日。
③ 诿罪，把罪责推给别人。
④ 该条为天启六年十月癸卯，1626年11月22日事。
⑤ 该条为天启六年十二月己亥，1627年1月17日事。
⑥ 该条为天启七年七月丁丑，1627年8月23日事。

三、《清实录》

【题解】　　《清实录》是清代所修本朝列帝的编年体系列史书。终清一世，在位的 12 个皇帝有 11 个都修有实录。末帝史录未敢称为实录，而取名《宣统政纪》，但实际上就是皇帝实录，加上最早修撰的图文并茂的《满洲实录》，清朝实录共有 13 部，后人合称为《大清历朝实录》或《清实录》，计 4433 卷，加上总目、序、凡例、目录、进实录表、修纂官等 51 卷，应为 4484 卷，3658 万多字。

按惯例，新皇帝继位后便筹备为前任皇帝纂修实录。主要包括钦定纂修人员，组建预修队伍；阐述纂修意义，提出纂写要求；择定馆址，并着手进行腾移修缮。

实录纂修工作的启动主要有两种情况：一是在大臣的奏请下拉开纂修序幕，此种情况多见于清前中期及部分冲龄继位的皇帝。二由皇帝主动下诏纂修。嘉庆帝以降多为此种情况。

纂修帷幕拉开后，即着手组建纂修队伍。其中，监修及正副总裁官等领衔人员由皇帝钦定。按定制，从大学士内钦点 1 人为监修总裁官；从大学士、尚书、左都御史内选满汉总裁官各 2 人；从内阁学士、翰林院掌院学士、各部侍郎内选满汉副总裁官各 3 人；从理藩院尚书侍郎内钦选 1 人，在清前中期为副总裁官，清后期则为蒙古总裁官。关于纂修、提调、收掌、翻译、校对、誊录、供事、匠役等与修人员，通常由监修总裁官等另行酌议具奏。此外，皇帝还颁发谕旨，阐述先帝的雄才伟略与纂修的重要意义，并提出具体的纂修要求。

实录馆作为例开的临时性修史机构，无固定的修纂场所。因此，选择合适的场馆成为实录纂修的一个重要步骤。纂修实录需调阅大量的文书档案资料，为便于管理与高度保密，均在紫禁城内择地开馆。如纂修《高宗实录》时，选择宽敞洁净的清字经馆作为纂修场所。清代多将故宫东华门、西华门和午门的群房处作为实录纂修场馆。

实录馆开馆之日，通常于礼部或实录馆宴请纂修人员，以示鼓励。为便于管理，统一编纂原则与体例，实录开馆后，"先奏章程数十条，取历届旧例，参以时事，斟酌变通，请旨准行遵办"。除章程外，清历朝实录正文前都附有"修纂凡例"。征集资料也是实录纂修过程中的重要环节，每位嗣君都尽可能为纂修人员提供种种支持，有了皇帝的特许，举凡"朱批、红本、记注、阁簿、科钞、旗册，一事一言，靡不竭诚搜辑"。大量一手档案资料的搜集为实录纂修提供方便，也决定了实录的史料价值及地位。

实录纂修队伍极其庞大，常达数百人甚至千余人，根据分工不同，设置有监修总裁官、总裁官、副总裁官、提调官、纂修官、收掌官、校对官、翻译官及誊录官等。纂修开始，所有与修人员齐聚实录馆，各司其职，各尽其责。实录以卷为单位，"以事之繁简为卷之多寡"。为减少舛误，每完成一部分稿本即交由校对官详细校核。不仅如此，皇帝还会指派一位或数位总裁官或副总裁官负责审稿，并于审阅时夹入签名，以专责成。实录作为一朝历史的盖棺定论之作，直接关涉一个王朝的切身利益及皇帝的身后名声，故清历朝统治者都对其给予高度关注。按清制，每完成一部分实录，都要用满、蒙、汉三种文字各誊清一份，黄绫装裱，进呈皇帝御览。皇帝的审核并非流于形式，如乾隆对史官们所修实录，要求"按日呈进"，由他"亲为阅定"，若不合格，则返回重新修改，直到满意为止。对于一些较小的错误，皇帝有时也会直接改动。为示惩诫，嘉庆帝将包括总裁官、纂修官、复校官在内的相关人员一并交吏部、都察院严加议处。至于那些冲龄即位的小皇帝，通常由朝廷重臣代为审阅。

黄绫本进毕，监修总裁官还需奏请皇上撰写序文。序文虽打着御制之名，但多由大臣代为撰写，经御览发下后，交由誊录官缮载于各正本卷首。

按清代制度，每朝实录修成后，例由誊录官抄缮正副本五份。依装潢及开本大小，可分为小黄绫本1份，藏于内阁实录库；大红绫本2份，一藏皇史宬，一藏盛京崇谟阁；小红绫本2份，一藏乾清宫，一藏内阁实录库。除盛京崇谟阁藏本用满、汉两种文字各抄缮一部外，其它几处藏本均需用满、蒙、汉三种文字各抄缮一部。一部《实录》同时用三种文字修成，这在历史上实为首例，也是《清实录》的一大特色。

装裱是实录纂修的最后一道程序。书皮与外套均用金黄色云凤绫装裱，外用明黄色织金龙袱缎包裹，用紫地白花锦带、本色云头牙签捆扎。所需材料通常由江南三织造精工制作。

清代的实录收藏制度大致模仿明代，秘而不宣。明代前期实录的秘藏制度十分严密，但自嘉靖后，特别是神宗时，内阁大臣开始将阁副本挟带出宫传抄，形成各种抄本，在晚明书市上公开叫卖。清代这种情况并不存在。清实录流传于世，一是乾隆朝蕉园焚草制度形成之前，太祖、太宗和世祖三朝实录的各种简本流出宫去，甚至远播日本。二是清朝灭亡后连绵不断的战乱之世，使清代实录的不少版本，或流落民间，或被掠日本，或移置台湾。这些流散各地的版本，后来又在大陆和台湾分别影印成各种本子。

基本成套的《清实录》主要有以下几种版本：1. 伪满《大清历朝实录》本。该影印本最早由"满日文化协会"提倡将《清实录》影印，后由关东军正式提出，虽一度受至溥仪身边某些清朝遗臣的反对，但最终还不得不接受影印的要求。日本以杉村勇造等为代表，伪满则由郑孝胥、罗振玉牵头，协商后决定由东京单式印刷公司承印，东京大藏出版公司出版，由伪满"国务院"发行。1934年正式开始整理出版太祖至德宗 11 朝实录,其中尚缺部分,从北京故宫所藏的实录写本中补齐。影印前夕,溥仪又派人将其藏在天津的《宣统政纪》取送奉天,给予日本影印。因此这部影印本便成了《大清历朝实录》的完整藏本。日本为了篡改甲午战争的历史,抹杀中国反对日本侵略的民族斗争,歪曲历史,企图修改它在中国历史上这种侵略者的形象,对《清实录》有关中国对日本侵略者的称谓,特别是对《光绪实录》中关于甲午战争的记述,凡是他们认为不妥之处,均令装裱和缮写人员一一挖补和篡改。挖补和篡改后的《大清历朝实录》由 3 名摄影人员按页依次拍照,送东京影印。该影印本分装 1200 册,仅印 300 部,因此每部书的成本很贵,合 1200 元,相当于一所住宅的价钱。当时伪满财政极度困难,印刷经费基本都是日本提供。日本之所以拿出血本,并非出于其文化上的需要,更重要的是政治上的需要。该本也成为《清实录》刊印流布之始。2. 台湾华联出版社影印本《大清历朝实录》。1964 年,台湾华联出版社以台湾所存伪满本清实录为底本,影印了《大清历朝实录》,精装 180 册。3. 台湾华文书局《大清历朝实录》缩印本。1968 ~ 1970 年台湾华文书局根据伪满本影印,但为缩印本,精装,仍名《大清历朝实录》,共 93 册。4. 复旦大学图书馆藏刘承干嘉业堂本。该本是 1922 年刘承干要求清史馆长赵尔巽为其代抄的,原藏南浔嘉业堂,后转售复旦大学图书馆。1922 年冬,浙江吴兴人刘承干赴北京拜访清史馆馆长赵尔巽。发现赵尔巽自 1914 年开始主编《清史稿》,因经费拮据,虽历时 8 年仍未修成,且进程很慢,于是提出由自己出资赞助,但条件是要清史馆代抄一份《清实录》和《清国史》。赵尔巽同意这一建议,经过半年的抄写终于完成。但该本由于是清史馆为了谋得刘承干的经费,因此在抄写时并不注意质量。5. 中华书局《清实录》影印本。1985 ~ 1987 年,中华书局联合中国第一历史档案馆、北京大学图书馆和北京故宫博物院图书馆,根据第一历史档案馆所藏原皇史宬尊藏本进行整理影印。其佚失部分，均进行查找补齐。书名为《清实录》，为16开精装本，共60册，4433卷，目录42卷。全书还编了简目和分册总目，每册另有分册目录，加印中缝，注明朝代、年代、卷数。该本系目前底本最珍贵、内容最完备的一种版本。此外，还有一些零散《清实录》大陆以及海外藏本。

　　本辑据1985～1987年中华书局《清实录》影印本，辑录顺治朝《世祖章皇帝实录》至光绪朝《德宗实录》9朝实录中有关赤城内容。每条末标注内容所在册数、卷数及页码。

1.《世祖章皇帝实录》

【题解】 《世祖章皇帝实录》（以下简称《世祖实录》）144卷，起崇德八年（1643年）八月，讫顺治十八年（1661年）正月。

顺治十八年正月，世祖死于天花，8岁的玄烨继位，是为圣祖。以索尼、苏克萨哈、遏必隆、鳌拜4人辅政，四大臣是满洲贵族中比较强烈的保守派，他们对多尔衮执政时期，特别是顺治后期一系列加速汉化、信用汉官的措施不满，他们利用手中权力打击汉人官僚、绅士和文人。年轻的康熙帝受汉优势的思想文化影响，盛赞其父的政治举措，这样皇权与守旧辅政大臣矛盾重重，也必然导致《世祖实录》的纂修成为这场斗争的一部分。

康熙六年七月，圣祖皇帝亲政。当月就有礼部尚书黄机奏请纂修《世祖实录》。康熙帝立即颁下谕旨，并为《世祖实录》定下基调，否定所谓"清世祖遗诏"中对世祖朝政体改革的诋毁，也是向守旧派给以反击。九月五日，圣祖下诏命大学士班布尔善监修总裁官；大学士巴泰、图海、魏裔介、卫周祚、李霨5人为总裁官；学士塞色黑、禅布、帅颜保、明珠等12人为副总裁，侍读学士达哈他等14人为满纂修官，侍读学士单若鲁、田种玉等14人为汉纂修官，组成《世祖实录》馆，《世祖实录》纂修正式开始。其时，康熙帝亲政仅两个月。由于鳌拜等手中还掌握许多实权，党羽与阿附者充斥清廷各个衙门，连实录馆监修总裁官班布尔善也是鳌拜同党，皇帝在《世祖实录》纂修问题上的意旨很难完全贯彻。康熙八年正月，班布尔善等人借口清世祖实录草稿已成，停经费、裁人员，即停止世祖实录的纂修，以先修《太宗实录》，公然声称"不可以子先父"。康熙八年五月，康熙帝经过精心准备、周密策划，一举逮捕了

里一臺平坦處約四里一臺共應留臺四百一十七座每臺

設軍丁三名共軍丁一千二百五十一名其餘臺二十四百

五十座應不用洪山口龍井關口西常峪正關口潘家口冷

口俱係捕魚網戶耕種往來之路密雲迤後石塘嶺正關口

係民間運木之路昔戶部於此按板抽稅以上應留關口共

六處外如常峪口獨石口龍門所口牆子嶺口黃崖口羅文

峪董家口劉家口桃林口界嶺口一片石口以上十一關口

俱已堵塞墩臺兵丁應照城守例月給米一斛銀一兩得旨

河保營既為鄂爾多斯部落交易鹽茶之地與董家口俱准

開餘如議)原任浙閩總督張存仁疏報副將馬成龍等援

《清世祖实录》书影

914

鳌拜，惩办其党羽及阿附者。擒鳌拜的当日，班布尔善即被从"内馆"修《太宗实录》处抓走，次日便处以绞刑。次月，康熙帝便重新诏令纂修世祖实录，以秘书院大学士巴泰为监修总裁官，重新开馆，一切程序宛若纂修起始。历经 3 年，至康熙十一年五月，清世祖实录最后告成。《世祖实录》修成后，清廷举行了隆重的进书仪式，赏赐与晋升各参与纂修人员。成书的《世祖实录》144 卷，合凡例、目录共 146 卷，缮为满文、蒙古文、汉文三种文本，是为有完整凡例、有御制序、有进书表的第一部清朝实录。

《世祖实录》修成后，由于太宗、太祖、世祖三朝实录在体例、文字、史实上存在许多问题，或许出于政治斗争的需要，于雍正十二年（1734 年）十一月，世宗雍正帝以《世祖实录》中有人名地名字画音句等与新成的《圣祖实录》不一致，命大臣查对修改。校订于乾隆四年十二月完成，即现在通行的《世祖实录》。《世祖实录》的成书，标志着清朝纂修实录向规范化迈进了一大步，也是清朝官方史学逐步走向规范化的起点。

本辑据 1985 年 8 月中华书局影印本《清实录》第 3 册《世祖章皇帝实录》辑录有关赤城内容。

◎乙酉①，师次开平卫，指挥陈任重、李培元等率众来降，各赐袍服。（卷 4，第 56 页上左）

◎初②，宣府巡抚李鉴以赤城道朱寿鋆贪酷不法，将劾奏之。寿鋆遣其子嘱绰书泰求和硕英亲王阿济格，王与鉴印扎，令贳③寿鋆罪。及王出师至宣府，召鉴面谕之，曰寿鋆忠良，尔宜释免。鉴曰：

---

① 顺治元年四月乙酉，1644 年 6 月 2 日。
② 该条为顺治二年正月戊子，1645 年 1 月 31 日事。
③ 贳，音 shì。宽纵，赦免。

"此钦犯①也，若擅释之，王亦不便。"绰书泰叱之曰："尔何不惧王？而反惧冲龄②皇帝耶！"鉴艴然③而去。王复遣绰书泰、总兵刘芳名强之，鉴坚不允。事闻，下内院等衙门会鞫④得实。寿鳌、绰书泰及绰书泰四子俱弃市⑤，并籍⑥其家，芳名革职入旗。（卷13，第119页上左）

◎丁未⑦，先是，和硕英亲王阿济格出征时，胁令巡抚李鉴释免逮问赤城道朱寿鳌，又擅至鄂尔多斯土默特地方取马。至是法司议罪：阿济格应削王爵，夺所属仆众，量给人役⑧以供使令。又从前曾遣薰阿赖赍谕，令固山额真谭泰，会同护军统领鳌拜、巴图鲁、学士额色黑，将英王称上为孺子之语，集众传示。而谭泰徇王情面，并不集众传示⑨。又擅至鄂尔多斯土默特地方索取马匹，应将谭泰革职，藉其家。鳌拜听信谭泰，不行集众传示谕辞，应革职，罚银一百两。额色黑因系内院官随征，原令不时启发王意，乃竟信谭泰不遵谕行，应革职，鞭一百。谳⑩具启知⑪摄政王、辅政王。王谕：英

_____

① 钦犯，是指封建时代指奉旨缉捕的犯人，皇帝朱笔御批的犯人。

② 冲龄，指帝王幼年即位。

③ 艴然，音 fú rán。生气的样子。

④ 会鞫，音 huì jū。会同审问。

⑤ 弃市，《礼记·王制》："刑人于市，与众弃之。"本指受刑罚的人皆在街头示众，民众共同鄙弃之，后以"弃市"专指死刑。《汉书·景帝纪》："（中元）二年春二月……改磔曰弃市，勿复磔。"颜师古注："磔，谓张其尸也。弃市，杀之于市也。"

⑥ 籍，籍没，古代财产刑，登记并没收罪人财产。

⑦ 顺治二年八月丁未，1645 年 10 月 17 日。

⑧ 人役，仆役；奴婢。差役，差人。服劳役的人。

⑨ 传示，留传示知；传达告知。

⑩ 谳，音 yàn。审判定罪。

⑪ 启知，禀告。

亲王降为郡王，罚银五千两。固山额真①谭泰削公爵，降为昂邦章京②。解固山额真任，令赎身③。鳌拜罚银一百两。此番功绩，不准议叙④。额色黑鞭一百，折赎。（卷20，第178页上左）

◎辛亥⑤，户部奏请："去年八旗圈地，止圈一面，内薄地甚多，以致秋成歉收。今年东来满洲，又无地耕种。若以远处府、州、县屯卫故明勋戚⑥等地拨给，又恐收获时孤贫佃户无力运送。应于近京府、州、县内，不论有主无主地土，拨换去年所圈薄地。并给今年东来满洲。其被圈之民，于满洲未圈州、县内，查屯卫等地拨补。仍照迁移远近豁免钱粮，四百里者准免二年，三百里者准免一年。以后无复再圈民地，庶满、汉两便。"疏入，从之。于是圈顺义、怀柔、密云、平谷四县地六万七百五晌⑦，以延庆州、永宁县、新保安、永宁卫、延庆卫、延庆左卫右卫、怀来卫无主屯地拨补。……圈昌平、良乡、房山、易州四州县地五万九千八百六十晌，以定州、晋州、无极县、旧保安、深井堡、桃花堡、（递）〔雕？〕鹗堡、鸡鸣驿、龙门所无主屯地拨补。（卷30，第245页下右~246页上左）

---

① 固山额真，官名。清代八旗组织最大编制单位——固山的最高长官。管理一旗的户口、生产、教养、训练等事。顺治十七年（1660年）定汉名为都统，雍正元年（1723年）又改满名为固山昂邦。固山，满语。清代八旗组织的最大编制单位，汉语译为"旗"。《清文献通考·职官一》："管固山者，即为固山额真。"

② 昂邦章京，满语官名。武职。汉译为"总兵"。后金（清）天聪八年（1634年）定八旗兵官爵名。以原来袭用明朝官名的总兵为昂邦章京。顺治四年，改昂邦章京为精奇尼哈番。乾隆元年（1723年），定精奇尼哈番汉字为子。

③ 赎身，用钱物或其他代价换得人身自由。

④ 议叙，清制于考核官吏以后，对成绩优良者给以议叙，以示奖励。议叙之法有二，一加级，二纪录。又由保举而任用之官亦称为议叙，如议叙知县之类。

⑤ 顺治四年正月辛亥，1647年2月13日。

⑥ 勋戚，有功勋的皇亲国戚。

⑦ 晌，音 shǎng。量词。古同"垧"，旧时计算土地面积的单位。我国东北田地面积以晌计，指一天所种的数量，所以晌也作天或日。辽宁省南部以六亩为一晌，辽宁省北部以十亩为一晌，吉林省、黑龙江省等地则以十二亩为一晌。

◎乙未^①……<u>宣府万全</u>、<u>龙门卫</u>雹。（卷 33，第 277 页上右）

◎庚寅^②，户部、兵部奏："差理事官<u>科奎</u>、<u>钟固</u>，自<u>张家口</u>起西至<u>黄河</u>止，察得<u>张家口</u>关门迤西，<u>黄河</u>迤东，共一千四十五里。其间险峻处约六七里一台，平坦处约四里一台，共应留台二百四十四座。每台设军丁三名，共军丁七百三十二名。其余台一千三十二座应不用。故明时<u>得胜堡</u>一口系<u>察哈尔</u>国讨赏出入之路，<u>河保营</u>系<u>鄂尔多斯</u>部落茶盐交易之处，以上二口俱已堵塞。又差理事官<u>满都户</u>等，自<u>张家口</u>起东至<u>山海关</u>止，察得<u>张家口</u>迤东<u>山海关</u>迤西，共二千四百四里。其间险峻处约六七里一台，平坦处约四里一台，共应留台四百一十七座。每台设军丁三名，共军丁一千二百五十一名。其余台二千四百五十座应不用。<u>洪山口</u>、<u>龙井关口</u>、<u>西常峪正关口</u>、<u>潘家口</u>、<u>冷口</u>，俱系捕鱼网户耕种往来之路。<u>密云</u>迤后<u>石塘岭正关口</u>系民间运木之路，昔户部于此按板抽税，以上应留关口共六处。外如<u>常峪口</u>、<u>独石口</u>、<u>龙门所口</u>、<u>墙子岭口</u>、<u>黄崖口</u>、<u>罗文峪</u>、<u>董家口</u>、<u>刘家口</u>、<u>桃林口</u>、<u>界岭口</u>、<u>一片石口</u>，以上十一关口俱已堵塞。墩台兵丁应照城守例，月给米一斛，银一两。"得旨：<u>河保营</u>既为<u>鄂尔多斯</u>部落交易盐茶之地，与<u>董家口</u>俱准开。余如议。（卷 35，第 289 页上左）

◎辛亥^③，<u>宣府赤城</u>兵叛，命护军统领<u>阿尔津</u>等率兵讨之。（卷 40，第 324 页上左）

---

① 顺治四年八月乙未，1647 年 9 月 25 日。
② 顺治四年十二月庚寅，1648 年 1 月 18 日。
③ 顺治五年十月辛亥，1648 年 12 月 4 日。

◎丁丑①，更定宣、大二镇官兵经制②。……宣府镇：总兵一员，旗鼓守备一员，兵二千四百名。分三营，中营：中军游击一员，管中营事；中军守备一员。左营：游击一员，中军守备一员。右营：游击一员，中军守备一员。抚标③：旗鼓守备一员，兵一千二百名。分二营，左营：中军游击一员，管左营事；中军守备一员。右营：游击一员，中军守备一员。东南城守、西北城守守备各一员，兵八百名。独石、西城、怀来、右卫、柴沟、龙门所、葛峪等路参将，中军守备各一员，兵各五百名。蔚州、万全、左卫、怀安、龙门等城守备各一员，兵各三百名。新保安守备一员，兵二百五十名。赤城、屯牧、怀来等道标中军守备各一员，兵各二百名。洗马林、西阳河、滴水崖、周四沟、四海冶、长安岭、东城、旧保安、广昌等城，深井、膳房、镇安、云州、矾山、靖安等堡，张家、新开、新河、大山等口，永宁、柳沟二路，守备各一员，兵各二百名。宣府驿：操守一员，兵二百名。鸡鸣驿，土木、榆林二堡，操守各一员，兵各一百五十名。延庆州操守一员，兵一百名。桃花、马营二堡操守各一员，兵各八十名。雕鹗堡操守一员，兵六十名。黑石岭、青边口、大白阳、小白阳、镇宁、清泉、君子、赵川、长伸地等堡操守各一员，兵各五十名。（卷46，第368页上右）

◎己未④，上驻跸雕窝堡⑤。厄鲁特部落台吉诺木齐等贡驼马，宴赉⑥如例。（卷56，第447页上左）

---

① 顺治六年九月丁丑，1649年10月26日。

② 经制，治国的制度。经理节制。

③ 抚标，明清时巡抚直辖的军队。

④ 顺治八年四月己未，1651年5月31日。

⑤ 雕窝堡，即雕鹗堡，今赤城县雕鹗村。

⑥ 宴赉，宴饮赏赐。赉，音lài。

◎辛酉①，上驻跸赤城。（卷56，第447页下右）

◎壬戌②，上驻跸独石口。（卷56，第447页下右）

◎裁并直隶兴州前卫于开平卫，兴州左卫于蓟州卫，营州前卫于涿鹿卫，武清卫于通州左卫，通州卫屯地于本州左卫③。（卷70，第549页下右）

◎裁宣府前、保安、怀来、永宁、万全左右卫、怀安、开平、龙门、蔚州、阳和、大同前左右卫、平鲁、天城、朔州、安东、中屯等卫千总各一员④。（卷85，第668页下左）

◎裁直隶涿州州同⑤、蓟州州判⑥，密云、遵化二县县丞⑦，并

---

① 顺治八年四月辛酉，1651年6月2日。

② 顺治八年四月壬戌，1651年6月3日。

③ 该条为顺治九年十一月戊寅，1652年12月10日事。

④ 该条为顺治十一年七月甲午，1654年8月18日事。

⑤ 州同，官名。官名。清朝地方各州之副职。明朝称州同知，清沿置，改称州同，以别于各府之同知。无定员。从六品。与州判分掌督粮、捕盗、海防、水利诸事。全国共设五十二人，属直隶者二十，例以举人除授；属散州者三十二，例以兵马司副指挥、京县县丞、京府经历等升任。

⑥ 州判，官职名。清朝地方各州之副职。无定员，从七品。与州同分掌督粮、捕盗、海防、水利诸事。例以鸿胪寺汉主簿、鸣赞、汉军九品笔帖式、按察司知事、府经历、县丞等升任。另恩拔副员就职者，可除授直隶州判。

⑦ 县丞，官名。战国置，为县令副佐。协助县令治理一县政事。秦汉沿置，员额多为一人，秩四百石至二百石，由中央任命。职掌文书及仓狱事宜。三国魏大县县丞秩四百石，八品；次县、小县九品。吴亦置。晋同。南朝宋皆九品，但不常置。梁置。北齐邺、临漳、成安三畿县及外县皆置，皆从九品上。北周万年县有丞。唐朝按县等级置一至二员，阶由从七品上至正九品下不等。宋朝自仁宗天圣四年（1026年）始置，以有出身幕职、令录充任。辽、金、元均设。金赤县丞秩正八品，剧县秩正九品，中县以下不置。元朝上县丞正八品，中县以下不置。明朝为知县佐贰官，正八品。分知县政，掌粮马、巡捕之事。编户不及二十里之县不置。清朝大体一县设一员，正八品，事简之县或不置，职掌同。

涿州、蓟州、开平、河间四卫经历①。（卷 125，第 969 页下右）

◎戊戌②，裁蓟州卫、遵化卫、涿鹿卫、密云中卫、沧州守御所、云州守御所、龙门守御所千总③。（卷 129，第 999 页下左）

---

① 卫经历，官名。明朝各卫指挥使司所属经历司设，一人，从七品，为各卫首领官，掌出纳文移等事。该条为顺治十六年四月壬辰，1659 年 5 月 22 日事。

② 顺治十六年十月戊戌，1659 年 11 月 24 日。

③ 千总，职官名。明朝京营之领兵官。嘉靖二十九年（1550 年）设。有随征千总四人，随营千总二十人。位在中军以下，把总之上。清朝绿营军之下级军官，即基层组织"汛"之领兵官。位在守备之下，正六品。掌巡守营、哨汛地。亦称营千总。此外，尚有卫千总、守御所千总、门千总、土千总等名目。

2. 《圣祖仁皇帝实录》

【题解】 《圣祖仁皇帝实录》（以下简称《圣祖实录》）300卷，起顺治十八年（1661年）正月至二月，讫康熙六十一年（1722年）十一月。

清圣祖仁皇帝，清朝第四位皇帝、大清定都北京后的第二位皇帝。康熙帝8岁登基，在位61年，中国历史上在位时间最长的君主。于康熙六十一年十一月十三日驾崩，死后葬于清东陵之景陵，谥号合天弘运文武睿哲恭俭宽裕孝敬诚信功德大成仁皇帝。康熙六十一年十二月十九日，世宗胤禛即位伊始，便批准大学士马齐等奏请纂修《圣祖实录》圣旨，命大学士二等伯马齐为实录馆监修总裁，吏部尚书隆科多，大学士蒿祝，兵部尚书励廷仪、阿克敏，内阁学士额黑纳、登德为副总裁，众佛保、德龄、僧格等为纂修官，正式开馆纂修《圣祖实录》。嗣君即位不到1个月就启动大行皇帝实录的修纂工程，为清代实录修纂史上之首次。不仅如此，后来世宗又先后命蒋廷锡、张廷玉为监修总裁官，一馆同置三位监修总裁，在清代纂修实录史上也是空前绝后的，充分体现了世宗雍正帝对实录纂修的重视。雍正九年十二月二十日，《圣祖实录》纂修完毕，历时9年。世宗举行了进呈仪式，并对纂修进行褒奖。《圣祖实录》与前三朝实录不同的是，《圣祖实录》先修汉文本，然后再译成满、蒙文本。

本辑据1985年9月中华局影印本《清实录》第4册至第6册《圣祖实录》辑录有关赤城内容。

侍衛等宴○以喀爾喀故輔國公根敦代青

子垂扎布襲爵○命翰林院掌院學士傅達

禮熊賜履教習庶吉士○

上以

太皇太后將幸赤城湯泉。諭工部侍郎覺羅查

哈喇佟弘器動支帑銀前往修理道路毋得

擾民○壬戌。

上御太和殿視朝。文武陞轉各官謝恩○上元

節。賜外藩吾貝勒貝子公台吉等及內大臣

《清圣祖实录》书影

◎户部遵旨议覆："<u>古北</u>等口外空闲之地，分拨八旗。查<u>喜峰口</u>、<u>独石口</u>外既无闲地，<u>正红旗</u>又无赴边外领地之人，不必拨给。今以<u>古北口</u>外地，拨与<u>镶黄旗</u>、<u>正黄旗</u>；<u>罗文峪</u>外地，拨与<u>正白旗</u>；<u>冷口</u>外地，拨与<u>镶白旗</u>、<u>正蓝旗</u>；<u>张家口</u>外地，拨与<u>镶红旗</u>、<u>镶蓝旗</u>。"从之①。（《清实录》第4册《圣祖实录》卷32，第432页下右）

◎上以<u>太皇太后</u>②将幸<u>赤城汤泉</u>，谕工部侍郎觉罗<u>查</u>哈喇、佟弘器："动支帑银③前往修理道路，毋得扰民④。"（《清实录》第4册《圣祖实录》卷38，第504页下右）

◎庚午⑤，上诣⑥<u>太皇太后</u>宫问安。<u>太皇太后</u>曰："我因身抱微疾，故欲往<u>赤城汤泉</u>，汝若同往，恐误国事，可不必去。"上奏曰："<u>太皇太后</u>驾幸<u>汤泉</u>，臣若不随往侍奉，于心何安！至国家政事，已谕内阁，著⑦间一日驰奏一次，不致有误。"（《清实录》第4册《圣祖实录》卷38，第506页上左）

---

①　该条为康熙九年二月癸未，1670年3月16日事。

②　太皇太后，皇帝的祖母称太皇太后。《汉书·外戚传》："汉兴，因秦之称号，帝母称皇太后，祖母称太皇太后，适称皇后，妾皆称夫人。"《资治通鉴·汉文帝后元七年》："太子即皇帝位，尊皇太后薄氏曰太皇太后，皇后曰皇太后。"该指顺治皇帝的母亲孝庄文皇后博尔济吉特氏，太宗皇太极庄妃，清世祖福临圣母，世祖时为皇太后，清圣祖时为太皇太后。

③　帑银，音 tǎng yín。国库中的银子。

④　该条为康熙十一年正月辛酉，1672年2月12日事。

⑤　康熙十一年正月庚午，1672年2月21日。

⑥　诣，候至，古代到朝廷或上级、尊长处去之称。《说文·言部》："诣，候至也。"段玉裁注："候至者，节候所至也……凡谨畏精微深造以道而至曰诣。"

⑦　著，音 zhuó。旧时公文用语，表示命令。

◎辛未①，上奉太皇太后往赤城汤泉。是日启行，上随辇②步行，至神武门乘马，出德胜门。驻跸巩华城③。（《清实录》第 4 册《圣祖实录》卷 38，第 506 页下右~下左）

◎二月丁丑朔④，过长安岭⑤。上自山麓下马，扶太皇太后辇步行，至坦道始乘马。驻跸东山庙⑥。初，东山庙有井易涸，水不足用，是日山泉忽涌成河，人马皆足饮。（《清实录》第 4 册《圣祖实录》卷 38，第 507 页上右）

◎上驻跸兴仁堡⑦。先驰诣汤泉，视太皇太后行宫及汤池而还⑧。（《清实录》第 4 册《圣祖实录》卷 38，第 507 页上左）

◎己卯⑨，太皇太后至汤泉宫，上诣太皇太后行宫问安。驻跸头堡⑩。（《清实录》第 4 册《圣祖实录》卷 38，第 507 页上左~下右）

◎庚辰⑪，上诣太皇太后行宫问安。（《清实录》第 4 册《圣祖实录》卷 38，第 507 页下右）

---

① 康熙十一年正月辛未，1672 年 2 月 22 日。

② 辇，古代用人拉着走的车子，后多指天子或王宝坐的车子。

③ 巩华城，位于今北京京昌平区沙河镇内。明永乐十九年（1421 年）成祖朱棣迁都北京后随即在此建起一座行宫，作为皇帝巡狩和后代子孙谒陵停留之处。正统元年（1436年）行宫被水冲毁。嘉靖十六（1537 年）世宗驻沙河，礼部尚书严嵩奏请建城及修建行宫，驻兵防卫。嘉靖十七年动工修建，十九年完工，御赐名"巩华城"。

④ 康熙十一年二月丁丑，1672 年 2 月 28 日。

⑤ 长安岭，即今赤城县与怀来县交界处长安岭，今有隧道通行。

⑥ 东山庙，即今赤城县大海陀乡驻地，东山庙村。

⑦ 兴仁堡，即今赤城县赤城镇兴仁堡村。

⑧ 该条为康熙十一年二月戊寅，1672 年 2 月 29 日事。

⑨ 康熙十一年二月己卯，1672 年 3 月 1 日。

⑩ 头堡，即今赤城县镇宁堡乡头堡子村。

⑪ 康熙十一年二月庚辰，1672 年 3 月 2 日。

◎辛巳①，上诣<u>太皇太后</u>行宫问安。皇子<u>承祜</u>薨②，上悼之。诣<u>太皇太后</u>行宫问安，笑语如常。出，谕内大臣觉罗塔达曰："恐<u>太皇太后</u>闻之伤悼，倘诸王等闻信，前来慰朕，俱令散去。"（《清实录》第4册《圣祖实录》卷38，第507页下右）

◎癸未③，上诣<u>太皇太后</u>行宫问安。上自闻皇子信郁闷不已。宗室公、内大臣等奏曰："皇上闻皇子之信，往往郁闷，臣等愿皇上移跸，借境舒怀。"上曰："朕每日诣<u>太皇太后</u>行宫问安，颇可自慰，既随<u>太皇太后</u>至汤泉，如<u>太皇太后</u>圣躬④朕不胜欢忭⑤。稺⑥子事，朕无甚介意。"（《清实录》第4册《圣祖实录》卷38，第507下左~508页上右）

◎<u>上诣太皇太后行宫问安</u>⑦。（《清实录》第4册《圣祖实录》卷38，第508页上左）

◎乙酉⑧，谕诸王、贝勒、大臣："两日内诸王、贝勒、大臣奏，朕随意游览，可以消遣闷怀，俱已有旨报闻。朕思尔等再三启奏，无非爱朕之心，所言甚是。朕欲于此行宫相近处，相一平阔之所，暂驻数日。"诸王、贝勒、大臣奏曰："臣等奏请之意，诚欲皇上保

---

① 康熙十一年二月辛巳，1672年3月3日。
② 承祜（1670年1月4日~1672年3月3日），康熙第二子，生母为孝诚仁皇后赫舍里氏。康熙八年十二月十三日出生，康熙十一年二月初五日因染病幼殇，年仅两岁。薨，音 hōng。古代称诸侯或有爵位的大官死去。
③ 康熙十一年二月癸未，1672年3月5日。
④ 圣躬，臣下称皇帝的身体。亦代指皇帝。全安，
⑤ 欢忭，音 huān biàn。欢喜快乐。忭，高兴，喜欢。
⑥ 稺，音 zhì。同"稚"。
⑦ 该条为康熙十一年二月甲申，1672年3月6日事。
⑧ 康熙十一年二月乙酉，1672年3月7日。

护圣躬，今蒙睿鉴①，谕以温纶②，实天下臣民之大幸也。"随移跸盘石台③，诣太皇太后行宫问安。（《清实录》第 4 册《圣祖实录》卷 38，第 508 页上左）

◎丙戌④，上诣太皇太后行宫问安。（《清实录》第 4 册《圣祖实录》卷 38，第 508 页下右）

◎上诣太皇太后行宫问安⑤。（《清实录》第 4 册《圣祖实录》卷 38，第 508 页下右）

◎己丑⑥，上诣太皇太后行宫问安。（《清实录》第 4 册《圣祖实录》卷 38，第 508 页下左）

◎庚寅⑦，上移跸赤城。诣太皇太后行宫问安。（《清实录》第 4 册《圣祖实录》卷 38，第 508 页下左）

◎辛卯⑧，上诣太皇太后行宫问安。以本月二十日行耕耤⑨礼，奏辞太皇太后回銮⑩。是日，驻跸新井堡⑪。（《清实录》第 4 册《圣

---

① 睿鉴，御览；圣鉴。

② 温纶，皇帝诏令的敬称。

③ 盘石台，即今赤城县镇宁堡乡盘石台村。

④ 康熙十一年二月丙戌，1672 年 3 月 8 日。

⑤ 该条为康熙十一年二月丁亥，1672 年 3 月 9 日事。

⑥ 康熙十一年二月己丑，1672 年 3 月 11 日。

⑦ 康熙十一年二月庚寅，1672 年 3 月 12 日。

⑧ 康熙十一年二月辛卯，1672 年 3 月 13 日。

⑨ 耕耤，每年春耕前，天子、诸侯举行仪式，亲耕藉田，种植供祭祀用的谷物，并以示劝农。

⑩ 回銮，旧时称帝王及后妃的车驾为"銮驾"，因称帝、后外出回返为"回銮"。

⑪ 新井堡，疑即今怀来县杏林堡，音近。

祖实录》卷38，第509页上右）

◎戊戌①，上因太皇太后在汤泉，是日启行，复往赤城。驻跸狼山堡②。（《清实录》第4册《圣祖实录》卷38，第509页下左～510页上右）

◎己亥③，上至汤泉，诣太皇太后行宫问安。驻跸赤城。（《清实录》第4册《圣祖实录》卷38，第510页上右）

◎庚子④。上诣太皇太后行宫问安。谕兵部尚书明珠："朕奉太皇太后幸汤泉，朝夕问安外，别无游幸。今来换班护军，著各减一名，每佐领只著二名来，马匹亦勿多备，尔部即传知。"（《清实录》第4册《圣祖实录》卷38，第510页上右）

◎辛丑⑤，上诣太皇太后行宫。问安。（《清实录》第4册《圣祖实录》卷38，第510页上左）

◎壬寅⑥，上诣太皇太后行宫问安。（《清实录》第4册《圣祖实录》卷38，第510页上左）

◎甲辰⑦，上诣太皇太后行宫问安。（《清实录》第4册《圣祖实录》卷38，第510页下右）

---

① 康熙十一年二月戊戌，1672年3月20日。
② 狼山堡，即今怀来县狼山堡村。
③ 康熙十一年二月己亥，1672年3月21日。
④ 康熙十一年二月庚子，1672年3月22日。
⑤ 康熙十一年二月辛丑，1672年3月23日。
⑥ 康熙十一年二月壬寅，1672年3月24日。
⑦ 康熙十一年二月甲辰，1672年3月26日。

◎乙巳①，上诣太皇太后行宫问安。(《清实录》第 4 册《圣祖实录》卷 38，第 510 页下右)

◎丙午②，上诣太皇太后行宫问安。谕兵部尚书明珠："京城来换班兵，皆系穷苦之人，身负行李米粮而来，甚为可矜③。尔部可给与官车装载，并酌量给与锅帐。到此之日，即按日给与口粮。"又召赤城同知胡之睿④，问地方百姓生理。胡之睿奏曰："此地人民淳朴，虽不富饶，然各务耕种，秋成所得，除供赋外，尚可糊口。"上曰："太皇太后幸汤泉，去冬修路，及收买草料木炭等物，皆用民夫，想甚劳苦，朕心大为不忍。尔在地方，若有所见，可据实陈奏，勿有所隐。"(《清实录》第 4 册《圣祖实录》卷 38，第 510 页下左~511 页上右)

◎三月丁未⑤朔，上诣太皇太后行宫问安。(《清实录》第 4 册《圣祖实录》卷 38，第 511 页上右)

◎己酉⑥，上诣太皇太后行宫问安。(《清实录》第 4 册《圣祖实录》卷 38，第 511 页上左)

◎壬子⑦，上诣太皇太后行宫问安。(《清实录》第 4 册《圣祖

① 康熙十一年二月乙巳，1672 年 3 月 27 日。
② 康熙十一年二月丙午，1672 年 3 月 28 日。
③ 可矜，音 kě jīn。可怜。
④ 按清《赤城县志》作胡之濬(音 jùn)，为上北路理饷同知，休宁人，康熙三年任。上北路理饷同知，仍明制，初驻云州，道缺裁，改驻赤城。应称上北路理饷同知，不应称赤城同知。
⑤ 康熙十一年三月丁未，1672 年 3 月 29 日。
⑥ 康熙十一年三月己酉，1672 年 3 月 31 日。
⑦ 康熙十一年三月壬子，1672 年 4 月 3 日。

实录》卷38，第511页下右）

◎乙卯①，上诣太皇太后行宫问安。（《清实录》第4册《圣祖实录》卷38，第511页下左）

◎丙辰②，上诣太皇太后行宫问安。（《清实录》第4册《圣祖实录》卷38，第511页下左）

◎丁巳③，上诣太皇太后行宫问安。（《清实录》第4册《圣祖实录》卷38，第512页上右）

◎戊午④，上诣太皇太后行宫问安。（《清实录》第4册《圣祖实录》卷38，第512页上右）

◎辛酉⑤，上诣太皇太后行宫问安。（《清实录》第4册《圣祖实录》卷38，第512页上左）

◎甲子⑥，万寿节⑦。上诣太皇太后行宫行礼。以驻跸赤城，停止庆贺筵宴。（《清实录》第4册《圣祖实录》卷38，第512页上左）

---

① 康熙十一年三月乙卯，1672年4月6日。
② 康熙十一年三月丙辰，1672年4月7日。
③ 康熙十一年三月丁巳，1672年4月8日。
④ 康熙十一年三月戊午，1672年4月9日。
⑤ 康熙十一年三月辛酉，1672年4月12日。
⑥ 康熙十一年三月甲子，1672年4月15日。
⑦ 万寿节，旧指皇帝的诞辰。亦作万寿圣节。

◎乙丑①，上诣太皇太后行宫问安。(《清实录》第 4 册《圣祖实录》卷 38，第 512 页下右)

◎丁卯②，上诣太皇太后行宫问安。(《清实录》第 4 册《圣祖实录》卷 38，第 512 页下左)

◎戊辰③，上奉太皇太后回銮。太皇太后登辇，上扶辇行数步，方乘马行。驻跸兴仁堡。谕宣府总兵官拜音达礼曰："总镇之职，关系甚重。朕观宣府一带虽安静，而昌平、密云、石匣等处尚多盗案。地方有盗，民生何安？尔当与该抚会议，必期盗息民安。至于兵丁，全赖军饷资生，尔必正已率属，切勿扣克。否则国法难容，尔其慎之。"(《清实录》第 4 册《圣祖实录》卷 38，第 512 页下左~513 页上右)

◎己巳④，上驻跸东山庙。(《清实录》第 4 册《圣祖实录》卷 38，第 513 页上右)

◎辛未⑤，过长安岭，大雨。上下马步行扶辇。太皇太后曰："此地险峻，天雨路滑，汝步行劳苦，可乘马缓行。"上奏曰："道路泥泞，臣扶辇而行，于心始安。"仍步行至岭上，太皇太后欲少憩，上即趋行。命取凉棚，亲视安置。及下岭时，仍步行扶辇，至平地方乘马傍辇而行。驻跸新井堡。(《清实录》第 4 册《圣祖实录》卷 38，第 513 页上右)

---

① 康熙十一年三月乙丑，1672 年 4 月 16 日。
② 康熙十一年三月丁卯，1672 年 4 月 18 日。
③ 康熙十一年三月戊辰，1672 年 4 月 19 日。
④ 康熙十一年三月己巳，1672 年 4 月 20 日。
⑤ 康熙十一年三月辛未，1672 年 4 月 22 日。

◎谕抚远大将军多罗信郡王鄂札等："闻向日所调左翼察哈尔驻扎宣府者，今毁边墙私遁，恣为寇抄，直趋独石口。此辈或止知察哈尔变乱，不知我兵战胜察哈尔及额驸①沙津射杀布尔尼兄弟之事，欲往助彼，未可知也。其巴林、翁牛特、敖汉、喀喇沁、土默特诸路兵，皆调征布尔尼。其妻子在家，倘叛卒经过劫掠，深为可虞②。今察哈尔事平，大将军等可谕令诸王、贝勒、台吉等率兵速回，各守境内。叛卒一到即为剿除。我兵定于五月初六日③速往追剿，尔等其传谕诸部知之④"。（《清实录》第4册《圣祖实录》卷55，第707页下左~708页上右）

◎振武将军佛尼勒疏报："官兵于滴水崖地方，斩击贼众，获器械等物无算⑤。"下部议叙⑥。（《清实录》第4册《圣祖实录》卷57，第735页下右）

◎谕内大臣、大学士等⑦："朕自春至今，缘兹旱灾，无日不殷忧轸念⑧。近出口阅视，更不堪寓目⑨。当此仲秋之时，即以山核桃作粥而食，若时届冬春，何以存活？且闻诸蒙古所在亦然。如此情形躬亲目击，忧悯不能自止。前于口上积粮，特为众蒙古计。今蒙古牲畜，目前尚可支持。若不预给米粮，则牲畜羸瘦⑩。至极穷困之时，虽再议给赈，无论彼不能承领，此间亦无术可以运致矣。今择

---

① 额驸，清代制度，公主的丈夫，相当于前代的"驸马"。
② 可虞，使人忧虑。
③ 康熙十四年五月初六日，1675年5月30日。
④ 该条为康熙十四年五月辛酉，1675年5月27日事。
⑤ 无算，无法算计。形容数目多。
⑥ 该条为康熙十四年八月戊辰，1675年10月1日事。
⑦ 该条为康熙二十八年八月丁丑，1689年9月26日事。
⑧ 殷忧轸念，殷忧，深深的忧心。轸念，音zhěn niàn。悲痛的思念。
⑨ 寓目，过目；观看。
⑩ 羸瘦，音léi shòu。衰弱消瘦。

贤能官分遣诸处，察其实不能存活极困穷者，一面令带人夫车辆骆驼而来，何旗于何口相近，即以就近口上所收粮食量给之。则所需之粮，不至万斛，而众蒙古之困苦可救矣。粮食足而牲畜存，渐遇丰年，庶可得济，其集议以闻。"寻，议差理藩院官前往，会同各扎萨克等，令于喜峰口、古北口、杀虎口、张家口、独石口相近之处领赈。再行文户部，于五口上预备米粮，确查蒙古贫人，每口给米以五斗为率。上曰："尔等议人给米五斗，误矣。应遣蒙古侍卫，及通蒙古语满洲侍卫前往，会同该王协理旗下事务，台吉等明白清察穷人数目若干，应给米若干可以度日处细加详算，交与王、台吉等赡养，则速而且易。王、台吉等皆朕所信任之人，有何不可信？散米时，令王、台吉等亲身来领。以巴林、翁牛特、二喀喇沁为一起，二土默特、敖汉、奈曼为一起，苏尼特、察哈尔八旗为一起，扎鲁特、阿禄科尔沁为一起，详查实数散给。"（《清实录》第 5 册《圣祖实录》卷 141，第 555 页上左~556 页上右）

◎庚申①，喀尔喀土谢图汗以所部六千余人乏食，请赈。部议不准。上命以独石口仓粟，每户给以四斗，遣理藩院户部司官各一员，会同土谢图汗监视散给。又车臣汗泽卜尊丹巴胡土克图等，俱以乏食来告，前后千万计。上皆命按口给之。（《清实录》第 5 册《圣祖实录》卷 144，第 588 页上右）

◎先是，噶尔丹认罪立誓，上书请降。上以噶尔丹狡诈，宜发兵预备。至是，发兵前往张家口、独石口等地方备之。著议政大臣、领侍卫内大臣、八旗都统集议。寻议覆：前派每佐领护军七名、骁骑五名、前锋一名、火器营兵二千。今以此军分遣张家口、独石口，

---

① 康熙二十九年正月庚申，1690 年 3 月 8 日。

则张家口应遣每佐领护军四名、骁骑二名、前锋两佐领合一名、火器营兵一千。独石口应遣每佐领护军三名、骁骑三名、前锋两佐领合一名、火器营兵一千。奏入。得旨："赴张家口军，令往大同。赴独石口军，令往张家口。其张家口一路，都统瓦岱，总领之，与都统喀岱、王永誉，护军统领洪海，副都统方额、科尔代、喻维邦偕往。大同一路，都统郎谈总领之，与都统公宗室化善，都统李正宗，护军统领宗室惠兰，署前锋统领副都统硕鼐，副都统马锡、田象坤、郎化麟偕往。此二路俱授将军印。自汉军副都统以上，俱令参赞。余如议"。① （《清实录》第5册《圣祖实录》卷150，第659页下左~660页上左）

◎先是②，理藩院题："臣等与内大臣阿尔迪等议，应于上都河、额尔屯河两间七溪之地会阅。先期遣人调集左翼喀尔喀诸王，前至上都土尔根伊扎尔交界之地，右翼喀尔喀诸王，前至上都黑棚交界之地以待。"上命大学士与兵部大臣集议。至是议覆："喀尔喀等在两处会集，应遣大臣分道先往。各令所在地方蒙古，驻于会阅七溪百里以外议事。驾至之前，檄令前来。其喀尔喀等，已传谕于四月十五日③，来会于期约之地。驾发日期，并请于命下之日，谕众知之。"奏入，得旨："四月十二日④启行。前行大臣如何差遣，喀尔喀等如何分别，何地安插，喀尔喀作何坐次，又前有噶尔丹之警，备发之兵颇多。今噶尔丹远去，其兵应减。尔等会同满洲九卿詹事科道定议。"寻议覆："喀尔喀遇乱离散，先后来降。皇上不忍坐视伊等灭亡，安插汛界内外，赈给米谷牲畜，各令得所。又将车臣汗人等，编列旗队矣。应俟会阅既毕，视汛界四周，暂令游牧。至厄

---

① 该条为康熙三十年正月戊申，1691年2月19日事。
② 该条为康熙三十年三月庚子，1691年4月12日事。
③ 康熙三十年四月十五日，1691年5月12日。
④ 康熙三十年四月十二日，1691年5月9日。

鲁特事定后，仍遣往土喇、俄侬等处安插。前所发八旗兵，今应减去。率每佐领护军四名，前锋全队，汉军火器营兵而往。上三旗兵丁随驾，下五旗兵丁出独石口赴御营。至张家口所备兵，应俟驾发之后，令将军瓦岱等率领。支两月粮，马驮轻炮，出张家口，往正白、镶白、察哈尔游牧之地。随其水草，在彼游牧。会阅既毕，如何措置，该部再行请旨。至会阅之地应备器物，俱令各该部院奏遣前行。"奏入，得旨："如议。左翼著马齐、布彦图、额尔贺图、西拉、纪尔他布往。右翼著班迪、索诺和、文达、达虎、阿喇尼往。"（《清实录》第 5 册《圣祖实录》卷 150，第 668 页上右）

◎议政王大臣等议覆①，奉差安设口外五路驿站，内大臣阿尔迪疏言："喜峰口外设立十五站，古北口外六站，独石口外六站，张家口外八站，杀虎口外十二站，每站安丁五十名，量给与马匹牛羊，应如所请。其应给马匹牛羊银两，差大臣前往料理。又该旗扎萨克，除公事外，不许擅动驿站。如有应动车辆，令众扎萨克供应，照例给价。"得旨："此五路设立驿站之事，先于科尔沁、鄂尔多斯两路安设，即赏给买牲银两，以副朕轸恤②蒙古人丁之意。其余三路，俟来年会议安设，随命科尔沁一路，著刑部尚书图纳去。鄂尔多斯一路，著内阁学士德珠去。"（《清实录》第 5 册《圣祖实录》卷 155，第 714 页上左）

◎庚辰③，理藩院题："先经议政王大臣议奏，喜峰口等五路添设驿站。奉旨：此五路设站之事，于喜峰口至科尔沁，杀虎口至鄂尔多斯，此二路先设。其三路明年再设，作何设立之处，俟来春议

---

① 该条为康熙三十一年六月甲申，1692 年 7 月 19 日事。

② 轸恤，音 zhěn xù。深切顾念和怜悯。

③ 康熙三十二年二月庚辰，1693 年 3 月 12 日。

奏。今议于古北口至乌朱穆秦设立六站，独石口至蒿齐忒设立六站，张家口至归化城四子部落设立八站。此三路设立驿站，悉照从前二路设立驿站之例。"得旨："依议。古北口一路，著内阁学士安布禄、侍读学士席密图去。独石口一路，著工部侍郎图尔宸、侍读学士喇锡去。张家口一路著吏部侍郎布彦图、侍读学士额赫礼去。"（《清实录》第5册《圣祖实录》卷158，第737页下左~738页上右）

◎吏部、兵部议覆，直隶巡抚郭世隆疏言①："宣府所属六厅，俱系佐贰②，十卫俱系武弁，予以临民③，似为未协。宜裁六厅十卫，改设一府八县。应设知府一员，同知一员，通判一员，知县八员，教职九员，县丞二员，典史八员，驿丞七员，经历一员，司狱一员，巡检一员。又东城等六驿，地处偏僻，差使无多，均宜裁去。"应如所请。从之。（《清实录》第5册《圣祖实录》卷158，第738页上左）

◎直隶巡抚沈朝聘疏言④："宣化府龙门等县霜灾地方，康熙三十四年额赋，请分年带征。"得旨："宣化府钱粮皆免征，并三十五年额赋，亦令蠲免⑤。"（《清实录》第5册《圣祖实录》卷169，第830页上右）

◎兵部理藩院奏⑥："中路设驿，自京城至独石口设四驿，有额

---

① 该条为康熙三十二年二月癸未，1693年3月15日事。是时，赤城堡改设赤城县，即赤城始设县制。龙门卫改置龙门县。

② 佐贰，辅佐主司的官员。明清时，凡知府、知州、知县的辅佐官，如通判、州同、县丞等，统称佐贰。其品级略低于主管官。

③ 临民，治民。

④ 该条为康熙三十四年十一月庚申，1695年12月7日事。

⑤ 蠲免，音juān miǎn。除去；免除。

⑥ 该条为康熙三十五年二月壬辰，1696年3月8日事。

定驿马，不必增加外，每驿用笔帖式①一员，拨什库②二名。自独石口外约设六十驿，每驿马四十匹，至中路。大兵到汛界后，与西路联络处，设十五驿，每驿马二十匹。如相隔遥远，驿或不足，再酌量增设。中路大兵正站、腰站，俱两驿合设笔帖式一员，拨什库二名，扎萨克蒙古官一员，兵十名。其管理正站，应拨理藩院、兵部官各二员，腰站各一员前去。"得旨："此番出师诸物，朕皆全备，并无待后赍送之物，飞驰之事亦少。著每驿设马二十匹，部院官、笔帖式、拨什库调用将尽。今设此驿有情愿效力废员，每一驿可用两三人坐塘效力，并酌拨扎萨克③蒙古内台吉、章京④、兵丁监视马匹。如驿马失盗被劫，即依律治罪。至草青后，将蒙古之马，著该管台吉各自本旗酌带赴驿，协助传报。以此传谕设驿地方众扎萨克。余如议行。"（《清实录》第5册《圣祖实录》卷171，第847页上右）

---

① 笔帖式，满语官名。意为办理文书、文件之人。后金天聪五年（1631年）设六部时由马巴克什改称。为清朝中央各部院衙门、内务府、地方督抚衙门以及八旗驻防将军、都统、副都统衙门内掌管翻译、缮写满汉文书之低级官员，通过考除、考选、调补从八旗、蒙、汉军人员内任用。笔帖式为国家正式官员，有品级。早年有五、六品者。雍正以后除极少数主事衔笔帖式为六品外，一般为七、八、九品。笔帖式升迁较为容易，速度较快，被称为"八旗出身之路"。

② 拨什库，清代官名。满语。汉语称领催。管理佐领内的文书、饷糈庶务。

③ 扎萨克，官名。亦作札萨克。蒙古语音译，意为"藩封掌印"，即"一旗之长"。清制，外藩蒙古及哈密、吐鲁番回部每旗一人，由理藩院于每旗之王、贝勒、贝子、公、台吉、塔布囊等贵族内拣选请旨充任，掌一旗之政令，仍受理藩院及当地将军、大臣等节制。下设协理台吉二至四人赞理旗务，并置管旗章京、副章京、参领、佐领、骁骑校等官分理各项军民事务。此外，内蒙古六盟各设兵备札萨克一人，管理本盟之军务。

④ 章京，清朝满语官名。一作獐鹰。源自汉语"将军"一词。后金时武职以额真为名，清太宗天聪八年（1634年）规定除固山额真外，皆以"章京"为称。清代八旗武官不论职位高低，世爵大小有无，凡有职守之官皆称"章京"。满洲八旗中的"章京"从高到低依次为昂邦章京（相当于明朝的总兵）、梅勒章京（相当于副将）、甲喇章京（相当于参将）和牛录章京（相当于备御官），这是四个最基本的章京。后不限于称武官，如军机处之军机章京，总理各国事务衙门之总办章京、帮办章京等均为协助堂官处理文书等事之文职官。此处，清政府派驻新疆各地的参赞大臣、帮办大臣、办事大臣下属有印房章京，蒙古各旗札萨克下属有管理旗章京、副章京等。

◎谕兵部[①]："此番出征兵马众多，可分为两路出口。将镶黄、正黄、正白、正红四旗前锋军，并绿旗营前锋军为一队，继以宣化府绿旗兵、左翼察哈尔兵为一队，继以御营又分四旗兵为四队，汉军火器营兵为一队，出独石口。再将镶白、镶红、正蓝、镶蓝四旗前锋军，并绿旗前锋军为一队，继以古北口绿旗兵为一队，再继以四旗兵，分为四队，汉军火器营兵为一队，令其出古北口。军行一日一队，接踵进发。出独石口之前锋军，镶黄、正黄旗兵，绿旗兵马匹，俱牧于路左。正白、正红旗兵及汉军火器营兵马匹，俱牧于路右。其出古北口之前锋军，镶白、镶红旗兵，绿旗兵马匹，俱牧于路左。正蓝、镶蓝旗兵，及汉军火器营兵马匹，俱牧于路右。则牧场不致互相蹂践，于军士大有裨益。可通行传谕。"（《清实录》第 5 册《圣祖实录》卷 171，第 851 页下右）

◎壬戌[②]，上驻跸雕鹗堡。（《清实录》第 5 册《圣祖实录》卷 171，第 854 页上左）

◎甲子[③]，上驻跸赤城县。（《清实录》第 5 册《圣祖实录》卷 171，第 854 页上左）

◎乙丑[④]，上驻跸毛儿峪[⑤]。○谕议政大臣等："内厩马拨一千匹，兵部马拨五百匹，八旗佐领所养马内择其肥者，拨一千五百匹，共三千骑。于每佐领所留护军一百名内，酌量派出。令同内厩人将此马赶

---

① 该条为康熙三十五年二月庚戌，1696 年 3 月 26 日事。
② 康熙三十五年三月壬戌，1696 年 4 月 7 日。
③ 康熙三十五年三月甲子，1696 年 4 月 9 日。
④ 康熙三十五年三月乙丑，1696 年 4 月 10 日。
⑤ 毛儿峪，即今赤城县云州乡猫儿峪村。

护，于三月二十日①起行出张家口，约行二十余日可到。此马到时，如正当对敌之际，则给兵骑用，甚有裨益。即旋师时，令兵丁骑用亦大有济。其赶护马匹之护军与内厩人，亦应照出征人例，给马四匹。此项马匹，著副都统管上驷院事宗室阿喀纳、二等侍卫鄂克济哈等带来。"（《清实录》第5册《圣祖实录》卷171，第854页上左）

◎丙寅②，上驻跸独石口城内。（《清实录》第5册《圣祖实录》卷171，第854页下左）

◎丁卯③，上驻跸齐伦巴尔哈孙。遣户部侍郎阿尔拜祭独石口山川之神。（《清实录》第5册《圣祖实录》卷171，第854页下左）

◎喀尔喀妻子老幼齐集行宫东门，叩谢再造之恩。上谕曰："朕君临天下，统御万邦。本无分于内外。即绝域荒陬④，皆吾赤子，一体眷念⑤。厄鲁特噶尔丹逆天肆虐，恃强陵弱，掳掠喀尔喀等国。朕不辞劳瘁⑥，亲统大兵，征伐剿灭。今厄鲁特之祸靖，则朔方⑦永清矣。尔七旗喀尔喀，自今以后，各自乐业，图报国恩，以副朕家视天下至意。"随命原封贝子伊尔登、济农⑧达礼等，以次入幔城⑨进见。众皆叩头，欢呼万岁。复赐茶及宴，赏银币衣服有差。自是以后，至独石口，皆依此例。每日，王、贝勒、贝子、台吉等来行宫

---

① 康熙三十五年三月二十日，1696年4月21日。

② 康熙三十五年三月丙寅，1696年4月11日。

③ 康熙三十五年三月丁卯，1696年4月12日。

④ 荒陬，音 huāng zōu。偏僻荒远的地方。陬，隅，角落。

⑤ 眷念，音 juàn niàn。想念；思念。

⑥ 劳瘁，音 láo cuì。因辛劳过度而致身体衰弱。

⑦ 朔方，北方。

⑧ 济农，汉语"晋王"的蒙古语译音。

⑨ 幔城，张帷幔围绕如城。

外，庆贺朝谒①，贡献驼马牛羊，不可数计。驾行时，男妇老幼，拜跪路旁，迎献酒浆酥酪，沿途环拥，欢声遍野②。（《清实录》第5册《圣祖实录》卷174，第878页上右）

◎己丑③，上驻跸独石口。○奏皇太后书曰："臣违圣母定省④日久，惓切⑤之忱，靡间时刻，远塞徂征⑥，荷天笃祐，诞奏成功凯旋，已于初五日进边口。于沿途见蒙古生计，阿霸垓、苏尼特等旗骆驼皆健，马匹较少，牛羊饶裕。察哈尔八旗御牧地方，较前颇觉殷富。我上都马群因途次经过，臣咸视之，甚觉充盛孳息。今年塞草蕃庑⑦，牲畜肥硕，湩酒⑧乳酪，家家充牣⑨。途中所进献驼马牛羊，不可胜用。从军之马皆壮，故太半⑩遗留于口外马群。每日来迎于道旁者，男妇幼稺约略一二千人。臣旋镳⑪甚速，其追随不及者，且将随至京师，途间趋迎拜舞者无算。口内禾苗畅茂。为此谨具奏闻。"○谕大学士伊桑阿："朕进独石口，见今年麦禾俱盛，恐大兵陆续归时，或致践踏，或偷盗喂马。今将独石口至怀来县，交侍郎多奇。自怀来县至京城，交侍郎马尔汉。及随行部院官等，率地方官，沿途巡察。如有践踏田禾、偷取喂马者，立拏⑫参奏。如有纵

---

① 朝谒，入朝觐见。

② 该条为康熙三十五年五月庚辰，1696年6月24日事。

③ 康熙三十五年六月己丑，1696年7月3日。

④ 定省，《礼记·曲礼上》："凡为人子之礼，冬温而夏清，昏定而晨省。"郑玄注："定，安其床衽也；省，问其安否何如。"后因称子女早晚向亲长问安为"定省"。

⑤ 惓切，恳切。

⑥ 徂征，前往征讨；出征。

⑦ 蕃庑，茂盛。

⑧ 湩酒，以乳酿成的酒。

⑨ 牣，音 rèn。满，充满。《说文·牛部》："牣，牣满也。"

⑩ 太半，大半，多半。《史记·项羽本纪》："汉有天下太半。"裴骃集解引韦昭曰："凡数三分有二为太半，一为少半。"

⑪ 镳，马嚼子两端露出嘴外的部分。与衔连用，衔在口内，镳在口旁。指代乘骑。

⑫ 拏，音 ná。同"拿"。捉拿；捕捉。

徇，必以军法从事。"（《清实录》第 5 册《圣祖实录》卷 174，第 879 页下左～880 页上右）

◎庚寅①，上驻跸雕鹗堡。（《清实录》第 5 册《圣祖实录》卷 174，第 880 页上右）

◎己未②，理藩院奏："喀尔喀伊尔登卓礼克图之子宾图等，屡请从军，迁延不赴，诳诈之罪，殊为可恶。应将宾图等四台吉，及独石口外所在三百五十二口，俱交内务府，发辛者库③当差。"上免其内务府当差，查下五旗察哈尔丁壮缺少者，编附佐领，著令披甲④。（《清实录》第 5 册《圣祖实录》卷 174，第 885 页下右）

◎庚申⑤，谕户部："朕亲征时，闻宣化府牧养三旗驼马，所需草豆甚急，皆先派龙门、赤城、蔚州百姓供用，后给价值。恐小民不能如数支领，著该抚委地方贤能官查明，照价估给。务令小民得沾实惠，以副朕抚恤至意。此地百姓供应军需，修治道路，劳苦可悯。俟冬间，当免其来年之赋。"（《清实录》第 5 册《圣祖实录》卷 174，第 885 页下左）

◎先是⑥，奉差修路侍郎多奇，以独石口一路修治不堪，下部严察。至是，吏部议应将多奇革职送刑部。得旨："前以行军，凡事不可不严，

---

① 康熙三十五年六月庚寅，1696 年 7 月 4 日。
② 康熙三十五年七月己未，1696 年 8 月 2 日。
③ 辛者库，是满文音译，又有译作"身者库""新者库"或"薪者库"。辛，汉意为斤斗或金斗，（金斗，量粮食之器，一斗八升为一金斗）；者库，汉意为粮米。辛者库则为斗粮之意。
④ 披甲，穿上铠甲。借指从军。清代八旗兵的别称。
⑤ 康熙三十五年七月庚申，1696 年 8 月 3 日。
⑥ 该条为康熙三十五年九月壬戌，1696 年 10 月 4 日事。

故将多奇交该部议罪。今自军中来见所修之路，并无误大兵往返，著从宽免。"（《清实录》第5册《圣祖实录》卷176，第898页上左）

◎戊申①，先是，上谕领侍卫内大臣公鄂伦岱曰："延庆州地方，藏匿盗贼逃人甚多，常行劫掳，扰害居民庄头，未获安处。尔率前锋参领丰盛额、护军参领沈保，前锋护军八十人，声言放鹰②，前往缉捕。刑部尚书齐世武带贤能司官同往审理。"寻，鄂伦岱等前往独石口外营盘口等处，擒获盗贼逃人李得功、陈大等百余人，交齐世武审理。至是，齐世武奏："李得功等六人，俱拟斩立决，逃人陈大等照例系旗人给还原主，系民人发回原籍。"得旨："李得功、方小嘴、白达子、黑子刘八、短子刘四俱著即处斩。逃人陈大等依议。此案内额楚系圈禁家中之人，今逃遁村庄，伙同贼盗，肆行不法，情罪可恶，著交与伊父英赫紫、伊母舅齐世武，处死。"（《清实录》第6册《圣祖实录》卷245，第428页下右~429页上右）

◎癸酉③，都察院左副都御史杨柱等疏报："延庆、保安、怀来、沙城等处地震，见在遍查被灾之户，散给银两。其蔚州、广昌、浑源等处，已经行查该抚，如果灾重，臣等再行前往。又闻宣化、龙门等处，被灾亦重。俟怀来等处赈毕之时，请一体散赈④。"得旨："怀来、保安、延庆等处，见在加恩。蔚州、广昌、浑源、宣化、龙门等处，查被灾重者，亦著一体加恩。"（《清实录》第6册《圣祖实录》卷288，第807页下右）

---

① 康熙五十年正月戊申，1711年3月7日。
② 放鹰，唆使女子诱拐他人财物。
③ 康熙五十九年七月癸酉，1720年8月11日。
④ 散赈，为赈济灾民而分发粮食、财物。

3.《世宗宪皇帝实录》

【题解】 《世宗宪皇帝实录》（以下简称《世宗实录》）159
卷，起康熙六十一年（1722 年）十一月，讫雍正十三年（1735 年）
八月。

清世宗胤禛为清圣祖玄烨第四子，是清朝入关后第三位皇帝，
年号雍正，于雍正十三年八月二十三日崩逝，庙号世宗，谥号敬天
昌运建中表正文武英明宽仁信毅睿圣大孝至诚宪皇帝。

雍正十三年，高宗弘历即位，是年十月，大学士鄂尔泰等奏请
纂修《世宗实录》。命大学士鄂尔泰为监修总裁官，大学士尹泰、张
廷玉、朱轼，尚书三泰为总裁官，尚书任兰枝、傅鼐、甘汝来，左
都御史福敏，侍郎徐元梦、张廷璨、班第为副总裁。十一月一日，
正式开馆修纂《世宗实录》。乾隆六年十二月十一日，《世宗实录》
修成，历时 6 年零 2 个月。计 159 卷，另有首卷 3 卷，共 162 卷。进
呈高宗皇帝，高宗并对史臣进行表彰和奖赏。

本辑据 1985 年 10 月中华书局影印本《清实录》第 7、8 册《世
宗实录》辑录有关赤城内容。

◎甲寅①，差往德州、山海关等处护军统领汝福等，考察军政事
竣回奏。得旨："防守各处兵丁有五十名者，边口兵丁亦有二十四名
者，似此则不成部伍矣。可将五十名兵丁之处，添为百名。其守边
口之二十四名兵丁，酌量添设。傥遇有用之时，可成部伍。且在京
城闲散人内，挑为马甲②派往，亦于满洲人等有益。著交与总理事务

---

① 雍正二年二月甲寅，1724 年 3 月 4 日。
② 马甲，清八旗制的兵丁。

邁祿回京。賞銀一千兩。整理行裝。約計川兵

赴藏換班之期。李柱自京馳驛赴川。與兵丁

一同進藏○署山東布政使孫蘭芬。緣事革

職。調河南布政使徐聚倫為山東布政使

司布政使。陞監察御史鄭禪寶為河南布政使

司布政使○免直隸赤城縣雍正九年分雹

災額賦有差○湖北巡撫王士俊疏報襄陽

縣開墾雍正八年分田地一百六十頃有奇

下部知之○癸巳。免雲南貴州所屬烏蒙清

《清世宗实录》书影

王、大臣会议。"寻议："山海关等处满洲兵已足数，无庸①添设外，山西太原府现有正蓝、镶蓝二旗兵四百十三名，山东德州现有镶黄、正黄二旗兵三百四十名，直隶保定府现有正红、镶红二旗兵四百一名，应各添足五百名。古北口、喜峰口现有八旗兵八十名，独石口现有八旗兵六十名，应各添足一百名。冷口现有八旗兵二十四名，应添足五十名。"从之。（《清实录》第 7 册《世宗实录》卷 16，第 273 页上右）

◎添设直隶冷口、古北口、喜峰口、独石口防守尉各一员，千家店防御一员。裁古北口、喜峰口、独石口防御各二员。从镶白旗汉军都统鄂善请也②。（《清实录》第 7 册《世宗实录》卷 75，第 1114 页上左）

◎壬戌③，谕户部："直隶宣化府属挖运④一事，前经部议改征折色，令各州县照拨运之数，每米一石，折银一两。解交⑤受运州、县，支给兵丁，既免挖运之烦，又省挽输⑥之累。是以降旨允行。但查宣属屯粮，例于九月开征，而兵米例于季首支领。今改征折色⑦，恐百姓输纳⑧不前，兵丁支给有待。著该管官，先于藩库⑨将应发银两预行给领，俟各、州县征完之日，解司还项。至万全县及独石、张家二口，地势稍寒，春夏之间米价不无增长，过往员役口粮及兵

---

① 无庸，无须。
② 该条为雍正六年十一月甲寅，1728 年 12 月 8 日事。
③ 雍正七年八月壬戌，1729 年 10 月 12 日。
④ 挖运，明代差派平民为官府运输粮饷称为挖运。
⑤ 解交，解送交纳。
⑥ 挽输，犹运输。
⑦ 折色，旧时谓所征田粮折价征银钞布帛或其他物产。亦用以称俸禄折发钱钞。
⑧ 输纳，缴纳。
⑨ 藩库，清代布政司所属的粮钱储库。

丁季米，折银一两，恐不敷采买之价。亦著该管官，于每年秋成米贱之时，约计需米若干，于藩库领银，预先采买，存贮各处仓廒，以备支给。俟州、县折征完日，解司还项。庶百姓既免从前挖运之累，而兵米口粮，亦无需待不敷之虑矣。"（《清实录》第 8 册《世宗实录》卷 85，第 139 页上左）

◎壬子①，谕大学士等："沿边一带地方，最为紧要。向来额设之兵太少，古北口、宣化、大同三处，应召募兵丁，添入防汛，以实营伍。独石口以东，至山海关，皆属内地，各处营汛，仍照旧规。其独石口以西，至杀虎口一带，中间紧要隘口，必须查勘明白，以定添兵多寡之数。至于边墙年久倒塌，而地当紧要者，亦应酌量修筑，以肃边境。著御史舒喜、天津总兵官补熙，会同古北口提督②路振扬亲往踏勘。召募之兵，何处应添若干，何处应驻大员，或将参游改为副协，边城何处应行修理，路振扬等可会同各该提镇，详悉定议具奏。天津总兵官印务、著銮仪卫③冠军使④孙承恩，暂行署理。路振扬现有召募兵丁之事，今既奉差公出，其募兵之事，著路振扬遴选公明可信之人代为办理。再差副都统韩光基，前往古北口，

① 雍正九年十月壬子，1731 年 11 月 21 日。
② 提督，清朝置。在明朝设置不常的提督，至清朝设为常设，为提督军务总兵官的简称，又别称提台、军门。绿营军之最高长官，从一品。分设于内地各省，掌一省之军政，并节制各镇总兵。所属有总兵、副将、参将、游击、都司、守备、千总、把总、外委等官。虽与直省督抚并称"封疆大吏"，然听总督节制。其不设之省，则由巡抚兼任。沿江、沿海地区，专设水师提督。江南、湖南、浙江等地则置水陆提督。此外，京城有"提督九门巡捕五营步军统领"。
③ 銮仪卫，总部位于紫禁城东南角楼处，为清代为宫廷服务的机构，掌管帝、后车驾仪仗。顺治元年（1644 年）设，初沿明制称"锦衣卫"，二年改称"銮仪卫"。十一年厘定品级、员额，遂成定制。
④ 冠军使，官名。清朝銮仪卫之职官，顺治四年设。十一年定员十人，正三品。其中七员为掌印冠军使，分掌左、右、中、前、后、驯象六所及旗手卫（总称七所）之印。一员为"掌卫事冠军使"，专掌旗手卫之事务。另外二员在七所之外，为陪祀冠军使，负责祭祀时陪祀。

督率查验。"寻议:"边防最关紧要,直隶、山西沿边一带提镇协标,及各口汛兵,额设之数,尚觉不敷。请于直隶古北口提标添兵一千六百名,独石口添兵六百名,宣化镇标添兵二千名,张家口三营添兵八百名,山西大同镇添兵二千七百零八名,杀虎口添兵一千零四名,朔平府城守添兵八百名,得胜路添兵二百八十八名,助马路添兵二百名,直隶、山西二省各添兵五千名。至添加多寡之处,该提镇确有所见,即据实陈奏。"从之。(《清实录》第8册《世宗实录》卷111,第479页下左~480页下右)

◎改直隶张家口协标左右二营游击,河间、通州、大名、石匣、三屯、山永等协中军守备,怀安城、西城、赤城、滴水崖、怀来城、靖安堡、长安岭、乐亭……河屯等营守备,及正定府龙固营、大名协右营守备,各缺俱为都司佥书。从署直隶提督路振扬请也①。(《清实录》第8册《世宗实录》卷112,第491页上右)

◎癸卯②,大学士等议覆:"直隶古北口提督路振扬等,查奏直隶、山西边境事宜:直隶独石口参将,请改为副将,添设都司一员、千总二员、把总三员。马营堡把总,改为千总,再添拨千总一员。龙门路城都司,改为游击。赵川堡把总,改为守备。张家口路属柴沟堡,添设参将一员、把总一员。其应添兵丁,请于宣化镇兵内,抽出四百三十名,再招募四百名,以敷防守。……所有直隶、山西一带边墙,无庸修筑。其坍塌各口,应用木栅鹿栅堵塞。均应如所请。"从之。(《清实录》第8册《世宗实录》卷115,第533页下右~534页上右)

---

① 该条为雍正九年十一月乙丑,1731年12月4日事。
② 雍正十年二月癸卯,1732年3月11日。

◎免<u>直隶赤城县</u>雍正九年分雹灾额赋有差①。（《清实录》第8册《世宗实录》卷117，第554页上左）

◎壬申②，谕内阁："附近<u>京师</u>小县城内，所有驻防<u>满洲</u>兵丁，俱系协领等官管束。因无总辖大员，故教训兵丁、稽察官员之事，殊为疏忽。应交相近驻扎之大臣兼管。若近陵寝者，即令陵寝大臣管辖。近<u>天津</u>者，即令<u>天津</u>都统管辖。若附近无有大臣驻扎之处，著由<u>京师</u>特派大臣一员，令其统辖，每年巡察一次，则官兵各加奋勉遵法。而地方可无妄行生事之人，著大学士鄂尔泰，详酌议奏。"寻议："<u>喜峰口</u>、<u>冷口</u>、<u>罗文峪</u>俱与陵寝相近，此三处驻防官兵，请交陵寝处大臣等稽察管辖。<u>三河</u>、<u>玉田</u>、<u>顺义县</u>、<u>永平府</u>系直达<u>山海关</u>之大路，此四处交与<u>山海关</u>总管。<u>沧州</u>与<u>天津</u>相近交，与<u>天津</u>水师营都统。<u>德州</u>系<u>山东</u>所属，交与<u>青州</u>将军，各就近稽察管辖。<u>独石口</u>、<u>古北口</u>、<u>张家口</u>、<u>钱〔千?〕家店</u>、<u>郑家庄</u>、<u>昌平州</u>六处系一路，<u>宝坻县</u>、<u>固安县</u>、<u>雄县</u>、<u>霸州</u>、<u>彩峪</u>、<u>保定府</u>、<u>良乡县</u>、<u>东安县</u>八处系一路，俱无可兼管之处，应由<u>京城</u>派副都统各一员，令其总理。每年秋季前往稽察一次，分别劝惩。务令勤加操演，谨守本分。其官员优劣，亦令分别具奏。"从之。（《清实录》第8册《世宗实录》卷118，第567页上右）

◎大学士等议覆③："<u>直隶</u>总督<u>李卫</u>疏言：<u>独石口</u>边城外河西，请添造逼水堤，并东西雁翅二道。<u>张家口</u>边城外，旧有土堤一道，请增高三尺，改砌石坝。应如所请。"从之。（《清实录》第8册《世宗实录》卷134，第726页下右）

---

① 该条为雍正十年四月壬辰，1732年4月29日事。
② 雍正十年五月壬申，1732年6月8日。
③ 该条为雍正十一年八月乙卯，1733年9月14日事。

◎壬子[①]，加直隶独石口副将任怀德总兵衔，前往北路军营。（《清实录》第 8 册《世宗实录》卷 142，第 786 页上左）

◎戊寅[②]，兵部议覆："直隶总督李卫疏奏裁改官弁兵丁事宜：一、张家口协标，请裁左营游击一员，左右营守备二员、千总五员、把总九员，改右营都司为左营中军守备。一、改张家口路标参将为游击，添设千总二员、把总三员，裁柴沟营参将一员，改柴沟营守备为都司。一、改龙门路游击为都司，所辖赵川堡守备为千总，添拨龙门路属长安岭把总一员，改长安岭都司归宣化镇管辖。一、改石匣营副将为提标前营游击，裁守备一员，千总一员，把总三员。一、裁顺义营游击一员，撤原拨居庸路把总一员归本营，改怀来路参将为都司，怀来路中军守备为怀来城守备。一、添设岔道汛守备一员，永宁路千总一员，东马营外委把总一员。……一、添设张家口外太平庄把总一员，黑河川千总一员。一、宣化府属之沙城，延庆州属之永宁城，并古北口城内，各添设巡检一员。一、古北、宣化沿边等处，新募兵五千四百名，应分别裁汰者，二千三百零六名。此内人材不堪，准令归农者三百三十六名，拨补旧额老弱兵二百二十五名，再于蔚州、独石、龙门等营，添派四百七十名，于拱极、通州、畿南各府等营，添派五百七十八名。余六百九十七名，俱归督标，以补新营召募之数。均应如所请。"从之。（《清实录》第 8 册《世宗实录》卷 147，第 824 页下左~825 页下左）

---

① 雍正十二年四月壬子，1734 年 5 月 9 日。
② 雍正十二年九月戊寅，1734 年 10 月 2 日。

4. 《高宗纯皇帝实录》

【题解】　《高宗纯皇帝实录》（以下简称《高宗实录》）1500卷，起雍正十三年（1735年）八月，讫嘉庆四年（1799年）正月。

清高宗纯皇帝弘历，即乾隆帝，清朝第六位皇帝，清定都北京后第四位皇帝。年号乾隆。他25岁登极，在位60年，退位后当了3年太上皇，实际掌握中国最高权力长达63年零4个月，是中国历史上执政时间最长、年寿最高的皇帝。卒于嘉庆四年正月三日，享年89岁。庙号高宗，谥号法天隆运至诚先觉体元立极敷文奋武钦明孝慈神圣纯皇帝。

高宗弘历崩逝后，仁宗颙琰亲政。嘉庆四年二月九日，仁宗下诏纂修《高宗实录》，命王杰、朱珪、董诰、那彦成为总裁，布彦达赉、沈初、德明、纪昀、彭元瑞、丰伸济沦为副总裁，纂修正式启动。纂修过程中，仁宗非常重视。在纂修场馆上将清字经馆后屋40余间归入实录馆。令朕将来出入西华门时，在馆总裁各官，毋庸照清字经馆之例，排班站立。念在馆人员值此天气渐寒，朝夕纂办，令所有冬腊正3个月，每月赏银50两，以为灯火薪水之资。并亲阅《高宗实录》，督责甚严，对抬头、点画、脱文等错误一一指出。

嘉庆六年五月，《高宗实录》已修至乾隆十年的时候，此前因乾清宫大火，陈列其中的历朝实录付之一炬，实录馆便承担了补缮五朝《实录》的工作。嘉庆十二年正月，《高宗实录》纂修完毕，三月十五日举行隆重进呈仪式。历时8年零2个月。

本辑据1985年11月中华书局影印本《清实录》第9册至第26册《高宗实录》辑录有关赤城内容。

以符體制所有天津添設之副都統員缺請

於八溝副都統常久獨石口副都統保善二

員內補用一員其餘一員遇缺請旨另補獨

石口副都統既經裁汰其原有之防守尉應

仍舊制復設至張家口羅文峪二處裁汰防

禦六員添設驍騎校五員今八溝獨石口既

不駐兵則應裁之防禦無缺可補請仍留舊

地駐防無庸添設驍騎校再獨石口外臺站

向亦隸副都統保善兼理現並無大臣稽查

《清高宗实录》书影

951

◎兵部等部议覆①："直隶总督李卫疏言：易州为山陵重地，向设泰宁营副将，应照马兰峪之例，改协为镇，并添设中军游击一员，管左营事，兼辖右营。……易州营都司，即改为游击，应设中军。裁龙门路守备一员，改为易州营中军守备。其易州原防完、唐二县弁兵②，拨归保定营管辖。……所有新设各官，并应铸给关防印信，添建衙署。"得旨："依议速行。"（《清实录》第 9 册《高宗实录》卷 5，第 252 页上右）

◎总理事务王大臣议覆③："公丰盛额奏，现在张家口防御等缺出，因俱由京补放。该处兵丁并无升路，现既增设官兵，人数众多。亦应照别省给与升路之处，一并议奏等语。查古北口、独石口、喜峰口、冷口等处俱有防御，张家口因向无骁骑校④缺，兵丁等实无升路，应于张家口等处增骁骑校一二员。各该处遇有防御缺出，由本处骁骑校内，择其人去得⑤、汉仗⑥好者，咨送出缺旗分，与本旗应升人员，一并带领引见补放。"从之。（《清实录》第 9 册《高宗实录》卷 25，第 560 页下右）

◎实授福建漳洲镇总兵官蔡勇为海坛镇总兵官，调广东高州镇总兵官谭行义为漳州镇总兵官，以独石口副将任怀德为高州镇总兵官⑦。（《清实录》第 9 册《高宗实录》卷 26，第 573 页上左）

---

① 该条为雍正十三年十月甲午，1735 年 12 月 12 日事。

② 弁兵，清代低级武官及兵丁的总称。

③ 该条为乾隆元年八月辛巳，1736 年 9 月 24 日事。

④ 骁骑校，官名。清朝八旗组织中基层编制单位的副长官，位佐领之下。亦为骁骑营之下级武官。满语称为"分得拨什库"。顺治十七年（1660 年）定汉名为骁骑校。每佐领下设一个，计满洲六百八十一人，蒙古二百零四人，汉军二百六十六人，共一千一百五十一人。正六品。协助佐领管理所属户口、田宅、兵籍，以及骁骑营操练、守卫等事务。

⑤ 去得，犹可以。

⑥ 汉仗，指体貌雄伟的样子。

⑦ 该条为乾隆元年九月甲午，1736 年 10 月 7 日事。

◎户部等部议覆①："吏部右侍郎阿山等疏言：清丈张家口外东四旗地亩，除应得赏给外，所有太仆寺马厂、驼马牛羊群等，开种地一千五百九十一顷九十三亩有奇，赏给一半养赡，余照例纳课。又千家店驻防兵，多开种地二十九顷六十七亩有奇。独石口驻防兵，开种地二十一顷九十七亩有奇。各村庄香火地②，八十五顷一十三亩有奇。石窑子、六间房、东沟门等处，班第佐领下，地一百四十七顷七十亩有奇。杨木栅子，怡亲王府枪手地，三十七顷八十二亩有奇。胡素台、韩庆坝、三道营等处，色楞家人地，一十三顷三十一亩有奇。俱照例纳课，于乾隆三年起科③。并禁种地民携带妻子，及多雇人，越界耕种。又设立领催④四名，分管新营、六间房、太平庄、西峰砦各路，每路给兵四名，协同同知差役，催交钱粮，稽查奸匪，分别月给银两，归理事同知管辖。又查丈出西四旗余地，五百七十二顷四十八亩有奇，一并照例起科。应如所请。"从之。（《清实录》第9册《高宗实录》卷28，第596页上左）

◎户部议覆⑤："直隶总督李卫奏：筹办买补仓粮，赈济民食。查直属本年，低处秋田虽淹，而高阜平原收获丰稔。民间粜卖，价值平贱。请不拘米谷高粱杂粮，按时价⑥收买，照例搭放赈济。但本地所产米粮有限，若一时购买，恐于民食多妨。应于山东胶、莱、济宁等处采买。又奉天产米最多，亦请委员购办。倘奉天以上年曾

---

① 该条为乾隆元年十月壬戌，1736年11月4日事。

② 香火地，同"香火田"，指为奉祀、供养用的田地。

③ 起科，谓对农田计亩征收钱粮。

④ 领催，官名。清朝八旗军下级军官，满语"拨什库"。顺治元年（1644年），定满、蒙八旗每佐领下设六人，汉军八旗每佐下设四人。由"马甲"（即八旗骁骑营之士兵）内选充，满、蒙八旗兼于本佐领识字护军内挑补。康熙四十三年（1705年），满、蒙每佐领下裁一人。掌登记档册，支领官兵俸饷。

⑤ 该条为乾隆二年九月戊申，1737年10月16日事。

⑥ 时价，当时的价格。

被偏灾，恐致米贵，即将该处仓粮酌量留备足用。其余交委员领回，留价采买，补还仓谷。再河南楚王、道口二镇，系从直隶归并，均属米粮聚所，亦应一体知照。至宣化府属州县应需米石，则于古北口外之热河及张家、独石二口外地方，采买拨用。均应如所奏。"得旨："依议速行。"（《清实录》第9册《高宗实录》卷51，第866页下左~867页上左）

◎大学士等议覆①："内阁学士雅尔呼达奏称：张家口、独石口、古北口、马兰关、喜峰口、冷口、罗文峪等处，俱系屏藩重地，驻扎兵丁甚少，请量为添拨。现在京城、八旗、满洲、蒙古，生齿繁多，可令各处分驻。应如所请。至所称在军前行走之年老病退人等，请照官员全俸、半俸之例，分别赏给钱粮。查兵丁既非官员可比，且人众亦难遍及。请嗣后老疾告退兵丁，曾在军前打仗者，每名月给银一两，米一斛。其未经打仗者，止给银一两，以养余年。"得旨："允行。"（《清实录》第10册《高宗实录》卷72，第150页下右）

◎兵部议覆②："直隶总督孙嘉淦疏请：宣化镇设立城守一营，增都司一员、千总一员、把总二员、外委二员，马、步、守、兵四百八十名。即裁宣镇所属之靖安堡③都司，并兵三十八名，止留兵六十名，设千总一员弹压。又裁镇标余丁营，每月饷银五钱之兵一百六十名，改为城守营守兵八十名，饷银已经敷用。每兵每月，再给米三斗。尚需兵四百名，于宣镇三营内，酌拨马步兵四百名，以足

---

① 该条为乾隆三年七月乙卯，1738年8月19日事。
② 该条为乾隆四年八月丁丑，1739年9月5日事。
③ 靖安堡，明代称靖胡堡，今北京市延庆区白河堡。明嘉靖二十九年（1569年）署守备刘偕建城，隆庆元年（1567年）砌砖石。1982年建白河堡水库，该城已为库区，被淹没。

四百八十名之数。其所裁之靖安堡都司一员，并余丁营把总一员、外委一员，再添千把各一员、外委一员。其都司千把，驻扎城内。外委二员，内一员带兵十名，驻扎城东之响水铺，一员带兵十名，驻扎城西之沙岭堡。至向属中营之深井、鸡鸣二堡弁兵，亦应归并城守营管辖。其靖安堡改设千总一员，尚存兵六十名，应归就近之滴水崖堡都司管辖。靖安堡所裁兵三十八名，应分拨岔道城十五名，怀来城二十三名。又怀来城营，系属专城，守备一员，难于照应，应添设把总一员。应如所请。"从之。（《清实录》第 10 册《高宗实录》卷 98，第 484 页上左）

◎八旗都统等奏①："先经议政大臣议准，内阁学士雅尔呼达条奏，山海关等处，添设驻防官兵，所有该处员弁，交八旗酌定旗分补放，应添兵丁由马甲养育兵②内挑派等语。查罗文峪、喜峰口、冷口三处官兵，现归山海关副都统兼管。张家口、古北口二处官兵，归独石口副都统兼管。七处分为二属，新旧员弁，必须均匀配定，方免壅滞。请将山海关三品协领二缺……独石口三品协领二缺，作为左右翼满、蒙公缺各一。佐领八缺，作为正黄、正红、镶红、镶蓝、镶白、正蓝六旗满洲各一缺。左右翼蒙古公缺各一，防御八缺，照佐领之例办理。骁骑校八缺，作为正黄、正红、镶红、镶蓝、镶白、正蓝六旗满洲各一缺，镶黄、正白、镶红、镶蓝四旗蒙古公缺二缺。张家口四品总管一缺，作为镶黄旗满洲额缺。防御三缺，作为镶黄、正黄、正白三旗满洲各一。骁骑校六缺，作为镶黄、正白、正蓝、正红、镶蓝五旗满洲各一缺，镶白、正蓝二旗蒙古公缺一缺。……山海关等七处，共应添驻满、蒙兵丁一千八百名，现于马甲养

---

① 该条为乾隆五年七月辛卯，1740 年 9 月 13 日事。

② 养育兵，清统一全国后，八旗兵额有定，而人口日增。顺治十七年（1660 年），从满、蒙、汉各旗中，挑选余丁四千八百人，训练技艺，叫做养育兵。乾隆时增至二万余人。

育兵内，照数挑选派往。其编派佐领之处，照依热河驻防之例办理。不派佐领地方，令该管副都统酌量各旗旧数，多寡分定。"得旨："所办好，依议。"（《清实录》第10册《高宗实录》卷123，第808页上右~809页上左）

◎军机大臣等议覆[1]："副都统旺扎勒奏：杀虎口等处台站，原为喀尔喀众蒙古接递事件而设。若无大员兼管，必致马匹疲瘦缺少。请以杀虎口边路台站，令绥远城将军管辖。古北口、独石口两边路台站，令提督管辖。喜峰口边路台站，令热河副都统管辖。应如所请。"从之。（《清实录》第10册《高宗实录》卷125，第831页下右）

◎工部议准直隶总督孙嘉淦疏[2]："张家、独石二口，边地最寒，居民稠密，所需煤炭倍于他处，柴薪稀少，不敷炊爨[3]。请于张家口外之土木等处、独石口外之东槽碾沟等处开采煤窑。"从之。（《清实录》第10册《高宗实录》卷137，第976页下右）

◎又奏[4]："近闻独石口外七八十里，有红城子，乃元中都旧基，沟渠井邑，尚有遗踪。又百余里，有开平城，乃元上都旧基，城郭犹存。控扼张家、独石二口，为形胜地。若驻扎重兵，能助神京右臂之势。且土肥地阔，满兵据为世业，耕田牧马，可以富疆，此实久远之计。必须身亲相度[5]，乃敢建议。现拟遍阅边关，自保定

---

① 该条为乾隆五年八月己未，1740年10月11日事。
② 该条为乾隆六年二月壬戌，1741年4月12日事。
③ 炊爨，音 chuī cuàn。烧火煮饭。
④ 该条为乾隆六年二月乙丑，1741年4月15日事。孙嘉淦奏。
⑤ 相度，考虑、分析，观察估量。

前往宣化，经过京城，入觐①请训。"得旨："卿回道亦必由京师，彼时再来陛见②，则此次巡视办理情形，皆得面陈，亦可就近廷议③，此去可无庸来京也。"（《清实录》第 10 册《高宗实录》卷137，第 978 页上左）

◎王、大臣议覆④："直隶总督孙嘉淦三称，独石口地方气候甚寒，不能建盖营房，驻扎官兵。应如所请。将原议添设副都统一员、兵七百名之处停止。其原设之防守尉，已改佐领，照旧设立，并给关防。又奏称，独石口外三十余里，即平原旷野。又五十余里，为（红子城）[红城子?]。又百余里，为开平城。襟山带河，平畴沃衍。再张家口外，西行七十余里，为兴和城。北行百余里，为北城子。川原甚广，可耕之田，皆不下数万顷，均堪驻扎满兵，招民开垦等语。但口外天寒霜早，不知该处收获，足供民食与否？又地近牧厂，恐招民耕种，疆界易淆，旗民⑤杂处，或致有争端。请特简王公大臣会同该处总管，详加查勘。"从之。（《清实录》第 10 册《高宗实录》卷 142，第 1044 页下右～1045 页上右）

◎工部议覆⑥："直隶总督孙嘉淦奏称，直隶关口、要隘边墙旧迹颇多倾圮，京东一带边墙之外，皆系崇山峻岭，山口多有封闭。惟山海关为蓟辽锁钥，喜峰口当八沟通衢，古北口乃潮河要路，实属冲要之地。京西一带边墙之外，多系平原旷野，四通八达，边口皆宜慎防。而张家口、独石口尤为极冲之所，二口之路皆归并于居

---

① 入觐，地方官员入朝进见帝王。
② 陛见，音 bì jiàn。臣下谒见天子。
③ 廷议，在朝廷上商议或发表议论。
④ 该条为乾隆六年五月辛未，1741 年 6 月 20 日事。
⑤ 旗民，旗人与汉人。
⑥ 该条为乾隆六年六月乙卯，1741 年 8 月 3 日事。

庸，故居庸一关乃中外之咽喉，<u>岔道城</u>当居庸之北口，<u>昌平城</u>当居庸之南口，此数处工程皆当先行修理。应如所请，查勘兴工。"从之。（《清实录》第 10 册《高宗实录》卷 145，第 1082 页下右 ~ 1083 页上右）

◎兵部议覆[1]："<u>独石口</u>副都统保善奏称，<u>古北口</u>、<u>独石口</u>、<u>张家口</u>、<u>千家店</u>此四处驻防开档人等，俱顺治二年、八年、<u>康熙</u>二十三年初设驻防，续添领催。披甲[2]子孙，在口养育数世。请嗣后[3]此四处披甲缺出，先于另户闲散<u>满洲</u>壮丁内挑补。其另户中有年力未壮而一二年后可造就者，亦准挑补。如再不敷，方准于开档户内，年力精壮、技艺可观者拣选充补。应如所请。"从之。（《清实录》第 10 册《高宗实录》卷 145，第 1085 页上右）

◎辛酉[4]，谕："<u>独石口</u>所属<u>千家店</u>补授[5]防御一事。该副都统<u>保善</u>，以独石口骁骑校二员，皆持服未满二十七个月。<u>千家店</u>骁骑校一员，有别案未结，行令该旗补授等因具奏。朕思外省官员，升缺甚少，本处官员祇于本处升用。若因持服未满，将员缺行，令京城该旗满授，则本处应升人员，必至壅滞[6]。<u>千家店</u>防御，仍著该副都统拣应行题补人员升补。其拟升人员，持服[7]未满之处，行令该旗转奏，著暂行署理。俟服满时，将该员移送本旗，带领引见，奏请实授。此旨，著交与各边口以及<u>小八城</u>驻防满兵之处该管大臣等。嗣后各该处官员缺出，俱照此办理。庶员缺不至久悬，而人员升转

---

① 该条为乾隆六年六月丁巳，1741 年 8 月 5 日事。

② 披甲，清代八旗兵的别称。

③ 嗣后，以后，后代。

④ 乾隆六年六月辛酉，1741 年 8 月 9 日。

⑤ 补授，补任官职。

⑥ 壅滞，音 yōng zhì。阻隔；堵塞。

⑦ 持服，服丧、守孝。

亦不至壅滞矣。"（《清实录》第 10 册《高宗实录》卷 145，第 1087 页上左）

◎豁免独石口兵丁开垦地租银三十一两有奇。从独石口副都统宝善请也①。（《清实录》第 10 册《高宗实录》卷 147，第 1118 页上左）

◎大学士等议奏②："调任直隶总督孙嘉淦奏称，独石口外之红城子、开平城二处，张家口外之兴和城、北城子二处，地土宽衍，请于该处开垦驻兵。现已奉旨，派令尚书海望等查勘，俟查明到日再议外，再查古北口外热河等处，从前原无熟地，自康熙九年，将八旗官员人等口内熟地，换给口外荒地开垦，其原数作为额地，余地给本人执业，按亩交粮。热河东西，共旗地一万九千九百余顷。又古北口至围场一带，从前原无民地，因其处土脉肥腴，水泉疏衍，内地之民，愿往垦种。而科粮甚轻，故节年开垦升科者，三千余顷。此等民人，如内地本有田亩者，轻去其乡，反致抛荒故业。如系无业之民，而听其出口，五方聚处，旗民交杂，易滋事端。且该处本非民地，与其听游民占业，何如分拨旗人耕种。再热河地方，原驻满兵二千名，如此项民地，分拨旗人耕种，则兵粮充裕，尚可添拨，驻防更为周密。应令钦差大臣，前往独石、张家二口勘地，回转之便，再往古北口外热河等处，逐一履勘，将该处地势情形具奏定议。"从之。（《清实录》第 10 册《高宗实录》卷 155，第 1217 页上右）

---

① 该条为乾隆六年七月丙戌，1741 年 9 月 3 日事。
② 该条为乾隆六年十一月辛卯，1742 年 1 月 6 日事。

◎大学士等议覆①："直隶总督高斌奏称……原议查看独石口外、张家口外、八沟添驻兵丁，建造营房之处，均请停止。再现驻之兵，设有协领、佐领等官，每佐领名下兵不过五六十名。今应将新兵，即拨各佐领管辖，无庸另设多官。惟各省驻防兵额至三千者，例设副都统，与将军兼管。今天津亦应添设副都统一员，协同都统管理，以符体制。所有天津添设之副都统员缺，请于八沟副都统常久、独石口副都统保善二员内，补用一员，其余一员，遇缺请旨另补。独石口副都统既经裁汰，其原有之防守尉，应仍旧制复设。至张家口、罗文峪二处，裁汰防御六员，添设骁骑校五员。今八沟、独石口既不驻兵，则应裁之防御，无缺可补。请仍留旧地驻防，无庸添设骁骑校。再独石口外台站，向亦隶副都统保善兼理。现并无大臣稽查，应令古北口提督就近管理。"得旨："常久著补授天津副都统。保善自补授副都统以来，并不勉力，且伊亦有降级调用之罪，即著补授独石口防守尉。其应裁之防御六员，著暂行停止，俟出缺时，再行裁汰。骁骑校五员，仍著补放。余依议。"（《清实录》第11册《高宗实录》卷164，第66页下左~67页下右）

◎工部议准②："直隶总督高斌疏请修理独石口城垣，并挑筑河坝，各工估需银七万七千四百九十余两。"从之。（《清实录》第11册《高宗实录》卷165，第88页下左）

◎丙戌③，谕大学士等："高斌所奏，张家、独石二口外地方定界一事。朕已批令军机大臣等议奏，但高斌折内称蒙古为夷人，甚为错误。向来称准噶尔为夷人，至于内扎萨克，乃本朝之臣仆也，

---

① 该条为乾隆七年四月癸巳，1742年5月8日事。
② 该条为乾隆七年四月乙卯，1742年5月30日事。
③ 乾隆七年五月丙戌，1742年6月30日。

岂可以夷人称之？从前孙嘉淦曾经错误，朕严加训谕①，今高斌此折，虽据李质粹来文，然高斌具奏时，亦当改正，并告李质粹知之。尔等可传旨训谕高斌。"（《清实录》第 11 册《高宗实录》卷 167，第 122 页下左~123 页上右）

◎大学士等议覆②："直隶总督高斌奏称，据宣化镇总兵李质粹字开，张家、独石二口地方，商民时被蒙古抢夺，总缘地界分歧，责任不专，以致盗贼肆行。多有汉人勾通蒙古，交杂为害。应否俯如所请，命大臣前往该口，会同各牧厂总管及察哈尔五旗总管，并令张家、独石、多伦诺尔三同知，随同勘明，分清疆址，酌定如何管辖缉拿，以免推诿。又据总兵李质粹奏称，口外盗风愈炽，若候奏定章程，迁延时日，更不免滋累商民。现先至张家口地方，协同总管觉和托等差缉各等语。所办甚属妥协。应行令该督，速遴员弁，前往协拿。并知照察哈尔总管等，严行督缉。俟拿获贼匪，再行请派大臣，查勘界址，次第办理。"得旨："依议。此事著汪扎尔前往，如贼匪已获则已，如尚未获，即著汪扎尔督催缉拿。其分查界址，酌立章程等事，亦著汪扎尔会同办理。"（《清实录》第 11 册《高宗实录》卷 168，第 131 页上左）

◎兵部议准③："直隶总督高斌疏称，宣化府属之榆林、土木、鸡鸣、宣化、万全、怀安、云州、赤城、长安、雕鹗等十驿，地临边隘，与内地不同。查各驿共马七百四十五匹，夫七百四十七名，以两马一夫计算，额设兽医、铡草等夫八十名。应照议准顺、永二府属冲驿之例，仍留站供差。其余浮多夫二百九十四名半，概行裁

---

① 训谕，训诲，开导。
② 该条为乾隆七年六月甲午，1742 年 7 月 8 日事。
③ 该条为乾隆七年六月乙未，1742 年 7 月 9 日事。

彻，以节经费。"从之。(《清实录》第 11 册《高宗实录》卷 168，第 133 页上右)

◎工部议准署<u>直隶</u>总督<u>史贻直</u>奏称[1]："<u>雕鹗堡</u>城西关外，有山河一道，系<u>赤城</u>、<u>龙门</u>二县众山之水，汇流而下，近因土淤沙积，每遇山水陡发，侵入堡门为害。应请挑挖河身，凿开山脚，在司库地粮银内支修。"从之。(《清实录》第 11 册《高宗实录》卷 176，第 264 页上左)

◎户部议准署<u>直隶</u>总督<u>史贻直</u>疏称[2]："直属各州、县驿站缺额工料。<u>乾隆</u>八年春夏二季，应需九折银一万四千六百两零。若照例俟<u>乾隆</u>八年开征后给发，司驿各官无力垫办。请将春季工料，于司库<u>乾隆</u>七年地粮银内动支[3]。夏季工料，于<u>乾隆</u>八年地粮裁站银内动支。<u>涿州</u>、<u>良乡</u>、<u>通州</u>、<u>三河</u>、<u>安肃</u>五属每岁地亩圈退无定，征粮未有确数。请照各州县摊丁额数题拨。<u>榆林</u>、<u>土木</u>、<u>鸡鸣</u>、<u>宣化</u>、<u>怀安</u>、<u>万全</u>、<u>长安</u>、<u>雕鹗</u>、<u>云州</u>、<u>赤城</u>十驿，曾于<u>乾隆</u>七年奉裁浮夫[4]，请除裁夫数目题拨。"从之。(《清实录》第 11 册《高宗实录》卷 186，第 397 页下左~398 页上右)

◎<u>直隶</u>总督<u>高斌</u>疏报[5]："据布政使<u>沈起元</u>详称，<u>霸州</u>……<u>赤城</u>、<u>延庆</u>、<u>万全</u>、<u>冀州</u>……等一百五州、县、卫、厅，今春雨泽愆期，间被冰雹，二麦歉收。再<u>东安</u>、<u>迁安</u>、<u>抚宁</u>、<u>唐县</u>、<u>定兴</u>、<u>河间</u>、<u>灵寿</u>、<u>延庆</u>、<u>怀安</u>、<u>西宁</u>、<u>蔚州</u>、<u>怀来</u>等州、县，四、五、六

---

① 该条为乾隆七年十月己丑，1742 年 10 月 31 日事。
② 该条为乾隆八年三月戊午，1743 年 3 月 29 日事。
③ 动支，动用、支出金钱。
④ 浮夫，轻浮的人。
⑤ 该条为乾隆九年七月乙酉，1744 年 8 月 17 日事。

等月，被雹伤禾，业经借给籽种，俟秋收后，确勘分数，另行题明。"得旨："该部速议具奏。"寻议："应如该督所请办理。秋获后，将收成分数另题，并将借给籽种数目咨部。"得旨："依议速行。"（《清实录》第 11 册《高宗实录》卷220，第 835 页下右~836 页上右）

◎赈贷①直隶保定……龙门、广昌、新城、万全、西宁……延庆等十八州县，水、旱、虫、雹等灾民，并分别停缓新旧额征②。（《清实录》第 11 册《高宗实录》卷227，第 937 页上右）

◎癸酉③，谕军机大臣等："直隶地方，今年雨泽不匀。有得雨沾足之州、县，亦有未能沾足之州县。今八月开征之期将届，可寄信与高斌，令其悉心体察。或有雨少歉收，应行缓征者，一一确查，分别奏闻，候朕降旨。若将来有成灾应行蠲免之处，亦陆续奏闻请旨。"寻奏："直属文安等一百一十二州、县、卫、厅夏麦被旱、被雹情形，前经奏报在案。至各处秋禾，除顺天府之东、西、南三路同知，并永平、保定二府及遵、易、定三州所属各州、县，俱经得雨透足，可望有秋，毋庸置议外，其宛平……宣化、延庆、保安、怀安、西宁、蔚州、蔚县、赤城、龙门、怀来……等七十州、县，延庆卫、热河、喀喇河屯、八沟、四旗、张家口等五厅，有六月内未经得雨者，亦有得雨未能透足者，虽经补种晚禾，恐收成不无歉薄。内除景州……等十二州、县，俱系乾隆八年被灾最重之区。所有本年应征钱粮，业于上年奉旨缓征外，其余六十四州、县、卫、厅，当八月开征之期，亦应暂行缓征。俟秋后勘明是否成灾，将应

① 赈贷，救济。
② 额征，应征税赋数。该条为乾隆九年十月壬申，1744 年12 月2 日事。
③ 乾隆十年七月癸酉，1745 年7 月31 日。

行蠲免之处，陆续奏闻，分别办理。惟庆云县旱象已成，急宜豫为安顿。现饬该管道府，亲赴查勘，拨运漕米，以备赈借之用。"得旨："所奏俱悉，如所议行。"又批："毕竟将来恐如庆云成灾光景者，有几州、县耶，详查速奏，以慰朕怀。"（《清实录》第12册《高宗实录》卷244，第149页上左~150页上左）

◎户部议准升任直隶总督高斌疏称①："直属文安……西宁、赤城……延庆、宣化、万全、龙门、怀来、冀州……又延庆卫、热河、喀喇河屯等一百一十二州、县、卫、厅，因春夏雨泽愆期②，二麦被旱歉收，兼有被雹伤损者，俱经酌借籽种口粮，并令及时布种秋禾。其应否加赈蠲免，俟秋获时勘明分数办理。"得旨："依议速行。"（《清实录》第12册《高宗实录》卷245，第158页上左~159页上右）

◎谕③："乾隆八年，朕恭谒祖陵，经过之州、县，蠲免钱粮十分之三。今年直隶地方，间有雨泽未能沾足之处，前已降旨缓征。此次出口行围④，所有经过地方，不令丝毫扰累，但安营除道，未免有资民力。朕心轸念⑤，著将近京一带及宣府等处，车驾经由之州、县，本年应征额赋，蠲免十分之四。其如何分晰办理之处，著总督那苏图速行酌量筹办。并将朕谕宣谕⑥官民等知之。"寻奏："直属宛平……多伦诺尔、独石、张家等口，万全、宣化、保安、怀来、延庆州、延庆卫等州、县、卫、厅，俱系行围经过地方，查各处安

---

① 该条为乾隆十年七月丙戌，1745年8月13日事。
② 愆期，音 qiān qī。失约；误期。
③ 该条为乾隆十年七月壬辰，1745年8月19日事。
④ 行围，打猎的围场。
⑤ 轸念，悲痛的思念。
⑥ 宣谕，宣示皇帝的旨意，使人晓谕。

营除道，均属阖境①轮拨。其额征银两、米豆、草束、榛栗等项，亦应阖邑摊免十分之四，并照例将入官旗地余绝地亩租银，同额赋一体蠲免。"得旨："所奏俱悉。"（《清实录》第12册《高宗实录》卷245，第164页上左）

◎又谕②："此次察哈尔八旗，在围执事之官员、兵丁等，应如何赏赉之处，著交总理行营事务王大臣等议奏。"寻奏："自张家口至库尔奇呼等处，蒙古台站虽调用张家口、独石口二处驿马，而察哈尔镶黄旗，亦派有官员兵丁等看守马匹，传递文报。请赏官员等彭缎各一疋，兵丁等毛青布各二疋。"从之。（《清实录》第12册《高宗实录》卷247，第187页下左～188页上右）

◎是月③直隶总督那苏图奏："直属被旱各州、县业经节次得雨者，秋禾可望有收。惟宣化、万全、龙门、怀来、西宁、怀安、延庆、保安等八州县及延庆卫，已成偏灾。现饬该管道府查办赈恤。"得旨："所奏俱悉。宣化一带，朕令开泰前往平粜。卿应办事件，俟有头绪，亦可前往就近查办，更妥。"……又奏："本年被灾各属，除宣化等十四州、县及延庆卫外，其昌平……蔚州、蔚县、赤城亦续报有成灾村庄，一切赈恤粜借及蠲缓各事宜，俱遵照原议，分别轻重办理。"得旨："所奏俱悉。"（《清实录》第12册《高宗实录》卷247，第188页上左）

◎又谕④："此次入哨，自围场至张家口安设台站，俱用独石口、张家口两处驿站官员所管马匹。伊等俱各早为豫备，驰递本报

---

① 阖境，边界以内的全部地方。有时指全国。
② 该条为乾隆十年八月丁卯，1745年9月23日事。
③ 是月，乾隆十年八月。
④ 该条为乾隆十年九月乙亥，1745年10月1日事。

无误，办理甚属妥协。所有管理<u>独石口</u>驿站郎中<u>阿拉卜坦</u>、<u>张家口</u>驿站员外郎<u>长兴</u>，俱著以应升之缺记名。"（《清实录》第12册《高宗实录》卷248，第200页上右）

◎<u>直隶总督那苏图奏</u>①："直属被旱之<u>宛平</u>等州、县、卫、厅，内除<u>宛平</u>……<u>四旗</u>等三十六州、县、厅，秋收六分至九分不等，新旧钱粮，均应开征。其节年②被灾之<u>景州</u>……<u>武强</u>等十二州县，额征钱粮，统归八、九两年，被灾缓征案内，分别办理。本年被灾较重之<u>宣化</u>、<u>怀来</u>、<u>保安</u>、<u>延庆</u>、<u>怀安</u>、<u>西宁</u>、<u>赤城</u>、<u>龙门</u>、<u>蔚州</u>、<u>蔚县</u>、<u>万全</u>、并<u>延庆卫</u>等十二州、县、卫，新旧钱粮，概行停缓。村庄被灾，复大势歉收之<u>昌平</u>……<u>密云</u>等六州、县，暨阖境被灾歉收之<u>热河</u>、<u>喀喇河屯</u>、<u>张家口</u>三厅所属地方，新旧钱粮，亦均请停缓。成灾自数村，至数十村不等之<u>赞皇</u>……<u>三河</u>等十州县，被灾村庄新旧钱粮，分别停缓。不被灾村庄，仍照例开征。"得旨："<u>那苏图</u>所奏<u>直隶</u>被灾各州、县、卫、厅，应将新旧钱粮缓征者，俱著照所请行。至<u>赞皇</u>等十州县，被灾村庄，亦准停缓。其不被灾村庄，例应开征。朕思彼地既有歉收之处，其邻近村庄，谅亦难免拮据，著加恩将不被灾村庄，应征旧粮，亦著缓征，以纾③民力。"（《清实录》第12册《高宗实录》卷250，第226页上右）

◎赈贷<u>直隶香河</u>……<u>宣化</u>、<u>万全</u>、<u>怀安</u>、<u>西宁</u>、<u>蔚州</u>、<u>蔚县</u>、<u>延庆州</u>、<u>赤城</u>、<u>龙门</u>、<u>怀来</u>、<u>保安</u>、<u>热河</u>、<u>张家口</u>、<u>独石口</u>、<u>喀喇河屯</u>等四十八州、县、卫、厅旱灾军民④。（《清实录》第12册《高宗实录》卷252，第252页下左）

---

① 该条为乾隆十年十月壬寅，1745年10月28日事。
② 节年，积年；历年。
③ 纾，音 shū。宽缓；宽松。
④ 该条为乾隆十年十一月庚午，1745年11月25日事。

◎壬申①，军机大臣等议奏："据顺天府尹蒋炳奏称，民典旗地，令地方官领帑②回赎，交官征租，徒为土豪胥役③侵渔④。不如于赎出时，即交旗人管业，不必更定官租。查赎出地亩，皆先尽原主取赎⑤，必原主不愿取赎，始令各旗官兵认买，或赎或买，必查核明确，方按名给与。其间必须时日，断难于甫⑥经赎出时，即交旗人管业，应仍照在官征租之例办理。"……该部定议覆准："应令该督严行查察，照例妥办，毋得仍前草率。再查该督现在报部所赎之地，自必照原议现出之租办理。今所报固安、沧州、赤城三处租数，每亩自二、三分起，至二钱不等。诚如该府尹所称二、三钱者，仅六分至钱许。则现租与原租，太觉悬殊，侵隐包揽之弊，势所不免。此项租银，留为将来赎地之用，岂可过于减轻？且旗人赎买之后，照此收租，必较原租短少，于旗民均无裨益，徒为土豪胥役中饱。应请一并敕交该督，详悉查核，妥协办理报部。"得旨："现今高斌、刘于义在直隶地方办理水利工程，于各处情形，知之必悉，著会同那苏图妥商办理。高斌此时差往南河，有查勘事务，即著刘于义先行商办。"（《清实录》第 12 册《高宗实录》卷 260，第 367 页上左~368 页上左）

◎又奏覆⑦："宣属地方，向无麦秋，惟期早种大田，可望霜前收获。贫民常年生计，佣工外，全在刨采煤炭柴薪。家畜一驴，堪任驮载，即可免饥寒。边民老幼，皆习勤苦，不尽恃农田。农田所产，高粱为多。丰年用以烧酒，化贱为贵。歉岁奉禁，即可充食。

---

① 乾隆十一年三月壬申，1746 年 3 月 27 日。
② 帑，音 tǎng。古代指收藏钱财的府库或钱财。
③ 胥役，音 xū yì。同来服役。
④ 侵渔，侵夺，从中侵吞牟利。
⑤ 取赎，犹赎回。
⑥ 甫，刚刚，才。
⑦ 该条为乾隆十一年闰三月事。直隶总督那苏图奏。

是以目下粮价多昂，而西宁、龙门、赤城等处，高粱时价每石自五钱一分至五钱五分，即甚贵之区，亦至九钱而止。贫民买食尚易，今即再加赈一月，计至秋后仍远。与其聚而赈之，惠难续继，不若令散而力作，可以自营。现在宣府刨沙、挖河等事，原属以工代赈。此外惟出借口粮籽种，以资贫农耕作，出粜仓谷，以平市价。一经停赈，即应接续举行，业已分檄各属，豫筹借粜事宜，除本处仓谷足用之区，其食谷兼有兵米支销。而粮价又复昂贵，如宣化、万全二县，已将怀来存贮通州漕米拨用，节据各该州、县详出借口粮籽种，俱已酌办。其减价平粜，有于常例外，应大加核减。如蔚州、蔚县、怀来、张家口等处，业经奏明饬办。"……得旨："已有旨了，此事所办迟疑，非勤恤民瘼①之意也。"（《清实录》第 12 册《高宗实录》卷 263，第 413 页下左~414 页下左）

◎管理出青②副都统瑚毕图等奏："两翼出青马驼，向由古北口、张家口往返，沿途俱系民田，并无牧场，路途遥远，多需时日。请将此项马驼，并上三旗内务府马匹，改由独石口往返。"得旨："本年尔等试看一次，再行奏改章程，可将此旨令该部知之③。"（《清实录》第 12 册《高宗实录》卷 267，第 462 页上左）

◎贷直隶武清……延庆卫、喀喇河屯等五十一州、县、卫、屯被旱灾民，宝坻……西宁、万全、玉田、丰润、八沟同知等十州、县、厅被水灾民，井陉……保安、蔚州、宣化、万全、怀来、西宁、蔚县、赤城、武强、饶阳、易州、广昌、曲阳等十九州县被雹灾

---

① 民瘼，音 mín mò。瘼，疾，疾苦。人民的疾苦。

② 出青，马政名。清代各营官兵拴养之马，至每年孟夏，分别赶赴口外，择水草茂盛处牧放。

③ 该条为乾隆十一年五月壬子，1746 年 7 月 5 日事。

民①。(《清实录》第 12 册《高宗实录》卷 270，第 525 页上右)

◎大学士等议覆②："<u>直隶总督那苏图</u>覆奏，<u>宣属</u>贮米、挽运、采买并行一折内称，<u>延庆</u>、<u>怀来</u>、<u>保安</u>、<u>怀安</u>、<u>宣化</u>、<u>万全</u>六州、县，道路平坦，仍照原议拨运通仓米五万石分贮，应如所请。又称<u>蔚州</u>、<u>蔚县</u>、<u>西宁</u>、<u>龙门</u>、<u>赤城</u>五州、县，山路崎岖，挽运维艰，本年皆属丰收，请于本处酌定米数采买等语。查拨运通米，原因通仓有余，以补<u>宣属</u>不足。<u>蔚州</u>等处挽运虽艰，并非不能挽运。且此项米石，若系紧急需用，恐致贻误。今<u>宣属</u>存贮，原系从容办理。且该处收成丰稔，尤可陆续挽运，何必置通仓有余之米于不用，而另行采买？应将所奏无庸议，请仍照原议一并拨运。"从之。(《清实录》第 12 册《高宗实录》卷 273，第 574 页上左)

◎调<u>山东登州镇总兵马负书</u>为<u>福建漳州镇总兵</u>，以<u>直隶独石口</u>副将<u>什格</u>为<u>山东登州镇总兵</u>③。(《清实录》第 12 册《高宗实录》卷 287，第 743 页上右)

◎大学士等议覆④："据<u>直隶总督那苏图</u>等奏称，上年十一月内侍郎<u>玉保</u>奏请，<u>独石口</u>等处添给生息银一案。内称查各省驻防兵，俱蒙赏滋生银。惟<u>直隶</u>各小城及各边口，内除<u>郑家庄</u>向有房租银外，余<u>山海关</u>等处，未蒙恩赏。各处兵数，自八百名至四十名不等，若按地方分给本银，未免难于办理，请将<u>天津</u>每年赏剩利银内酌给。其各处每年应需数目，并如何拨给存贮备赏之处，交<u>直隶总督天津</u>都统定议具奏等因。查<u>山海关</u>、<u>冷口</u>、<u>罗文峪</u>、<u>喜峰口</u>、<u>独石口</u>、

---

① 该条为乾隆十一年七月丁未，1746 年 8 月 29 日事。
② 该条为乾隆十一年八月癸巳，1746 年 10 月 14 日事。
③ 该条为乾隆十二年三月辛亥，1747 年 4 月 30 日事。
④ 该条为乾隆十二年四月辛未，1747 年 5 月 20 日事。

张家口、古北口、昌平州、千家店……等处驻防兵，共二千六百四十名，骁骑校共四十五员，每官兵百名，酌拨息银八十两，每岁共应拨天津余息银二千一百四十八两，分给贮附近该管衙门备赏。查各省驻防远近不齐，兵多寡不一，应请按照兵数，将岁需派出赏项，先令该驻防统辖之员，出具印领，差弁赴臣富昌等衙门领贮，试办一年。如有余，统于岁底查明，存作下年赏数，仍于次年岁首接续具领。其岁底册报之法，查冷口、罗文峪、喜峰口三处，均由山海关副都统管辖。独石口、张家口、古北口、昌平州、千家店五处，均请照郑家庄之例，由本管大员造册请销。其各小口，听管领之员，随旗造册，送部核销。所有赴领盘费，各照远近，公项动给等语，均应如所奏行。再查各省驻防生息银，俱系各该将军、副都统等，造册咨送各该承查旗分核销。惟郑家庄系房租银两，由该管副都统自行奏销。现在山海关等处拨给银，虽由各该处赏给，均系天津余息，且为数无多，若如该督等所请，纷烦难稽。应令各该管副都统造册，仍报承查天津生息银两之正蓝各旗，总核奏销。"从之。（《清实录》第 12 册《高宗实录》卷 288，第 764 页上左～765 页上左）

◎赈恤直隶固安……宣化、赤城、万全、怀来、蔚州、蔚县、西宁、怀安、喀喇河屯通判，独石口同知，热河、八沟同知，四旗通判等七十五州、县、厅，被水、被旱、被雹饥民①。（《清实录》第 12 册《高宗实录》卷 295，第 864 页上左）

◎又议覆②："直隶总督那苏图奏称，苏尼忒六旗蒙古被灾，奉旨命理藩院尚书纳延泰前往赈恤。行令于张家口、独石口等处，备

---

① 该条为乾隆十二年七月丙午，1747 年 8 月 23 日事。
② 该条为乾隆十二年八月辛未，1747 年 9 月 17 日事。

茶四万斤、米二万石济用。现在张家口存谷无多，应乘秋收，采买新米。至独石口仓内，现存米九千余石，应于此内酌拨。一切运费，俟奏明后定议等语。查蒙古需赈甚亟，如此办理，未免稽迟。应令该督即行酌拨，应采买者即行采买。一俟尚书纳延泰查明应赈地方，即行起运。一切运费，亦应即为核定。至该督奏称，张家口同知，现存谷价银三万三千余两，买米价值，即可动支。今秋热河、八沟丰收。先经奏明买米。今赈恤蒙古，不敷米亦可就近拨运。所需茶叶，令多伦诺尔同知购买，均应如所奏办理。再口外地方，并无塘汛，运送茶米，必需委员防护，应如该督所请，派理藩院蒙古笔帖式二员，一往张家口，一往多伦诺尔，协同运送。"得旨："依议速行。"（《清实录》第 12 册《高宗实录》卷 296，第 881 页上左）

◎举行盛京等处军政，卓异①官七十员，不谨②官四员，罢软③官十二员，年老官七员，有疾官三员，才力不及官十一员，浮躁官二员。独石口等处军政，卓异官七员，罢软官一员，年老官二员。分别升赏处分如例④。（《清实录》第 12 册《高宗实录》卷 305，第 984 页下左）

◎谕军机大臣等⑤："从前自准噶尔投来之额鲁特、博罗特等六人，安插青州，合伙逃去，已擒获五人，惟额鲁特、达什哈一名未获。朕曾降旨，就所过地方，令该督抚查拿。迄今一月，未据该督抚等奏明拿获。青州地处东偏，其脱逃必由直隶潜行，且状貌易于

---

① 卓异，清制，吏部定期考核官吏，文官三年，武官五年，政绩突出，才能优异者称为卓异。

② 不谨，旧时考核官吏的条款之一，谓所作之事不合为官体统。

③ 罢软，疲沓软弱。无主见。

④ 该条为乾隆十二年十二月甲戌，1748 年 1 月 18 日事。

⑤ 该条为乾隆十三年正月己亥，1748 年 2 月 12 日事。

蹰缉①，该督那苏图应即密饬严查，擒于境内，何以不闻奏报？夫跟缉奸宄②，乃地方之责。各该督抚等，平日每称严行保甲，若果督率各属，实力稽查，其栖止处所，形迹可疑，自难逃邻佑③之盘诘④。今迟久而未弋获⑤，则其不留心严缉可知。他省去京较远，直隶、河南、山东、山西道里甚近，何不即行奏报？可传谕询问该督抚等，令其将现在如何办理查拿之处，即速奏闻。"寻直隶总督那苏图奏："上年接廷寄⑥，随知会古北口提督，山海关副都统等，于各边口严查，并饬各官速差兵役，在关津⑦隘口，查拿务获。复选善缉之兵，于张家口、独石口、龙泉关、倒马关及通杀虎口之僻道，分路缉拿。伏思逃犯行踪诡秘，青州路通天津，现在流民北下，恐其潜身夹杂此内。臣指出密行各处，照依年貌留心察问。"得旨："设法缉拿务获，此不比寻常逃犯也。"（《清实录》第 13 册《高宗实录》卷 306，第 10 页上左~11 页上右）

◎蠲免直隶霸州……宣化、万全、赤城、西宁、丰润、玉田等三十二州、县、厅十二年分水灾地亩额赋有差⑧。（《清实录》第 13 册《高宗实录》卷 314，第 149 页下左~150 页上右）

◎兵部议准直隶总督那苏图疏称⑨："直省分派绥远城家选兵丁九百一十二名，顶补绿旗兵缺。准部咨，每兵一名，给房二间，如

---

① 蹰缉，音 xǐ jī。蹰，追踪。追捕。
② 奸宄，音 jiān guǐ。犯法作乱的坏人。
③ 邻佑，亦作"邻右"。邻居。
④ 盘诘，查问；盘问。
⑤ 弋获，射而得禽；泛指擒获；获得。
⑥ 廷寄，清廷给地方高级官员的谕旨，不由内阁寄出，而由军机处密封交兵部捷报处寄往各省，直接书上某官"开拆"，叫"廷寄"。
⑦ 关津，水陆交通必经的要道，关口和渡口，泛指设在关口或渡口的关卡。
⑧ 该条为乾隆十三年五月乙酉，1748 年 5 月 28 日事。
⑨ 该条为乾隆十三年七月甲申，1748 年 7 月 26 日事。

不敷拨给，就近择地建造。查明应添数目，督标四营，并保定、新雄二营三百一十四间。提标①四营并蓟协、山永、河屯、八沟、唐山、昌平等营五百三十八间。正定镇两营并龙固、固关、龙泉、大名协两营、杜胜、广平、顺德等营一百间。天津镇两营，城守营并河间、通州二协七十二间。宣化镇三营，城守营暨张、独二协，蔚州、龙门、长安各营三百六十五间，均请陆续建造。"从之。(《清实录》第 13 册《高宗实录》卷 318，第 221 页下右)

◎直隶总督那苏图奏②："宣化镇属蔚州、怀来、永宁、龙门四路并长安岭，向未设生息银两，现于臣标及宣化镇标，共拨赏剩息银三千两，交商生息备用。"报闻③。(《清实录》第 13 册《高宗实录》卷 324，第 344 页下右)

◎蠲免直隶保安、宣化、西宁、蔚县、赤城、万全、怀安、龙门、怀来、张家口十州、县、厅被灾田亩额征银一千六百二十九两有奇，粮二千九百六十九石有奇④。(《清实录》第 13 册《高宗实录》卷 337，第 645 页下右)

◎辛丑⑤，谕军机大臣等："前据那苏图覆奏，各属雨泽日期收成分数一折内称，尚有得雨未透之永平、宣化、保定、正定、深州、定州所属，及未报得雨之保定迤西近山一带十余州、县，并古北口

---

① 提标，兵制名。清制，各省提督直辖的绿营官兵，称为"提标"。凡提标均置中军参将一员，主掌全标营务。惟京师巡捕五营之中营，乃提督九门巡捕五营步军统领专辖，遂作提标，设提督中军兼管中营，副将一员为中军。

② 该条为乾隆十三年九月乙卯，1748 年 10 月 25 日事。

③ 报闻，封建时代，天子批答臣下奏章时，书一"闻"字，谓之报闻。意谓所奏之事已知。

④ 该条为乾隆十四年三月乙亥，1749 年 5 月 13 日事。

⑤ 乾隆十四年四月辛丑，1749 年 6 月 8 日。

外四旗地方，日内天气阴晴不一。各属曾否有得雨之处，所得雨泽，曾否沾足，缺雨者尚有几处。麦收分数，是否能如日前所奏，有无稍减，晚禾曾否陆续赶种，著传谕<u>那苏图</u>逐一详晰据实速奏以慰悬念。今岁近京麦收，看来较胜往年，但愿得雨之地，普被甘霖。大田已播者，发荣滋长，未种者及时补足，便成全美。必不肯因近京年成可望，而置远府县之民瘼于度外。该督亦不得稍存粉饰之见，以图慰朕也。"寻奏："查<u>永平</u>一属，续于十八日得雨，麦收尚不止八九分。其<u>宣化</u>属之<u>保安州</u>、<u>蔚州</u>、<u>宣化</u>、<u>怀安</u>据报可得八九分，<u>龙门</u>、<u>延庆</u>亦于十八日得雨，不致失收。至<u>保定</u>、<u>正定</u>、<u>定州</u>及迤西十余州县，均据报二十四日得雨，多入土四五寸，麦收七八分不等，惟<u>深州</u>属止据<u>饶阳</u>一县，报二十四日得雨。其余未报，所有<u>深州</u>、<u>武强</u>、<u>饶阳</u>三处麦收仅五分五厘。其四旗地方曾否得雨，俟覆到日另奏。"得旨："览奏欣慰。"（《清实录》第 13 册《高宗实录》卷 339，第 683 页下左～684 页下右）

◎谕军机大臣等[1]："<u>那苏图</u>具奏，<u>清苑</u>、<u>龙门</u>等县各有被雹村庄，业经委员分头查勘，应听其酌量抚恤，照例办理。至所奏<u>文安县黄甫村</u>，有蝗一阵自东北飞来，现在扑捕之处，蝗蝻关系禾稼，最为紧要，务须督率属员，速行殄灭，毋任遗子入地，致滋后患。<u>直隶</u>接壤<u>山东</u>，飞蝗来自东北，或由<u>山东</u>州县扑捕不力，已降旨令该抚准泰查明回奏，著即传谕知之。"（《清实录》第 13 册《高宗实录》卷 342，第 740 页上右）

◎蠲缓<u>直隶蓟州</u>……<u>宣化</u>、<u>怀安</u>、<u>龙门</u>、<u>张家口</u>等十八州、县、厅本年水灾额赋，分别赈恤，及旗户灶户有差[2]。（《清实录》第 13

---

① 该条为乾隆十四年六月庚寅，1749 年 7 月 27 日事。
② 该条为乾隆十四年十月己亥，1749 年 12 月 3 日事。

册《高宗实录》卷351，第845下左~846页上右）

◎谕[1]："上年直隶各属丰收，间有被水被雹偏灾，如蓟州……宣化、怀安九处，俱已照例赈恤。其永清……龙门八处，均系一隅偏灾。因连岁有秋，粮价平减，无需给赈，亦经照例蠲缓。今朕巡幸五台，经过直隶地方，已蠲免钱粮十分之三。其偏灾州、县，同在一省，亦应共沐恩膏。著该督详悉查明，应如何加恩之处，酌拟分数，奏闻请旨办理。"（《清实录》第13册《高宗实录》卷359，第947页上左）

◎又谕[2]："朕念直隶上年蓟州等十七州县，偶被偏灾，应与加恩轸恤[3]。特谕总督方观承，将如何加恩之处，详查奏闻请旨。今据该督奏请将蓟州……宣化、怀安九处被灾地亩，该年粮银，除照例蠲免外，再蠲十分之一。永清……龙门八处被灾五、六、七分地亩蠲剩钱粮，例应二年带征者，再缓一年。邢台……龙门六处被灾八、九、十分地亩，于例蠲之外，再请蠲免十分之一等语。朕思蓟州等十七州县，既被偏灾，虽其间分数之轻重不齐，历年之丰歉不一，但如该督所请于蓟州等九处蠲剩钱粮，仅蠲十分之一。永清等八处分别被灾五、六、七分者，例缓之外，再展一年。八、九、十分者，蠲剩之外，再免十分之一。尚非朕格外加恩，令小民普沾渥泽[4]之意，著照山西偏灾州县加恩蠲免之例，将该十七州县蠲剩钱粮，概免十分之三。余仍照原题分年带完，该督其率属妥协办理，务使间

----

[1] 该条为乾隆十五年二月壬辰，1750年3月26日事。
[2] 该条为乾隆十五年三月丙午，1750年4月9日事。
[3] 轸恤，深切顾念和怜悯。
[4] 渥泽，音 wò zé。恩惠。《后汉书·邓骘传》："托日月之末光，被云雨之渥泽，并统列位，光昭当世。"

阁①均沾实惠。该部遵谕速行。"（《清实录》第 13 册《高宗实录》卷 360，第 958 页上左）

◎以<u>直隶独石口</u>副将额尔格图为<u>山西太原镇总兵</u>②。（《清实录》第 13 册《高宗实录》卷 360，第 964 页上左）

◎庚寅③，兵部题军机大臣议准，<u>山海关</u>副都统常生奏请疏通<u>永平</u>等处骁骑校各缺一折："臣等酌议，<u>冷口</u>、<u>八旗</u>、<u>满洲</u>一百五十名，<u>独石口</u>一百四十名，骁骑校各三缺，应每翼各分一缺。四旗轮转，余一缺，八旗轮放。<u>喜峰口</u>、<u>古北口</u>、<u>八旗</u>、<u>满洲</u>、<u>蒙古</u>各二百名，骁骑校各四缺，应按翼每二旗各分一缺，二旗中再行轮转。<u>罗文峪</u>、<u>八旗</u>、<u>满洲</u>蒙古一百名，骁骑校二缺，应每翼各分一缺，四旗轮转。<u>张家口</u>、<u>八旗</u>、<u>满洲</u>、<u>蒙古</u>三百名，骁骑校六缺，应按翼每二旗各分一缺，二旗中再行轮转。其余二缺，八旗轮放。俱令该副都统等，按人数分别拣选，保送引见补放。其<u>永平</u>、<u>玉田</u>、<u>三河</u>、<u>顺义</u>等四城，骁骑校员缺旗分，与兵丁旗分，俱各相符，应仍遵定例办理。"从之。（《清实录》第 13 册《高宗实录》卷 375，第 1139 页下左～1140 页上左）

◎蠲缓<u>直隶固安</u>……<u>万全</u>、<u>张家口</u>同知、<u>西宁</u>、<u>蔚县</u>、<u>宣化</u>、<u>龙门</u>、<u>怀安</u>……等四十六厅、州、县水灾、雹灾地亩本年额赋。其<u>固安</u>……<u>玉田</u>等十八厅、州、县饥民，贷予口粮。<u>保定</u>……<u>乐亭</u>等三十五厅、州、县饥民，并予赈恤有差④。（《清实录》第 13 册《高宗实录》卷 375，第 1144 页上右）

---

① 闾阎，音 lú yán。里巷内外的门。后多借指里巷。泛指民间。借指平民。
② 该条为乾隆十五年三月壬子，1750 年 4 月 15 日事。
③ 乾隆十五年十月庚寅，1750 年 11 月 19 日。
④ 该条为乾隆十五年十月甲午，1750 年 11 月 23 日事。

◎兵部议覆①："直隶总督方观承疏称，直隶、山西沿边都司以上员缺，向系三七满汉间补，嗣经部议四六补用，奉旨满汉各用五分。今准直隶提督布兰泰咨覆，议将地僻事简之缺，裁去满员，改用汉员，于沿边都司以上额设四十一缺内，改副、参、游、都共九缺。查与原奉谕旨相符，应如所请。独石副将一缺，蔚州路参将一缺，古北口提隶左营、宣化镇标左营游击二缺，古北城守营、蓟州营、燕河路、镇边路、宣化镇属永宁路都司五缺，共九缺，改为部推，分用绿旗官员，其余缺仍补用满员。"从之。(《清实录》第13册《高宗实录》卷375，第1147页上右)

◎兵部奏②："前据调任户部尚书舒赫德奏请，酌定各省往来文移日行里数，编设排单，挨站填核，奉旨允行。并行令各省查报，经各督抚彼此咨商，分别险易，酌覆到部。江苏、安徽、山东、陕、甘均按事缓急，照旧例日行三百里、六百里。其余紧要公文，直隶宣化府属之长安、雕鹗、赤城、云州并热河道属之喀喇河屯等处，浙江会江驿至福建小关，并江西常山各驿，均日行三百里。山西至豫省之盘陀等驿，江西之德化等驿，湖北自东湖县至成都，四川自成都至打箭炉，并至湖广、陕西、贵州各省会，均日行四百里。广西日行二百里。自广西至广东水站，日行三百里。广东赴江入楚，并至广西省，均日行二百里。自省至福建，日行二百四十里。云、贵日行四百八十里。福建日行二百四十里。湖南、河南照旧例日行三百里、六百里。但湖南自祁阳至广西路窄岭峻，河南黄河阻隔，请俱展限一时，均应如所议。部颁排单式样遵办，惟内廷交发事件，仍按三百里、六百里旧例签送。至古北、张家、喜峰、杀虎、独石各口，界连外藩，文移络绎。其管站郎中、员外等，酌定日行里数，

---

① 该条为乾隆十五年十月戊戌，1750年11月27日事。

② 该条为乾隆十六年三月乙丑，1751年4月23日事。

交理藩院核定，咨部存案。东三省幅员辽阔，将军副都统等文移，亦应酌定日行里数，填单稽核。"从之。(《清实录》第 14 册《高宗实录》卷 385，第 63 页下右~64 页上左)

◎旌表①守正捐躯之直隶龙门县民郝全女郝氏②。(《清实录》第 14 册《高宗实录》卷 402，第 286 页上右)

◎是月③，直隶总督方观承覆奏："察哈尔汤河围场，四百有六里，现有村铺六十八所，住旗民二百五十八户。其地亩已垦成熟者一百八十七顷，未垦荒田约计可得百余顷。现令民垦种，俟成熟后，履亩确勘，照例升科④。其新旧旗民各户，应令独石四旗二厅，编排保甲⑤，设立乡地，以均束地方，催收粮赋。"报闻。(《清实录》第 14 册《高宗实录》卷 403，第 303 页上右)

◎直隶总督方观承疏报⑥："宁河、昌黎、乐亭、赤城等四县乾隆十年、十六年，首垦水旱田，地六十九顷七十七亩有奇。"(《清实录》第 14 册《高宗实录》卷 423，第 533 页上左)

◎兵部议准大学士公傅恒奏⑦："请酌定各省驻防军政卓异⑧人

---

① 旌表，封建时代由官府立牌坊、赐匾额对遵守封建礼教的人加以表彰。

② 该条为乾隆十六年十一月戊辰，1751 年 12 月 22 日事。

③ 是月，乾隆十六年十一月。

④ 升科，明清定制谓开垦荒地，满规定年限（水田六年，旱田十年）后，就按照普通田地收税条例征收钱粮。科，科税。

⑤ 保甲，古代（宋王安石始创）的一种户籍编制制度。若干家编作一甲，设甲长；若干甲编作一保，设保长（沿用至新中国成立前）。

⑥ 该条为乾隆十七年九月甲戌，1752 年 10 月 23 日事。

⑦ 该条为乾隆十八年三月壬午，1753 年 4 月 29 日事。

⑧ 卓异，清制，吏部定期考核官吏，文官三年，武官五年，政绩突出，才能优异者称为卓异。

员，凡荐举之员数，仍以驻防之多寡，酌中定额。嗣后<u>黑龙江</u>不得过七员，<u>盛京</u>不得过六员，船厂不得过五员，<u>西安</u>、<u>绥远</u>城均不得过四员，<u>杭州</u>、<u>江宁</u>、<u>荆州</u>均不得过三员，<u>凉州</u>……<u>成都</u>均不得过二员，热河、<u>青州</u>、<u>山海关</u>、<u>福州</u>均不得过一员。河南、太原二处，驻防官最少，应俟军政届期，由部奏派大臣前往考察。又<u>独石口</u>、<u>千家店</u>、<u>张家口</u>、<u>古北口</u>、<u>郑家庄</u>、<u>昌平州</u>六处，及保定……<u>采育</u>八处军政之年，向系原派巡察大臣考核。该处员数无多，且系分驻，难以定额。如果有贤能出众者，准其荐举一员，否则宁缺毋滥。"从之。(《清实录》第 14 册《高宗实录》卷 435，第 679 页上右)

◎谕军机大臣等①："据<u>方观承</u>奏，<u>宣化镇</u>总兵<u>吴士胜</u>禀报，<u>独石口</u>兵丁因副将<u>安泰</u>醉后混行责打，聚众辞粮一案。现饬按察使<u>永宁</u>前往，会同<u>口北道</u>严察究讯。并将该镇办理情节，彻底查明参奏等语。副将<u>安泰</u>嗜酒召衅，殊属不职。而兵丁等藉端②滋事，尤干法纪，自当严行究处，以肃军政而儆刁风。至总兵<u>吴士胜</u>既不据实揭报于平时，又不详查妥办于事后，种种乖谬③之处，不一而足。已据<u>方观承</u>委令<u>永宁</u>前往查办，可令该督再行飞饬该司等，将此案起衅缘由，并案内首从各犯及<u>吴士胜</u>前后错谬情节，一一详悉确访，严查办理。务须秉公据实，不得稍存瞻徇④姑息之见。再<u>罗田</u>一案，首犯<u>马朝柱</u>远扬未获，屡经饬谕<u>江</u>、<u>广</u>及各省督抚严密躧缉，协力查拿。迄今将届一载，杳无著落。如尚潜内地，谅无不就获之理。口外地方辽阔，易于藏奸。恐该犯因所在侦缉，无地可容。或竟潜踪

---

① 该条为乾隆十八年五月癸酉，1753 年 6 月 19 日事。
② 藉端，假托某一事由作为借口。
③ 乖谬，荒谬；抵触违背。《汉书·王莽传上》："将令正乖缪，壹异说云。"
④ 瞻徇，音 zhān xùn。徇顾私情。

远窜，希图漏网，亦未可定。可令方观承遴委①妥干②员弁，往口外一带地方密行体访，留心踪迹。倘由此竟得首恶渠魁③，明正典刑，亦一快事也。一并传谕知之。"（《清实录》第 14 册《高宗实录》卷 439，第 713 页下左～714 页下右）

◎谕军机大臣等④："独石口兵丁辞粮一案。前据方观承奏称，安泰嗜酒滋事，其罪固无可逭⑤。但该镇吴士胜因兵丁辞粮，即将副将摘印⑥揭参⑦，岂不益长刁风？现在会同提臣，查明另行题参等语，所奏颇协大体，已于折内批示。今方观承又将安泰会疏题参革审，岂因该镇已经委员摘印，有不便中止之势耶？抑已会同该提马负书，查明安泰果有断难姑容情节耶？然方观承从前既经具奏，此时即不题参，亦当先行奏明方是。且兵丁崔大用等俱已看守候审，并非难于查办之事。永宁良卿前往该处二十余日，何以尚未查究明确？可传谕方观承即将具本题参缘由，及该司道等现在作何查办情形，逐一详悉，速行奏闻。"（《清实录》第 14 册《高宗实录》卷 440，第 724 页上右）

◎又谕⑧："方观承奏审拟独石口兵丁聚众辞粮一案。所称总兵吴士胜并不亲往严行查办，而于把总张万明等不法，不能即行查出

---

① 遴委，挑选委派。

② 妥干，稳妥干练。

③ 渠魁，首领；头领。《书·胤征》："歼厥渠魁，胁从罔治。"孔传："渠，大。魁，帅也。"孔颖达疏："'歼厥渠魁'，谓灭其元首，故以渠为大，魁为帅，史传因此谓贼之首领为渠帅，本原出于此。"

④ 该条为乾隆十八年六月丁亥，1753 年 7 月 3 日事。

⑤ 逭，音 huàn。逃避。

⑥ 摘印，清制地方官犯事，须即撤职者，即由督抚委派人员收取该官印信，限日离任，叫"摘印"。

⑦ 揭参，弹劾。

⑧ 该条为乾隆十八年六月丙午，1753 年 7 月 22 日事。

等语。如此则该镇办理此案，咎在不能详查。而其乖张①错谬情节，转置之弗问矣。所奏非是。聚众辞粮，最为刁悍恶习。该镇于安泰嗜酒不职，平时早应揭报，及至兵丁等藉端滋事，自当先行查办，暂缓纠参②。乃不法悍兵，尚未示惩，即将该弁印信摘取，不特从无此体制，亦且益长刁风，沿边营伍，何以明示炯戒③？是其乖谬④之处，实在于此。朕前旨谓不应遽将该副将题参⑤，亦正为此耳。朕于满汉大臣，从无异视，何惜一嗜酒不职之副将，而欲为之宽假⑥？方观承折内所叙情节，似有以朕为回护⑦满洲之意，岂能逃朕洞鉴⑧耶？方观承著严行申饬⑨。"（《清实录》第 14 册《高宗实录》卷 441，第 740 页下右~741 页上右）

　　◎丙子⑩，谕曰："泰宁镇标中军游击李超、守备孙士英等亏那营项一案。前经总督方观承题参革审，并未将前任镇臣马世岱那亲等，有无知情及失于觉察，一并查参⑪。本欲部议时降旨，今据该镇总兵任澍奏称，那亲曾将亏缺缘由知会，随查得马世岱，并李超任意私那⑫，经咨明督提二臣等语。则那亲已经移交查办，尚无不合。

————————————

　　① 乖张，怪僻，不讲情理。形容人偏执，不驯服，与众不同。现在多用于形容人做事情不正规，不是很讲究。

　　② 纠参，举发弹劾。

　　③ 炯戒，音 jiǒng jiè。亦作"炯诫"。明显的鉴戒或警戒。汉班固《幽通赋》："既讯尔以吉象兮，又申之以炯戒。"

　　④ 乖谬，荒谬反常，违背情理。

　　⑤ 题参，上本参奏。犹弹劾。

　　⑥ 宽假，宽容；宽纵。《史记·封禅书》："仙者非有求人主，人主者求之。其道非少宽假，神不来。"

　　⑦ 回护，包庇、袒护。

　　⑧ 洞鉴，明察；透彻了解。

　　⑨ 申饬，斥责。

　　⑩ 乾隆十八年七月丙子，1753 年 8 月 21 日。

　　⑪ 查参，调查参劾。

　　⑫ 那，移动。后作"挪"。

而马世岱则通同舞弊，罪状显然。方观承仅参该弁，而不将任澍咨明之处叙入，必因近日题参独石口副将安泰，曾经降旨训谕，马世岱亦属满员，且已降调，遂不行一并查参故耳。不思朕办理庶务，初无成心，满汉全无歧视。即如安泰一案，不过因使酒启衅，而悍卒刁风，宜先示惩创①，不可先治所管之罪。即汉人当此任，亦应如是办理。方观承何乃一味取巧，所见卑鄙错谬，一至于此！著严行申饬，并令明白回奏。马世岱著解任，一并解交该督严审，定拟具奏。"寻奏："营员亏空，累任统辖上司，例应于疏内声明附参。但查李超亏那扣存兵丁号衣银项，孙士英亏那生息截旷还官等项，数目烦碎，先后参差，应查其亏那月日，是何镇臣任内之事，于审明具题日，分别参处。是以原疏内未即声明。至任澍奏内所称，马世岱、李超任意私那，经咨明督提二臣之处，缘马世岱有私那典当生息银两，并浮当衣服至一千一百余两之多，例应专案参追，当经委清河道查办揭报。臣于七月二十六日②题参在案。臣职任封疆，如属内有徇法③营私者，无论满汉官员，均应据实纠劾，不敢稍存瞻顾④。"得旨："此奏又属用巧，何必廿六、廿八之日，不可倒移乎。"（《清实录》第 14 册《高宗实录》卷 443，第 767 下右 ~ 768 页上左）

◎军机大臣议覆⑤："据副都统富德等奏称，军营驰奏事件，取直路递送热河。张家口外自第四站分路，至独石口外张麻子井，计程四百余里。自扎噶苏台腰站至头站，此六站，每站有马三十五匹，

---

① 惩创，惩戒；警戒。
② 乾隆十八年七月二十六日，1753 年 8 月 24 日。
③ 徇法，音 wěi fǎ。枉法。即专讲情面，不依法处理。
④ 瞻顾，瞻前顾后；思前想后。办事犹豫不决。
⑤ 该条为乾隆十九年四月庚寅，1754 年 5 月 2 日事。

请各彻①二十五匹，安台驰递等语。应如所请。遣驿站员外郎傅鼐通融台马安设，自独石口至葛家屯，自葛家屯至热河，取直接设驿站之处。即令傅鼐会同独石口、张家口台站官员，亦照此办理。所有接设驿站，即交富德、达松阿等管理。俟应彻时，一面报部，一面彻回各原站。"从之。(《清实录》第 14 册《高宗实录》卷 460，第 978 页下右)

◎定边左副将军策楞等奏②："现在阿睦尔撒纳等来降，若即安插在乌里雅苏台附近地方，军营、粮饷、军器、马匹、牲畜，俱在周围近处，又系通准噶尔大路，恐将明年进兵之事，向准夷泄漏。且投诚③人现有二万，即明年准夷事定后，令其仍回旧处游牧。此一年内，若照办理车凌，车凌乌巴什等之例，支给牛羊等项，则喀尔喀地方，不能有此宽余牲畜。欲给米石，则现今存贮及挽运之米，尚不敷明年军需之用。臣等公酌，若安插在喀尔喀王车凌拜都布游牧之南苏尼特，与四子等旗接壤地方，则距归化城、张家口、独石口甚近。伊等以赏给银两，就近兑换食物甚便。请俟阿睦尔撒纳到军营日，谕以照车凌等初到接济口粮之例，分给骒马牛羊，挑其可用之兵，将阿睦尔撒纳等大台吉，一并留在军营候旨。其老少子女，俱令携带接济口粮，移至所指地方。祈另派通晓蒙古事务大臣，前往照管官插。似此大事，臣等理应恭候谕旨。但蒙古地方，霜雪甚早，若水草一枯，又至迟滞。臣等商酌已定，一面陈奏，一面俟阿睦尔撒纳等进卡后，即照此办理。"得旨："策楞等办理此事，甚属错谬。阿睦尔撒纳等系远方新归之人，岂有将伊妻子如此分散之理？此必舒赫德意见，策楞从而附会耳。此旨到时，无论阿睦尔撒纳等

---

① 彻，撤除，撤去。
② 该条为乾隆十九年七月辛丑，1754 年 9 月 10 日事。
③ 投诚，军队或人员叛离所属集团，归属对方。即投降。

妻子已经起程与否，著即行彻回，令其会集一处，在<u>乌里雅苏台</u>附近地方游牧居住。"（《清实录》第 14 册《高宗实录》卷 469，第 1072 页下右~1073 页上左）

◎<u>直隶总督方观承</u>奏[1]："<u>直隶</u>喂养余剩马四千五百五十三匹，应送下厂。查向来系按东西四旗，派出<u>张家</u>、<u>独石</u>二口牧放。今节次领喂之马，无旗分可查，自应统行送部查办。惟是<u>宣镇</u>各营，俱附近<u>张家口</u>一带，提标马兰二处，亦距口为近。如亦令送京，复由京出口，殊多劳费。请就近送<u>张家口</u>，候牧厂副都统等出口时，顺路查收下厂。"得旨："是。"（《清实录》第 15 册《高宗实录》卷 485，第 71 页上左）

◎兵部议覆[2]："<u>直隶总督方观承</u>奏称，<u>口北道</u>属之<u>多伦诺尔</u>，孤悬<u>独石口</u>外，向设理事同知一员，其他为外藩四达之区，兼有山场地泊，均须防范。虽每年于<u>独石</u>协拨千总一员，带兵四十名分防，究非同知专辖。且按年轮换，人地不习，请于<u>多伦诺尔</u>设都司一，千把、外委各一，并应设外汛二处，酌于距<u>独石口</u>适中之<u>闪电河</u>、<u>二道泉</u>各驻外委一。其应设员弁兵丁，请裁<u>文安营</u>都司，并外委一，马守兵一百六十三名，移驻<u>多伦诺尔</u>。即改<u>文安营</u>为<u>文安汛</u>，归<u>霸州营</u>游击辖。移<u>宣镇永宁路</u>所属<u>周四沟</u>外委一，马守兵八十名移驻。改<u>周四沟</u>守备为把总，带兵三十名防汛。其每年原拨<u>独石</u>协弁兵，即作为<u>多伦诺尔</u>额设，改隶都司，常川[3]驻守。均应如所请。"从之。（《清实录》第 15 册《高宗实录》卷 533，第 721 页上左）

---

[1] 该条为乾隆二十年三月辛卯，1755 年 4 月 28 日事。
[2] 该条为乾隆二十二年二月甲申，1757 年 4 月 10 日事。
[3] 常川，经常；连续不断。

◎免<u>直隶霸州</u>……<u>宣化</u>、<u>万全</u>、<u>西宁</u>、<u>龙门</u>、<u>怀来</u>、<u>怀安</u>、<u>丰润</u>、<u>张家口</u>理事厅等三十三州、县、厅，<u>乾隆</u>十年起至二十年未完民欠银米①。（《清实录》第 16 册《高宗实录》卷 560，第 104 页上右）

◎免<u>直隶魏县</u>……<u>西宁</u>、<u>蔚州</u>、<u>延庆</u>、<u>保安</u>、<u>宣化</u>、<u>万全</u>、<u>怀安</u>、<u>怀来</u>、<u>赤城</u>、<u>四旗</u>等二十九州、县、厅，<u>乾隆</u>二十二年分水灾额赋②。（《清实录》第 16 册《高宗实录》卷 561，第 108 页上右）

◎军机大臣会同刑部议奏③："审拟<u>古北口</u>笔帖式<u>书启善</u>控告防守尉<u>岳灵阿</u>等敛银贿买一案。查<u>岳灵阿</u>并无克扣等弊，然于属员<u>永格</u>贿属行求不能查揭，应请革职。<u>书启善</u>未便仍留该处，并请调补京缺。"得旨："<u>岳灵阿</u>如果有克扣侵肥情弊，即革职亦不足蔽辜④，且将从重治罪。今阅其情节，不过失察属员，议以革职，未免过重。<u>岳灵阿</u>从宽免其革职，仍回原任办事。其应得处分，著交部照例议处。至笔帖式<u>书启善</u>若以京缺调用，转得在部院衙门行走，此例一开，将来在外笔帖式，希图内调，皆将展转效尤⑤，适以启告讦之渐⑥，此风实不可长。<u>书启善</u>不必调京，即于<u>张家口</u>、<u>独石口</u>、<u>喜峰口</u>等处笔帖式内对调。"（《清实录》第 16 册《高宗实录》卷 569，第 215 页上左）

◎赈贷<u>直隶大城</u>、<u>青县</u>、<u>沧州</u>、<u>蔚州</u>、<u>万全</u>、<u>怀安</u>、<u>怀来</u>、<u>赤

---

① 该条为乾隆二十三年四月戊辰，1758 年 4 月 10 日事。
② 该条为乾隆二十三年四月壬申，1758 年 5 月 23 日事。
③ 该条为乾隆二十三年八月辛未，1758 年 9 月 19 日事。
④ 蔽辜，犹抵罪。
⑤ 效尤，仿效坏的行为。
⑥ 渐，成长；滋长。

城、龙门等九州县，本年水雹霜灾贫士、饥民、旗户、灶户，并缓征新旧钱粮①。（《清实录》第 16 册《高宗实录》卷 572，第 277 页上左）

◎赈恤顺天、直隶所属固安……延庆、保安、蔚州、宣化、怀安、万全、西宁、龙门、怀来、张家口等四十七州、县、厅，本年水、旱、霜、雹、虫螣偏灾贫民，并蠲缓额赋有差②。（《清实录》第 16 册《高宗实录》卷 599，第 694 页下右）

◎兵部议覆③："稽查独石口等处镶白旗护军统领宗室④弘晌⑤奏称，张家口额设上三旗防御三员，如遇缺出，惟将上三旗官员拣补。其下五旗骁骑校，并未得有升途，请将防御裁一缺。余二缺，每翼各分一缺，管辖四旗。原设骁骑校六缺，添二缺，每旗各分一缺。凡遇升转，均令按翼保送等语。应如所请。"从之。（《清实录》第 16 册《高宗实录》卷 602，第 757 页下左~758 页上右）

◎又奏⑥："宣化府属岁需驻防兵米，向于该州县屯粮项下动支。今宣化县因上年缓征，旧存屯米，仅一百二十余石，不敷支放。查向例准于别州县通融拨运。查宣化附近之龙门县，现存屯粮一千九百八十余石，请照例拨运宣化，以充夏秋二季兵米支放。"得旨："如所议行。"（《清实录》第 16 册《高宗实录》卷 611，第 864 页上左）

---

① 该条为乾隆二十三年十月戊辰，1758 年 11 月 15 日事。
② 该条为乾隆二十四年十月丙申，1759 年 12 月 8 日事。
③ 该条为乾隆二十四年十二月癸未，1760 年 1 月 24 日事。
④ 宗室，同一宗族的贵族，指国君或皇帝的宗族。
⑤ 弘晌（1718~1781 年），直郡王允禔第十二子，母妾高氏，高登科之女。
⑥ 该条为乾隆二十五年四月庚寅，1760 年 5 月 30 日事。直隶总督方观承奏。

◎蠲缓<u>直隶宣化</u>、<u>万全</u>、<u>怀安</u>、<u>西宁</u>、<u>龙门</u>、<u>冀州</u>、<u>宁晋</u>等七州、县，本年水、雹、灾民额赋有差，并借给籽种①。（《清实录》第 16 册《高宗实录》卷 623，第 1002 页上右）

◎<u>直隶总督方观承奏</u>②："张家口驻防兵豫支米，经军机大臣议准，照京师甲米例四季关支。兹通查直省各驻防兵，惟<u>保定</u>、<u>雄县</u>、<u>古北口</u>、<u>千家店</u>向系按四季关支，无庸复议。<u>天津水师营</u>则系按月关支。<u>热河</u>按三季关支。<u>宝坻</u>……<u>张家口</u>、<u>独石口</u>等十八处，系春秋雨季关支。办理殊不画一。请悉照京师甲米例，均作四季支放。"得旨："如所议行。"（《清实录》第 16 册《高宗实录》卷 627，第 1050 页上左）

◎辛卯③，谕："朕巡省<u>江浙</u>，<u>畿辅</u>所过地方，应征赋额，前已特颁恩旨，分别蠲免。但念各属，尚有节年民欠未完之项，因灾分年缓带钱粮，尚应按数征收。兹回銮沿途体察民依④，宜敷惠泽，著再加恩。将<u>乾隆十二年至二十五年</u><u>大兴</u>、<u>静海</u>、<u>龙门</u>、<u>宣化</u>、<u>怀安</u>、<u>万全</u>、<u>西宁</u>、<u>怀来</u>、<u>蔚州</u>、<u>四旗</u>等十州、县、厅未完地粮银七千一百余两，改折银六千六百余两，屯粮一万六千余石，概予豁免。其自十九年至二十五年各属因灾缓带地粮银八万六千七百余两，改折银九千一百余两，屯粮六万三千余石，并著加恩于本年起限，再分作三年带征。俾民力益舒，得资耕作，用称爱养黎元⑤至意，该部遵谕速行。"（《清实录》第 17 册《高宗实录》卷 659，第 381 页上左）

---

① 该条为乾隆二十五年十月壬辰，1760 年 11 月 28 日事。

② 该条为乾隆二十五年十二月庚子，1761 年 2 月 4 日事。

③ 乾隆二十七年四月辛卯，1762 年 5 月 21 日。

④ 民依，百姓心向往之。

⑤ 黎元，亦作"黎玄"。即黎民。汉董仲舒《春秋繁露·五行变救》："救之者，省宫室，去雕文，举孝弟，恤黎元。"

◎兵部等部会议①："各省裁汰驿丞，或改设巡检等事宜。前经京畿道御史吕光亨条奏，兵部议覆，令通行各省督抚查议具题。今据各省所议，福建、山东、江苏并无驿丞，驿务俱系州县官管理，应毋庸议。其原设有驿丞专司驿务，及佐杂兼管驿务，并驿丞兼管巡检事者，各该督抚，或因离城窎远②，或地当孔道，请照旧存留。其原系驿丞，请兼管巡检事者，直隶之鸡鸣、万全、云州、长安……。应如所议。"（《清实录》第 17 册《高宗实录》卷 671，第 499 页下左～500 页下右）

◎军机大臣等议覆③："巡察独石口等处地方镶白旗护军统领弘晌奏称，独石口地方额设官七员，兵百名。向俱在城居住，其口内不过进班数人，轮替防守。查该处为蒙古出入关隘，驻防员弁，相离十数里，不便巡查。拟照古北口例，将旧住官房，改造口内。应如所请。"从之。（《清实录》第 17 册《高宗实录》卷 674，第 537 页上左）

◎举行各处驻防军政④：吉林卓异官一员、罢软官三员、才力不及官二员。独石口卓异官一员、年老官一员、有疾官一员……分别议叙处分如例。其曾经出兵打仗之西安年老官一员；绥远城年老官一员，有疾官三员，赏给半俸全俸有差。（《清实录》第 17 册《高宗实录》卷 677，第 570 页上左）

◎蠲缓直隶延庆、保安、蔚州、万全、宣化、怀安、西宁、易

---

① 该条为乾隆二十七年九月甲申，1762 年 11 月 10 日事。
② 窎远，音 diào yuǎn。遥远。
③ 该条为乾隆二十七年十一月丙寅，1762 年 12 月 22 日事。
④ 该条为乾隆二十七年十二月乙巳，1763 年 1 月 30 日事。

州、怀来、龙门等十州、县雹旱灾饥民额赋，并贷籽种①。（《清实录》第 17 册《高宗实录》卷 700，第 831 页上右）

◎工部议准直隶总督方观承疏称②："独石口官兵旧有营房共八十五间，今照古北口等处建造营房例，移建衙署营房共二百六十间，估银修建。"从之。（《清实录》第 18 册《高宗实录》卷 737，第 120 页下右）

◎谕③："独石口等处官兵，不必每岁巡查，著三年巡查一次。"（《清实录》第 18 册《高宗实录》卷 745，第 204 页上左）

◎军机大臣等奏④："喜峰口等处驻防官兵，已令山海关副都统兼管。惟独石口、古北口、钱〔千?〕家店、昌平州四处，仍由京出派大员管理，未经议改。请以古北口官兵，令热河副都统兼管。独石口、钱〔千?〕家店、昌平州三处，令张家口都统兼管。其由京特派大员之处，即行停止……"从之。（《清实录》第 18 册《高宗实录》卷 780，第 579 页上左）

◎抚恤直隶永清……宣化、万全、西宁、怀来、蔚州、龙门、怀安十三州、县被冰、雹灾民，并予缓征⑤。（《清实录》第 18 册《高宗实录》卷 797，第 759 页上右）

---

① 该条为乾隆二十八年十二月乙酉，1764 年 1 月 5 日事。
② 该条为乾隆三十年五月癸卯，1765 年 7 月 16 日事。
③ 该条为乾隆三十年九月壬寅，1765 年 11 月 12 日事。
④ 该条为乾隆三十二年三月乙丑，1767 年 3 月 30 日事。
⑤ 该条为乾隆三十二年十月庚辰，1767 年 12 月 10 日事。

◎兵部议准直隶总督方观承奏称①："独石、张家二口，同属边地。张家口副将，向例定为满缺。查独石口一协，管辖多伦诺尔，兼有稽查鱼诺儿、克什克腾、山场事务。请将该协亦定为满缺，将来遇轮调满员缺出，请与张家口副将一体拣选。"从之。(《清实录》第18册《高宗实录》卷804，第862页上右)

◎蠲免直隶龙门、怀安二县乾隆三十二年水、雹、霜灾应征额赋②。(《清实录》第18册《高宗实录》卷805，第878页下右)

◎户部等衙门遵旨议奏③："各处寻常税口，由各衙门拣员引见派往，专司榷务，并无专员兼管稽核，非所以重责成。请嗣后各司员所管税口，如张家口、山海关虽距直隶省会稍远，第道府各官均为总督属员，该二处税务应令该督兼管……张家口、赛尔乌苏驿站，隶察哈尔都统。独石口、古北口驿站，隶直隶提督。喜峰口驿站，隶热河副都统，应仍照旧例兼管。如税务有亏短，即著落④各处大员分赔。其八沟、塔子沟、三座塔、乌兰哈达、多伦诺尔等处，俱系直隶总督所辖。所有税务，自应交该督兼管。各该关榷务，按月造报，兼管大员按册详加稽核。该监督倘有侵蚀那移⑤情事，即据实参奏，严行办理。如兼管大员不实力稽查，及扶同徇隐⑥，或别经发觉，一并交部议处。亏短银两，著落代赔。"从之。(《清实录》第18册《高宗实录》卷821，第1152页下右~1153页上左)

---

① 该条为乾隆三十三年二月己巳，1768年3月28日事。
② 该条为乾隆三十三年二月辛巳，1768年4月9日事。
③ 该条为乾隆三十三年十月壬午，1768年12月6日事。
④ 著落，犹安排；安置。
⑤ 那移，挪借移用。转移；移动。
⑥ 徇隐，徇私隐瞒。

◎军机大臣等议覆①："直隶提督王进泰奏称，独石口、古北口二处驿站均隶提督兼辖，凡支放钱粮，若听管站司员豫领存贮，并不报明兼管大员稽查出入，难保无那掩弊窦②，应如所奏。嗣后③独石口工料银，令管站司员册报提督，移咨④户部支领。其银贮口北道库，该司员于每季首，赴库领取，仍将日期报提督存查……亦应如所请。"从之。（《清实录》第 18 册《高宗实录》卷 824，第 1196 页上左）

◎又谕⑤："据巴禄等参奏，独石口协领那广，于钦差大臣出口时，托病并不出迎，请将那广交部议处。那广身为协领，若平日管辖兵丁，操练有方，即偶因患病，未能出迎过往大员，亦属小事，申饬⑥足矣，何至参劾？若平日不能训练，怠忽玩惕，则宜早为题参，又岂必因未迎钦差始行入奏？巴禄等并未将那广平日训练兵丁如何之处陈奏，甚属糊涂。著传谕巴禄等将那广实系患病与否？及平日居官如何？查明具奏。"（《清实录》第 19 册《高宗实录》卷 833，第 117 页上左）

◎缓征直隶定兴、邢台、沙河、宣化、龙门、怀来、蔚州、西宁、保安……万全、怀安、四旗等二十七州、县、厅本年霜、雹、水、灾贫民额赋，并借给口粮籽种⑦。（《清实录》第 19 册《高宗实录》卷 844，第 287 页下右）

---

① 该条为乾隆三十三年十二月甲子，1769 年 1 月 17 日事。
② 弊窦，发生弊害的漏洞。
③ 嗣后，从此以后。
④ 移咨，移送咨文。
⑤ 该条为乾隆三十四年四月乙亥，1769 年 5 月 28 日事。
⑥ 申饬，对下属告诫。
⑦ 该条为乾隆三十四年十月戊午，1769 年 11 月 7 日事。

◎户部议覆①："直隶总督杨廷璋疏称，各州县被灾应行赈恤事宜：一、勘明被水、被雹村庄成灾之武清……万全、龙门、定州、丰润、玉田等四十六州、县、厅，按成灾分数，蠲免钱粮。并极次贫民，自十一月起，分别给赈口粮。米粮由邻近灾轻及并不被灾州、县内协拨。倘邻境无米可拨，每米一石，折银一两二钱。一、村庄离城窎远，穷民领米维艰。饬各州、县将被灾村庄，离城数十里以外者，于适中地设厂，委员监赈。其各州县拨运仓粮，应给脚价。一、被灾贫士，照次贫例赈给。每米一石，折银一两，令教官散给。一、屯居被灾旗人灶户②，俱令办灾各委员及地方官，会同场员，查明户口，分别一体赈恤，本管道、府、厅、州总理稽查。一、查灾监赈委员，除正印外，其佐杂③教官试用等官，并书役④等，应给盘费饭食及造册纸张银两。一、被灾各属涸出地亩，借给麦种籽种谷石，并勘不成灾村庄农民，缺乏口粮，请分别借给，均于来岁秋收后，免息追还。至明岁停赈后，青黄不接时，贫民籴食维艰，应照歉收例，酌动仓谷平粜。一、各属钱粮业经普蠲，其例不普蠲之屯粮，并房租新垦地亩，及勘不成灾地亩，应征屯粮等项，并节年旧欠钱粮，民借米谷，分别停征带征。一、入官存退余绝等项地亩，及公产井田香灯地租，请照民地例缓征。一、穷民庐舍被冲，及淹浸坍塌者，请给赀苫盖⑤。每瓦房一间，给银一两，土草房五钱……均应如所请。"从之。（《清实录》第19册《高宗实录》卷871，第678上左～679页上左）

---

① 该条为乾隆三十五年十月壬辰，1770年12月6日事。
② 灶户，旧时设灶煎盐的盐户。
③ 佐杂，清代州县官署内助理官吏佐贰、首领、杂职三者的统称。
④ 书役，犹书办。管办文书的属吏。亦泛指掌管文书翰墨的人。
⑤ 苫盖，音shàn gài。遮盖。

◎军机大臣等议准绥远城将军诺伦奏称①："蒙古驿站中，如喜峰、古北、独石等口之委署骁骑校，皆赏七品顶带②，独杀虎口等处骁骑校，向无此例，似未公允。请将杀虎口等处十二驿站之蒙古委署骁骑校，一体赏给七品顶带。"从之。（《清实录》第 19 册《高宗实录》卷 888，第 890 页下右）

◎是月③，直隶总督杨廷璋奏："被灾州、县，除已奏大兴等四十一处外，又续据禀顺义等二十四州县内顺义……龙门、延庆……等十九州县较轻，盐山、青县、沧州、庆云四处次重，宁晋一县较重。共被水六十五州县，现在确勘分别办理。"报闻。（《清实录》第 19 册《高宗实录》卷 889，第 925 页上左）

◎发归化城，张家、独石二口仓储，以赈其乏，且足其食④。（《清实录》第 19 册《高宗实录》卷 892，第 965 下左～966 页上右）

◎是月⑤，直隶总督周元理奏："天津、青县、静海、沧州、元城、大名六州、县村庄，间有被淹。又宣化、万全、赤城、西宁、龙门、怀安六县，因节气较早，亦有被霜之处。请将出借仓谷，及应征屯粮米豆，均缓至明年麦后征还。"报闻。（《清实录》第 22 册《高宗实录》卷 1067，第 289 页下左）

---

① 该条为乾隆三十六年七月壬寅，1771 年 8 月 13 日事。
② 顶带，清代用以区别官员等级的冠饰。通常皇帝可赏给无官的人某品顶带，亦可对次一等的官赏加较高级的顶带。
③ 是月，乾隆三十六年七月，1771 年。
④ 该条为乾隆三十六年九月乙巳，1771 年 10 月 15 日事。
⑤ 是月，乾隆四十三年九月，1778 年。

◎蠲免<u>直隶霸州</u>······<u>延庆</u>、<u>保安</u>、<u>蔚州</u>、<u>怀来</u>、<u>独石口厅</u>、<u>圭润</u>、<u>玉田</u>、<u>易州</u>、<u>武强</u>六十三州、县本年被水灾田额赋[①]。（《清实录》第 22 册《高宗实录》卷 1117，第 922 页下左~923 页上右）

◎是月[②]，<u>直隶总督袁守侗</u>奏："<u>多伦诺尔理事同知自乾隆</u>三十九年改归税务稽查征收，必需练达之员，况地方广阔，不特与口内各厅，繁、简[③]各殊。即较之<u>张家口</u>、<u>独石口</u>二厅案牍[④]亦觉纷繁。应请定为冲、繁、难三项要缺，在外调补。遇缺出，准于口内外各厅员内，拣选调用。"得旨："著照所请行，该部知道。"（《清实录》第 23 册《高宗实录》卷 1127，第 68 页下右）

◎兵部议准<u>直隶总督袁守侗</u>疏称[⑤]："<u>独石口</u>属喜峰砦千总衙署兵丁营房，于<u>乾隆</u>四十五年水冲，应移于<u>喜峰砦</u>村内，估计兴造。"从之。（《清实录》第 23 册《高宗实录》卷 1138，第 228 页下右）

◎军机大臣议准察哈尔都统乌尔图纳逊奏称[⑥]："<u>独石口</u>、<u>千家店</u>二处，生齿日繁，所有孀妇孤子，及残废闲散等户，请照京城例，支给养赡。孤子至得差时，即将钱粮裁汰。"从之。（《清实录》第 24 册《高宗实录》卷 1245，第 734 页下右）

---

① 该条为乾隆四十五年十月壬戌，1780 年 11 月 13 日事。

② 是月，乾隆四十六年三月，1781 年。

③ 雍正间，由广西布政使奏准，分定全国州县为冲、繁、疲、难四类，以便选用官吏。交通频繁曰冲，行政业务多曰繁，税粮滞纳过多曰疲，风俗不纯、犯罪事件多曰难。县的等第高，字数就多，反之，字数就少。冲繁疲难四字俱全的县称为"最要"或"要"缺，一字或无字的县称为"简"缺，三字（有冲繁难、冲疲难、繁疲难三种）为"要"缺，二字（有冲繁、繁难、繁疲、疲难、冲难、冲疲六种）为"要"缺或"中"缺。

④ 案牍，案：书桌，办公桌；牍：古代用于写字的木片，即木简；公事、文书。

⑤ 该条为乾隆四十六年八月丁丑，1781 年 9 月 24 日事。

⑥ 该条为乾隆五十年十二月戊戌，1786 年 1 月 22 日事。

◎癸酉①，封闭独石口厅属槽碾沟煤窑七座。从直隶总督刘峨请也。（《清实录》第 25 册《高宗实录》卷 1292，第 340 页上左）

◎庚午②，吏部等部议准稽查宝坻等处驻防正蓝旗护军统领宗室崇尚咨称：“保定府、沧州二处，向由部选笔帖式各一员，应照独石口例彻回……”从之。（《清实录》第 25 册《高宗实录》卷 1300，第 482 页下左 ~483 页上右）

◎是月③，直隶总督刘峨奏：“上年宣化等属被旱成灾，粮价较昂，现在官为减粜，若仅照歉收例，每石减银一钱，仍形拮据。请将宣化等七州县并张家口、独石口及灾邑毗连之延庆、赤城、龙门等三州、县，一体查明市价。如在一两六钱以上者，每石减一钱五分。一两八九钱以上者，每石减二钱。并令零星粜卖，以济灾黎④。”得旨：“自应如此。该部知道。”（《清实录》第 25 册《高宗实录》卷 1301，第 513 页下右）

◎谕⑤：“据刘峨奏，顺天等府属四十九州县，本年春夏以来，雨泽短缺，麦收歉薄，大田亦多未布种，小民生计不无竭蹷⑥等语。本年顺天等府属，春膏⑦稍缺，入夏后雨泽又未能一律普沾，二麦难望有收。大田亦多未种，若将新旧钱粮，同时并征，民力未免拮据。所有顺天府属之大城、文安……并宣化府属之延庆、赤城、龙门三州县，应征节年新旧钱粮，仓谷旗租，及万全等州、县上年因灾赏

---

① 乾隆五十二年十一月癸酉，1787 年 12 月 18 日。

② 乾隆五十三年三月庚午，1788 年 4 月 13 日。

③ 是月，乾隆五十三年三月，1788 年。

④ 灾黎，灾民。

⑤ 该条为乾隆五十三年四月癸丑，1788 年 5 月 26 日事。

⑥ 竭蹷，音 jié jué。蹷同“蹶”。原指走路艰难，后用来形容经济困难。

⑦ 春膏，指春雨。

借之口粮，俱著加恩，一体缓至秋成后再行征收。如并无节欠粮租者，准其将本年新粮一体缓征。俾民间生计益资宽裕，以副朕轸念民依①，有加无已至意。"该督即遵谕行。(《清实录》第25册《高宗实录》卷1303，第536页下左~537页上左)

◎是月②，直隶总督刘峨奏报保定省城得雨情形。得旨："此实深沐天恩，益深钦感。四月甘霖，十年不一遇者。"又奏："现在缺雨之宣化府属七州、县，张家口、独石口二厅，及延庆、赤城、龙门三州县，粮价稍昂。请格外减价出粜，通省各府、州所属，亦照例平粜。"得旨："自应如此。"该部知道。(《清实录》第25册《高宗实录》卷1303，第547页上右)

◎又谕③："据观明奏称，独石口驻防兵丁，房屋现在不敷居住。请于二十户每户加盖房两间等语。各省驻防兵丁，所得官房，原俱有定额，迄今阅年④已久，并无增办房屋者。若云独石口兵丁，年久生齿日繁，则各省现在生齿亦皆繁庶矣。倘俱效尤⑤，奏请增添房屋，亦实难准行。况此事亦非紧急不可等待者。观明系以副都统署都统事务，前既不同保泰具奏，今又不候乌尔图纳逊自行，专折具奏。无非见好沽名⑥。观明著交部察议，仍著严行申饬。"(《清实录》第26册《高宗实录》卷1363，第291页下左~292页上右)

① 轸念，悲痛的思念。民依，百姓心向往之。
② 是月，乾隆五十三年四月，1788年。
③ 该条为乾隆五十五年九月癸卯，1790年11月2日事。
④ 阅年，经历年岁。
⑤ 效尤，仿效坏的行为。效，仿效。尤，过失。
⑥ 沽名，故意做作或用某种手段谋取名誉。

5.《仁宗睿皇帝实录》

【题解】　《仁宗睿皇帝实录》（以下简称《仁宗实录》）374卷，起嘉庆元年（1796 年）正月，讫嘉庆二十五年七月。

清仁宗嘉庆名颙琰，乾隆皇帝第十五子，为清代入关后第五帝，在位 25 年。嘉庆二十五年七月二十五日崩于承德避暑山庄，终年 61 岁。卒谥受天兴运敷化绥猷崇文经武孝恭勤俭端敏英哲睿皇帝。庙号仁宗。咸丰帝即位，于"孝恭"前加上"光裕"二字。

嘉庆二十五年七月，宣宗旻宁道光帝继位，八月即位不久便为纂修《仁宗实录》做准备，将会典馆移往棉花胡同官房，而将会典馆整修作为实录馆。九月七日，命恭纂《仁宗实录》，以大学士托津为监修总裁官，大学士戴均元、协办大学士兵部尚书伯麟、吏部尚书英和、都察院左都御史汪廷珍为总裁官，吏部左侍郎恩铭、右侍郎王引之，户部左侍郎文孚、右侍郎王鼎，刑部左侍郎廉善，内阁学士杜堮为副总裁官，并首设蒙古文实录副总裁，由博启图担任。宣宗帝清洗前朝旧臣，以枢臣拟写的仁宗遗诏舛误为由，监修总裁托津、总裁戴均元尚未入馆便被革职。又命大学士曹振镛为监修总裁。经过周密的准备，实录馆于嘉庆二十五年十月十二日正式开馆。历时 3 年零 7 个月，于道光四年（1824 年）三月三十日宣宗正式宣布《仁宗实录》告成。四月二十日，清廷举行隆重的进呈仪式，此次进呈的实录正文 374 卷，加上首卷 4 卷，共 378 卷。

本辑据 1986 年 6 月中华书局影印本《清实录》第 28 至 32 册《仁宗实录》辑录有关赤城内容。

令知之〇展緩直隸宣化龍門二縣上年被
霜被雹地畝額賦緩徵張家口〇獨石口〇赤城
萬全懷來蔚西寧懷安延慶保安十廳州縣
新舊額賦並借糶倉穀〇丙寅諭內閣慶桂
等會同松筠議覆伊犁將軍晉昌酌定屯田
事宜一摺該處從前八旗公種之田若仍令
其通力合作伊等視公產不如私業勤惰不
齊不足以專責成自應將此項田二萬餘畝
分給八旗俾各專心耕種永資樂利其原奏

《清仁宗实录》书影

◎赏<u>直隶独石口</u>被水兵丁一月钱粮①。(《清实录》第 28 册《仁宗实录》卷 20，第 258 页上左)

◎赈<u>直隶安、新安、雄、博野、任邱</u>五州县被水灾民，并免新旧额赋。贷<u>霸、保定</u>……<u>龙门、冀、新河、衡水、隆平、宁晋</u>十九州县被水灾民籽种口粮，并缓征新旧额赋②。(《清实录》第 30 册《仁宗实录》卷 167，第 182 页下右)

◎赈<u>直隶安、新安、雄、任邱、高阳</u>五州县被水灾民，缓征<u>霸、大城</u>……<u>沧、龙门</u>三十厅州县水灾、雹灾新旧额赋③。(《清实录》第 30 册《仁宗实录》卷 218，第 934 页上右)

◎壬申④……移<u>八沟</u>营都司驻<u>蔚州</u>路，仍归<u>宣化镇</u>管辖。裁<u>清[张?]家口</u>、<u>滴水崖</u>都司，<u>四海冶堡</u>守备．从总督<u>温承惠</u>请也。(《清实录》第 31 册《仁宗实录》卷 238，第 216 页上右)

◎裁<u>直隶祁州</u>州判，<u>涞水、枣强</u>二县县丞，<u>赤城、龙门</u>二县驿丞……从总督<u>温承惠</u>请也⑤。(《清实录》第 31 册《仁宗实录》卷 242，第 271 页下左)

◎移<u>直隶独石口</u>协左营外委一员，驻<u>赤城</u>营。从总督<u>温承惠</u>请也⑥。(《清实录》第 31 册《仁宗实录》卷 251，第 389 页下左)

---

① 该条为嘉庆二年七月辛未，1797 年 8 月 25 日事。
② 该条为嘉庆十一年九月壬申，1806 年 11 月 8 日事。
③ 该条为嘉庆十四年九月辛未，1809 年 10 月 22 日事。
④ 嘉庆十六年正月壬申，1811 年 2 月 15 日。
⑤ 该条为嘉庆十六年四月癸酉，1811 年 6 月 16 日事。
⑥ 该条为嘉庆十六年十二月丙午，1812 年 1 月 15 日事。

◎展缓直隶宣化、龙门二县上年被霜被雹地亩额赋。缓征张家口、独石口、赤城、万全、怀来、蔚、西宁、怀安、延庆、保安十厅州县新旧额赋，并借粜仓谷①。（《清实录》第31册《仁宗实录》卷254，第434页上左）

◎缓征直隶博野……龙门、延庆四十四州县水灾、旱灾、雹灾本年额赋，并旗租仓谷有差②。（《清实录》第31册《仁宗实录》卷261，第536页下右）

◎贷直隶博野、蠡……龙门、延庆四十五州县上年被旱、被水、被雹灾民口粮③。（《清实录》第31册《仁宗实录》卷265，第595页上右）

◎缓征直隶博野、蠡……龙门、延庆五十一州县水灾、旱灾、雹灾节年额赋旗租仓谷④。（《清实录》第31册《仁宗实录》卷267，第616页上左）

◎旌表守正捐躯直隶赤城县民王福妻张氏⑤。（《清实录》第31册《仁宗实录》卷281，第839页上右）

◎缓征直隶开、东明……龙门、冀……安平五十州县连年灾歉新旧额赋仓谷⑥。（《清实录》第31册《仁宗实录》卷289，第945

---

① 该条为嘉庆十七年二月乙丑，1812年4月3日事。
② 该条为嘉庆十七年九月戊寅，1812年10月13日事。
③ 该条为嘉庆十八年正月庚午，1813年2月2日事。
④ 该条为嘉庆十八年二月丙寅，1813年3月30日事。
⑤ 该条为嘉庆十八年十二月甲寅，1814年1月12日事。
⑥ 该条为嘉庆十九年四月壬戌，1814年5月20日事。

页下右)

◎缓征直隶丰润、宝坻、龙门、定……文安十五州县水灾、旱灾、雹灾、虫灾各村庄新旧额赋，及旗租仓谷①。(《清实录》第31册《仁宗实录》卷295，第1048页上左)

◎缓征直隶霸、定兴……龙门、冀……曲阳四十五州县积欠额赋口粮仓谷②。(《清实录》第31册《仁宗实录》卷299，第1116页下右)

◎缓征直隶丰润、宝坻、龙门、定……新安二十九州县上年水灾、旱灾本年额赋旗租③。(《清实录》第32册《仁宗实录》卷302，第1页上左)

◎以直隶独石口副将多隆武为甘肃宁夏镇总兵官，西安协领穆兰岱为凉州副都统④。(《清实录》第32册《仁宗实录》卷341，第497页上左)

◎蠲缓直隶滦、昌黎、乐亭、清河、宣化五州县水灾、雹灾本年额赋有差，并缓征旧欠额赋仓粮，及蓟、卢龙……龙门、新河、赵、隆平、宁晋十八州县新旧额赋仓粮，给宣化、清河二县贫民口粮⑤。(《清实录》第32册《仁宗实录》卷349，第610页上右)

---

① 该条为嘉庆十九年八月壬午，1814年10月7日事。
② 该条为嘉庆十九年十一月壬子，1815年1月5日事。
③ 该条为嘉庆二十年正月丁亥，1815年2月9日事。
④ 该条为嘉庆二十三年四月庚午，1818年5月7日事。
⑤ 该条为嘉庆二十三年十一月丙申，1818年11月29日事。

6.《宣宗成皇帝实录》

【题解】　《宣宗成皇帝实录》（以下简称《宣宗实录》）476
卷。起嘉庆二十五（1820年）年七月，讫道光三十年（1850年）
正月。

爱新觉罗·旻宁，即清宣宗，通称道光帝，是清入关后的第六
个皇帝。清仁宗（嘉庆帝）次子，在位30年，卒于道光三十年正月
十四日，终年69岁。庙号宣宗。

道光三十年，即位伊始的文宗奕詝咸丰帝下诏命修《宣宗实
录》，二月二十日命大学士穆彰阿为监修总裁官，协办大学士户部尚
书祁寯藻、吏部尚书文庆、户部尚书赛尚阿、工部尚书杜受田为总
裁官，户部左侍郎阿灵阿、季芝昌，右侍郎福济，兵部左侍郎瑞常，
刑部左侍郎周祖培，工部左侍郎翁心存为副总裁官，赛尚阿兼蒙古
副总裁官。《宣宗实录》的纂修正式开始。咸丰六年（1856年）十
月一日，文宗正式宣布《宣宗实录》《圣训》告成，历时6年零9个
月。十一月一日，正式举行进呈仪式。此次进呈《宣宗实录》476
卷，加上首卷5卷，共481卷。

本辑据1986年8月中华书局影印本《清实录》第33至39册
《宣宗实录》辑录有关赤城内容。

◎又谕①："本日据都察院奏，直隶龙门县廪生②王瑞，呈控勒
敛殃民一案，已有旨交方受畴审办矣。此案该县官吏等，每年科派

---

① 该条为嘉庆二十五年九月庚辰，1820年11月2日事。
② 廪生，音 lǐn shēng。明清两代由公家发给银两、粮食的生员。

等侍衞為庫爾喀喇烏蘇領隊大臣以頭等
侍衞八十為烏里雅蘇台參贊大臣○緬緩
直隸安肅新城東安涿靜海寧晉定永清容
城雄安高陽天津青滄南皮鹽山慶雲大名
南樂宣化保安懷來赤城龍門新河二十六
州縣被水被雹村莊新舊額賦賑安肅新城
東安涿靜海寧晉定七州縣災民○緬緩江
蘇句容沭陽上元江寧銅山沛蕭碭山邳溧
水江浦六合山陽阜寧清河桃源安東鹽城

《清宣宗实录》书影

民间草束，勒折钱文。经王瑞之父王恭辰历控，延宕①一年之久，将原告严押，仍未究办。地方官于科敛扰累②等情，一经小民呈诉，承审官辄意存回护③，延不审办，实为向来陋习。著该督即亲提此案，秉公严审，彻底根究。如该官吏实有科派病民，及委员等意存袒护情事，即据实严参，不可稍涉回护。倘该督仍复袒庇④属员，致有屈抑，审结之后，再经控诉，朕查出情弊，定将该督严惩不贷。将此谕令知之。"（《清实录》第33册《宣宗实录》卷5，第138页下右）

◎抚恤直隶赤城县被水灾民⑤。（《清实录》第33册《宣宗实录》卷18，第342页下右）

◎赈直隶赤城、宣化两县被水灾民⑥。（《清实录》第33册《宣宗实录》卷21，第372页上右）

◎蠲缓直隶安肃……宣化、保安、怀来、赤城、龙门、新河二十六州县被水、被雹村庄新旧额赋⑦。（《清实录》第33册《宣宗实录》卷24，第433页下右）

◎展缓直隶武清、宝坻……宣化、龙门、遵化……武强六十州、县上年被灾应征节年出借籽种口粮⑧。（《清实录》第34册《宣宗实录》卷75，第221页下右）

---

① 延宕，音 yán dàng。延迟耽搁。宕，拖延，搁置。
② 科敛扰累。科敛，凑集或搜刮钱财。扰累，犹扰害。
③ 回护，袒护、庇护；回避。
④ 袒庇，袒护包庇。
⑤ 该条为道光元年五月癸酉，1821年6月23日事。
⑥ 该条为道光元年六月戊申，1821年7月28日事。
⑦ 该条为道光元年十月乙酉，1821年11月2日事。
⑧ 该条为道光四年十一月癸丑，1825年1月13日事。

◎以直隶宣化、张家口、独石口、永平、遵化、顺德、广平、大名等府州厅所属，距省较远，命嗣后遣军流徒人犯，由口北道、通永道、大顺广道就近审勘。从总督那彦成请也①。（《清实录》第34册《宣宗实录》卷98，第603页上左）

◎缓征直隶宁河……龙门、丰润、玉田、隆平、宁晋十五州县被雹、被旱村庄新旧额赋旗租，并展缓开、大名……广宗十五州、县积欠额赋②。（《清实录》第34册《宣宗实录》卷106，第762页上左）

◎又谕成格奏热河书院义学经费不敷，恳请借项发商生息一折③："热河地方本属口外，当以璩备为重，其各属生童，有肄习文艺者，亦应加意培植。惟该处书院设立有年，修膳膏火④，本有银四百五十两，在独石口等处地粮项下提解支发。上年复奏准于都统各衙门养廉⑤内，每年捐银三百两，所立义学，亦经捐廉办理，均足以资教育。该都统请借项生息，作为书院义学经费之处，此时可毋庸置议。著俟见来察看情形，如果文风日起，肄业生童，人数众多，再行奏请。"（《清实录》第35册《宣宗实录》卷154，第362页下右）

◎贷直隶独石口、钱［千?］家店官兵俸饷银，修理官房⑥。（《清实录》第35册《宣宗实录》卷174，第702页上右）

---

① 该条为道光六年五月戊申，1826年7月2日事。
② 该条为道光六年九月丙午，1826年10月28日事。
③ 该条为道光九年三月丁巳，1829年4月26日事。
④ 膏火，比喻夜间工作的费用（多指求学的费用）。
⑤ 养廉，清官员于正俸外加给的一种收入。清朝官俸很低，一品大员年俸银一百八十两、禄米九十石，七品知县年俸银四十五两、禄米二十二石，武官所得更少。
⑥ 该条为道光十年九月乙丑，1830年10月26日事。

◎缓征<u>直隶大城</u>……<u>保安</u>、<u>玉田</u>、<u>龙门</u>十州、县被水、被旱、被雹村庄新旧额赋,暨<u>磁州</u>地震灾区借欠常平仓谷①。(《清实录》第35册《宣宗实录》卷197,第206页下左)

◎展缓<u>直隶大城</u>……<u>延庆</u>、<u>蔚</u>、<u>宣化</u>、<u>怀安</u>、<u>西宁</u>、<u>怀来</u>……<u>独石口</u>八十二厅、州、县被旱村庄旧欠额赋②。(《清实录》第36册《宣宗实录》卷215,第200页下左~201页上右)

◎缓征<u>直隶三河</u>……<u>蔚</u>、<u>宣化</u>、<u>龙门</u>、<u>怀来</u>……<u>延庆</u>、<u>赤城</u>……<u>钜鹿</u>四十七州、县被水被旱被霜村庄新旧额赋③。(《清实录》第36册《宣宗实录》卷221,第304页上左)

◎蠲缓<u>直隶吴桥</u>……<u>保安</u>、<u>蔚</u>、<u>宣化</u>、<u>龙门</u>、<u>怀来</u>、<u>延庆</u>、<u>赤城</u>十七州、县被水被雹村庄新旧正杂额赋有差。赈<u>吴桥</u>、<u>东光</u>二县灾民④。(《清实录》第36册《宣宗实录》卷223,第331页下右)

◎缓征<u>直隶霸</u>、<u>保安</u>……<u>宣化</u>、<u>蔚</u>、<u>龙门</u>、<u>怀来</u>……<u>延庆</u>、<u>赤城</u>、<u>丰润</u>、<u>南宫</u>、<u>新河</u>六十五州、县上年被旱被水被霜被雹村庄额赋⑤。(《清实录》第36册《宣宗实录》卷229,第423页上右)

◎辛亥⑥,展缓<u>直隶通</u>……<u>延庆</u>、<u>赤城</u>、<u>涿</u>、<u>保定</u>……津军四十四厅、州、县被旱村庄新旧额赋。(《清实录》第36册《宣宗实录》

---

① 该条为道光十一年九月乙亥,1831年10月31日事。
② 该条为道光十二年七月丁巳,1832年8月8日事。
③ 该条为道光十二年闰九月丙戌,1832年11月5日事。
④ 该条为道光十二年十月戊申,1832年11月5日事。
⑤ 该条为道光十三年正月甲戌,1833年2月21日事。
⑥ 道光十三年四月辛亥,1833年5月29日。

卷235，第517页上右）

◎加赈<u>直隶霸州</u>被水灾民。蠲缓<u>霸</u>、<u>大城</u>……<u>赤城</u>、<u>冀</u>……<u>深泽</u>五十二州、县被水村庄新旧额赋。给<u>赤城县</u>灾民房屋修费①。（《清实录》第36册《宣宗实录》卷257，第924页上右）

◎缓征<u>直隶大兴</u>、<u>宛平</u>……<u>赤城</u>、<u>冀</u>……<u>深泽</u>五十八州、县上年被水村庄新旧额赋②。（《清实录》第37册《宣宗实录》卷262，第2页下左~3页上右）

◎修<u>直隶独石口</u>协左右营坍塌营房。从总督<u>琦善</u>请也③。（《清实录》第37册《宣宗实录》卷268，第117页上左）

◎庚戌④，谕内阁<u>琦善</u>奏地方官访获邪教，请宽免处分等语："此案<u>直隶南和</u>等县教犯<u>宋廷玉</u>等，俱系该管地方各官，或先自访知，跟踪掩捕；或一经饬拏，即时按名获解。缉办均属认真，功过尚足相抵。所有<u>南和</u>、<u>鸡泽</u>……<u>宣化</u>、<u>赤城</u>……<u>山东临清</u>等州县，历任文武各官失察处分，俱著加恩宽免。"该部知道。（《清实录》第37册《宣宗实录》卷277，第274页下右）

◎又谕<u>赛尚阿</u>等奏办理军政，酌拟调口校阅一折⑤："明年二月，应行校阅<u>察哈尔</u>八旗<u>蒙古</u>官员军政。据该都统等体察情形，若

---

① 该条为道光十四年九月乙酉，1834年10月25日事。
② 该条为道光十五年正月丙寅，1835年2月3日事。
③ 该条为道光十五年闰六月丁卯，1835年8月3日事。
④ 道光十六年正月庚戌，1836年3月13日。
⑤ 该条为道光十七年十一月壬辰，1837年12月15日事。

驰赴各旗考验，恐蒙古等供应竭蹶①。著照所请，所有察哈尔八旗蒙古，及独石口等处官员，准其间隔调口轮流考验。以示体恤。"（《清实录》第37册《宣宗实录》卷303，第726页上左）

◎又谕布彦泰等奏请添设六力官弓，改用抬炮②一折③："张家口等处官兵骑射，据该都统等察看弓力④软弱，请添设六力官弓，以备操练挑选。并请将子母炮存贮，改设抬炮，著照所请。所有张家口驻防满洲蒙古十旗，及独石口、千家店二处，每旗每处准其添制六力官弓各二张。并准于张家口改设抬炮十位，所需费银，著即在口北道库贮地租余存项下动用，年终造册报销。该都统等务须认真督率操练，一律精熟，毋致日久视为具文⑤。至该处操演需用火药等项，向系按年赴部支领，秋操后即无余存。嗣后该处请领时，准其将每年应领之项，及抬炮所需药铅，俱著豫领一年，以为备贮之用。"该部知道。（《清实录》第37册《宣宗实录》卷319，第981页下右）

◎贷直隶独石口、千家店官兵修理房屋俸饷银⑥。（《清实录》第38册《宣宗实录》卷331，第28页）

---

① 竭蹶，原指走路艰难，后用来形容经济困难。

② 抬炮，以火药发射铁弹丸的一种炮。清末的抬炮、抬枪，实际上是一种重型鸟枪。抬炮长一丈左右，重三十多斤，后减为二十多斤，称为抬枪。

③ 该条为道光十九年二月丁卯，1839年3月15日事。

④ 弓力，挽弓的力量。计算方法是：把一把弓固定在墙上，然后往弓弦上挂重物，等弓完全被拉开时，弓弦所悬挂的重物的重量，就是这把弓的弓力。据清代史料记载，弓的"等"和"力"，以制作弓时所用的筋和胶的数量来划分，具体分为六至一等弓和一至十八力。如：六等弓，一力至三力，用筋八两、胶五两；五等弓，四力至六力，用筋十四两、胶七两；……一等弓，十六力至十八力，用筋二斤六两、胶十四两。由此可见，弓在制作中使用的筋和胶越多，等级就越高，弓力就越大。

⑤ 具文，空文；徒具形式而不起实际作用的规章制度。

⑥ 该条为道光二十年二月丁亥，1840年3月29日事。

◎筑直隶大沽、北塘、海口炮台土坝，并建盖兵房，添铸炮位。裁提标及宣化、正定、大名镇标兵共四百二十五名，如额募驻大沽等处。移霸州营游击为葛沽营游击，葛沽营都司为芦台营都司。永宁营守备驻霸州，滴水崖千总驻永宁。拨天津镇把总、经制外委各一员，驻北塘口。宣化镇经制外委一员，驻滴水崖。从署总督讷尔经额请也①。（《清实录》第 38 册《宣宗实录》卷 342，第 213 页上左）

◎缓征直隶大兴、宛平、安、容城、高阳、怀来、赤城……新河十八州、县旧欠额赋②。（《清实录》第 39 册《宣宗实录》卷 418，第 248 页上左）

◎蠲缓直隶盐山、邯郸……宣化、龙门、宁晋三十六州、县被水、被旱、被雹村庄新旧额赋有差③。（《清实录》第 39 册《宣宗实录》卷 448，第 618 页上左）

◎修直隶独石口、千家店兵房。从察哈尔都统双德等请也④。（《清实录》第 39 册《宣宗实录》卷 467，第 882 页上左）

---

① 该条为道光二十年十二月己巳，1841 年 1 月 5 日事。
② 该条为道光二十五年六月丙辰，1845 年 7 月 30 日事。
③ 该条为道光二十七年九月乙巳，1847 年 11 月 6 日事。
④ 该条为道光二十九年闰四月己巳，1849 年 5 月 23 日事。

7.《文宗显皇帝实录》

【题解】　《文宗显皇帝实录》（以下简称《文宗实录》）356卷，起道光三十年（1850年）正月，讫咸丰十一年（1861年）七月。

爱新觉罗·奕詝，为清宣宗道光的第四子，为清朝第七世皇帝，年号咸丰，庙号文宗。道光三十年正月即皇帝位，登基不久就发生了太平天国农民起义，之后又有英法联军进攻北京火烧圆明园，内忧外患，战乱频繁，几年没有一天安宁的日子，最后还死在出奔逃避之中。咸丰十一年七月十七日（1861年8月22日），咸丰帝病逝于承德避暑山庄的烟波致爽殿内，卒年31岁，葬入清东陵的定陵。咸丰帝在位11年。谥号协天翊运执中垂谟懋德振武圣孝渊恭端仁宽敏庄俭显皇帝，是清朝历史上最后一位掌握实际统治权的皇帝。

咸丰十一年七月，年仅5岁零4个月的载淳即位，是为穆宗，母即慈禧太后。十月二十六日，慈禧令开馆恭修《文宗实录》，命大学士桂良为监修总裁官，大学士贾桢、周祖培，礼部尚书倭什珲布，兵部尚书麟魁为总裁官，吏部左侍郎李菡、右侍郎孙葆元，户部左侍郎文祥、右侍郎宝鋆，礼部右侍郎伊精阿，工部左侍郎单懋谦为副总裁官，理潘院右侍郎察杭阿为蒙古副总裁官，《文宗实录》纂修全面启动。清代惯例，实录修纂过程中需以次进呈皇帝审阅，但因穆宗年幼，乃派惠亲王绵愉、醇郡王奕譞等每日在弘德殿代为审阅。同治五年（1866年）十一月二十二日，穆宗正式宣布皇考《文宗实录》《圣训》告成，历时5年零2个月。十二月八日，朝廷举行隆重的进呈仪式，此次进呈《文宗实录》正文356卷，首卷4卷，共360卷。

　　本辑据 1986 年 10 月中华书局影印本《清实录》第 40 至 44 册《文宗实录》辑录有关赤城内容。

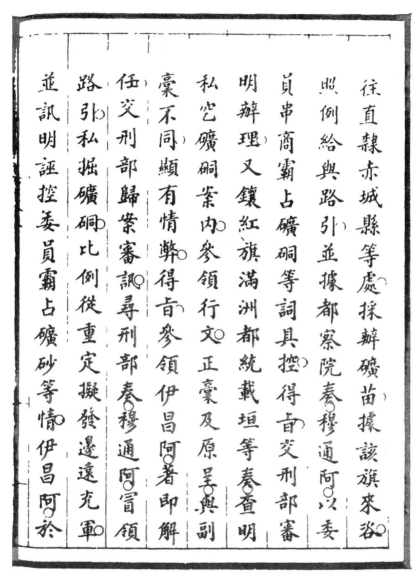

《清文宗实录》书影

◎缓征<u>直隶</u><u>永清</u>、<u>东安</u>……<u>庆云</u>六州、县被灾村庄次年新赋，并展缓<u>三河</u>、<u>武清</u>……<u>龙门</u>、<u>玉田</u>……<u>邯郸</u>二十六州、县旧欠额赋①。（《清实录》第 40 册《文宗实录》卷 24，第 355 页上右）

◎又谕户部奏派查矿山情形，并有肆行私挖等弊，请旨严行究办一折②："<u>赤城县</u>属之<u>九龙山</u>佐金硐。有旗人领催③<u>穆通阿</u>、<u>张挂</u><u>兵部</u>旗号，私挖矿硐④。经户部司员查询，据称领有兵部路引⑤，前来开挖，坚抗不服。该领催<u>穆通阿</u>，因何得有路引，前往该处偷挖矿硐。著兵部，并该旗查明具奏，以凭核办。"寻兵部奏："<u>镶红旗</u><u>满洲</u>领催<u>穆通阿</u>，请假往<u>直隶</u><u>赤城县</u>等处，采办矿苗。据该旗来咨，照例给与路引。并据都察院奏，<u>穆通阿</u>以委员串商霸占矿硐等词具控。"得旨："交刑部审明办理。"又<u>镶红旗</u><u>满洲</u>都统<u>载垣</u>等奏，查明私挖矿硐案内，参领行文正稿及原呈与副稿不同，显有情弊。得旨："参领<u>伊昌阿</u>著即解任，交刑部归案审讯。"寻刑部奏："<u>穆通</u><u>阿</u>冒领路引，私掘矿硐，比例从重，定拟发边远充军。并讯明诬控委员霸占矿砂等情。<u>伊昌阿</u>于<u>穆通阿</u>欲开矿硐，改补文稿，事后查知，并不究办，应交部议处。余俱问拟如律。"从之。（《清实录》第 41 册《文宗实录》卷 103，第 533 页上左）

◎以<u>直隶</u><u>独石口</u>协副将<u>双禄</u>，为<u>正定镇</u>总兵官⑥。（《清实录》第 42 册《文宗实录》卷 117，第 14 页上右）

---

① 该条为道光三十年十二月乙酉，1851 年 1 月 29 日事。
② 该条为咸丰三年八月己丑，1853 年 9 月 19 日事。
③ 领催，清代官名。满语"拨什库"的汉语意译。司佐领内的文书俸饷。
④ 矿硐，音 kuàng dòng。矿坑。硐，通"洞"。
⑤ 路引，路条、通行证。
⑥ 该条为咸丰四年正月戊申，1854 年 2 月 5 日事。

◎辛酉^①，署直隶总督谭廷襄奏："宣化府属各州、县储存囤米，久未出粜，恐致霉变。请将宣化镇各营，及张家口、独石口二厅捕盗营兵饷，自本年秋季为始，均于应放实银五成内，暂搭囤米二成。"允之。（《清实录》第43册《文宗实录》卷237，第689页上右）

◎又谕恒福奏请将解马迟延之知县议处等语^②："前因天津大沽添设腰拨，递送文报，经恒福于龙门等县，饬令协济^③马匹，迄今数月之久，未据报解，实属不知缓急。龙门县知县卢天泽、署赤城县知县安志、署献县知县胡桂芬、交河县知县李镜瀛，均著交部议处。倘再不能赶解，即著从严参办。"（《清实录》第44册《文宗实录》卷284，第157页上右）

◎又谕恒福奏请将催纳屯粮暨拨运兵米办理不善之署知县^④，分别议处查办一折："直隶署龙门县知县卢天泽，下乡催征屯粮，如果善为开导，何至乡民聚众抗违？乃该署县以稽查保甲^⑤，将未造户口草册之乡约，严讯掌责，以至该乡民怀疑聚众，先后入城，殴伤书吏，哄堂拒捕，实属办理不善。卢天泽业经撤任，著先行交部议处。署赤城县知县余启咸，拨运独石口驻防兵米，虽经遍谕绅耆^⑥，由官垫发运脚^⑦，又传谕改期开仓，惟尚有南乡村民聚众抗运，究属未能整顿，业经撤任。著即饬令回省，听候查办。并著该督饬令口北道，

---

① 咸丰七年十月辛酉，1857年11月29日。

② 该条为咸丰九年五月癸巳，1859年6月24日事。

③ 协济，支援；救济；接济。

④ 该条为咸丰十年三月甲申，1860年4月10日事。

⑤ 保甲，古代的一种户籍编制制度。若干家编作一甲，设甲长；若干甲编作一保，设保长（沿用至新中国成立前）。

⑥ 绅耆，音 shēn qí。地方上的绅士和年老有德望的人。

⑦ 运脚，运送货物的费用。

亲提现获各犯，严行审讯。是否刁民藉端①聚众滋闹，或书吏人等，查有抑勒②苛派情弊，一并从严惩办，以肃吏治而儆③刁风。"（《清实录》第 44 册《文宗实录》卷 310，第 554 页上左）

◎甲午④，谕军机大臣等："本日据色克通额等奏，俄国通商人等不能悉遵条约。请饬总理各国事务衙门，知照遵办各等语。俄夷此次给住京修士固理公文包，并未知照库伦，与条约不符。著奕䜣等咨行伊格那提业幅，嗣后解送物件，仍应备文知照库伦办事大臣。至贸易二十余人，前往库伦及京城地方，欲雇蒙古驼只贩运一节。京城地方，是否准该夷通商，自雇驼只，私立驿站，均在条约之外。日久恐多流弊⑤，不可不防。所称张家口难走，欲进独石口，任意往来，尤恐漫无限制。著恭亲王奕䜣等将色克通额等折内所指各节，详细查明。如与条约不符，即行知照伊格那提业幅，据理驳斥。并嘱其晓谕该国人等，务须遵照条约办理。至运送鸟枪一节，本日已谕令色克通额等，俟该国解到时，即在库伦暂停，须候总理各国衙门行知后，再行照办。色克通额等清字折三件均著钞给阅看，将此由五百里谕令知之。"又谕："色克通额等奏，俄国给住京修士固理，运送公文包，并未知照⑥库伦。又称该国商人二十一名，按照条约，任其行走，欲自雇蒙古驼只，私立驿站，并由独石口一路行走等语。已谕令恭亲王等，查照条约办理。照会伊格那提业幅，务遵条约办理。嗣后该夷如有不遵条约之事，该大臣等即当据理斥驳，亦不可一味迁就。前谕令将鸟枪择留数十杆，以备京兵在彼演试。所余各

---

① 藉端，假讬事由。

② 抑勒，强逼，压制。勒索，克扣。

③ 儆，音 jǐng。使人警醒，不犯过错。

④ 咸丰十一年三月甲午，1861 年 4 月 15 日。

⑤ 流弊，指某事引起的坏作用，也指相沿下来的弊端。

⑥ 知照，通知；关照。旧时亦作下达公文用语。

件迅速运赴京城。据色克通额等奏，该国尚未行文前来，该国炮位由天津海口运送，亦未解到。此项鸟枪运到时，即督率京兵演习。其余暂存库伦，俟总理各国衙门知照运京，再行豫备。此时该国尚未运来，不必豫先备办驼只车辆，以免扰累。将此谕令知之。”（《清实录》第44册《文宗实录》卷345，第1105页上右）

◎壬寅①，谕军机大臣等奕䜣等奏，阻止俄国商人进京贸易现办情形一折：“前因俄国商人欲至京城贸易，并欲由独石口行走，当经谕知奕䜣等据理阻止。兹据奕䜣等奏，称据俄罗斯馆修士固理禀称，接奉本国来文，陆路商人共二十名，货驼约百余只，已于二月十九日由本国启程，拟暂由独石口进京，约于三月底可到。当经派员以该商人不得到京贸易，亦不得由独石口行走之处，向固理驳斥等语。俄国商人并无在京贸易明文，亦不得由独石口入京，业经奕䜣等照会②伊格那提业幅据理驳斥。第恐该商人等仍由独石口行走。著文煜饬知③该处地方官，傥有俄国商人到口，即据条约设法阻止，不得任令进口至张家口地方。虽准其将零星货物销售，亦不得有设立行栈④等事，并著庆昀廉至转饬张家口监督，于该国商人到口时明晰晓谕，令照条约办理。如该商人在彼销售零星货物，即留心防范，毋令别生枝节，是为至要。原折著钞给阅看。将此由五百里各谕令知之。”（《清实录》第44册《文宗实录》卷346，第1113页上左）

◎又谕胜保奏请将获犯过半各员免议，并索赃通贼之同知，请

---

① 咸丰十一年三月壬寅，1861年4月23日。
② 照会，一国政府把自己对于彼此相关的事件的意见通知另一国政府。招呼；通知。
③ 饬知，命令使知晓。
④ 行栈，替人存放货物并介绍买卖的商业机构。

革职拿问等语①："前因委参领②格本泰等未能将盗犯回四等拿获，降旨令胜保查明参奏。兹据奏称，该员等会同地方官拿获盗犯曹三即回四等四名，获犯过半，兼获首盗，尚知愧奋。委参领格本泰、领催祥云、候补知县王国栋，均著免其议处。宣化府知府李培祜、怀来县知县郭会昌，于被参后协同格本泰等拿获盗犯，著免其参办。未获各犯，仍著胜保严饬该员等，迅速查拿，毋令漏网。直隶独石厅理事同知双贵，赴乡相验③，勒索多赃。致乡约被逼自戕④，复纵令盗匪李二佮等，拒捕伤差，任听夫役，劫去回四，以致要犯逃脱。似此纵盗虐民，实属藐法⑤已极，双贵著即革职拿问。"（《清实录》第 44 册《文宗实录》卷 347，第 1123 页下左~1124 页上右）

◎丁巳⑥，谕军机大臣等："前因俄国商人，欲由独石口行走，谕令文煜等阻止。仍准其于张家口销售零星货物。本日据庆昀等奏，独石厅连界处所集场廛市⑦，均应豫为筹议。并据文煜奏称，俄商行抵独石口，业经遵允改道各等语。俄国商人呢尔丕依汪，带领跟役⑧十八名，喇嘛⑨二十四名，并驼马车辆等，于本月十九日抵独石口。经地方文武等据理阻止，该商已遵允改道。所携货物，前据固理声

---

① 该条为咸丰十一年三月丙辰，1861 年 5 月 7 日事。

② 参领，官名。明万历四十三年（1615 年），努尔哈赤建立八旗制度，每旗（固山）辖五甲喇（一作"札兰"），甲喇之长为甲喇额真。后金（清）天聪八年（1634 年），改为甲喇章京。清顺治十七年（1660 年），定八旗官名汉称，以甲喇章京为参领。参领正三品，副参领为正四品。

③ 相验，察看；检验。

④ 自戕，音 zì qiāng。自杀或自己伤害自己。

⑤ 藐法，藐通"眇"，轻视。轻视法律。

⑥ 咸丰十一年三月丁巳，1861 年 5 月 8 日。

⑦ 廛市，商肆集中之处。

⑧ 跟役，随从；仆役。

⑨ 喇嘛，藏传佛教术语，意为上师、上人，为对藏传佛教僧侣之尊称，长老、上座、高僧之称号。指通过规定修法课程且具有灌顶资格的修行者，或是被认可的喇嘛转世者。喇嘛并不一定是出家人，在西藏民间则广泛用于对任何受尊敬的僧人或法师的称呼。

称，有令于途间零星销售之语。该商于<u>独石口</u>折回，其是否赴<u>张家口</u>，抑往他处，尚难揣测。如<u>多伦诺尔</u>及<u>热河</u>所属州、县，均有集场廛市，难免该商在彼贸易，自应密为防范。著<u>文煜</u>、<u>春佑</u>严饬各该地方官，如<u>俄</u>商行抵该处，准其将零星货物销售，不得设立行栈。并晓谕居民，与该商公平交易，以期华夷相安，惟不必张贴告示，致令有所藉口①。将此由五百里各谕令知之。"（《清实录》第 44 册《文宗实录》卷 347，第 1125 页上左）

---

① 藉口，同"借口"，"藉"通"借"。

8.《穆宗毅皇帝实录》

【题解】 《穆宗毅皇帝实录》（以下简称《穆宗实录》）374卷，起咸丰十一年（1861年）七月，讫同治十三年（1874年）十二月。

清穆宗同治帝载淳，清朝第八代皇帝，年号同治。咸丰十一年七月十七日（8月22日）咸丰帝驾崩，群臣忙着治理丧事，同时也为新登极的6岁皇帝操办政务，改元的年号为"祺祥"。遵照文宗遗命由八大臣辅政，两太后是不干预朝政的。权欲熏心的慈禧发动了一场宫延内部的夺权斗争。咸丰十一年九月肃顺等人扶文宗梓宫回京，两太后挟小皇帝另程返京。慈禧一行先抵率师以迅雷不及掩耳之势，将八大臣拿获，以"图谋不轨"之罪，斩首的斩首，赐死的赐死，革职的革职，废除了"祺祥"年号，十月九日载淳即帝位，改元"同治"，寓两太后同时治理天下之意，两太后破祖制，实行垂帘听政，真正执掌国政的是慈禧。同治十三年十二月同治帝崩，亲政两年，终年19岁，是清朝皇帝中寿命最短的一个。

同治十三年十二月，4岁的德宗载湉继位，是为光绪帝，由慈禧太后垂帘听政。光绪元年（1875年）二月二日，内阁奏请开馆恭修《穆宗实录》，旋为慈禧太后批准。命大学士宝鋆为监修官，协办大学士英桂，尚书毛昶熙、灵桂、李鸿藻为正总裁官，侍郎恩承、彭久余、殷兆镛、察杭阿、徐桐、德椿为副总裁官，理藩院尚书皂保为蒙古总裁官，礼部右侍郎徐桐为实录馆稿本总裁，《穆宗实录》正式启动。清代实录例由皇帝把关，由于德宗年幼，特派御前大臣伯彦讷谟祜、奕劻、景寿，户部右侍郎翁同龢，兵部右侍郎夏同善，每日在毓庆宫审阅实录。历4年零10个月，于光绪五年十一月七日,《穆宗实录》告成,为374卷,另有首卷4卷,计378卷,于十一月二十五日举行恭进实录仪式。

本辑据1987年1月中华书局《清实录》第48至51册《穆宗实录》辑录有关赤城内容。

趕辦河漕等語張樹聲因鮑源深奏請暫留

山西辦理大計漕運總督已改派文彬署理

此時春水方生順清河等處工程緊要江北

河運漕米已陸續開兌亦應督催趲運以重

倉儲著丁寶楨傳知文彬於接奉此旨後即

日交卸藩篆兼程赴淮任事將河漕各務認

真籌辦毋稍延緩將此諭知丁寶楨並傳諭

文彬知之○修察哈爾獨石口兵房從都統

額勒和布請也○癸酉諭軍機大臣等綿宜

《清穆宗实录》书影

◎癸丑①，谕内阁："前因蒋琦龄奏，请开屯田以恤旗仆等语。当交八旗都统会同该部妥议具奏。兹据户部会同八旗都统筹议覆奏，并请饬令吉林等处将军、都统、府尹等，将指查各件，迅速覆奏一折。国家定鼎燕都，八旗兵丁生齿日繁，丁虽增而兵额有定，不能因之加广。自应开垦闲田，豫筹移屯，以资生计。道光元年，吉林将军富俊奏办双城堡屯田，移居京旗闲散，除陆续移居三百七十六户，给田屯种外，余田尚多。上年惇亲王奏请筹议八旗开垦生理，经户部奏请，饬令吉林将军，查明前项余地可否推广耕种，及房屋牛具等项有无经费，据实奏明，曾经允行在案。迄今未据该将军覆奏，实属任意颟顸②。著景纶即行查明，迅速具奏。并著特普钦、玉明、和润、景霖将该部议覆惇亲王原奏，并蒋琦龄此次所称东三省，沃壤数千里，可否移居八旗散丁，关东口外等处，有无闲田，可否移屯，及旗民之赎产，入官之籍产，可否授田各条，详细查勘，认真筹画，速行覆奏。务使事在可行，以期经久。至蒋琦龄所称独石口外之红城子、开平，张家口外之兴和、新平等四城，及热河等处之闲田，与旗民赎产，入官籍产，可否开垦若干顷，足资安插若干户，及房屋、籽种、牛具等项应如何筹画经费，并酌定章程之处，均著春佑、庆昀，并总管内务府大臣，逐细详查，据实具奏。毋许草率了事。"（《清实录》第45册《穆宗实录》卷30，第802页下左~803页下右）

◎又谕③："前因蒋琦龄奏，请于独石、张家两口外，红城子等四城，开垦屯田，降旨令庆昀详查具奏。兹据庆昀等将开平、兴和等城地址，及未便开垦移屯情形，查明具奏。并据奏称新平城一处，

---

① 同治元年六月癸丑，1862年6月28日。

② 颟顸，音 mān hān。糊涂而马虎。

③ 该条为同治元年十二月丁酉，1863年2月7日事。

察哈尔所属游牧各旗内，均无其地。惟与正黄旗连界之山西丰镇厅属有新平口，系边墙便口等语。该都统等所称新平口地方，是否即系新平城，著英桂确切查明。并将该处有无闲田可垦，堪以移设旗屯之处，一并详查具奏，毋得草率从事。原折著钞给阅看。将此谕令知之。"（《清实录》第45册《穆宗实录》卷52，第1445页上左）

◎又谕八旗都统等会同户部等部奏，遵议沈桂芬条陈筹费移屯，恤旗民而实边防一折①："据称旗人听往各省之法，道光年间曾经筹办有案，现拟量为推广，以裕旗人生计。请嗣后旗人有愿出外营生者，无论降革休致文武官员，及未食钱粮本食钱粮举贡生监，暨兵丁闲散人等，准由该都统给照前往。如愿在外省落业，准其呈明该州县编为旗籍。其服官外省之降革休致文武各员，及病故人员之子孙亲族人等，无力回京者，亦准一体办理。所有词讼案件，统归该州县管理。如有不安本分滋生事端者，即由该地方官照民人一律惩治。其愿入民籍者，即编入该地方民籍。文武考试章程，俟应试有人，再由督抚体察情形奏交该部核议。至八旗兵丁人等在外落业者，并准其调补缘营马战守兵各等语。所筹尚属周妥，即著八旗都统将此次推广办法，逐节出示晓谕，俾众咸知，以裕生计而示体恤。沈桂芬折内所称独石口外之红城子、开平等处，张家口外之兴和、新平等城，可以筹费移屯一节，现在该处情形如何，有无可辟地亩，著各该将军、都统、督抚等认真筹画，务须变通尽利，因时制宜，不准畏难苟安，一奏塞责，一俟查勘确实，即行迅速具奏。"（《清实录》第48册《穆宗实录》卷144，第379页上左~380页上右）

◎谕军机大臣等文盛奏独石口应建兵房，请仍归地方官办理一

---

① 该条为同治四年六月甲午，1865年7月23日事。

折①："伊犁官兵安插独石口，应建住房一百四间。前经文盛奏请由该都统衙门派员兴修，并在库存军需项下拨银动用。兹据奏称，招商估计，工价浩繁，库存军需，不敷应用。请饬直隶总督，令地方官办理，以期妥速等语。自系实在情形，所有此项官兵房间著曾国藩责成该地方官踏勘地势，妥为建盖，俾资栖止②。现在节逾秋分，水土渐冻，既据该都统奏称，今岁未能兴工，应如何先行借给住房，毋令该官兵失所之处，著文盛妥筹办理。将此各谕令知之。"（《清实录》第 50 册《穆宗实录》卷 265，第 674 页上左）

◎修察哈尔独石口兵房。从都统额勒和布请也③。（《清实录》第 51 册《穆宗实录》卷 329，第 352 页下右）

---

① 该条为同治八年八月戊午，1869 年 9 月 24 日事。
② 栖止，停留、居住。
③ 该条为同治十一年二月壬申，1872 年 3 月 26 日事。

9.《德宗景皇帝实录》

【题解】 《德宗景皇帝实录》（以下简称《德宗实录》）597卷，起同治十三年（1874年）十二月，讫光绪三十四年（1908年）十月。

清德宗光绪帝载湉，是道光帝的第七子，其母是慈禧的胞妹，这种特殊的家庭环境，使他在同治病故之后被指定为皇帝，在位34年，光绪三十四年十月二十一（11月14日）病死，终年38岁，庙号德宗，谥号同天崇运大中至正经文纬武孝睿智端俭宽勤景皇帝。

德宗去世后，由3岁的溥仪继为皇帝。宣统元年（1909年）二月二日，正式纂修《德宗实录》，命大学士世续为监修官，大学士那桐、张之洞，尚书陆润庠、溥良为总裁官，侍郎唐景崇、瑞良、郭曾炘、熙彦，署侍郎王垿，内阁学士麒德为副总裁官，侍郎恩顺为蒙古总裁官。宣统三年十二月二十五日，隆裕太后携6岁皇帝溥仪宣告退位，但修纂实录工作仍在进行。于宣统三年十二月，纂修完毕。共597卷，另有首卷4卷。

本辑据1987年5月中华书局影印本《清实录》第53至59册《德宗实录》辑录有关赤城内容。

◎赏前陕甘总督杨岳斌之父前直隶独石口副将杨秀贵，并其母向氏，御书扁额，曰"教忠裕后"。从山西巡抚曾国荃请也①。（《清实录》第53册《德宗实录》卷75，第147页下右）

---

① 该条为光绪四年六月壬午，1878年7月3日事。

父前直隸獨石口副將楊秀貴並其母向氏御
書扁額曰教忠裕後從山西巡撫曾國荃請也（後徽山西所黎城高平三州縣被災地方錢糧

手隨癸未○諭軍機大臣等劉東璋奏本年四月間
有朝鮮國商民文字用○摸奎恆二名前赴江西
省城售賣高麗薆現委員伴送赴京等語朝鮮
國商人例應在中江地方交易此次據文字用
等供係隨同本國貢使至京何以復往安徽江
西等處賣薆○著禮部催提該商民到京詳細查

《清德宗实录》书影

◎又谕傅振邦奏站员不服水土①，呈请回京当差一折："独石口距京不远，该处管站司员理藩院郎中祺保，辄以水土不服为词求卸差使。其性耽安逸，已可概见。祺保著即开缺回旗，所请回原衙门当差之处，著不准行。其管站差缺，著理藩院照例拣员更换。"（《清实录》第53册《德宗实录》卷93，第395页下右）

◎又谕李鸿章奏参贪劣不职各员一折②："直隶保安州知州张毓生，藉端③婪索④，贪劣颇著……赤城县知县宋尚文，才识庸暗⑤……均著勒令休致⑥，以示惩儆⑦。"（《清实录》第53册《德宗实录》卷105，第559页上左）

◎先是⑧，公德鉴报效独石口外马厂地亩，事阅多年，勘丈未清。德鉴先请招商承垦，旋招旋革，彼此互控，致酿事端。户部奏："饬直隶总督查办。"至是，李鸿章奏："查明马厂地亩，共计已垦地六百余顷，酌拟章程，饬属次第举办。"下部知之。（《清实录》第53册《德宗实录》卷113，第662页上左）

◎直隶总督李鸿章奏⑨："宣化迤北之张家口、独石口及塞外多伦诺尔三厅，地方重要。请将理事厅员酌设抚民要缺，并于多伦移驻武职大员，添设三厅捕盗兵弁，以资控扼。"下部速议。（《清实

---

① 该条为光绪五年四月癸亥，1879年6月9日事。
② 该条为光绪五年十二月壬子，1880年1月24日事。
③ 藉端，假托某一事由作为借口。
④ 婪索，谓凭借权势等向人索取财物。
⑤ 庸暗，平庸愚昧。
⑥ 休致，官吏因年老体衰而退休。
⑦ 惩儆，惩罚之以示警戒。
⑧ 该条为光绪六年五月癸未，1880年6月23日事。
⑨ 该条为光绪七年五月癸未，1881年6月18日。

录》第 53 册《德宗实录》卷 130，第 880 页上左）

◎蠲缓顺、直，文安、雄……张家口独石口……枣强、定四十七厅州、县歉收地方粮租有差①。（《清实录》第 54 册《德宗实录》卷 153，第 162 页下右）

◎甲申②，蠲缓直隶通、蓟……张家口、独石口、武清……枣强、定等五十厅、州、县成灾村庄应纳本年春赋正杂钱粮有差。（《清实录》第 54 册《德宗实录》卷 158，第 217 页下左～218 页上右）

◎丁巳③，谕内阁李鸿章奏甄劾衰劣各员一折："直隶顺德府知府李赞元，办事尚勤，年力就衰，著以原品休致……怀安县知县李蓉镜，因循不振，才力竭蹷……著勒令休致……赤城县知县许憬，性情疲软，文理尚优，著以教职归部选用……以肃吏治。"（《清实录》第 55 册《德宗实录》卷 240，第 243 页上左）

◎以亏短交代，已故署直隶赤城县知县王邦杰，籍产④备抵⑤。（《清实录》第 55 册《德宗实录》卷 269，第 607 页下左）

◎光绪十八年壬辰十一月乙酉朔⑥，谕内阁李鸿章奏甄别庸劣不职各员一折："直隶东光县知县凌燮，纵容丁役，劣迹多端，著即行

---

① 该条为光绪八年十月辛未，1882 年 11 月 28 日事。
② 光绪九年正月甲申，1883 年 2 月 9 日。
③ 光绪十三年三月丁巳，1887 年 4 月 22 日。
④ 籍产，没收罪犯所有的财产。
⑤ 该条为光绪十五年四月庚子，1889 年 5 月 24 日事。
⑥ 光绪十八年十一月乙酉，1892 年 12 月 19 日。

革职。<u>赤城县</u>知县<u>谢炘</u>，猥琐①嗜利②，声名平常，著以县丞降补……"（《清实录》第56册《德宗实录》卷318，第114页上右）

◎以亏短银米，革<u>直隶赤城县</u>知县<u>石承武</u>职③。（《清实录》第56册《德宗实录》卷330，第241页上右）

◎以亏短银米，已革<u>直隶</u>署<u>赤城县</u>知县<u>石承武</u>籍产备抵④。（《清实录》第56册《德宗实录》卷340，第353页上左）

◎蠲缓<u>直隶武清</u>、<u>宝坻</u>……<u>蔚</u>、<u>龙门</u>、<u>玉田</u>、<u>武强</u>四十州、县被水灾歉地方粮租杂赋⑤。（《清实录》第57册《德宗实录》卷411，第372页下右~373页上右）

◎丙戌⑥，缓征<u>直隶顺天武清</u>、<u>宝坻</u>……<u>蔚</u>、<u>龙门</u>、<u>玉田</u>、<u>武强</u>四十三州、县被水地方新旧粮租杂赋有差。（《清实录》第57册《德宗实录》卷414，第409页上左）

◎又谕⑦："有人奏，<u>张家口</u>、<u>独石口</u>、<u>多伦诺尔</u>三厅口外王公报效马厂地亩，户部奏定开垦及押荒升科章程。<u>直隶</u>督臣业经举办，请乘此经营伊始，详定屯田章程，切实办理等语。口外<u>马厂</u>地亩，是否定有开垦章程，历来曾否举办，有无窒碍之处，著<u>裕禄</u>确切详查，分别奏明办理。原片著钞给阅看，将此谕令知之。"寻奏："查

---

① 猥琐，音 wěi suǒ。指举止扭捏、拘束、不自然；或形容人鄙陋卑劣，庸俗卑下。
② 嗜利，贪求私利；贪图钱财。
③ 该条为光绪十九年十一月丙午，1894年1月4日事。
④ 该条为光绪二十年五月辛巳，1894年6月8日事。
⑤ 该条为光绪二十三年十月壬午，1897年11月20日事。
⑥ 光绪二十四年正月丙戌，1898年1月23日。
⑦ 该条为光绪二十四年十一月戊辰，1898年12月31日事。

明张家口三厅口外未垦荒地，难以兴办屯田，应请仍照前定章程升科。"报闻。（《清实录》第 57 册《德宗实录》卷 434，第 701 页下右）

◎壬寅①，谕内阁袁世凯奏举劾属员一折："署沧州知州庆云县知县铭峻……据该督胪陈政绩，均著传旨嘉奖……署赤城县知县宁津县知县祝嘉庸，性情畏葸②，罔知振作，均著即行革职……蔚州知州黄祖戴，性近优柔，才具竭蹶……均著开缺另补……"（《清实录》第 58 册《德宗实录》卷 519，第 857 页下左～858 页上右）

◎察哈尔都统奎顺等奏："察哈尔左翼垦地日广，请将原设张家口、独石口两厅均移驻口外适中之地，便民就治。"下吏部议③。（《清实录》第 58 册《德宗实录》卷 520，第 876 页上右）

◎谕内阁袁世凯奏举劾属员一折④："直隶开州知州胡宾周……既据该督声称政迹卓著，均著传旨嘉奖……署怀安县事蒿城县知县陈沐，懒惰因循，难期振作；龙门县知县张兆龄，性耽安逸，不勤民事……均著即行革职。"（《清实录》第 59 册《德宗实录》卷 531，第 68 页上右）

◎蠲缓顺、直，通、武清、霸、保定……独石口四十四厅、州、县，被水、被雹、被虫、被旱、被雾、被风地方本年应征粮租⑤。（《清实录》第 59 册《德宗实录》卷 536，第 136 页下左～137 页上右）

---

① 光绪二十九年七月壬寅，1903 年 9 月 11 日。
② 畏葸，畏惧；胆怯。
③ 该条为光绪二十九年八月丁丑，1903 年 10 月 16 日事。
④ 该条为光绪三十年五月辛丑，1904 年 7 月 6 日事。
⑤ 该条为光绪三十年十月壬戌，1904 年 11 月 24 日事。

◎督办垦务绥远城将军贻谷奏①："独石口驻防官兵，饷薄丁众，拟援案拨给缺地。防守御一员五百亩，防御二员各三百亩，骁骑校二员各二百亩。笔帖式二员，委署骁骑校、领催、委领催，共十二名，各一百五十亩。马甲八十六名，各一百亩。养育兵二十名，各六十亩。现饬左翼垦务局，先尽正白旗红旗滩等处荒地丈拨，不足再由他处拨补，以资养赡。"允之。(《清实录》第 59 册《德宗实录》卷 540，第 177 页下在 ~178 页上右)

---

① 该条为光绪三十年十二月癸亥，1905 年 1 月 24 日事。

四、《国榷》

【题解】　　《国榷》108 卷，清谈迁撰。谈迁（1594～1657 年），原名以训，字仲木，号射父，明亡后改名为迁，字孺木，号观若。浙江省杭州府海宁县人。谈迁自幼刻苦好学，15 岁就考取了海宁县学的廪生，却在后来的科举道路上一直处于不顺的境地，便较早地放弃了科考，转而全心治史，他倾注全部心血编写国史《国榷》。

谈迁《国榷》是一部记载明代历史的编年体著作，与查继佐《罪惟录》和张岱《石匮藏书》（包括《石匮书后集》）一起被誉为"明代私人撰写的三大史书"。撰修《国榷》的直接动因，是他不满诸家编年体明史的讹陋肤冗，又因为明代历朝实录颇多忌讳失实，于是下决心编写《国榷》以正国史。关于《国榷》书名，谈迁在《国榷》自序中指出："横木水上曰榷。汉武帝榷商税，今以榷史，义无所短长也。事辞道法，句榷而字衡之。大抵宁洁毋靡，宁塞毋猥，宁裁毋赘。若亥豕之讹，雌黄之口，尤其慎旃，不敢恣臆于百禩之下。"其寓意在于说明自己求引史实，编写史书，要做到"句榷而横之"力求公允正确，严谨可信，非恣意编造。谈迁于天启元年（1621 年）开始编写《国榷》，六易其稿，六年成书。不料顺治四年（1647 年）全稿被盗，对于一个 54 岁的老人来说，其精神打击之大是可想而知的。谈迁发誓说："吾手尚在，宁遂已乎!"痛哭之后，他毅然下决心重新收集，重新编撰，发愤重写。依样画葫芦与白手起家，难度不可同日而语。由于门径熟悉，谈迁第二次重编相对说来容易一些。尤其是，谈迁第二次写史的条件，大为改善。一是参考了明实录，二是参考了许多新出版的明史专著。于是，经过几年的艰难收集、抄写、整理，以实录为主，遍考群籍，谈迁以常人难

壬子。令民以軍餉役塞外者復之一年。

乙卯次雲州閱兵

五月丁朔己未令將士軍行不得離隊五十丈收放馬驢亦毋得遠離營。皇太子遣使撫問。

廣州暴風雨潮溢溺人畜壞田舍

夜大星光青白起角宿西北行至不台

辛酉午日次獨石宴從征羣臣

甲子瓜哇國西王入貢

乙丑上度偏嶺令將士獵道旁山下曰非好獵也以練士怒

丙寅次隰寧敕開平備禦成安侯郭亮曰虜至勿戰固守俟大軍城中民禁之遠出屯堡無要害者悉徙入城

丁卯大閱諭諸將曰水因地而順流兵因敵而作勢水無常形兵無常勢兵猶水也

戊辰校射一卒連中三賜牛羊各一鈔五錠銀椀二曰重賞則人勸是日上作平虜三曲使將士歌之壯敵愾

庚午召列侯馳射英國公張輔安遠侯柳升寧陽侯陳懋連中應城伯孫亨不中罷其領兵隆平侯張信辭疾不至降辦事官餘半中上諭曰智勇兼全爲將之道弓馬便捷所向無敵勇也計算深長智也有勇無智一卒耳

辛未發隰寧次西涼亭故元巡遊所上望其址歎曰元人創此豈計今日書曰常厥德保厥位厥德靡常九

有以亡況一亭耶因禁伐亭旁樹曰殷鑒也

壬申大閱

癸酉發西涼亭次閱安命下營時大臣居中五軍分駐營外建左右哨左右掖以總之步內騎外神機營又騎

國榷卷十七　成祖永樂二十年

一一九一

《国榷》书影

以想象的勇气和精力重编《国榷》。顺治十年成稿，正好是他的花甲之年——60 岁，完成平生夙愿。重编《国榷》取材于明代历朝实录，又广采博引，遍览私家著述，择善而从，取舍严谨，秉笔公正，又校正实录。《国榷》写成后，历 300 余年未曾付梓，仅有少量传抄本问世，是稀见史书，原稿分百卷。新中国成立后，张宗祥根据蒋氏衍芬堂抄和卢氏抱经楼藏本，互相校补后而重分为 108 卷。前列 4 卷分作大统、天俪、元潢、各藩、舆属等门，作为全书的综合性叙述。1958 年中华书局分 6 册出版。

本辑据 1958 年中华书局本《国榷》，辑录标点有关赤城史料。

◎北京

万全都指挥使司_{上谷}

宣府左卫、宣府右卫、宣府前卫、万全左卫、万全右卫、怀安卫、保安右卫、怀来卫、隆庆右卫、开平卫、龙门卫、兴和守御千户所、龙门守御千户所、长安岭堡、雕鹗堡、赤城堡、云州堡、马营堡。（卷首之二《舆属》），第 32 页）

◎淮安侯华云龙兵至云州，夜袭元平章①僧家奴营，尽俘其众②。（卷 4，第 452 页）

◎庚子③，云州旱，免盐粮。（卷 5，第 465 页）

---

①　平章，古代官名。唐代以尚书、中书、门下三省长官为宰相，因官高权重，不常设置，选任其他官员加同中书门下平章事之名，简称"同平章事"，同参国事。唐睿宗时又有平章军国重事之称。宋因之，专由年高望重的大臣担任，位在宰相之上。金元有平章政事，位次于丞相。元代之行中书省置平章政事，则为地方高级长官。简称平章。明初仍沿袭，不久废。

②　该条为洪武四年七月辛未，1371 年 8 月 31 日事。

③　洪武五年二月庚子，1372 年 3 月 27 日。

◎甲申①，怀来溃。燕王以宋忠守怀来，必争居庸，须其未至，邀击之，忠躁复寡谋，众心不一，易与耳，率指挥徐祥、马云等八千人，捲甲②疾驰，忠果援居庸，怒其将士曰："尔等父兄家北平，燕尽杀之矣，速报仇。"诸军或疑或怒，燕王使其前锋用家帜先登，城中子弟望见帜，皆喜，无斗心，忠败。奔入城，城遂陷。都指挥使彭聚、孙泰力战死，忠急匿厕，燕军捕出之，并获俞瑱，俱不屈死，兵势大振，于是山后诸州皆不守。而开平、龙门、上谷、云中诸守将，往往叛附矣。是日，大同参将都督同知陈质来援，兵败，回大同。（卷11，第804页）

◎宁夏总兵官左都督何福奏③："虏龙秃鲁灰等住不老山。议入寇，惟虬的哥以资粮不给，不从。"上知其谲④，若不出枪杆、野狐二岭，云州之地，必向山西大同。敕北京、山西为备。敕未下，山西奏犯灰沟村黄甫川。如上所料。（卷13，第920页）

◎癸酉⑤，入峡中，两山相夹。上曰："险若是，即虏骑千群岂能至，断其归路矣。"晚次独石。（卷15，第1048页）

何乔远曰："读金幼孜《北征录》，见成祖君臣之契，又知封燕之日，奉太祖命深入逐虏，尽悉其山川险要矣。天生神武，焚城犁庭，岂偶然哉。"

---

① 建文元年七月甲申，1399年8月17日。

② 捲甲，收起武装。谓撤退或休兵。

③ 该条为永乐元年闰十一月丁卯，1404年1月6日事。

④ 谲，音 jué。欺诳；诡诈。《方言》卷三："谲，诈也。自关而东西或曰谲。"

⑤ 永乐八年七月癸酉，1410年8月8日。

◎甲戌①，次龙门。皇太子遣兵部尚书兼詹事②金忠上迎銮表，詹事府丞陆中善进袍服，上令入关与将士同易。（卷15，第1048页）

◎乙亥③，次燕然关。（卷15，第1048页）

◎丙子④，次长安岭。方出险。（卷15，第1048页）

◎壬辰⑤，上次龙虎台。敕居庸关、长安岭守将，虽从征吏卒，非奉敕，毋擅出入。（卷16，第1100页）

◎戊子⑥，武安侯郑亨以万卒治龙门道。（卷17，第1190页）

◎辛丑⑦，次龙门。收遁遗马二千余匹。（卷17，第1190页）

◎乙卯⑧，次云州。阅兵。（卷17，第1191页）

◎五月丁巳朔。己未⑨，令将士军行不得离队五十丈，牧放马驴亦毋得远离营。夜，大星光青白，起角宿，西北行至下台⑩。（卷

---

① 永乐八年七月甲戌，1410年8月9日。
② 詹事，官名。秦始置，职掌皇后、太子家事。东汉废。魏晋复置。唐建詹事府，辽、金、元置詹事院。明清皆置詹事府，设詹事及少詹事，为三、四品官，其下有左右春坊及司经局等，备翰林官的升迁，无实职。清末废。
③ 永乐八年七月乙亥，1410年8月10日。
④ 永乐八年七月丙子，1410年8月11日。
⑤ 永乐十二年三月壬辰，1414年4月8日。
⑥ 永乐二十年四月戊子，1422年4月22日。
⑦ 永乐二十年四月辛丑，1422年5月5日。
⑧ 永乐二十年四月乙卯，1422年5月19日。
⑨ 永乐二十年己未，1422年5月23日。
⑩ 据上条、下条内容，可知该条事应发生在今云州和独石口之间。

17，第 1191 页）

◎辛酉①，午日，次独石。宴从征群臣。（卷 17，第 1191 页）

◎乙丑②，上度偏岭，令将士猎道旁山下，曰："非好猎也"，以缮③士怒。（卷 17，第 1191 页）

◎庚戌④，次云州。禁官军蹂伤田稼。（卷 17，第 1196 页）

◎己未⑤，次长安岭。享诸将。（卷 17，第 1210 页）

◎壬戌⑥，万寿节⑦，次赤城。礼部请贺，上不许，曰："朕方劳于师"。（卷 17，第 1210 页）

◎己酉⑧，龙轝次雕鹗堡，皇太孙至御营哭迎，始发丧。辛亥，臣民哭迎居庸关。壬子，及郊。皇太子诸王及群臣衰服⑨哭迎，至大内⑩。奉安仁智殿，加敛，纳梓宫⑪。

---

① 永乐二十年五月辛酉，1422 年 5 月 25 日，端午节。
② 永乐二十年五月乙丑，1422 年 5 月 29 日。
③ 缮，整治；备办。《左传·成公十六年》："补卒乘，缮甲兵，展车马"杜预注："缮，治也。"
④ 永乐二十年八月庚戌，1422 年 9 月 11 日。
⑤ 永乐二十二年四月己未，1424 年 5 月 12 日。
⑥ 永乐二十二年四月壬戌，1424 年 5 月 15 日。
⑦ 万寿节，封建时代指君主的生日。
⑧ 永乐二十二年八月己酉，1424 年 8 月 30 日。
⑨ 衰服，谓穿着丧服。
⑩ 大内，皇宫。
⑪ 梓宫，皇帝、皇后的棺材。《汉书·霍光传》："赐金钱、缯絮、绣被百领，衣五十箧，璧珠玑玉衣，梓宫……皆如乘舆制度。"颜师古注："服虔曰：'棺也。'以梓木为之，亲身之棺也。为天子制，故亦称梓宫。"

谈迁曰："大行①故事有遗诏，榆木川之变，殆圣情违豫②，仓皇中不及有所命也。古帝王自轩辕、舜、禹外，有周昭王之汉江，秦始皇之沙邱，六龙③空返，哀缠内地。若黄沙白草，攀号④无从，函盖以来，独文皇⑤也。呜呼！自封燕之日，受命北征者数数矣。习其地，利其人，迟莫⑥之年，犹有壮气，不升遐⑦不止也。所幸黄竹虽歌，白登未厄，为后之计，天子有道，守在四夷哉。"（卷17，第1215页）

◎癸亥⑧，总兵官太子太保阳武侯薛禄，左都督吴诚，都督同知高文、程忠，都指挥佥事宫得、马兴等逐虏于赤城。（卷18，第1244页）

◎阳武侯薛禄请移开平卫于独石，不许⑨。（卷19，第1264页）

◎丙戌⑩，再给长安岭及独石等关戍卒胖袄⑪裤鞋。（卷19，第1309页）

---

① 大行，古代称刚死而尚未定谥号的皇帝、皇后。《后汉书·安帝纪》："孝和皇帝懿德巍巍，光于四海；大行皇帝不永天年。"李贤注引韦昭曰："大行者，不反之辞也。天子崩，未有谥，故称大行也。"

② 违豫，帝王有病的讳称。

③ 六龙，古代天子的车驾为六马，马八尺称龙，因以为天子车驾的代称。

④ 攀号，攀龙髯而哭。谓哀悼帝丧。

⑤ 文皇，指永乐皇帝朱棣。

⑥ 迟莫，比喻晚年。

⑦ 升遐，亦作"升假"。帝王去世的婉辞。亦指后妃等死亡。《淮南子·齐俗训》："今欲学其道，不得其养气处神，而放其一吐一吸，时诎时伸，其不能乘云升假，亦明矣。"高诱注："假，上也。"

⑧ 洪熙元年二月癸亥，1425 年 3 月 12 日。

⑨ 该条为洪熙元年七月庚寅，1425 年 8 月 6 日事。

⑩ 宣德元年十月丙戌，1426 年 11 月 25 日。

⑪ 胖袄，棉上衣。元、明时亦专指边防将士或锦衣卫的冬服。

◎<u>阳武侯薛禄护运开平</u>，并增戍<u>独石</u>①。（卷21，第1364页）

◎己亥②，虏犯<u>开平</u>、<u>独石</u>，杀镇抚③<u>张信</u>，百户④<u>卢让</u>。（卷21，第1372页）

◎戊寅⑤，<u>阳武侯薛禄</u>等筑<u>独石</u>、<u>云州</u>、<u>赤城</u>、<u>雕鹗堡</u>。赐《出车》之诗，堡成移守，遂弃<u>开平</u>。<u>开平</u>即<u>元上都</u>也，在<u>宣府</u>城东北七百里。<u>金</u>曰<u>桓州</u>。<u>元中统</u>初，置<u>开平府</u>，曰<u>上都</u>，岁四月避暑于此，八月回<u>燕</u>，<u>金</u>、<u>元</u>宫殿故址犹存。国初设<u>开平卫</u>，设马驿八，东则<u>凉亭</u>、<u>沈河</u>、<u>塞峰</u>、<u>黄崖</u>四驿接<u>大宁</u>，西则<u>环州</u>、<u>威虏</u>、<u>明安</u>、<u>隰宁</u>四驿接<u>独石</u>。由<u>辽东</u>通<u>大宁</u>，由<u>大宁</u>通<u>开平</u>，由<u>开平</u>通<u>独石</u>，由<u>独石</u>通<u>兴和</u>，彼此有急，左右旦夕可相接。自<u>大宁</u>徙，<u>兴和</u>废，<u>开平</u>孤立，无可犄角。<u>宣德</u>中乃弃之虏，横亘三百余里，而移卫于<u>独石城</u>，<u>独石</u>挺出山后，虏犯必经，<u>宣</u>之北门，胡骑充斥矣。

<u>尹耕</u>曰："<u>五原</u>在<u>丰胜</u>之外，沙碛之间，昔人犹且开渠营田，以规全利。何<u>龙冈</u>之沃，<u>滦水</u>之润，<u>开平</u>独不可田耶？又失<u>开平</u>则后背虽空，尚有<u>宣府独石</u>之固，失<u>大宁</u>则肩背全弱，<u>宣辽</u>隔绝矣。故尝为<u>薛禄</u>计曰：'<u>开平</u>可田，屯田可也。不可田，则易置<u>大宁</u>

① 该条为宣德四年正月戊申，1429年2月4日事。
② 宣德四年六月己亥，1429年7月25日。
③ 镇抚，官名。元朝始置，为万户府下镇抚司官。二人，蒙古、汉人参用。上万户府所属为正五品，中万户府从五品，俱金牌；下万户府所属正六品，银牌。明朝于各卫镇抚司设，二人，从五品，掌本卫刑名。设于千户所千户下二人，初正六品，后改从六品，掌狱事，无狱事则管军，百户缺则代之。又，明初曾置都镇抚司，总领禁卫，设都镇抚、副镇抚。后改宿卫镇抚司，设宿卫镇抚。洪武三年（1370年）改留守卫，制同诸卫。
④ 百户，官名。元朝始置，为世袭军职，百户所长官。上百户所置蒙、汉各一人，下百户所置一人，隶于千户所。明朝沿置，正六品，下辖总旗二人，小旗十人，军士凡一百十二人。均以世官充任，有试职、有实授。清朝置为土官，分设于甘肃、四川、青海、西藏等地，管理所辖土兵。又清衍圣公属有林庙守卫司百户。
⑤ 宣德五年四月戊寅，1430年4月30日。

可也。'"

叶向高曰："兀良哈之为中国，患甚明也。分阃①建藩，高皇②之虑远矣。内徙于文皇，非得已也。干戈初戢③，障塞尚虚。爱弟之请难裁，征戍之劳在念，权宜移置，姑待后图，观其次鸣銮镇，有灭残虏守大宁之谕，彼何尝遽割以资夷哉。犁庭④甫定⑤，榆木变兴，雄谟⑥莫究，遗憾可知。章皇⑦宽河之役，威折奸萌⑧，假令乘胜长驱，刈⑨残酋，复旧疆，善继善述，谁曰不宜。顾上有雄略之主，下无谟远之臣，后并开平而失之。遂使要害藉于犬羊，而宣辽隔若胡越，御戎之策，从此绌焉。夫西河套而东大宁，失之皆我害也。然河套犹明知其夺于虏，而时图恢复，乃大宁藉口于文皇，职方氏遂视若三卫之固有，故实莫稽而传讹日甚，可胜变哉。"

何乔远曰、叶梦熊曰："永乐八年，北伐至鸣銮戍。语金幼孜曰：灭此残虏，惟守开平、兴和、大宁、辽东、宁夏、甘肃，则边境永无事矣。是弃大宁非成祖意，后世谓借属夷藩篱中国，误矣。至宣德五年，并开平失之，其地三百里，由是左右臂俱折，而松门潢水，险固在我。夫不得祖宗之意，而揣摩其影响，以幸苟安，此二百余年之大误也。"（卷21，第1389~1390页）

---

① 分阃，指出任将帅或封疆大吏。阃，音 kǔn。

② 高皇，泛指开国皇帝。指明太祖朱元璋。

③ 戢，止息。《广韵缉韵》："戢，止也。"唐韩愈《为裴相公让官表》："方今干戈未尽戢，夷狄未尽宾。"

④ 犁庭，犁平敌人的大本营。庭：龙庭，古代匈奴祭祀天神的处所，也是匈奴统治者的军政中心。

⑤ 甫定，刚刚安定下来。

⑥ 雄谟，犹宏图。

⑦ 章皇，指明宣宗朱瞻基，明朝第五位皇帝。宣德十年（1435 年）驾崩，终年 38 岁，葬景陵。庙号宣宗，谥号宪天崇道英明神圣钦文昭武宽仁纯孝章皇帝。

⑧ 奸萌，图谋作奸违法的人。萌，通"氓"，民。

⑨ 刈，音 yì。杀。

◎丁酉①，议京师至独石粮运，立十一堡，各屯千人，用车六十日可悉到，武进伯朱冕总督。（卷21，第1391页）

◎辛未②，诛宣府前卫指挥佥事王林，以龙门关守备不严也。（卷21，第1393页）

◎壬申③，山西布政司参议王俊巡沁州，勒贿挟妓，谪戍独石卫。（卷21，第1401页）

◎丁亥④，置龙门卫、龙门守御千户所。李家庄。（卷21，第1419页）

◎辛丑⑤……甓⑥独石、云州、赤城、雕鹗、龙门等城。（卷22，第1431页）

◎丁酉⑦……始遣御史巡阅居庸关外长安岭、独石、龙门、天城诸关隘。（卷22，第1434页）

◎壬申⑧，召开平副总兵都督佥事方政还京。（卷22，第1452页）

---

① 宣德五年四月丁酉，1430年5月19日。
② 宣德五年六月辛未，1430年6月22日。
③ 宣德五年十月壬申，1430年10月21日。
④ 宣德六年七月丁亥，1431年9月1日。
⑤ 宣德七年四月辛丑，1432年5月12日。
⑥ 甓，音 pì。砖。《诗·陈风·防有鹊巢》："中唐有甓，邛有旨鹝。"马瑞辰通释："甓为砖。"
⑦ 宣德七年六月丁酉，1432年7月7日。
⑧ 宣德八年五月壬申，1433年6月7日。

◎六月壬午朔①，开平千户杨洪巡红山，值虏引却，诱至礼拜寺击败之，遂敕边将严备。（卷22，第1452页）

◎己酉②……虏寇开平沙窝，杀百户王贵。（卷22，第1454页）

◎壬申③，赤城备御都指挥佥事方贵还守松潘。（卷22，第1463页）

◎丙寅④，募商中盐开平，旧二斗五升，减一斗。（卷22，第1464页）

◎己未⑤，戴罪陕西巡抚工部右侍郎罗汝敬擅引诏书复职，连劾吏部，宥尚书郭琎，逮汝敬及侍郎黄宗载、郑诚等狱。寻复宗载等，汝敬戍赤城。（卷23，第1493页）

◎己卯⑥……后军都督佥事马昇、黄真为左右参将，分守开平、独石、怀来。（卷23，第1499页）

◎丙申⑦，选京营四千骑，以都指挥佥事黄顺往大同，署都指挥佥事田忠、府军前卫指挥佥事冯玉往宣府，分守开平卫指挥佥事杨洪为指挥使，以御虏功。（卷23，第1500页）

---

① 宣德八年六月壬午，1433年6月17日。
② 宣德八年六月己酉，1433年7月14日。
③ 宣德八年十二月壬申，1434年2月2日。
④ 宣德九年二月丙寅，1434年3月28日。
⑤ 宣德十年四月己未，1435年5月15日。
⑥ 宣德十年七月己卯，1435年8月3日。
⑦ 宣德十年七月丙申，1435年8月20日。

◎戊辰^①，逮镇守<u>开平独石</u>左参将都督金事<u>马昇</u>，参谋<u>山西</u>右参议<u>叶仕宁</u>，下台狱^②。时互隙^③相讦^④。（卷23，第1502页）

◎乙未^⑤，游击将军<u>开平卫</u>指挥使<u>杨洪</u>获虏，进都指挥金事，赐织金衣一袭^⑥，钞三千贯。（卷23，第1504页）

◎庚申^⑦……<u>丰城侯李彬</u>督运京仓米豆三万石给<u>赤城</u>、<u>独石</u>、<u>云州</u>、<u>雕鹗</u>、<u>哨马营</u>。（卷23，第1505页）

◎己亥^⑧，定<u>赤城堡</u>中淮、浙、<u>长芦</u>盐引米一石，<u>四川</u>、<u>福建</u>、<u>山东</u>、<u>河东</u>盐引五斗；<u>哨马营</u>中淮、浙、<u>长芦</u>盐引九斗五升，<u>四川</u>、<u>福建</u>、<u>山东</u>、<u>河东</u>盐引四斗七升；<u>独石卫</u>中淮、浙、<u>长芦</u>盐引九斗，<u>四川</u>、<u>福建</u>、<u>山东</u>、<u>河东</u>盐引四斗五升。皆不拘次支给。（卷23，第1508页）

◎甲午^⑨，增<u>赤城</u>等堡烽堠^⑩。（卷23，第1514页）

---

① 宣德十年八月戊辰，1435年9月21日。

② 台狱，古时御史台所设的监狱。

③ 隙，缺点，过失。《孙子·谋攻》："辅隙则国必弱。"王晳注："隙，谓有所缺也。"

④ 讦，音 jié。揭发、攻击他人的隐私、过错或短处。《论语·阳货》："恶讦以为直者。"何晏集解引包咸曰："讦，谓攻发人之阴私。"又音 jì。

⑤ 宣德十年九月乙未，1435年10月18日。

⑥ 袭，量词。衣服成套称为袭。《史记·赵世家》："赐相国衣二袭。"裴骃集解："间复具为一袭。"《汉书·昭帝纪》："有不幸者赐衣被一袭。"颜师古注："一袭，一称也，犹今言一副也。"

⑦ 宣德十年十月庚申，1435年11月12日。

⑧ 宣德十年十二月己亥，1435年12月21日。

⑨ 正统元年三月甲午，1436年4月14日。

⑩ 烽堠，亦作"烽候"。烽火台。

◎乙卯①，署都指挥佥事<u>李谦</u>总督<u>赤城</u>、<u>独石</u>等处守备。召<u>永宁</u>守备<u>兴安伯徐亨</u>还京。（卷23，第1519页）

◎庚午②，都指挥佥事<u>杨洪</u>、副署都督佥事<u>李谦</u>守备<u>赤城</u>。（卷23，第1530页）

◎是年③，增铸铁蒺藜④，给<u>开平</u>、<u>赤城</u>分布要害，游击将军<u>杨俊</u>谓边用利之。行在兵部言：“<u>洪永</u>间，诸司卫所各有杂造局造械，其料出于军民。今动请之武库，非置局初意也。”于是<u>南京</u>等郡以赎锾⑤给造，不足则军钞户食盐税钞给之。（卷23，第1531～1532页）

◎丙辰⑥，守备<u>独石</u>都指挥佥事<u>杨洪</u>败<u>兀良哈</u>，擒渠帅⑦<u>朵栾帖木儿</u>。（卷23，第1540页）

◎庚戌⑧，守备<u>独石</u>署都指挥佥事<u>李谦</u>被劾还京，游击将军都指挥佥事<u>杨洪</u>提督守备<u>独石</u>。（卷23，第1543页）

◎三月乙酉⑨，朔，敕<u>宣府</u>都督佥事<u>黄真</u>、都指挥同知<u>杨洪</u>为左右参将。修<u>开平</u>、<u>龙门</u>、<u>独石潮河川</u>堡斥堠⑩。（卷24，第1549页）

---

① 正统元年六月乙卯，1436年7月4日。
② 正统元年十二月庚午，1437年1月15日。
③ 正统元年，1436年。
④ 铁蒺藜，在古代战争中，将铁蒺藜撒布在地，用以迟滞敌军行动。有的铁蒺藜中心有孔，可用绳串连，以便敷设和收取。中国在战国时期已使用铁蒺藜。
⑤ 赎锾，音 shú huán。赎罪的银钱。
⑥ 正统二年七月丙辰，1437年8月29日。
⑦ 渠帅，首领。旧时统治阶级称武装反抗者的首领或部落酋长。
⑧ 正统二年九月庚戌，1437年10月22日。
⑨ 正统三年三月乙酉，1438年3月26日。
⑩ 斥堠，音 chì hòu。瞭望敌情的碉堡。

◎己酉①，总督独石、永宁游击将军都指挥同知杨洪为指挥使。（卷24，第1550页）

◎戊戌②，赈永平、开平、龙门、怀来、隆庆、保安等卫军余③。（卷24，第1587页）

◎甲戌④，独石开平卫并马营堡，召商中盐。（卷24，第1642页）

◎甲戌⑤……守备独石、永宁左参将都督佥事杨洪为都督同知。（卷25，第1646页）

◎丁亥⑥，独石备边府军卫指挥佥事杨俊为署都指挥佥事。（卷26，第1676页）

◎乙丑⑦，定宣府龙门卫、赤城、雕鹗堡每一金籴粟二石二斗，独石、马营、龙门所、云（川）［州］堡每一金籴二石。（卷26，第1689页）

◎辛丑⑧，守备独石左参将都督杨洪护瓦剌部属三十人，上以非寇边，命遣之入京。（卷26，第1708页）

---

① 正统三年三月己酉，1438年4月19日。
② 正统五年四月戊戌，1440年5月27日。
③ 军余，指未取得正式军籍的军人。
④ 正统八年三月甲戌，1443年4月18日。
⑤ 正统八年五月甲戌，1443年6月17日。
⑥ 正统九年十一月丁亥，1444年12月21日。
⑦ 正统十年八月乙丑，1445年9月25日。
⑧ 正统十一年十月辛丑，1446年10月26日。

◎丁巳①……守备马营署都指挥佥事杨俊总督马营官军操练。时房入厦儿岭夹墙，不追击，敕责总督独石等处左都督杨洪协同守备都指挥佥事赵玫，有急并力，毋私执失事。（卷26，第1715页）

◎庚辰②，减开平、龙门二卫屯卒余粮，旧领五十亩，纳六石，今减开平四石，龙门二石。（卷26，第1717页）

◎八月庚申③，朔，日食……增独石、永宁等墩台百四十六，自龙门乱泉寺至龙门卫。（卷26，第1726页）

◎壬戌④……总督独石等处守备左都督杨洪为镇朔将军总兵官，镇守宣府。都指挥佥事杨俊总督独石、永宁等处守备。（卷26，第1727页）

◎九月庚寅⑤，朔，守备开平独石军务山东布政司右参政尹聪还京。（卷26，第1728页）

◎乙巳⑥，罢怀来、怀安、龙门等儒学，极边尚武乏人也。（卷27，第1751页）

◎己亥⑦，总督独石、永宁等处守备署都指挥佥事杨俊为都指挥佥事。（卷27，第1754页）

---

① 正统十二年二月丁巳，1447年3月11日。
② 正统十二年三月庚辰，1447年4月3日。
③ 正统十二年八月庚申，1447年9月10日。
④ 正统十二年八月壬戌，1447年9月12日。
⑤ 正统十二年九月庚寅，1447年10月10日。
⑥ 正统十三年十一月乙巳，1448年12月18日。
⑦ 正统十四年正月己亥，1449年2月10日。

◎丁卯^①……守备<u>怀来</u>署都指挥佥事<u>康能</u>及<u>怀来</u>、<u>隆庆</u>、<u>龙门卫</u>指挥<u>易谦</u>等，各弃城遁。镇守<u>居庸关</u>都指挥佥事<u>孙斌</u>以闻，王宥其罪，责协<u>斌</u>守备。（卷27，第1780页）

◎壬申^②……总督<u>独石</u>等处备御都督佥事<u>孙安</u>言："先命都指挥<u>赵玫</u>守备<u>独石</u>，<u>杨俊</u>守备<u>马营</u>，<u>夏忠</u>守备<u>龙门卫</u>，署都指挥<u>鲁瑄</u>守备<u>龙门千户所</u>，臣同少监<u>陈公</u>总督。今军少力分，王令<u>陈公</u>、<u>孙安</u>、<u>赵玫</u>、<u>杨俊</u>屯<u>居庸关</u>外，援<u>京师</u>。"（卷27，第1784页）

◎乙亥^③……总督<u>独石</u>等处备御右少监<u>陈公</u>言："虏中<u>阿剌知院</u>率众围<u>龙门</u>，射矢系书言讲和。"下兵部尚书<u>于谦</u>曰："虏诈，第严备之。"（卷27，第1786页）

◎丙戌^④……镇守<u>山西</u>都督佥事<u>孙安</u>言："昨亲征，戍<u>龙门卫</u>，进士<u>张鉴</u>奏驻跸<u>宣府</u>，但遣将逐虏，设用其言，讵^⑤有今日之祸。"（卷28，第1792页）

◎庚子^⑥……罢<u>独石</u>守备都指挥<u>杨俊</u>。（卷28，第1797页）

◎辛卯^⑦……少保兵部尚书<u>于谦</u>言："留<u>杨洪</u>等<u>京师</u>，则<u>宣府</u>肩寒可虑。"兵科都给事中<u>叶盛</u>言："今日之事，边关为急。向令<u>独石</u>、

---

① 正统十四年八月丁卯，1449年9月6日。
② 正统十四年八月壬申，1449年9月11日。
③ 正统十四年八月乙亥，1449年9月14日。
④ 正统十四年九月丙戌，1449年9月25日。
⑤ 讵，音jù。岂，怎。
⑥ 正统十四年九月庚子，1449年10月9日。
⑦ 正统十四年十一月辛卯，1449年11月29日。

马营不弃，则六师①何以陷土木？紫荆、白羊不破，则虏骑何以薄都城？由是而观，边关不固，则京城虽守，不过仅保九门，其如陵寝郊社何？其如田野之民荼毒何？宜固守宣府、居庸为便。"上从之。（卷28，第1817页）

◎戊午②，宣府右参将都督佥事杨俊仍领开平、马营等兵。（卷28，第1822页）

◎乙亥③……弃东胜州。（卷28，第1826页）

严从简曰："此我朝不复四郡之实也。盖尝论之，有二失焉。洪熙、宣德之间，玩常而不思其变；景泰、天顺之际，守近而不谋其远。由是偏头邻于犬羊，而全晋以北单矣，岂惟全晋。五原、云中，赵武灵所欲下甲咸阳者也。此而不守，则右臂断，全陕危矣，可惜甚哉。少保公极力于独石，而不注怀于东胜，其意何也？"

◎庚辰④……总督宣府边储户部右侍郎刘琏言："怀来、永宁、赤城、独石、马营等官军，前弃城入京，驻朝阳门外，今春方农，乞还原卫守备，庶宣府得全。"从之。（卷29，第1828页）

◎癸未⑤，参赞军务右副都御史罗通言："虏近宣府，屯龙门、独石，就食仓粟，宜敕总兵官都督朱谦、参将纪广、都指挥杨俊等

---

① 六师，本指周天子所统六军之师，后以为天子军队的称呼。
② 正统十四年十二月戊午，1449年12月26日。
③ 正统十四年十二月乙亥，1450年1月12日。
④ 景泰元年正月庚辰，1450年1月17日。
⑤ 景泰元年二月癸未，1450年3月21日。

1046

募死士往戍，或遣尖仗潜劫。仍布赏格①：购②斩也先，赏银五万，黄金一万，封国公太师；杀伯颜帖木儿喜宁，赏银二万，黄金千，封侯。"从之。（卷29，第1840页）

◎戊子③……居庸关获虏谍刘玉，镇守独石内官韩政苍头④也，下锦衣狱⑤。（卷29，第1841页）

◎甲戌⑥，初，也先内犯马营、独石、龙门、雕鹗等城，以吏卒赴京，遗刍粮⑦数万，议塞其城门，俟后转运宣府，已游击将军杨能请分兵防护。提督军务右副都御史罗通言："虏三四千人，各牵驼马，取粮马营等处，夫弃城遗粮资虏非计。然守则不足，运则不逮⑧，焚则不给。乞下廷议。"户部谓事难遥度，下刘琏、罗通及总兵官朱谦等计之。（卷29，第1847页）

◎辛酉⑨，初，龙门所仓粮七万八千六百余石，虏至不守，至是路通，左侍郎刘琏乞都指挥杨信运入怀来、永宁城。从之。仍命宣府总兵官朱谦巡守开平、马营。（卷29，第1880页）

◎癸卯⑩，命昌平侯杨洪以三千骑分守开平、龙门、怀来、永宁

---

① 赏格，悬赏所定的报酬数。
② 购，悬赏征求，重金收买。《说文·贝部》："购，以财有所求也。"段玉裁注："县重价以求得其物也。"《史记·项羽本纪》："吾闻汉购我头千金。"
③ 景泰元年二月戊子，1450年3月26日。
④ 苍头，以青巾裹头的军队。头发斑白，指年老的人。
⑤ 锦衣狱，明代的锦衣卫拥有自己的监狱，称诏狱，或是锦衣狱，即为皇家监狱。
⑥ 景泰元年四月甲戌，1450年5月11日。
⑦ 刍粮，粮草。多指供军队用的饲料和粮食。
⑧ 逮，音dài。到，及。
⑨ 景泰元年九月辛酉，1450年10月25日。
⑩ 景泰元年十一月癸卯，1450年12月6日。

诸城。（卷 29，第 1883 页）

◎丁未①……发龙门卫仓赈宣府饥。（卷 29，第 1884 页）

◎丙寅②……提督独石等处操守都督佥事董斌，以独石、马营、云州、雕鹗、赤城、龙门、李家庄、长安岭官军，或暂寓怀来、永宁，或遣戍宣府，又或惧寇觇内地，乞各还原城分守。从之。自是率兵度龙门，且战且守，八城复固。

严从简曰："此所谓口外八城堡也，失之于杨俊，而复之于董斌。内而肃愍、文庄③之执议，外而杨洪、朱谦之图画，俱不可诬也。今八城为宣府北路，虽称孤悬，而所以屏蔽镇城，声援京国者，实重且大矣。于乎！由是而及开平，而大宁，固不可深思乎？善哉！少保之言曰：尺寸进退之机，安危治乱之所系也！"（卷 29，第 1885~1886 页）

◎丁酉④，宣府总兵官抚宁伯朱谦卒。谦夏邑人，永乐初，袭留守左卫指挥佥事，累征迤北有功，进万全都指挥使，充右参将，镇守万全。累功，历后府左都督，奉敕充总兵，镇守宣府。上皇北狩⑤，率子永出谒⑥，犒军劳虏。景泰初，捕虏龙门关中律，封伯，禄千一百二十石。在边久，勇而寡谋，追封抚宁侯，赐祭葬，谥武襄。（卷 30，第 1894 页）

---

① 景泰元年十一月丁未，1450 年 12 月 10 日。
② 景泰元年十一月丙寅，1450 年 12 月 29 日。
③ 肃愍，于谦的谥号。文庄，叶盛的谥号。
④ 景泰二年二月丁酉，1451 年 3 月 30 日。
⑤ 北狩，皇帝被掳到北方去的婉词。
⑥ 出谒，外出拜见。

◎甲午①，虏百余骑犯马营，焚东门，命游击将军石彪、雷通各兵三千驰剿。（卷30，第1898页）

◎辛未②……代州故交趾布政使戈谦，荐前成山侯王通、龙门卫致仕指挥宁懋、真定同知阮迁干知兵惯战，上不听。通仍镇守山陵，宁懋、阮迁干令从石亨团营。（卷30，第1902页）

◎戊申③……昌平侯杨洪卒。洪六合人，祖政，汉中百户。洪嗣官，调开平，累功都指挥。正统初，以都督守独石，败虏宣府大石门宝昌州，捕虏阿台打剌花，斩首功二百。戊辰，封伯，禄千石，充总兵镇宣府。己巳，坐驾陷系狱④，出之，击虏都门涿州、紫荆，遂至固安，大捷，捕虏阿归等四十八人，斩首四百八十，邀还俘掠人万计，马牛弓刀数万，进侯，赐世券⑤。久镇宣府，号令严肃，善夜劫营，虏慑之。颇好文，立宣府儒学。追封颍国公，谥武襄，赐葬祭。（卷30，第1909页）

袁褎曰："己巳之变，内有于谦善谋、石亨善战，外有杨洪、郭登善守，是以京师危急而九服宴然，良由大同宣府为之扞蔽⑥也。也先虽善战，恐宣大之议其后，将有腹背受敌之患，是以虽长驱深入而不能持久，狼顾而去，卒以无败。向使⑦洪、登浅谋，轻出失利，宣大不守，祸延京师，土崩之势，熟能御之。兵法曰：'攻者不足，

---

① 景泰二年四月甲午，1451年5月26日。
② 景泰二年六月辛未，1451年7月2日。
③ 景泰二年九月戊申，1451年10月7日。
④ 系狱，囚禁于牢狱。
⑤ 世券，犹铁券。明代赐予功臣，使其世代享有特权的凭证。形制如瓦，其大小依官爵高低分为九等，外刻其功，中镌其过。每副各分左右，左存功臣，右藏内府。若子孙犯罪，取券勘合，折其功过予以赦减。
⑥ 扞蔽，音 gǎn bì。屏障、掩蔽。
⑦ 向使，假使；假令。

守者有余。’是故将莫善乎持重，而师必出乎万全，反是鲜不败矣。"

◎辛未①……都督佥事石彪为游击将军，巡宣府怀来、龙门、赤城。（卷30，第1910页）

◎乙酉②……命罪人输粟赤城等边堡。（卷30，第1911页）

◎辛酉③，紫荆关守备都督同知顾兴祖，小龙门守备署都指挥佥事周晟，受部曲赂，俱下狱。命左军右都督陶瑾、署都指挥同知刘全代之。（卷30，第1919页）

◎己巳④，募商中盐独石、马营。（卷30，第1919页）

◎辛巳⑤……赈独石、马营官军。（卷30，第1931页）

◎辛亥⑥……免龙门、开平卫屯租之半。初，霜灾。（卷30，第1939页）

◎丙申⑦……免龙门卫屯租，开平卫十之八。（卷30，第1942页）

◎丁巳⑧，山西布政司右参政叶盛协赞独石等处军务。盛治壁

① 景泰二年十月辛未，1451年10月30日。
② 景泰二年十月乙酉，1451年11月13日。
③ 景泰三年正月辛酉，1452年2月17日。
④ 景泰三年二月己巳，1452年2月25日。
⑤ 景泰三年六月辛巳，1452年7月6日。
⑥ 景泰三年九月辛亥，1452年10月4日。
⑦ 景泰三年十月丙申，1452年11月18日。
⑧ 景泰三年十月丁巳，1452年12月9日。

1050

垒，厉①文学，买牛千余头，课下卒以耕，公私皆赡。（卷30，第1944页）

徐日久曰："叶盛守独石五年，凡奉玺书②四十余道。时景帝勤政，每有边报，辄召本兵于谦商酌，指授成算③，撰敕往谕，以故中外情意流通，贯彻彼此，关上败事益少。今中朝大老，讬言委任边关，情务听督抚自为之，以为无可置喙④。彼督抚者，境地已隆，权势自遂，更无有从中提掇⑤之者，安得不太平时漫不加意，临事则去如敝屣⑥也哉。"

◎丙戌⑦，前军右都督杨俊言："也先包藏祸心，其妻孥辎重在哈剌莽，距宣府才数百里，其精锐屯沙窝，尤近。宜选将率迤西之士悉赴代州，迤东悉赴永平，大臣统京兵，赴大同、宣府列营为正兵。其永平之戍赴独石按伏，代州之戍赴偏头关按伏，为奇兵。正兵坚壁，奇兵捣穴，此攻取之一机也。"兵部于谦伟其计。从之。

严从简曰："兵莫善于奇正之相生，而莫不善应援之无继。夫惊鸟之击也，必伏其形，蜂虿⑧之螫也，不尽其毒。古人因败以为功，始郤而终胜者，其机皆在此也。是故连营七百里，伏终不行，百万厌淮汜，一败涂地，何者？势露于悉陈，力止于一击也。三拨之说，予于是乎有取焉。"（卷30，第1946～1947页）

---

① 厉，同"励"。振奋。
② 玺书，皇帝所下的敕令诏书。
③ 指授成算，指授，指导；传授。成算，已定的计划；打算。
④ 无可置喙，犹言没话可说。置喙 huì，插嘴；参预议论。喙，音 huì。
⑤ 提掇，提拔、帮助。
⑥ 敝屣，破旧的鞋。比喻没有价值的东西。
⑦ 景泰三年十一月丙戌，1453年1月7日。
⑧ 虿，音 chài。蛇、蝎类的毒虫的古称。

◎壬申①，右都督杨俊率兵八千护送北使，巡宣府。已协赞军务山西右参政叶盛言："俊旧弃独石不守，今亦何颜，乞止令游击将军都督佥事刘深巡宣府。"从之。（卷31，第1951页）

◎甲午②，筑白庙儿堡于龙门关西二十里。（卷31，第1953页）

◎辛丑③，宣府总兵官武强伯杨能卒。能从伯父洪有功，累开平卫指挥使，败虏湾河三岔口，擢④都指挥佥事，从洪还朝，连败虏紫荆、倒马二关。景泰初，擢都指挥同知，以游击将军御虏宣府，败之八里沟八里村。擢都指挥使，仍充游击将军，统神机京兵。寻擢后军都督佥事，充左参将，镇宣府。进都督同知，充左副总兵。召还，总神机营。天顺初，进左都督。宣大有警，能请行，败虏磨儿山石灰站，封流伯，沈毅⑤善骑射，累树边绩，无子。（卷33，第2112页）

◎正月辛卯⑥，朔，守备龙门都指挥佥事黄瑄充右参将，镇守独石、马营。（卷33，第2144页）

◎甲子⑦，都督同知孙安卒。高邮人，世大兴左卫指挥佥事。正统己巳，以都督佥事守独石、马营、龙门等城，荒墟复业，有保障功。（卷36，第2307页）

---

① 景泰四年正月壬申，1453年2月22日。
② 景泰四年二月甲午，1453年3月16日。
③ 天顺四年十一月辛丑，1460年12月11日。
④ 擢，选拔；进升。《正字通·手部》："擢，今俗凡迁官曰擢。擢，犹升也，进也。"
⑤ 沈毅，沈同"沉"。沉着坚毅。
⑥ 天顺七年正月辛卯，1463年1月20日。
⑦ 成化七年十一月甲子，1472年1月6日。

◎癸未①……宣府龙门守御千户所火毁积刍②。（卷36，第2314页）

◎癸巳③，吏部左侍郎叶盛卒。盛字与中，崑山人。正统乙丑进士，授兵科给事中，清白精采④。景泰壬申，进山西参政，协理独石。时八城俱毁，仅余一毁垣。盛鼎新之，蒐⑤伍课屯，一军为雄。进右佥都御史，抚两广，移宣府，益课屯田，增筑堡七百余，俱著疆场绩。历礼部右侍郎，有文武才，所著书惟《水东日记》存。年五十五，谥文庄，赐祭葬，崇祯末，赠尚书。

袁褧曰："才之难兼久矣，或以文学显，或以节行著，而叶公兼之，可不谓难乎！方居谏垣⑥时，尝对仗⑦读弹文⑧，词气慷慨，国家有大利害，必言之无少避忌。巡抚两广还，舟无私载，箧⑨中惟书史，检家人匣，得一葛⑩，即投江中。两镇北边，其所经略，至于今犹赖之，斯亦可以折冲矣。好古博学，郁郁⑪乎文章，揆⑫之于古，希文之徒亚哉。"

刘凤曰："盛为谏宫，屡廷诤，引是非，指用事者，数忤不顾，其诚直哉。然才实能经变图虑，缓急可仗，当夷虏并兴，折冲⑬之

① 成化八年四月癸未，1472年5月24日。
② 刍，喂牲畜的草，亦指用草料喂牲口。
③ 成化十年三月癸巳，1474年3月25日。
④ 精采，精粹出色。
⑤ 蒐，音sōu。阅兵，检阅。
⑥ 谏垣，谏官官署，即专职进谏官吏的办公场所。
⑦ 对仗，当廷奏事。古时皇帝坐朝听政，必设仪仗，百官当廷言事，无所隐秘。
⑧ 弹文，弹劾官员过错的奏疏。
⑨ 箧，音qiè。箱子一类的东西。
⑩ 葛，音gé。表面有花纹的纺织品，用丝做经，棉线或麻线等做纬。
⑪ 郁郁，文采盛貌。《论语·八佾》："周监于二代，郁郁乎文哉！吾从周。"邢昺疏："郁郁，文章貌。"
⑫ 揆，音kuí。度（duó），揣测。
⑬ 折冲，克敌制胜。

任，恒交搉之。作镇方陲，遂乘胜千里，边候①不竦②，其所规置鸠缮，用恢崇我王略，迄于今是赖，可谓重臣矣哉。尝有所保任③，吴祯以事败，遂终其身无所荐。初以人伦④鉴，士归向之，卒乃谓以虚词⑤借，故谤议及之。若其恬于荣利，每进皆以危殆⑥委之，忘身殉节官下，岂易能乎？"

何乔远曰："叶盛、朱英，并遵诗书之轨而善戎圉之务，纯诚正直，好贤而援古，斐然有其文质矣。"

郡归有光曰："广东布政使王用兼，参议盛思禹，并叶公同县人，见岭南人语叶公，往往皆流涕。"（卷37，第2338页）

◎壬寅⑦，虏入马营齐家沟，宣府游击将军署都督佥事周玉败之，斩十一级。（卷37，第2350页）

◎壬辰⑧，宣府柴沟堡、马营、葛（路）［峪］堡中河东盐各十万引。（卷37，第2392页）

◎己卯⑨，独石指挥同知绳律修边，值虏五百骑，战败。分守右少监刘祥、署都督佥事李刚援之，又败。（卷38，第2405页）

---

① 边候，边境的侦察人员。
② 竦，音 sǒng。通"悚"。恐惧。
③ 保任，特指向朝廷推荐人才而负担保的责任。《汉书·爰盎传》："盎兄哙任盎为郎中。"颜师古注引如淳曰："盎为兄所保任，故得为郎中也。"
④ 人伦，指有才学的人。
⑤ 虚词，空话；假话。
⑥ 危殆，犹危险。
⑦ 成化十年十二月壬寅，1475年1月28日。
⑧ 成化十三年十一月壬辰，1478年1月2日。
⑨ 成化十四年七月己卯，1478年8月17日。

◎癸巳①，虏犯<u>宣府</u>，参将<u>吴俨</u>等追之，出<u>独石</u>山泉墩，败没。（卷39，第2448页）

◎壬寅②，分守<u>独石</u>、<u>马营</u>右少监崔荣，都指挥佥事吴俨，先追虏被围而走，逮入论死。荣求于近幸③，乃自讼④。上曰："今其追敌，非坐视者，送荣<u>司礼监</u>⑤，降俨<u>定辽卫</u>正千户。"（卷39，第2466页）

◎丁未⑥……<u>龙门千户所</u>地震有声。（卷40，第2531页）

◎甲寅⑦，<u>宣府龙门卫</u>地震。夜，<u>万全都司</u>地震，俱有声。（卷41，第2548页）

◎壬寅⑧，虏数寇宣府<u>独石</u>、<u>万全</u>。（卷41，第2572页）

◎戊申⑨，<u>宣府葛峪堡</u>地陷，深三尺，修⑩百五十步，衡⑪一丈。（卷41，第2573页）

---

① 成化十七年五月癸巳，1481年6月16日。
② 成化十八年九月壬寅，1482年10月18日。
③ 近幸，指帝王宠爱的人。
④ 自讼，替自己申诉。
⑤ 司礼监，官署名，明置。明朝内廷管理宦官与宫内事务的"十二监"之一，有提督、掌印、秉笔、随堂等太监。
⑥ 成化二十二年十一月丁未，1486年12月1日。
⑦ 成化二十三年九月甲寅，1487年10月4日。
⑧ 弘治元年八月壬寅，1488年9月16日。
⑨ 弘治元年八月戊申，1488年9月22日。
⑩ 修，长。
⑪ 衡，通"横"，与"纵"相对。

◎乙丑①……虏寇宣府独石、马营，执②千户刘忠。（卷41，第2584页）

◎四月癸未③，朔。丙戌④，虏入宣府独石乱泉。（卷42，第2601页）

◎乙酉⑤，宣府龙门所守备左监丞陶亮，凶戾⑥调万全左卫，以守备万全左卫太监谢铨代。（卷42，第2629页）

◎癸未⑦，虏入宣府镇安门墩。（卷42，第2633页）

◎甲辰⑧……虏入宣府龙门所。（卷42，第2636页）

◎辛卯⑨……宣府龙门卫地震有声，有火见广宁卫墩台之旗端。（卷43，第2672页）

◎丙申⑩，虏数入宣府龙门所。（卷43，第2675页）

◎丁亥⑪……虏数入宣府独石。（卷43，第2677页）

---

① 弘治二年三月乙丑，1489年4月7日。
② 执，捕捉，逮捕。
③ 弘治三年四月癸未，1490年4月20日。
④ 弘治三年四月丙戌，1490年4月23日。
⑤ 弘治五年三月乙酉，1492年4月11日。
⑥ 凶戾，音xiōng lì。凶残暴戾。
⑦ 弘治五年七月癸未，1492年8月7日。
⑧ 弘治五年十月甲辰，1492年10月27日。
⑨ 弘治八年三月辛卯，1495年4月2日。
⑩ 弘治八年五月丙申，1495年6月6日。
⑪ 弘治八年七月丁亥，1495年7月27日。

◎庚申[1]，虏犯宣府龙门所。（卷43，第2684页）

◎庚午[2]，虏入宣府马营堡。（卷43，第2693页）

◎壬辰[3]，虏入宣府云州堡、龙门卫。（卷43，第2696页）

◎丙申[4]……龙门卫地震有声。（卷44，第2780页）

◎戊辰[5]，宣府马营堡大雨雹，深二尺，伤稼。（卷46，第2864页）

◎癸巳[6]……守备龙门所都知监右少监孟山请改衔分守。从之。（卷47，第2917页）

◎己卯[7]，宣府龙门卫地震。（卷47，第2939页）

◎癸巳[8]……中旨[9]："分守龙门都知监太监孟山镇守延绥，都知监右监丞马顺代山，奉御薛深管神机营左掖二司。"（卷47，第2956页）

---

① 弘治八年十二月庚申，1495年12月27日。
② 弘治九年五月庚午，1496年7月4日。
③ 弘治九年八月壬辰，1496年9月24日。
④ 弘治十四年十一月丙申，1501年12月31日。
⑤ 正德元年六月戊辰，1506年7月10日。
⑥ 正德三年四月癸巳，1508年5月25日。
⑦ 正德四年二月己卯，1509年2月25日。
⑧ 正德四年十月癸巳，1509年11月16日。
⑨ 中旨，皇帝的谕旨。

◎丙午①……分守独石、马营都知监太监张弼改镇守宁夏，都知左少监马良宁夏监枪②，印绶太监姚远分守独石、马营，户部右侍郎陈震兼左金都御史，暂往宁夏督军饷。（卷48，第2970页）

◎丁卯③，小王子虏寇宣府龙门所，守备右监丞赵瑛、都指挥佥事王继败死。赠瑛太监，世锦衣百户，继都指挥同知。（卷48，第3013页）

◎六月壬辰，朔。癸巳④，中旨："守备朔州御马监太监满隆改分守独石、马营。"（卷49，第3064页）

◎乙未⑤，虏入宣府云州。（卷49，第3095页）

◎癸未⑥，虏犯龙门所，官军失利。（卷50，第3113页）

◎丙午⑦，昌平、开平等卫地震。（卷51，第3192页）

◎丙戌⑧……卜赤寇龙门，守备马骥，以兵少不敢战。度寇以旧路出，乃率兵断路，在两山间，浚濠深二丈许，寇闻之大惧，以精甲拒后，绳牵蚁渡而去之。土人曰："时得官兵一营至，寇尽歼矣。"

---

① 正德五年四月丙午，1510年5月28日。
② 监枪，官名。明京军所设内臣之一。永乐中置。神机营分二十司，各一员，监督操演火器。嘉靖时罢。
③ 正德六年十一月丁卯，1511年12月10日。
④ 正德九年六月癸巳，1514年6月23日。
⑤ 正德十年十一月乙未，1515年12月17日。
⑥ 正德十一年九月癸未，1516年9月30日。
⑦ 正德十四年九月丙午，1519年10月8日。
⑧ 嘉靖三年九月丙戌，1524年10月21日。

（卷53，第3310页）

◎庚午①，卜赤二万余骑犯大同，总兵朱振拒却之。复分犯宣府开平，副总兵陈时御之。指挥同知王本战于瓦房沟，死之。（卷53，第3334页）

◎甲寅②……虏犯宣府马营，赤城守备刘传闻警炮，率所部援之。被围数重，令士皆下马步斗，引满四射，矢无虚发，最后射杀其酋长，虏骇去。传中矢如猬，比围解，甲裳俱赤，卧创③月余卒。（卷54，第3415页）

◎乙丑④，虏犯宣府北路龙门所，参将董麒不即报，遽击斩三十余级。明日，守备陈勋战死，游击吕阳战三日败归。宣府游击将军吕阳，以营兵屯新河口，参将董麒分守北路，相会议出塞袭击李家庄诸虏，至其巢，斩三十余级还，会大雨，虏追及，兵不能战，遂败，麒惧，先入塞，阳亦间关获免，守备陈勋死焉，失骑百余人。事闻，麒等俱抵罪。（卷58，第3691页）

◎壬辰⑤……俺答由青泉堡入寇宣府北路，云州守备易纲闻警，以数十骑驰至永镇堡，据险射之，游击将军陈言介而驰，寇少却，纲跳入言军，请身为锋，遂同进。赤城守备戴纶又以家丁邀击，夺被掠人畜，逐出塞而还。（卷58，第3692页）

---

① 嘉靖五年四月庚午，1526年5月28日。
② 嘉靖九年正月甲寅，1530年2月20日。
③ 卧创，创，音 chuāng，伤。因受伤而卧床疗养。
④ 嘉靖二十五年七月乙丑，1546年8月6日。
⑤ 嘉靖二十五年八月壬辰，1546年9月2日。

◎丁未①，宣府报警，总督翁万达请以大同总兵官周尚文代宣府总兵官赵卿，分布待战。从之。时宣府总兵赵卿以隆、永之役在论，未得代。总督翁万达得谍报，檄卿住兵滴水崖，而虑无可援也。檄大同总兵官周尚文曰："若当援滴水崖"。尚文得檄尚犹豫，而万达虑尚文猬而矜②，幸邻变援师少延，无济也。因奏尚文得暂代卿将，援可速也。诏下，尚文果甲而驰，未至，虏已攻滴水崖。而卿已闻代，付兵三千人于守将董旸、江瀚，自归。旸、瀚故骁将，时营官随卿，因出御之，虏一出我前，一出我背，夹攻，旸、瀚犹挥刃力战，杀数级而死，于是虏复东向怀来，而尚文之兵至，值于石柱村，军容甚坚，虏未敢卒犯，遣间来约曰："诘朝③相见"。比晓，虏伐树、拆屋、毁门关，令步卒肩之以御矢石，而骑随之，噪且突阵。旧列营必列木为栅以拒侵轶④。其夜，尚文以栅目可见，不若穴地为暗窖。乃令人劚⑤七窖于壁外，窖深及膝，大容马蹄。及战，虏马多仆，军为发火器击之。凡二日，阵百余合，虏死数千人。大沮，然恃其众，不归也。俺答拔刀曰："不胜，且刎吾首。"乃复攻围，我军俱惫。万达曰："兵三日不战必疲。不援尚文，弃师也。"因鼓行而前，未至虏营十五里，虏拔营遁。（卷59，第3728～3729页）

◎己未⑥，筑大同宣府内外边，总督翁万达请筑内塞。略曰：初宣府垣役，始西中路者，先所急也。东北二路，限于财力，又朵颜支部，巢处其外，尚能为我藩篱，故迟而未举。今西中路塞垣难犯，而朵颜支部为虏逼徙，则二路之急视前数倍也。夫二路边七百余里，

---

① 嘉靖二十八年二月丁未，1549年3月5日。
② 矜，音 jīn。自夸；自恃。骄傲。
③ 诘朝，音 jié zhāo。同"诘旦"，即平明，清晨。
④ 侵轶，侵犯袭击。
⑤ 劚，音 zhú。古同"斸"。挖。
⑥ 嘉靖二十八年四月己未，1549年5月16日。

马步卒不三万，即皆为垣，乘守莫及，兵分于地广，备疏于无援，此臣之所惧也。拟自新宁东路之新宁墩而北，历雕鹗、长安岭、龙门卫至六台子，别为内垣，百有六十九里有奇，堑如之。敌台三百有八，铺舍如之。暗门十九，以重卫京师，控带北路。又东路镇南墩与蓟州火焰墩，中空未塞，而镇南而北而西至永宁新宁墩，亦原未议塞垣，俱宜补筑，成全险也。

又万达请还乘塞①之兵，略曰："国家御虏，四时不撤备②。而独曰防秋者，以秋高马肥，虏时深入，特加严耳。然往者罕调客兵，且不乘塞。近因贼势纵横，二议遂作，劳费数倍，已觉不堪。又自夏徂③冬，聚而不散，是非用武之经，可继之道也。夫客兵承调，去家一二千里，主兵摆边，远者亦不下三四百里，朔风侵肌，馈饷不给，鹑衣④野处，龟腹徒延，设有脱巾⑤之诉，何以应之？夫使之不以其时，散之不由其旧，虽有不可测度之恩威，而窜者逸者，自一而十，自十而百，百而千万，将不可禁也。彼时尽置之法则太苛，遂释其辜则启玩，万一不忍饥寒，不俟命令，哄然解去，所损岂其微哉。故乘塞兵入冬不可不罢也。然臣所谓罢，异镇客兵及远地主兵耳，至于本路土兵，则仍其旧，边事有常，有警不废，前岁一报掣兵，诸防悉解，事起仓卒，束手无措，臣谓未可与今日同论也。"于是乘塞兵罢镇。

《宣府志》曰："往年乘塞⑥之令，一时视为上策，无敢转议。然其间士卒之苦，则翁公此疏尽矣。庚戌岁后，虏仍内犯不置，朝臣始知此令不足恃也，因以渐罢其役云。"

---

① 乘塞，守卫边疆要塞。
② 撤备，撤去守备的军队。
③ 徂，音 cú。及，至。
④ 鹑衣，音 chún yī。补缀的破旧衣衫。
⑤ 脱巾，脱下头巾，改戴官帽。指开始入仕。
⑥ 乘塞，音 chéng sāi。守卫边疆要塞。

尹耕曰："犹记儿童时，有事大同镇城也，抵北门不敢出窥观也。其时北郊二十里许曰孤店，虏日至，巡抚史道视地，饭于北极神祠，虏忽突至，望麾盖①集矢如猬，诸军力战以免。故文锦之五堡，识者恨其不究，自总督毛伯温之治弘赐堡也。镇城以北，商贾行矣，周尚文城灭虏九堡，以联其两翼，而复为拒墙五堡，以厚屏其肩背，则五堡不为极塞，而镇城内矣。然议者犹为拒墙五堡危之，兹城其终条理乎。由是而推，则宣府之兴和，不可理而复；黑山之垣，不可引而直；东胜丰榆之境，不可渐而图，非夫也。"（卷59，第3732~3734页）

◎壬午②，时边报日棘③，西海逋虏④窥甘凉，吉囊⑤窥延绥、固原，俺答屯威宁海，直开平，岁犯宣大，朵颜三卫数引土蛮犯广宁、辽阳，睨白马关，逼黄花镇。于是兵部言："饬营关以严内治，饬边镇以固藩篱，务实政以严边备，广储积以严边塞，时馈饷以安募卒，重犒赏以激将士，开使过以策奇功，开受降以杀敌势，急抚按以固人心，正军法以正纪纲。"议即行之。（卷59，第3749页）

◎丙子⑥……小王子自宣府独石犯赤城、滴水崖，攻掠惨甚，越四日而去。（卷60，第3819页）

---

① 麾盖，音 huī gài。将帅用的旌旗伞盖，泛称仪仗。
② 嘉靖二十九年五月壬午，1550 年 6 月 3 日。
③ 棘，通"亟"。急切，急迫。
④ 逋虏，音 bū lǔ。逃寇，流寇。
⑤ 吉囊（1506~1542 年），明代蒙古右翼三万户（鄂尔多斯、土默特、永谢布）济农（亲王）。小名衮蔑里，尊称衮必里克墨尔根，明朝人以其尊号、封号（济农）译作麦力艮吉囊、己宁等。孛儿只斤氏。达延汗孙，巴尔斯博罗特长子。
⑥ 嘉靖三十二年八月，1553 年 9 月 9 日。

◎戊戌①……虏寇云州、赤城，毁堡二十余座，杀掠人畜。（卷61，第3832页）

◎乙未②，虏寇宣府小白阳堡、云州、雕鹗、永宁、怀来，时军士逃亡且半，总兵刘大章畏虏不敢战，遥望数日，引军而归。（卷61，第3838页）

◎丁丑③……虏分寇宣府怀来、龙门城。（卷61，第3845页）

◎戊午④，虏复入宣府龙门，犯怀来。（卷61，第3860页）

◎甲寅⑤……杨博言："各边功次，武夫力而获诸原，文吏坐而享其利。请自今非履阵者，议赏毋爵，又罢班军，改征银济边。独石地形，东蓟西宣，相错如绣，宜令精卒悬衡其间，有急则左右折衡，赤囊白羽，两镇互传，不及者法。盖宣密虏巢，当得其形；蓟倚属夷，先得其情。宣蓟如左右手，则落虏角距矣。"巡抚江东言："贼以实窥独石，则卫卒师关外，遏其南下。若以声犯独石，则卫卒师关内，杜其东侵。"从之。（卷62，第3908页）

◎辛卯⑥……虏牧近边，选将守独石侦备，仍移口北道驻之，参议改驻赤城。（卷62，第3910页）

---

① 嘉靖三十三年四月戊戌，1554年5月29日。
② 嘉靖三十三年八月乙未，1554年9月23日。
③ 嘉靖三十四年二月丁丑，1555年3月4日。
④ 嘉靖三十四年九月戊午，1555年10月11日。
⑤ 嘉靖三十七年五月甲寅，1558年5月24日。
⑥ 嘉靖三十七年六月辛卯，1558年6月30日。

◎丁卯^①，改口北道兵备驻独石，参将驻赤城。（卷62，第3911页）

◎己巳^②，虏犯宣府赤城，官兵击斩十二级，把总冯尚才死之。（卷62，第3913页）

◎乙巳^③……虏五千骑犯宣府滴水崖，参将宋兰、游击麻锦等战败，遂掠永宁、隆庆，驻东西红山，窥岔道，前大同总兵官刘汉力战却之。遂西由柳沟据虎皮寨，攻张家堡，不克而遁。（卷64，第3989页）

◎三月壬辰。癸巳^④，虏千余骑犯宣府龙门等处，总兵马芳追斩三十六级。（卷64，第4024页）

◎壬子^⑤，宣府总兵官马芳率参将刘潭等出独石袭虏于长水，败之。虏追及于鞍子山，复战，又败之。擒斩八十余人，赐金币。（卷65，第4098页）

◎丁丑^⑥……巡抚直隶御史燕儒宦言："国家建都幽蓟，内设重关，外联四镇，所以封植郊圻^⑦，慎固疆圉^⑧，周且密矣。四镇之中，宣府为京师北门。而群丑盘据，朝扬鞭于朔漠，暮飞矢于居庸，

---

① 嘉靖三十七年七月丁卯，1558年8月5日。
② 嘉靖三十七年八月己巳，1558年10月6日。
③ 嘉靖四十二年正月乙巳，1563年2月18日。
④ 嘉靖四十五年癸巳，1566年3月22日。
⑤ 隆庆二年十一月壬子，1568年11月25日。
⑥ 隆庆四年正月丁丑，1570年2月13日。
⑦ 郊圻，音jiāo qí。都邑的疆界；边境。
⑧ 疆圉，音jiāng yǔ。犹边防。圉，抵御。

视诸镇为最急。而延永之壤，南山之麓，陵寝倚焉。先年翁万达以东北二路边垣几七百里，兵少力分，拟于东路镇南墩，与蓟镇所属火焰墩接界，塞其中空，自北而西，历四海冶一带，共修外边一道。又自永宁墩至陆台子墩创修内垣一道，与北路新墙联而为一。经营二载，功始告成，建金汤之险，崇虎豹之威，开成首尾，隐然相应，千万世利也。嘉靖中叶，边帅失人①，虏多深入。当事者苟且目前，缓诛避咎②，创为并守南山之说。而内塞渐废，遗迹犹存，所颓坏者十之二三，苟小加修筑，于左掖龙门卫扬许二卫、右掖龙门所滴水崖等，厚为之备，绝其必窥。诚如万达所议，外边以捍北虏，内险以捍京师。内外犄角，近蔽延、永，远护陵京，策之得者，或曰已守南山，何用此边为哉？不知守南山则将弃宣府而无益于京师，修内塞不惟有以固南山，而亦将有以保独石，何也？南山接连居庸，去陵寝仅一舍③，冈峦涧谷，盘互交错，亡可住足。而怀、延、永、保，沃壤平原，皆在其外。虏若委辔④长驱，结营于怀、永间，分兵肆掠，宣府诸城自溃。我兵局蹐⑤山中，自成土崩之势，所谓弃宣府而亡益于京师也。北路山谷逼侧⑥，砂石穷瘠，虏亡所利，益垂涎延、永，将冒险内逞。数年以来，版筑⑦日举，大边已可据而守矣。若复成此内边，则如金城玉垒，环绕陵京，虏若匪茹⑧，逡巡⑨前却

---

① 失人，谓错过人才；错用人才。
② 避咎，避免罪过、过失或祸害。
③ 舍，音 shè。古代行军一宿或三十里为一舍。
④ 委辔，脱缰。《管子·法法》："故赦者，犇马之委辔。"尹知章注："必致覆佚也。"
⑤ 局蹐，音 jú jí。畏缩恐惧的样子。
⑥ 逼侧，犹狭窄。
⑦ 版筑，指土墙之类的工事或围墙。《左传·僖公三十年》："朝济而夕设版焉"晋杜预注："朝济河而夕设版筑以距秦。"
⑧ 匪茹，不自量力。
⑨ 逡巡，音 qūn xún。因为有所顾虑而徘徊不前。

于崎岖之侧，攻之不隳①，掠无所获，力倦谋衰，不骈首②就擒。则衔尾而遁，岂能抵黑峪，跃龙门，窥长安之岭哉。内地不惊，则北路诸城堡，势亦可缓，而穷荒绝塞有安枕之日矣。所谓固南山，保独石，信不诬也。余议明华夷，添官堡，定奏报，禁抽兑马匹，豁③扣粮。"上皆从之。（卷 66，第 4122～4123 页）

◎戊子④，宣府独石大雨雹。（卷 67，第 4163 页）

◎十一月己丑⑤，朔，先是，各边拒降人不纳，云州卫人滕良自胡中归，其从子友学惧而沮之，良越墙归，被诘诉⑥。御史沈涵以闻，兵部谓汉人归正，胡可拒也，拒则为虏驱耳。从之。（卷 69，第 4301 页）

◎壬午⑦，阳和城、浑源州、龙门卫等地震。（卷 70，第 4316 页）

◎癸丑⑧，城宣府南卫、青泉等十三堡。（卷 73，第 4503 页）

◎己酉⑨……西虏哈不慎犯云（川）［州］堡。（卷 73，第 4511 页）

---

① 隳，音 huī。毁坏；崩毁。
② 骈首，头靠着头，并排。
③ 豁，音 huò。免除。
④ 隆庆五年五月戊子，1571 年 6 月 19 日。
⑤ 万历四年十一月己丑，1576 年 11 月 20 日。
⑥ 诘诉，音 jié sù。究问和诉说。
⑦ 万历五年八月壬午，1577 年 9 月 9 日。
⑧ 万历十三年四月癸丑，1585 年 5 月 11 日。
⑨ 万历十三年八月己酉，1585 年 9 月 4 日。

◎丁未①……前总督宣大兵部右侍郎兼右佥都御史郑汝璧卒。汝璧字邦章，缙云人。隆庆戊辰进士，授刑部主事，历郎中，张居正才之，调礼部仪制，又调吏部验封。及夺情起，微忤②，进太常少卿。不数日，降福建右参政，量移广东副使。乞养十一年。辛卯，起井陉兵备，寻改赤城。斩虏功，明年，迁榆林中路按察使。明年，山东右布政。寻进右佥都御史，巡抚山东，赈饥，会忧去。己亥，起南京太常少卿。壬寅，巡抚延绥，屡却虏。乙巳，进兵部右侍郎，总督宣大，即疾作。有才而功不甚著，所著有《帝皇后纪略》《诸王表》《功臣封谥考》行世。（卷80，第4977页）

◎丙寅③，许给云州、归化、三泊、南宁、河阳、元谋各儒学印。（卷87，第5345页）

◎辛酉④……时插汉虎墩兔憨⑤驻独石塞外旧开平所胁赏，且东侵丰州滩，套虏尔㸚勒吉能告援。（卷88，第5409页）

◎五月乙酉⑥……宣府、山海关及镇安堡大雨雹。（卷90，第5484页）

---

① 万历三十五年七月丁未，1607年9月7日。

② 忤，音wǔ。逆，不顺从。

③ 天启六年十二月丙寅，1627年2月13日。

④ 天启七年十二月辛酉，1628年2月3日。

⑤ 插汉，明朝对察哈尔的称呼。虎墩兔憨，呼图克图汗的音译，是藏传佛教中对尊者的称呼。

⑥ 崇祯二年五月乙酉，1629年6月21日。

◎癸巳^①，开平卫贡士赵养蔚有城守功，特试中书舍人^②。（卷90，第5493页）

◎是月^③，祖大寿，遣参将张存仁帅骑兵，都司刘雄帅步兵守乐亭、昌黎，协将王维城守台头营，副总兵何可纲守石门，马明英守燕河，各上首功。盖山海关西南抚宁、昌黎、乐亭三县城，西北则石门、台头、燕河三边城，俱滦永要径也。六城固可以合剿，宁前道兵备副使孙元化安辑关外八城，斩获首虏八百有奇。关辽无虞，督师孙承宗令祖大寿戍开平四百人，关内道副使王楫、署都金事朱梅谋复建昌，而建昌守将孙承业、千户蒋若惠、参将毕尚信等密通欵，承宗令朱梅犒燕河、台头兵。祖大寿以都司陈可立等随往安抚并购归正人。（卷91，第5517页）

◎乙酉^④，大兵向滦州。先是，建虏^⑤知我发兵，从开平监纪主事丘禾嘉及丰润总兵尤世禄求款，且求代奏，禾嘉以白孙承宗及兵部，世禄代奏，上切责之，趣承宗曰："关宁兵将，付卿讨定，双望之捷，建昌之复，非不有功，敌尚盘踞内地，且出入更番，引类狂逞，我兵东西观望，绝无举动，卿亦蓄锐，未尽激发督率之方，朕眷焉东顾，炎蒸涔至，弓弛骑汗，敌骑将困，不即奋忾，待秋高马肥，鸣笳四起，始图驱剿，岂兵事堪兹留处，饬该部驰解赏金，悉索厥驷，续运本折，资卿调度，卿其环念难虞，灼观机会，番振吞

---

① 崇祯二年七月癸巳，1629年8月28日。
② 中书舍人，官名。舍人始于先秦，本为国君、太子亲近属官，魏晋时于中书省内置中书通事舍人，掌传宣诏命。南朝沿置，至梁，除"通事"二字，称中书舍人。历代相沿。明初中书省亦置，洪武九年（1376年）由直省舍人改名，员十人，初定正七品，寻改从七品，十年改隶承敕监，掌缮写诏敕。洪武十三年废中书省，中书舍人仍置，简称"中书"。
③ 是月，崇祯三年正月。
④ 崇祯三年五月乙酉，1630年6月16日。
⑤ 建虏，指清军。其缘由是由建州女真发展而来。

胡之气，务张挞伐之威，称朕眷倚，特此驰谕。"承宗因檄总兵马世龙屯丰润，待合击；檄总兵朱梅以游击靳国臣取迁安，檄协将王维城、路将马明英、张国振同参将孙承业、刘邦域等候大兵趋滦州合攻，以牵迁安之南援；檄中军何可纲、参将申其祐、游击惟忠等分双望各山牵永平之敌，义兵游击刘法、守备刘启职合三万人屯滦州之莲泊，各持白榜为声援，兼乡导焉。承宗驻抚宁，祖大寿来开平会之。

谈迁曰："庚午岁建虏求款屡矣，或曰乘其代请，稍示曲折，胜日后马绍愉之专遣也。当时朝议坚诎，师武臣力，犹争先处强，高阳布置进止，动中窍会，故能恢复滦永，不至为唐之安西北庭，宋之灵夏，则祖大寿辈功不可没也。其后狃于前辙，谓深入无害，不妨徐俟其敝，于是种祸莫可救矣。亦庚午事有以误之耶。"（卷91，第5531～5532页）

◎己丑[1]……插汉部众约三万人在独石塞外投建虏，官兵出塞，颇斩获。（卷93，第5639页）

◎辛卯[2]……建虏入大同、张家口，又入膳房堡，焚龙门关。（卷93，第5647页）

◎丁未[3]，建虏犯马营堡、猫儿峪、云州、旧站、青泉堡。（卷94，第5702页）

---

① 崇祯七年五月己丑，1634年5月30日。
② 崇祯七年七月辛卯，1637年7月31日。
③ 崇祯八年四月丁未，1635年6月12日。

五、《康熙起居注册》

【题解】　　《起居注册》是帝制中国记载帝王言行的专书，由历代帝王近侍卫臣工担任记录编写，是一种日记体的史料，也是后世史官修纂正史官书的主要依据。《起居注册》起源，众说纷纭。有说周代的左史、右史就是《起居注册》的鼻祖，也有认为西汉的《汉著记》《禁中起居注》等书都是日后《起居注》的真正源头。然而东汉自明帝、章帝以迄灵、献诸朝，的确有《起居注》制作的事实，只是当时还没有设置专司的衙门与官员。两晋以后，更设起居令史、起居郎、起居舍人等官职，以后历代相沿，可惜时继时辍，加以时代久远，除明末的几个皇帝尚有部分《起居注》史料残存之外，其他自汉至元各代的《起居注》都先后在天灾人祸中毁失不存了。清代是距我们最近的一个封建朝代，覆亡时又未经战乱，宫廷几乎完整不缺的保存了下来，而且还有满汉文的版本，为数以千卷册计，堪称是中国文献档案史上奇迹。

清代《起居注册》始于康熙朝。康熙八年，年轻的清圣祖剪除了专权的鳌拜集团，完全掌握了国政。随后在文化制度上进行了仿从汉政权管理方式的改革，于康熙十年八月置起居注馆于太和门西廊，清代的起居注制度正式恢复。一般由两名承值起居注官侍从皇帝，记注当日言行，皇帝离宫外巡、耕藉、视学、谒陵等一切活动，也有起居注官扈从。记载的内容也是有一定次序的，皇帝的起居为第一要项，其次是皇帝所颁降的谕旨、臣工的题奏，最后是官员引见等。每日记注内容，经校订后誊录，由当日起居注官属名其后。转年即将上年之事分月编纂成册，康熙朝为每月一册，分满、汉两种文本并录有副本。最后经掌院学士阅定，每隔一页骑缝加盖翰林

上驻跸鹞鹞堡

初八日甲子

上驻跸赤城县赤城县知县张弼守备张德化等

朝

来

初九日乙丑

上驻跸毛兒峪奏事敦住傅

《康熙起居注册》书影

院印，正本送内阁严密保存，副本暂留于翰林院以供日后纂修实录。

官方记载起居注，"君举必书""书法无隐"而且人君不观起居注成为历代遵行的一种制度。清圣祖恪守了不观起居注的信条，甚至在认为起居注出现舛误之时，他仍声明"记注册，朕不欲亲阅""阅记注档册，非朕之事"。然而这种理想化的记录起居注制度，实际上与至上的君权有矛盾的。清代起居注制度实行不久，即已受到皇帝厌恶，康熙十四年四月，"嗣后朕诣两宫问安时，侍值官不必随行。"十八年又谕令"会议机密事情，及召诸臣近前口谕，记注官不必侍班"。这两次措施，可以看出"皇权"对起居注官"史权"的限制。康熙也要求起居注官给自己保留一点私人空间，显示了他对起居注官的戒心，后来对起居注官的记载内容也产生了怀疑，对起居注官极为不满，这样导致起居注馆的风波不断，康熙对起居注官常借题发挥，处置也是非常严厉。到了康熙末年，宫廷内有继承皇位之争，记注官员中也有部分不知检点的，皇帝下令大臣们讨论起居注馆的存废问题。康熙五十六年（1717年）三月，发生了起居注官陈璋"私抄记注档案"一事。此事起于蠲免旧欠之事，当年三月，记注官陈璋查阅档案，将康熙于上年下令蠲免江南钱粮的谕旨抄录下来并交给另一记注官赵熊诏。盖蠲免农民旧欠，本属欺骗之局，口惠而实不至，君臣上下心照不宣，本可相安无事。史官照事直书，那就是骂康熙表里不一，令康熙恼怒的不是陈璋、赵熊诏两个不识趣的起居注官，而是起居注官制度本身对皇权的暗中监督。最终于康熙五十七年起居注馆被裁撤，直到雍正元年才被恢复。这说明在皇权专制极度扩张的条件下，皇帝对起居注官在历史记载上哪怕一点点相对独立的地位也不能容忍，这也是清康熙朝起居注馆被废除的根本原因。

民国十四年，故宫博物院成立，文献部门对《起居注册》进行整理。后因日军侵华后，国民党政府于民国二十二年将故宫博物院的古物装箱南迁，后又经数度播迁，于民国三十八年运至台湾，从此清代《起居注册》就分藏在海峡两岸。据统计，目前康熙朝《起居注册》存世的汉文共有 503 册，满文本为 489 册，总计 992 册。记事从康熙十年九月至五十七年三月止，其中缺康熙四十三年、四十四年、四十六年、四十七年、四十八年、四十九年部分。其中北京中国第一历史档案馆藏汉文本 292 册，所属年代为康熙十年九月至二十八年十二月、康熙四十五年、康熙五十三年正月至五十七年三月；台北故宫博物院藏 211 册。1984 年，中国第一历史档案馆将所存康熙朝汉文起居注校点整理，由中华书局铅字出版。2005 年，满学专家阎崇年，曾提议台湾故宫博物院与中国第一历史档案馆同时授权予中华书局景印出版，因出版事项上两岸存在分歧，最终务实处理，各自出版，版型一致，将来同步销售。2009 年，中华书局和台湾联经出版事业有限公司宣布，联手出版藏于两岸的康熙朝"起居注"，定名《清代起居注册·康熙朝》。

本辑据中华书局 1984 年铅字版和台北故宫博物院影印本《清代起居注册·康熙朝》辑录有关赤城内容。

◎康熙十一年壬子正月（中华书局本，第 1 册，第 18～19 页）

二十三日庚午①。早，上御乾清门，听部院各衙门官员面奏政事。巳时②，上诣③太皇太后、皇太后宫问安。是日，太皇太后曰："我因身疾特甚，故往赤城温泉，汝若同往，恐误国事，可不必去。"上奏曰："太皇太后驾幸温泉，臣若不随往侍奉，于心何安。至国家

---

① 康熙十一年正月二十三日庚午，1672 年 2 月 21 日。

② 巳时，旧时计时把一昼夜平分为十二段，每段叫做一个时辰，合现在的两小时。十二个时辰分别以地支为名称，从半夜起算，半夜十一点到一点是子时，中午十一点到一点时午时。巳时，上午九时至十一时。

③ 诣，候至，古代到朝廷或下级、尊长处去之称。《说文·言部》："诣，候至也。"段玉裁注："候至者，节候所至也……凡谨畏精微深造以道而至曰诣。"

政事，已谕内阁，著间二日驰奏一次，不至有误。"太皇太后曰："既如此，可便同往。"本日起居注官①胡密子、孙在丰。

二十四日辛未。太皇太后幸赤城温泉。卯时②，上诣太皇太后宫。辰时③，太皇太后登辇，上随辇步行，至神武门乘马，随辇出神武门。排设卤簿④，在京王、贝勒⑤等以下文武各官跪送出德胜门。至进膳处，上亲视太皇太后降辇，入行宫后，上诣进膳处。膳毕，复诣太皇太后行宫，下马趋至近前侍立。太皇太后登乘舆，上亲扶辕驾乘行数十步，然后上马随行。至巩华城⑥，驻跸⑦。上步送太皇太后至宫门，亲视降乘舆入宫，上始回宫。是日，昌平州巩华城文武各官来朝。

二十五日壬申。驻跸南口。将至时，太皇太后行宫未成，上驰往亲视设备毕，回奏太皇太后，送至宫内。随出居庸关，亲阅道路。是日，延庆卫、居庸关、永宁路武职官员来朝。上遣内大臣阿弥达、华善额驸⑧、辛玉伯、佟国维、回色、朴尔喷公、飞扬固公，散秩大臣祖植松、赖图库、桑格侯、晋布、奇他忒等致祭故明各陵。

二十六日癸酉。过八达岭，上至山麓下马，扶辇整辔。太皇太

---

① 起居注官，掌记载皇帝言行之官员。自汉朝以后，皇帝皆修记其言行的起居注。魏晋及南朝多以著作郎兼司其事。北魏设起居令史，又别设修起居注、监起居注等，始有专官。隋内史省（中书省）设起居舍人。唐、宋又于门下省设起居郎，与起居舍人分掌记注。金朝设记注院，掌修起居注。元朝以给事中兼修起居注。明初专设起居注官，后罢。清朝于康熙初设起居注馆，以日讲官兼充起居注官。以后日讲不行，起居注官仍带日讲衔，并成专职记注官，以翰、詹官充任。

② 卯时，上午五点钟到七点钟。

③ 辰时，上午七点钟到九点钟。

④ 卤簿，古代帝王驾出时扈从的仪仗队。出行之目的不同，仪式亦各别。自汉以后亦用于后妃、太子、王公大臣。唐制四品以上皆给卤簿。

⑤ 贝勒，满语音译。本为部落之长的意思。清代为满洲、蒙古贵族的爵号，位在郡王下，贝子上。

⑥ 巩华城，明嘉靖十九年（1540年）建，在今北京市昌平县东南二十里沙河镇。

⑦ 驻跸，帝王出行，途中停留暂住。

⑧ 额驸，指驸马。清制，对公主、格格配偶的称号。固伦公主（皇后的女儿）丈夫称固伦额驸。其下又有郡主额驸、乡君额驸等。

后曰："汝步行劳苦，其乘马前行。"上曰："此处道险，必扶辇整辔，于心始安。"仍步行至坦道，始乘马随行。至岔道①，驻跸。延庆州、永宁路、怀来卫文武官员来朝。

二十七日甲戌。上恐怀来城东浮桥不固，亲驰视验，方请太皇太后乘舆行。是日，驻跸怀来卫。

二十八日乙亥。仍驻跸怀来卫。

二十九日丙子。驻跸新井堡。

◎二月（中华书局本，第1册，第19~25页）

初一日丁丑②。驻跸东山庙。龙门城、雕鹗堡文武官员来朝。是日，过长安岭，道路险隘，上自山麓下马，扶辇步行。太皇太后曰："此处甚险隘，汝步行可虞，且劳顿，其乘马。"上曰："因此处险隘，随辇步行，便于护持，并无劳苦，于心且安。"行至坦道始乘马。初，东山庙止有一井，水甚涸，虽先期传谕备水，而人马虑不足用。山内十里许，有一泉，向亦未尝满溢。是日，泉水忽涌，庙南所修之路冲决成河，人马皆足供饮矣。

初二日戊寅。驻跸兴仁堡。是日，过浩门岭，上下马，欲扶辇步行。太皇太后曰："此岭道路平阔，不甚险隘，第乘马前引，步行劳顿，我心甚是不安。"上始遵慈旨，乘马护辇前引。至驻跸处，上送太皇太后入行宫，随诣温泉，视太皇太后宫及温池而还。宣府、赤城堡、龙门所、云州堡、镇宁堡、云州路等处地方文武官员来朝。

初三日己卯。驻跸头堡。是日，太皇太后幸温泉宫，上送至宫所，俟入宫，方还驻跸处。上驻跸离温泉仅七里许，因近地狭隘，故驻跸于此。未时③，又诣太皇太后行宫问安。酉时④，还。一路每

① 岔道，即今北京市延庆区南二十里八达岭镇东北岔道。
② 康熙十一年二月初一日丁丑，1672年2月28日。
③ 未时，指下午一时至三时。
④ 酉时，指下午五时到七时。

逢险隘，必下马扶辇而行，平阔之地，则乘马随辇而行。每至进膳处，必亲视太皇太后降乘舆，入行宫，方回进膳。膳毕，复驰往太皇太后行宫。距宫门数十武，即下马，趋至近前侍立。太皇太后登乘舆，上亲为垂帘，扶辕驾乘行数武，然后乘马随行。或至进膳处及驻跸处，必躬诣太皇太后行宫内，视帷座铺设周备，方请太皇太后入宫，降乘舆必随侍。

初四日庚辰，上在头堡。辰时，诣太皇太后行宫问安。巳时，还，路旁有二人持状，趋跪御前呼号，侍卫以犯跸①，欲扑之。上曰："此愚民无知，且值严寒，其勿治。"

初五日辛巳。上在头堡。辰时，诣太皇太后行宫问安。巳时，还。是日，镇守宣府、昌密等处总兵官都督佥事拜音达礼来朝。

初六日壬午。上在头堡。皇后所生长子承祜方四岁，天性聪慧，上甚爱之。是日寅时，包衣②郎中多璧来奏，皇子染病，于初五日巳时卒。上痛悼之。辰时，含痛诣太皇太后行宫问安，笑语如常。出，谕内大臣他达曰："朕恐太皇太后闻之伤悼，故含痛问安。朕在此，恐诸王等闻信，前来慰朕，若至，俱令散去。"礼部郎中仲古尔代等来奏安葬皇子事宜，至太皇太后行宫。上恐太皇太后闻知，召仲古尔代等至僻静处，近前垂泪面谕安葬事宜。未时，还。

初七日癸未。上在头堡。辰时，诣太皇太后行宫问安。午时，还。上自闻皇子信，常含痛诣太皇太后行宫问安，还则深居简出，郁闷不已。两翼内大臣·宗室·公常舒、陶色，内大臣他达、噶布

---

① 犯跸，冲犯皇帝的车驾。
② 包衣，满语"包衣阿哈"的简称。亦简称"阿哈"。"包衣"即"家的"；"阿哈"即"奴隶"。为满族贵族所占有，没有人身自由，被迫从事各种家务劳动和生产劳动。来源有战俘、罪犯、负债破产者和包衣所生的子女等。

喇等，大学士①巴泰等，兵部尚书明珠等奏曰："皇上闻皇子之变，每含悲痛诣太皇太后行宫问安，诚为孝思②肫切③。但臣等见皇上自闻皇子之变，问安回时，往往郁闷，臣等不胜忧虑。皇上悲痛皇子，固是天性，第深居简出，则郁闷愈增。臣等愿皇上移跸，借境舒怀，臣等幸甚。"上曰："朕每日诣太皇太后宫问安，颇可自慰。既随太皇太后至温泉，如太皇太后圣躬霍然全安，朕不胜欢忭。稚子事，朕不介意。卿等所奏，朕知道了。"

初八日甲申。上在头堡。辰时，诣太皇太后行宫问安。巳时，还。未时，又诣太后太后行宫问安。申时，还。是日，两翼和硕④康亲王杰舒，安亲王岳洛率诸王、贝勒等奏曰："臣等见皇上数日内郁闷，臣等不胜忧虑。皇上一身关系宗社，若如此郁闷不止，则臣等何敢自安。伏⑤愿皇上随意游览，稍舒圣怀，臣等之幸，天下万民之幸也。"奉旨："知道了。"

初九日乙酉。驻跸盘石台。是日，将移跸盘石台。早，集两翼王、贝勒、诸大臣于网城⑥南门外，传谕曰："两日内，诸王、贝勒、大臣启奏朕随意游览，可以稍遣闷怀，俱已有旨报闻。朕思尔等再三启奏，无非爱朕之心，所言甚是。朕欲于此行宫相近处，相一平阔之所，暂驻数日而还。"诸王、贝勒、大臣跪听宣旨毕，奏曰：

---

① 大学士，官名。唐中宗景龙二年，修文馆置大学士四人。此大学士之始，然不常设。宋沿唐之旧，昭文馆、集贤殿大学士，皆宰相领之。明代始专以殿阁大学士为宰辅之官，然官阶仅五品，其职务是替皇帝批答奏章、承理政务。自宣宗时乃以师保尚书兼大学士，官尊于六卿，职近宰相，称为"阁老"。清因之，设内阁大学士四人，为正一品；协办大学士二人，为从一品，成为文臣最高的官位，称为"中堂"。

② 孝思，孝亲之思。《诗·大雅·下武》："永言孝思，孝思维则。"毛传："则其先人也。"郑玄笺："长我孝心之所思。所思者其维则三后之所行。子孙以顺祖考为孝。"

③ 肫切，真诚恳切。肫音zhūn，诚恳、真挚。

④ 和硕，满语，一方之意。清代顺治时皇子封亲王者加和硕之号，皇女由妃嫔所生者称和硕公主，亲王女称和硕格格。

⑤ 伏，敬辞。清刘琪《助字辨略》卷五："伏者，以卑承尊之辞也。"

⑥ 网城，以绳索等建成的网状护卫设施。

"前臣等奏请之意，诚为皇上一身关系甚大，若如此郁闷，恐一时圣体违和，故敢奏闻。今蒙睿鉴①，谕以温纶②，不但臣等之幸，实天下万民之大幸也。"随奉旨于盘石台驻跸。辰时，诣太皇太后行宫问安。申时，还盘石台。

初十日丙戌。上在盘石台。寅时，诣太皇太后行宫问安。午时，还。

十一日丁亥。上在盘石台。卯时，诣太皇太后行宫问安。午时，还。

十二日戊子。上在盘石台。

十三日己丑。上在盘石台。寅时，诣太皇太后行宫问安。午时，还。

十四日庚寅。至赤城驻跸。酉时，诣太皇太后行宫问安。戌时，还。

十五日辛卯。寅时，诣太皇太后行宫问安。辰时，还。因本月二十日为耕耤③之期，于巳时起行回京。是日，驻跸新井堡。

十六日壬辰。驻跸垒道④。

十七日癸巳。未时，至京，进神武门。诣皇太后宫问安。申时，回宫。

十八日甲午。早，上御乾清门，听部院各衙门官员面奏政事。巳时，上诣皇太后宫问安。本日起居注官李仙根、喇沙里。

十九日乙未。早，上御乾清门，听部院各衙门官员面奏政事。本日起居注官傅达礼、杨正中。

---

　　① 睿鉴，亦作"睿监"。御览；圣鉴。

　　② 温纶，皇帝诏令的敬称。

　　③ 耕耤，耕藉亦作"耕籍""耕耤"。古时每年春耕前，天子、诸侯举行仪式，亲耕藉田，种植供祭祀用的谷物，并以示劝农。历代皆有此制，称为耕藉礼或籍田礼。据《礼记·月令》，其礼为天子三推，三公五推，卿、诸侯九推。至清末始废。

　　④ 垒道，正月二十六日条载"至岔道"，三月二十七日条载"驻跸岔道"，"垒道"疑为"岔道"之误。

二十日丙申。上躬耕耤田。辰时，出正阳门，诣先农坛。巳时，祭先农之神。未时，上亲行耕耤礼，三推①毕。登观耕台，观和硕康亲王杰舒、裕亲王福全、简亲王喇布五推，及吏部左侍郎王清、户部尚书米斯翰、礼部尚书哈尔哈齐、兵部尚书明珠、刑部尚书莫洛、工部尚书王熙、都察院左都御史多诺、通政使司左通政任克溥、大理寺卿王胤祚等九推毕，上回宫。本日起居注官杜臻、喇沙里。

二十一日丁酉。寅时，上出朝阳门，诣朝日坛躬祭。本日起居注官胡密子、严我斯。

二十二日戊戌。因太皇太后在温泉，于寅时出德胜门，复往赤城。是日，驻跸狼山堡。先是，因行耕耤礼回京，过怀来城，上欲拂尘②少憩，幸原任山西临川县知县孙一桂家，赐银二十两。至是日过怀来城，上复幸一桂家，见前所御榻上陈设黄褥，上命兵部尚书明珠宣旨，敕谕一桂曰："朕因行耕耤礼，遵太皇太后懿旨③，速往速来，经过此地，偶憩尔家，朕所过沿途俱有赏赍，原非因尔曾为职官给赏。尔倘不察④，见朕幸尔家，又加赏赍，遂任意横行，借端招摇，是取祸之道矣。尔曾经筮仕⑤，缘事废职，宜悛⑥改前非，畏法守分，教尔子孙，为忠为孝，是尔之幸也。倘不出此，国法具在，

---

① 三推，古代帝王亲耕之礼。天子于每年正月亲临藉田，扶耒耜往还三度，以示劝农，称三推。后历代皆有亲耕三推仪式，成为例行公事。扶耒耜往还五度，称五推等。

② 拂尘，封建时代皇室卤簿仪仗之一。按等级各有定制。《清会典图·舆卫二·卤簿二》："皇帝卤簿拂尘，朱牦为之，长二尺，结于木柄，柄长二尺一寸二分，围一寸五分七厘，通髹以金，上饰镂金龙首二寸五分，衔小金镮以缀拂，下饰镂金龙尾三寸三分，末属金镮，垂朱缕。"

③ 懿旨，古用以称皇后、皇太后或皇妃、公主等的命令。亦用为贵显人家长辈妇人命令的敬称。

④ 不察，不察知；不了解。

⑤ 筮仕，指初出做官。清蒲松龄《聊斋志异·梦狼》："长子甲，筮仕南服，三年无耗。"何垠注："初官曰筮仕。"

⑥ 悛，音 quān，悔改。

断不宽宥。榻上黄褥以后毋得陈设，即命撤去。"一桂跪听，悚惧[1]
奏曰："臣愚昧无知，幸遇盛朝录用，寻以负罪削职。臣一子候选州
同，一子武举，将来俱效力于圣主。自今深悔前非，教训臣子，以
图报称，何敢罔行。"上谕曰："尔果如此，尔之福也。"

二十三日己亥。午时，过浩门岭，不往赤城，由别路诣温泉，
问太皇太后安。酉时，回赤城内行宫。

二十四日庚子。上在赤城。辰时，诣太皇太后行宫问安毕。登
周围看守山，上见看守地内有马畜踪迹，随传护军参领瓦代昂、阿
色黑等谕曰："尔等职司看守、理应严肃。朕适登山上，见有马畜踪
迹，皆系尔等怠忽，故马畜得入，尔等皆应拿问。但在太皇太后行
在看守，又寒冷辛勤，姑从宽免。再若如此怠玩，决不宽贷！"复诣
太皇太后行在。申时，还。

二十五日辛丑。巴林、阿布海、我尔多斯、苏尼忒、克什克屯、
阿布哈纳儿王、贝勒、贝子、台吉等，及归化城等处都统等来朝。
辰时，诣太皇太后行宫问安。午时，还。是日，召兵部尚书明珠谕
曰："朕奉太皇太后幸温泉，除每日省问外，别无游幸。今来换班护
军，著各减一名，每佐领止著二名来。马匹勿得多备，著量行带来。
尔部即传知。"

二十六日壬寅。克什克屯部台吉等来朝。巳时，诣太皇太后行
宫问安。未时，还。是日，召兵部尚书明珠谕曰："闻随来官兵多有
疾病，凡有病官兵，著领来与太医院官诊视医治。其病重不能来者，
著太医官前去医治。其传谕众人，咸使闻知。"又召太医院官谕曰：
"凡有患病官兵来时，尔等即为医治。若病重不能来者，即着前去善
为诊视医治。"

二十七日癸卯。上在赤城。是日，谕内务府总管噶禄曰："闻此

---

① 悚惧，恐惧；戒惧。汉王符《潜夫论·慎微》："人君闻此，可以悚惧。"汪继培
笺："《说文》云：惧，恐也。古文作㥍"。

处货物甚稀，随来兵丁既无肉食，又且勤劳，大为可矜。若将口外羊只散给，瘦不堪食，着将朕御用羊只酌量少存，其余散给兵丁。尔可即传谕八旗护军统领及各营头等官，照兵丁数目，将羊只给散。"

二十八日甲辰。上在赤城。辰时，诣太皇太后行宫问安。申时，还。是日，上见路旁跪一道士，令兵部尚书明珠问其故。道士奏云："臣庙在金阁山，离此三十里，名灵真观。虽向有此名，然遭逢圣主，若得旌表，另赐名号，则光宠益甚。"上顾谓近臣曰："此道士妄干徼幸①，求赐名号，意欲蛊惑愚民。"遂谕曰："朕亲政以来，此等求赐观庙名号者，概不准行。况自古人主好释老②之教者，无益有损。梁武帝酷好佛教，舍身于寺，废宗庙之血食③，以面为牲，后竟饿死台城。宋徽宗好道，父子皆为金房。此可鉴也。道士止宜清静修身，何必求朕赐号。尔妄求徼幸，本应处治，姑从宽宥。以后若敢妄行，决不饶恕！"明珠奏曰："自古唯孔孟之道大有益于世，其失于释老之教者，盖亦多矣。皇上此旨，诚万世之明鉴也。"

二十九日乙巳。上在赤城。辰时，诣太皇太后行宫问安。申时，还。是日，翁牛忒都稜郡王必利棍大赖来朝。

三十日丙午。上在赤城。辰时，诣太皇太后行宫问安。未时，还。是日，召兵部尚书明珠谕曰："京城来换班步兵，皆系穷苦之徒，身负行李米粮而来，其为可矜，尔部可给与官车装载。至于锅帐，着该部酌量给与。到此之日，着该部论日给与口粮。"又召赤城同知胡之浚④，问地方百姓生理。之浚奏曰："此处人民淳朴，虽不富饶，然各务耕种，秋成所得，除完纳钱粮，尚可糊口。"上谕曰：

---

① 徼幸，徼，通"侥"。作非分企求。

② 释老，释迦牟尼和老子的并称。亦指佛教和道教。

③ 血食，指用于祭祀的食品。

④ 按清《赤城县志·职官志》，胡之浚，休宁人，贡生，康熙三年任上北路理饷同知。初驻云州，道缺裁，改驻赤城。当称上北路理饷同知。

"朕因太皇太后幸汤泉，去冬修路及收买草料、木炭等物，皆用民夫，想甚劳苦，朕心大为不忍。尔在地方，若有所见，可据实陈奏，勿得畏惧。"之浚奏曰："修治道路，解运草料、木炭等物，虽用民夫，然皆论日给发脚钱，小民亦不甚苦。至于时值寒冷，修治道路，解运草料、木炭，虽则云劳，然皇上爱养百姓，一时偶用，亦属当然，何敢云劳。"上然之。

◎三月（中华书局本，第 1 册，第 25～28 页）

初一日丁未①。上在赤城。

初二日戊申。上在赤城。卯时，诣太皇太后行宫问安。巳时，还。

初三日己酉。上在赤城。卯时，诣太皇太后行宫问安。申时，还。

初四日庚戌。上在赤城。

初五日辛亥。上在赤城。辰时，诣太皇太后行宫问安。未时，还。

初六日壬子。上在赤城。辰时，诣太皇太后行宫问安。未时，还。是日，召户部侍郎班第谕曰："换去步甲，皆系穷苦之徒，其还家时，恐路费艰难，尔部酌量赏与银两。"

初七日癸丑。上在赤城。辰时，诣太皇太后行宫问安。午时，还。

初八日甲寅。上在赤城。

初九日乙卯。上在赤城。辰时，诣太皇太后行宫问安。申时，还。

初十日丙辰，上在赤城。辰时，诣太皇太后行宫问安。未

---

① 康熙十一年三月初一日丁未，1672 年 3 月 29 日。

时，还。

十一日丁巳。上在<u>赤城</u>。辰时，诣太皇太后行宫问安。未时，还。<u>鄂尔多斯</u>二等台吉<u>喇西</u>来朝。是日，户部侍郎<u>班第</u>等启奏：备秣御马草余剩五万七千束，相应交与地方官，照原价发卖。上曰："此余剩之草不必交与地方官发卖，八旗护军校、前锋护军，皆系劳苦之人，着均散给。"

十二日戊午。上在<u>赤城</u>。巳时，诣太皇太后行宫问安。未时，还。

十三日己未。<u>上在赤城</u>。

十四日庚申。上在<u>赤城</u>。辰时，诣太皇太后行宫问安。申时，还。

十五日辛酉。上在<u>赤城</u>。辰时，诣太皇太后行宫问安。申时，还。

十六日壬戌。上在<u>赤城</u>。

十七日癸亥。上在<u>赤城</u>。辰时，诣太皇太后行宫问安。未时，还。

十八日甲子。上在<u>赤城</u>。辰时，诣太皇太后行宫问安。午时，还。

十九日乙丑。上在<u>赤城</u>。辰时，诣太皇太后行宫问安。未时，还。

二十日丙寅。上在<u>赤城</u>。

二十一日丁卯。上在<u>赤城</u>。卯时，诣太皇太后行宫问安。巳时，还。申时，复诣太皇太后行宫问安。酉时，还。

二十二日戊辰。起驾回京。卯时，上诣<u>汤泉</u>视太皇太后登辇，上亲系帘，持辕行数武[1]后，方乘马起行。至<u>兴仁堡</u>地方，亲视太皇

---

[1] 武，古以六尺为步，半步为武。泛指脚步。《国语·周语下》："夫目之察度也，不过步武尺寸之闲。"韦昭注："六尺为步，贾君以半步为武。"

太后降辇，入行宫，方回。是日，驻跸兴仁堡。召镇守宣府、昌密等处总兵都督佥事拜音达礼入内，谕曰："总镇之职，关系甚重。朕观宣府一带，虽云安静，而昌平、密云、石匣等处，尚多盗案。地方有盗，民生不安，尔当与该抚会议，必期盗息民安。至于兵丁，俱赖于饷，尔必正己率属，切勿扣克军饷。否则，国法难容，尔其钦哉。"拜音达礼奏曰："微臣何敢不仰遵圣谕。"随命内务府总管噶禄赏拜音达礼缎五匹。

二十三日己巳。驻跸东山庙。

二十四日庚午。仍驻跸东山庙。

二十五日辛未。驻跸新井堡。是日，大雨滂沱，路甚泥泞。过长安岭，上下马步行泥中，护持辇辕。太皇太后曰："此地险峻，天雨路滑，汝若护行，泥中可虞，我甚忧念。况步行劳苦，可乘马。"再三劝谕。上奏曰："此处险峻，又兼天雨泥泞，路甚滑，臣步行护持，于心始安，无甚劳苦。"仍步行。至岭上，太皇太后欲少憩，上即趋行，命取凉棚至，亲视安置。及下岭时，上仍前步行护持，俟太皇太后辇至平地，方乘马傍辇而行。

二十六日壬申。驻跸怀来卫。

二十七日癸酉。驻跸岔道。

二十八日甲戌。驻跸巩华城。是日，过八达岭，上仍前步行，护持太皇太后辇。太皇太后再三令乘马。上曰："臣乘马于心不安。岭路崎岖，不似平地，臣如此中心始安，无甚劳苦，太皇太后无忧念臣。"仍步行至平地始乘马行。

二十九日乙亥。巳时，进德胜门，在京王、贝勒以下文武各官，于景山东跪接。上于神武门下马，随太皇太后辇至慈宁宫，扶持太皇太后降辇入宫后，上出，诣皇太后宫问安毕。未时，回宫。是行也，凡过岭、进膳、登辇、降辇，皇上备极敬慎。一路往还。略无倦怠。其在赤城也，每间二日，必遣近侍至京问皇太后安。天性纯孝，古帝王未之有也。经筵①日讲官②·起居注·翰林院掌院学士·礼部侍郎·加一级傅达礼、日讲官·起居注·翰林院侍读学士莽色侍从记注册。

◎康熙三十五年丙子二月（台北故宫博物院本，第 7 册，第 3719 ~ 3740 页）

十八日甲辰③。谕礼兵二部：朕统御中外，念切抚绥④，惟务休养民生，未尝远事征讨。比年以来，海宇升平，间阎⑤乐业，四方固已无事，独厄鲁特⑥噶尔丹⑦荒裔狡寇，肆逞凶顽。自乌兰布通⑧败遁之后，不自悔祸，仍行狂逞，悖天虐众，违蔑誓言，侵掠我臣服之喀尔喀，潜入巴颜乌兰之地，诡谋叵测，逆状已彰！乘其窜伏近边，自应及时扑剿。倘目今不行剿灭，恐致异日沿边防戍，益累兵民，声罪迅讨，事不容已！用是遣发各路大兵，分道并进，朕特躬

---

① 经筵，汉唐以来帝王为讲论经史而特设的御前讲席。宋代始称经筵，置讲官以翰林学士或其他官员充任或兼任。宋代以每年二月至端午节、八月至冬至节为讲期，逢单日入侍，轮流讲读。元、明、清三代沿袭此制，而明代尤为重视。除皇帝外，太子出阁后，亦有讲筵之设。清制，经筵讲官，为大臣兼衔，于仲秋仲春之日进讲。

② 日讲官，官名。陪侍皇帝讲读经史之官。明朝为皇帝讲读经史，除经筵仪外，另有日讲，称"小经筵"。清初沿其制，于顺治十二年（1655 年）选满、汉词臣八人为日讲官，定每年春、秋二季经筵之后，按日进讲，春讲到夏至日止；秋讲到冬至日止。康熙九年（1670 年）设起居注馆，以日讲官兼记注官，称日讲起居注官。雍、乾以后，日讲很少举行，日讲官遂变为专职记注官，日讲成为虚衔。

③ 康熙三十五年二月十八日甲辰，1696 年 3 月 20 日。

④ 抚绥，安抚，安定。

⑤ 间阎，里巷内外的门。后多借指里巷。泛指民间。这里借指平民。

⑥ 厄鲁特，清代对西部蒙古各部的总称。或称"额鲁特""卫拉特"，元译"斡亦刺"，明译"瓦剌"。

⑦ 噶尔丹，清蒙古准噶尔部首领。兼并卫拉特其余三部后，势力强盛；勾结沙俄，制造分裂。康熙二十七年（1688 年）攻袭喀尔喀部，二十九年进扰内蒙古，为清朝政府军败于赤峰附近的乌兰布通，三十五年复被清朝军队败于土拉、克鲁伦两河上源之间的昭莫多。三十六年自杀。

⑧ 乌兰布通，今内蒙古克什克腾旗南境。

莅边外，相机行事，以众击寡，以正诛逆，天意人谋，无不允协①。此寇一殄②，则边尘荡涤③，疆圉④辑宁，内安外攘，实在此举。告祭天地、宗庙、社稷并一切应行事宜，着察例详议具奏，尔二部即遵谕行，特谕。本日起居注官努赫、特默德。

二十七日癸丑。未时，上御保和殿，大宴请安外藩、蒙古左右两翼王、贝勒、贝子、公、台吉等并内大臣、侍卫、大学士、上三旗都统、副都统等。上进酒外藩、蒙古王、贝勒、贝子、公、台吉等，皆于坐处赐饮。宴毕，众皆谢恩。上回宫。本日起居注官张英、特默德。

二十八日甲寅。辰时，上御乾清门听政，部院各衙门官员面奏毕。大学士伊桑阿、阿兰泰、王熙、张玉书、李天馥，学士韩菼、顾藻、徐嘉炎、张榕端、绥色、三宝请旨。此次各部院衙门本章应三日一次，汇齐驿送启奏。上曰："此次各部院衙门本章停其驰奏，凡事俱着皇太子听理，若重大紧要之事，着诸大臣会同议定，启奏皇太子。"是日，上诣皇太后宫问安。本日起居注官傅伸、徐元正。

二十九日乙卯。本日起居注官常书、曹鑑伦。

三十日丙辰。早，上统大兵发京师，讨噶尔丹。先是科尔沁土谢图王沙津于木阑行猎之地来请安，上召沙津入行宫密谕曰："尔可遣人说噶尔丹来近地。"沙津遵谕，潜遣俄齐尔约之，噶尔丹果沿克鲁伦而下，掠喀尔喀纳木札尔陀音，遂踞巴颜乌阑。上闻之，思机会不可失，当亟行事。遂经画粮饷，调度各路兵马，不俟草苗，亲统六师，即于是日启行。濒行，分遣内大臣国舅佟国维等，告祭于天、地、宗庙、社稷、太岁坛，其文曰：维康熙三十五年，岁次丙子二月丁亥朔，越二十七日癸丑，臣敢昭告于皇天上帝曰：臣仰承

---

① 允协，恰当，适当。

② 殄，音 tiǎn。尽，绝。

③ 荡涤，清洗；清除。

④ 疆圉，犹边防。圉音 yǔ，抵御。

鸿祐临御，兆民夙夜恪恭，罔敢逸豫，惟期中外乂安，咸遂生养，比年以来，厄鲁特噶尔丹荒陬狡寇，悖逆天常，肆行凶虐，曾经征剿，穷寇败遁，乃犹怙终不悛，蔑弃誓言，侵掠喀尔喀，潜伏近塞，诡诈跳梁，稔恶已极，久为人心所共愤，自为上苍所不容。臣兹恭行天罚，声罪致讨，遣发大兵分道并进，臣特躬莅边外，相机行事，用扫除顽梗之患，以永绥荒徼之民，择于二月三十日启行，伏祈帝鉴，谨告其祭地坛诸处，祝文略同。至是日寅时，上恭诣皇太后宫问安，毕，出午门，排仪仗，率诸王、文武大臣诣堂子行礼，将至，鸣角入堂子，礼毕，出内门致礼于旗纛①。既毕，出德胜门，至排军处，三举炮，八旗前锋护军火器营，兵分两翼，以次排列。驾过，官兵各整队伍，相随进发。臣等钦惟皇上如天覆帱②，德教所敷，无远弗届，虽遐荒异域，靡不感恩戴德，争先归附，惟厄鲁特噶尔丹悖逆天常，恣行暴虐，心怀诡计，积恶已极，皇上亟欲为喀尔喀除侵扰之害，且为各部落就图乐业，于是大整六师，声罪致讨。又逆计贼兵败遁之路，调发大兵分道前进。各路将领咸密授方略，上复亲统貔貅，远临漠北，相机行事，军容之赫濯③，谋略之周详，诚亘古所未有。噶尔丹蠢尔小丑，乌足当雷霆之一击哉。凡在行间，固知大兵一至，剋日成功矣。是日，遣领侍卫内大臣马思喀祭砲位之神，遣左副都御史度敉图祭道路之神。上驻跸沙河。亲近侍卫关保传谕领侍卫内大臣公国舅佟国维等曰："修治道路，殊属不堪，着交与捴统运米事务左都御史于成龙，俟车辆一过，随即修理。"又亲近侍卫吴什传谕领侍卫内大臣等曰："马匹关系最为紧要，防护宜极周密，倘巡逻不谨，恐马匹被盗，仍入京城转鬻与我将士，着交与众大臣严行传谕令，将所牧马匹，各加意防护，尚其慎之。"又侍卫关

---

① 旗纛，饰以鸟羽的大旗。
② 覆帱，亦作"覆焘"。犹覆被。谓施恩，加惠。
③ 赫濯，威严显赫貌。

保传谕领侍卫内大臣等曰："军中车辆不循道路序进，辄并轨而行，至狭隘之处，一有阻滞，则后军到时，必致壅塞，可令车辆俱循路依次而行。"<u>昌平州</u>驻防防守尉<u>穆锡泰</u>等，<u>霸昌道</u><u>高必弘</u>等，<u>昌平州</u>参将<u>徐登甲</u>等来朝。

◎<u>康熙</u>三十五年丙子三月（台北故宫博物院本，第 7 册，第 3741～3785 页）

初一日丁巳①。上驻跸<u>南口</u>。亲近侍卫<u>关保</u>传谕领侍卫内大臣等曰："凡安营之处，次日水皆秽恶，后至之兵复驻营于此，其水尚堪饮耶？尔等宜严谕，切禁勿致水有污秽。"又亲近侍卫<u>关保</u>传谕领侍卫内大臣等曰："岔道之东山有毒草，恐不知者牧放马匹，致有损毙，可遍行晓谕。"又亲近侍卫<u>海青</u>传旨，嗣后内大臣<u>明珠</u>着与议政之列。先是，上遣副都统<u>阿的</u>等往喀伦地方视水草，回奏："冰雪未化，仍前凝冻，未能掘井。"上曰："用兵之道以速为贵，大兵行期一定，断不可缓，况正当春季，地脉将融之时，虽冰冻，可以浚凿。大将军<u>费扬古</u>兵已定于二月十八日起程，京城兵以二月三十日起程。"谕毕，即遣副都统<u>阿玉玺</u>等，驰驿往喀伦外掘井。至是，大将军<u>费扬古</u>奏至言：<u>阿玉玺</u>等于二月二十四日至巴尔几乌兰和朔哨口，自己至午掘井数处，去冰尺许，清泉涌出，浚凿甚易。时扈从大臣、官员、兵丁闻之，无不踊跃欣忭②，颂扬圣明，洞见③万里之外，自此深入绝塞，所至得泉，师行克济④，惟皇上动合天意，故厚地⑤效灵如此。又谕大学士<u>伊桑阿</u>、理藩院尚书<u>班第</u>、侍郎<u>西喇</u>曰："今日大将军<u>费扬古</u>所奏，验试掘井事，着送学士<u>三宝</u>处，令<u>三宝</u>转奏皇

---

① 康熙三十五年三月初一日，1696 年 4 月 2 日。
② 欣忭，喜悦。忭，音 biàn。高兴，喜欢。
③ 洞见，很清楚地看到。
④ 克济，谓能成就。
⑤ 厚地，指大地。

太子，其来奏事之副都统阿玉玺，朕已问明言冻止尺许，掘之甚易，其水即溢溢而出，将此亦奏闻皇太子，顷朕所经行之路，修治未善，石块亦未尽除，着三宝仍驰驿往古北口，视所修道路，其粮车已行一二日，或有碍行走与否，所修之路善与不善，俱着察明，并询问运粮官员，速来具奏。"居庸路都司赵辉璧等来朝。

初二日戊午。上驻跸榆林。一等侍卫①副都统吴达禅传谕曰："闻车辆及驮载驼马皆阻独石口，凡先行之车辆马匹，俱属军需，毋得拦阻，若一拦阻，必愈至壅塞，可速遣人往，令随到随行。"吏部右侍郎安布禄等疏言：据二等侍卫鄂齐尔都喇尔咨称，二月初四日曾遣喀尔喀辅国公阿玉西旗下车里木等十七人，往探噶尔丹情形踪迹，于本月二十四日车里木等还，言：我等于本月十二日至扎尔柴呼户德勒苏台地方，见有百余驼马之迹，随蹑其踪，追至车本洪俄尔地方，见百余人俱系喀尔喀。及询问之，有一喀尔喀言：我系西布退公②之侄辈，名库布尔特，归附圣主而来。故我等带至，乞为转奏。其与库布尔台吉同来之贝代一并遣往。据此，臣等移文侍卫鄂齐尔都喇尔及郎中关住，着察明库布尔台吉等同来人口之数，令与公西布退等同住一处，其所察人数及与公西布退等同住之处，除报部外，谨题奏闻。又疏言：臣等侦探信息，驻于苏尼特杜稜玉旗分之诺浑弩伦地方，二月二十七日衣都额真③、一等侍卫巴当阿，一等侍卫巴尔楚喀，前锋参领特古思戴密纳，二等侍卫赫哲尔根等，至

---

① 一等侍卫，官名，也是侍卫官的等级名。保护皇帝的侍从官和掌管宫廷宿卫的武官称侍卫。从上三旗子弟中选才武出众者充任。而由下五旗或汉人中挑选者，则入上三旗"行走"（清朝官制用语，即入值办事之意。清制，凡不改原来官职而调充其他职务，即称在某处某官上行走）。以领侍卫内大臣等统领。分四等：一等侍卫正三品，六十人；二等侍卫正四品，一百五十人；三等侍卫正五品，二百七十人；四等侍卫无限额。

② 西布退公，后面两处均称"公西布退"，疑为误。

③ 衣都额真，满语官名。雍正元年（1723年）改称"伊都章京"。汉译为"班领"。隶侍卫处。有协理事务侍卫班领、侍卫班领、署班领几种。又译作"益都额真"。

转传上谕言：我等来时入请训①旨，奉旨："尔等前去诣侍郎安布禄，安布禄人才甚优，又谙地势，应如何行事之处，当推安布禄居首，尔等会同商酌，视所指示而行。若厄鲁特势众，尔等即佯退诱之前来，一面星速报明；若其势寡弱，尔等酌量相机而行，须善加隄防，切识朕命，倘稍有形影，是即厄鲁特之尚在矣。尔等勿以奉命而去，必欲侦取确信拿获生口，因而妄行深入，致陷危险，尔等效力之处，自别有在也。至尔等寻大军来时，毋得迎面而来，应同安布禄俟朕军已过，方随后至。钦此。"臣等会议："诺浑弩伦地方距喀伦有四五宿之程，若有紧急信息，一时不能即达，因留郎中满都、员外郎石保住在彼，臣自同散秩大臣拜音察克，率员外郎阿尔必特祜与衣都额真巴当阿等，前往喀伦探信追寻踪迹，伺察形影。臣等公同②商议酌量而行，于二月三十日已起程。寻阿霸垓吴尔占噶喇布王旗分之厄济根图哨口前进，为此奏闻。奏至尚书班第、侍郎西喇等，俱交衣都额真苏尔岱转奏。"奉旨："知道了。"又一等侍卫副都统吴达禅同三等侍卫阿喇锡传谕闻理藩院曰："贝代着留住此地，此无他故，诚恐其驰驿而还，将出师事，妄行招摇，漏泄音耗，噶尔丹闻知或至遁走，亦未可定，故留住于此，俟出边后酌遣前往。"再语笔帖式纳延泰："凡有问大军行间之事者，但云不知，慎毋泄漏。"并语笔帖式纳延泰同来之人："此事若有泄漏，即汝之由，务宜缄口，断不可语人。"再语一等侍卫鄂齐尔都喇尔："彼处喀尔喀等若问军中信息，亦但以不知答之，勿致泄漏。"再向库布尔台吉言："尔之事，至京时已经奏闻，因尔屡次夺取厄鲁特马匹，杀戮其人，奉旨极其褒奖，其贝代因有别用，故暂留住。"是日，遣左副都御史阿山于居庸关祭山川之神。怀来县知县白有斌、守备邓之魁等来朝。

---

① 请训，清制，钦差及三品以上外任官员，赴任时谒见皇上辞行，谓之"请训"。
② 公同，犹共同。

初三日己未。上驻跸怀来县。

初四日庚申。上驻跸石河。亲近侍卫关保传谕议政大臣①领侍卫内大臣公国舅②佟国维等曰："大将军费扬古题报事情：先经会议，到京即行驰奏。今土木地方距京二百余里，俟到京再奏，不免纡回迟缓，应遣兵部大臣一员，住于土木，一则料理驿站，一则费扬古题奏本章，一面开折誊写，启奏皇太子，一面将原本驰奏。如此，则事务不致纡回，着议政大臣及部院大臣等会议，具奏。"大臣等会议：上谕极其周详，土木地方派兵部大臣一员，整理杀虎口、独石口两路驿站，大将军费扬古、将军孙思克、侍郎安布禄等所奏军机事务题到，应悉令开拆，一面誊写启奏皇太子，一面即以原本驰奏。所派大臣恭候钦点，奉旨依议。着侍郎马尔汉去，凡事一面启奏，一面送京，务加谨密③。马尔汉未到之先，着朱都纳暂住土木料理，俟马尔汉到交代毕，即速来。马尔汉既来，则兵部止索诺和一人，着学士绥色署理，钦惟土木距京城虽二百余里，而往返即五百里许，今特命大臣驻此经理，则取道不致纡回。而军机可无迟滞，自出口以后沿途置驿，一切信息刻期传报，故数千里贼情瞭若目前，曩④三逆⑤叛时，亦以置驿驰报之速，运筹决胜，削平寇乱，调度之善，从古所未有也。侍郎朱都纳因奉旨暂住土木，请以兵部事务交与大学士伊桑阿管理。奉旨，着交与大学士，尔将所奏事件加意详察，若

① 议政大臣会议，清初满族贵族参预国政之政治制度。努尔哈赤于明万历四十三年（1615 年）设议听讼大臣五人，又称议政大臣。天命七年（1622 年），努尔哈赤定子侄八人为八和硕贝勒，共议国政。十一年，皇太极嗣位，为加强君权，分散诸王贝勒权力，命八旗总管大臣（固山额真）均参加议政。后又将议政范围扩大到贝子，定每旗各设议政大臣三人。入关后，重要事务仍由议政大臣会议讨论决定。满族王公、大臣被加以议政衔者即为议政王大臣，其办公处即为议政处。军机处设立以后，重要军国大政皆由军机大臣承旨遵办，王公大臣议政制度遂废。至乾隆五十六年（1791 年）正式取消。

② 国舅，指皇帝的母舅或妻舅。

③ 窑，古同"密"。

④ 曩，以往，从前，过去的。

⑤ 三逆，指吴三桂、耿精忠、尚之信。清初，三人曾相继起兵反叛。

系军机，着即驰奏，若平常事，送至京城。是日，传旨："前曾以调养马匹及饮马之法通行晓谕，今见沿途马匹汗尚未干，辄行饮水，往返应差驰走者甚多，朕尚爱惜马匹，不轻驱使，此后须有不得已事，方可乘用，其饮马务遵前谕，俟汗干时，始令饮水，着再严加传饬。"又亲近侍卫关保传谕议政大臣等曰："户部侍郎思格则来奏，掘井事甚属昏愦①，尔等问明具奏。"议政大臣公同问毕，奏曰："问侍郎思格则掘井事甚是愦昧，全未分晓伊系特遣掘井大臣而所任之事，竟不明晰，应交该部议罪。"奉旨："思格则为人昏愦，在部亦多不端，贻辱②部院皆由此人，应照失误军机正法，姑从宽革职，着充卒伍，从军效力。"学士觉罗、三宝至，入奏相视道途事。上问："尔至何处即来？修治道途如何？"三宝奏曰："出古北口，行二十余里即来，所见道途修治极其平坦。"上问："遇于成龙否？"三宝奏曰："于成龙尚未起身，遇运米郎中噶礼等，据言道途修治甚善，车辆不致耽延，仰赖皇上洪福，诸处皆可行走。"又西路之兵于喀伦外掘井，清泉涌出，得水甚易。奏闻③，皇太子甚喜，言此真属天助。前者西路之兵惟以水为虑，今无复忧矣。臣奏毕出，遇大学士阿兰泰、尚书马齐、萨木哈等，问知其故，俱踊跃欢忭，言从来蒙古地方至四五月时尚冻，今二月内于喀伦外掘井，水泉涌出，不劳而得，上天眷命国家，佑助圣明，凡事悉如皇上所料，贼寇④噶尔丹指日扑灭，无可虑矣。土木把总贾廷献来朝。

初五日辛酉。上驻跸真武庙地方。抚远大将军领侍卫内大臣伯费扬古奏：至言二月二十九日颁到谕旨，圣明洞鉴，筹画周详，臣谨一一遵行。为此，奏闻大学士伊桑阿交奏事敦住转奏，奉旨着传示大臣等。又谕理藩院尚书班第曰："蒙古等俱贫苦，俟军回时，尔

---

① 昏愦，愚昧；糊涂。
② 贻辱，使蒙受羞辱。
③ 奏闻，臣下将情事向帝王报告。
④ 寇，古同"寇"。

同侍郎西喇议奏。"喀尔喀贝子盆楚克同伊子台吉沙穆必尔至，奏言："皇上亲统大兵，臣父子愿于军前效犬马微劳。"上曰："善，尔父子可俱从行。"随赐以蟒衣、绵甲、袍服、帐房、骆驼、羊、马等物。又命其在京之子台吉根敦渣卜仍回本部落。盆楚克叩头，奏曰："臣等遐荒①蒙古受皇恩其深，今又荷此殊恩，臣父子惟于行间致命效力而已。"长安岭守备程世雄来朝。

初六日壬戌。上驻跸雕鹗堡。

初七日癸亥。上驻跸雕鹗堡。

初八日甲子。上驻跸赤城县。赤城县知县张弼、守备张德化等来朝。

初九日乙丑。上驻跸毛儿峪②。奏事敦住传谕议政大臣等曰："先令夸色往欧德哈尔哈等处侦探信息，一切事宜已有谕旨，其间情事，着夸色言之，至出口后，凡牧马驻札行走之处，应行预议，将此一并会议具奏。"议政大臣等会议奏曰："查先经会议，皇上驻跸，立一营，八旗前锋等二营，护军骁骑十六营，汉军火器营兵随炮兵丁、炮手，绵甲③兵四营，部院大臣、官员、笔帖式等一营，左翼察哈尔兵二营，宣化镇绿旗兵一营。又前曾奉旨至多云地方照旧排列环营。"又曾会议："御营兵前锋，镶黄旗、正黄旗、绿旗兵之马，于路左放牧。正白旗、正红旗、火器营兵之马于路右放牧，今议放马列营之处，仍照前议。"奉旨："照前议行甚当。"又一等侍卫副都统吴达禅、亲近侍卫关保传谕议政大臣等曰："观车辆挽行，有越前者，有在后者，若出口后如此散行，则在后车辆恐被掠夺，应如何行走，着议政大臣议奏。"议政大臣等会议奏曰："圣谕诚然，出口后，车辆应俱结队前进，不得一二单行，若牲畜疲乏不前者，应

---

① 遐荒，边远荒僻之地。

② 毛儿峪，今赤城县云州乡，猫儿峪村。

③ 绵甲，清代军校所穿的绵制护身铠甲。白缎面、蓝绸里，中衬丝绵，外布黄铜钉。上衣下裳，左右袖、护肩、护腋、前裆、左裆具全。

留置驿站，着驿站官员看视，奉旨依议。"又亲近侍卫关保传谕议政大臣曰："今遣夸色往欧德地方，约计兵丁所需应掘井几处，可交与前锋統①领，着会议具奏。"议政大臣等会议奏曰："掘井事，应如上谕，交与都统兼前锋統领硕鼐，奉旨依议。"又传议政大臣等曰："内厩马拨一千匹，兵部马拨五百匹，八旗佐领所养马内择其肥者拨一千五百匹，共三千骑，于每佐领所留护军一名内，酌量派出。令同内厩人将此马防护，于三月二十日启行出张家口，约行二十余日可到。此马到时，如正当对敌之际，则给兵骑用，甚有裨益。即旋师时，散给俾彼，疲瘦之马得以空行，不致捐弃，则于兵丁马匹亦大有济。其防护马匹之护军与内厩人，亦应照出征人例，给马四匹，着会议具奏。"议政大臣等随议：上谕所及已极周详，三千马匹于三月二十日起程出张家口，行二十余日，令至克鲁伦河欧德地方，会齐其乡导之人，应交理藩院派出二人，于张家口守候，令领路前进，奏入，奉旨依议。"朕已派副都統、管上驷院事宗室阿喀纳，二等侍卫鄂克济哈阿齐图，架鹰人巴尔拔，令赍回皇太子所送马匹，可即以此马令其带来。"又谕议政大臣等及大学士伊桑阿曰："闻前任宣化总兵官许盛推托有病，并未操练兵丁，所以宣化镇兵甚不适用，着遣侍卫马武、侍郎阿尔拜前去拣择兵丁，不堪用者拨回，惟二十四位炮需用护送兵丁，着选足带往前行。"随谕乾清门侍卫马武、户部侍郎阿尔拜曰："尔等此去亦传谕总兵官白斌云，闻前任总兵官许盛推托有病，兵丁未经操练，所以宣化镇兵举无足观，亦甚不堪用。兵丁全在精锐，若兵丁不堪，则多带反误朕之行师矣。"又谕："兵丁马匹，见有疲瘦者，此皆玩忽不谨之故，朕所乘马，俟其汗干，然后饮水，故常肥健，嗣后兵丁若仍前玩忽不谨，以致所给官马四匹疲瘦不堪用者，定行正法，着通行晓示。"理藩院等衙门奏言：三

---

①　統，"统"的讹字。

月初五日奉旨，谕尚书班第云："跟随大兵安站，甚属紧要，尔可留后安站而来？着再传谕驿站官兵，凡有患病物故留于驿站者，令官兵善视之，大军回，概加赏赍，其某站现有某官着开明具奏，兵丁、马匹、骆驼有羸瘠者，令管站诸人收养，俟旋师时各归本主，庶不致遗弃，着同大学士伊桑阿会议具奏，钦此。"臣等会议："随师安站，先曾详奉谕旨已经定议，今又以驿站甚属紧要，令尚书班第留后安站，及传谕驿站官兵，于诸事甚有裨益，俱应钦遵上谕施行，奉旨依议。"是日，亲近侍卫关保传谕议政大臣等：出口以后，侵晨启行，日中驻札，众皆每日一餐。

初十日丙寅。上驻跸独石城。奏事敦住传谕领侍卫内大臣等曰："兵刃①之佳者，人未必尽得，口外遇有树木，着随从人等取以为梃②，无过五尺，亦兵器也，着遍行晓谕。"是日，管理独石口路驿站员外郎沙浑等，独石路参将罗美才来朝。

十一日丁卯。上驻跸齐伦巴尔哈孙。上谕议政大臣等曰："有河之处犹可相接驻营，至掘井地方，若不按营伍接连驻札，则镶黄旗两营之人取水饮马皆穿大营而行，或致争水斗殴，亦未可知。往前二三日程俱有河，仍令照常缘河就水从便驻札，至掘井之处，以井居中，大营并镶黄旗两营互相犄角，如此则取水饮马甚易，不致争斗。其井着派官兵看守，无使污坏，后队兵着接递交付。"又亲近侍卫关保传谕领侍卫内大臣等曰："今日营中见仍有晨炊者，在口内勿论，自今日以后，五鼓起程时，不得举火，晚刻举火炊饭，在所不禁，可将此严加传示。"又一等侍卫、副都统吴达禅传谕领侍卫内大臣等曰："今地方宽广，不致拥挤，三旗辎重令各按旗分列队并行，既不早餐，则晨兴时可各撤帐房，速行装载，将此通行晓示。"又亲近侍卫吴什传旨：令领侍卫内大臣同兵部大臣等，颁赏各营军士羊

---

① 刃，"创"的古字。伤。
② 梃，棍棒。

只。众军士跪奏曰："我等未出兵时，屡膺①圣上重赏，今出兵未久，并无汗马微劳，又蒙恩赐，倘遇噶尔丹时，惟有效力图报，使尽歼灭而已。"奉旨已悉，"尔等欢欣奋勇，前途遇贼，惟视尔等之效力矣。"赐贝勒额尔德木图、巴克席胡尔，亲随台吉毕立克图、吴勒木济、吴尔图、纳苏图、毕罗札、纳札木素、达木楚克，闲散台吉布达喇席希卜及赶车喀喇沁蒙古羊只。遣户部侍郎阿尔拜致祭独石口山川之神。

十二日戊辰。上驻跸诺海和朔。

◎康熙三十五年丙子六月（台北故宫博物院本，第8册，第4315~4335页）

初四日戊子②。上驻跸诺海和朔。是日，奏事敦住传谕曰："汉官等未随朕前进，着驻此处，等候皇长子。"

初五日己丑。皇上进独石口。凡城内居民及二三百里以外之民，扶老携幼陈列香案，各执香跪迎于道傍③，合拳奏云：皇上为我生民，远行征讨，剿灭蒙古贼寇，我等近边居民，自此以后，常享安逸耳，不闻厄鲁特扰乱之音信矣。惟愿我皇上万寿无疆。奏毕，皆欢呼叩首，沿途来迎者不绝。是日，上驻跸独石城。谕大学士伊桑阿曰："朕亲统大兵进剿厄鲁特噶尔丹，克奏肤功④而还。进独石口，见今岁麦禾尽皆茂盛，朕心甚悦。现今大兵陆续凯旋，生民赖此田禾为糊口之计，若行践踏，偷放牲口，则民间生计何所依赖。自独石口至怀来，交与侍郎多奇，自怀来至京城，交与侍郎马尔汉，

---

① 膺，接受，承当。

② 康熙三十五年六月初四日，1696年7月2日。

③ 傍，同"旁"。《广韵·唐韵》："傍，亦作旁。"

④ 克奏肤功，克，战胜。奏，臣下向君王陈述事情。肤功，肤公亦作"肤功"，大功。《诗·小雅·六月》："薄伐玁狁，以奏肤公。"毛传："肤，大；公，功也。"即事情已经办成，功劳十分显赫。

着带领地方官员及伊等所带部员，并随朕部院衙门等官，沿途巡察，如有践踏田禾，偷放马匹牲口者，务期拿获，即行题参①。有践踏田禾，偷放马匹，既经拿获，不行题参者，朕若闻之，必依军法从事，决不姑贷。此事着明白交与侍郎多奇、马尔汉。"薄暮②驾至，皇太子率大臣等出迎，管理独石口一路驿站事务员外郎沙浑等及独石口拖沙喇哈番③品级额特等，独石路参将罗美才等来朝。

初六日庚寅。上驻跸雕鹗堡。是日，赤城县知县张弼④、守备张德化、雕鹗堡把总杨尚武来朝。

初七日辛卯。先是怀来县田禾少⑤旱，上至此，即大雨沾足⑥，民咸相庆幸，曰：皇上剿灭贼寇，既慰天下之望，今日甫至，忽需时雨，又苏我等田禾，众皆踊跃欢呼，叩首于道傍。上驻跸怀来县。是日，怀县知县白有斌、守备邓之魁等来朝。

初八日壬辰。上驻跸清河。是日，居庸路都司赵辉璧，昌平州防守尉穆锡泰等，霸昌道高必弘，昌平州知州孔毓璋、参将徐登甲等来朝。

初九日癸巳。自独石口至京，先奉旨因天时暑热，沿途预备冰水、梅汤、香薷汤于官兵，大有益。是日，复传谕：沿途仍着预备，至前队大兵进毕时，将此交付皇长子。辰时，上自清河起行，大设卤薄。皇太子率诸皇子及在京文武大小官员，出郊外五里许迎接，八旗护军骁骑步军及近京居住闲散官员，以至士民工商耆老男妇人

---

① 题参，谓以题本上奏。
② 薄暮，傍晚，太阳快落山的时候。
③ 拖沙喇哈番，爵名。清初所定世爵第八等。乾隆元年（1736 年）定汉名为"云骑尉"。
④ 张弼，清《赤城县志·职官志》作"张（弓束弓）"，山西人，拔贡，康熙三十二年任，即赤城县第一任知县。（弓束弓）音 sù，同"铼"，古代指鼎中的食物，后泛指美味佳肴。弼，音 bì，本义指古代遮蔽车箱的竹席，典籍作"茀"。后指辅佐。疑《县志》误。
⑤ 少，副词，稍微。
⑥ 沾足，《诗·小雅·信南山》："既沾既足。"后以"沾足"指雨水充分浸润土壤。

等，俱扶老携幼，陈设香案，沿门结彩，各执香跪迎，众皆叩头，奏曰："皇上为万民除害，圣躬劳瘁涉穷边，迅奏伟绩，功德隆盛，自古未有，直与天地同其高厚，凡属臣民，感戴洪恩，惟有顶祝万寿无疆而已。臣等一闻捷音不胜欢忭，渴欲瞻仰天颜，已候望数十日矣。"上命前行者停止警跸①，于是耆老扶杖提携妇孺而前者，充塞街衢，京城内外拥集数百万人，夹道欢声如雷。上进德胜门，诣堂子②行礼，毕，回宫。是日，上诣皇太后宫问安。臣等伏惟我皇上圣神文武威德广被，自往岁三逆扫荡海岛，输诚③东西，朔南声教④，暨讫虽殊方异域，莫不梯山航海⑤而奉朝贡。厄鲁特噶尔丹荒徼顽孽狉焉，思逞窜伏西陲，煽诱外藩蒙古诸部落。曩者乌兰布通之役，业已入我网罗，幸获兔脱犹然，怙恶不悛⑥，近且逼处巴颜乌兰，时时侵掠我归附之喀尔喀，悖逆天常，志怀叵测，皇上洞烛情形，绸缪先事，谓年来训练师徒，简阅将帅，武备久已修饬，若不乘此时亟行剪除蠢尔⑦，凶顽势必摇荡边疆，驯至绎骚⑧内地，流毒苍生为害滋大，非赫怒⑨不足以安民，非一劳不能以永逸，乃遂决计亲征，命八旗皆储峙以待调发，维时廷臣震悚，不敢以寇贼之忧，仰烦君父，方且交章，乞留而睿谋已定，不挠群议，爰是祭告天地、

---

① 警跸，古代帝王出入时，于所经路途侍卫警戒，清道止行，谓之"警跸"。

② 堂子，清帝祭神之所。

③ 输诚，归顺；降服。

④ 声教，声威教化。

⑤ 梯山航海，登山渡海。谓长途跋涉。

⑥ 怙恶不悛，坚持作恶，不肯改悔。语本《左传·隐公六年》："长恶不悛，从自及也。"

⑦ 蠢尔，无知蠢动貌。《诗·小雅·采芑》："蠢尔蛮荆，大邦为雠。"朱熹集传："蠢者，动而无知之貌。"

⑧ 绎骚，骚动；扰动。

⑨ 赫怒，盛怒。语本《诗·大雅·皇矣》："王赫斯怒。"

宗庙、社稷，声罪致讨，祃牙①軷路②，克日③启行，分遣抚远大将军费扬古等领兵由西路前进，以遏其西奔。复令黑龙江乌喇将军领兵分驻近地，以防其东窜。而大军出独石口，由中路进发，三方布置万里连络。时尚春寒，塞外水草未丰，皇上加意拊循④，轸恤⑤周至，栉风沐雨，与士卒同劳苦，甚至日御一餐，步行沙碛，而又时颁赐赍，激励同仇⑥，故凡列戎行及外藩助顺，诸王贝勒等人人感奋，咸争先效力，而圣谟⑦广运，举凡决机制胜之要，调遣策应之方，动必万全悉臻至当，测料贼情洞若观火，指画地势，契若合符⑧。至于颁牧放之令，以节马力之疲劳，饬飞挽⑨之程，以筹糗粮之接济，定营伍之制，申斥堠⑩之规，无不上烦宸虑⑪，禀受指麾乃或水泉素乏之地，忽涌灵源，雨雪冱寒之时，或逢晴霁，天心孚协，瑞应骈臻⑫，良由我皇上为万姓除残至诚昭格⑬，故得上天眷佑。如此噶尔丹凭恃险远，井蛙自大，猝闻圣驾亲临，遂尔仓惶溃遁。皇上身率前锋穷追五日，噶尔丹尽弃辎重，昼夜狂奔。而皇上所遣西路之兵，早已按期截其归途，奋力邀击，擒斩无算。盖自出师以至回銮，不满百日，往返五千余里，而大功告成，自古用兵未有若此

---

① 祃牙，古时出兵行祭旗礼。

② 軷，古代祭路神称"軷"。祭后以车轮碾过祭牲，表示行道无艰险。

③ 克日，约定日期。

④ 拊循，亦作"拊巡"。安抚；抚慰。《荀子·富国》："垂事养民，拊循之，唲呕之。"杨倞注："拊循，慰悦之也。"

⑤ 轸恤，深切顾念和怜悯。

⑥ 同仇，谓共同赴敌；对敌人表示共同的愤慨。

⑦ 圣谟，语出《书·伊训》："圣谟洋洋，嘉言孔彰。"本谓圣人治天下的宏图大略。后亦为称颂帝王谋略之词。

⑧ 合符，符信相合；合验符信。古代以竹木或金石为符，上书文字，剖而为二，各执其一，合之为证。

⑨ 飞挽，飞刍挽粟亦省作"飞挽"，谓迅速运送粮草。

⑩ 斥堠，斥候亦作"斥堠"。侦察；候望。

⑪ 宸虑，帝王的思虑谋划。

⑫ 骈臻，并至，一并到来。

⑬ 昭格，祭祀。

之神速者也。臣等窃惟行军绝漠，古昔所难，我皇上神谋独断，克奏肤功，电扫飚驱，崇朝底绩。惟至仁，故能劳一身以靖苍生；惟至明，故能居九重而见万里；惟神武，故能摧劲寇如拉枯朽。逖稽上古，如轩辕之戮蚩尤，虞、舜之格苗顽①，功德至隆，然皆用兵寰中②，未尝远及域外也。至如③殷宗之克鬼方，为役三年，周宣之伐玁狁，不及千里，汉唐及明虽屡征朔漠，未着奇勋，以观今日真迈越前古远矣。从此，边隅永静，四海无波，亿万斯年蒙乐利之休，享清宴之福，孰非我皇上神功圣德之所致哉。臣等知识暗昧④，不足以窥测方略之高深，载笔疏略实恐于中挂一漏万，惟是蒙恩扈从，亲见奏凯成功，与六军之士同其欢呼踊跃，执简纪述，不胜庆忭云。是行扈从起居注官常书、努赫、张廷瓒、陈元龙、特默德。

◎康熙三十五年丙子年七月（台北故宫博物院本，第 8 册，第 4392 ~ 4398 页）

初六日庚申⑤。辰时，上御畅春园内澹宁居听政，部院各衙门官员面奏，时兵部尚书索诺和、侍郎松柱前进，上问："自军中回到马匹如何料理?"索诺和奏曰："今已到者，皆交与各章京牧养，俟后队兵之马全到，再将作何料理之处启奏。"上曰："马匹所关甚要，交付尔等，尔等即宜亲行巡视，倘或怠玩以致瘦斃即责成，尔等彼时不可以交付他人，推诿也。"事毕，大学士阿兰泰、王熙、张玉书、李天馥，学士韩菼、顾藻、徐嘉炎、张榕端、三宝、杨舒、朱都纳、哈山以折本请旨吏部，题理藩院尚书班第员缺，以左都御史

① 格苗，《书·大禹谟》："帝乃诞敷文德，舞干羽于两阶，七旬有苗格。"孔传："讨而不服，不讨自来，明御之者必有道。三苗之国，左洞庭，右彭蠡，在荒服之例，去京师二千五百里。"后因以"格苗"谓边民臣服。

② 寰中，宇内，天下。

③ 至如，连词。表示另提一事。

④ 暗昧，愚昧；昏庸。

⑤ 康熙三十五年七月初六日庚申，1696 年 8 月 3 日。

傅腊塔等职名开列①。上曰："朕此行亲征，闻蒙古人皆称班第之贤，倾心向服，理藩院尚书事仍着班第兼管。"……又户部题宣化府喂养三旗驼马将给过草豆奏销，上允其奏。又曰："顷朕亲统大兵出征，闻宣化府喂养三旗驼马需用草豆紧急，皆于龙门、赤城、蔚州等县百姓预行派取支，应先用草豆后给价值，百姓或未得如数，亦未可定此，应给价值，着该抚派出贤能地方官察明照数折给，务使小民得沾实惠，以副朕爱民至意。彼处百姓，趋赴供应于急需，乏事毫无迟误，大兵经过，修治道途亦甚劳苦，殊属可悯，尔等记之，俟至冬间，将伊等地方明岁钱粮蠲免。"……本日起居注官常书、傅伸。

---

① 开列，逐个写出来。

六、《东华录》

【题解】 《东华录》32 卷，蒋良骐撰。蒋良骐（1723～1789年），字千之，一字赢川，广西全州人。乾隆十六年（1751 年）进士。乾隆三十年，重开国史馆，任纂修官。后晋内讲，播侍郎，升鸿护寺卿，官至通政使。著有《下学录》《京门草》等。年67，卒于北京。

蒋良骐在史学方面的主要成就是他的《东华录》一书。关于成书的经过，他在这部书的自序里说："乾隆三十年十月，重开国史馆……骐以谬陋，滥芋纂修，无拟管窥，事凭珠记。谨按馆例，凡私家著述，但考爵里，不取事实，惟以实录、红本及各种官修之书为主，遇阁分列传事迹及朝章国典兵礼大政，与列传有关合者，则以片纸录之，以备遗忘。信笔摘抄，逐年编载，祗期鳞次栉比，遂觉缕析条分，积之既久，竟成卷轴，得若干卷云。"以史馆在东华门内，故题为《东华录》。

《东华录》是一部编年体清史史料长编，主要取材清代历朝实录及各种官书，起天命元年（1616 年），迄雍正十三年（1735 年）。包括入关前后 5 帝（太祖、太宗、世祖、圣祖、世宗）6 朝（天命、天聪、崇德、顺治、康熙、雍正）的史事，年经月纬，约略可观。光绪时，王先谦以从事国史馆，亦仿蒋录体例，续抄乾隆、嘉庆、道光 3 朝实录，辑为《东华录》续编，计230 卷。后王氏复病蒋录原编简略，更自天命迄雍正增补加详，厘为 195 卷，合称《九朝东华录》。以后又辑入《咸丰朝东华录》《同治朝东华录》各100 卷，总称《十一朝东华录》。

本辑据上海古籍出版社《续修四库全书》第368 册史部编年类《东华录》辑录有关赤城内容。

定遠大將軍統兵討湖廣賊李錦郎一隻虎　孔有德等

班師還京　十月鄭親王疏報大兵復曹縣擒賊首李名

讓張學九等訊其作乱之由皆云因劉澤清曾致書李化

鯨蟲恐眺冢許以內應將化鯨等一并解京事下所司

和碩礼親王代善薨

太祖武皇帝第二子也　宜府赤城兵叛命薹葺京阿不

津率師討之　劉澤清勾連昌縣叛賊謀不軌伏誅　十

一月偽惠國公李成棟竊踞南雄勾連土賊犯韶州其官

兵大破之李成棟卑騎遁走　冬至恭奉

《东华录》书影

◎十月①，郑亲王疏报："大兵复曹县，擒贼首李名让、张学允等，讯其作乱之由，皆云因刘泽清曾致书李化鲸，蛊惑贼众，许以内应。将化鲸等一并解京。"事下所司。和硕礼亲王代善薨。太祖武皇帝第二子也。宣府赤城兵叛，命纛章京阿尔津率师讨之。刘泽清勾连曹县叛贼，谋不轨，伏诛。（卷6，第311页）

◎十一月己未朔②，日食。免宣化府龙门等县三十四年三十五年额赋，以霜灾故也。以山西平阳府地震，诏赦天下。（卷17，第425页）

◎康熙三十五年二月丙辰，上亲征厄鲁特噶尔丹，六军启行。命内阁学士陶岱以海运至盛京之米，给散科尔沁之贫乏者。先是，噶尔丹自乌兰布通败遁后，仍侵掠我臣服之喀尔喀，潜入巴颜乌兰之地。上密谕科尔沁土谢图亲王沙津遣人约之，噶尔丹果沿克鲁伦河而下，掠喀尔喀纳木札尔陀音，遂据巴颜乌兰。因命安北将军伯费扬古为抚远大将军，从归化城进发，扬威将军觉罗舒恕、西安将军博霁、振武将军孙思克等由镇彝取昆都伦一路，俱于二月二十日前后起程。此皆西路。上自统中路大兵出独石口，将军萨布素统盛京、宁古塔、黑龙江、科尔沁兵沿克鲁伦进。此东路。（卷17，第276～425页）

◎六月③，延庆、保安、沙城、怀来、蔚州、广昌、浑源、宣化、龙门等处地震，蠲本年田租并赈之。（卷23，第493页）

---

① 顺治五年十月，1648年。
② 康熙三十四年十一月己未，1695年12月6日。
③ 康熙五十九年六月，1720年。

七、《续资治通鉴》

【题解】　司马光所撰《资治通鉴》，因其"网罗宏富，体大思精"，以及于"名物训诂，浩博奥衍"，皆有资于治道，故不仅被推重于当时，而且深为后世所效法。如南宋学者李焘《续资治通鉴长编》、李心传《建炎以来系年要录》、徐梦莘《三朝北盟会编》。然可惜的是，因限于卷帙繁重，诸书流传困难，或竟致失传。此后，陈桱、王宗沐、薛应旂欲续《资治通鉴》，但因"不能网罗旧籍，仅据本史编排，参以他书，往往互相抵牾，不能遽定其是非"。是以王氏《续资治通鉴》64卷、薛氏《宋元通鉴》157卷。清康熙中，徐乾学以《续资治通鉴》《宋元资治通鉴》疏舛过甚，于是邀请万斯同、阎若璩、胡渭等纂成《资治通鉴后编》184卷。这部书虽是出自几位名家之手，且已著录于《四库全书》，但缺点仍然不少，因之毕沅又约人重加修订，于乾隆末年完成《续资治通鉴》220卷。上起宋太祖建隆元年（960年），下迄元至正二十八年（1368年），记载了408年的历史。

《续资治通鉴》比《资治通鉴后编》晚出约100年，有些重要的数据，如李心传《建炎以来系年要录》之类，徐乾学等未能见到的，毕沅等都见到了，所以能有不少的增补改正，就质量上来看，它的确达到了"后来居上"的地步。但这并不是说它已无可非议之处，它的大大小小的错误还是很多的。不过，水平确已超过以前诸作，而且对于了解宋、辽、金、元这一阶段史实来说，终究有一定的用处。

《续资治通鉴》初刻仅至103卷，其余117卷是嘉庆六年冯集梧补刻。本辑据上海中华书局《四部备要》第41册至第42册史部《续资治通鉴》辑录有关赤城内容。

《续资治通鉴》书影

◎闰月①，辽主猎龙门县西山。（第41册，卷40《宋纪四十》，第398页）

---

① 闰月，仁宗景祐四年，辽兴宗重熙六年，1037年闰4月。

◎辽耶律达实_{旧作}大石，今改。壁龙门东①，金都统鄂啰遣洛索_旧作娄室，今改。等攻之，生擒达实。耶律纠坚_{旧作}九斤，今改。聚众兴中府，亦为金人所破，纠坚自杀。宗望、鄂啰闻辽主留辎重于青冢，以兵万人围之。戊戌，辽太保特默格_{旧作特毋哥}，今改。窃梁王雅里以遁。秦王、许王、诸妃、公主、从臣俱陷于金。【考异】《金史·宗望传》作宁王雅里，今从《辽本纪》作梁王。（第41册，卷95《宋纪九十五》，第997页）

◎丁未②，金左副元帅宗翰与诸帅分往山后避暑……

宗翰与右监军希尹、右都监耶律伊都同之白水泊避暑。于是右副元帅宗辅之儒州望云县之望国崖，左监军昌留居潍州，而宗弼自江南还屯六合县。（第41册，卷107《宋纪一百七》，第1146页）

◎庚辰③，金主猎于望云之南山。（第42册，卷139《宋纪一百三十九》，第1508页）

◎55 辛丑④，和尔果斯、敏珠尔卜丹、张雄飞、温特赫并罢，安图复为中书右丞相……

安图之再入相也，力辞不允，往决于祁志诚，志诚曰："昔与子同列者何人？今同列者何人？"安图悟，入见，辞曰："臣昔为宰相，年尚少，幸不失陛下事者，丞佐皆臣所师友。今事臣者皆进与臣俱，则臣之为政，能有加于前乎？"帝曰："谁为卿言是？"对曰："祁真人。"帝叹异者久之。志诚，丘处机之四传弟子也，居云州金阁山，道誉甚著。安图初为相，常过而问之，志诚告以修身治世之要，故

---

① 该条为北宋宣和五年，辽保大三年，金天辅七年，1123年事。
② 丁未，南宋高宗建炎四年，金太宗天会八年五月丁未，1130年6月13日。
③ 庚辰，南宋孝宗乾道二年，金世宗大定六年八月庚辰，1166年9月5日。
④ 辛丑，元世祖至元二十一年十一月，1285年1月4日。

其为相也，以清静忠厚为主。及罢还第，退然若无与于世者，人以为有得于志诚之言云。（第42册，卷186《元纪四》，第2049~2050页）

◎立云州银场都提举司①。（第42册，卷192《元纪十》，第2103页）

◎己酉②，立上都、中都等处银冶提举司。尚书省言："拜都噜斯云云州、潮河等处产银，令往试之，得银六百五十两。"诏以拜都噜斯为银冶提举司达噜噶齐。（第42册，卷197《元纪十五》，第2152页）

◎罢上都、云州、兴和、宣德、蔚州、奉圣州及鸡鸣山、房山、黄芦、三义诸金银冶，听民采炼，以十分之三输官③。（第42册，卷201《元纪十九》，第2194页）

◎是月④，云州黑水河溢。（第42册，卷第203《元纪二十一》，第2217页）

◎是月⑤，诏修砌北巡所经色泽岭、黑石头、河西沿山道路，创建龙门等处石桥。（第42册，卷第212《元纪三十》，第2301页）

----

① 该条为元成宗元贞元年二月，1295年事。
② 己酉，元武宗至大三年六月，1310年6月30日。
③ 该条为元英宗至治三年正月，1322年事。
④ 是月，元泰定帝泰定四年七月，1327年。
⑤ 是月，元顺帝至正十四年五月，1354年。

八、《明通鉴》

【题解】　　《明通鉴》，清夏燮撰。是一部编年体的明代史，亦是继司马光《资治通鉴》和毕沅《续资治通鉴》之后的又一资治之作。

夏燮（1800～1875 年），字谦甫、季理，别号江上蹇叟、谢山居士。安徽当涂人。道光元年（1821 年）举人，曾任安徽青阳教谕。道光三十年写成《中西纪事》，时任直隶临城县训导。大约就是在这个时候，他酝酿着手私家编撰《明通鉴》，咸丰十年（1860 年）调入两江总督曾国潘府，参与长江设关等事宜。公事之余，潜心阅读和著述。同治元年（1862 年），已完成稿本。后在江西永宁知县任内定稿。同治十二年，《明通鉴》由江西宜黄官署初刊问世。

夏燮编辑《明通鉴》，经历中国在两次鸦片战争失败的惨痛，带有显明的经世意图。此时距明亡已二百余年，可以比较客观地探究先朝治乱之源。为此，他博采官私著述，仅明季野史就有数百种。对其中存有歧见、记载不一之处，仿裴松之注《三国志》之例，择野史之确然可信者，参之《明史》及《明史纪事本末》等书，入之正文，而以杂采稗乘疑信相参者，夹行注于其下。对于不可深信的史事记载，则仿司马光《通鉴考异》格式，另撰成《考异》，并依胡三省注《通鉴》之例，分条注于正文之下。这些不仅对《明史》记载时有纠正，并且保存了不少已散佚的珍贵史料。

本书在同治十三年由江西宜黄官署初刻后，光绪二十二年（1897 年）又由湖北官书处重校刊刻过一次。1959 年，北京中华书局据湖北刻本出版了标点排印本。中华书局本认为夏氏另撰《目录》未见刊行。1996 年岳麓书社出版新校点本《明通鉴》前言称从福建

湖湘控引頤越人民繁庶商賈輻聚楚設三護衛自始
封至今生齒日繁國富小人行險或生邪心請以
轉漕爲名選其精銳俟至京師因而留之可無後患上
曰楚無過不可孟烷聞之懼遂納護衛二而留其一上
勞而聽之　夏四月戊寅命陽武侯薛祿築赤城等五
堡先是祿巡邊上言永甯衛團山及鷂鶪赤城雲州獨
石宜築城堡便守禦從之至是詔發軍民三萬六千赴
工精騎一千五百護之皆聽祿節制祿瀨行上賜詩以
比山甫南仲祿武人不知書以問楊士奇士奇曰上以
古賢人待君也祿拊心曰祿安敢望前賢然敢不勉圖

《明通鉴》书影

省图书馆觅得一部《明通鉴》，江西初刻本和湖北刻本均包括《目录》20 卷在内，且为同时雕版刊出。此《目录》意义不同于今天的目录，它是《明通鉴》正文的概要。但夏氏为本书别撰《考证》12 卷，未见刊行，原稿本至今尚未访得，是否存世不得而知。

本辑据上海古籍出版社《续修四库全书》第 364 册至 366 册史部编年类《明通鉴》辑录有关赤城内容。

◎甲戌①，次龙门，皇太子遣金忠诣行在奉表。丙子，次长安岭（第 364 册，《明通鉴目录》卷 3，第 65 页）

◎己未②，敕边将自长安岭迤西迄洗马林筑石垣、深濠堑。（第 364 册，《明通鉴目录》卷 4，第 65 页）

◎辛丑③，驻跸龙门。戌前谍报虏遁，获遗马二千余匹于洗马岭，敕收之宣府。

乙卯，驻跸云州，大阅。……

辛酉④，端午节，驻跸独石，赐从征文武宴。

乙丑，度偏岭，命诸将猎于道旁山下。（第 364 册，《明通鉴目录》卷 4，第 73 页）

◎己未⑤，次长安岭，宴将士。

壬戌，万寿节，吕震请朝贺行在，不许。是日，发长安，次赤城。

---

① 永乐八年七月甲戌，1410 年 8 月 9 日。
② 永乐十年八月己未，1412 年 9 月 22 日。
③ 永乐二十年四月辛丑，1422 年 5 月 5 日。
④ 永乐二十年五月辛酉，1422 年 5 月 25 日。
⑤ 永乐二十二年四月己未，1424 年 5 月 12 日。

丁卯①，次独石。（第 364 册，《明通鉴目录》卷 4，第 75 页）

◎己酉②，灵舆次雕鹗谷，皇太孙至，是日始发丧。（第 364 册，《明通鉴目录》卷 4，第 76 页）

◎己亥③，虏犯开平，侵独石，镇抚张信、百户卢让死之。（第 364 册，《明通鉴目录》卷 5，第 82 页）

◎戊寅④，诏发军民三万六千，置独石、雕鹗、赤城、云州、团山等堡，从薛禄请也。（第 364 册，《明通鉴目录》卷 5，第 83 页）

◎是月⑤，徙开平卫于独石。（第 364 册，《明通鉴目录》卷 5，第 83 页）

◎甲午⑥，虏犯宣府马营，敕石彪等帅兵巡边。

是月，孙安守备独石。（第 364 册，《明通鉴目录》卷 7，第 101 页）

◎辛亥⑦，寇犯独石马营。（第 364 册，《明通鉴目录》卷 10，第 134 页）

---

① 永乐二十二年四月丁卯，1424 年 5 月 20 日。
② 永乐二十二年八月己酉，1424 年 8 月 30 日。
③ 宣德四年六月己亥，1429 年 7 月 25 日。
④ 宣德五年四月戊寅，1430 年 4 月 30 日。
⑤ 是月，宣德五年六月。
⑥ 景泰二年四月甲午，1451 年 5 月 26 日。
⑦ 弘治元年八月辛亥，1488 年 9 月 25 日。

◎乙丑①，寇犯宣府独石。（第 364 册，《明通鉴目录》卷 10，第 134 页）

◎丙戌②，寇犯宣府独石。（第 364 册，《明通鉴目录》卷 10，第 135 页）

◎戊辰③，宣府马营堡大雨雹，深二尺，禾稼尽伤。（第 364 册，《明通鉴目录》卷 11，第 149 页）

◎癸未④，寇犯龙门所。（第 364 册，《明通鉴目录》卷 12，第 163 页）

◎己丑⑤，革镇守浙江、江西、两广、湖广、福建及独石、万全、永宁卫镇守中官。（第 364 册，《明通鉴目录》卷 13，第 184 页）

◎癸丑⑥，完犯龙门所，总兵官郤永击却之。（第 364 册，《明通鉴目录》卷 14，第 196 页）

◎壬子⑦，寇犯宣府滴水崖，把总江瀚、董旸等皆死，全军覆焉。寇东犯永宁，关南大震。（第 364 册，《明通鉴目录》卷 15，第 200 页）

---

① 弘治二年三月乙丑，1489 年 4 月 7 日。
② 弘治三年四月丙戌，1490 年 4 月 23 日。
③ 正德元年六月戊辰，1506 年 7 月 10 日。
④ 正德十一年九月癸未，1516 年 9 月 30 日。
⑤ 嘉靖十年闰六月己丑，1531 年 7 月 20 日。
⑥ 嘉靖二十三年三月癸丑，1544 年 4 月 6 日。
⑦ 嘉靖二十八年二月壬子，1549 年 3 月 10 日。

◎己巳①，寇自独石东行，至大兴州，去古北口百七十里。命仇鸾守居庸，王汝孝守蓟州。（第364册，《明通鉴目录》卷15，第201页）

◎丙子②，小王子寇宣府赤城。（第364册，《明通鉴目录》卷15，第205页）

◎己巳③，寇犯宣府，赤城把总冯尚才死之。（第364册，《明通鉴目录》卷15，第211页）

◎己未④，敕边将自宣化之长安岭迤西至洗马林，皆筑石为垣，浚深濠堑，以固防御。（第364册，《明通鉴》（下略）卷16《纪十六·成祖文皇帝》，第607页）

◎夏四月辛丑⑤，师次龙门。戍卒言虏仓卒遁去，遗马二千余匹于洗马岭，敕宣府指挥王礼尽收入城。乙卯⑥，次云州，大阅。（第364册，卷17《纪十七·成祖文皇帝》，第626页）

◎五月辛酉⑦，驻跸独石。以端午节，赐从征文武群臣宴。乙丑，度偏岭，命将士猎于道旁山下。（第364册，卷17《纪十七·成祖文皇帝》，第626页）

---

① 嘉靖二十九年八月己巳，1550年9月18日。
② 嘉靖三十二年八月丙子，1553年9月9日。
③ 嘉靖三十七年八月己巳，1558年10月6日。
④ 永乐十年八月己未，1412年9月22日。
⑤ 永乐二十年四月辛丑，1422年5月5日。
⑥ 永乐二十年四月乙卯，1422年5月19日。
⑦ 永乐二十年五月辛酉，1422年5月25日。

◎庚申①，诏塞黑峪、长安岭诸边险要。（第 364 册，卷 17《纪十七·成祖文皇帝》，第 629 页）

◎己酉②，次雕鹗谷。皇太孙至军中，始发丧。壬子，及郊，皇太子迎入仁智殿，加敛，纳梓宫。

《明史》赞曰：文皇少长习兵，据幽、燕形胜之地，乘建文孱弱，长驱内向，奄有③四海。即位以后，躬行节俭，水旱朝告夕振，无有壅蔽④。知人善任，表里洞达，雄武之略，同符高祖。六师屡出，漠北尘清。成功骏烈，卓乎盛矣！然面革除之际，倒行逆施，惭德亦曷可掩哉！（第 364 册，卷 18《纪十八·成祖文皇帝》，第 632 页）

◎五月，癸巳⑤，命阳武侯薛禄佩镇朔大将军印，充总兵官，督师防护粮饷赴开平，时备御都指挥唐铭等屡奏寇出没边境故也。铭等又言："孤城荒远，薪刍并难，猝遇寇至，别无应援，请添官军神铳守备。"下英国公张辅及群臣议，皆以为："添军则馈给愈难，宜准禄初奏，于独石筑城，立开平卫。以开平备卫家属移于新城，且耕且守，而以开平及所调它卫官军，选其精壮，分作二班，每班一千余人更代，于开平旧城备哨，新城守御。官军不足者，暂于宣府及附近卫分酌量添拨，候发罪囚充军代还。仍敕禄于防护粮饷之余，相宜区画，筑城安恤，以次集事。"上命俟秋成后为之。（第 365 册，卷 19《纪十九·宣宗章皇帝》，第 9 页）

---

① 永乐二十一年八月庚申，1423 年 9 月 16 日。
② 永乐二十二年八月己酉，1424 年 8 月 30 日。
③ 奄有，全部占有。多用于疆土。《诗·商颂·玄鸟》："方命厥后，奄有九有。"
④ 壅蔽，遮蔽；阻塞。《管子·任法》："夫私者，壅蔽失位之道也。"
⑤ 宣德二年五月癸巳，1427 年 5 月 31 日。

◎己亥①，寇犯开平，掠赤城，镇抚张信，百户卢让死之。（第365册，卷20《纪二十·宣宗章皇帝》，第19页）

◎夏，四月，戊寅②，命阳武侯薛禄筑赤城等五堡。先是禄巡边，上言："永宁卫团山及雕鹗、赤城、云州、独石，宜筑城堡，便守御。"从之。至是诏发军民三万六千赴工，精骑一千五百护之，皆听禄节制。禄濒行，上赐诗，以比山甫、南仲。禄，武人，不知书，以问杨士奇。士奇曰："上以古贤人待君也。"禄拊心曰："禄安敢望前贤！然敢不勉图报上恩于万一。"（第365册，卷20《纪二十·宣宗章皇帝》，第22~23页）

◎是月③，迁开平卫于独石。初，洪武三年，李文忠克元上都，设开平卫守之，置八驿，东四驿曰凉亭、泥河、赛峰、黄崖，接大宁古北口；西四驿曰桓州、威虏、明安、隰宁，【考异】《三编质实》作威自、度安。接独石。文皇四出塞，皆道开平、兴和、万全间，尝曰："灭此残寇，惟守开平，则兴和、大宁、辽东、甘肃、宁夏边圉，永无虞矣。"已，弃大宁界三卫，而兴和亦废，开平失援。至是以北寇数犯开平，乃置独石堡，徙开平卫治之。自此蹙地三百里，尽失龙冈、滦河之险，而边地益虚矣。【考异】《明史本纪》但书四月筑五堡事，而不言徙开平卫。《三编》《辑览》据《实录》分书五堡之筑在四月，徙开平卫在六月，今据之。诸书皆系移开平，治独石于三年十一月，据薛禄之议牵连并记耳。（第365册，卷20《纪二十·宣宗章皇帝》，第23页）

◎壬寅④，命刑部尚书魏源经理大同边务，亦令以便宜行事。先

---

① 宣德四年六月己亥，1429 年 7 月 25 日。
② 宣德五年四月戊寅，1430 年 4 月 30 日。
③ 是月，宣德五年六月。
④ 正统二年五月壬寅，1437 年 6 月 16 日。

是王骥言："边军怯弱，由训练无人。"因荐千户杨洪，诏加洪游击将军。洪所部才五百，诏选开平、独石骑兵益之，再进都指挥佥事。洪以敢战著名，而部曲多毁之者。源甫莅边，万全卫指挥杜衡，部卒李全，讦奏洪罪，源素知洪能，乃奏谪衡戍广西，而执全付洪使自治。时源遣都督佥事李谦守独石，遂请以洪副之。（第 365 册，卷 22《纪二十二·英宗睿皇帝前纪》，第 46 页）

◎秋，九月①，以都指挥佥事杨洪守独石。先是洪副李谦守备赤城、独石，谦老而怯，与洪不相能，洪每调兵，谦辄阴沮之。洪赏励将士杀敌，谦笑曰："敌可尽乎？徒杀吾人耳。"御史张鹏劾罢谦，因命洪代。洪虽为偏校，中朝士大夫皆知其能，有毁之者，辄为曲护，洪以是得展其才，益自奋。数败乌梁海兵，禽其酋，威名闻岭北，称为"杨王"。（第 365 册，卷 22《纪二十二·英宗睿皇帝前纪》，第 46 页）

◎九月②，宣大守将杨洪追击乌梁海于三坌河等处，连败之。洪以去年击寇于伯颜山，马蹶，伤足，战益力，卒大败之。玺书慰劳，命医往视，赐之银币。寻以总兵谭广年老，命洪为右参将佐之。洪建议加筑开平城，增置独石等墩台六十所。寇至，屡却之。（第 365 册，卷 22《纪二十二·英宗睿皇帝前纪》，第 152 页）

◎壬辰③，叛奄喜宁伏诛。先是宁数导诱额森扰边，上皇患之，言于额森，使宁及总旗高（上斌下金，音 bān）等还京索礼物，而命袁彬以密书付（上斌下金），俾报宣府设计禽宁。宁抵独石，宣府

---

① 正统二年九月。

② 正统四年九月。

③ 景泰元年二月壬辰，1450 年 3 月 30 日。

守将设伏野狐岭，令（上斌下金）给宁，至其地，伏尽起，（上斌下金）直前抱持之。遂禽宁送京师，法司诸臣杂治，磔于市。上皇在迤北闻之，喜曰："自此边境稍宁，吾南归有日矣。"宁为都指挥江福所获，而参将杨俊饰奏于朝，谓己实定谋，遣福等禽之。上嘉俊功，进右都督，赐金币。言官及兵部请如悬赏前诏，上以俊边将，职所当为，不允。俊，洪之庶子也。久之，冒功事始露。（第365册，卷25《纪二十五·恭仁康定景皇帝》，第90页）

◎初①，土木之变，杨俊自独石奔还，上以洪故，置不问。而俊恃父势横恣，在宣府时，尝以私憾杖都指挥陶忠至死。洪惧，奏"俊轻躁，恐误边事，乞令来京随臣操练"，许之。既至，言官交劾，下狱。复以禽喜宁冒功事觉论斩，诏宥之，令剿贼自效。寻充游击将军，巡徼真、保、涿、易诸城，至是还，仍令督三千营训练。【考异】据《明史·杨洪传》，"俊为洪之庶子，以杖杀陶忠及冒喜宁功论斩，诏宥之，寻充游击将军"云云。而《皇明通纪》《纪事本末》诸书，皆系俊诛于是年之五月。弇州《考误》谓"本《双槐岁抄》之误"。驳之是也。惟刘安督涿、易诸军，正在是年之五月，则俊之巡徼真、保、涿、易，皆同时事，今系之五月之末。（第365册，卷25《纪二十五·恭仁康定景皇帝》，第94页）

◎甲午②，卫喇特寇宣府马营，敕游击将军石彪等巡边。

是月，遣都督佥事孙安守备独石，用尚书于谦议也。

初，杨洪自独石入卫，额森内犯，所过八城俱残毁。众议欲弃之，谦曰："弃之则不但宣府、怀来难守，京师亦且动摇。"乃荐安，授以方略，使帅轻骑出龙门关据之，募民屯田，且战且守，八城遂复。寻命右参政叶盛协赞军务，石璞自大同转饷给之。（第365册，

---

① 该条为景泰元年五月事。

② 景泰二年四月甲午，1451 年 5 月 26 日。

卷 25《纪二十五·恭仁康定景皇帝》，第 100~101 页）

◎八月，乙巳①，小王子犯山丹、永昌。辛亥，犯独石、马营。是时小王子又纠其别部曰巴延蒙克王，旧作伯颜猛可王。与俱入朝。自是屡以入贡为名，沿边寇掠，且渐往来套中矣。（第 365 册，卷 36《纪三十六·孝宗敬皇帝》，第 253 页）

◎乙丑②，寇犯宣府独石。（第 365 册，卷 36《纪三十六·孝宗敬皇帝》，第 257 页）

◎夏，四月，丙戌③，寇犯宣府独石。（第 365 册，卷 36《纪三十六·孝宗敬皇帝》，第 262 页）

◎十二月，丁丑④，小王子犯宣府龙门所，守备赵瑛、都指挥王继死之。（第 365 册，卷 44《纪四十四·武宗毅皇帝》，第 365 页）

◎戊午⑤，宣府大雨。时游击将军靳英遣兵三千寇于龙门，行至漫岭迤东山，山水暴涨，官军溺死者七十余人。（第 365 册，卷 46《纪四十六·武宗毅皇帝》，第 412 页）

◎九月，癸未⑥，寇犯龙门所，官军失利，阵亡三十人。诏抚、按逮治守墩百户张镇、领军千户王隆等及守备参将并分守太监张凤

---

① 弘治元年八月乙巳，1488 年 9 月 19 日。
② 弘治二年三月乙丑，1489 年 4 月 7 日。
③ 弘治三年四月丙戌，1490 年 4 月 23 日。
④ 正德六年十二月丁丑，1511 年 12 月 20 日。
⑤ 正德十一年六月戊午，1516 年 7 月 7 日。
⑥ 正德十一年九月癸未，1516 年 9 月 30 日。

等。（第 365 册，卷 46《纪四十六·武宗毅皇帝》，第 414 页）

◎己丑①……革镇守浙江、两广、湖广、福建及独石、万全、永宁镇守中官。时上以次裁革镇守太监，于是，给事中张润身劾奏镇守镇江等处太监邓文等，及分守独石等处田霖等，凡七人。遂有是命。（第 365 册，卷 55《纪五十五·世宗肃皇帝》，第 568 页）

◎三月，癸丑②，谙达③复犯龙门所。时宣府征军修筑墩堡，寇以五百余骑入，总兵官人却永等击却之，追及庆阳口，禽斩二十七级。（第 365 册，卷 58《纪五十八·世宗肃皇帝》，第 627 页）

◎是月④，蓟州巡抚郭宗皋奏报："寇四十万在宣府独石，欲东西分犯。"已，侍郎翁万达奏，"寇于七月十一日犯宣府北路，龙门所守备陈勋死于阵"。万达又奏，"七月中，寇以十余万骑由宁塞营入犯保安，西掠庆阳、环县等处，指挥崔桂死于阵。总督三边侍郎曾铣率参将李珍等出塞，直捣敌巢于马梁山后，斩首百余级而还。"（第 365 册，卷 58《纪五十八·世宗肃皇帝》，第 635 页）

◎壬子⑤，谙达入寇宣府滴水崖，指挥董旸，把总江瀚、唐臣、张淮等皆战死，全军覆焉。寇遂东犯永宁，关南大震。（第 365 册，卷 59《纪五十九·世宗肃皇帝》，第 647 页）

---

① 嘉靖十年闰六月己丑，1531 年 7 月 20 日。
② 嘉靖二十三年三月癸丑，1544 年 4 月 6 日。
③ 谙达，即俺答。明时鞑靼部首领，为元室之后。
④ 是月，嘉靖二十五年七月。
⑤ 嘉靖二十八年二月壬子，1549 年 3 月 10 日。

◎己巳①，寇自独石边外东行至大兴州，去古北口百七十里，仇鸾知之，率所部驰至居庸关南。而顺天巡抚王汝孝驻蓟州，误听谍者，谓寇向西北。兵部尚书丁汝夔信之，请敕鸾还备大同，勿东。未几，兴州报至，始命鸾壁居庸，汝孝守蓟州。（第365册，卷59《纪五十九·世宗肃皇帝》，第652页）

◎八月，乙亥②，寇分兵东犯蔚州，西掠代州及繁峙等处。丙子，小王子寇宣府，由独石入犯赤城、滴水崖等处，攻毁屯堡，焚掠四日，驱所掠人畜而去。（第365册，卷60《纪六十·世宗肃皇帝》，第673页）

◎是月③，谙达分道寇宣府龙门、赤城等处，寻寇蓟镇马兰峪。参将赵倾葵率众御之，败绩，与指挥褚文明、李湘、周官，千户黄世勋、段启元，百户孙世爵等俱死之。总兵周益昌驰援，分扼诸隘口，寇闻大兵至，始引去。【考异】《明史·本纪》，寇蓟镇在是月，《实录》奏报在三月，今仍据原奏月日。其赵倾葵以下之死事者，俱据《实录》增。（第365册，卷61《纪六十一·世宗肃皇帝》，第682页）

◎戊午④，谙达复自宣化龙门入寇，遂犯怀来、保安，关南戒严重。【考异】《明史·本纪》，"是月戊午，犯怀来"，不言保安。《史稿》书"辛酉犯保安"，不言怀来。证之《实录》犯保安、怀来，同系之戊午下，今从之。（第365册，卷61《纪六十一·世宗肃皇帝》，第685页）

---

① 嘉靖二十九年八月己巳，1550年9月18日。
② 嘉靖三十二年八月乙亥，1553年9月8日。
③ 是月，嘉靖三十四年二月。
④ 嘉靖三十四年九月戊午，1555年10月11日。

◎辛未①，锡林阿由滴水崖南犯永宁川，宣、蓟告急。兼管兵部尚书郑晓，"请以三大营听征，官军营造工役者，悉令回营操练以备战守。"从之。（第 365 册，卷 61《纪六十一·世宗肃皇帝》，第 699 页）

◎己巳②，寇犯宣府赤城，把总冯尚才战死，游击董一奎击却之。（第 365 册，卷 61《纪六十一·世宗肃皇帝》，第 704 页）

◎戊申③，谙达犯宣府滴水崖，官兵败绩，遂南掠隆庆、永宁等处。原任总兵刘汉力战却之，遂西行。攻张家堡，不克，会大雨，乃遁。出入凡七日。（第 366 册，卷 63《纪六十三·世宗肃皇帝》，第 25 页）

◎三月，癸巳④，谙达突以千余骑犯宣府龙门等处，总后官马芳等击却之。（第 366 册，卷 63《纪六十三·世宗肃皇帝》，第 41 页）

◎十一月，壬子⑤，宣府总兵官马芳袭谙达于塞外，再败之。先是有为谙达子锡林阿谋，"以五万骑犯蔚州诱芳出，而以五万骑袭宣府城，可得志。"芳豫伐木环城，寇至，不可上，遂解去。至是芳率参将刘谭等出独石塞外二百里，袭其帐于长水海子。还至塞，追者及鞍子山，芳逆战，又大败之。（第 6 册，卷 64《纪六十四·穆宗庄皇帝》，第 55 页）

———————

① 嘉靖三十七年三月辛未，1558 年 4 月 11 日。
② 嘉靖三十七年八月己巳，1558 年 10 月 6 日。
③ 嘉靖四十二年正月戊申，1563 年 2 月 21 日。
④ 嘉靖四十五年三月癸巳，1566 年 3 月 22 日。
⑤ 隆庆二年十一月壬子，1568 年 11 月 25 日。